TOME UNIQUE
BAC PRO
2de | 1re | Tle

Histoire Géographie

Enseignement moral et civique

Sous la direction de Dominique BRUNOLD-JOUANNET
IEN Lettres – Histoire-Géographie,
Académie de Clermont-Ferrand

Lauriane Boussange
Professeur de lycée professionnel

Yann Hurdiel
Professeur de lycée professionnel

Laurys Le Marrec
Professeur de lycée professionnel

Nadège Magne
Professeur de lycée professionnel

Isabelle Sinigaglia
Professeur de lycée professionnel

Raphaël Vaudoin
Professeur de lycée professionnel

DELAGRAVE MAGNARD

Sommaire HISTOIRE - Seconde

Synthèses audio

Retrouvez toutes les leçons du manuel en audio MP3 grâce à des codes à flasher et à des liens web : un autre moyen d'apprendre et de retenir les connaissances essentielles, en classe ou à la maison, sur ordinateur, tablette ou smartphone.

Synthèse audio
www.lienmini.fr/hg2-03

ISBN : 978-2-206-40055-6

Sommaire GÉOGRAPHIE - Seconde

Sommaire ENSEIGNEMENT MORAL ET CIVIQUE - Seconde

Sommaire HISTOIRE - Première

Synthèses audio

Retrouvez toutes les leçons du manuel en audio MP3 grâce à des codes à flasher et à des liens web : un autre moyen d'apprendre et de retenir les connaissances essentielles, en classe ou à la maison, sur ordinateur, tablette ou smartphone.

Synthèse audio
www.lienmini.fr/hg2-03

Sommaire GÉOGRAPHIE - Première

Sommaire ENSEIGNEMENT MORAL ET CIVIQUE - Première

Sommaire HISTOIRE - Terminale

Synthèses audio

Retrouvez toutes les leçons du manuel en audio MP3 grâce à des codes à flasher et à des liens web : un autre moyen d'apprendre et de retenir les connaissances essentielles, en classe ou à la maison, sur ordinateur, tablette ou smartphone.

Synthèse audio
www.lienmini.fr/hg2-03

Sommaire GÉOGRAPHIE Terminale

5. La France dans l'Union européenne et dans le monde ... 367

6. Acteurs et enjeux de l'aménagement des territoires français ... 383

7. Les transformations de l'espace productif et décisionnel ... 399

8. L'Union européenne et ses territoires ... 415

Sommaire ENSEIGNEMENT MORAL ET CIVIQUE - Terminale

9. Développer une conscience éthique, sociale et civique ... 431

1 **L'humaniste vu par un peintre du XVIe siècle**

Vittorio Carpaccio, *La Vision de Saint Augustin*, huile sur toile, 202,2 x 144,1 cm, 1502-1507 (Église San Giorgio degli Schivone, Venise).
Ce tableau de l'artiste italien de la Renaissance Vittorio Carpaccio fait partie d'un cycle de sept toiles qui illustre la vie de plusieurs saints.
Saint Augustin, évêque, érudit et philosophe, a vécu au tournant des IVe et Ve siècles.

Sujet d'étude 1

Humanisme et Renaissance

> Pourquoi l'humanisme et la Renaissance bouleversent-ils l'univers culturel des Européens au XVIe siècle ?

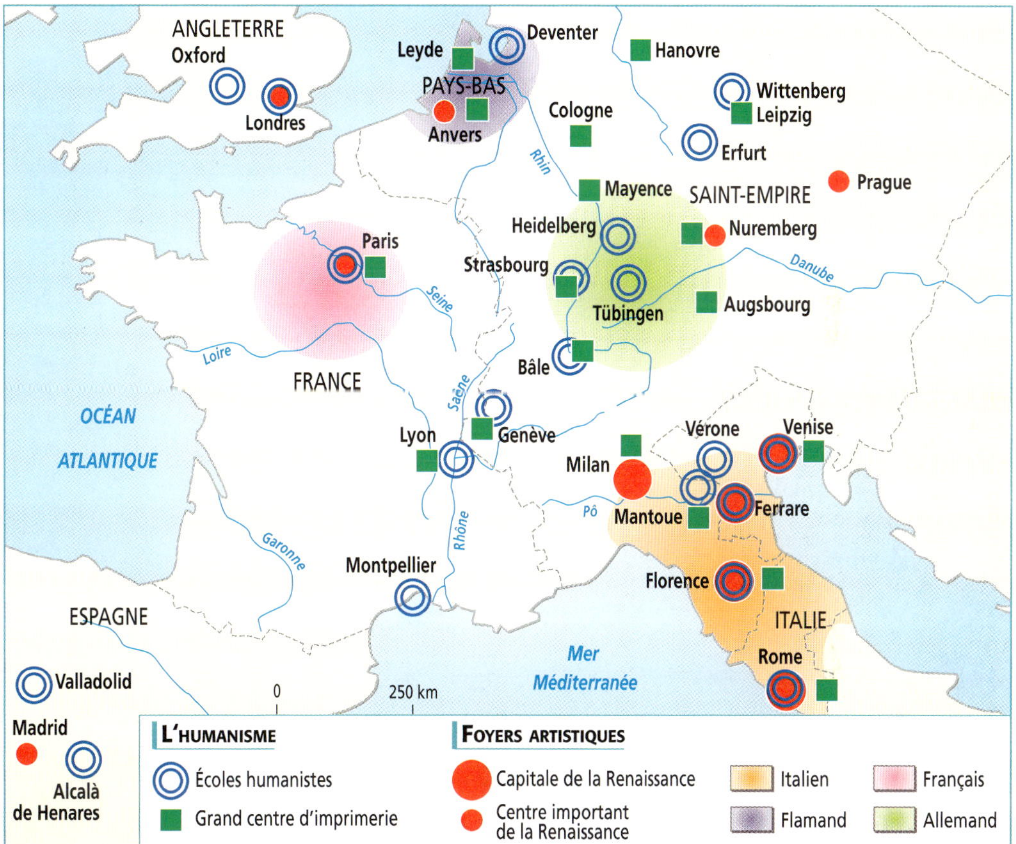

2 **L'Europe de l'humanisme et de la Renaissance au XVIe siècle**

LANCER LA RÉFLEXION !

1. Décrivez l'image que donne ce tableau de l'humaniste (doc. 1).
2. Après avoir identifié les principales informations représentées sur la carte (doc. 2), dites ce que désignent, selon vous, les termes « humanisme » et « Renaissance ».
3. À l'aide des documents, formulez une hypothèse en réponse à la question : « Pourquoi l'humanisme et la Renaissance transforment-ils l'univers culturel des Européens au XVIe siècle ? »

L'humanisme et la Renaissance :

Giorgio Vasari, *Laurent de Médicis dirige Florence de 1469 à 1492, entouré d'érudits de son académie*, 1556 (Palazzo Vecchio, Florence).

XVe siècle

Atelier d'imprimerie en France au début du XVIe siècle, miniature extraite du *Recueil des chants royaux*, XVIe siècle (BNF, Paris).

Début XVIe siècle

1400 – 1410 – 1420 – 1430 – 1440 – 1450 – 1460 – 1470 – 1480 – 1490 – 1500

DÉBUTS DE L'HUMANISME ET DE LA RENAISSANCE (1400-1450)

DIFFUSION (1450-1500)

- **1435** : **Leon Battista Alberti, *De La Peinture***
- **1450** : **Invention de l'imprimerie, (Johannes Gutenberg)**
- **1452-1519** : **Léonard de Vinci**
- **1466-1536** : **Érasme**
- **1470** : **Première imprimerie à Paris**
- **1486** : **Pic de la Mirandole, *De La Dignité humaine***

1400-1450

Les débuts de l'humanisme et de la Renaissance

- À la fin du XIVe siècle, des intellectuels italiens sont à l'origine d'un profond bouleversement culturel. S'appuyant sur la redécouverte et l'étude des textes des auteurs de l'Antiquité grecque et romaine, les humanistes réfléchissent à la place de l'Homme dans l'univers et rejettent l'idée d'un être soumis à la volonté de Dieu.
- Influencé par les humanistes, les arts connaissent une période de « renouveau ». La Renaissance se diffuse dans toute l'Europe à partir des foyers italiens et d'Europe du Nord. Ce mouvement renouvelle les arts dans le fond et dans la forme en intégrant des éléments empruntés à l'Antiquité. Il donne à la représentation de l'Homme une place centrale.
- Caractérisés par une tension entre le désir d'un retour à l'Antiquité et la soif de nouvelles connaissances, ces bouleversements font entrer l'Europe dans l'époque moderne en rupture avec le Moyen Âge.

un renouveau intellectuel et artistique

Michel-Ange, *La Création d'Adam*, fresque de la partie centrale de la voûte de la chapelle Sixtine, 5,70 x 2,80 m, 1508-1512 (Vatican, Rome).

1512

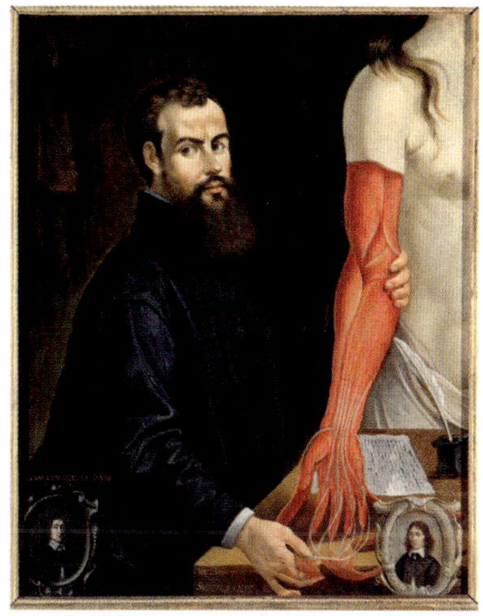

Pierre Poncet, *André Vésale (1514-1564), anatomiste et médecin*, huile sur toile (Musée des Beaux-Arts, Orléans).

1543

1510 · 1520 · 1530 · 1540 · 1550 · 1560 · 1570 · 1580 · 1590 · 1600

DE L'HUMANISME ET DE LA RENAISSANCE

1503-1513
Construction de la basilique Saint-Pierre à Rome (Italie)

1519-1537
Construction du château de Chambord (France)

1543
Nicolas Copernic, *Traité d'astronomie*

1550-1551
Controverse de Valladolid

1450-XVIe siècle

La diffusion de l'humanisme et de la Renaissance en Europe

• L'humanisme gagne progressivement le reste de l'Europe au cours de la seconde moitié du XVe siècle et tout au long du XVIe siècle. La correspondance importante qu'entretiennent les humanistes ainsi que leurs rencontres dans les cours princières favorisent la diffusion d'une nouvelle conception de l'Homme et du monde.

• L'invention de l'imprimerie facilite la circulation des idées nouvelles. L'éditeur joue un rôle essentiel tant par les relations qu'il entretient avec les savants et les philosophes que par sa participation active à la diffusion des idées.

• Véritables érudits, les artistes s'appuient sur les progrès des connaissances scientifiques pour parfaire leur art. Voyageant, ils s'influencent mutuellement et diffusent le renouveau. De multiples foyers font rayonner la Renaissance partout en Europe.

A. L'humanisme, un nouveau courant de pensée

> Comment définir ce nouveau courant de pensée ?

1 L'humanisme

Il y a un siècle, la barbarie régnait partout en Europe. Mais une armée de lettrés[1], levée de tous les coins de l'Europe, maîtres dans les deux langues grecque et latine, fait de tels assauts au camp ennemi qu'enfin la barbarie n'a plus de refuge […]. Maintenant l'homme apprend à se connaître ; maintenant, il marche à la lumière du grand jour, au lieu de tâtonner misérablement dans les ténèbres. Maintenant, l'homme s'élève vraiment au-dessus de l'animal par son âme et son langage qu'il perfectionne. Les lettres ont repris leur véritable mission qui est de faire le bonheur de l'homme, de remplir sa vie de tous les biens. Courage ! Elle grandira, cette jeunesse qui, en ce moment, reçoit une bonne instruction : elle fera descendre de leur siège les ennemis du savoir ; elle entrera dans le conseil des rois ; elle administrera les affaires de l'État. Son premier acte sera d'instituer partout ces bonnes études qui apprennent à fuir le vice et engendrent l'amour de la vertu.

Étienne Dolet, *Commentaire sur la langue latine*, 1536.

1. Intellectuels. Terme qui désigne ici les humanistes.

1. Reformulez les conséquences de la diffusion de l'humanisme.
2. Expliquez pourquoi les humanistes accordent un grand intérêt à l'instruction de l'Homme.

2 Paroles d'humanistes

a. Le pouvoir humain est presque égal à la nature divine. Ce que Dieu crée dans le monde par la pensée, l'esprit humain le conçoit par l'acte intellectuel, l'exprime par le langage dans ses livres, le représente par ce qu'il édifie. L'homme est le dieu de tous les êtres matériels : il les traite, les modifie et les transforme […]. Qui pourrait alors nier que l'homme possède le génie du créateur.

Marsile Ficin, *De cristiana religione*, 1474.

b. J'ai voulu aussi passionnément connaître et comprendre la nature humaine, savoir ce qu'il y avait à l'intérieur de nos corps. Pour cela, des nuits entières, j'ai disséqué des cadavres, bravant ainsi l'interdiction du pape. […] Ce que j'ai cherché finalement, à travers tous mes travaux, et particulièrement à travers ma peinture, ce que j'ai cherché toute ma vie, c'est à comprendre le mystère de la nature humaine.

Léonard de Vinci, *Carnets*, 1487-1508.

1. Résumez le point de vue des humanistes sur l'Homme (doc. 2a).
2. Montrez que les propos de Léonard de Vinci illustrent cette conception de l'Homme (doc. 2b).

3 La bibliothèque, un lieu de l'humanisme

J. V. Woudanus (dessin), Andreas Cloucq, **Intérieur de la bibliothèque de Leyde (Pays-Bas) construite en 1593**, 1630 (BNF, Paris).

1. Justifiez le titre donné à ce document en vous appuyant sur des éléments précis de la gravure et sur vos réponses précédentes.

4 Une vision de la société

Luciano Laurana, *La Cité idéale*, détrempe sur bois, 200 x 60 cm, 1470 (Galleria Nazionale delle Marche, Urbino).

N'est-elle pas inique et ingrate la société qui prodigue tant de biens à ceux qu'on appelle nobles, à des joailliers, à des oisifs, ou à ces artisans de luxe, qui ne savent que flatter quand, d'autre part, elle n'a ni cœur ni souci pour le laboureur, le charbonnier, le manœuvre, le charretier, l'ouvrier, sans lesquels il n'existerait pas de société. Dans son cruel égoïsme, elle abuse de la vigueur de leur jeunesse pour tirer d'eux le plus de travail et de profit ; et dès qu'ils faiblissent sous le poids de l'âge ou de la maladie, alors qu'ils manquent de tout, elle oublie leurs nombreux et importants services, elle les récompense en les laissant mourir de faim... En Utopie au contraire, où tout appartient à tous, personne ne peut manquer de rien, une fois que les greniers publics sont remplis. Car la fortune de l'État n'est jamais injustement distribuée en ce pays. L'on n'y voit ni pauvre ni mendiant et, quoique personne n'ait rien à soi, cependant tout le monde est riche.

Thomas More, *Utopia*, 1516.

1. Indiquez pourquoi Thomas More qualifie la société du XVIe siècle « d'inique et d'ingrate ».
2. Justifiez le titre de l'ouvrage de Thomas More, *Utopia*.
3. Donnez une raison qui, selon vous, explique que ce texte soit associé à cette image.

5 Les humanistes et la religion

Le soleil est un bien commun, offert à tout le monde. Il n'en va pas autrement avec la science du Christ [...]. Je suis tout à fait opposé à l'avis de ceux qui ne veulent pas que la Bible soit traduite en langue commune pour être lue par des gens du peuple, comme si l'enseignement du Christ était si voilé que seule une poignée de théologiens pouvaient le comprendre, ou comme si la religion chrétienne se fondait sur l'ignorance. Je voudrais que les plus humbles des femmes lisent les Évangiles, les Épîtres de Paul. Puisse ce livre être traduit dans toutes les langues, de sorte que les Écossais, les Irlandais, mais aussi les Turcs et les Sarrasins soient en mesure de le lire et de le connaître [...]. Puisse le paysan au manche de sa charrue en chanter les louanges, les tisserands à ses navettes en moduler quelques airs, ou le voyageur alléger la fatigue de sa route avec ses récits.

Érasme, préface à la traduction du Nouveau Testament, 1516.

Bible de Gutenberg, vers 1455.

1. Précisez la critique que formule Érasme dans cet extrait.
2. En vous appuyant sur la vision de l'Homme développée par les humanistes (doc. 1 et 2), donnez une raison qui permet de comprendre cette critique.

Construire ses connaissances

1. Listez toutes les informations que vous avez apprises sur l'humanisme en reproduisant le schéma ci-dessous :

L'humanisme : un mouvement de lettrés

- **Doc. 1** : importance de l'éducation...
- **Doc. 2** : ...
- **Doc. 3** : ...
- **Doc. 4** : ...
- **Doc. 5** : ...

2. Reprenez ces informations sous la forme d'une définition qui permettra de répondre à la question posée dans ce corpus. Vous pouvez commencer ainsi : *L'humanisme est un mouvement de lettrés européens. ...*

B. Le renouveau des sciences et des arts au XVIe siècle

> Pourquoi peut-on dire que les sciences et les arts sont, au XVIe siècle, influencés par l'humanisme ?

1 Propos de scientifiques

a. Je me suis souvent rendu compte que la médecine est un art incertain et hasardeux, et qu'il est rarement honorable de le pratiquer. Car il en guérit un quand il en tue dix […]. Voici mon vœu : parfaire l'art de la médecine et ne jamais m'écarter de ce but. Aussi longtemps que Dieu me le permettra, m'opposer à tous les enseignements erronés. Puis, aimer les malades plus que s'il s'agissait de mon propre corps. Ne porter aucun diagnostic superficiel, mais les baser sur l'observation des symptômes précis. N'administrer aucune médecine sans avoir compris. […] Ne pas deviner, mais savoir.

Paracelse, *Paragranum*, 1530.

b. C'est le propre de l'astronome de recueillir par une observation diligente et habile, l'histoire des mouvements célestes. Puis d'en rechercher les causes, ou bien d'inventer des hypothèses, à l'aide desquelles ces mouvements pourraient être exactement calculés conformément aux principes de géométrie […].
Partant de là, j'ai commencé, moi aussi, à penser à la mobilité de la Terre […] et après de longues recherches, je me suis enfin convaincu que le Soleil est une étoile fixe, entourée de planètes qui tournent autour d'elle et dont elle est le centre et le flambeau.

Nicolas Copernic, *De Revolutionnibus orbium caelestium*, 1543.

1. Identifiez les points communs que l'on peut relever dans la méthode de travail de ces deux scientifiques

2 Principes d'architecture

Ceux qui veulent édifier […] doivent choisir un sage, docte et expert architecte, qui ne soit pas du tout ignorant de la philosophie, des mathématiques, ni aussi des histoires, pour rendre raison de ce qu'il fait, et connaître les causes et progrès de chacune des choses appartenant à l'architecture. […]
Il sera aussi fort bon qu'il ne soit pas ignorant de la théorie de la musique, pour savoir représenter l'écho et ouïr la parole et voir aussi bien de loin que de près ; ce qui est chose requise aux temps et aux églises pour les prédications qui s'y font.

Philibert de l'Orme (1510-1570), *Le Premier Tome de l'architecture*, 1567.

Coupole de la chapelle du Château d'Anet, réalisé par Philibert de l'Orme de 1547 à 1555.

1. Résumez la conception du métier d'architecte de Philibert de l'Orme.
2. La coupole du château d'Anet reflète cette conception. Justifiez cette affirmation en vous appuyant sur des éléments de la photographie.

3 De l'art de composer un tableau

Voulant écrire sur les peintres, nous empruntons ici aux mathématiciens afin de rendre plus clair tout ce qui s'appliquera à notre sujet […] car les mathématiciens construisent en esprit les formes et les apparences des choses que nous voulons représenter. Le peintre ne peut donc les ignorer. […]
Ce procédé pour diviser a particulièrement rapport à ce que nous nommerons la composition d'un tableau. […] Il en résultera que les hommes qui seront peints entre les derniers parallèles se représenteront beaucoup plus petits que ceux qu'on tracera posés entre les parallèles précédentes : non pas que ceux-là soient d'une stature moindre que ces derniers mais parce qu'étant plus loin, ils nous sembleront plus petits.

Leon Battista Alberti, *De La Statue, de la peinture, Traités de leçon*, xve siècle, traduit du latin par C. Popelin, 1868.

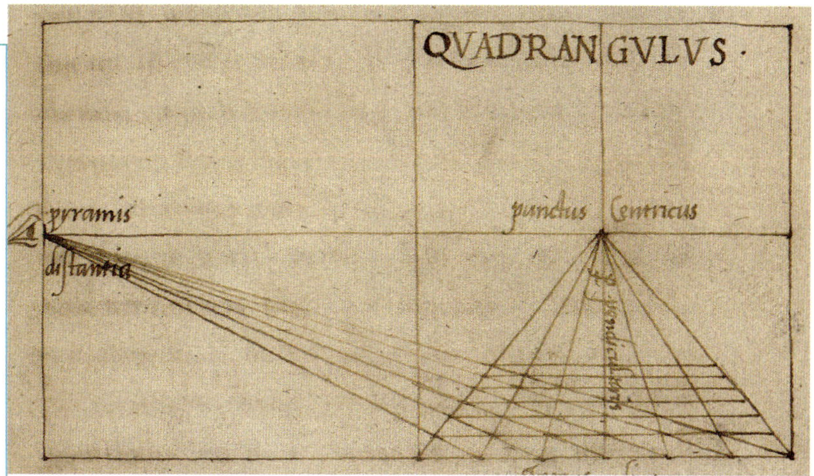

Fig. : La composition d'un tableau

1. Relevez la raison pour laquelle Alberti, qui écrit un ouvrage sur les peintres, « emprunte aux mathématiciens ».

4 La Renaissance italienne

Raphaël, *Le Mariage de la Vierge*, huile sur bois, 117 x 170 cm, 1504 (Pinacothèque de Brera, Milan).

1. Pour peindre *Le Mariage de la Vierge*, Raphaël a utilisé le procédé mathématique décrit par Alberti (doc. 3). Illustrez cette affirmation en relevant certains détails du tableau.

Construire ses connaissances

1. Reportez-vous à la leçon page 22 pour retrouver ce qui caractérise le mouvement humaniste.
2. Relevez dans les documents les informations qui font écho à ces caractéristiques.
3. En vous appuyant sur vos réponses précédentes, rédigez un court paragraphe dans lequel vous donnerez deux raisons qui permettent de comprendre pourquoi les sciences et les arts sont, au xvie siècle, influencés par l'humanisme.

Érasme et l'Europe

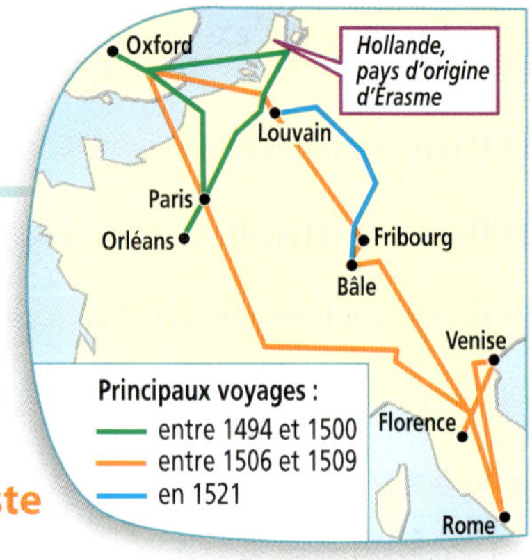

CONTEXTE

Depuis l'Italie, l'humanisme gagne progressivement toute l'Europe au XVIe siècle. Grâce à leur pratique commune du latin, les humanistes de tous les pays entretiennent de nombreuses relations. Parmi eux, Érasme, théologien hollandais, occupe une place particulière. Il voyage à travers l'Europe et échange de nombreuses lettres avec des intellectuels d'autres pays. Ses écrits influencent le renouveau de la pensée européenne.

> Pourquoi Érasme est-il un acteur essentiel du mouvement humaniste qui se diffuse en Europe au XVIe siècle ?

1 Le regard d'Érasme sur l'Homme

Hans Holbein, dit le Jeune, *Érasme écrivant*, huile sur panneau, 33 x 43 cm, 1523 (Musée du Louvre, Paris).

Je me suis souvent interrogé sur les raisons qui poussent […] tous les hommes, à ce degré de folie où au prix de tant d'efforts, de dépenses, de dangers, ils se lancent à leur mutuelle destruction. Que faisons-nous d'autre, notre vie durant, que de nous combattre ? Tous les animaux ne combattent pas, mais seulement les fauves. Ceux-ci mêmes ne se font pas la guerre à l'intérieur d'une même espèce, mais d'une espèce à une autre ; et ils combattent avec leurs armes naturelles, et non pas, comme nous, avec des machines inventées par un art diabolique ; ni encore pour n'importe quelle raison, mais ou bien pour leurs petits ou bien pour leur nourriture ; nos guerres proviennent pour la plupart de l'ambition, ou de la colère ou de la luxure, ou de quelque semblable maladie de l'âme […]. Si tu y regardes de plus près, les raisons qui font entreprendre une guerre résident le plus souvent dans les intérêts personnels des princes. Je te le demande, trouves-tu humain que l'univers doive prendre les armes chaque fois que tel ou tel prince se met en colère contre un autre – ou peut-être simule la colère ?

Érasme, Lettre à Antoine de Berghes[1], 14 mars 1514.

1. Abbé dans le nord de la France, Antoine de Berghes fait partie des 600 correspondants réguliers d'Érasme.

1. **Caractérisez, à l'aide d'un adjectif, le regard que porte Érasme sur l'Homme et expliquez votre choix.**

2 Érasme, précepteur du prince

Édouard Hamman, *Enfance de Charles-Quint, Une lecture d'Érasme*, huile sur toile, 1863 (musée d'Orsay, Paris).

Érasme a été précepteur du futur Charles Quint, empereur germanique et roi d'Espagne de 1516 à 1558.

1. **Précisez le lieu où se trouve Érasme et ce qu'il fait.**
2. **Dites quelle impression se dégage de cette scène. Justifiez votre réponse à l'aide de détails du tableau.**

3 Érasme et l'exercice du pouvoir

Le tyran administre son État par la violence, par la ruse et par les moyens les plus perfides : il n'a en vue que son intérêt particulier. Le vrai roi s'inspire de la sagesse, de la raison, de la bienfaisance, il ne pense qu'au bien de l'État. Le tyran agit de son mieux pour que les biens de son peuple passent entre les mains d'un petit nombre de privilégiés, qui sont habituellement les plus vils sujets de son État, afin d'établir de cette manière le pouvoir de son peuple. Le bon roi pense au contraire que la richesse des citoyens est seule de nature à assurer sa propre richesse. [...] Un bon prince n'accepte jamais aucune guerre, excepté quand, après avoir tout tenté, il ne peut l'éviter par aucun moyen. [...]
Que le Prince vraiment chrétien réfléchisse à la différence qu'il y a entre l'homme, être né pour la paix et l'amour, et les bêtes sauvages nées pour la rapine et la guerre.

Érasme, *Institution du prince chrétien*, ouvrage destiné à Charles Quint, 1516.

1. Décrivez le portrait du « bon prince » selon Érasme.
2. En vous appuyant les documents 1 et 2, dégagez l'intérêt de ce texte.

4 Érasme et l'Église

Les plus heureux sont ceux qui s'appellent couramment eux-mêmes religieux et moines, deux surnoms tout à fait trompeurs, car la plupart d'entre eux sont fort éloignés de la religion. [...] D'abord ils trouvent que le comble de la piété c'est de ne rien savoir des belles-lettres, pas même lire. Ensuite, quand à l'église ils braillent de leur voix d'âne leurs psaumes, dûment numérotés, mais nullement compris, alors ils croient vraiment charmer l'oreille des saints d'une infinie volupté. Il y en a quelques-uns parmi eux qui vendent au meilleur prix leur crasse et leur mendicité, et qui beuglent aux portes à tue-tête pour qu'on leur donne du pain, et il n'y a pas d'auberge, de voiture, de bateau qu'ils n'importunent au grand détriment, c'est sûr, des autres mendiants.

Érasme, *L'Éloge de la Folie*, publié à Paris, Strasbourg et Anvers en 1511, à Bâle en 1513.

1. Précisez les critiques qu'adresse Érasme au clergé. Illustrez votre réponse en citant le texte.
2. Expliquez pourquoi ces propos peuvent être source de controverse au XVIe siècle.

5 Érasme et les bouleversements de la pensée européenne

Jérôme Bosch, *La Nef des fous*, huile sur panneau, 58 × 32 cm, vers 1500 (Musée du Louvre, Paris).

1. Montrez que ce tableau fait écho aux conceptions d'Érasme sur la religion (doc. 4 ; doc. 5 p. 13).

Caractériser un personnage et son action en rapport avec la situation

En utilisant vos réponses aux questions précédentes, donnez deux raisons qui peuvent expliquer qu'Érasme est un acteur essentiel du mouvement humaniste qui se diffuse en Europe au XVIe siècle.

Léonard de Vinci et la représentation du corps

CONTEXTE

Doué pour le dessin, Léonard de Vinci (1452-1519) rejoint dès l'âge de 16 ans l'atelier du peintre florentin Andrea del Verrocchio. Il y réalise ses premières œuvres et débute une carrière qui s'étire sur plus de cinquante ans entre les cours d'Italie et celle du roi de France. Influencé par l'humanisme, Vinci a pour principale source d'inspiration l'Homme et le corps. Soucieux d'en donner une image la plus parfaite possible et d'en traduire le mouvement dans ses œuvres, l'artiste devient savant.

> Pourquoi Léonard de Vinci et son œuvre sont-ils le reflet du projet des humanistes de mieux connaître l'Homme ?

1 Pour peindre le corps humain

a. Il faut que les personnages aient une attitude conforme à ce qu'ils font, de façon qu'en les voyant tu comprennes ce qu'ils pensent ou disent. Par de brèves notations de quelques signes, copie les gestes des hommes selon leurs états d'âmes. […] Le peintre doit nécessairement, afin de bien savoir mettre les membres dans les attitudes et gestes que peuvent faire les nus, connaître l'anatomie des nerfs, des os, des muscles et des tendons, pour connaître, dans les différents mouvements et efforts, le nerf ou le muscle qui en est responsable.

b. Pour acquérir une connaissance juste et complète du corps humain, j'ai disséqué plus de dix cadavres. […] Malgré tout ton amour des recherches, tu peux en être éloigné par la peur de passer des nuits en compagnie de ces cadavres ou peut-être n'auras-tu pas le don graphique nécessaire pour l'interprétation figurée. Et si tu sais dessiner, peut-être te manquera-t-il la connaissance de la perspective ; et si tu l'as, le sens des exposés mathématiques et la méthode pour calculer les forces et l'énergie musculaire, ou peut-être est-ce la patience qui te manquera, et tu ne seras pas diligent.

Léonard de Vinci, *Traité de peinture*, 1490.

1. Précisez ce que doit rechercher le peintre quand il représente des personnages (doc. 1a).
2. Expliquez pourquoi le peintre doit maîtriser de nombreuses connaissances. Illustrez votre réponse (doc. 1a et 1b).

2 Étude de l'effet de la lumière sur une tête de profil

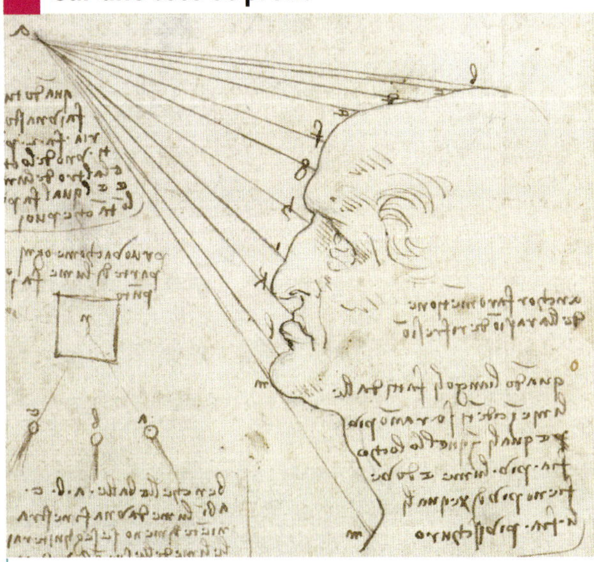

Léonard de Vinci, croquis, 1497-1490 (Galerie des offices, Florence).

1. Expliquez l'intérêt pour un peintre de ce type d'étude.
2. Montrez que, pour Léonard de Vinci, le peintre est aussi un scientifique (doc. 1 et 2).

3 Planche d'anatomie

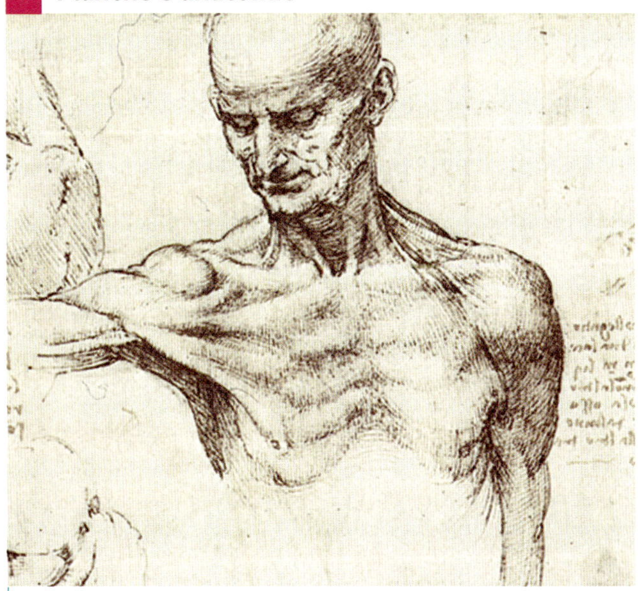

Léonard de Vinci, croquis (Royal Library, Windsor).

1. Identifiez la nature de ce document.
2. Précisez pourquoi ce document illustre les propos de Léonard de Vinci (doc. 1).

4 ***Saint Jérôme dans le désert***

Léonard de Vinci,
huile sur bois,
74 x 103 cm, vers 1482
(Pinacothèque du Vatican,
Rome).

1. Identifiez le lien entre ce tableau et le document 3.

5 ***La Vierge aux rochers***

Léonard de Vinci,
huile sur toile, 122 x 199 cm,
1483-1486 (Musée du Louvre,
Paris).

1. Citez les différents procédés utilisés par Léonard de Vinci pour mettre en valeur le corps et l'expression des personnages de *La Vierge aux rochers*.

Montrer en quoi la situation est caractéristique du sujet d'étude

En utilisant vos réponses aux questions précédentes ainsi que le doc. 2a p. 12, expliquez pourquoi Léonard de Vinci et son œuvre sont le reflet du projet des humanistes de mieux connaître l'Homme.

La controverse de Valladolid

CONTEXTE

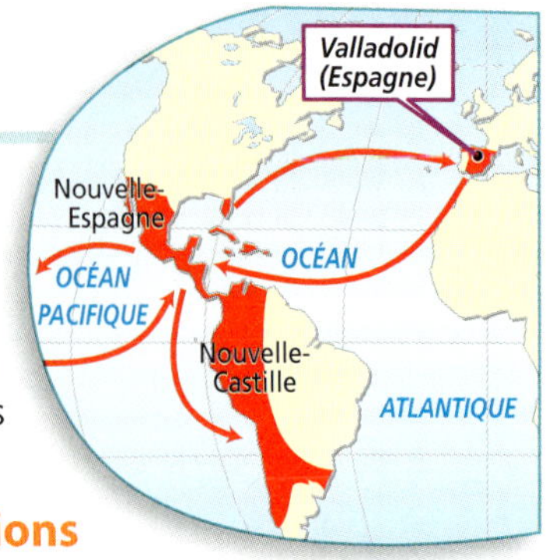

Dès la fin du xve siècle, la découverte puis la conquête de l'Amérique confrontent les Européens à des civilisations différentes. Cette rencontre avec « l'Autre » s'accompagne de nombreuses interrogations, en particulier sur l'attitude à adopter face à ces peuples. L'empereur germanique Charles Quint réunit à Valladolid, d'août 1550 à mai 1551, une commission de juristes et de théologiens pour « traiter et parler de la manière dont devaient se faire les conquêtes dans le Nouveau Monde ».

> Pourquoi la controverse de Valladolid témoigne-t-elle des interrogations que suscite en Europe la découverte de nouveaux peuples ?

1 La controverse de Valladolid, un débat

La question que vos seigneuries[1] [...] veulent examiner ici est de rechercher et d'établir en général selon quelle forme et quelles lois notre sainte foi catholique peut être prêchée et promulguée de la manière la plus adéquate dans ce monde nouveau que Dieu nous a découvert, et d'examiner comment ces gens peuvent être assujettis à la Majesté de l'Empereur notre seigneur [...]. Mais ces messieurs qui ont débattu n'ont pas traité la question de cette manière générale [...]. Ils ont traité et disputé de cette question particulière : est-il licite[2] à sa Majesté de faire la guerre à ces Indiens avant de leur prêcher la foi pour les soumettre à son Empire, pour qu'ils puissent ensuite être facilement et plus commodément instruits et éclairés, par la doctrine évangélique, de la connaissance de leurs erreurs et de la vérité chrétienne ?

Intervention du père Domingo de Soto à l'issue des débats en 1551, dans *Traité de Las Casas*, 1552 (trad. L. Capdevila, dans *La Controverse entre Las Casas et Sepúlveda*, © Librairie philosophique J. Vrin, 2007).

1. Juan Ginès de Sepúlveda, théologien et humaniste, et Bartholomé de Las Casas, évêque au Mexique. **2.** Autorisé.

1. Relevez la question posée lors de la controverse.
2. Expliquez pourquoi le père Domingo de Soto constate que « ces messieurs qui ont débattu n'ont pas traité la question de cette manière générale. »

2 Les Indiens dans l'Empire espagnol

Theodore de Bry, *Travaux forcés des Indiens*, gravure, dans Las Casas, *Très brève relation de la destruction des Indes*, 1552.

1. Donnez une raison qui permet de comprendre pourquoi Charles Quint décide d'organiser ce débat à Valladolid.

3 Le point de vue de Juan Ginès de Sepúlveda[1]

Les Indiens demandent, de par leur nature et dans leur propre intérêt, à être placés sous l'autorité des princes ou d'États civilisés [...]. Comparez ces bienfaits dont jouissent les Espagnols – prudence, invention, magnanimité, tempérance, humanité et religion – avec ceux de ces hommelets si médiocrement humains, dépourvus de toute science et de tout art, sans monument du passé autre que certaines peintures aux évocations imprécises. Ils n'ont pas de lois écrites, mais seulement des coutumes, des traditions barbares. Ils ignorent même le droit de propriété. [...] Comment douter que des peuples aussi peu civilisés, aussi barbares, souillés de tant d'impuretés et d'impiétés, n'aient été justement conquis [...] par une nation aussi humaine, aussi riche de toutes sortes de vertus ?

Juan Ginès de Sepúlveda, *Democrates Alter*, Séville, 1541.

1. Juan Ginès de Sepúlveda publie ces propos avant la controverse de Valladolid mais les reprend lors du débat.

1. Résumez le point de vue de Sepúlveda sur les Indiens et les arguments qu'il développe.

4 Les Indiens vus par les Européens

Theodore de Bry, *Indiens versant de l'or fondu dans la bouche d'un conquistador*, gravure, dans Las Casas, *Très brève relation de la destruction des Indes*, 1552.

1. Expliquez pourquoi ce type d'image peut conduire certains Européens à partager le point de vue de Sepúlveda (doc. 3).

5 Réponse de Las Casas à Sepúlveda

Il me semble juste d'attaquer ouvertement le docteur Sepúlveda et de m'opposer à ces arguments pour arrêter le cancer venimeux qu'il veut répandre dans ces royaumes pour les détruire. En effet, aucun chrétien ne peut défendre l'autorité d'un roi avec des guerres injustes et en emplissant des montagnes et les champs du sang d'hommes innocents mais sur la prédication évangélique, pacifique et sur l'introduction, l'établissement et l'implantation sincère de la foi [...]. Les Indiens ont d'aussi bons entendements, des esprits aussi perspicaces, aussi capables pour n'importe quelle science morale ; pour la majeure partie, ils sont aussi ordonnés, aussi pourvus et raisonnables dans leur police – car ils ont beaucoup de lois très justes – et je ne parle pas de leur admirable progrès dans les arts mécaniques et les arts libéraux, comme la lecture et l'écriture, la musique vocale, la pratique de tous les instruments de musique, la grammaire, la logique, et dans tout ce qui leur a été enseigné et qu'ils ont écouté.

Intervention de Las Casas en réponse à Sepúlveda, *ouvrage cité*.

1. Le point de vue de vue de Las Casas s'oppose à celui défendu par Sepúlveda. Justifiez cette affirmation.

Raconter et caractériser un événement historique

Après avoir rappelé le contexte dans lequel se déroule la controverse (quand ? où ? qui ? pourquoi ?), donnez deux raisons qui montrent que ce débat témoigne des interrogations que suscite en Europe la découverte de nouveaux peuples.

L'humanisme, un nouveau courant de pensée

Notions

Humaniste : intellectuel des XVe et XVIe siècles qui se consacre à l'étude de l'Homme et des auteurs antiques.

Académie : société qui réunit des gens de lettres, des savants et des artistes.

République des Lettres : réseau européen d'intellectuels qui communiquent par des lettres et des voyages.

Synthèse audio
www.lienmini.fr/hg2-01

■ **Les humanistes sont à l'origine d'un profond bouleversement culturel fondé sur la redécouverte et l'étude des auteurs de l'Antiquité.** Critiquant les universités, dont les enseignements sont centrés sur l'étude des questions religieuses et dominés par l'idée selon laquelle Dieu est à l'origine de toute chose, des érudits italiens (Pic de la Mirandole, Marsile Ficin) proposent, dès le XVe siècle, une nouvelle vision du monde et de l'homme. Sans rompre avec l'idée d'un Dieu tout puissant, l'homme maîtrise son destin à condition d'utiliser son intelligence.

■ **Cette nouvelle vision de l'homme conduit les humanistes à repenser l'éducation.** L'enseignement doit développer toutes les facultés individuelles, tant physiques qu'intellectuelles. **Ils repensent également l'exercice du pouvoir et proposent une image du prince idéal** (Érasme, Thomas More). Soucieux du bien commun, le prince doit respecter le droit de chacun, faire régner la paix, et protéger les faibles. Certains vont jusqu'à critiquer la pratique du pouvoir et imaginer une société idéale où seraient bannis les inégalités et les privilèges.

■ **Ces conceptions nouvelles se diffusent en Europe.** Voyageant beaucoup, les humanistes échangent leurs idées lors de rencontres dans les **académies**, les cours princières ou par correspondance. Ils forment une **République des Lettres**. Enfin, grâce au développement de l'imprimerie, leurs écrits sont reproduits à moindre coût et deviennent accessibles à un plus grand nombre. Le savoir et la réflexion ne sont plus réservés à une élite restreinte.

Vérifier sa compréhension de la leçon

1. Illustrez chacune des affirmations ci-dessous par un exemple.
a. Les humanistes remettent en question les conceptions des hommes du Moyen Âge.
b. Les humanistes développent de nouvelles théories politiques.
c. La diffusion des idées humanistes en Europe est assurée par plusieurs moyens.

2. Retrouvez les points de leçon illustrés par le document ci-contre.

Jacopo de' Barbari, *Portrait de Luca Pacioli*, huile sur bois, 120 x 99 cm, 1495 (Musée de Capodimonte, Naples).

Organiser ses connaissances à l'aide d'un schéma

Reproduisez puis complétez le schéma ci-dessous à l'aide des informations de la leçon.

Un contexte
Quand ? ....
Où ? ....

Des acteurs
Qui ? ....

→ **L'humanisme, des idées nouvelles**
Exemples : ....

Le renouveau des sciences et des arts au XVIe siècle

Notions

Renaissance : terme utilisé pour la première fois par le peintre italien Giorgio Vasari pour décrire le sentiment des érudits du XVIe siècle qui ont conscience de vivre une époque de renouveau artistique.

Art profane : art qui n'a aucun caractère religieux ni sacré.

■ **Persuadés que seul le savoir permet à l'Homme d'atteindre la perfection, les humanistes exercent leur curiosité dans tous les domaines.** Posant les bases d'une méthode expérimentale, leurs travaux permettent des avancées dans les sciences. L'étude des êtres vivants progresse : les espèces sont inventoriées. La pratique de la dissection permet de mieux connaître le corps humain et donc de le soigner.

■ **La connaissance de la Terre et de l'univers s'enrichit.** De nouveaux continents et civilisations sont découverts lors des voyages de découverte. Bénéficiant des progrès des mathématiques et de l'observation, l'astronomie se renouvelle : Nicolas Copernic fonde le principe de l'héliocentrisme. Ces découvertes suscitent de nombreux débats : ainsi, la rencontre avec les Indiens d'Amérique conduit à s'interroger sur leur humanité.

■ **Imprégnés par les idées des humanistes, les artistes italiens sont à l'origine, dès le XVe siècle, de la Renaissance, qui s'étend à toute l'Europe au XVIe siècle.** Rejetant le Moyen Âge comme une époque privée du sens de la beauté, ils prennent pour modèle l'Antiquité. L'Homme et le paysage sont leurs principales sources d'inspiration. Mais si l'**art profane** se développe, les sujets religieux dominent toujours la production. Soucieux de rendre compte du réel et d'imiter la nature, ils s'appuient sur les progrès des connaissances (Léonard de Vinci). Recherchant l'harmonie et les proportions idéales, ils mettent au point de nouvelles techniques (peinture à l'huile) et découvrent la perspective.

Synthèse audio
www.lienmini.fr/hg2-02

Vérifier sa compréhension de la leçon

1. Dites pour chaque affirmation si elle est juste ou fausse. Expliquez votre choix à l'aide de la leçon.
a. Au XVIe siècle, les sciences progressent car les hommes redécouvrent et étudient les théories du Moyen Âge.
b. Les hommes de la Renaissance élaborent de nouveaux savoirs en s'appuyant sur l'expérience.
c. L'humanisme influence le renouveau scientifique et artistique du XVIe siècle.

2. Retrouvez les points de leçon illustrés par le document ci-contre.

Villa Rotonda, Vivence, Italie.

Organiser ses connaissances à l'aide d'un schéma

Reproduisez puis complétez le schéma ci-dessous à l'aide des informations de la leçon.

Facteurs explicatifs	→	RENOUVEAU SCIENTIFIQUE	→	Conséquences
....				....
....				....
....				....

1 Des hommes et un projet : explorer le monde

Illustration de l'ouvrage de géographie W. Jansz Blaeu (cartographe néerlandais), imprimé à Amsterdam en 1620.
Depuis le XVIe siècle, les connaissances en matière de navigation évoluent grâce au progrès des sciences et favorisent l'organisation de grandes expéditions maritimes.

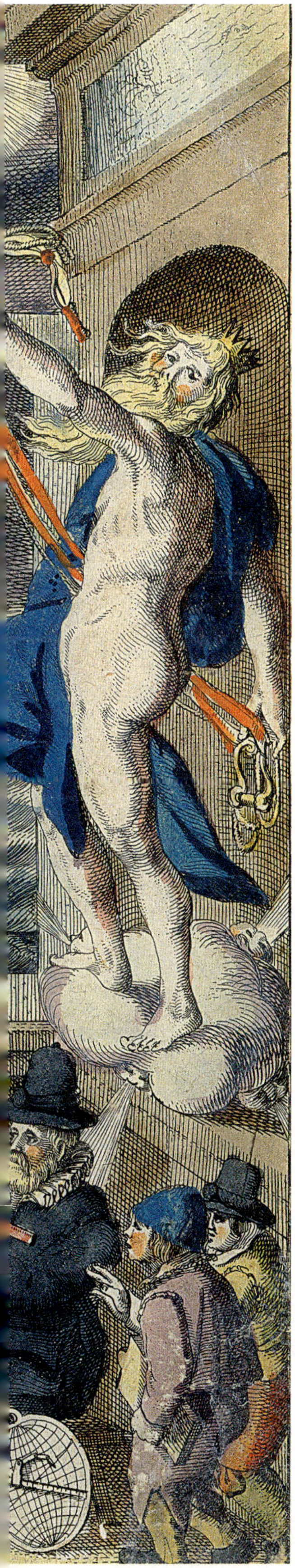

Voyages et découvertes, XVIe - XVIIIe siècle

> Pourquoi les voyages et les découvertes réalisés entre le XVIe et le XVIIIe siècle ont-ils marqué l'histoire de l'humanité ?

2 La modernité du XVIe siècle

Les Nouvelles Découvertes, gravure colorée de Theodor Gall d'après Jan van der Straet, Pays-Bas, v. 1560.

1 La découverte de l'Amérique par le génois Christophe Colomb et le florentin Amerigo Vespucci 2 La boussole 3 L'imprimerie 4 Le fil de soie 5 La selle 6 La mécanique de précision, ici une horloge 7 L'armement, ici un canon 8 La science, ici la distillation dans un alambic et une cornue 9 La médecine, ici le bois de gaïac, importé d'Amérique, utilisé comme médicament.

LANCER LA RÉFLEXION !

1. Donnez deux raisons qui permettent de comprendre le choix du document 1 pour illustrer le sujet d'étude.
2. Nommez les détails de la gravure (doc. 2) qui, selon vous, ont un lien avec le sujet d'étude. Expliquez vos choix.
3. En vous appuyant sur les deux documents, formulez deux hypothèses en réponse à la question : « Pourquoi les voyages et les découvertes réalisés entre le XVIe et le XVIIIe siècle ont-ils marqué l'histoire de l'humanité ? »

Les Européens et le monde (XVIe-XVIIIe siècle) :

Le monde connu des Européens au **XV**e ***siècle***, carte réalisée au début du XVe siècle, illustrant une édition de la *Géographie* de Claude Ptolémée (IIe siècle).

XVe siècle

Christophe Colomb accoste au Nouveau Monde, gravure de Justin Winsor, dans *Les Voyages de Colomb*, fin XVe siècle.

1492

1480 1500 1520 1540 1560 1580 1600 1620 1640

DÉCOUVERTES

CONQUÊTE ET COLONISATION DU NOUVEAU

1497-1502
Expéditions portugaises : Vasco de Gama aux Indes ; découverte des côtes du Brésil

1492-1504
Découverte et exploration des Caraïbes et de l'Amérique par Christophe Colomb

1519-1572
Expéditions espagnoles en Amérique centrale : conquête du Mexique et du Pérou

1519-1522
Tour du monde par Magellan

1520-1607
Exploration des côtes de l'Amérique du Nord

1606 Expédition hollandaise et première exploration des côtes de l'Australie

1642-1643
Expédition hollandaise en Nouvelle-Zélande

Fin XVe siècle-début XVIe siècle

La découverte d'un Nouveau Monde

- Jusqu'au XVe siècle, les Européens sous-estiment les dimensions de la Terre. La Méditerranée est leur principale façade maritime et le monde qu'ils connaissent se limite à trois continents : l'Europe, l'Afrique et l'Asie. L'Amérique leur est encore totalement inconnue.
- À partir du XVe siècle, alors que les progrès des connaissances rendent les voyages maritimes lointains plus sûrs, Portugais et Espagnols partent à la découverte de nouveaux territoires et de populations aux modes de vie différents. Le monde connu des Européens s'élargit.

XVIe-

La conquête et la colonisation

- Dès le XVIe siècle, les Espagnols et les Portugais conquièrent et colonisent par la force les territoires qu'ils découvrent. Les populations indigènes sont rapidement soumises et réduites en esclavage. Les ressources sont pillées et ramenées en Europe, enrichissant les ports européens comme Séville ou Anvers.

une nouvelle vision du monde

Indiens travaillant comme esclaves pour les Espagnols dans les mines d'argent du Potosi (actuelle Bolivie), gravure de Théodore de Bry, XVIe siècle (BNF, Paris).

1545

Tête d'un prêtre de la tribu Rawara de Nouvelle-Zélande, dessin de William Hodges lors du second voyage de James Cook.

1774

1660 1680 1700 1720 1740 1760 1780 1800

MONDE

EXPLORATION SCIENTIFIQUE DU PACIFIQUE

1766-1769
Tour du monde de Louis-Antoine Bougainville

1768-1779
Expéditions de James Cook dans le Pacifique

1785-1788
Exploration de Jean-François de La Pérouse dans le Pacifique

XVIIe siècle

du Nouveau Monde

- Ce mouvement d'expansion des Européens à travers le monde se poursuit tout au long des XVIe et XVIIe siècles. D'autres nations européennes cherchent à leur tour à s'approprier une partie des territoires et des richesses du Nouveau Monde. De vastes empires coloniaux se constituent.

XVIIIe siècle

L'exploration scientifique du Pacifique

- Après un ralentissement au XVIIe siècle, les voyages d'exploration reprennent au XVIIIe siècle avec des caractères nouveaux. S'ils restent l'occasion de conquérir et d'exploiter des territoires hors d'Europe, ils doivent également permettre d'enrichir les connaissances scientifiques.
- À la fin du XVIIIe siècle, après trois siècles d'expéditions maritimes, on connaît la configuration de la Terre ainsi que la forme des grandes masses continentales et océaniques, à l'exception de l'Antarctique. Toutefois, l'intérieur des continents reste encore à explorer.

A. Les Européens à la découverte du monde

> Pourquoi les Européens partent-ils explorer le monde entre le XVIe et le XVIIIe siècle ?

1 Les voyages du navigateur portugais Vasco de Gama (1497-1502)

À tous ceux qui notre lettre verront, nous faisons savoir que la découverte de la terre de Guinée a été entreprise par mon oncle en 1483 dans le dessin d'ouvrir une route vers l'Inde […]. Il ne s'agissait pas seulement d'accroître la gloire de ce royaume tout en tirant profit des grandes richesses jusqu'alors aux mains des Maures[1] mais également d'étendre partout la foi de Notre Seigneur et de faire connaître son nom. […]
Et nous désireux d'achever l'œuvre entreprise par les rois nos prédécesseurs, nous mîmes notre confiance en vous, Vasco de Gama, et nous vous avons envoyé à la tête de notre armada[2] à la recherche de la dite Inde. Et, […] vous avez découvert au cours de votre voyage 1 550 lieues de côtes ainsi qu'une grande mine d'or et beaucoup de villes et de cités fort riches et de grand commerce. Enfin, vous avez découvert l'Inde que tous les écrits présentent comme la plus riche des provinces, celle qui fut désirée par tous les empereurs et tous les grands rois du monde.

Livre des donations de Manuel Ier (roi du Portugal de 1495 à 1521), 1500, Archives historiques de la Bibliothèque nationale du Portugal, Lisbonne, 1903.

1. Musulmans d'Afrique du Nord.
2. Flotte de guerre.

1. À l'aide de la frise page 26, datez précisément le voyage de Vasco de Gama.
2. Relevez les objectifs que le roi du Portugal a donnés à ce voyage.

2 Carte des côtes du Brésil au début du XVIe siècle

Carte réalisée après la découverte et l'exploration des côtes du Brésil par le navigateur portugais Pedro Alvarez Cabral en 1500, *Atlas Miller*, 1519 (BNF, Paris).

1. Précisez le contexte dans lequel cette carte a été réalisée et les informations qu'elle apporte.
2. Indiquez l'intérêt de cette carte pour les hommes du XVIe siècle.

3 Proclamation des Espagnols à leur arrivée en Amérique centrale

Caciques et Indiens de la Terre-Ferme, habitants de tel lieu, nous vous faisons savoir qu'il y a un Dieu, un pape, et un roi de Castille qui est le maître de cette terre, parce que le pape, qui est le vicaire tout-puissant de Dieu et qui dispose du monde entier, l'a donné au roi de Castille, à condition qu'il rendra chrétiens ses habitants, pour qu'ils soient éternellement heureux dans la gloire céleste après leur mort. Ainsi donc, caciques et Indiens, venez, venez ! Abandonnez vos faux dieux ; adorez le Dieu des chrétiens ; professez leur religion, croyez à l'Évangile, recevez le saint baptême ; reconnaissez le roi de Castille pour votre roi et votre maître, prêtez-lui serment d'obéissance, et faites ce qui vous sera commandé en son nom et par son ordre ; attendu que si vous résistez nous vous déclarons la guerre pour vous tuer, vous rendre esclaves, vous dépouiller de vos biens, et vous faire souffrir aussi longtemps et toutes les fois que nous le jugerons convenable, d'après les droits et les usages de la guerre.

Bartolomé de Las Casas, reproduit dans *Les Conquistadors*, Lausanne, Éditions Rencontre, 1962.

1. À l'aide de la frise page 26, datez l'arrivée des Espagnols en Amérique centrale.
2. Reformulez les principaux points de cette proclamation.

4 Premier voyage de James Cook dans le Pacifique (1768-1771)

James Cook et les naturalistes de son équipage au camp de Botany Bay (Australie) en 1770, gravure de Louis Gosse, XVIIe siècle (National Maritim Museum, Londres).

1 James Cook
2 Naturalistes
3 Autochtone
4 Faune locale
5 Animaux européens apportés par les explorateurs

1. **Les personnages représentés sur cette gravure sont des naturalistes. Décrivez en quoi consistent leurs travaux lors de ce voyage.**

5 Le voyage autour du monde de Jean-François de La Pérouse

L'objet le plus important de la navigation est de fixer avec précision les latitudes et longitudes des lieux où il abordera, et de ceux au vue desquels il pourra passer. [...]
Il fera recueillir les curiosités naturelles, terrestres et marines ; il fera classer par ordre, et fera dresser, pour chaque espèce, un catalogue raisonné, dans lequel il fera mention des lieux où elles auront été trouvées, de l'usage qu'en font les naturels du pays et, si ce sont des plantes, des vertus qu'ils leur attribuent. Il fera pareillement rassembler et classer les habillements, les armes, les ornements, les meubles, les outils, les instruments de musique, et tous les effets à l'usage des divers peuples qu'il visitera ; et chaque objet devra porter son étiquette et le numéro correspondant à celui du catalogue. Il fera dessiner par les dessinateurs embarqués sur les deux frégates, toutes les vues de terre et les sites remarquables, les portraits des naturels des différents pays, leurs costumes, leurs cérémonies, leurs jeux, leurs édifices, leurs bâtiments de mer, et toutes les productions de la terre et de la mer dans les trois règnes.

Instructions relatives au voyage ordonné par Louis XVI au navigateur La Pérouse, 26 juin 1785.

1. **Citez les instructions que donne Louis XVI à Jean-François de La Pérouse.**
2. **Relevez une phrase qui fait écho à la scène dessinée par Louis Gosse (doc. 4).**

Construire ses connaissances

1. **Organisez dans un tableau les informations tirées des documents.**

Voyages du XVIe au XVIIIe siècle					
	Période	Acteur	Destination	Objectifs	Résultats
Doc. 1	Fin XVe, début XVIe s.	Portugal	Côte de l'Afrique	....	....
Doc. 2	....	....	....	....	....

2. **Reformulez les points clés à retenir.**
Exemple (doc. 1 et 2) : *À la fin du XVe et au début du XVIe siècle, les Portugais organisent des voyages pour explorer les côtes de l'Afrique. Ils souhaitent .... Ainsi, en ...., ils parviennent à ....*

B. Les Européens et les territoires découverts

> Pourquoi la découverte de nouveaux territoires modifie-t-elle la connaissance et l'organisation du monde ?

1 Regards sur la découverte de l'Amérique

a. Le plus grand événement qui s'est produit dans le monde depuis sa création, si l'on excepte l'incarnation et la mort de celui qui l'a créé, a été la découverte des Indes et c'est pourquoi on les appelle Monde Nouveau. Nouveau, il l'est moins parce qu'on vient à peine de le découvrir qu'à cause de son immensité, car il est presque aussi grand que l'ancien, qui comprend l'Europe, l'Afrique et l'Asie. On peut encore le dire nouveau parce que tout ce qu'il contient diffère considérablement de ce qu'on trouve dans le nôtre. Les animaux, en général, ont beau y compter peu d'espèces, ils y sont d'une autre force […], ce qui en dit long sur la puissance du Créateur, puisque les éléments y sont les mêmes ici et là-bas.

Francisco Lopez de Gomara (historien espagnol), lettre adressée à l'empereur et roi d'Espagne Charles Quint, 1552.

b. Notre monde vient d'en trouver un autre, si nouveau, si enfant qu'on lui apprend encore son a, b, c ; il n'y a pas cinquante ans qu'il ne savait ni lettre, ni poids, ni mesure, ni vêtements, ni céréales, ni vignes […]. Nous nous sommes servis de l'ignorance et inexpérience de ces peuples pour les plier plus facilement vers la trahison, luxure, cupidité et vers toute sorte d'inhumanité et de cruauté, à l'exemple et sur le modèle de nos mœurs. […] Tant de villes rasées, tant de nations exterminées, tant de millions de peuples passés au fil de l'épée, et la plus riche et la plus belle partie du monde bouleversée pour la négociation des perles et du poivre !

Michel de Montaigne (philosophe français), *Essais* (III, 6), « Des Coches », 1595.

1. Reformulez le point de vue de chacun des auteurs sur la découverte de l'Amérique. Justifiez votre réponse.

2 Le débarquement des Espagnols à Vera Cruz au Mexique en 1519

Diego Rivera, *Le Débarquement des Espagnols à Vera Cruz*, fresque, 1951 (Palais national, Mexico).

1. Repérez et décrivez les différentes scènes qui composent cette fresque.
2. Comparez l'image que donne le peintre de l'arrivée des Européens dans le Nouveau Monde au point de vue des auteurs des documents 1a et 1b. Formulez deux remarques.

3 Les espaces économiques au XVIIIe siècle

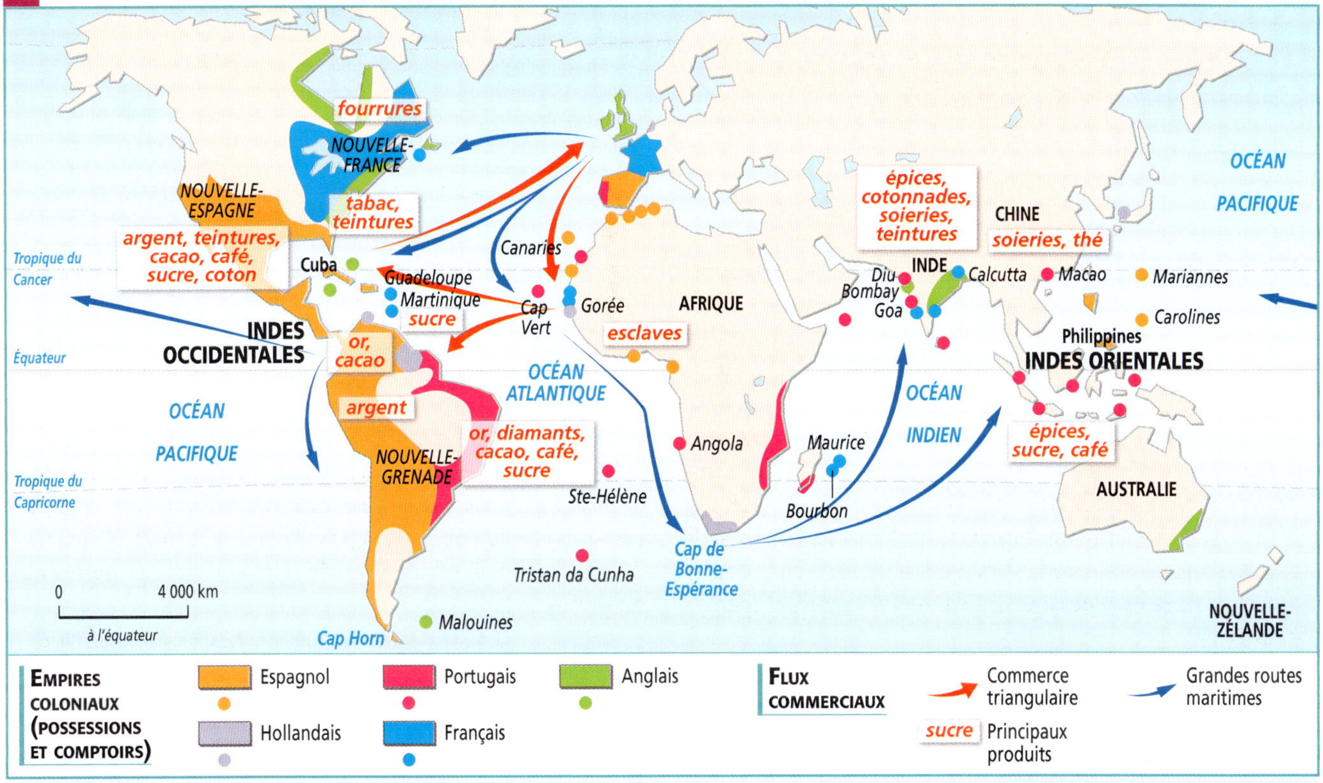

1. Décrivez la présence européenne dans le monde au XVIIIe siècle.
2. Au XVIIIe siècle, l'Europe du Nord-Ouest est le centre de l'économie mondiale. Expliquez et justifiez cette affirmation à l'aide de la carte.

4 Sur l'île de Pâques

Les gigantesques statues si souvent mentionnées ne sont pas des idoles. [...] Je croirais plutôt que ce sont les sépultures de certaines tribus ou familles. J'ai vu, d'autres que moi aussi, un squelette humain qu'on venait de recouvrir de pierres, étendu sur une des terrasses. [...] Ces statues sont en général tout au bord des falaises et font face à la mer, de telle sorte que de ce côté elles peuvent avoir dix à douze pieds de haut, ou plus, et de l'autre n'en avoir que trois ou quatre. En façade, elles sont construites avec de très grandes pierres de taille. Et le travail n'est pas inférieur à celui des meilleurs ouvrages de maçonnerie simple que nous avons en Angleterre. [...] Nous avions de la peine à concevoir comment ces insulaires totalement dépourvus de moyens mécaniques avaient pu élever ces étonnantes sculptures, et placer ensuite sur leurs têtes les grandes pierres cylindriques dont j'ai déjà parlé. [...] Cela a dû être une œuvre de très longue haleine et montre suffisamment le degré d'industrie et la persévérance des insulaires à l'époque où ces statues furent érigées.

James Cook, *Relations autour du monde, 1768-1779*, La Découverte, 1998.

1. Précisez qui est James Cook à l'aide de la situation p. 36 et situez l'île où il se trouve.
2. Qualifiez le regard que Cook porte sur cette découverte.

Construire ses connaissances

1. Organisez dans un tableau les informations fournies par chaque document.

	Document	Informations
Modification de la connaissance du monde (1er paragraphe)	1a 4	....
Modification de l'organisation du monde (2nd paragraphe)	1b 2 3	....

2. À l'aide du tableau, rédigez une réponse en deux paragraphes à la question :
Pourquoi la découverte de nouveaux territoires modifie-t-elle la connaissance et l'organisation du monde ?

Christophe Colomb et la découverte de l'Amérique

CONTEXTE

Au XVe siècle, les Européens cherchent de nouvelles routes commerciales pour se rendre aux Indes, sans devoir passer par l'Empire ottoman qui peut, à tout moment, décider de bloquer les convois de marchandises. Si les navigateurs portugais pensent qu'il faut contourner l'Afrique pour atteindre les Indes, Christophe Colomb est certain qu'il faut passer par l'ouest. Après avoir convaincu les Rois espagnols de financer son projet, il part du port de Palos, en Andalousie, avec trois caravelles et 90 hommes d'équipage en août 1492.

> Pourquoi le premier voyage de Christophe Colomb est-il important pour l'Europe ?

1 La représentation géographique du monde à la fin du XVe siècle

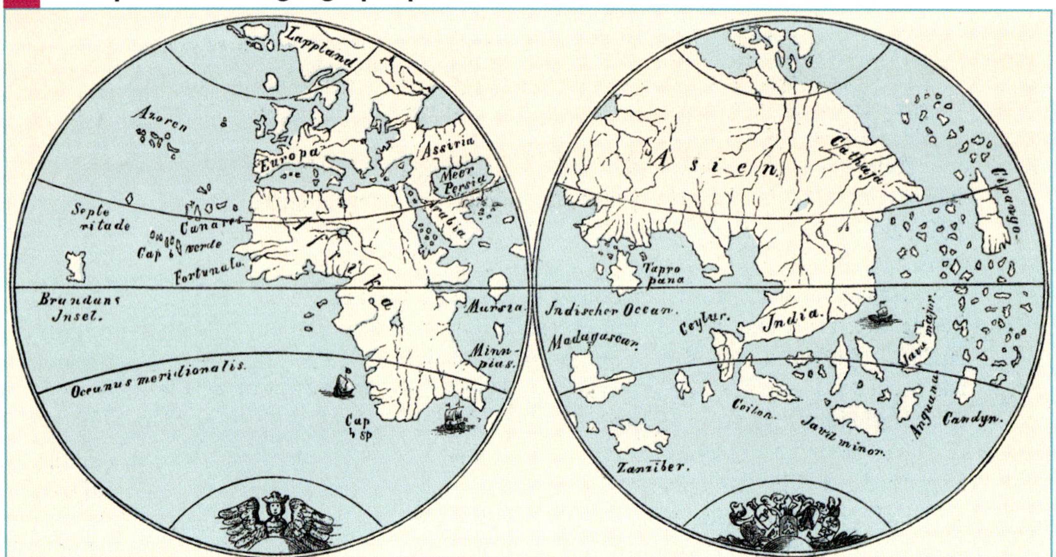

Globe réalisé en juin 1492 par Martin Behaim (1459-1507), avant le départ de Christophe Colomb.

1. En vous appuyant sur les informations données dans le contexte, indiquez la région du monde où veut se rendre Christophe Colomb et l'itinéraire qu'il suit.
2. Observez cette carte et expliquez pourquoi le choix de cet itinéraire repose sur une erreur.

2 La découverte des Indes occidentales

a. 11 octobre 1492

Après 35 jours de mer, Christophe Colomb et ses équipages aperçoivent la terre et accostent sur l'île des Bahamas, croyant être en Asie.

Dès l'abord ils virent des gens nus, et l'Amiral descendit à terre avec la barque armée […] et prit possession de ladite île au nom du Roi et de la Reine. […] Ce qui suit maintenant est exactement ce qu'écrivit l'Amiral dans le récit de son premier voyage. « Quant à moi, dit-il, afin qu'ils nous tinssent en grand amitié, car je vis que c'étaient des gens qui s'ouvriraient et se convertiraient à notre sainte religion plus par amour que par force, je donnai à quelques-uns d'entre eux des bonnets rouges et des colliers de perles de verre qu'ils se mettaient autour du cou, et bien d'autres choses de peu de valeur, grâce auxquelles ils furent très contents […]. Ces gens […] nous apportaient des perroquets, du fil de coton en pelotes, des sagaies et bien d'autres choses, et nous les troquions contre d'autres choses que nous leur donnions, comme des petites perles de verre et des grelots. »

b. 16 décembre 1492

Les Indiens n'ont pas d'armes […], n'ont pas le moindre génie pour le combat et sont si peureux qu'à mille, ils n'oseraient pas combattre trois des nôtres. Ils sont donc propres à être commandés et à ce qu'on les fasse travailler, semer et mener tous les autres travaux dont on aurait besoin, à ce qu'on les fasse bâtir des villes, à ce qu'on leur enseigne à aller vêtus et à prendre nos coutumes.

Journal de bord du premier voyage de Christophe Colomb, copie de Bartolomé de Las Casas, citée dans Christophe Colomb, *La Découverte de l'Amérique, I. Journal de bord et autres récits*, © La Découverte, 2002.

1. Qualifiez le regard que portent les Espagnols sur les Indiens. Expliquez votre choix.
2. Indiquez quels sont les projets des Espagnols pour les terres et les populations découvertes.

3 Le débarquement sur une île des Bahamas (11 octobre 1492)

Gravure de **Théodore de Bry**, 1596.

1. Comparez l'image que donne Theodore de Bry de l'arrivée de Christophe Colomb aux Indes occidentales au récit qu'en fait le navigateur (doc. 2a). Formulez trois remarques.

4 Les promesses du « Nouveau Monde »

En conclusion, et pour ne parler que de ce qui a été obtenu dans cette première expédition, Leurs Altesses peuvent se rendre compte que je leur donnerai autant d'or qu'ils en auront besoin, autant d'épices qu'ils le désireront, ainsi que du coton, de la gomme, et je leur fournirai autant de bois d'aloès et d'esclaves qu'ils en exigeront. Je pense aussi avoir trouvé de la rhubarbe et de la cannelle et mille autres produits de valeur, qui seront découverts par les hommes que j'y ai laissés. […]

Notre Rédempteur donna cette victoire à nos Très Illustres Roi et Reine. Il s'agit d'une chose si importante, que toute la chrétienté doit s'en réjouir, non seulement à cause de la gloire qu'on en tirera, grâce au grand nombre de peuples qui seront convertis à notre sainte foi, mais aussi à cause des richesses matérielles, qui pourront fournir ici des gains et des bénéfices à l'Espagne aussi bien qu'à toute la chrétienté.

Lettre de Christophe Colomb à Louis de Santángel, trésorier des rois d'Espagne, écrite lors de son voyage de retour, février 1493.

1. Identifiez les conséquences du premier voyage de Christophe Colomb pour les Indiens et pour les Européens (doc. 2 et 4).

5 Le retour de Christophe Colomb à la cour d'Espagne (février 1493)

Tableau du XIXe siècle (Library of Congress, Washington).

1. Décrivez l'image que donne ce tableau du retour de Christophe Colomb en Espagne.

Raconter un événement et en comprendre l'importance

En utilisant vos réponses aux questions précédentes, faites le récit du premier voyage de Christophe Colomb (date, acteurs, objectifs) et expliquez pourquoi ce voyage est un événement important pour l'Europe.

Le tour du monde de Bougainville

CONTEXTE

Au XVIIIe siècle, les nations européennes, dynamisées par une forte expansion économique et démographique, financent de grands voyages à travers le monde. En 1765, Louis XV organise le premier tour du monde français. Il confie le commandement de l'expédition à Louis-Antoine de Bougainville (1721-1811). En novembre 1766, le navigateur quitte Nantes avec deux navires et plus de 300 hommes d'équipage, dont plusieurs scientifiques, pour un voyage de plus de deux ans.

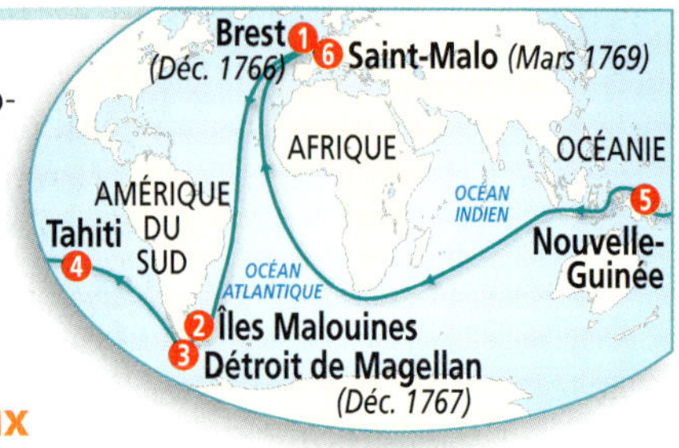

> Pourquoi le tour du monde de Bougainville illustre-t-il les enjeux politiques et scientifiques des voyages menés par les Européens au XVIIIe siècle ?

1 Instructions de Louis XV à Louis-Antoine de Bougainville

Après que le Sieur de Bougainville aura remis les îles Malouines aux Espagnols[1], il fera route pour la Chine et reconnaîtra l'océan Pacifique, notamment les différentes terres qui ont été aperçues par des navigateurs et nommées Nouvelle-Guinée. La connaissance de ces terres étant à peine ébauchée, il est très intéressant de la perfectionner. Comme aucune autre nation européenne n'a ni établissement ni droit sur ces terres, il ne peut être que très avantageux pour la France de les reconnaître et d'en prendre possession, si elles peuvent offrir des objets utiles à son commerce et à sa navigation. [...] C'est dans ces climats que l'on trouve les métaux riches et les épices. Il en examinera les terres, les arbres et les principales productions ; il rapportera des échantillons et des dessins de tout ce qu'il jugera intéressant et relèvera tous les endroits qui pourraient servir de relâche aux vaisseaux et tout ce qui peut intéresser la navigation [...]. Sa Majesté lui recommande de reconnaître quelque île, près de la côte de Chine, qui puisse servir d'entrepôt à la Compagnie des Indes[2] pour un commerce avec ce pays.

Mémoire du roi Louis XV pour servir d'instructions au sieur de Bougainville, colonel et capitaine de vaisseau pour la campagne sur les opérations qu'il va faire, 26 octobre 1765.

1. Îles revendiquées par l'Espagne en raison de leur proximité avec son empire colonial.
2. Société créée en 1664 pour développer le commerce lointain, découvrir et coloniser de nouvelles terres.

1. Le voyage de Bougainville est une expédition à la fois politique et scientifique. Justifiez cette affirmation en relevant des informations données dans le document et le contexte.

2 Premières escales en Terres de Feu (1767-1768)

Nous vîmes que le lieu où nous avions abordé était un vrai port, et nous en prîmes les sondes[1], ainsi que celles de la baie. [...] Nous découvrîmes une belle baie avec un port superbe et une chute d'eau remarquable [...] ; j'y ai cherché et n'y ai point trouvé de traces du passage d'aucun homme [...]. Je joins ici la carte particulière que j'ai faite de cette intéressante partie de la côte des Terres de Feu. Jusqu'à présent, on n'y connaissait aucun mouillage, et les navires évitaient de l'approcher. La découverte des trois ports que je viens d'y décrire facilitera la navigation de cette partie du détroit de Magellan.

Louis-Antoine de Bougainville, *Voyage autour du monde* [1re édition 1771], La Découverte, 2006.

1. Mesure de la profondeur des eaux.

1. À l'aide de la carte, situez les Terres de Feu.
2. Montrez que l'activité de Bougainville et de son équipage répond aux instructions royales (doc. 1).

3 Arrivée à Tahiti (1768)

Je me croyais transporté dans le jardin d'Éden : nous parcourions une plaine de gazon, couverte de beaux arbres fruitiers et coupée de petites rivières qui entretiennent une fraîcheur délicieuse, sans aucun des inconvénients qu'entraîne l'humidité. Un peuple nombreux y jouit des trésors que la nature verse à pleines mains sur lui. Nous trouvions des troupes d'hommes et de femmes assises à l'ombre des vergers ; tous nous saluaient avec amitié ; ceux que nous rencontrions dans les chemins se rangeaient à côté pour nous laisser passer ; partout nous voyions régner l'hospitalité, le repos, une joie douce et toutes les apparences du bonheur.
[...] Le caractère de la nation nous a paru être doux et bienfaisant. Il ne semble pas qu'il y ait dans l'île aucune guerre civile, aucune haine particulière, quoique le pays soit divisé en petits cantons qui ont chacun leur seigneur indépendant. Il est probable que les Tahitiens pratiquent entre eux une bonne foi dont ils ne doutent point. Qu'ils soient chez eux ou non, jour ou nuit, les maisons sont ouvertes. Chacun cueille les fruits sur le premier arbre qu'il rencontre, en prend dans la maison où il entre. Il paraîtrait que, pour les choses absolument nécessaires à la vie, il n'y a point de propriété et que tout est à tous.

Louis-Antoine de Bougainville, *ouvrage cité.*

1. **Caractérisez l'image que donne Bougainville de l'île de Tahiti et de ses habitants. Justifiez votre réponse en citant le texte.**

4 Tahitiens présentant des fruits à Bougainville entouré de ses officiers

Gravure anonyme, 1768.

1. **Comparez l'image que donne le dessinateur des relations entre les Européens et les Tahitiens à celle qu'en donne Bougainville (doc. 3).**

5 À propos du voyage de Bougainville

Après la publication du récit du voyage par Bougainville en 1771, le philosophe Denis Diderot publie un Supplément au voyage de Bougainville. *Dans ce passage, il imagine un dialogue deux personnages.*
A : Que pensez-vous de son *Voyage* ?
B : Autant que j'en puis juger sur une lecture assez superficielle, j'en rapporterai l'avantage à trois points principaux. Une meilleure connaissance de notre vieux domicile et de ses habitants ; plus de sûreté sur des mers qu'il a parcouru la sonde à la main ; et plus de correction dans nos cartes géographiques. Bougainville est parti avec les lumières nécessaires et les qualités propres à ses vues : de la philosophie, du courage, de la véracité, un coup d'œil prompt qui saisit la chose et abrège le temps des observations ; de la circonspection, de la patience, le désir de voir, de s'éclairer et d'instruire, la science du calcul, des mécaniques, de la géométrie, de l'astronomie et de l'histoire naturelle.

Denis Diderot, *Supplément au voyage de Bougainville,* 1772.

1. **Résumez le bilan qui est dressé du voyage de Bougainville.**
2. **Indiquez quelles conséquences peuvent avoir eu, au XVIIIe siècle, la publication de ce récit de voyage.**

Montrer en quoi la situation est caractéristique du sujet d'étude

En utilisant vos réponses aux questions précédentes, recensez toutes les informations qui montrent que le tour du monde de Bougainville illustre les enjeux politiques et scientifiques des voyages menés par les Européens au XVIIIe siècle.

James Cook et l'exploration du Pacifique

CONTEXTE

Au XVIIIe siècle, les voyages d'exploration se multiplient, bénéficiant des progrès techniques et d'un goût marqué pour la connaissance scientifique. De nombreuses expéditions sont menées dans le Pacifique, encore peu connu des Européens. Ainsi, entre 1768 et 1779, le navigateur anglais James Cook parcourt cet océan, animé par la conviction « qu'il n'est pas possible qu'il n'y ait pas quelque continent au sud de l'Asie, capable de tenir le monde en équilibre ».

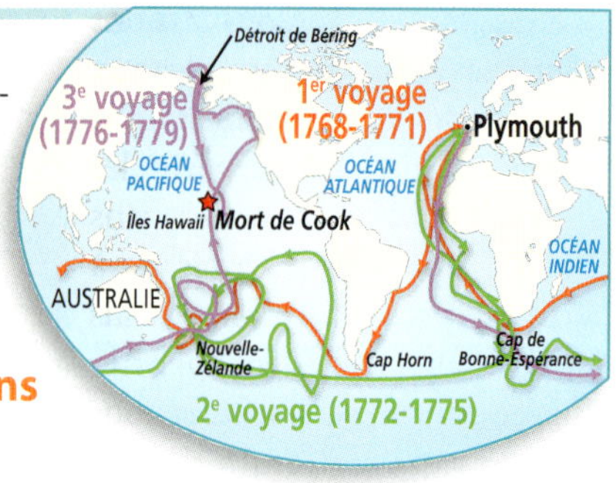

> Pourquoi James Cook et ses voyages ont-ils permis aux Européens de mieux connaître l'Océanie ?

1 Bilan du premier voyage

31 mars 1770 - Notre voyage a écarté la plupart des arguments, sinon tous ceux qui ont été mis en avant par divers auteurs, pour prouver qu'il doit exister un continent au sud de l'Asie dont on a tant parlé et qui peut-être n'existe pas. [...] Nous ne vîmes rien que l'on put prendre pour un signe de terre, pas plus dans nos routes au nord qu'au sud ou à l'ouest, si ce n'est peu de jours avant de découvrir la côte de la Nouvelle-Zélande. [...] Mais j'ai la confiance qu'on estime ce voyage comme le plus complet de ceux qu'on ait fait jusqu'ici dans les mers du Sud. Les plans que j'ai tirés des endroits où j'ai été ont été faits avec toute la minutie et le soin que le temps et les circonstances permettaient [...] ; les nombreuses et précieuses découvertes d'histoire naturelle et autres acquisitions utiles à la science ne peuvent manquer de contribuer grandement au succès du voyage.

James Cook, *Relations de voyage autour du monde, 1768-1779*, Julliard, 1998.

1. À l'aide du contexte et du document, décrivez le premier voyage de James Cook.

2 Préparatifs du second voyage

Leurs Seigneuries firent aussi frapper un certain nombre de médailles représentant d'un côté Sa Majesté, de l'autre nos deux navires ; nous devions donner ces médailles aux naturels des pays nouvellement découverts et les leur laisser, pour attester que nous étions les premiers à les avoir découverts. [...] On engagea M. Hodges, avec mission de faire, des pays où nous toucherions, des dessins et des peintures pour en donner une idée plus parfaite qu'une description écrite. M. Forster et son fils furent choisis pour faire les observations d'histoire naturelle. MM. Wales et Bayley furent chargés de faire des observations astronomiques.

James Cook, *ouvrage cité.*

William Hodges, *Les îles de glace (Icebergs en Antarctique), telles qu'elles ont été vues le 9 janvier 1773, durant le second voyage du capitaine Cook, de 1772 à 1775*, gravure, 1776 (The British Library Institution).

1. Expliquez pourquoi il est important « d'attester » que James Cook et son équipage sont les « premiers à avoir découvert » les terres où ils débarquent.

2. À l'aide de la carte du contexte et du document, précisez les difficultés que doivent surmonter Cook et son équipage.

3 Le troisième voyage

On envoya à notre bord plusieurs instruments astronomiques ou nautiques afin que nous fassions toutes les observations utiles aux progrès de l'astronomie et de la navigation. [...] J'avais, parmi les officiers, plusieurs jeunes gens qui pouvaient être employés à dresser des cartes : à cela je savais qu'il fallait absolument apporter une continuelle attention si nous voulions que de futurs navigateurs puissent profiter de nos découvertes. Afin de disposer de tout ce qui pouvait contribuer à entretenir l'intérêt des lecteurs concernant les résultats de nos voyages, en même temps qu'à instruire les marins et les hommes de science, on choisit [...] M. Webber [...] qui était affecté à l'exécution des dessins qui représenteraient les plus mémorables des événements.

James Cook, *ouvrage cité.*

John Webber, *Sacrifices humains à Tahiti,* dessin de John Weber, 1777, British Library, Londres.

1. En vous appuyant sur ce que vous avez appris sur John Webber, expliquez pourquoi il a choisi de représenter cette scène.
2. Justifiez l'utilisation de l'expression « voyages scientifiques » pour désigner les voyages de James Cook (doc. 4 page 29).

4 Hommage de Jean-François La Pérouse[1] à James Cook

Plein d'admiration et de respect pour la mémoire de ce grand homme, il sera toujours à mes yeux le premier des navigateurs et celui qui a déterminé la position précise de ces îles, qui en a exploré les côtes, qui a fait connaître les mœurs, les usages, la religion des habitants, et qui a payé de son sang toutes les lumières que nous avons aujourd'hui sur ces peuples, celui-là, dis-je, est le Christophe Colomb de cette contrée, de la côte d'Alaska et de presque toutes les îles de la mer du Sud. Le hasard fait découvrir des îles aux plus ignorants ; mais il n'appartient qu'aux grands hommes comme lui de ne rien laisser à désirer sur les pays qu'ils ont vus. Les marins, les philosophes, les physiciens, chacun trouve dans ses voyages ce qui fait l'objet de son occupation ; tous les hommes peut-être, du moins tous les navigateurs, doivent un tribut d'éloges à sa mémoire ; comment m'y refuser au moment d'aborder le groupe d'îles où il a fini si malheureusement sa carrière[2].

Journal de Jean-François La Pérouse, in J. Dunmore et M. de Brossard, *Le Voyage de Lapérouse, 1785-1788, récits et documents originaux,* 1985.

1. Navigateur français chargé par Louis XVI d'un voyage autour du monde en 1785.
2. James Cook meurt lors d'une escale à Hawaï lors d'une expédition punitive organisée par les insulaires contre son équipage qui avait transgressé certaines interdictions religieuses.

1. Reformulez le point de vue de Jean-François La Pérouse sur James Cook et ses arguments pour le justifier.

Caractériser un personnage et son action en rapport avec la situation

En utilisant vos réponses aux questions précédentes, dites pourquoi James Cook et ses voyages ont permis aux Européens de mieux connaître l'Océanie.

Les Européens à la découverte du monde

Notions

Indes : désigne au Moyen Âge les territoires d'Asie situés sur le littoral de l'océan Indien.

Ancien Monde : partie du monde connue par les Européens avant les voyages de Christophe Colomb.

Nouveau Monde : expression utilisée par les Européens pour désigner les terres qu'ils découvrent à partir de 1492.

■ **À la fin du XVe siècle, les Européens partent à la découverte de nouvelles terres.** Les progrès des connaissances et les innovations techniques (astrolabe, quadrant, caravelle…) facilitent la navigation et des raisons économiques, commerciales et religieuses poussent les souverains à financer des expéditions. Il s'agit de trouver une nouvelle route commerciale maritime des **Indes** et de nouvelles sources d'approvisionnement en métaux précieux. Des missionnaires accompagnent ces expéditions pour convertir au catholicisme les populations des terres explorées.

■ **La découverte de l'Amérique en 1492 par Christophe Colomb, marin génois au service des Rois espagnols, révolutionne les connaissances** et remet en question la représentation traditionnelle de l'**Ancien Monde**, basée sur trois continents (Europe, Afrique, Asie). L'idée d'une Europe médiévale chrétienne centre du monde s'effondre tandis que la rencontre avec des peuples aux coutumes et aux modes de vie différents pose aux Européens de nombreuses questions.

■ **La connaissance du Nouveau Monde progresse tout au long du XVIe siècle et s'accélère au XVIIIe siècle.** Les voyages d'exploration et les tours du monde se multiplient, notamment dans le Pacifique, encore peu exploré. Désormais ce ne sont plus uniquement des motivations économiques et religieuses qui animent les navigateurs mais la volonté de dresser un inventaire détaillé des régions explorées. Des savants se joignent aux équipages et leurs observations font progresser les connaissances dans de nombreux domaines.

Synthèse audio
www.lienmini.fr/hg2-03

Vérifier sa compréhension de la leçon

1. Relevez dans la leçon les phrases ou informations qui justifient ces affirmations.
a. Les progrès de la navigation expliquent la multiplication des expéditions maritimes à partir du XVIe siècle.
b. Les voyages bouleversent l'univers des Européens.
c. Au XVIIIe siècle, les voyages ont des objectifs différents de ceux qui étaient organisés au XVIe siècle.

2. Retrouvez les points de leçon illustrés par le document ci-contre. Expliquez vos choix.

Nicolas André Monsiau (1754-1837), *Louis XVI donnant ses instructions au capitaine de vaisseau La Pérouse*, 1817, huile sur toile, 2,27 m x 2,72 m (château de Versailles).

Organiser ses connaissances à l'aide d'un schéma

Recopiez puis complétez le schéma ci-dessous à l'aide de la leçon.

[……………… / ………………] [……………… / ………………] [……………… / ………………] [……………… / ………………]

expliquent ↓

MULTIPLICATION DES VOYAGES D'EXPLORATION

← *modifient*

Limites du monde connu des Européens avant 1492 :
……………………………………………………
……………………………………………………

Les Européens et les territoires découverts

Notions

Comptoir : voir p. 54.

Empires coloniaux : ensembles territoriaux composés de colonies et de comptoirs administrés par des pays européens (métropoles).

Colonies : territoires conquis puis administrés et exploités par des pays étrangers.

Mondialisation : mise en relation des différentes parties du monde par la multiplication des échanges entre les pays.

■ **Du XVIe au XVIIIe siècle, la présence européenne dans le monde s'affirme.** La découverte de nouveaux territoires s'accompagne de leur prise de possession. En Afrique et en Asie, les Européens fondent des **comptoirs** le long des côtes et y installent de grandes compagnies de commerce ; en Amérique et en Inde, ils colonisent de vastes territoires. Ces conquêtes se heurtent aux peuples autochtones : en Amérique du Sud, les civilisations précolombiennes sont anéanties par les conquistadores.

■ **Les Européens tirent de nombreuses richesses de leurs empires coloniaux qu'ils exploitent en recourant aux travaux forcés des Indiens d'Amérique puis des esclaves d'Afrique.** Les échanges entre l'Europe, les colonies d'Amérique et les pays d'Extrême-Orient ne cessent de croître et de se diversifier. Les plantes tropicales (maïs, pomme de terre, haricot…) sont introduites en Europe ; les Européens transforment les économies d'outre-mer en introduisant l'élevage, la culture des céréales ou de la vigne et en expédiant de plus en plus de produits manufacturés.

■ **La croissance et la diversification des échanges entre métropoles et colonies conduisent à une première mondialisation.** Le commerce maritime, notamment dans l'océan Atlantique, et l'activité des ports progressent considérablement. L'Europe s'enrichit, accumulant or et argent. Au XVIIIe siècle, l'Europe du Nord-Ouest est le centre de l'économie mondiale et domine un monde qu'elle seule cherche à découvrir et à exploiter.

Synthèse audio
www.lienmini.fr/hg2-04

Vérifier sa compréhension de la leçon

1. Relevez dans la leçon les phrases ou informations qui justifient ces affirmations.
a. La domination de l'Europe sur le monde s'est précisée au cours du XVIIIe siècle.
b. Les Européens tirent de nombreux profit de leurs colonies.
c. À partir du XVIe siècle, le monde se décloisonne.

2. Retrouvez les points de la leçon illustrés par le document ci-dessous. Expliquez vos choix.

Nombre de navires envoyés en Asie par les pays européens

	1500-1599	1600-1700	1701-1800
Portugal	705	371	196
Pays-Bas	65	1 770	2 950
Angleterre		811	1 865
France		155	1 300
Autres pays[1]		54	350
Total	**770**	**3 161**	**6 661**

1. Bateaux des compagnies danoises, suédoises et d'Ostende (ville de l'actuelle Belgique).

Source : J. R. Bruijn, F. S. Gaastra, *Ships, Sailors and Spices - East India Companies and their Shiping in 16th, 17th and 18th centuries*, 1993.

Organiser ses connaissances à l'aide d'un tableau

Recopiez puis complétez le tableau ci-dessous à l'aide des leçons 1 et 2.

Conséquences de l'expansion européenne, XVIe-XVIIIe siècle				
Conséquences territoriales	Conséquences	Conséquences	Conséquences	Conséquences ....
Ex. :	Ex. :	Ex. :	Ex. :	Ex. : ....

1 **La perte de Québec (26 juin-18 septembre 1759)**

Vue de la prise de Québec (Canada), le 13 septembre 1759, montrant les troupes britanniques assemblées à Louisbourg en mai 1759 et le débarquement des troupes au pied de la colline, eau forte en couleurs, XVIIIe siècle (National Maritime Museum, Greenwich).

La découverte de l'Amérique par les Espagnols en 1492 suscite l'intérêt des autres nations européennes. Dès le XVIe siècle, la France explore et s'approprie des territoires situés le long du littoral atlantique de l'Amérique du Nord. À partir du XVIIe siècle, la Nouvelle-France (Acadie, Canada, Terre-Neuve, Louisiane) comprend presque la moitié de l'Amérique du Nord. La perte de Québec en 1759 au profit des Anglais marque le début du déclin de la présence française dans la région.

Sujet d'étude 3

Le premier empire colonial français XVIe - XVIIIe siècle

> Comment la France s'inscrit-elle dans le mouvement d'expansion européenne entre le XVIe et le XVIIIe siècle ?

2 Le port de Marseille

Joseph Vernet, *Intérieur du port de Marseille* (détail), huile sur toile, 265 x 165 cm, 1754 (Musée de la Marine, Paris).

Grâce à son statut de port franc*, le port de Marseille connaît une forte expansion au XVIIIe siècle. À la différence des ports atlantiques qui tirent leur richesse du commerce colonial avec l'Afrique et les Amériques, Marseille profite du commerce méditerranéen vers la Turquie et le Proche-Orient ainsi que du commerce des tissus avec l'Asie.

LANCER LA RÉFLEXION !

1. Indiquez dans quelle région du monde la présence française s'affirme entre le XVIe et le XVIIIe siècle (doc. 1).
2. Précisez l'intérêt que peut retirer la France de ses colonies (doc. 1 et 2).
3. En vous appuyant sur les documents 1 et 2, dégagez deux caractéristiques du premier empire colonial français.

Le premier empire colonial français,

Jacques Cartier érige la Croix de Gaspé devant les Indiens du Canada, huile sur toile de Charles Fouquerey, 1929 (Bibliothèque de Saint-Malo).

1534

Vue du Fort-Royal de la Martinique, dessin de François Denis, vers 1750 (Mairie de Bordeaux).

1750

1520 1550 1600 1650

PREMIÈRES TENTATIVES DE COLONISATION

CONSTRUCTION ET

1534-1543 Expéditions en Amérique du Nord

1552-1560 Expéditions dans la baie de Rio de Janeiro

1562-1565 Expéditions en Floride

1608 Fondation de Québec Naissance de la Nouvelle-France

1624 Installation en Guyane

1635-1637 Prise de possession des Antilles

1663 Colonisation de l'Île Bourbon (La Réunion)

1664 Création de la Compagnie des Indes orientales

XVIe siècle

Les premières tentatives de colonisation

- Les explorations menées par la France en direction du Nouveau Monde se soldent par des tentatives éphémères de colonisation. Ces entreprises ne sont fondées que sur la volonté de quelques hommes et jugées secondaires par rapport aux guerres européennes. Ainsi, les expéditions au Canada, au Brésil et en Floride sont des échecs.

- À la fin du XVIe siècle, la France ne dispose d'aucune possession outre-mer. Sa politique maritime est surtout méditerranéenne. Toutefois, pêcheurs, marchands et armateurs des ports atlantiques sont présents sur toutes les mers et les littoraux d'Afrique, du Brésil et de l'Amérique espagnole. Leurs expéditions ouvrent la voie à l'expansion coloniale.

XVIIe-

La construction

- À partir du XVIIe siècle, l'expansion coloniale se fait plus soutenue. Grâce à Richelieu puis à Jean-Baptiste Colbert qui sont convaincus que la puissance d'une nation s'appuie sur son commerce colonial, les expéditions vers le Nouveau Monde et l'Asie se multiplient. La présence française dans le monde s'affirme (comptoirs de commerce et des colonies de peuplement).

une lente et éphémère construction

Le broyage du sucre dans la meule, William Clark, 1823 (The British Library Institution, Londres).

XVIIIe siècle

Médaillon abolitionniste, manufacture royale de Sèvres, porcelaine, 1789 (Musée national Adrien Dubouché, Limoges).

1789

1700 | 1750 | 1800

APOGÉE DE L'EMPIRE COLONIAL

- **1673** Début de la conquête de la Louisiane
- **1677** Colonisation de l'île de Gorée
- **1674-1701** Création des comptoirs en Inde
- **1756** Début de la guerre de Sept Ans contre les Britanniques

DÉCLIN ET DISPARITION

- **1763** Traité de Paris et perte de nombreuses colonies
- **1791-1793** Insurrection à Saint-Domingue
- **1794** Abolition de l'esclavage
- **1802** Rétablissement de l'esclavage

XVIIIe siècle
et l'apogée

- Le domaine colonial français est l'objet de tensions et de rivalités avec les autres puissances européennes. En 1713, la défaite de la France dans la guerre de Succession d'Espagne entraîne la perte de territoires canadiens et antillais. Toutefois, la France reste présente sur toutes les mers et les terres fréquentées par les puissances maritimes européennes.

Fin du XVIIIe siècle
Le déclin et la disparition

- Ce mouvement d'expansion se poursuit jusqu'aux défaites de Louis XV lors de la guerre de Sept Ans. Le traité de Paris (1763) marque le démantèlement du premier empire colonial français. Après s'être étendu sur 10 millions de km², il se trouve réduit à quelques îles (Antilles, Saint-Pierre-et-Miquelon) et comptoirs côtiers (Afrique, Inde).
- La traite et l'esclavage, à la base du système colonial, sont remis en cause par les philosophes des Lumières. La Déclaration des droits de l'homme et du citoyen (1789) ouvre la voie à la première abolition de l'esclavage en 1794, alors qu'à Saint-Domingue une révolte des esclaves s'est transformée en insurrection pour l'indépendance (1791).

A. L'expansion française dans le monde

> Quels sont les acteurs et les espaces de l'expansion française dans le monde du XVIe au XVIIIe siècle ?

1 Le premier empire colonial français

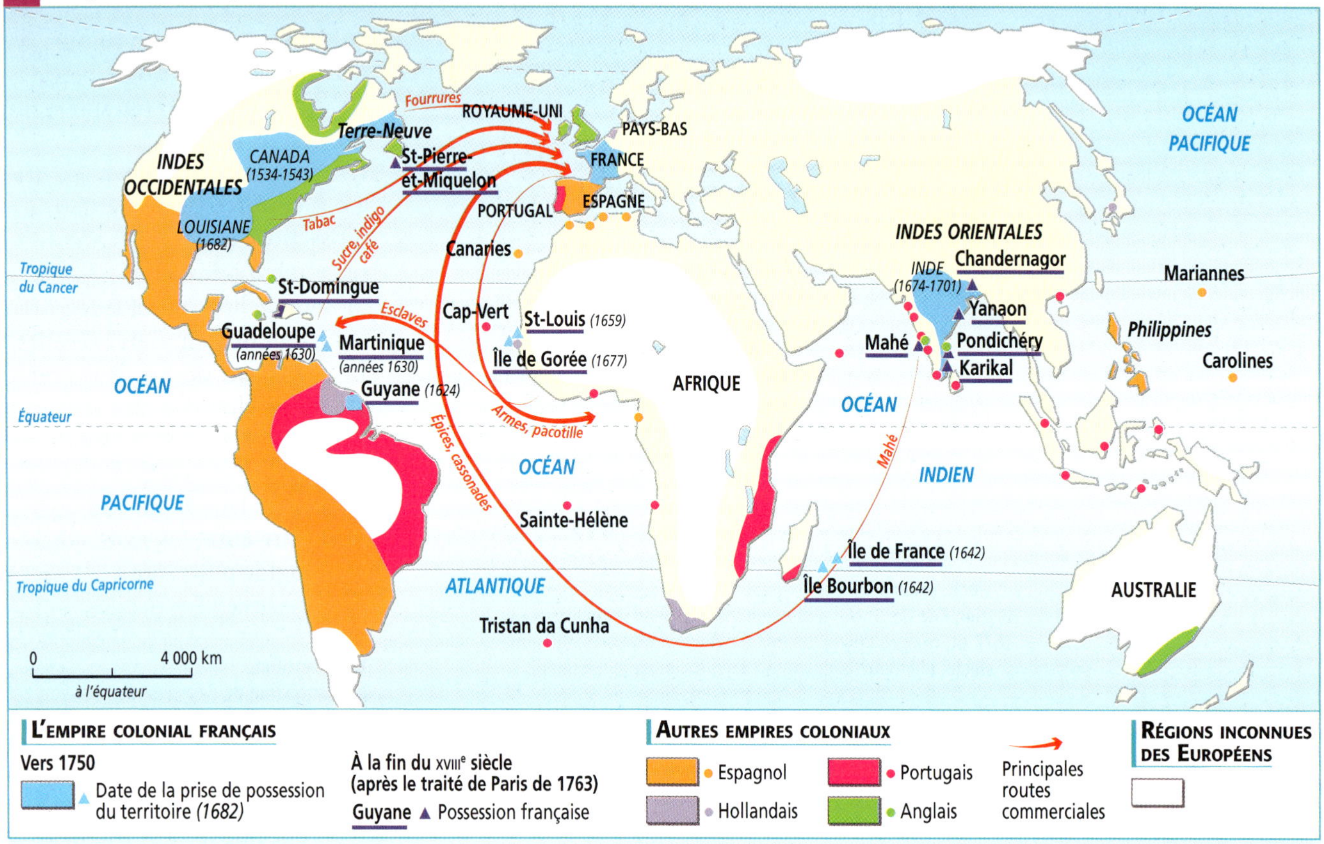

1. Indiquez les régions qui forment l'empire colonial français vers 1750.
2. Expliquez pourquoi la carte montre l'empire colonial vers 1750 puis à la fin du XVIIIe siècle.

2 L'implantation en Nouvelle-France

À Monseigneur l'Illustrissime cardinal duc de Richelieu, chef, grand maître et surintendant général du commerce et de la navigation de France

[...] Les rois prédécesseurs de sa Majesté, et elle, non seulement y ont arboré l'étendard de la Croix pour y planter la foi comme ils ont fait, ainsi encore y ont voulu ajouter le nom de la Nouvelle-France. Vous y verrez les grands et périlleux voyages qui y ont été entrepris, les découvertes qui s'en sont ensuivies, l'étendue de ces terres, non moins grandes quatre fois que la France, leur disposition, [...] l'important commerce qui peut s'y faire, [...] la mission [...] de divers ordres religieux, leur progrès en la conversion de plusieurs sauvages, celle du défrichement de quelques-unes de ces terres. [...] Et enfin les habitations et forts qui y ont été construits sous le nom français. C'est parce que cela fait plus de 30 ans que j'ai été employé à la découverte et à la conservation de ces nouvelles terres que je prends la liberté de vous offrir ce petit traité.

Samuel de Champlain, *Les Voyages de la Nouvelle-France occidentale, dite Canada [...] depuis l'an 1603 jusqu'en l'an 1629*, 1632.

1. Relevez les acteurs et les formes qu'a pris l'expansion française en Nouvelle-France.

Louis-Ambroise Garneray, ***Fondation de la ville de Québec par Samuel de Champlain en 1608 (détail)***, huile sur toile, 1848 (Archives de la Manufacture, Sèvres).

3 L'île de Gorée, au large des côtes du Sénégal

Gravure de P. Vander éditeur, XVIIe siècle (Musée de la Compagnie des Indes, Lorient).
Située sur la route du commerce négrier, l'île de Gorée est un lieu du commerce des esclaves. La France en prend possession en 1677 et, malgré l'hostilité des Anglais qui l'occupent plusieurs fois dans la seconde moitié du XVIIIe siècle, l'île reste une colonie française jusqu'en 1960.

1. Précisez quel est l'intérêt pour la France de posséder l'île de Gorée.

4 La population dans les colonies françaises et anglaises

Année	Nouvelle-France	Année	Colonies anglaises d'Amérique
1632	60	1630	5 700
1640	500	1640	27 947
1661	2 500	1660	84 000
1681	9 677	1680	155 600
1712	18 761	1710	331 711
1730	34 118	1730	629 445
1754	62 000	1750	1 170 760
1765	69 810	1770	2 148 076

Source : R. Lahaise et N. Vallerand, *Histoire du Canada, La Nouvelle-France, 1524-1760*, Lanctot éditeur, 1999, et P. Pluchon, *Histoire de la colonisation française*, Fayard, 1991.

1. Comparez l'évolution de la population dans les colonies françaises et anglaises puis formulez deux remarques.

5 Louis XIV et la colonisation

Le Roi a été informé que le peu de progrès qu'ont fait les Français dans les îles d'Amérique[1] vient de ce que les intéressés de la Compagnie[2] [...], au lieu de s'appliquer à les peupler d'habitants pour les cultiver et y établir un commerce considérable, se sont contentés, après en avoir joui quelques années, de les vendre à des particuliers, lesquels n'ayant pas eu assez de force pour y établir de puissantes colonies et équiper un nombre suffisant de vaisseaux ont donné lieu aux étrangers de s'emparer du commerce des îles. Le Roi a donc décidé de retirer à ces particuliers les îles qui leur ont été vendues par la dite Compagnie en les dédommageant du prix de leur acquisition pour les mettre entre les mains d'une Compagnie puissante.

Extrait de l'arrêt du Conseil d'État, 17 avril 1664.

1. Les Antilles.
2. Association de négociants, ici la Compagnie des Îles d'Amérique.

1. Résumez la décision prise par le roi de France.
2. Les documents 4 et 5 illustrent les difficultés auxquelles se heurte l'expansion française dans le monde. Justifiez cette affirmation.

Construire ses connaissances

1. Classez les informations apportées par les documents en quatre rubriques : les principaux territoires colonisés par la France, les acteurs de la colonisation, les objectifs de la colonisation, les difficultés auxquelles elle se heurte.
2. Reprenez ces informations sous forme de quatre paragraphes rédigés.

B. La politique coloniale de la France

> Comment la France gère-t-elle son empire colonial aux XVIIe et XVIIIe siècles ?

1 Jean-Baptiste Colbert[1] et l'enrichissement du royaume

Il n'y a que l'abondance d'argent dans un État qui fasse la différence de sa grandeur et de sa puissance. Le bon état des finances et l'augmentation des revenus de Votre Majesté consistent à augmenter par tous les moyens le nombre de monnaie qui roule continuellement dans le royaume. Trois voies permettent d'y arriver : attirer l'argent des pays d'où il vient, le conserver au dedans du royaume et empêcher qu'il n'en sorte.

Jean-Baptiste Colbert, *Mémoires sur le commerce*, 1664.

1. Ministre de Louis XIV de 1665 à 1683.

1. Situez l'action de Jean-Baptiste Colbert dans le sujet d'étude (Repères p. 42).
2. Précisez l'objet de ce texte.

2 De l'intérêt des colonies

Les colonies n'étant établies que pour l'utilité de la Métropole, on en déduit :
1. qu'elles doivent être sous sa dépendance immédiate et sous sa protection ;
2. que le commerce doit être exclusif aux fondateurs.
Les colonies ne seraient pas utiles si elles pouvaient se passer de la Métropole : ainsi c'est une loi prise dans la nature de la chose que l'on doit restreindre les arts et la culture dans une colonie à tels ou tels objets, suivant les convenances du pays de la domination. Si la colonie entretient un commerce avec les étrangers ou si l'on y consomme les marchandises étrangères, le montant de ce commerce est vol fait à la métropole.

Article « colonie », ***Encyclopédie***, tome VIII, 1766.

1. La politique coloniale de la France répond au souci de Jean-Baptiste Colbert (doc. 1). Justifiez cette affirmation.

3 Le commerce colonial

1788, j'étais arrivé de mes voyages, bien convaincu des grands avantages que l'Afrique offrait à notre commerce, et de toute la valeur de nos possessions d'Amérique. Nos colonies versaient en France deux cent quarante millions par an ; elles occupaient neuf cents grands navires marchands, destinés aux voyages de long cours, et un nombre proportionné de petits bâtiments employés au cabotage ; elles donnaient une occupation directe à sept millions d'hommes, habitants de nos provinces maritimes, ou fabricants, ou marchands en gros de détail ; et elles influaient sur l'agriculture par une grande accumulation de capitaux et par un accroissement immense de consommateurs [...]. Nous consommions pour quatre-vingt millions de denrées coloniales ; nous en vendions pour cent cinquante millions aux étrangers ; et c'était un grand poids dans la balance de notre commerce. Les terres à sucre, à café, à indigo, à coton fournissaient à des besoins qui étaient devenus populaires, et l'on ne pouvait plus espérer de changer d'anciennes habitudes.

Sylvain-Meinrad-Xavier Golbéry, *Fragments d'un voyage en Afrique, fait durant les années 1785, 1786 et 1787*, 1802.

Jeune femme de la bourgeoisie achetant des tissus de la Compagnie des Indes, gravure anonyme parue dans N. Restif de la Bretonne, *Les Contemporaines*, 1780-1785.

1. Relevez des exemples qui illustrent l'importance économique du commerce colonial pour la France (doc. 3 ; doc. 2 p. 41).
2. Justifiez le choix de cette gravure pour illustrer les propos de l'auteur.

4 Le regard d'un écrivain sur la colonisation

Je ne sais pas si le café et le sucre sont nécessaires au bonheur de l'Europe, mais je sais bien que ces deux végétaux ont fait le malheur de deux parties du monde. On a dépeuplé l'Amérique afin d'avoir une terre pour les planter ; on a dépeuplé l'Afrique afin d'avoir une nation pour les cultiver. [...] Ces belles couleurs de rose et de feu dont s'habillent nos dames, le coton dont elles ouatent leurs jupes, le sucre, le café, le chocolat de leur déjeuner, le rouge dont elles relèvent leur blancheur, la main des malheureux Noirs a préparé tout cela pour elles. Femmes sensibles, vous pleurez aux tragédies[1], et ce qui sert à vos plaisirs est mouillé des pleurs et teint du sang des hommes !

Jacques-Henri Bernardin de Saint-Pierre, « Réflexions sur l'esclavage », dans *Voyage à l'Isle de France*, 1773.

1. Genre théâtral.

Dessin de Jean-Michel Moreau, gravure de François-Denis Née, 1803.

1. Précisez le point de vue développé par l'auteur.
2. Nommez et décrivez la réalité historique qu'il dénonce (doc. 4 p. 53).

5 L'abolition de l'esclavage (1794)

Réjouissances à l'annonce de l'abolition de l'esclavage. *30 pluviôse an II/18 février 1794*, eau-forte et burin, 47 x 63,5 cm, 1794 (BNF, Paris).

1 La Liberté, le Génie, l'Égalité au-dessus du Temple de la Raison
2 Arbre de la liberté
3 Lecture du discours contre l'esclavage par Pierre-Gaspard Chaumette
4 Chapeaux des députés
5 Bonnets phrygiens des sans-culottes
6 Jean-Baptiste Belley, premier député noir (Saint-Domingue)
7 Le peuple fraternisant.

1. Expliquez la composition de cette gravure.
2. Déterminez l'importance de ce décret et ses limites pour les colonies (Repères p. 43).

Construire ses connaissances

1. Recensez les informations fournies par les documents en les classant en deux rubriques selon qu'elles décrivent ce que la France fait de ses colonies ou les moyens (politiques, économiques) qu'elle met en œuvre pour assurer leur exploitation.
2. Rédigez deux de ces informations pour expliquer comment la France gère son empire colonial.

La Compagnie des Indes orientales

CONTEXTE

Malgré quelques initiatives commerciales conduites aux Indes orientales au XVIe siècle, la France reste peu présente dans cette région du monde jusqu'au milieu du XVIIe siècle. En 1664, Jean-Baptiste Colbert, principal conseiller de Louis XIV, fonde la Compagnie des Indes orientales afin de « procurer au royaume l'utilité du commerce d'Asie et d'empêcher que les Anglais et les Hollandais n'en profitent seuls comme ils l'avaient fait jusqu'alors ».

> Pourquoi la Compagnie des Indes orientales permet-elle à la France de mener une politique d'expansion commerciale en Asie ?

1 La naissance de la Compagnie des Indes orientales

Louis par la Grâce de Dieu, Roi de France et de Navarre [...] avons par ces présentes dit, statué et ordonné.
Premièrement - Que la Compagnie sera formée de tous les sujets de sa Majesté, de quelque qualité et condition qu'ils soient, qui y voudront et pour telles sommes[1] qu'ils estimeront à propos [...]. Chacune des parts ne pourra être de moins de 1 000 livres. [...]
III - Tous les étrangers ou sujets de quelque princes et État que ce soit pourra entrer dans la Compagnie et ceux qui auront mis 20 000 livres seront réputés régnicoles[2]. [...]
XXIV - Nous avons donné, concédé et octroyé à la dite Compagnie la propriété des îles de Madagascar avec les îles circonvoisines, forts, habitations qui peuvent avoir été construits par nos sujets. [...]
XXVII - La dite Compagnie pourra naviguer et négocier seule, à l'exclusion de tous les autres sujets depuis le Cap Bonne-Espérance jusque dans les Indes des mers orientales, même depuis le détroit de Magellan et dans toutes les mers du Sud pour le temps des 50 années consécutives [...].
XXVIII - Appartiendra à la dite Compagnie à perpétuité et en toute propriété justice et seigneuries de toutes terres, places et îles qu'elle pourra acquérir soit qu'elles soient abandonnées, désertes ou occupées par des Barbares avec tous les droits de seigneurie sur les mines d'or, d'argent, cuivre et plomb et tous les autres minéraux et même du droit d'esclavage. [...]
XXXVII - La dite Compagnie pourra envoyer des Ambassades en notre nom vers le Vice-roi des Indes et faire des traités de paix ou de trêve, même déclarer la guerre et faire tous les autres actes qu'elle jugera nécessaires pour l'avantage du commerce. [...]

« Déclaration du Roy portant établissement d'une compagnie pour le Commerce des Indes orientales, enregistrée en la Cour du Parlement le 1er septembre 1664 », dans *Recueil ou collection des titres, édits [...] concernant la Compagnie des Indes orientales établie au mois d'août 1664*, Tome IV, 1756.

1. Montant des parts.
2. Habitants du royaume.

1. Précisez qui finance la création de la Compagnie des Indes orientales.
2. Relevez les différents privilèges qui lui sont accordés.

2 La Compagnie des Indes orientales vers 1750

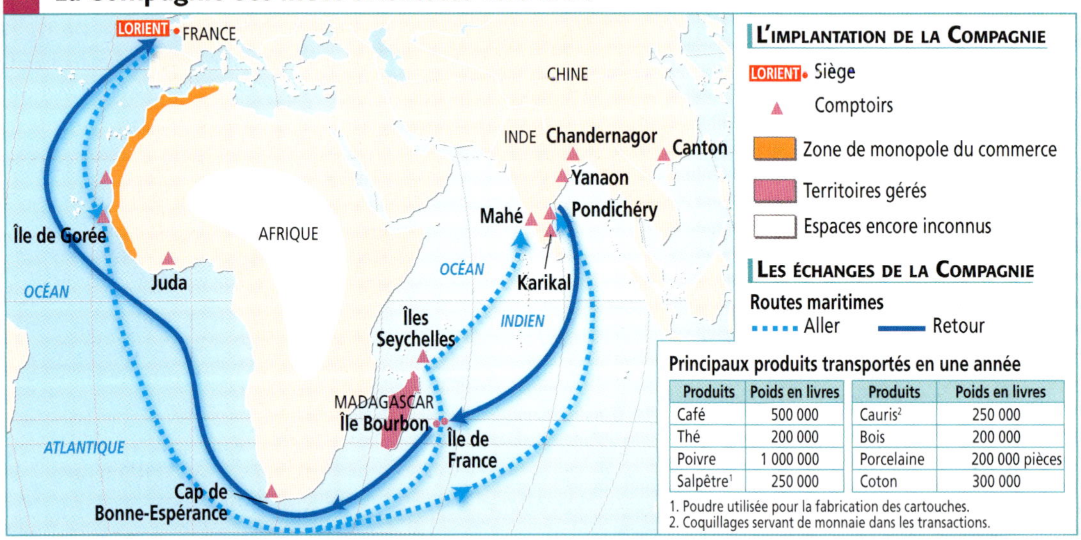

Principaux produits transportés en une année

Produits	Poids en livres	Produits	Poids en livres
Café	500 000	Cauris[2]	250 000
Thé	200 000	Bois	200 000
Poivre	1 000 000	Porcelaine	200 000 pièces
Salpêtre[1]	250 000	Coton	300 000

1. Poudre utilisée pour la fabrication des cartouches.
2. Coquillages servant de monnaie dans les transactions.

1. Localisez les régions où la Compagnie exerce son activité.
2. Donnez deux raisons qui permettent d'affirmer que la Compagnie des Indes orientales est un acteur essentiel du commerce colonial français (doc. 1 et 2).

3 Ports et comptoirs de la Compagnie

Le port de Lorient en France, dessin d'Ozanne, 1776 (BNF, Paris).

Le comptoir de Pondichéry en Inde, *Vue sur les magasins de la Compagnie*, gravure du XVIIe siècle (Musée de la Compagnie des Indes, Lorient).

1. Indiquez le(s) rôle(s) de Lorient et des comptoirs dans les activités de la Compagnie.

4 Le commerce avec les Indes vu par des marchands français

a. Un drapier de Dieppe

Le commerce avec les Indes orientales nous donne de méchantes toiles, non pas en échange d'autres marchandises, mais pour des sommes infinies d'or et d'argent, et ces toiles ont entièrement ruiné nos manufactures de soie, de laine et de fil ; les Français achètent préférablement ces étoffes de médiocre qualité à cause de leur médiocre prix pendant que toutes les étoffes de nos manufactures sont demeurées sans consommation.

Mémoire adressé à Ségnelay par un drapier de Dieppe, XVIIe siècle.

b. Un marchand de Nantes

Ce commerce n'est pas un commerce d'échanges ou ne l'est que dans une proportion inégale. L'Indien qui se nourrit avec du riz qu'il cultive dans ses champs, qui ne boit que de l'eau et s'habille avec les étoffes qu'il fabrique n'achète point nos productions. [...] Ce commerce, en nous apportant des articles fournis à plus bas prix que les nôtres, aura très probablement pour effet de nous obliger à inventer des procédés et des machines qui nous permettront de produire avec une main-d'œuvre moindre et à moindre frais et, par là, d'abaisser le prix des objets manufacturés.

Mémoire anonyme nantais, début XVIIIe siècle.

1. Résumez le point de vue de ces deux marchands sur le commerce avec les Indes et leurs arguments.

Expliquer le contexte, le rôle des acteurs et les enjeux de la situation

En utilisant vos réponses aux questions précédentes, rappelez les conditions dans lesquelles la Compagnie des Indes orientales est créée (date, acteurs, objectif...) puis donnez trois raisons qui permettent de comprendre pourquoi elle permet à la France de mener une politique d'expansion commerciale en Asie.

Bordeaux et le commerce triangulaire

CONTEXTE

Au XVIIe siècle, les armateurs et négociants bordelais orientent leurs activités vers le commerce avec les îles. Leurs navires approvisionnent les Antilles en denrées alimentaires et en produits manufacturés puis reviennent avec les productions coloniales qu'ils réexportent dans toute l'Europe du Nord-Ouest. Au XVIIIe siècle, ils se lancent dans la traite négrière. Bordeaux devient ainsi, en quelques années, le second port négrier français après Nantes.

> Comment le port de Bordeaux participe-t-il à la traite atlantique au XVIIIe siècle ?

1 Les traites négrières

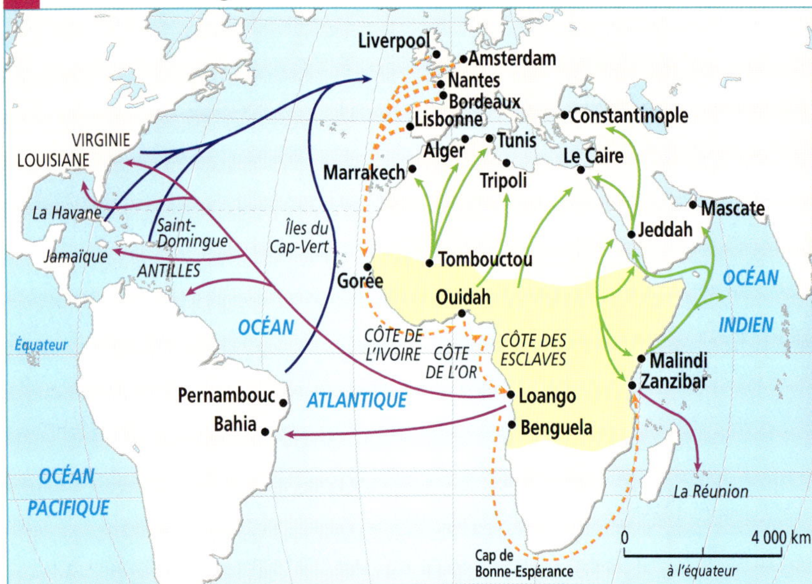

Produits européens vers l'Afrique
Transports de captifs africains vers les colonies
Produits tropicaux vers l'Europe
Traites orientales
Traites internes à l'Afrique noire

Source : Olivier Pétré-Grenouilleau, *L'Histoire*, n° 215, novembre 1997.

Enlèvement d'hommes sur les côtes d'Afrique, dessin de G. Morland (détail), XVIIIe siècle (Collection particulière, Milan).

1. Expliquez pourquoi l'expression « traite négrière » est employée au pluriel.

2 Un commerce réglementé

Le Roi étant informé que les négociants du port de Bordeaux se livrent avec beaucoup de zèle à la traite des Nègres, que depuis le 30 avril 1767 jusqu'au 11 octobre de la dite année, ils ont armé sept navires pour la côte de Guinée, qu'ils en ont actuellement six autres en armement pour le même objet ; et que si la traite était favorable, ils pourront introduire 1 590 Nègres aux colonies, sa Majesté désirant féconder les efforts que ces négociants font pour ce commerce, a ordonné et ordonne que les négociants du port de Bordeaux qui armeront pour faire la traite des Nègres jouiront, comme ceux des ports de Saint-Malo, Le Havre et Honfleur, de l'exemption du droit de dix livres par tête de Nègre qu'ils porteront et introduiront aux îles et aux colonies françaises de l'Amérique

Fait au Conseil du Roi de sa Majesté, tenu à Versailles le 21 mars 1768.

1. Reformulez la décision du roi de France et la raison pour laquelle il la prend.

3 Le commerce triangulaire bordelais

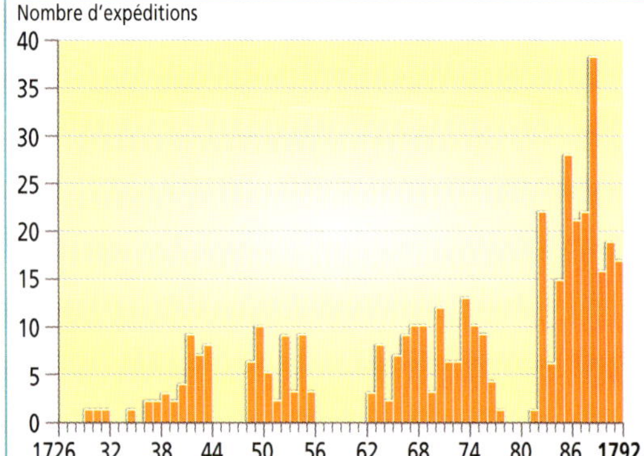

Entre 1500 et 1815, 419 expéditions négrières sont parties de Bordeaux (1 714 de Nantes et 448 de La Rochelle).

D'après E. Saugéra, *Bordeaux, port négrier, XVIIe-XIXe siècle*, 1995.

1. Formulez trois remarques sur le commerce négrier bordelais entre 1672 et 1792.
2. Précisez le lien du document avec le doc. 2.

4 Un navire négrier

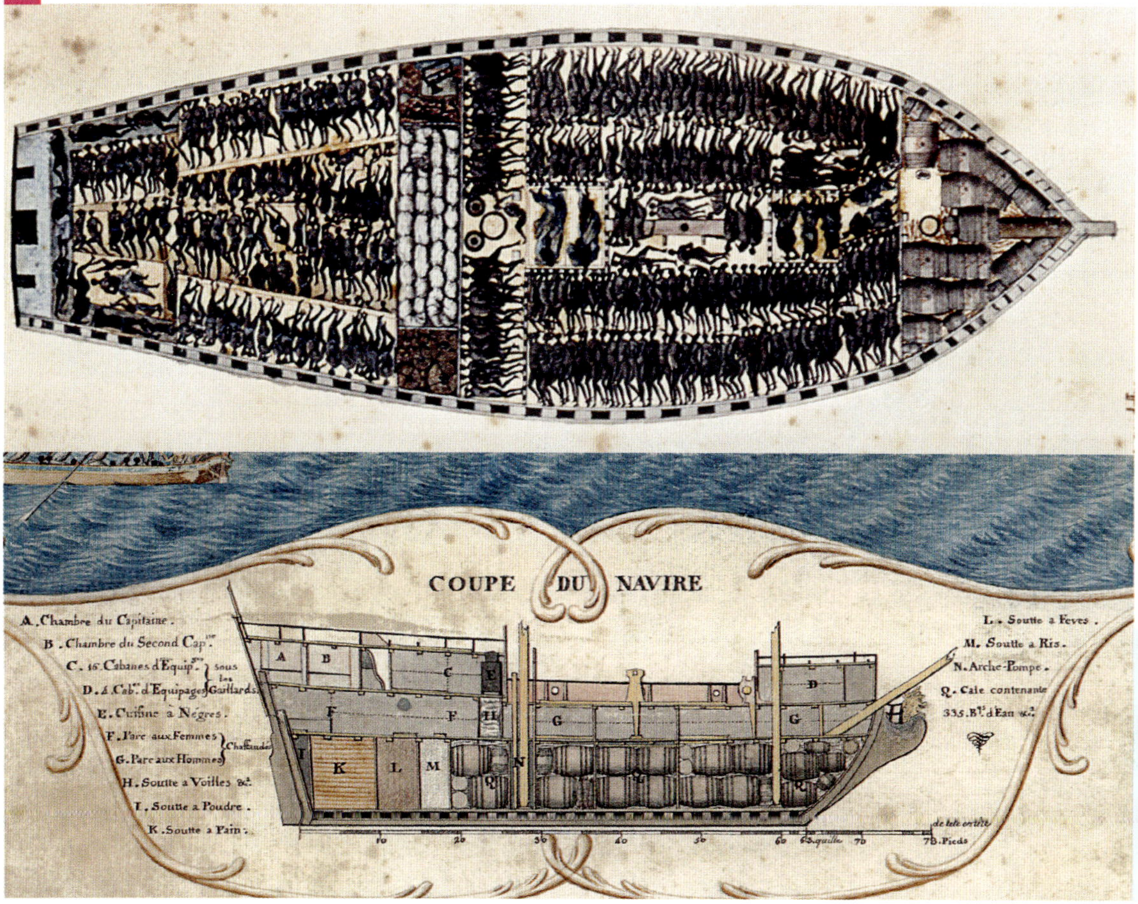

Plan et coupe du *Marie-Séraphique,* aquarelles réalisées à la demande de l'armateur du navire, vers 1770.

1. Dégagez l'intérêt de ce document pour décrire la traite négrière au XVIIIe siècle.

5 Voyage d'un navire bordelais (janvier 1787-août 1788)

La Licorne appartenant à des négociants de Bordeaux a été expédiée par eux sous mon commandement pour la côte de Mozambique et destinée à y traiter 500 têtes de nègres et les transporter à Saint-Domingue. […] La cargaison consistait en diverses marchandises pour la traite comme vin, eau-de-vie, fer en barre, fusils de traite, toiles, galons d'or et d'argent et autres articles, le tout des fabriques de France. Le trajet de Mozambique au cap de Bonne-Espérance fut heureux. J'entrai dans la rade le 10 février, pour y faire de l'eau, renouveler les vivres […]. J'avais perdu dans la traversée 7 nègres morts de maladie ou d'accident. Le 12, ayant obtenu du gouverneur hollandais la permission de mettre à terre les malades et de vendre ceux qui ne seraient pas en état d'être embarqués, je fis descendre 60 nègres que je mis dans une maison pour les faire rétablir. […] Ayant fait une visite avec mon chirurgien des 60 nègres, nous en trouvâmes 40 que je ne pouvais rembarquer étant attaqués de maladie […]. D'autres étaient défectueux, ayant été estropiés dans la révolte du 23 janvier. Je me décidai à les vendre à un négociant hollandais à raison de 75 piastres pièce […]

Le 21 avril, j'eus connaissance de la terre de Saint-Domingue. Le 23, la visite de santé vint à bord et ne trouva aucune maladie contagieuse. Il me fut donc permis d'aller et venir à terre et à bord. Le même jour l'administration se transporta à bord. Tous les nègres furent comptés, chaque espèce en particulier. […] Les 390 nègres produisirent une vente de 723 000 livres argent. J'employai cette somme en achat de denrées de la colonie que je fis charger à bord.

Journal de J. Brugevin, capitaine de *La Licorne*, cité dans F. Cadilhon et L. Coste, *L'Europe des XVIIe et XVIIIe siècles, Textes et documents*, Presses universitaires de Bordeaux, 2008.

1. Décrivez une campagne de traite (durée, équipage, marchandises…).

Expliquer le contexte, le rôle des acteurs et les enjeux de la situation

En utilisant vos réponses aux questions précédentes, rappelez ce qu'est le commerce triangulaire et le contexte dans lequel il se développe, puis décrivez comment Bordeaux y participe.

La plantation Fleuriau à Saint-Domingue

CONTEXTE

Alors que les colonies françaises en Amérique du Nord sont essentiellement des colonies de peuplement, les Antilles sont vouées aux cultures et à l'exportation de produits exotiques. À la veille de la Révolution française, Saint-Domingue est la plus riche des colonies françaises. Ses plantations, cultivées par près de 500 000 esclaves, produisent les trois quarts du sucre mondial et représentent un atout économique essentiel pour la France.

> Comment s'organise une plantation au XVIIIe siècle pour répondre aux enjeux commerciaux que représentent les colonies pour la métropole ?

1 La propriété d'Aimé-Benjamin Fleuriau

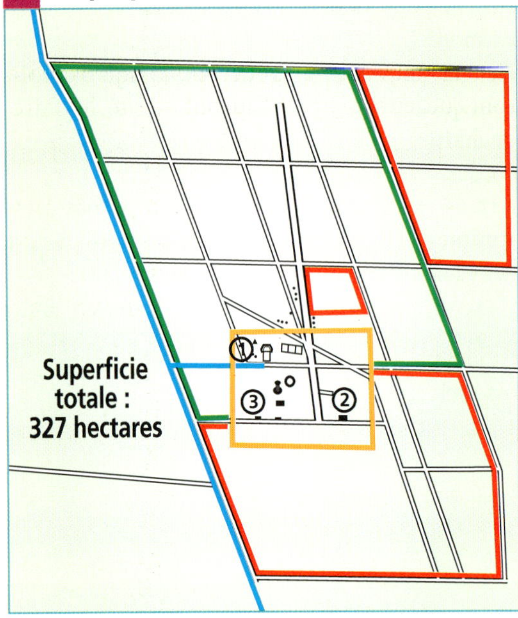

- Parcelles cultivées : 136 hectares dont 95 de canne à sucre.
- Pâture pour le bétail et bois : 189 hectares.
- Bâtiments de l'exploitation
  ① Activités agricoles : acqueduc, moulins pour le broyage de la canne, raffinerie où le jus de canne est chauffé dans des chaudières et transformé en sucre ou en rhum.
  ② L'espace de vie des « Blancs » : maison du maître, hôpital, magasins à grains, parcs à animaux d'élevage, forges, cachots, cases pour loger les employés.
  ③ L'espace de vie des esclaves : cases des « nègres privilégiés » (sucriers, chauffeurs, domestiques...), village des « nègres » cultivant la canne.
- Canal

1. Citez les activités de la plantation Fleuriau.
2. Les activités de la plantation Fleuriau lui permettent de vivre en quasi autarcie. Justifiez votre réponse.

2 Une plantation aux Antilles au XVIIIe siècle

Encyclopédie de Diderot et d'Alembert, 1751-1772.

1 Maison du propriétaire de la plantation
2 Cases des esclaves
3 Parcelles cultivées
4 Bâtiments de l'exploitation
5 Parc à animaux d'élevage

1. Cette gravure pourrait être la plantation Fleuriau. Justifiez cette affirmation (doc. 1 et 2).

3 Le quotidien d'un économe

Les sucreries roulent ordinairement dix-huit à vingt jours chaque mois. Tout ce temps, il faut constamment faire le quart à tour de rôle. Je surveillais, pour ma part, jusqu'à minuit l'entretien des cannes, le travail du moulin à sucre, l'écumage, le chauffage du vésou[1] [...]. Je me reposais jusqu'à cinq heures. [...] Je commençais ensuite à faire le récapitulatif des formes de sucres fabriqués pendant le cours des 24 heures, j'allais immédiatement compter les nègres coupeurs de canne, ceux des arrosements, des haies, des fourrages. Je revenais nombrer ceux des cabrouets[2], du moulin, du fourneau, de la sucrerie. Successivement, je me transportais ensuite à l'hôpital, visitais les malades dans les plus grands détails, inspectais les pansements des animaux blessés. L'heure du déjeuner sonnait. [...] Je me transportais ensuite à la vérification de tous les détails du matin ; à onze heures, je rentrais à la sucrerie pour veiller à l'épuration des chaudières et à la fabrication ; à une heure on sonnait le dîner ; à deux heures après-midi les travaux recommençaient et je reprenais ma tournée jusqu'au soir. À huit heures, on donnait un léger souper. Immédiatement après je me retirais dans ma chambre.

Voyage d'Outre-mer et infortunes de M. Joinville Gauban à Saint-Domingue,
cité dans J. de Cauna, *Aux temps des îles à sucre*, Khartala, 2003.

1. Liquide qui sort de la canne à sucre quand on l'écrase.
2. Charrettes à bœuf.

1. Expliquez en quoi consiste le travail de l'économe.
2. Relevez les travaux que font les esclaves sur une plantation.

4 La vie d'un esclave

Art. 12 - Les enfants qui naîtront de mariages entre esclaves seront esclaves et appartiendront aux maîtres des femmes esclaves. [...]
Art. 28 - Déclarons les esclaves ne pouvoir rien avoir qui ne soit à leur maître et tout ce qui leur vient à quelque titre que ce soit appartient en pleine propriété à leur maître. [...]
Art. 38 - L'esclave fugitif qui été en fuite pendant un mois aura les oreilles coupées et sera marqué d'une fleur de lis sur une épaule ; et s'il récidive une autre fois à compter pareillement du jour de la dénonciation, aura le jarret coupé et il sera [...] marqué d'une fleur de lis sur l'autre épaule ; la troisième fois il sera puni de mort. [...]
Art. 42 - Les maîtres pourront, lorsqu'ils croiront que leurs esclaves l'auront mérité, les faire enchaîner et les faire battre de verge ou de cordes. [...]
Art. 44 - Déclarons les esclaves être meubles, et comme tels entrer en la communauté, se partager également entre les cohéritiers [...].

Code Noir, 1685.

1. Qualifiez les conditions de travail et de vie des esclaves.

5 Saint-Domingue, août 1791

Incendie du Cap,
couverture de *Saint-Domingue, ou l'histoire de ses révolutions.*

1. Dégagez l'intérêt de ce document pour l'étude de cette situation.

Montrer en quoi la situation est caractéristique du sujet d'étude

En utilisant vos réponses aux questions précédentes, expliquez comment s'organise une plantation au XVIIIe siècle pour répondre aux enjeux commerciaux que représentent les colonies pour la métropole.

L'expansion française dans le monde

Notions

Compagnie : société liée à l'État par une charte et qui reçoit des privilèges pour réaliser un programme de mise en valeur, de commerce ou de peuplement d'un territoire. À l'origine, elles sont créées à l'initiative de marchands, d'armateurs puis dès le XVIIe siècle à l'initiative de l'État.

Comptoir : établissement commercial fondé par une nation à l'étranger sans population permanente, installé sur la côte d'un pays éloigné et qui tire ses profits du commerce maritime.

Synthèse audio
www.lienmini.fr/hg2-05

■ Tout au long du XVIe siècle, l'exploration de nouvelles terres est essentiellement le fait d'initiatives individuelles, parfois encouragées par le pouvoir royal. Ainsi, François Ier, qui souhaite remettre en question le monopole ibérique outre-Atlantique, accorde une aide importante à Jacques Cartier. **Mais, à la fin du XVIe siècle, la France ne dispose d'aucune possession outre-mer**. Les conflits religieux et les guerres d'Italie concentrent en Europe toutes ses attentions.

■ **La véritable entreprise d'exploration française est lancée au XVIIe siècle** par le cardinal de Richelieu, entre 1624 et 1642, puis par Jean-Baptiste Colbert, entre 1665 et 1683. Convaincus que la puissance et la prospérité d'une nation s'appuient sur le dynamisme de son commerce colonial, ils persuadent les souverains, Louis XIII pour le premier et Louis XIV pour le second, de l'importance des colonies. Des **compagnies** sont créées afin de prendre possession, d'administrer et d'exploiter de nouveaux territoires. À la fin du XVIIIe siècle, l'État reprend le contrôle des territoires étrangers ; seuls les **comptoirs** restent la propriété des compagnies.

■ **Le domaine colonial, qui atteint son apogée sous Louis XV (carte 1 p. 44), est l'objet de tensions avec les autres puissances européennes.** Ainsi, plusieurs conflits successifs opposent la France et l'Angleterre pour la possession de l'Amérique et des Indes. En 1763, la défaite de la France lors de la guerre de Sept Ans réduit le domaine colonial à quelques îles et comptoirs côtiers.

Vérifier sa compréhension de la leçon

1. Dites si ces affirmations sont vraies ou fausses puis recopiez la phrase de la leçon qui vous a aidé à répondre.
a. La France a construit son empire colonial au XVIe siècle.
b. La fondation de colonies est décidée en raison de leur importance pour le commerce.
c. Après une guerre européenne, la France perd au XVIIIe siècle la quasi-totalité de son empire colonial.

2. Retrouvez le ou les points de la leçon illustrés par le document ci-contre. Expliquez votre choix.

François Gérard-Jollain, *Le commerce que les Indiens du Mexique font avec les Français au port de Mississippi*, estampe, 1719-1721.

Organiser ses connaissances à l'aide d'un schéma

Reproduisez puis complétez le schéma ci-dessous.

DES ACTEURS
1. ....
2. ....
3. ....

DES MOTIVATIONS
1. ....
2. ....
3. ....

DES ESPACES ET DES TERRITOIRES (doc. 1 p. 44)
1. ....
2. ....
3. ....
4. ....

→ **LE PREMIER EMPIRE COLONIAL FRANÇAIS XVIe-XVIIIe SIÈCLE**

La politique coloniale de la France

Notions

Mercantilisme : doctrine économique selon laquelle la puissance d'un État est fonction de ses réserves en métaux précieux (or et argent).

Commerce triangulaire : pratiqué par les Européens du XVe siècle au XIXe siècle, il consiste à échanger des esclaves sur la côte africaine contre des armes et de la pacotille puis à les vendre aux Antilles et aux Amériques contre des produits coloniaux ramenés en Europe.

Synthèse audio
www.lienmini.fr/hg2-06

■ **Le premier domaine colonial est d'abord une construction mercantiliste.** Le système de l'exclusif réserve à la métropole la totalité du commerce colonial et place l'économie des colonies sous la tutelle de compagnies de commerce. Or, malgré l'émigration et l'implantation de colons, la main-d'œuvre manque. Au XVIIe siècle, la traite des noirs fournit aux planteurs une main-d'œuvre servile régie par le Code noir (1685). Le **commerce triangulaire** et en droiture favorise l'essor des ports de l'Atlantique.

■ **Au XVIIIe siècle, des protestations s'élèvent contre la politique coloniale de la France.** Les planteurs des îles veulent pouvoir commercer avec d'autres nations : le pouvoir royal doit assouplir le système de l'exclusif. Par ailleurs, certains philosophes dénoncent la traite des noirs qui a réduit des milliers d'hommes et de femmes à la servitude. Toutefois, l'importance du commerce colonial dans l'économie française (le tiers de son commerce extérieur) explique le maintien du système colonial.

■ **Pendant la Révolution française, les colonies obtiennent le droit d'être représentées à l'Assemblée nationale et la liberté de leur commerce avec la métropole.** Les droits civiques des hommes libres de couleur ne sont reconnus qu'en mai 1792, après l'insurrection de Saint-Domingue (1791). L'abolition de l'esclavage est votée en février 1794. Mais, en 1802, Napoléon Bonaparte rétablit progressivement l'esclavage qui n'est supprimé définitivement qu'en 1848.

Vérifier sa compréhension de la leçon

1. **Relevez dans la leçon les phrases ou informations qui justifient ces affirmations.**
a. Les colonies sont importantes pour l'économie française.
b. L'exploitation des colonies est fondée sur l'esclavage.
c. Les colons critiquent le système de l'exclusif.

2. **Relevez le ou les points de la leçon illustrés par le document ci-dessous. Expliquez vos choix.**

	Saint-Domingue	Guadeloupe
Superficie cultivée	384 492 ha	51 279 ha
Sucreries	793 ha	367 ha
Caféières	3 117 ha	787 ha
Cotonneries	787 ha	652 ha
Cacaoteries	182 ha	41 ha

P. Pluchon, *Histoire de la colonisation française*, Fayard, 1991.

Organiser ses connaissances à l'aide d'un schéma

Reproduisez le schéma ci-contre puis :
1. **Placez dans chaque cadre les lieux qui conviennent :**
- île de Gorée ;
- Antilles ;
- France ;
- Guyane ;
- Mascareignes ;
- Saint-Louis du Sénégal.

2. **Complétez la légende des flux en indiquant les types de produits échangés.**

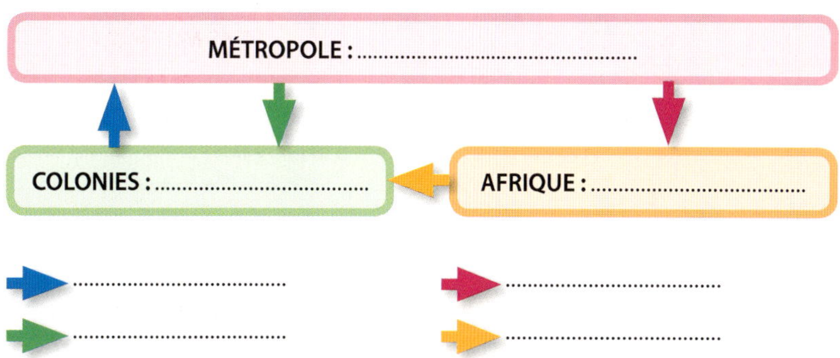

1 ***Le Serment du Jeu de paume, le 20 juin 1789***

Jacques-Louis David, huile sur toile (détail), 88,7 x 65 cm, après 1791 (Musée Carnavalet, Paris).
En mai 1789, Louis XVI réunit les états généraux afin de résoudre la grave crise financière que traverse la France. Mais les représentants du tiers état refusent de se soumettre au pouvoir royal. Le 17 juin, rejoints par ceux du bas clergé et les nobles réformateurs, ils se déclarent Assemblée nationale. Le 20 juin, les députés jurent, dans la salle du Jeu de paume, de ne pas se séparer avant d'avoir rédigé une constitution.

Sujet d'étude 4

Les Lumières, la Révolution française et l'Europe : les droits de l'Homme

> **Pourquoi les Lumières conduisent-elles à la construction d'un nouvel idéal politique en France et en Europe ?**

2 Plantation d'un arbre de la Liberté à Mayence (Allemagne)

Peinture allemande anonyme, 1792-1793 (Musée de Rastatt, Allemagne).
Si la Révolution française inquiète les monarques européens qui craignent une contagion révolutionnaire, elle trouve un accueil favorable auprès des peuples. En octobre 1792, les habitants de Mayence accueillent les soldats français et plantent un arbre de la Liberté, symbole de la Révolution. Sur la pancarte, on lit « Liberté et égalité ».

LANCER LA RÉFLEXION !

1. Cet événement annonce la fin de la monarchie absolue en France (doc. 1). Justifiez cette affirmation.
2. Justifiez le choix de ce document pour illustrer le titre du sujet d'étude (doc. 2).
3. En vous appuyant sur vos connaissances et sur les documents, précisez le lien entre les quatre termes du sujet d'étude : « les Lumières », « la Révolution française », « l'Europe » et « les droits de l'Homme ».

Le XVIIIe siècle et l'affirmation

Louis XVI, roi de France et de Navarre (1754-1793),
huile sur toile d'Antoine-François Callet, 192 x 246 cm, 1778
(Musée national du château de Versailles).

1778

Le Flambeau de l'univers,
Voltaire, Jean-Jacques Rousseau, Benjamin Franklin,
philosophes des Lumières, estampe XVIIIe siècle (BNF, Paris).

XVIIIe siècle

1730 – 1740 – 1750 – 1760 – 1770 – 1780 – 1789

MONARCHIE ABSOLUE, SOCIÉTÉ D'ORDRES

- **1734** Voltaire, *Lettres philosophiques*
- **1748** Montesquieu, *L'Esprit des lois*
- **1751-1772** Publication de l'*Encyclopédie*
- **1755** Rousseau, *Discours sur l'inégalité parmi les hommes*
- **1773-1774** Diderot à la cour de Russie
- **1787** Édit de tolérance religieuse
- **5 mai 1789** Ouverture des états généraux

XVIIIe siècle-1789

Les Lumières et la critique de l'absolutisme

- Mouvement de pensée élaboré par les philosophes du XVIIIe siècle, les Lumières affirment que l'homme possède des droits naturels, dont la liberté individuelle et l'égalité des droits. Elles contestent le pouvoir absolu du roi et dénoncent l'existence de privilèges.
- Malgré l'opposition du pouvoir royal et de l'Église, ces idées nouvelles se diffusent dans les milieux cultivés d'Europe. En France, les progrès de l'alphabétisation et le développement de la presse favorisent la naissance d'une opinion prête à remettre en cause la société d'Ancien Régime.

1789-

La Révolution française

- En mai 1789, alors que Louis XVI a réuni les états généraux pour résoudre la crise financière qui touche la France, les députés se proclament Assemblée nationale et font le serment de donner une constitution à la France. Sans remettre en question la monarchie, les députés du tiers état demandent plus d'égalité et de libertés.

d'un nouvel ordre social et politique

La Déclaration des droits de l'homme et du citoyen, huile sur bois de Jean-Jacques François Le Barbier, 56 x 71 cm, 1789 (Musée Carnavalet, Paris).

1789

L'Enrôlement des volontaires ou La Patrie en danger, huile sur toile de Guillaume Guillon-Lethière, 100 x 59 cm, 1799 (Musée de la Révolution française, Vizille).

1799

1790 — 1791 — 1792 — 1793 — 1794 — 1795 — 1796 — 1797 — 1798 — 1799

RÉVOLUTION FRANÇAISE | **Ire RÉPUBLIQUE**

- **20 juin 1789**
  Serment du Jeu de paume
- **14 juillet 1789**
  Prise de la Bastille
- **4 août 1789**
  Abolition des privilèges
- **26 août 1789**
  Déclaration des droits de l'homme et du citoyen
- **1792**
  Abolition de la monarchie, début de la Ire République
- **21 janvier 1793**
  Exécution de Louis XVI
- **1798-1799**
  Installation des Républiques sœurs en Italie

1792

et la fin de la monarchie

- Dès la mi-juillet, des révoltes populaires éclatent à Paris et dans toute la France. Sous la pression des événements, les députés votent l'abolition des privilèges et la Déclaration des droits de l'homme et du citoyen qui mettent fin à l'Ancien Régime. Dorénavant, le roi doit gouverner avec l'accord de la nation.

1792-1799

La Ire République et la guerre contre les monarchies européennes

- En septembre 1792, une nouvelle assemblée, élue au suffrage universel masculin, crée la Ire République. Marquée par l'instabilité politique et la violence, la République est confrontée à l'hostilité des monarchies européennes qui craignent la contagion révolutionnaire.
- Pour défendre les acquis révolutionnaires, la Convention décide d'aider tous les peuples qui veulent conquérir leur liberté. Ces guerres révolutionnaires assurent la diffusion des Droits de l'homme en Europe et la mise en place d'institutions qui s'en inspirent.

A. Les Lumières : des philosophes et un nouveau courant d'idées

> Pourquoi les Lumières remettent-elles en question l'organisation sociale et politique de la France et de l'Europe du XVIIIe siècle ?

1 Les philosophes et leurs combats

En France, Bayle, Fontenelle, Voltaire, Montesquieu[1] et les écoles formées par ces hommes célèbres combattirent en faveur de la vérité, employant tour à tour toutes les armes que l'érudition, la philosophie, l'esprit, le talent d'écrire peuvent fournir à la raison ; prenant tous les tons, employant toutes les formes, depuis la plaisanterie jusqu'au pathétique, depuis la compilation[2] la plus savante et la plus vaste, jusqu'au roman, ou au pamphlet[3] du jour ; [...] mais ne se lassant jamais de réclamer l'indépendance de la raison, la liberté d'écrire comme le droit, comme le salut du genre humain ; s'élevant, avec une infatigable énergie, contre tous les crimes du fanatisme et de la tyrannie ; poursuivant dans la religion, dans l'administration, dans les mœurs, dans les lois, tout ce qui portait le caractère de l'oppression, de la dureté, de la barbarie ; ordonnant, au nom de la nature, aux rois, aux guerriers, aux magistrats, aux prêtres, de respecter le sang des hommes ; leur reprochant, avec une énergique sévérité, celui que leur politique ou leur indifférence prodiguait encore dans les combats ou dans les supplices ; prenant enfin, pour cri de guerre, raison, tolérance, humanité.

Nicolas de Condorcet, *Esquisse d'un tableau historique des progrès de l'esprit humain*, 1793-1794.

1. Philosophes du XVIIIe siècle.
2. Travail de réunir les œuvres.
3. Écrit satirique et critique.

1. Relevez les buts que poursuivent les philosophes.
2. Précisez les moyens qu'ils utilisent pour les atteindre.

2 Un lieu de réunion des Lumières : le salon de madame Geoffrin

Anicet Charles Gabriel Lemonnier, *Lecture de la tragédie de* L'Orphelin de la Chine *de Voltaire dans le salon de madame Geoffrin,* huile sur toile, 196 x 129 cm, 1812 (Musée national du château de Malmaison).

1 Marivaux 2 Rousseau 3 D'Alembert 4 Diderot 5 Turgot 6 Madame Geoffrin 7 Buste de Voltaire

1. Donnez deux raisons qui permettent de comprendre que ce genre de réunion favorise la diffusion des idées des philosophes.

3 La société vue par les philosophes

Jusqu'ici je n'ai point distingué les états, les rangs, les fortunes ; et je ne les distinguerai guère plus dans la suite, parce que l'homme est le même dans tous les états ; que le riche n'a pas l'estomac plus grand que le pauvre et ne digère pas mieux que lui ; que le maître n'a pas les bras plus longs ni plus forts que ceux de son esclave ; qu'un grand n'est pas plus grand qu'un homme du peuple [...]. Vous vous fiez à l'ordre actuel de la société sans songer que cet ordre est sujet à des révolutions inévitables, et qu'il vous est impossible de prévoir ni de prévenir celle qui peut regarder vos enfants. Nous approchons de l'état de crise et du siècle des révolutions. Qui peut vous répondre de ce que vous deviendrez alors ? Tout ce qu'ont fait les hommes, les hommes peuvent le détruire : il n'y a de caractères ineffaçables que ceux qu'imprime la nature, et la nature ne fait ni princes, ni riches, ni grands seigneurs.

Jean-Jacques Rousseau, *Émile ou De l'Éducation*, 1762.

Gravure anonyme, « A faut espérer que ce jeu finira bientôt », XVIIIe siècle.

1. Reformulez le point de vue défendu par Jean-Jacques Rousseau.
2. Rousseau remet en question l'organisation de la société. Justifiez cette affirmation.

4 Un projet philosophique

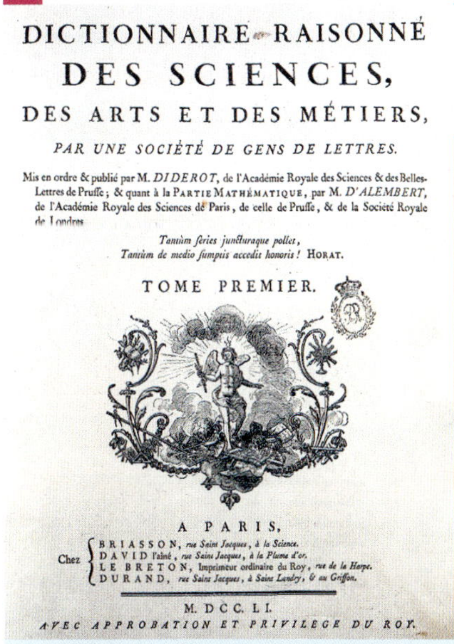

DICTIONNAIRE RAISONNÉ
DES SCIENCES,
DES ARTS ET DES MÉTIERS,
PAR UNE SOCIÉTÉ DE GENS DE LETTRES.
Mis en ordre & publié par M. *DIDEROT*, de l'Académie Royale des Sciences & des Belles-Lettres de Pruſſe ; & quant à la PARTIE MATHÉMATIQUE, par M. *D'ALEMBERT*, de l'Académie Royale des Sciences de Paris, de celle de Pruſſe, & de la Société Royale de Londres.
Tantùm ſeries junčturaque pollet,
Tantùm de medio ſumptis accedit honoris ! HORAT.
TOME PREMIER.
A PARIS,
Chez BRIASSON, *rue Saint Jacques, à la Science.*
DAVID l'aîné, *rue Saint Jacques, à la Plume d'or.*
LE BRETON, Imprimeur ordinaire du Roy, *rue de la Harpe.*
DURAND, *rue Saint Jacques, à Saint Landry, & au Griffon.*
M. DCC. LI.
AVEC APPROBATION ET PRIVILEGE DU ROY.

a. Page de titre du premier tome de l'*Encyclopédie* (1751).
Dirigée par Denis Diderot et Jean le Rond d'Alembert, l'*Encyclopédie* (17 volumes de texte et 11 volumes d'illustrations) est rédigée entre 1751 et 1772. Malgré la censure royale, elle est diffusée à des milliers d'exemplaires en France et en Europe.

b. Aucun homme n'a reçu de la nature le droit de commander aux autres. La liberté est un présent du ciel, et chaque individu de la même espèce a le droit d'en jouir aussitôt qu'il jouit de la raison. [...] Le gouvernement, quoique héréditaire dans une famille, et mis entre les mains d'un seul, n'est pas un bien particulier, mais un bien public, qui par conséquent ne peut jamais être enlevé au peuple, à qui seul il appartient essentiellement et en pleine propriété. [...] Ce n'est pas l'État qui appartient au prince, c'est le prince qui appartient à l'État ; mais il appartient au prince de gouverner dans l'État, parce [...] qu'il s'est engagé envers les peuples à l'administration des affaires, et que ceux-ci de leur côté se sont engagés à lui obéir conformément aux lois. [...] En un mot, la couronne, le gouvernement et l'autorité publique sont des biens dont le corps de la nation est propriétaire, et dont les princes sont les usufruitiers, les ministres et les dépositaires.

Article « Autorité politique », *Encyclopédie*, 1751-1772.

1. Définissez le but de l'*Encyclopédie* (doc. 4a).
2. Montrez que l'*Encyclopédie* a d'autres buts que celui que vous avez défini précédemment. Justifiez votre réponse (doc. 4b).

Construire ses connaissances

1. Organisez les informations fournies par chaque document dans le tableau ci-dessous.

Documents	Ce que condamnent les philosophes	Ce que défendent les philosophes	Moyens utilisés pour diffuser leurs idées
Doc. 1	....	....	....
....	....	....	....

2. À l'aide du tableau, rédigez une réponse à la question posée par ce corpus en deux paragraphes :
   1. les Lumières (définition) ;
   2. les raisons qui expliquent que les Lumières remettent en question l'organisation sociale et politique de la France et de l'Europe du XVIIIe siècle.

B. La Révolution française et la construction d'un nouvel ordre social et politique

> Pourquoi la Révolution française est-elle un événement fondateur d'un nouvel ordre social et politique en France et en Europe ?

1 *La Prise de la Bastille, 14 juillet 1789*

Charles Thévenin, huile sur toile, 1793 (Musée Carnavalet, Paris).

1. Justifiez le choix de ce document pour ouvrir ce corpus.

2 La Révolution française vue par un Anglais

Ainsi donc, My Lord, la plus grande révolution de notre temps n'aura donc coûté, si on considère l'importance de l'événement, que la vie de quelques hommes ; à partir de cette date, nous devons considérer la France comme un pays libre, le roi comme un monarque aux pouvoirs limités, et la noblesse comme réduite au niveau du reste de la nation.

Lettre de l'ambassadeur du roi d'Angleterre à Paris au duc de Leeds, ministre des Affaires étrangères, 15 juillet 1789.

1. Reformulez le point de vue et les arguments de l'ambassadeur.

3 La chute en masse

« Ainsi l'étincelle électrique de la liberté renversera tous les trônes des brigands couronnés »
La Chute en masse, estampe de Nicolas-Gabriel Dupuis, gravée par François-Marie-Isidore Queverdo (BNF, Paris).

1. Identifiez les personnages et éléments qui composent cette estampe.
2. Dégagez son sens.

4 L'expansion territoriale de la Révolution française

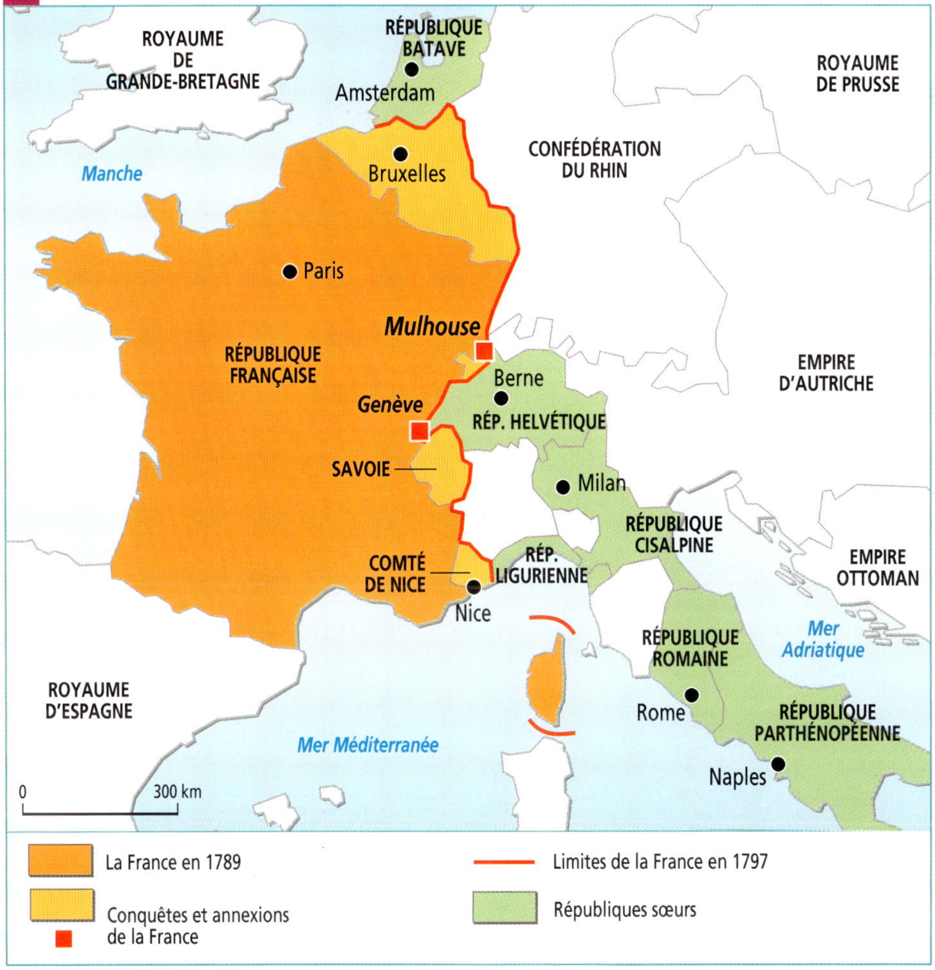

1. Comparez les informations représentées sur cette carte et le document 3. Formulez deux remarques.

Construire ses connaissances

1. Organisez dans un tableau les informations fournies par chaque document.

Document	Conséquences de la Révolution française	
	en France	en Europe
Doc. 1	....	....
....	....	....

2. Rédigez un paragraphe qui expose deux raisons permettant de comprendre pourquoi la Révolution française est un événement fondateur d'un nouvel ordre social et politique en France et en Europe.

5 Les Allemands et la Révolution française

Car qui le voudrait le nier qu'en sa poitrine […] battit un cœur plus libre au premier lever, au premier éclat du soleil nouveau ; quand on entendit proclamer le droit des hommes, un droit commun à tous, et la liberté sublime, et la respectable égalité ! […] Tous les peuples ne tournaient-ils point leurs regards, en ces jours d'entraînement, vers la capitale du monde ? […] Nous, leurs voisins, nous fûmes les premiers saisis d'enthousiasme. Puis commença la guerre ; des bandes de Français en armes approchaient ; mais elles semblaient n'apporter qu'union et amitié ; […] ils plantèrent gaiement les arbres joyeux de la liberté, promettant à chacun le respect de ses droits et l'indépendance de son pays. […] Mais bientôt le ciel s'obscurcit : une race d'ambitieux pervers, indignes de fonder le bien et la justice, lutta pour la seule domination ; ils s'égorgèrent entre eux, opprimèrent leurs voisins, leurs nouveaux frères […].

Johann Wolfgang von Goethe, *Hermann et Dorothée*, Chant VI, 1798.

1. Indiquez et caractérisez les trois périodes décrites par l'auteur.
2. Précisez quelles sont, selon l'auteur, les conséquences de la Révolution française en Allemagne et en Europe.

6 Les réformes du roi de Bavière

Article 2 – Toutes les Constitutions, tous les privilèges, charges héréditaires et corps constitués[1] des différentes provinces sont supprimées. Le royaume entier n'est représenté que par une seule Assemblée nationale, est soumis aux mêmes lois et administré suivant les mêmes principes. […]
Article 3 – Le servage là où il existe encore est supprimé. […]
Article 5 – La noblesse conserve ses titres et, comme tout propriétaire foncier, […] elle sera traitée exactement sur le même pied que tous les autres citoyens.
Article 6 – Les mêmes dispositions entrent en vigueur en ce qui concerne le clergé.
Article 7 – L'État garantit à tous les citoyens la sécurité de leur personne et de leurs biens, une totale liberté de conscience, la liberté de la presse.

Ordonnance du roi de Bavière, 1er mai 1808.

1. Institutions.

1. Les idées politiques de la Révolution française influencent l'Europe. Justifiez cette affirmation (Repères p. 58-59).

Diderot à la cour de Russie

CONTEXTE

En France, les rois combattent les Lumières parce que les principes de liberté qu'elles défendent portent atteinte à leur pouvoir. Mais ce mouvement trouve un certain écho à l'étranger. Le philosophe français Denis Diderot, qui dirige la rédaction de l'*Encyclopédie* avec Jean le Rond d'Alembert, répond à l'invitation de Catherine II de Russie et se rend à Saint-Pétersbourg en 1773.

> Dans quelle mesure les idées de Diderot remettent-elles en question la façon dont Catherine II gouverne la Russie ?

1 Catherine II, impératrice de Russie

L'impératrice de Russie est certainement despote[1]. [...] Dans quelque contrée que ce puisse être, l'autorité souveraine doit donc être limitée d'une manière durable. [...] Le bon gouvernement sera celui où la liberté du peuple sera la moins [restreinte] et celle du souverain la plus restreinte qu'il sera possible. Pourquoi la Russie est-elle moins bien gouvernée que la France ? C'est que la liberté de l'individu est réduite à rien et que l'autorité souveraine y est encore trop grande, que la liberté naturelle y est encore trop restreinte.

Denis Diderot, *Observations sur l'instruction de sa Majesté impériale aux députés pour la confection des lois*, cité dans par M. Tourneux, *Diderot et Catherine II*, Calmann-Levy, 1899.

1. Gouvernant avec une autorité absolue et arbitraire.

1. Reformulez l'opinion de Diderot sur Catherine II et sa façon de gouverner la Russie.
2. Relevez des éléments du tableau qui illustrent l'opinion de Diderot.

F. S. Rokotov, ***Catherine II de Russie*** (impératrice de 1782 à 1796), huile sur toile, XVIIe siècle (Musée historique d'État, Moscou).

2 La Russie de Catherine II

Catherine II – On pourrait tout aussi raisonnablement, je pense, distribuer [les habitants de la Russie] ainsi : l'Église, la noblesse, qui seule a droit de posséder des terres, les habitants des villes qui seuls ont le droit de faire le commerce, et les paysans qu'on peut partager en deux sortes : l'une possédant des terrains et les cultivant de leurs mains, les autres, sujets de la noblesse et dépendant d'eux, tous les paysans immédiats de l'empire, ceux de la couronne ou des domaines. [...]

Diderot – Quels sont les privilèges des propriétaires des terres ?

Catherine II – Par écrit il n'y en a guère que la brasserie de l'eau-de-vie, mais dans les faits ils font dans leurs terres tout ce [que] bon leur semble, excepté justice de mort, qui leur est défendue.

Questions de Denis Diderot à Catherine II, cité dans Sergueï Karp, « Le questionnaire de Diderot adressé à Catherine II : quelques précisions », *Recherches sur Diderot et sur l'*Encyclopédie, *Varia*, n° 33, 2011.

1. Caractérisez la société russe à l'aide d'un adjectif. Expliquez votre choix.

3 Des lois

Il est rare qu'un peuple se soumette volontairement à des lois qu'on lui impose. Il les chérira et les respectera, il y obéira et les défendra comme son propre ouvrage s'il en est lui-même l'auteur. Ce ne sont plus les volontés arbitraires d'un seul, ce sont celles d'un grand nombre d'hommes qui ont consulté entre eux sur leur bonheur et leur sécurité. Elles sont vaines si elles ne commandent pas également à tous, elles sont vaines s'il y a un seul membre de la société qui puisse les enfreindre impunément. [...] [Un code] doit commencer ainsi : « Nous, peuple, et nous, souverain du peuple, jurons conjointement les lois par lesquelles nous serons également jugés ; et s'il nous arrivait, à nous souverain, de les enfreindre, il est juste que [le peuple] nous poursuive, qu'il nous dépose, et même qu'il nous condamne à mort si le cas l'exige. » Tout souverain qui se refuse au serment se déclare tyran.

Denis Diderot, *Observations sur l'instruction de sa Majesté impériale aux députés pour la confection des lois*, ouvrage cité.

1. Précisez le point de vue de Diderot sur les lois.
2. Ce point de vue remet en question la façon dont Catherine II exerce son pouvoir en Russie. Justifiez cette affirmation.

4 De l'éducation des enfants

Il est nécessaire d'ouvrir, dans chaque grande ville, une seule école [...]. Et comme l'éducation qu'on y donne doit tendre à faire des citoyens honnêtes et éclairés et convenir à toutes les classes de la société, les parents doivent être forcés par la loi d'y envoyer leurs enfants. [...] Il doit y avoir dans une école générale et publique trois sortes d'élèves [...].

– Des pensionnaires. Ce seront les enfants des parents aisés, mais trop distraits ou trop occupés pour veiller eux-mêmes sur leurs enfants ; point, mais point absolument ni de précepteurs particuliers, ni de valets ; point d'appartements séparés ; qu'ils soient tous confondus ; qu'ils apprennent l'égalité ; [...]

– Des boursiers. Ce seront les enfants de ceux qui ne sont pas assez aisés pour fournir soit à l'éducation, soit à la subsistance de leurs enfants, et que le collège adopte. [...]

– Des externes. Ce sont des enfants de parents en état de [...] fournir à toutes dépenses et de les envoyer à l'école.

Denis Diderot, *ouvrage cité.*

A. I. Korsuchin, ***Retour de la ville***, huile sur toile, XIXᵉ siècle (Galerie Tretiakoff, Moscou).

1. Relevez la raison pour laquelle Diderot pense qu'il est nécessaire d'ouvrir des écoles.
2. Relevez une information qui montre que son point de vue sur l'éducation s'appuie sur la mise en œuvre du principe d'égalité défendu par les philosophes.

5 En conclusion du séjour de Diderot à la cour de Russie

Monsieur Diderot, j'ai entendu avec le plus grand plaisir tout ce que votre brillant esprit vous a inspiré ; mais, avec tous vos grands principes, que je comprends très bien, on ferait de beaux livres et de mauvaise besogne. Vous oubliez dans tous vos plans de réforme la différence de nos deux positions : vous, vous ne travaillez que sur le papier qui souffre tout ; il est tout uni, simple, et n'oppose d'obstacles ni à votre imagination ni à votre plume ; tandis que moi, pauvre impératrice, je travaille sur la peau humaine, qui est bien autrement irritable et chatouilleuse.

Denis Diderot, *ouvrage cité.*

1. Reformulez la conclusion que tire Catherine II de ses entretiens avec Diderot.

Caractériser un personnage et son action en rapport avec la situation

En utilisant vos réponses aux questions précédentes, donnez deux raisons qui peuvent expliquer que les idées défendues par Diderot remettent en question la façon dont Catherine II gouverne la Russie.

Protestants et juifs en France à la fin du XVIIIe siècle

CONTEXTE

Au XVIIIe siècle, la religion catholique est religion d'État. Elle rythme la vie quotidienne des Français. De fait, les non-catholiques – juifs et protestants – sont en dehors de la société : de nombreuses décisions royales leur interdisent de pratiquer leur culte. Ils sont exclus de la vie civile, parfois persécutés, obligés de quitter le royaume. Leur condition est dénoncée par les philosophes au XVIIIe siècle et fait l'objet de débats jusqu'à la Révolution française.

> Pourquoi les philosophes et les révolutionnaires contribuent-ils à la reconnaissance de droits pour les minorités religieuses en France à la fin du XVIIIe siècle ?

1 Juifs et protestants en France à la veille de la Révolution française

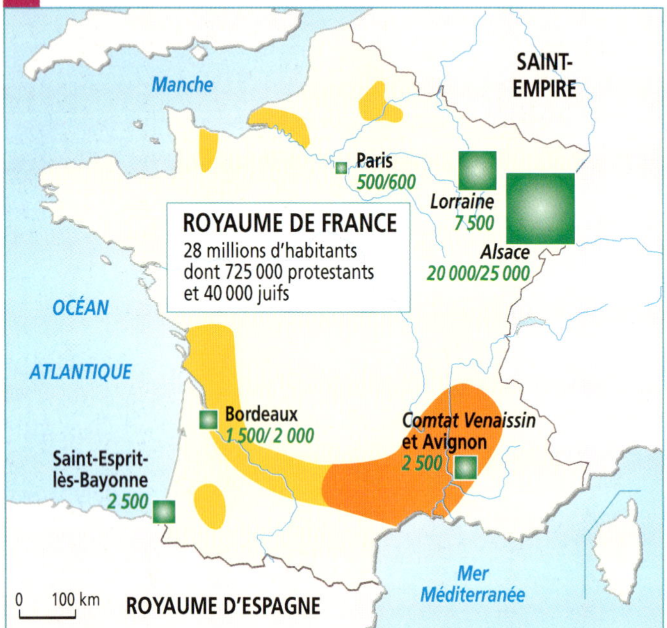

1. Localisez les communautés juives et protestantes.
2. Qualifiez leur poids dans la population française.

2 La France et les minorités religieuses

« **Moyens sûrs et honnêtes pour ramener les hérétiques à la foi catholique** : 1. la roue ; 2. la prison ; 3. le fouet ; 4. la poterne ; 5. les galères ; 6. le feu »
Dessin anonyme du XVIIIe siècle (Musée Carnavalet, Paris).

1. Relevez, à l'aide du contexte, des éléments de la gravure qui montrent qu'elle illustre l'attitude du pouvoir royal face aux non catholiques.

3 Les « réfugiés »

C'est ainsi que l'on nomme les protestants français que la révocation de l'édit de Nantes[1] a forcés de sortir de France et de chercher un asile dans les pays étrangers, afin de se soustraire aux persécutions qu'un zèle aveugle et inconsidéré leur faisait éprouver dans leur patrie. Depuis ce temps, la France s'est vue privée d'un grand nombre de citoyens qui ont porté à ses ennemis des arts, des talents et des ressources dont ils ont souvent usé contre elle. Il n'est point de bon Français qui ne gémisse depuis longtemps de la plaie profonde causée au royaume par la perte de tant de sujets utiles. […] L'esprit persécuteur devrait être réprimé par tout gouvernement éclairé : si l'on punissait les perturbateurs qui veulent sans cesse troubler les consciences de leurs concitoyens lorsqu'ils diffèrent dans leurs opinions, on verrait toutes les sectes vivre dans une parfaite harmonie, et fournir à l'envi des citoyens utiles à la patrie, et fidèles à leur prince.

Article « Réfugiés », *Encyclopédie*, 1751-1772.

1. Signé en 1598 pour mettre fin à quarante de guerre de religion entre catholiques et protestants, ce texte reconnaît la liberté de culte aux protestants. En 1685, Louis XIV revient sur cette décision et interdit le protestantisme par l'édit de Fontainebleau.

1. Reformulez le point de vue de l'auteur et deux arguments qu'il utilise pour le justifier.

4 Voltaire et la tolérance

L'Allemagne serait un désert couvert des ossements des catholiques, évangélistes[1], réformés[1], anabaptistes[1], égorgés les uns par les autres si la paix de Westphalie[2] n'avait pas enfin procuré la liberté de conscience. […] Plus il y a de sectes, moins chacune est dangereuse ; la multiplicité les affaiblit. […]
Ce n'est donc plus aux hommes que je m'adresse ; c'est à toi, Dieu de tous les êtres, de tous les mondes et de tous les temps. […] Tu ne nous as point donné un cœur pour nous haïr et des mains pour nous égorger ; fais que les petites différences entre les vêtements qui couvrent nos débiles corps, entre tous nos langages insuffisants, entre tous nos usages ridicules, entre toutes nos lois imparfaites, entre toutes nos opinions insensées ; que toutes ces petites nuances qui distinguent les atomes appelés hommes ne soient pas des signaux de haine et de persécution.

Voltaire, *Traité sur la tolérance*, 1763.

1. Protestants de divers courants.
2. Traités qui mettent fin à la guerre de Trente Ans (1618-1648) qui oppose les puissances européennes catholiques et protestantes.

1. Précisez pourquoi Voltaire cite l'exemple de l'Allemagne.
2. Voltaire défend la tolérance religieuse. Justifiez cette affirmation.

Voltaire assis à sa table de travail, gravure du XVIIIe siècle (BNF, Paris).

5 Les révolutionnaires et la question religieuse

Je demande, Messieurs, pour les protestants français, pour tous les non catholiques du royaume, ce que vous demandez pour vous : la liberté, l'égalité de droits. […] Que tous les non catholiques français soient assimilés en tout, et sans réserve aucune, à tous les autres citoyens, parce qu'ils sont citoyens aussi. […] Je demande pour tous les non catholiques la liberté de leur religion, de leur culte, la liberté de le célébrer dans des maisons consacrées à cet objet ; la certitude de ne pas être plus troublés dans leur religion que vous ne l'êtes dans la vôtre, et l'assurance parfaite d'être protégés, comme vous, autant que vous, et de la même manière que vous, par notre commune loi ! […] Enfin, Messieurs, je reviens à mes principes, ou plutôt à vos principes ; car ils sont à vous ; vous les avez conquis par votre courage, et vous les avez consacrés à la face du monde en déclarant que « tous les hommes naissent et demeurent libres et égaux ». Je ne vois donc aucune raison pour qu'une partie des citoyens dise à l'autre : « Je serai libre, mais vous ne le serez pas. » […] Les droits de tous les Français sont les mêmes, tous les Français sont égaux en droits. […] Et si, malgré l'évidence de ces principes, vous nous défendiez de professer notre culte commun, sous prétexte que vous êtes beaucoup et que nous sommes peu, ce ne serait que la loi du plus fort, ce serait une souveraine injustice, et vous pécheriez contre vos propres principes.

Discours de Jean-Paul Rabaut Saint-Étienne, député du tiers état aux états généraux, 23 août 1789.

1. Présentez ce document (situation de communication, contexte historique, idées développées).
2. Recherchez le texte de la Déclaration des droits de l'homme votée le 26 août 1789 et dites si la requête de Rabaut Saint-Étienne a abouti. Justifiez votre réponse.

Montrer en quoi la situation est caractéristique du sujet d'étude

En utilisant vos réponses aux questions précédentes, donnez deux raisons qui permettent de comprendre que les philosophes et les révolutionnaires ont contribué à la reconnaissance de droits pour les minorités religieuses en France à la fin du XVIIIe siècle.

La nuit du 4 août

CONTEXTE

Dès le printemps 1789, les cahiers de doléances écrits à l'occasion de la réunion des états généraux révèlent les divisions de la société française. À l'été 1789, des révoltes paysannes éclatent : les châteaux sont attaqués et les documents qui établissent les droits seigneuriaux sont brûlés. Sous la pression, les députés réunis à Paris en Assemblée nationale préparent une réponse pacifique à la crise du monde rural et, dans la nuit du 4 août, mettent fin à l'Ancien Régime.

> Pourquoi la nuit du 4 août marque-t-elle une rupture avec l'Ancien Régime ?

1 À l'origine de la Grande Peur

Dimanche au soir, des braconniers ont eu une querelle assez vive avec des gardes à Estrées-Saint-Denis. Les habitants de cette paroisse qui ont toujours dans l'idée, ainsi que ceux de la campagne, que l'on veut venir couper leur blé, voyant de loin le tumulte se sont imaginé que c'étaient des gens malintentionnés qui venaient pour ravager leurs terres. Ils ont sonné le tocsin, ont assemblé tous les habitants. [...].
J'ai rencontré la Garde nationale sous les armes, avec des fusils, des haches, des cognées [...].
Finalement il n'y avait rien, il n'y avait pas de grains coupés, et ce qui avait donné lieu à ce bruit était la querelle des braconniers avec les gardes.

Lettre du prévôt de la maréchaussée à l'intendant du Soissonnais, le 28 juillet 1789, cité dans G. Lefebvre, *Annales historiques de la Révolution française*, volume X, 1933.

1. Relevez la raison qui explique le mouvement de panique qui a touché la région d'Estrées-Saint-Denis.

2 La Grande Peur

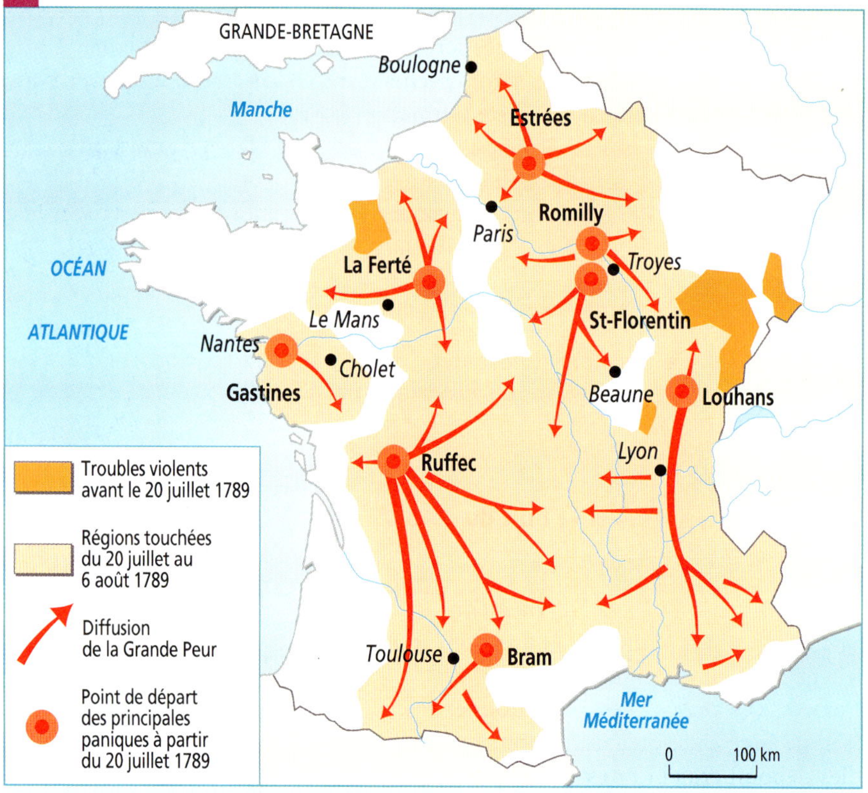

1. Expliquez comment la Grande Peur se diffuse à travers le pays (doc. 1 et 2).

3 Point de vue sur la révolte paysanne

Dans plusieurs provinces, le peuple tout entier forme une espèce de ligue pour détruire les châteaux, pour ravager les terres et surtout pour s'emparer des chartriers où les titres de propriété féodale sont en dépôt. Il cherche enfin à secouer le joug qui depuis tant de siècles pèse sur sa tête ; et, il faut l'avouer, messieurs, cette insurrection, quoique coupable, car toute agression violente l'est, peut trouver son excuse dans les vexations dont il est victime [...]. Mais on ne peut pas demander aux seigneurs la renonciation pure et simple de leurs droits féodaux[1]. Ces droits sont leur propriété et l'équité défend d'exiger l'abandon d'aucune propriété sans accorder une juste indemnité au propriétaire.

Intervention du duc d'Aiguillon, député de la noblesse, au Club breton[2], 3 août 1789.

1. Droits perçus par un seigneur en contrepartie d'une terre (un fief) qu'il loue au paysan.
2. Groupe des députés de Bretagne aux états généraux.

1. Indiquez contre qui et contre quoi sont dirigées les violences paysannes dans les campagnes.
2. Expliquez pourquoi.

4 La nuit du 4 août : paroles de députés

Gravure de la fin du XVIIIe siècle (BNF, Paris).

Comment peut-on espérer arrêter l'effervescence dans les provinces, sans connaître quelle est la cause de l'insurrection qui se manifeste dans le royaume ? Et comment y remédier, sans appliquer le remède au mal qui l'agite ? Les communautés[1] ont fait des demandes[2] ; ce n'est pas une Constitution qu'elles ont désiré mais que les droits d'aide[3] fussent supprimés, que les droits seigneuriaux[3] fussent allégés ou échangés. […]

Elles ont cru devoir s'armer pour être entendues ; aussi résulte-t-il de cette disposition que le royaume flotte dans ce moment entre l'alternative de la destruction de la société ou d'un gouvernement qui sera admiré et suivi dans toute l'Europe. Comment l'établir ce gouvernement ? Par la tranquillité publique. Comment espérer cette tranquillité ? En calmant le peuple. […]

Pour parvenir à cette tranquillité, je propose :

1. Qu'il soit dit que l'impôt sera payé par tous les individus du royaume dans la proportion de leurs revenus ;
2. Que toutes les charges publiques seront à l'avenir supportées également par tous ;
3. Que tous les droits féodaux seront rachetables par les communautés, en argent, ou échangés sur le prix d'une juste estimation […].

Dans ce siècle de Lumières, où nous allons travailler à la régénération de l'État, il me semble, messieurs, qu'il faudrait avant d'établir une Constitution si désirée que la nation attend, établir le plus promptement possible cette égalité de droits qui doit exister entre tous les hommes et qui peut seule assurer leur liberté.

Intervention du vicomte de Noailles, député de la noblesse, 4 août 1789, cité dans J. Godechot, *La Pensée révolutionnaire 1789-1799*, Armand Colin, 1969.

1. Communes. **2.** Cahiers de doléances. **3.** Charges et impôts.

1. **Présentez ce document (nature, auteur, date, lieu, idées développées).**
2. **Montrez que les propositions du vicomte de Noailles s'inspirent du principe d'égalité défendu par les philosophes des Lumières.**

5 Les réactions après la nuit du 4 août

a. La réaction du pouvoir

Dès le 5 août, Louis XVI écrit à l'archevêque d'Arles.

Je ne consentirai jamais à dépouiller mon clergé, ma noblesse. Je ne donnerai pas ma sanction à des décrets qui les dépouilleraient ; c'est alors que le peuple français pourrait m'accuser d'injustice et de faiblesse. Monsieur l'archevêque, vous vous soumettez aux décrets de la Providence ; je crois m'y soumettre en ne me livrant point à cet enthousiasme qui s'est emparé de tous les ordres, mais qui ne fait que glisser sur mon âme. Si la force m'obligeait à sanctionner, alors je céderais, mais alors il n'y aurait plus en France ni monarchie ni monarque.

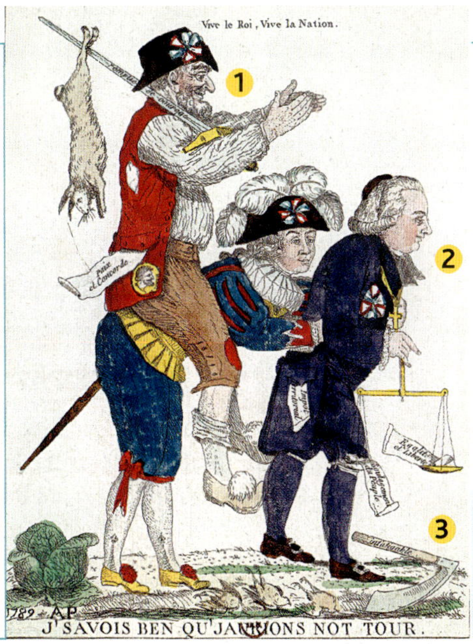

b. La réaction du peuple

1 Paysan :
- sur l'épée : « remplie de courage »
- sortant de sa poche : « Paix et Concorde »

2 Homme d'Église :
- sortant de sa poche : « Impôt territorial »
- plateau de la balance : bas : « Soulagement du peuple » ; haut : Égalité et Liberté »

3 Sur le manche de la faucille : « infatigable »

Gravure anonyme, 1789 (BNF, Paris).

1. **Comparez et expliquez les réactions du pouvoir et du peuple suite aux décisions prises dans la nuit du 4 août.**

Montrer en quoi la situation est caractéristique du sujet d'étude

En utilisant vos réponses aux questions précédentes, donnez deux raisons qui prouvent que la nuit du 4 août marque une rupture avec l'Ancien Régime.

Les Lumières : des philosophes et un nouveau courant d'idées

Notions

Droits naturels : droits inaliénables, attachés à la personne humaine (égalité de tous devant la loi, liberté individuelle…).

Liberté de conscience : liberté de croire et de pratiquer le culte de son choix.

Monarchie absolue : régime politique dans lequel le roi, au pouvoir héréditaire, détient tous les pouvoirs.

Libertés fondamentales : liberté personnelle, de penser, de s'exprimer…

Synthèse audio
www.lienmini.fr/hg2-07

■ **Le XVIIIe siècle voit l'épanouissement d'idées nouvelles, les Lumières.** Portées par les philosophes, elles affirment que l'homme possède des **droits naturels**. Dénonçant l'intolérance de l'Église, ils défendent la **liberté de conscience** ainsi que le droit pour chacun de choisir sa religion. Ils critiquent également l'organisation de la société qui, divisée en ordres, nie l'égalité entre les hommes, et contestent la **monarchie absolue**. Certains restent attachés à la monarchie, mais les philosophes posent le principe de la séparation des trois pouvoirs et le respect des **libertés fondamentales**.

■ **En dépit de l'opposition du roi et de l'Église, les idées des philosophes se répandent dans les milieux cultivés et font l'objet de débats.** Des discussions ont lieu dans les cafés, les salons, les clubs ou encore dans les académies provinciales. Malgré la censure, les publications des philosophes et, notamment l'*Encyclopédie*, sont des instruments efficaces de lutte contre l'absolutisme et l'intolérance religieuse. Leur portée reste cependant limitée et pénètre peu les couches populaires.

■ **En Europe, les ouvrages des philosophes sont largement diffusés.** Les Provinces-Unies et la Suisse deviennent des centres d'impression de ces écrits. Par ailleurs, certains philosophes (Voltaire, Diderot) se rapprochent de despotes éclairés (Catherine II de Russie, Frédéric II de Prusse). Ces monarques s'inspirent des idées des Lumières pour moderniser leur État mais ne remettent pas en question leur pratique autoritaire du pouvoir.

Vérifier sa compréhension de la leçon

1. Pour décrire les Lumières, de nombreuses formules sont utilisées. Justifiez l'emploi de chacune d'elles à l'aide de la leçon.
a. Les Lumières ou les philosophes à l'assaut de la monarchie absolue.
b. Les Lumières contre l'ordre établi.
c. Les Lumières, les chemins vers l'égalité et la liberté.

2. Retrouvez les points de la leçon illustrés par le document ci-contre. Justifiez vos choix.

Jean-Jacques Rousseau, *Discours sur l'origine et les fondements de l'inégalité parmi les hommes*, 1755 (BNF, Paris).

Organiser ses connaissances à l'aide d'un schéma

Reproduisez puis complétez le schéma ci-dessous pour expliquer ce que sont les Lumières.

Contexte
……………………
……………………
……………………

→ LES LUMIÈRES →

Conséquences
……………………
……………………
……………………

La Révolution française et la construction d'un nouvel ordre social et politique

Notions

États généraux : réunion des trois ordres de la société (noblesse, clergé et tiers état). Chaque ordre rédige des cahiers de doléances mentionnant leurs vœux et leurs plaintes.

Tiers état : un des trois ordres de la société d'Ancien Régime. Il regroupe toute personne qui n'est ni noble ni ecclésiastique, soit 98 % de la population française.

Grande Peur : période de révolte (20 juillet-6 août 1789) durant laquelle les paysans attaquent les châteaux et brûlent les terriers où sont inscrits les droits seigneuriaux.

Synthèse audio
www.lienmini.fr/hg2-08

■ **En 1789, les Français se révoltent et, en trois mois, mettent fin à l'Ancien Régime et à la monarchie absolue.** En mai, Louis XVI réunit les **états généraux** pour résoudre la crise financière. Il est alors confronté à une forte opposition politique. Le **tiers état** se proclame Assemblée nationale et oblige le roi à accepter la limitation de son pouvoir par une constitution. La prise de la Bastille le 14 juillet et la **Grande Peur** en août marquent l'engagement du peuple dans le processus révolutionnaire.

■ **Après avoir aboli les privilèges dans la nuit du 4 août, l'Assemblée nationale pose les principes d'une nouvelle organisation politique et sociale.** Le 26 août, les députés votent la Déclaration des Droits de l'homme et du citoyen qui reconnaît à tous les individus des droits inaliénables (liberté individuelle, liberté d'opinion, égalité…). Ils imposent au roi de gouverner avec l'accord de la nation. En 1791, la Constitution consacre la séparation des pouvoirs mais elle limite l'égalité politique en imposant le suffrage censitaire et en refusant les droits civiques aux femmes.

■ **En Europe, les événements de 1789 suscitent l'enthousiasme mais également la peur.** Les souverains européens, qui voient leur pouvoir menacé, entrent ainsi en conflit avec les révolutionnaires. Ces derniers, grâce à la supériorité de leurs armées, parviennent à annexer la Savoie, la Rhénanie, la Belgique. Des codes civils sont alors promulgués dans ces territoires, et des républiques sœurs adoptent des constitutions inspirées du modèle français.

Vérifier sa compréhension de la leçon

1. Relevez les informations de la leçon qui illustrent ces affirmations.
a. En 1789, Louis XVI est d'abord confronté à une crise économique puis à une crise politique.
b. La société inégalitaire qui caractérise l'Ancien Régime est détruite en 1789.
c. La Révolution française a des échos en Europe et ses principes sont parfois repris dans certains pays.

2. Retrouvez les points de la leçon illustrés par le document ci-contre. Justifiez vos choix.

Réveil du tiers état, gravure du XVIIIe siècle.

Organiser ses connaissances à l'aide d'un tableau

Reproduisez puis complétez le tableau ci-dessous pour dresser un bilan de la Révolution française.

Les conséquences de la Révolution française			
Les avancées			Les inégalités persistantes
politiques	sociales	juridiques	……………
……………	……………	……………	……………
……………	……………	……………	……………

1 Un centre de distribution d'aide alimentaire en Somalie

Régulièrement touchée par la sécheresse, la Somalie, comme tous les pays de la corne de l'Afrique, connaît d'importantes crises alimentaires. La guerre civile qui déchire le pays depuis les années 1990 aggrave cette situation. Elle complique l'acheminement de l'aide alimentaire de l'Organisation des Nations unies (ONU) et des organisations non gouvernementales (ONG).

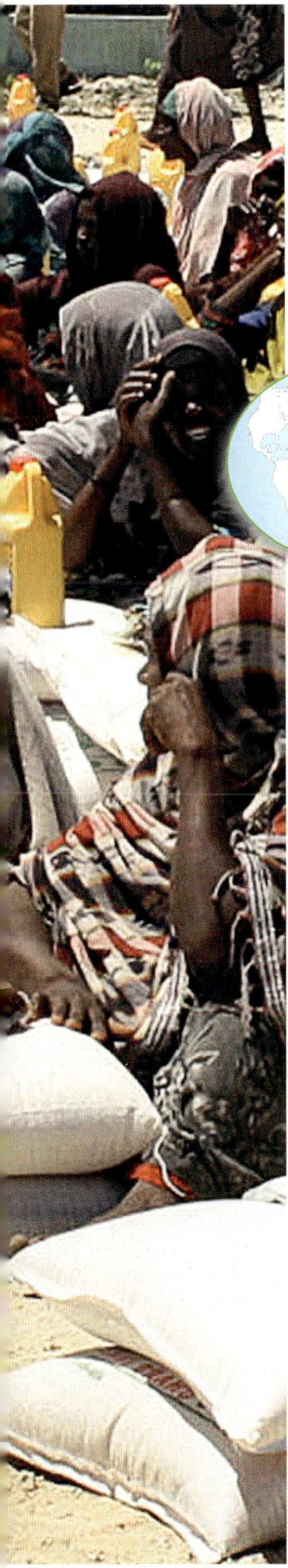

Sujet d'étude 5

Nourrir les hommes

> Pourquoi nourrir les hommes constitue-t-il toujours un défi au XXIe siècle ?

2 Culture hors-sol de salade dans la région d'Iwate (Japon)

La culture hors-sol se développe comme une réponse à la pollution de l'eau et des sols dans les régions contaminées après la catastrophe nucléaire de Fukushima en mars 2011.

LANCER LA RÉFLEXION !

1. Précisez ce que le document 1 nous apprend de la situation alimentaire de la Somalie.
2. Donnez deux raisons qui permettent de comprendre le choix du document 2 pour illustrer le sujet d'étude.
3. En vous appuyant sur les documents 1 et 2, formulez deux hypothèses en réponse à la question posée : « Pourquoi nourrir les hommes constitue-t-il toujours un défi au XXIe siècle ? »

Nourrir les hommes :

1 L'indice de la faim dans le monde

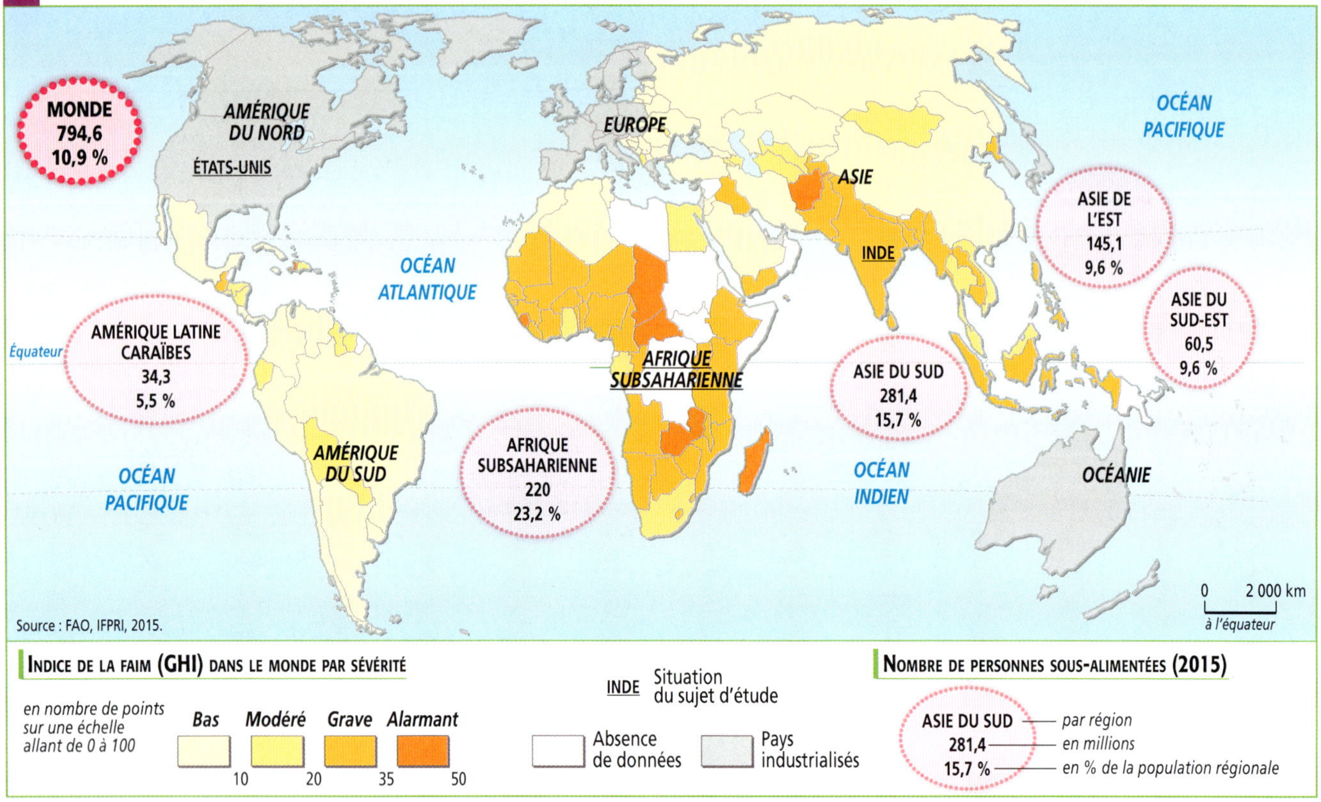

2 Population agricole et sécurité alimentaire

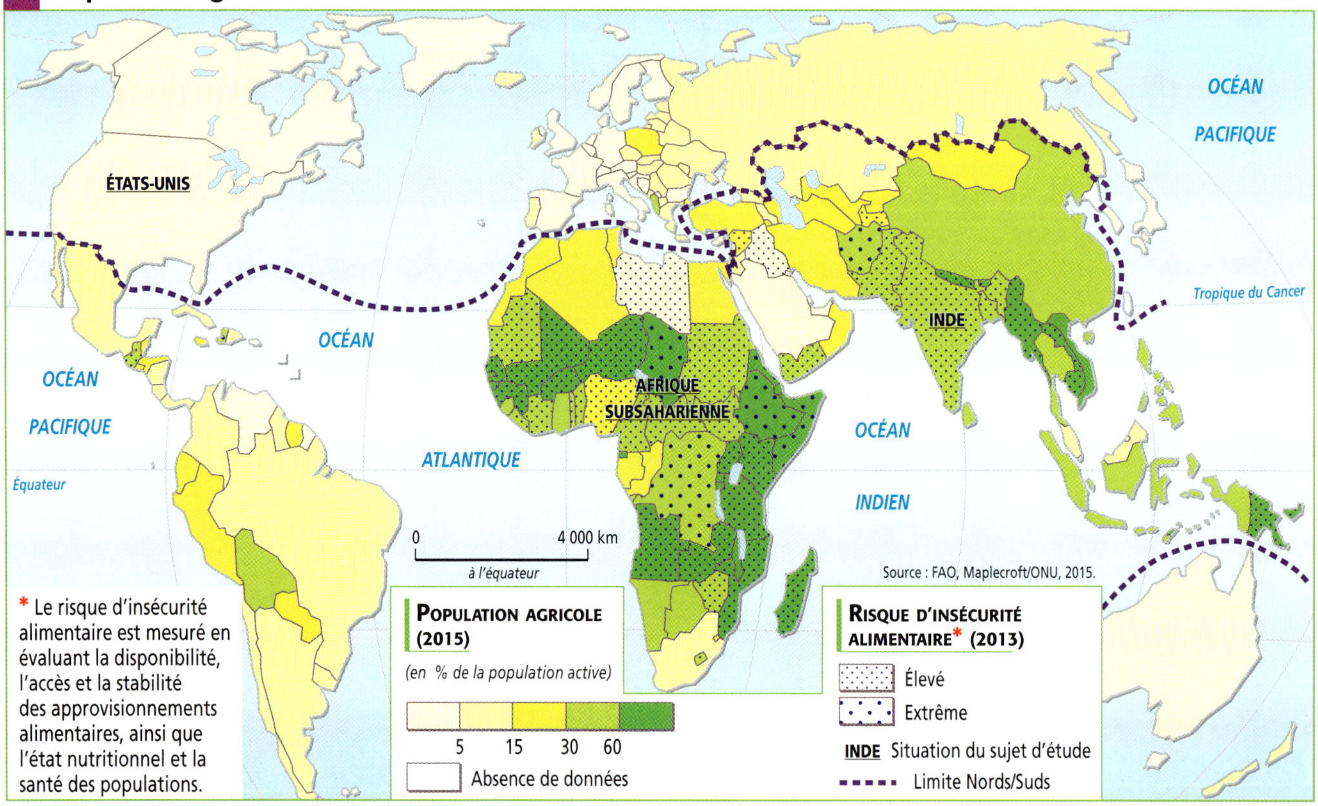

* Le risque d'insécurité alimentaire est mesuré en évaluant la disponibilité, l'accès et la stabilité des approvisionnements alimentaires, ainsi que l'état nutritionnel et la santé des populations.

le contexte mondial

3 Des contrastes dans les modes de production

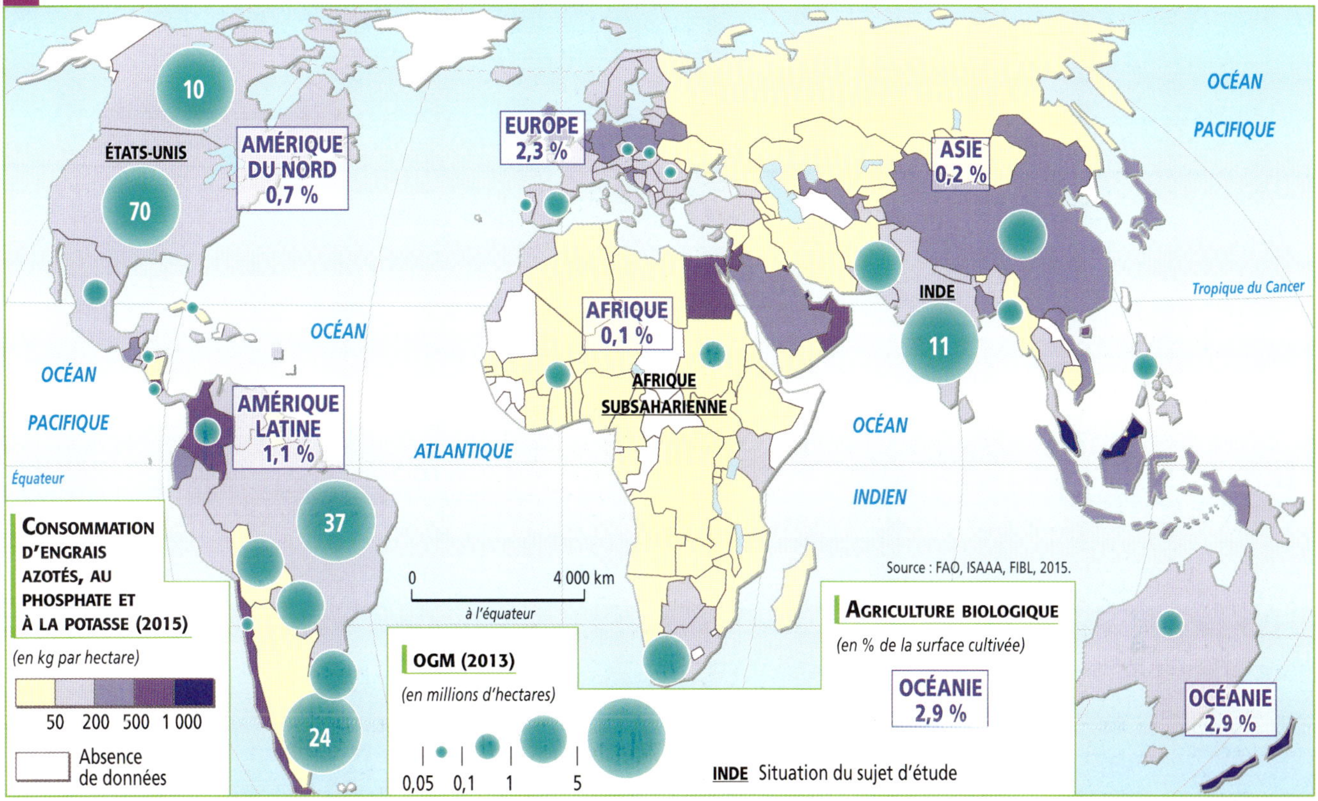

4 Le commerce des produits agricoles

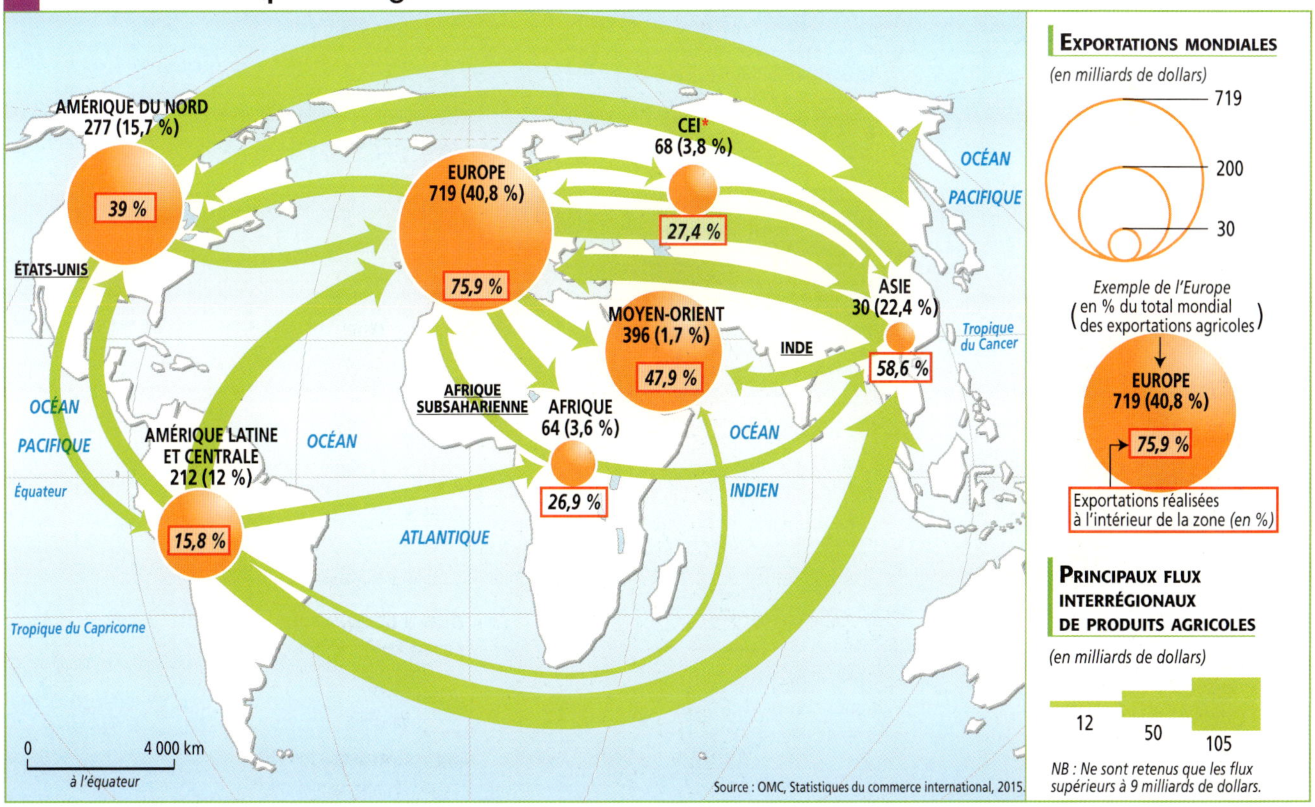

A. La situation alimentaire mondiale

> Pourquoi près d'une personne sur neuf dans le monde souffre-t-elle de la faim au XXIe siècle ?

1 Population et production agricole

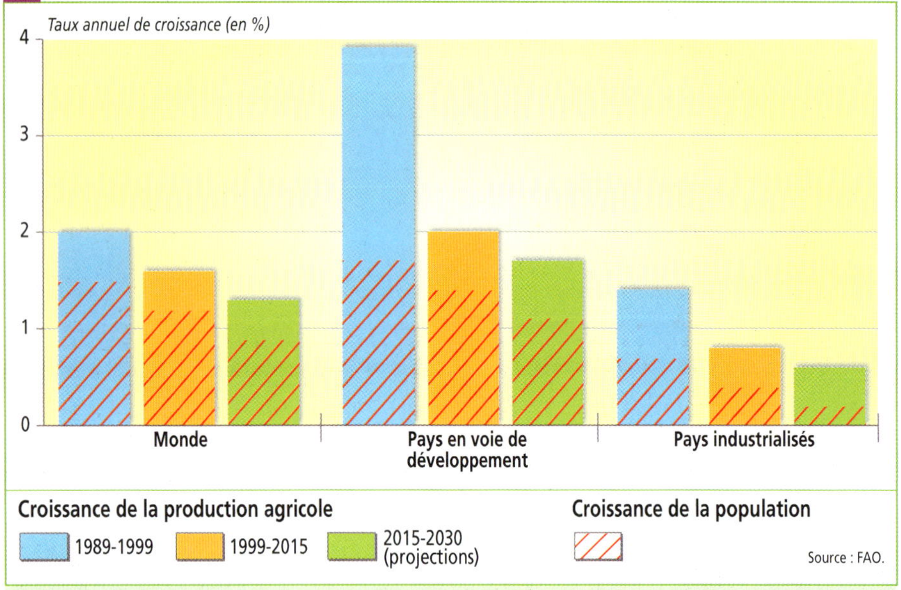

1. Observez ce graphique et formulez trois remarques.

2 La faim en question

Si l'on gérait adéquatement nos ressources, on pourrait nourrir pratiquement deux fois la population de la planète. On produit l'équivalent de 4 500 kcal par personne et par jour. C'est deux fois plus que les besoins journaliers de 7 milliards d'habitants [...]. Le problème réside non dans la production mais dans la répartition de la nourriture : ceux qui souffrent de problèmes alimentaires sont les pauvres. Même si la nourriture est disponible, elle ne leur est pas accessible. C'est pourquoi l'Inde qui exporte pourtant des céréales abrite le plus grand nombre de personnes souffrant de la faim dans le monde. Dans les pays pauvres, les gens qui souffrent de malnutrition sont, pour la plupart, de petits paysans qui produisent trop peu [...]. Ils n'ont pas de semences qui leur assurent des rendements élevés. Nourrir le monde est donc une histoire de production et de répartition des ressources alimentaires. Pour pouvoir répartir, il faut produire suffisamment ; mais les prix doivent être à la fois rémunérateurs pour les agriculteurs et accessibles en ville à ces citadins qui consacrent 80 % de leurs revenus, dans les bidonvilles, à acheter de la nourriture.

D'après une interview de **Sylvie Brunel**, Professeur à Paris-Sorbonne, *Le Monde.fr*, 16 octobre 2012.

1. Résumez le point de vue et les arguments de l'auteur pour expliquer la persistance de la faim dans le monde.

3 Moisson traditionnelle dans les hautes terres éthiopiennes

1. À l'aide des cartes 1 et 2 p. 74, caractérisez la situation alimentaire de l'Éthiopie.
2. Relevez les éléments qui permettent de comprendre la situation alimentaire de l'Éthiopie.

4 L'accaparement des terres

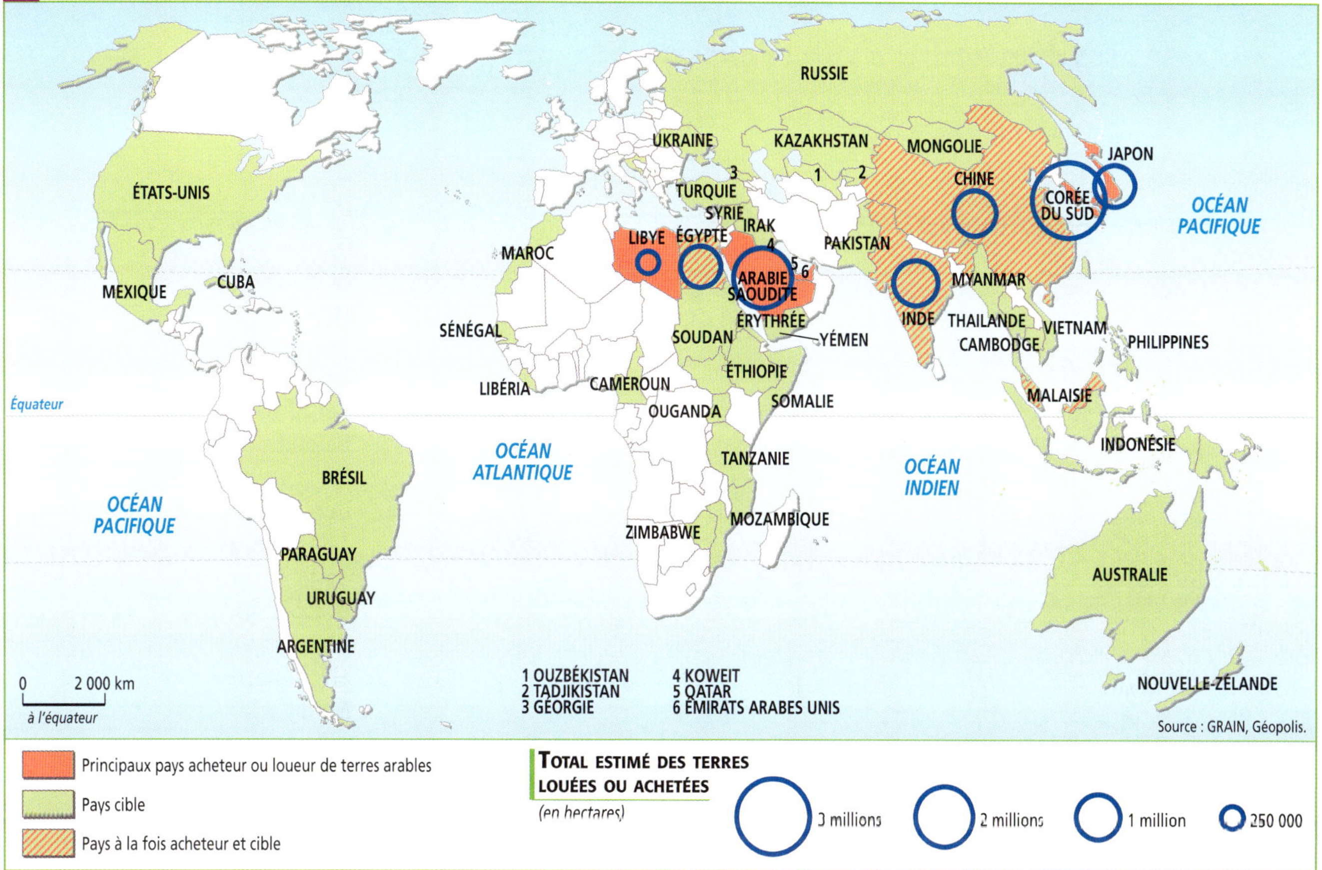

La hausse de la demande alimentaire stimulée par la croissance démographique ainsi que les besoins nouveaux de céréales ou graines oléagineuses pour la production d'agrocarburants conduisent les entreprises de l'agrobusiness ou du secteur énergétique à rechercher de nouvelles terres pour produire.

1. Décrivez le phénomène cartographié.
2. Indiquez pourquoi ce phénomène accentue les difficultés alimentaires de l'Afrique.

5 Conflits et difficultés alimentaires

Un conflit désorganise les moyens d'existence dans les zones rurales et urbaines, et diminue la productivité agricole des petits exploitants [...]. Les chiffres résultant des conflits en cours et de l'instabilité politique confirment l'existence de ce lien. En Irak, les prix des denrées alimentaires sont élevés et instables dans les provinces touchées par le conflit et le panier alimentaire coûte de 25 à 30 % de plus qu'à Bagdad, capitale du pays. Le stress des cultures apparaît clairement sur les images satellite, qui confirment l'impact négatif du conflit sur les systèmes d'irrigation, la disponibilité des intrants agricoles et l'accès aux parcelles cultivées. [...] Au début de 2015, suite aux violences, aux troubles civils et à la fragmentation qui aggravent en permanence la situation en République arabe syrienne, et en raison des sanctions internationales, de la désorganisation de la production alimentaire et des hausses des prix du fuel domestique et des denrées alimentaires, 9,8 millions de personnes ont demandé différentes formes d'assistance visant à améliorer l'alimentation, réorganiser la production agricole et renforcer les moyens de subsistance.

« Conflit et instabilité politique », *L'État de l'insécurité alimentaire dans le monde 2015*, **Organisation des Nations unies pour l'alimentation et l'agriculture**, 2015.

1. Expliquez pourquoi les conflits ont des conséquences sur l'alimentation des populations.

Construire ses connaissances

1. Chaque document donne une ou plusieurs raisons qui permettent de comprendre pourquoi la faim subsiste dans certaines régions du monde. Organisez ces informations dans un tableau en les regroupant par rubrique :
– document ;
– régions du monde ;
– causes de la faim.
2. Choisissez deux causes parmi celles que vous avez recensées puis expliquez en quelques phrases pourquoi elles sont à l'origine de la faim dans le monde.

B. La sécurité alimentaire : un défi, des perspectives

> Comment assurer la sécurité alimentaire de la population mondiale ?

1 Garantir la sécurité alimentaire, un défi de taille

L'émergence de nouvelles classes moyennes dans quelques pays émergents d'Asie et d'Amérique latine (Chine, Inde, Brésil, etc.) et la hausse de leur pouvoir d'achat se manifestent par de profondes transformations dans les modes de consommation alimentaire, avec une consommation croissante de produits animaux (œufs, lait et viande). Il est donc à prévoir une augmentation encore plus rapide de la demande en produits végétaux, 3 à 10 calories végétales étant nécessaires pour produire 1 calorie animale. […] Cependant, de nombreux développements menacent la sécurité alimentaire. En premier lieu, l'élargissement inconsidéré des surfaces cultivées ou pâturées entraîne des processus de déforestation et de perte de biodiversité. De plus, les irrigations exagérées et mal conduites contribuent à la raréfaction des ressources en eaux de surface et souterraines, et l'emploi abusif d'engrais chimiques et de produits phytosanitaires augmente la pollution des aliments, de l'air, des eaux et des sols.

Marc Dufumier, « Nourrir l'humanité sans dommage pour l'environnement », Baromètre de la Faim 2012, Convergences 2015.

1. Relevez les informations qui justifient le titre du document.

2 Siaka Dioni, agriculteur au Mali

Siaka Dioni, la quarantaine, […] est l'un des 42 facilitateurs qui ont été formés jusqu'à présent par le programme GIPD[1]. […] Avant de bénéficier d'une formation, il ne cultivait que du fonio[2] sur une petite partie de son terrain, principalement à cause des conditions dégradées de ses terres et de leur faible rendement. Après la formation, il a décidé d'appliquer les méthodes apprises sur une partie de ses champs. […] En quatre ans, les surfaces cultivées sont passées de deux hectares et demi à 10 hectares et la diversification s'est améliorée. […] Il a maintenant triplé ses revenus car il a augmenté sa production et dépense moins en pesticides. […] Avec son système de cultures diversifiées, il peut assurer une meilleure nutrition pour lui-même et sa famille et a de plus grandes chances d'obtenir une bonne récolte en dépit des défis climatiques.

« Le renforcement des capacités locales profite aux communautés rurales du Mali », **Organisation des Nations unies pour l'alimentation et l'agriculture (FAO)**, 2015.

1. Programme de l'Organisation des Nations unies pour l'alimentation et l'agriculture (FAO) qui vise à améliorer les compétences des agriculteurs en Afrique de l'Ouest. **2.** Céréale.

1. Citez les acteurs à l'origine du programme GIPD et les personnes qui en bénéficient.
2. Donnez deux raisons qui permettent de comprendre pourquoi ce type de programme peut améliorer la sécurité alimentaire des populations.

3 Le café coopératif, une culture commerciale durable

En Éthiopie, la coopérative SCFCU (Sidama Coffee Farmers Cooperative Union) permet à 87 675 petits producteurs de café de disposer des outils nécessaires pour transformer leurs produits, des moyens de transport pour les acheminer et de les vendre dans des conditions commerciales plus justes. Le commerce équitable* leur a permis de s'assurer un revenu stable et non fluctuant en fonction du cours des matières premières. Avec la prime du commerce équitable, de nombreux projets vitaux sont également mis en place (écoles, assurance sociale pour les petits producteurs). Ce commerce ne représente toutefois que 0,1 % des échanges mondiaux

1. Indiquez les avantages et les limites du commerce équitable.

4 Vers une autre alimentation ?

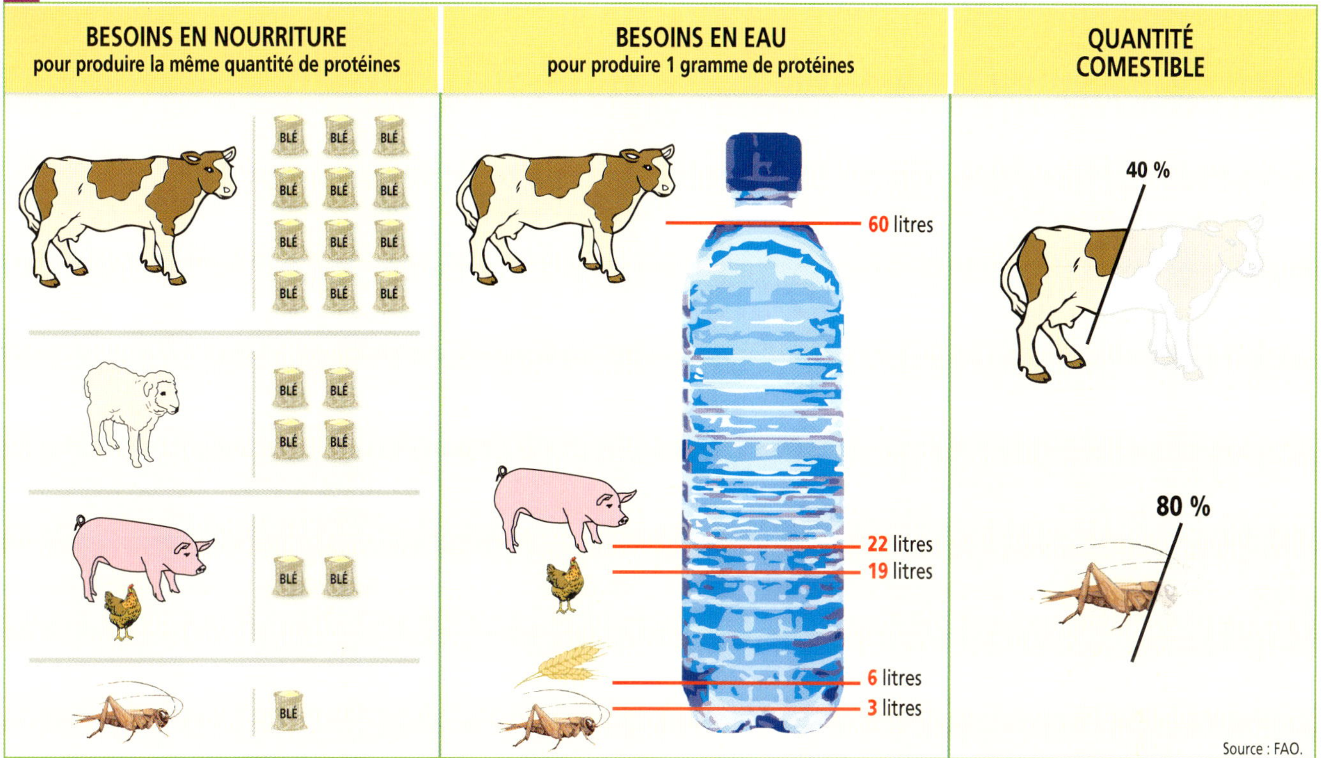

Deux milliards de personnes mangent régulièrement des insectes, principalement en Amérique latine, en Afrique centrale et en Asie du Sud-Est. Très riches d'un point de vue nutritif, les insectes pourraient apporter, selon certains scientifiques, une réponse au problème de la faim.

1. Expliquez pourquoi la production d'insectes pourrait être envisagée pour réduire la faim dans le monde.

5 L'agriculture raisonnée, une culture plus durable

Dans l'agriculture raisonnée, l'accent est mis sur la réduction de l'emploi des intrants d'origine industrielle et sur leur stricte adaptation aux besoins constatés des cultures, sans interdiction totale comme dans l'agriculture biologique.

Elle pousse au développement d'assolements[1] plus diversifiés et donc répartis sur de plus longues durées. Ainsi, en introduisant dans une rotation culturale maïs-blé la culture d'autres plantes, dont des plantes légumineuses, on peut passer à des rotations sur quatre ou cinq ans. L'agriculture raisonnée intègre aussi l'utilisation d'engrais verts dans ses assolements, privilégie les variétés qui résistent le mieux aux maladies, prend en compte le bien-être animal et les risques sanitaires. Elle gère également l'irrigation de façon beaucoup plus fine, se préoccupe de l'entretien des paysages, de la préservation de la biodiversité. L'agriculture traditionnelle a déjà elle-même évolué vers plus de durabilité. Les apports d'engrais chimiques et les dosages de produits phytosanitaires ont été réduits de façon sensible, et les progrès concernant les molécules utilisées ont permis de réduire de façon importante les produits nocifs contenus dans les herbicides.

D'après **Jean-Paul Charvet**, « Agriculture durable », *Encyclopaedia Universalis*, 2014.

1. Division des terres d'une exploitation en différentes parties consacrées chacune à une culture différente.

1. Identifiez les pratiques culturales qui caractérisent l'agriculture raisonnée.
2. L'agriculture raisonnée a des préoccupations environnementales. Justifiez cette affirmation.

Construire ses connaissances

1. Reprenez les informations fournies par les documents et classez-les en deux rubriques :
- les menaces à la sécurité alimentaires ;
- les solutions pour améliorer la sécurité alimentaire.
2. Rédigez deux paragraphes résumant ces informations :
- 1er paragraphe : « *Aujourd'hui, la sécurité alimentaire de la population mondiale est menacée car … . De plus, … . Enfin, … .*
- 2nd paragraphe : *Toutefois, des mesures peuvent améliorer cette situation. Par exemple, … . De plus, … . Enfin, … .*

L'Inde, plus d'un milliard d'hommes à nourrir

CONTEXTE

L'Inde est la 8e puissance économique mondiale. Pourtant, elle compte le quart des personnes mal nourries du monde. Ainsi, et malgré la Révolution verte qui a permis dans les années 1960 de multiplier par deux la production agricole, le pays reste confronté à un double défi : assurer la sécurité alimentaire de tous ses habitants dont le nombre augmente de 17 millions chaque année, tout en respectant l'environnement.

> Pourquoi l'insécurité alimentaire reste-t-elle un problème majeur en Inde ?

1 Population et production agricoles

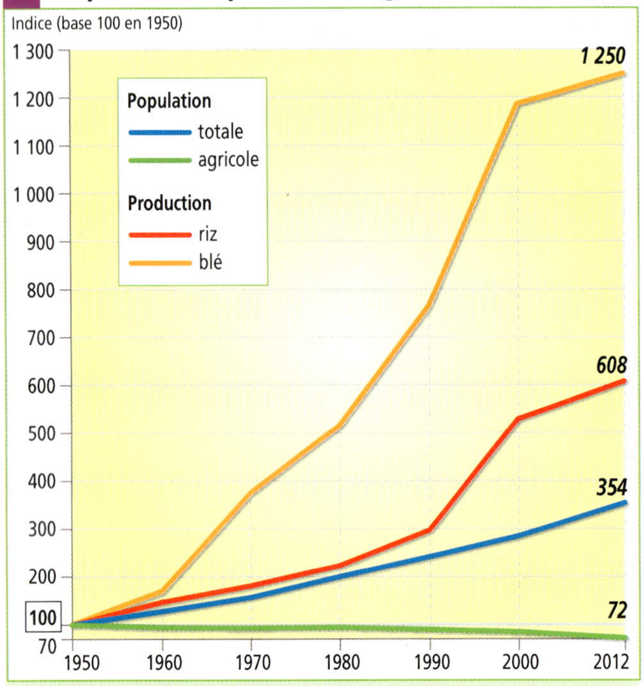

1. Comparez l'évolution de la production agricole (blé et riz) et de la population indienne (totale et agricole). Formulez trois remarques.

2 La production céréalière en Inde

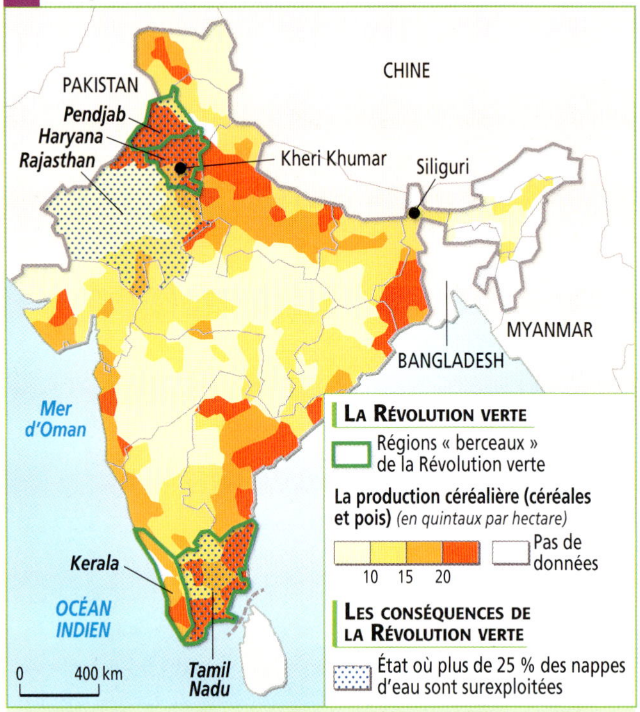

1. Précisez l'objectif de la Révolution verte, les moyens mis en œuvre pour la réaliser et ses limites.

3 Le problème de la faim en Inde

Aujourd'hui, près de 800 millions d'Indiens vivent avec moins de 2 dollars par jour. Pour beaucoup, accéder à la nourriture est donc une affaire difficile. [...] De là est né le « projet de loi sur la sécurité alimentaire », initié par le Parti du Congrès, au pouvoir depuis 2004. [...] Grâce à cette nouvelle loi, ce seront 700 millions d'Indiens qui auront droit à des denrées subventionnées. Les plus démunis (46 % de la population rurale et 28 % de la population urbaine) pourront se procurer tous les mois 7 kg de grains à des prix hautement subventionnés. Alors qu'un kilogramme de riz basmati se vend environ 40 roupies (ou 0,78 dollar) sur le marché, les bénéficiaires paieront 3 roupies (0,05 dollar) par kg de riz. [...] Une bonne nouvelle donc, mais qui cache mal une autre réalité. En fait, l'Inde a déjà mis en place un système de distribution de nourriture pour les plus démunis, et ce, depuis plusieurs années déjà. Le problème est que celui-ci est plombé par la corruption et l'inefficacité dans la logistique de distribution et de stockage. En effet, certains analystes estiment que 40 % de la nourriture subventionnée n'atteindrait jamais les destinataires prévus.

Julia Van Aelst, « Pourquoi les Indiens ne mangent-ils pas à leur faim ? », *Pays émergents*, n° 1, août 2011.

1. Indiquez quelle est la cause principale de la malnutrition en Inde.
2. Précisez le point de vue de l'auteur sur le projet loi sur la sécurité alimentaire ainsi que ses arguments.

4 La sécheresse en Inde (Kheri Khumar, État de l'Haryana, juillet 2012)

En Inde, la mousson est cruciale pour les deux tiers de la population indienne qui dépendent de l'agriculture. En 2012, les pluies arrivent avec retard et en faible quantité. L'Haryana, « grenier » de l'Inde qui fournit 60 % des récoltes de blé, de maïs, de riz et de graines légumineuses, est frappé de plein fouet par la sécheresse.

1. Localisez cette photographie (doc. 2).
2. Expliquez le choix de cette photographie pour illustrer les difficultés de l'Inde à nourrir sa population.

5 La situation agricole dans un État indien

Dessin de Satish Acharya, dessinateur indien, 7 avril 2012.
« Pourquoi te plains-tu ? On t'a laissé assez de terre ! »

La Maharashtra est le premier État indien producteur de coton, filière dépendante des OGM et des firmes. Entre 1995 et 2010, 50 000 paysans s'y sont suicidé. En 2012, cet État a commencé à prendre des sanctions contre les firmes et en faveur des paysans.

1. Décrivez ce dessin.
2. Expliquez le lien entre la situation qu'il dénonce et la question alimentaire en Inde.

6 Une nouvelle menace pour la sécurité alimentaire

La pollution à l'ozone est particulièrement élevée en Inde du fait de la hausse de la circulation automobile, de la production d'électricité par combustion du charbon et de l'incinération de déchets à ciel ouvert. [...] Au sein de l'agriculture indienne, qui fait vivre plus de 58 % de la population, [...] le blé et le riz affichent les plus grosses pertes de rendement. [...] Au total, à l'échelle nationale, les chercheurs évaluent à 1,29 milliard de dollars (1 milliard d'euros) le manque à gagner chaque année pour le pays. Depuis la Révolution verte menée dans les années 1970 par l'Inde, la hausse de la production agricole n'a que modestement fait reculer la malnutrition : près de la moitié des enfants âgés de moins de 5 ans sont toujours mal nourris. Aujourd'hui, la pollution à l'ozone pourrait aggraver le phénomène et menacer la sécurité alimentaire du pays, qui est devenu exportateur agricole depuis peu.

Laetitia Van Eeckhout et Julien Bouissou, « En Inde, la pollution à l'ozone menace la sécurité alimentaire », *Le Monde.fr*, 9 septembre 2014.

1. Justifiez le titre donné à cet article.

Montrer en quoi la situation est caractéristique du sujet d'étude

En utilisant vos réponses aux questions précédentes, donnez les raisons pour lesquelles l'insécurité alimentaire reste un problème majeur en Inde.

La sécurité alimentaire en Afrique subsaharienne

CONTEXTE

L'Afrique subsaharienne est la région du monde la plus touchée par la malnutrition et les crises alimentaires. La vulnérabilité des agricultures africaines aux aléas climatiques et aux conflits, ainsi que l'explosion des cours mondiaux des produits alimentaires depuis les années 2000, expliquent la lenteur des progrès accomplis dans la lutte contre la faim.

> Comment assurer la sécurité alimentaire en Afrique subsaharienne ?

1 La situation alimentaire en Afrique subsaharienne

1a. Alors même que le continent possède la première réserve de terres arables au monde – environ 60 % – les rendements agricoles du continent, eux, sont les plus faibles tous continents confondus et ne contribuent qu'à hauteur de 10 % de la production agricole mondiale [...]. L'Afrique peut nourrir l'Afrique car elle est bien pourvue en ressources et en marchés. Mais il faudra plus que des politiques axées sur le progrès technologique. L'amélioration de la productivité signifie qu'il faut puiser dans les réserves d'eau pour irriguer, stabiliser les prix [...], se servir de semences qui augmentent les rendements, améliorer les infrastructures de transports de base, inciter les institutions financières à investir dans l'agriculture familiale autant que dans l'agriculture commerciale.

Carlos Lopez, « L'agroalimentaire doit primer en Afrique », *L'Afrique à l'assaut de l'agriculture*, Afrique Renouveau, Édition spéciale Agriculture, 2014.

1b. [Au Sahel[1]], depuis les années 1960, des sècheresses persistantes ont mené à de nombreuses famines [...]. Si les conditions climatiques difficiles occupent une bonne place dans de nombreuses analyses, les dimensions politiques du problème attirent de plus en plus l'attention. [...] « Dans la région, les politiques économiques facilitent davantage les importations de produits alimentaires généralement subventionnés. Ceci mène à une compétition inégale qui représente un handicap majeur pour le développement d'un secteur alimentaire local[2] ». La possibilité d'un changement de politique pourtant nécessaire est en outre rendue plus difficile par l'instabilité politique dans certains des pays les plus affectés.

André-Michel Essoungou, *Sahel : soudure à hauts risques*, Afrique Renouveau, 2012.

1. Région au sud du Sahara. 2. Rapport d'ActionAid International, organisation qui se consacre à la lutte contre la pauvreté.

1. Relevez :
- les facteurs qui expliquent la situation alimentaire en Afrique subsaharienne (doc. 1a et 1b ; doc. 3 et 4 p. 75) ;
- les solutions pour améliorer la situation alimentaire.

2 Le développement de l'agriculture urbaine

Entre 2014 et 2017, 4 millions de dollars seront investis au Cameroun, au Congo, au Gabon, en Guinée équatoriale, à Sao Tomé-et-Principe et au Tchad dans le cadre de la mise en œuvre d'un projet de développement de l'agriculture urbaine, financé par le Fonds fiduciaire de solidarité pour l'Afrique et exécuté par le Bureau sous-régional de l'Organisation des Nations unies pour l'alimentation et l'agriculture (FAO) pour l'Afrique centrale (Libreville).

1. En vous appuyant sur les éléments de la photographie, définissez ce que l'on nomme « agriculture urbaine ».
2. Expliquez pourquoi le développement de cette forme d'agriculture peut contribuer à renforcer la sécurité alimentaire en milieu urbain.

3 Le développement d'une agriculture adaptée au milieu local

Action menée en Éthiopie dans le cadre du programme MERET (en français : Gérer les ressources environnementales pour permettre les transitions vers des modes de vie plus durables), financé par le gouvernement éthiopien et le Programme alimentaire mondial de l'ONU.

1 Pentes abruptes
2 Murets doublés de haies limitant l'érosion des sols et facilitant l'infiltration des eaux
3 Bois entretenus et productifs (charbon de bois et construction)
4 Enclos pour le bétail
5 Habitations
6 Cultures diversifiées et intensives proches des habitations
7 Cultures en terrasses éloignées

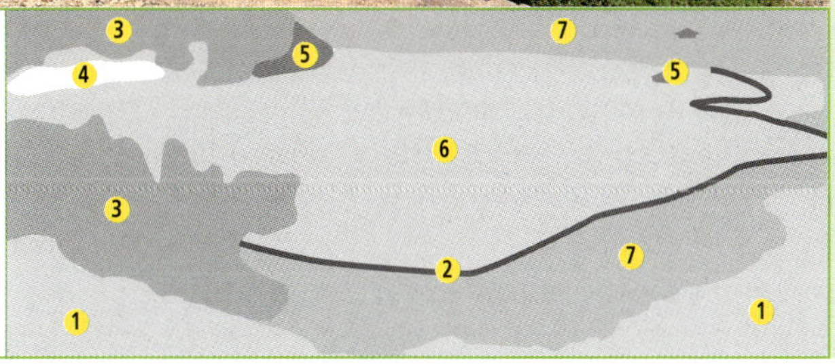

1. **Relevez les éléments qui montrent que cet espace agricole répond au souci de développer une agriculture capable de nourrir les populations. Justifiez vos choix.**

2. **La sécurité alimentaire de l'Afrique dépend en partie d'acteurs et d'organisations internationaux. Justifiez cette affirmation (doc. 2, 3 et 4).**

4 Des initiatives en faveur de l'agriculture vivrière

Au Sénégal, le Programme de productivité agricole en Afrique de l'Ouest (PPAAO), financé par la Banque mondiale, a collaboré avec le Centre d'étude régional pour l'amélioration de l'adaptation à la sécheresse sénégalais pour concevoir et distribuer 14 variétés de céréales sèches comme le sorgho, le millet, l'arachide et le niébé, à maturation précoce, à haut rendement et résistantes à la sécheresse. [...] À ce jour, sept variétés de céréales sèches à l'épreuve du climat ont été distribuées à plus de 250 000 agriculteurs dans les 13 pays couverts, dont le Sénégal. [...] Les nouvelles variétés ont permis un gain moyen de productivité d'environ 30 %, alors même que les précipitations ont été plus erratiques et moins abondantes. Les agriculteurs comme Fatou comptent sur elles pour nourrir leur famille quel que soit le temps, qu'il pleuve suffisamment ou pas. Après avoir planté du melakh, une nouvelle variété de niébé, elle a constaté que contrairement aux autres années, « [elle avait] de quoi nourrir [sa] famille et [son] bétail. En plus, le goût est excellent. » Sans compter que ces variétés sont plus nutritives, avec une teneur supérieure en protéines et en calcium. Ces nouvelles variétés ne sont qu'un aspect du programme. Grâce au soutien du PPAAO, des formateurs agronomes ou des « vulgarisateurs » apportent aux coopératives des outils et des formations pour s'adapter au changement climatique.

« "Les temps sont durs et l'avenir incertain" : le Sénégal se convertit à l'agriculture climato-intelligente pour atténuer les effets du changement climatique », ***Banque mondiale***, 3 décembre 2015.

1. **Résumez l'initiative décrite (acteurs, projet et résultats).**

Décrire une situation géographique

En utilisant vos réponses aux questions précédentes, décrivez la situation alimentaire en Afrique subsaharienne et les solutions mises en œuvre pour l'améliorer.

L'agrobusiness aux États-Unis

CONTEXTE

Organisée autour d'un secteur agro-alimentaire très puissant, l'agrobusiness, l'agriculture américaine est la plus performante du monde. Bénéficiant des potentialités d'un vaste territoire cultivable, elle est capable de nourrir plus de 300 millions d'Américains tout en consacrant près du tiers de ses surfaces cultivées aux exportations. Elle joue donc un rôle déterminant dans l'équilibre alimentaire de la planète.

> Pourquoi l'agrobusiness permet-il aux États-Unis de dominer le marché mondial des produits agricoles ?

1 La puissance de l'agriculture américaine

Lorsqu'est signé l'accord de libre-échange en 1994 avec les États-Unis (ALENA), le président mexicain Carlos le décrit comme une « occasion unique de transformer le pays ». Or la réalité est tout autre. [...] Face à l'agriculture compétitive américaine, les paysans mexicains se retrouvent ruinés. Lorsqu'il y a 1,6 tracteur par agriculteur américain contre 1 pour 200 au Mexique, et que les subsides annuels à l'agriculture sont de 20 000 dollars pour chaque agriculteur aux États-Unis et de 700 au Mexique, il n'est pas difficile de deviner qui détiendra l'avantage. En effet, les États-Unis produisent trois fois et demie plus de maïs à l'hectare que leur partenaire et ce à moindre coût. Face à l'ouverture de leur marché à cette agriculture industrielle, les petits agriculteurs mexicains, produisant pourtant un maïs qualitativement supérieur, n'ont pu être compétitifs et ont été contraints pour beaucoup de mettre un terme à leurs activités.

Céline Ledoux, « Mexique : L'ALENA, un fardeau pour les Mexicains », *Médecine pour le tiers-monde*, M3M.be, 30 avril 2013.

1. Expliquez pourquoi les États-Unis dominent le marché agricole mexicain.

2 Un feedlot dans le Colorado

Les États-Unis sont le premier producteur et consommateur mondial de viande bovine.
Les feedlots (ou « parcs d'engraissement ») ont un fort impact écologique car les animaux sont responsables de l'émission d'énormes quantités de gaz qui contribuent au réchauffement climatique.

1. Relevez les éléments qui permettent de comprendre la puissance de l'élevage américain. Justifiez vos choix.

3 Dole, une firme mondiale de l'agrobusiness

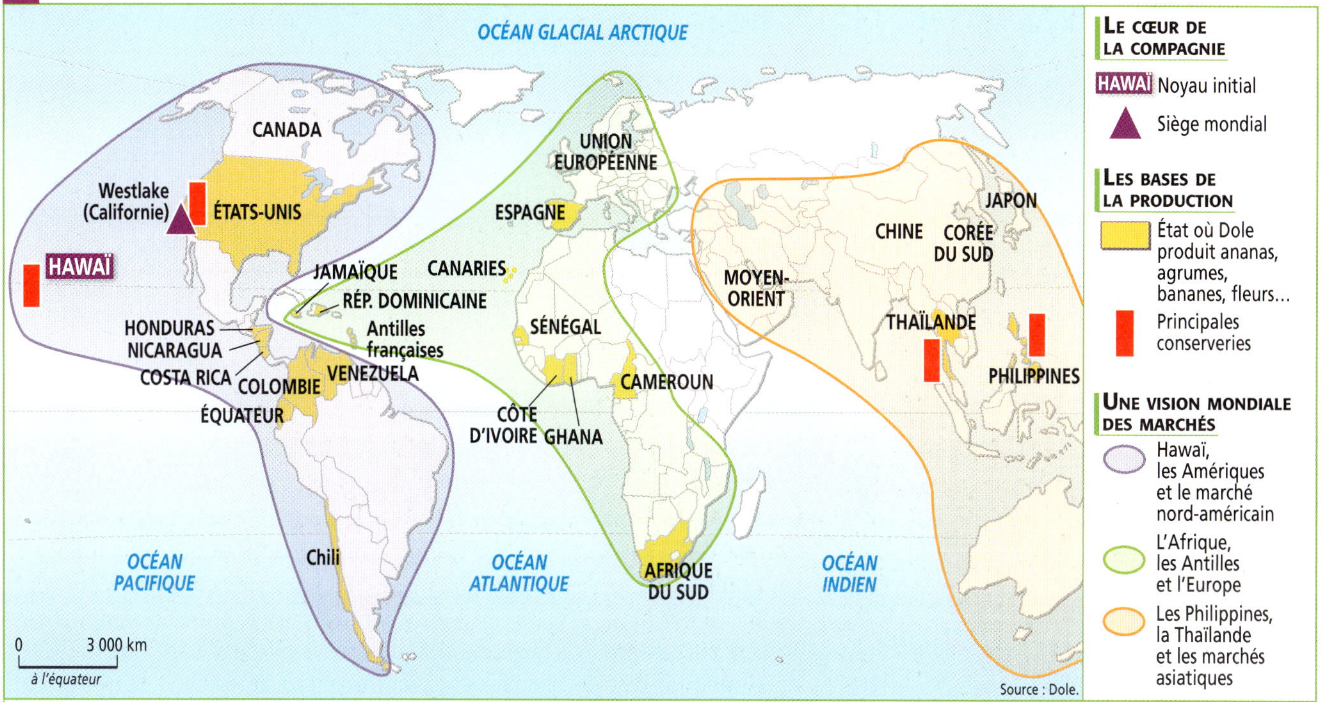

Dole Food Company Inc. est le premier producteur et distributeur mondial de fruits et légumes frais et de fleurs fraîches coupées. La firme multinationale emploie 74 800 employés, dont plus de la moitié permanents, et assure l'approvisionnement, la culture, la récolte, la transformation, le transport et le marketing de ses produits.

1. Justifiez l'expression « firme multinationale » pour désigner l'entreprise Dole.
2. Décrivez la stratégie mise en œuvre par Dole pour s'assurer une puissance mondiale.

4 Un lobbying actif

D'après un rapport publié par l'ONG américaine Food and Water Watch à partir de l'analyse de 926 câbles diplomatiques échangés entre le département d'État américain et les ambassades de 113 pays étrangers entre 2005 et 2009, une campagne a été conçue pour briser la résistance aux produits génétiquement modifiés[1] à l'extérieur des États-Unis, et ainsi aider à promouvoir les profits des grandes entreprises agrochimiques américaines qui dominent la production de maïs, de soja et de coton outre-Atlantique.

Des dizaines de conférences, événements et voyages tous frais payés aux États-Unis, visant à convaincre scientifiques, médias, industriels, agriculteurs et élus des avantages et de l'absence de danger des produits génétiquement modifiés ont ainsi été organisés. Les diplomates américains devaient aussi faciliter les relations entre les firmes des biotechnologies et les gouvernements étrangers, notamment des pays en développement, pour promouvoir les politiques favorables aux biotechnologies mais aussi les produits et exportations de ces entreprises.

Audrey Garric, « Comment la diplomatie américaine veut imposer les OGM », *Le Monde.fr*, 16 mai 2013.

1. Plantes ou animaux génétiquement modifiés dans le but d'accroître leur résistance ou leur rendement.

1. Précisez le sujet du rapport publié par l'ONG américaine Food and Water Watch.
2. Indiquez le lien entre ce document et la situation étudiée.

Caractériser une situation géographique

En utilisant vos réponses aux questions précédentes, présentez :
- les acteurs de l'agrobusiness américain ;
- les moyens dont il dispose pour établir sa puissance sur le marché agricole mondial.

La situation alimentaire mondiale

Notions

Agriculture productiviste : modèle visant à augmenter au maximum la productivité de la terre en utilisant les progrès scientifiques et techniques.

Sous-alimentation (sous-nutrition) : nourriture en quantité insuffisante pour satisfaire les besoins de l'organisme (2 500 calories par personne et par jour en moyenne).

Malnutrition : nourriture suffisante en quantité mais pas en qualité (déficit de protéines, de vitamines…).

Synthèse audio
www.lienmini.fr/hg2-09

■ **Observée de façon globale, la situation alimentaire mondiale paraît satisfaisante.** En effet, la production agricole progresse à un rythme supérieur à celui de la croissance démographique. La mise en place d'une **agriculture productiviste** dans les pays développés ainsi que les révolutions vertes en Asie et en Amérique latine expliquent cette tendance. La mécanisation des travaux agricoles, l'utilisation accrue d'engrais, de variétés à hauts rendements ainsi que le développement de l'irrigation ont favorisé la hausse de la productivité.

■ **Les disponibilités alimentaires mondiales sont donc, en théorie, largement suffisantes** pour nourrir la planète. Pourtant, la **sous-alimentation** et la **malnutrition** sont toujours d'actualité. En 2015, 794 millions de personnes soit **10,9 % de la population mondiale sont sous-nutris**, essentiellement en Afrique subsaharienne et en Asie du Sud. À l'opposé, près d'un humain sur trois souffre d'obésité ou de surpoids, notamment dans les pays développés.

■ **Les aléas climatiques, l'instabilité politique et surtout la pauvreté sont à l'origine des crises alimentaires.** En effet, pour les pays qui dépendent des importations pour nourrir leur population, une hausse des prix des aliments peut avoir des conséquences désastreuses. Enfin, l'accaparement des terres par les États les plus puissants (Chine, Arabie Saoudite…) prive les populations des moyens de développer une agriculture vivrière ou commerciale.

Vérifier sa compréhension de la leçon

1. **Validez ou corrigez les affirmations ci-dessous à l'aide de la leçon.**

1. En raison de la forte augmentation de production agricole depuis 50 ans, tous les habitants de la planète mangent aujourd'hui à leur faim.

2. L'Afrique subsaharienne est la région du monde la plus touchée par la malnutrition.

3. La crise alimentaire dans les pays en développement n'est due qu'à l'augmentation du prix des produits alimentaires.

2. **Retrouvez les points de la leçon illustrés par le document ci-contre. Expliquez vos choix.**

Dessin de Dave Granlund, 2011.
« Hé, moi aussi j'ai très mal à l'estomac la plupart du temps ! »

Organiser ses connaissances à l'aide d'un schéma

1. **Reproduisez et complétez le schéma en vous appuyant sur les informations de la leçon afin d'expliquer la situation alimentaire dans les pays développés.**

2. **À l'aide des cartes 1 et 2 p. 74 et 4 p. 77, faites un schéma sur ce modèle pour expliquer la situation alimentaire de l'Afrique subsaharienne.**

Augmentation de la population
↓
…………………. des besoins alimentaires
↓
……………………… | ……………………… | ………………………
↓
…………………. quantité de produits agricoles disponibles
↓
……………………………………………

La sécurité alimentaire : un défi, des perspectives

Notions

Agrobusiness : ensemble des activités liées à la production, au conditionnement, à la conservation et au transport des produits alimentaires.

Modèle agricole durable : agriculture capable de bien nourrir tous les hommes sans compromettre les ressources et l'environnement pour les générations futures.

Commerce équitable : commerce qui permet, moyennant des prix de vente à la consommation plus élevés, de mieux rémunérer les agriculteurs.

Synthèse audio
www.lienmini.fr/hg2-10

■ **Sous l'effet de la croissance démographique, la demande alimentaire mondiale croît et se diversifie.** Pour nourrir les 9 milliards d'êtres humains en 2050, la production agricole doit augmenter de 70 %. L'agriculture productiviste et l'industrie agro-alimentaire, l'**agrobusiness**, ont permis une augmentation des rendements et une diffusion mondiale des produits agricoles.

■ **Aujourd'hui, le modèle productiviste est remis en cause en raison de ses conséquences sur l'environnement :** l'excès d'engrais pollue sols et eaux ; l'exploitation intensive des terres érode les sols. Afin de concilier la qualité de la production, la sécurité alimentaire et les équilibres environnementaux, des **modèles agricoles durables** sont développés. La culture raisonnée limite l'usage des intrants chimiques et utilise des techniques pouvant être mises en œuvre sur de petites exploitations. L'agriculture biologique n'utilise aucun intrant d'origine industrielle, ni d'OGM, mais ses rendements par hectare sont plus faibles et ses produits plus chers.

■ **Ces nouveaux modèles agricoles proposent une nouvelle organisation des échanges, le commerce équitable. Les habitudes alimentaires sont également questionnées** : la réduction de la consommation de viande et de produits transformés issus de l'industrie agro-alimentaire ou leur remplacement par d'autres aliments, comme les insectes, aboutiraient à un meilleur équilibre alimentaire mondial. Des progrès ont été accomplis, mais leur diffusion reste lente dans les pays en voie de développement qui manquent de moyens.

Vérifier sa compréhension de la leçon

1. **Validez ou corrigez les affirmations ci-dessous à l'aide de la leçon.**

1. Les modes de production agricoles doivent changer.

2. L'agriculture productiviste est le plus sûr moyen d'assurer la sécurité alimentaire de la planète.

3. Nourrir la planète, respecter l'environnement, préserver la santé des consommateurs est le triple défi que doit relever une agriculture durable.

2. **Retrouvez les points de la leçon illustrés par le document ci-contre. Expliquez vos choix.**

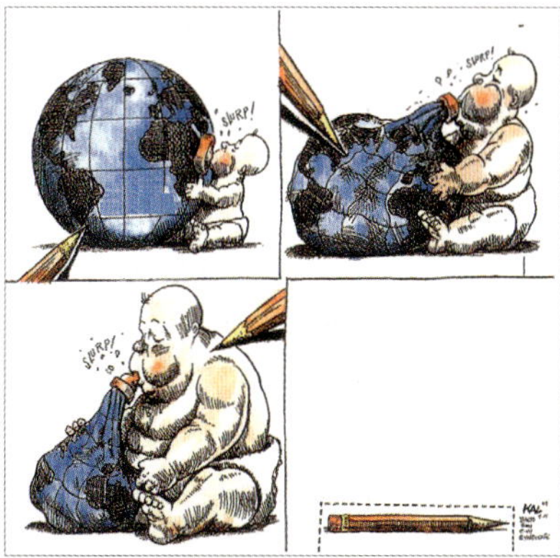

KAL, *Courrier international*, 1992.

Organiser ses connaissances à l'aide d'un schéma

Reproduisez puis complétez le schéma ci-contre.

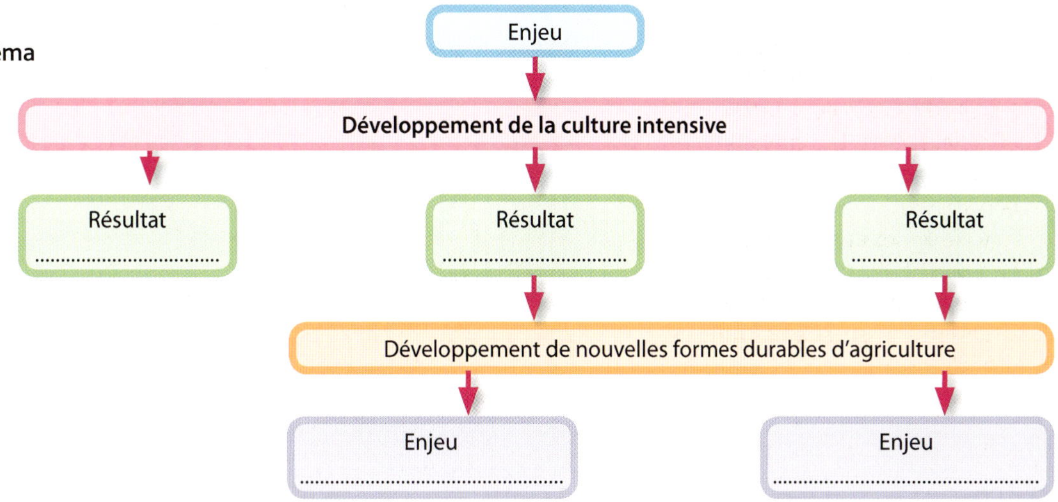

1 Shanghai la nuit

Sous l'effet de la croissance démographique et économique, la consommation énergétique mondiale a été multipliée par 2,4 depuis 1970. Le développement rapide des pays émergents depuis les années 2000 stimule la demande mondiale. Premier consommateur d'énergie depuis 2010, la Chine a multiplié par six sa consommation d'énergie en 20 ans.

Sujet d'étude 6

L'enjeu énergétique

> Pourquoi la question énergétique revêt-elle une importance majeure pour les sociétés du XXIe siècle ?

2 Un champ d'éoliennes en Californie

Responsables avec la Chine de la majorité des émissions de gaz à effet de serre, les États-Unis investissent depuis plusieurs années dans le développement des énergies renouvelables. Grâce à l'installation d'immenses complexes, ils sont aujourd'hui le premier producteur mondial d'énergie éolienne. La filière produit déjà suffisamment d'électricité pour couvrir les besoins de 2,3 millions de foyers.

LANCER LA RÉFLEXION !

1. Identifiez les aspects de la question énergétique illustrés par cette photographie (doc. 1).
2. Donnez deux raisons qui permettent de comprendre le choix énergétique développé par les États-Unis (doc. 2).
3. En vous appuyant sur les deux documents et vos réponses, répondez à la question : « Pourquoi la question énergétique revêt-elle une importance majeure pour les sociétés du XXIe siècle ? »

L'enjeu énergétique

1 La consommation d'énergie dans le monde

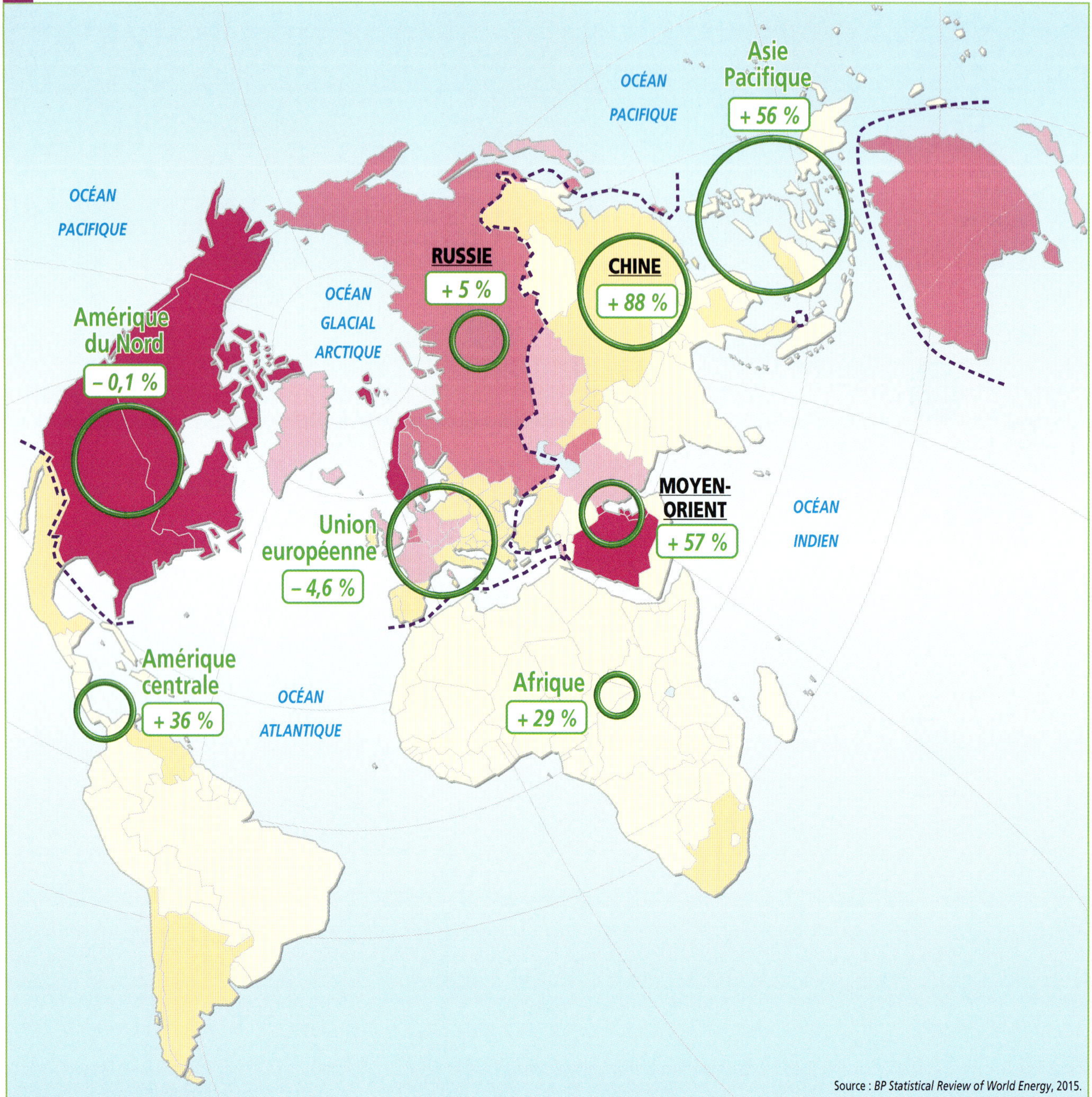

La consommation d'énergie par habitant (2013)

(en tep : tonnes équivalent pétrole)

1,5 – 3 – 4,5 – 6

La consommation d'énergie primaire* par grands ensembles régionaux (2014)

(en millions de tep)

5 500 – 3 000 – 1 000

Évolution de la consommation d'énergie primaire entre 2004 et 2014

+ 29 % en %, par grand ensemble régional

Limite Nords/Suds

CHINE Situation du sujet d'étude

***Énergie primaire** : forme d'énergie disponible dans l'environnement et directement exploitable sans transformation. Si elle n'est pas utilisable directement, elle doit être transformée en une source d'énergie secondaire pour être mise en œuvre.

2 Consommateurs et producteurs de pétrole dans le monde

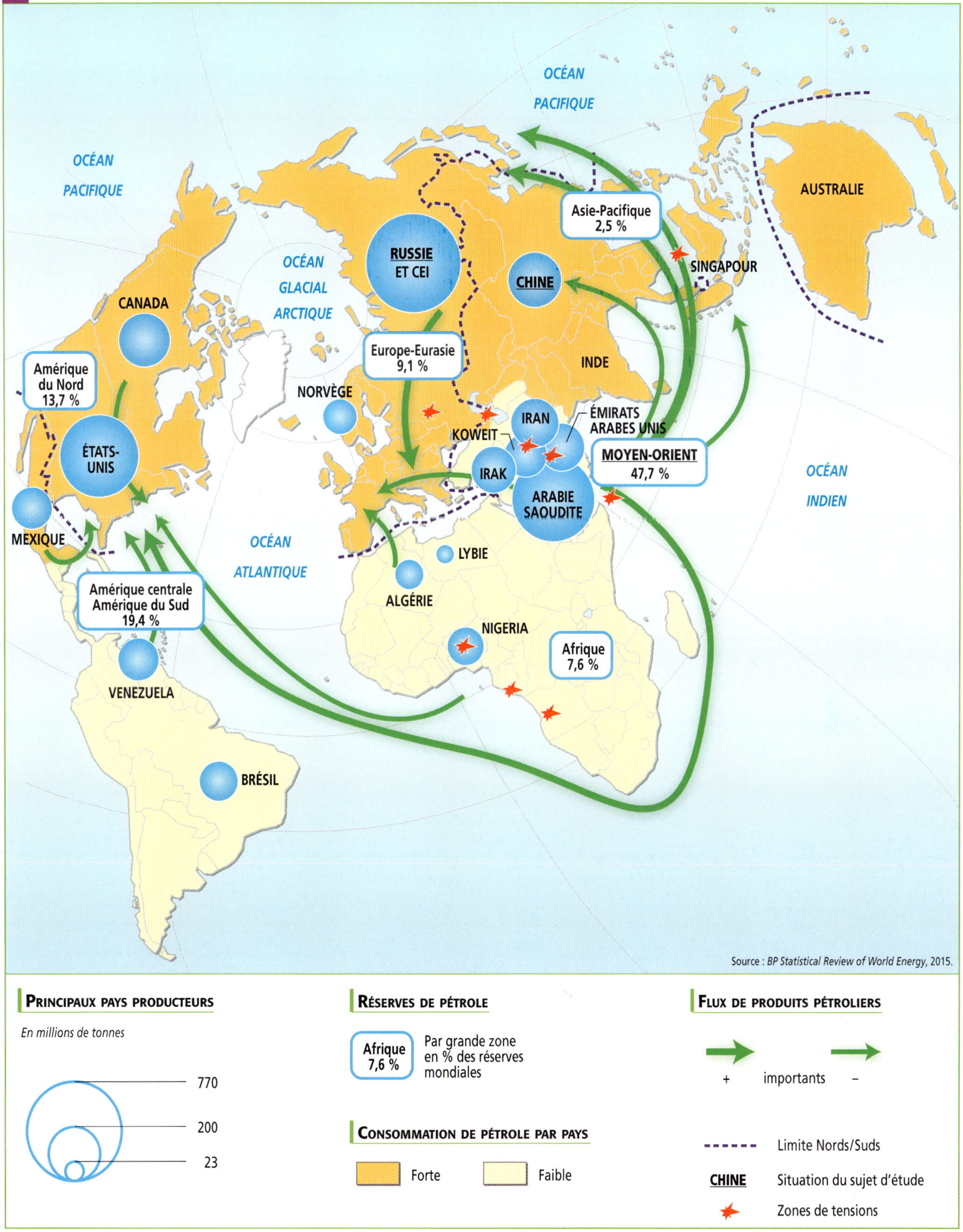

A. La situation énergétique mondiale

> À quels défis énergétiques les sociétés sont-elles confrontées aujourd'hui ?

1 L'évolution de la consommation d'énergie dans le monde

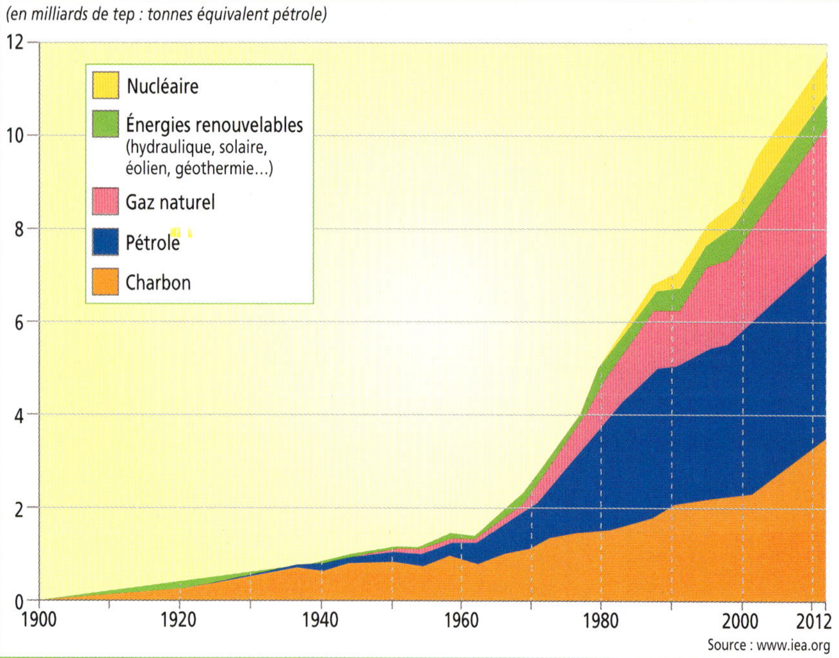

1. Analysez l'évolution de la consommation d'énergie entre 1900 et 2014.

2 La question énergétique

Personne ne conteste aujourd'hui l'épuisement à moyen terme des ressources énergétiques fossiles[1]. Or les gains obtenus en matière d'énergies renouvelables ne suffisent pas à compenser cette réduction inéluctable des approvisionnements fossiles.

Par ailleurs, la demande énergétique s'accroît de manière exponentielle sous l'effet des dynamiques croissantes d'urbanisation, de motorisation et d'industrialisation, rendant partout les États consommateurs largement dépendants des pays producteurs. La sécurisation des approvisionnements est devenue l'un des tous premiers enjeux des politiques, autant nationales que supranationales. [...] Si, dans la décennie écoulée, l'Union européenne est parvenue à réduire sa dépendance extérieure au gaz russe en diversifiant ses ressources, elle n'en reste pas moins encore aujourd'hui très liée à la Russie : 31,9 % de ses importations en proviennent en 2013, contre 45,1 % dix ans plus tôt (selon les chiffres d'Eurostat). Par ailleurs, la production gazière d'origine européenne va baisser dans les années à venir : de 15 % à 20 % d'ici 2020 et de 25 % à 30 % d'ici 2030.

François Bafoil, Laurent Baechler, « Autour de la ressource énergétique : dépendances, conflits et règles dans l'Union européenne et en Asie », *Centre de recherches internationales de Sciences Po*, septembre 2014.

1. Énergies non renouvelables produites à partir de l'exploitation du pétrole, du gaz et du charbon et émettrices de CO_2 lors de leur utilisation.

1. Précisez quels aspects de la question énergétique sont abordés dans ce texte.
2. Expliquez pourquoi l'Union européenne illustre l'ensemble de ces aspects (doc. 1 et 2).

3 La bataille de l'Arctique

Dessin de KAL.

1. Résumez la situation décrite par ce dessin de presse.
2. Identifiez les raisons qui permettent de comprendre cette situation (doc. 1, 2 et 3).

4 L'accès à l'électricité en Afrique

L'Afrique présente le paradoxe d'être une région particulièrement riche en ressources énergétiques [...] et de supporter les coûts les plus élevés pour l'accès à des énergies modernes, principalement l'électricité. Le constat du rôle stratégique, pour le développement africain, de l'accès à l'électricité, vaut tout d'abord au niveau de l'industrie. Dans de nombreux pays, le coût et les difficultés d'approvisionnements en électricité constituent un obstacle majeur à toute tentative d'établissement d'une industrie compétitive [...]. De plus, toutes les enquêtes menées auprès des entreprises africaines montrent que l'approvisionnement déficient en électricité constitue l'un des principaux facteurs bloquant de manière significative leur croissance. Ce constat vaut aussi au niveau des conditions de vie des ménages, qui subissent les mêmes défaillances d'approvisionnement et dont par ailleurs seule une minorité a accès au réseau d'approvisionnement en l'électricité. [...] De plus, dans les campagnes, où vit encore une grande majorité de la population, l'absence d'accès à l'électricité est un facteur de blocage du développement dans de très nombreuses dimensions, telles que l'éducation, la santé, l'approvisionnement en eau, la productivité agricole, ou la diversification des activités rurales.

Jean-Claude Berthelemy, « Enjeux énergétiques en Afrique et options stratégiques », *Fondation pour les études et recherches sur le développement international*, mars 2015.

1. Décrivez la situation énergétique du continent africain (doc. 4, cartes p. 90-91).
2. Relevez les raisons pour lesquelles l'accès à l'électricité est essentiel pour l'Afrique.

5 Un puit de pétrole abandonné aux États-Unis

Délaissés en raison de leur épuisement, les puits de pétrole et de gaz continuent d'être une source de pollution majeure. Une étude de l'université de Princeton vient de démontrer que le méthane émis pourrait représenter la deuxième plus importante source d'émissions de ce gaz à effet de serre aux États-Unis. Or, avec la poursuite à un rythme élevé de l'accroissement de l'exploitation pétrolière et gazière aux États-Unis et dans le reste du monde, le nombre de puits abandonnés continue à croître.

1. Identifiez le problème soulevé par ce document.
2. Montrez que ce problème est déterminant pour l'avenir de la planète.

Construire ses connaissances

1. Classez les informations fournies par les documents en trois rubriques : consommation ; ressources ; problèmes énergétiques.
2. Reprenez ces informations et formulez les défis énergétiques auxquels les sociétés sont confrontées : *La consommation d'énergie ne cesse d'augmenter (doc. 1) mais les ressources énergétiques ... (doc. ...). Etc.*

B. Des choix et des priorités pour l'avenir

> Comment les sociétés peuvent-elles faire face aux défis énergétiques du XXIe siècle ?

1 L'énergie à l'horizon de 2040

Aucune pénurie ne se profile. [...] Pas de choc pétrolier ni gazier à prévoir, donc, notamment grâce à l'essor du pétrole et du gaz de schiste. [...] Du fait en partie de cette ressource relativement abondante, mais aussi des 2 milliards d'humains supplémentaires attendus sur terre, la consommation d'énergie va encore s'accroître de 37 % d'ici à 2040. [...] En conséquence, les émissions de gaz à effet de serre vont continuer à grimper, et la température sur terre va augmenter en moyenne de 3,6 degrés d'ici à la fin du siècle. Un scénario catastrophique. [...]

La croissance mondiale, pourtant, devient d'année en année moins vorace en énergie [...] Un exemple ? Les voitures. Les trois quarts d'entre elles sont désormais soumises à des normes en matière de consommation, note l'AIE[1]. Résultat, alors que le nombre d'automobiles et de camions circulant dans le monde devrait plus que doubler d'ici à 2040, les besoins en carburant n'augmenteront en principe que d'environ 25 %. [...] Autre point décisif pour limiter le réchauffement climatique : l'essor des énergies renouvelables et du nucléaire. Près de la moitié de la hausse de la production électrique attendue d'ici à 2040 devrait être couverte par les énergies vertes. [...] Malgré Fukushima, le nucléaire serait aussi amené à se développer. Dans l'hypothèse centrale de l'AIE, la puissance [nucléaire] installée dans le monde bondit même de 60 % en vingt-cinq ans !

Denis Cosnard, « Selon l'AIE, la température sur terre pourrait grimper de 3,6 degrés d'ici à la fin du siècle », *Le Monde*, 12 novembre 2014.

1. Agence internationale de l'énergie.

1. Classez les constats dressés par l'AIE selon qu'ils sont encourageants ou inquiétants pour l'avenir énergétique de la planète.
2. Relevez les informations qui expliquent chacun de ces constats.

2 L'énergie verte : les agrocarburants

Dessin de Simanca (dessinateur brésilien), 2008.

1. En vous appuyant sur les différents éléments qui composent ce dessin, expliquez le titre du document.
2. Donnez un avantage et une limite à l'utilisation des biocarburants.

Construire ses connaissances

1. Résumez en quelques phrases l'information contenue dans chaque document.
- *Le document 1 m'apprend que.... Etc.*

2. Classez ces informations en deux catégories :
- les questions que posent l'avenir énergétique (constat des difficultés) ;
- les solutions envisagées pour y répondre (changements).

3. Utilisez ces informations pour construire une réponse à la question posée par ce corpus : Comment les sociétés peuvent-elles faire face aux défis énergétiques du XXIe siècle ?

3 L'île de Samso (Danemark)

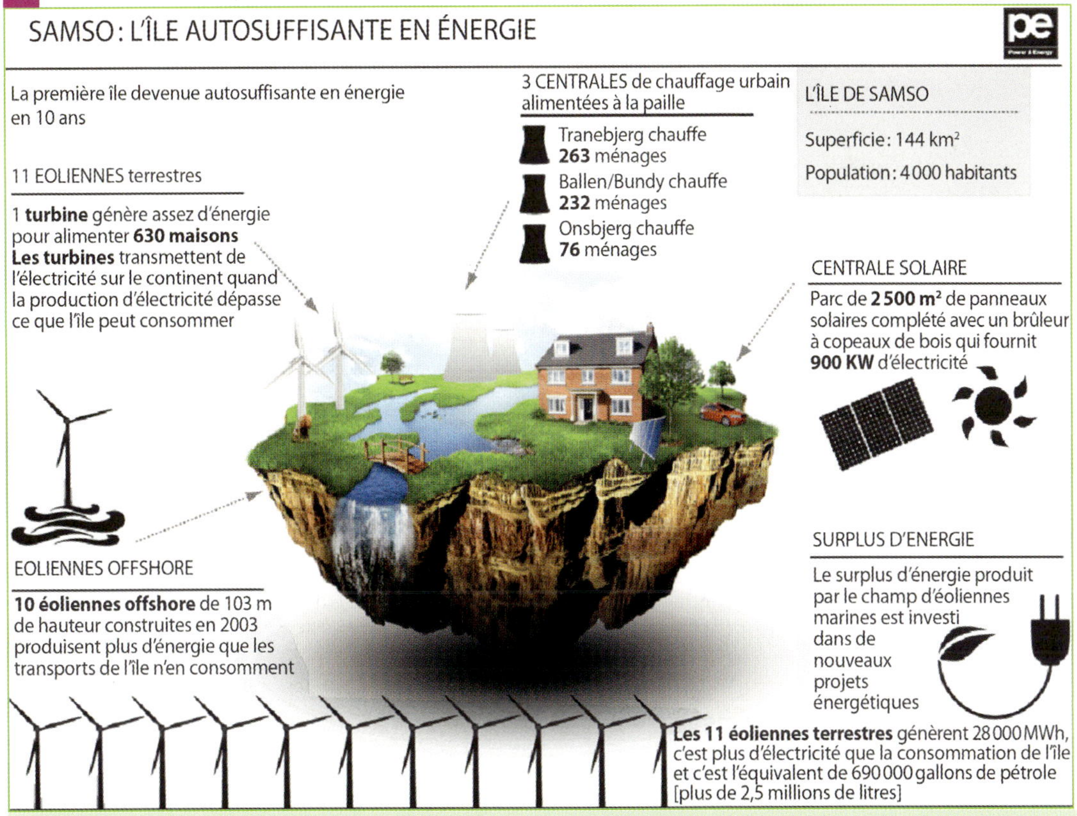

1. Décrivez la politique énergétique mise en œuvre sur cette île danoise.
2. À l'aide de la leçon 1 p. 100, dites pourquoi cette politique permet de résoudre les défis énergétiques auxquels sont confrontées les sociétés.

4 Togolaises recevant des lampes solaires

L'accès à la lumière est encore une préoccupation majeure pour une partie des pays en développement. Les lampes à pétrole, couramment utilisées, représentent un coût élevé et rejettent des émanations toxiques dans les foyers. L'association togolaise des Jeunes Volontaires pour l'Environnement distribue des lampes alimentées à l'énergie solaire.

1. Proposez deux raisons qui expliquent que ce type de projet répond au problème énergétique en Afrique.

5 Les énergies renouvelables en question

L'utilisation des énergies renouvelables n'entraîne pratiquement pas d'émissions de CO_2. Elles ont donc une place à prendre aux côtés de la diminution de la consommation globale d'énergie et du nucléaire. Leurs technologies ont récemment fait l'objet de progrès importants mais attention à ne pas surestimer le rythme de ce progrès et le coût de ces recherches. De plus, si les énergies fossiles et l'uranium sont localisés en des lieux bien précis, les énergies renouvelables, à l'exception de l'hydroélectricité, présentent un caractère diffus. De même, si certaines sont disponibles en permanence, l'intermittence de la majorité d'entre elles est gênante car les besoins en énergie ne suivent ni le vent ni le soleil. Comme l'électricité se stocke difficilement, cela pose un problème de fond. Enfin, si l'hydroélectricité a un coût de production imbattable, c'est l'inverse pour la plupart des énergies, surtout l'éolien et le solaire électrique. L'adoption de ces énergies n'est donc souvent possible que grâce à un fort soutien des pouvoirs publics.

Hervé Bichat, Paul Mathis, *La Biomasse, énergie d'avenir ?*, Éditions Quae, 2013.

1. Définissez ce que l'on appelle des « énergies renouvelables ».
2. Identifiez leurs atouts et leurs limites pour répondre aux défis énergétiques auxquels sont confrontées les sociétés.

Énergie et développement durable en Chine

CONTEXTE

Pays émergent, territoire de 9,6 millions de km² et de 1,3 milliard d'habitants, la Chine est confrontée à un double défi énergétique. D'une part, elle doit produire des quantités d'énergie de plus en plus importantes pour assurer sa croissance économique et les besoins de sa population. D'autre part, responsable de 14 % des émissions mondiales de gaz à effet de serre, la Chine doit dans le même temps réduire les impacts de sa production énergétique sur l'environnement.

> Quelle politique la Chine a-t-elle choisi de mener pour relever le défi énergétique ?

1 L'énergie primaire en Chine

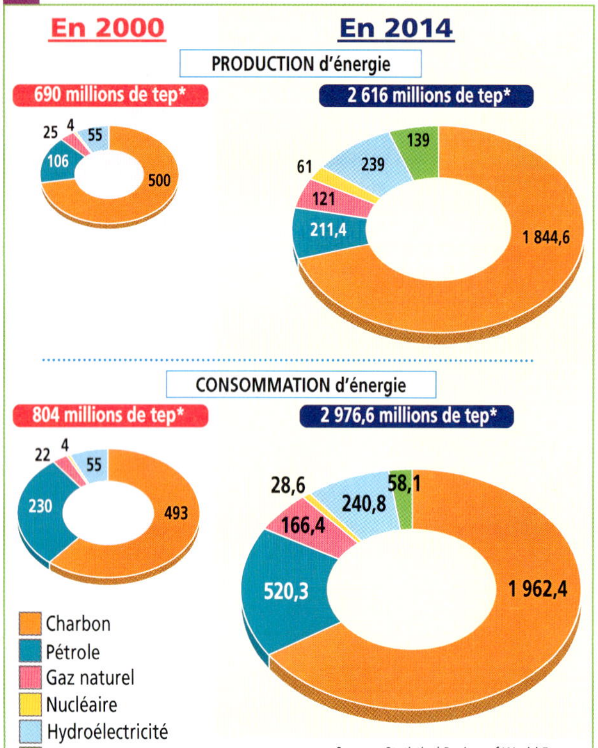

Source : *Statistical Review of World Energy*, BP 2002 et 2015, Enerdata 2015.

1. Comparez ces deux graphiques et formulez trois remarques.

2 La Chine du charbon

La deuxième puissance économique mondiale a augmenté sa capacité de production de plus de 100 millions de tonnes de charbon en 2013. Ces nouvelles infrastructures ont majoritairement été mises en place en Mongolie intérieure et dans le Shaanxi, reflétant la stratégie du gouvernement central de fermer les petites mines proches des agglomérations, pour privilégier d'importants complexes qui délivreront l'énergie via un vaste réseau. « Malgré la pression, l'industrie du charbon s'étend toujours dans le nord-ouest de la Chine », déplore Deng Ping, un membre de Greenpeace à Pékin. « L'échelle de ces complexes a rarement été vue dans d'autres endroits dans le monde, avec des mines à ciel ouvert, des centrales au charbon et des installations chimiques en lien avec le charbon au même endroit. »

Les épisodes de très forte pollution avaient poussé le gouvernement à promettre de réduire sa dépendance vis-à-vis du charbon, restreignant notamment l'extraction dans les zones résidentielles. Mais son faible coût et sa fiabilité bien plus importante que la production d'énergie par la force de l'eau ou du vent ont eu raison des velléités de Pékin.

« En dépit de la pollution, Pékin continue d'investir des milliards dans le charbon », www.latribune.fr, 8 janvier 2014.

1. Relevez les raisons qui expliquent que la Chine choisit d'intensifier l'utilisation du charbon.
2. Précisez les limites d'un tel choix.

3 La raffinerie de N'Djamena au Tchad (Afrique)

Inaugurée en 2011, la raffinerie est exploitée en partenariat entre la Société des hydrocarbures du Tchad (40 %) et la China National Petroleum Company (60 %).

1. Identifiez les informations fournies par ce document sur la politique énergétique chinoise.

4 La Chine à l'heure de l'énergie solaire

Des kilomètres de panneaux solaires à perte de vue… La Chine a décidé de devenir le leader mondial de l'énergie solaire. […]
Le pays du charbon investit massivement dans les panneaux solaires qui tapissent désormais ses déserts. Le parc solaire de Gao Tai dans le nord-ouest de la Chine devrait atteindre 319 kilomètres carrés, soit trois fois la superficie de Paris. […]
« Nous bénéficions d'un ensoleillement de plus de deux cents quatre-vingt jours par an. L'hiver il fait très froid mais associé à un ciel bleu intense cela renforce le rendement », observe Dong Zhen Qiang, le chef de la centrale solaire de Gao Tai. Parmi les avantages du solaire : le faible besoin de maintenance, et la durée de vie des panneaux d'environ 25 ans.
En revanche, cette énergie compte peu de clients dans le désert de Gobi, et se doit d'être acheminée vers les régions industrielles du pays. Et c'est là que le bât blesse : le développement du parc solaire a été plus rapide que celui des infrastructures. Les centrales ne fonctionnent donc actuellement qu'à 50 % de leur capacité.

« La Chine à l'heure de l'énergie solaire », *Euronews*, 24 septembre 2015.

1. Indiquez :
– dans quel type de région la Chine a construit cette centrale solaire ;
– les raisons qui expliquent ce choix ;
– le frein à la pleine utilisation de cette centrale.

5 L'hydroélectricité sur le fleuve Brahmapoutre

Pékin a annoncé, dimanche 23 novembre, avoir mis en service son plus important barrage hydroélectrique au Tibet. Situé sur la rivière Yarlung Zangbo (appelé Brahmapoutre dans sa partie indienne), cet ouvrage inquiète les pays situés en aval, aux premiers rangs desquels l'Inde et le Bangladesh.
Les eaux du Brahmapoutre forment au Bengale indien et au Bangladesh l'un des deltas les plus fertiles et l'une des régions les plus densément peuplées du monde. Ce fleuve est donc considéré comme étant d'autant plus vital dans ces deux pays que le réchauffement climatique et ses conséquences sur la fonte des glaciers himalayens avivent déjà les inquiétudes.
Face à ces inquiétudes, la Chine se veut pour l'instant rassurante. Elle affirme vouloir conserver une attitude responsable dans la gestion transfrontalière des ressources hydriques et affirme prendre en considération les possibles conséquences sur les régions situées en aval. « Les centrales hydroélectriques que construit la Chine n'affecteront pas la prévention des risques d'inondations et le système écologique des zones en aval », a insisté la porte-parole du ministère chinois des Affaires étrangères, Hua Chunying. […] « Cette centrale hydroélectrique va résoudre les problèmes de carence en électricité du Tibet, en particulier durant l'hiver », a souligné un responsable de la société d'électricité du Tibet, Tibet Electric Power Co.

« Tibet : la Chine met en service un barrage controversé sur le Brahmapoutre », *France 24* avec AFP, 24 novembre 2014.

1. Montrez que ce projet illustre la volonté chinoise d'un changement énergétique.
2. Relevez les craintes que suscite ce projet.

Montrer en quoi la situation est caractéristique du sujet d'étude

Après avoir brièvement décrit le défi énergétique auquel la Chine est confrontée, déterminez les mesures prises par le pays pour relever ce défi.

Le Moyen-Orient

CONTEXTE

Découvertes en 1938 en Arabie saoudite, les réserves d'hydrocarbures ont totalement transformé la région du Moyen-Orient : de pasteurs vivant d'un élevage réduit à cause des conditions désertiques, les habitants sont devenus parmi les plus riches de la planète. Avec près des deux tiers des réserves pétrolières et 40 % des réserves gazières mondiales, le Moyen-Orient couvre aujourd'hui une part essentielle des besoins énergétiques des pays développés et des pays émergents.

> Pourquoi les hydrocarbures du Moyen-Orient sont-ils considérés comme un enjeu géopolitique majeur ?

1 Le pétrole au Moyen-Orient

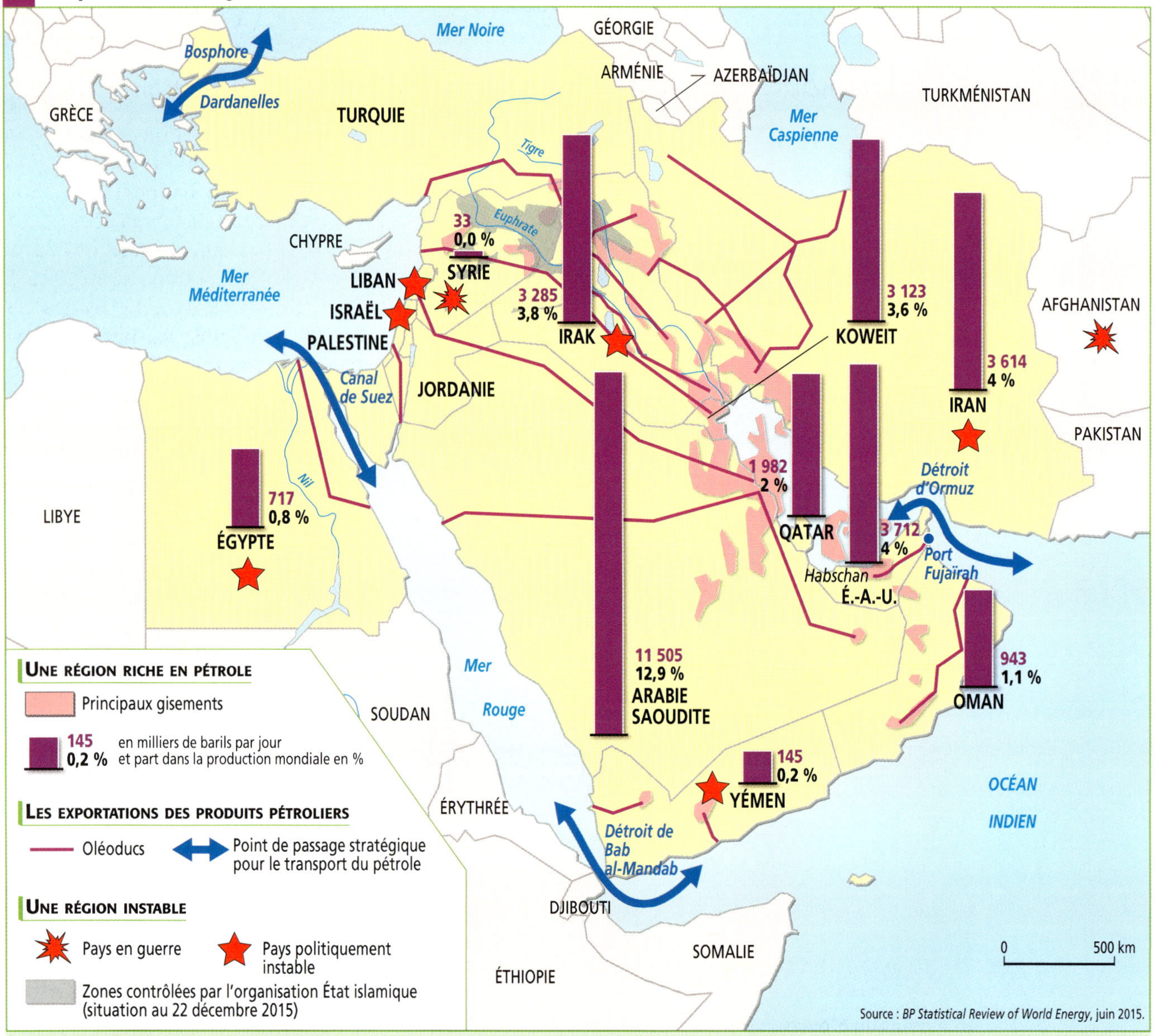

1. Relevez les informations qui montrent que le Moyen-Orient est une zone stratégique pour l'approvisionnement des pays industrialisés en pétrole.
2. Montrez que la situation politique de la région peut être une menace pour le marché du pétrole.

2 Le détroit d'Ormuz au cœur des tensions

« L'oléoduc de Habchan ouvre des perspectives », titre le quotidien émirati. Pour la première fois, un pétrolier a chargé du pétrole hier à Fujaïrah – un port situé dans le golfe d'Oman, proche de l'océan Indien. Les Émirats pourraient ainsi exporter jusqu'à 70 % de leur brut sans passer par le détroit d'Ormuz, près des côtes iraniennes, que l'Iran menace régulièrement de fermer. L'Arabie saoudite a également rouvert un ancien pipeline afin d'exporter son pétrole par la mer Rouge et non plus par le golfe Arabo-persique.

Al Bayane, dans *Courrier international*, 16 juillet 2012.

1. Précisez l'information principale de cet article.
2. Identifiez les raisons pour lesquelles cette information illustre les enjeux énergétiques du Moyen-Orient.

Dessin de Stephff (Thaïlande), *Courrier international*, 12 janvier 2012.

3 L'évolution des cours mondiaux du pétrole

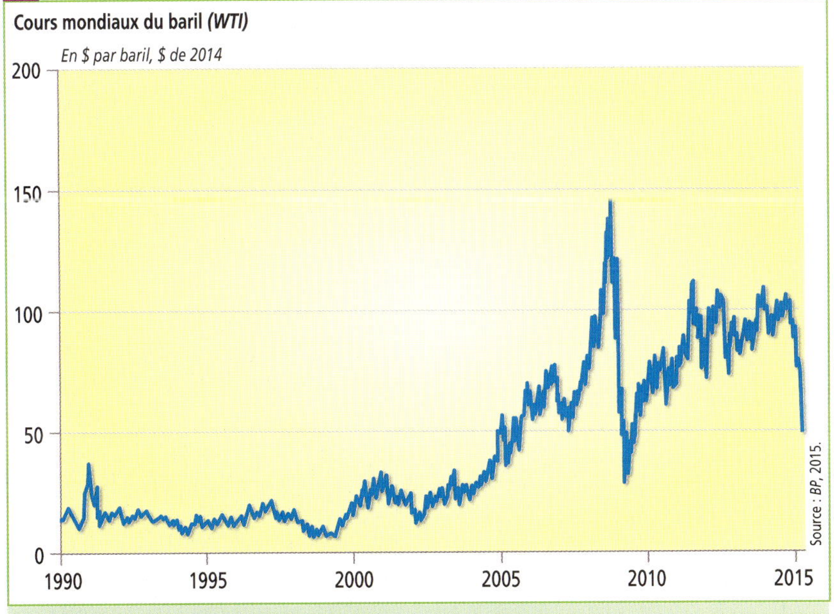

1. Caractérisez l'évolution des cours mondiaux du baril.
2. Dégagez les conséquences que peut avoir cette évolution pour les pays exportateurs du Moyen-Orient et sur les pays importateurs.

4 Une nouvelle donne

Depuis quelques années, les États-Unis ont considérablement développé leur production nationale d'hydrocarbures (pétrole et gaz). [...] Le pétrole représente aujourd'hui environ 40 % des besoins énergétiques américains (94 % dans les transports). [...] Depuis 2005, les importations nettes de pétrole ont chuté d'un tiers. Elles représentent désormais 45 % de la consommation nationale, contre 60 % en 2005. [...] La baisse de ces importations s'explique par la conjugaison d'une forte augmentation de la production nationale alors que, dans le même temps, la consommation a diminué de 9 %. Le premier phénomène est dû à l'accroissement des hydrocarbures non conventionnels [...] ainsi que du développement de l'offshore[1] profond. [...] Le second est d'abord et avant tout le fruit des économies d'énergies et de la place croissante prise par les agrocarburants (éthanol, biodiésel).

Bruno Tertrais, *La Révolution pétrolière américaine : quelles conséquences stratégiques ?*, Fondation pour la recherche stratégique, avril 2013.

1. Exploitation du pétrole en mer.

1. Résumez les choix énergétiques des États-Unis.
2. Expliquez pourquoi ces choix peuvent affecter les économies des pays du Moyen-Orient.

Décrire une situation géographique

Après avoir décrit le poids du Moyen-Orient sur le marché des hydrocarbures, donnez trois raisons qui expliquent que les hydrocarbures sont un enjeu économique et politique pour la région.

La question énergétique en Russie

CONTEXTE

Depuis l'effondrement de l'Union soviétique et la décomposition de sa puissance militaire, la Russie est en quête de grandeur et de prestige. Le pays recèle d'importants gisements de gaz et de pétrole. L'exploitation de ces hydrocarbures lui a permis de devenir, en quelques années, le troisième producteur mondial de pétrole après l'Arabie saoudite et le premier exportateur de gaz. La Russie a acquis le statut de « superpuissance énergétique » et pèse sur la politique internationale.

> Pourquoi l'énergie est-elle un enjeu essentiel pour la Russie ?

1 Les ressources énergétiques en Russie

1. Localisez les principaux gisements d'hydrocarbures.
2. Identifiez deux difficultés que peuvent poser l'exploitation de ces gisements.

2 Les revenus énergétiques de la Russie en 2015

Les revenus de la Russie liés au pétrole et au gaz naturel constituent près de la moitié des recettes budgétaires du pays. Les sanctions économiques imposées par les États-Unis suite à la crise en Ukraine en 2014 et la baisse des cours du pétrole ont ainsi fortement affecté l'économie russe dans son ensemble. Les grands énergéticiens du pays ont été freinés dans leurs programmes de développement, notamment dans l'exploration de pétrole offshore[1] en Arctique et les projets liés aux hydrocarbures de schiste. [...] Plus de 30 % des importations de gaz naturel des pays européens proviennent actuellement de Russie (des pays comme la Finlande et la Slovaquie dépendent presque exclusivement de ce fournisseur) et près de 70 % des exportations de pétrole brut et presque 90 % des exportations de gaz de la Russie transitent vers l'Europe. La Russie et l'Europe restent ainsi très interdépendantes bien que Moscou cherche à développer de nouveaux partenariats privilégiés avec la Chine et la Turquie.

Avec le développement du gaz naturel liquéfié (GNL) et notamment la mise en service de l'usine de liquéfaction de Yamal[2] en 2017, la Russie devrait augmenter le volume de ses exportations vers l'Asie.

« Situation énergétique de la Russie en 2015 », *Rapport d'analyses sur la Russie*, Agence d'information sur l'énergie (EIA), États-Unis, 5 août 2015.

1. Pétrole en mer. - **2.** Péninsule avançant sur environ 700 km dans l'océan Arctique depuis la Sibérie occidentale.

1. Relevez les informations qui montrent que l'énergie contribue à la puissance de la Russie.
2. Expliquez pourquoi cette situation reste fragile.

3 Énergie et politique étrangère

L'énergie est un instrument majeur de la politique étrangère du Kremlin. Les hydrocarbures, qui représentent deux tiers des revenus d'exportation du pays, sont perçus comme la garantie de sa sécurité économique. L'affirmation de la présence russe dans les anciennes Républiques soviétiques fait partie des axes prioritaires de la politique étrangère du pays et privilégie partout le facteur énergétique.

L'effondrement de l'URSS lui a fait perdre la maîtrise de voies de transit stratégiques. La construction de gazoducs répond donc à l'objectif russe de contrôle des infrastructures de transport vers l'Union européenne, qui représente non seulement les deux tiers de ses exportations de gaz mais aussi un marché extrêmement rentable. […].

La compagnie d'État Gazprom, exploitant le plus vaste réseau de gazoducs au monde (plus de 160 000 km), est le symbole et l'outil de cette stratégie, au service des intérêts nationaux russes. En témoignent ses récents investissements au Nigeria. [Cela] a surtout permis à la Russie de se placer en première ligne sur le projet de pipeline transsaharien de 4 100 km jusqu'en Algérie, qui pourrait approvisionner directement l'Europe à hauteur de 10 % de sa consommation.

D. Lavergne, *Revue internationale et stratégique*, n° 86, © Armand Colin, juin 2012.

Dessin de Stephff (Thaïlande), *Courrier international*, 4 avril 2014.

1. Relevez les priorités de la politique énergétique russe.
2. Expliquez pourquoi Gazprom est un des principaux acteurs de la politique énergétique russe.

4 Une opération de pompage dans la République des Komis

Patrouilles de Greenpeace pendant un nettoyage d'une des 125 mares de pétrole découvertes en août 2015 (photographie de Denis Sinyakov). Chaque année, la Russie déverse accidentellement sur son sol et dans ses eaux six fois la marée noire du Deepwater Horizon qui a déversé 11 130 tonnes de pétrole dans le golfe du Mexique en 2010, après une explosion due principalement à l'obsolescence de l'équipement.

1. Précisez pourquoi ce document illustre les limites de la politique énergétique russe.

Caractériser une situation géographique

En utilisant vos réponses aux questions précédentes, expliquez pourquoi l'énergie est un enjeu essentiel pour la Russie.

La situation énergétique mondiale

Notions

Énergie primaire : voir carte repère page 90.

Énergies fossiles : énergies non renouvelables produites à partir de l'exploitation du pétrole, du gaz et du charbon.

Réserves : gisements dont l'existence est prouvée et dont les ressources sont exploitables.

Dépendance : situation des régions obligées d'importer de l'énergie faute de production suffisante.

Synthèse audio
www.lienmini.fr/hg2-11

■ **L'énergie est un moteur de la croissance économique et du développement des sociétés.** Ainsi, la consommation mondiale d'**énergie primaire** ne cesse d'augmenter. Cependant, les pays industrialisés consomment 4 à 10 fois plus d'énergie que les pays pauvres alors qu'un quart de l'humanité n'a pas accès à l'électricité. Malgré ces disparités, la consommation d'énergie par habitant devrait encore doubler d'ici 2030 du fait de l'augmentation de la population, de l'industrialisation des pays du Sud et d'une plus grande mobilité des hommes.

■ **La croissance des besoins demande une quantité d'énergie disponible de plus en plus importante. Or, 80 % de la consommation énergétique mondiale repose sur les énergies fossiles non renouvelables.** Les **réserves** mondiales d'hydrocarbures s'épuisent et la découverte de nouveaux gisements ne permet pas de couvrir cette hausse de la demande : on consomme, chaque année, trois fois plus de pétrole que l'on en découvre. La situation des réserves de charbon est moins préoccupante mais sa combustion entraîne des rejets de CO_2 très importants .

■ **La rareté de l'énergie et l'explosion de la demande entraînent des tensions internationales.** Les pays exportateurs (OPEP, Russie…) utilisent la **dépendance** des régions à forte consommation d'énergie comme une arme politique. Par ailleurs, la perspective **de contrôler de nouveaux espaces susceptibles de renfermer des réserves d'hydrocarbures alimente les rivalités entre États.** Ainsi, les compagnies pétrolières se livrent à une lutte d'influence en Afrique ou en Arctique.

Vérifier sa compréhension de la leçon

Lisez ces affirmations puis, en vous aidant de la leçon, dites si elles sont justes ou fausses. Justifiez vos choix.

a. 80 % des besoins énergétiques de la planète sont assurés par le pétrole, le charbon et le gaz naturel.

b. L'exploitation du charbon est une bonne solution pour augmenter la production énergétique.

c. Parvenir à garantir son approvisionnement est un enjeu essentiel pour un pays importateur.

Organiser ses connaissances à l'aide d'une carte

Complétez la légende de la carte ci-dessous à partir de la liste de titres proposés

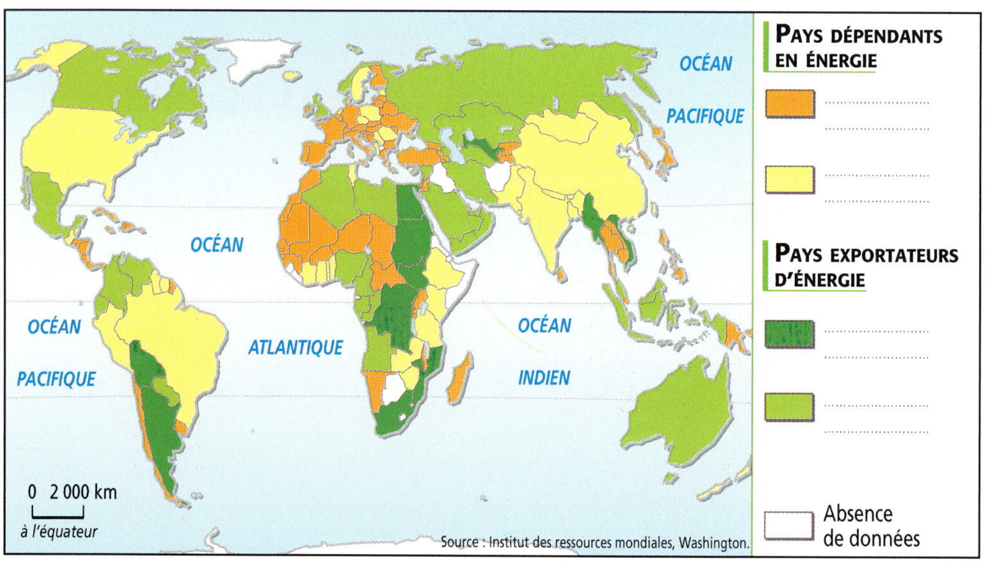

Source : Institut des ressources mondiales, Washington.

A Pays autosuffisants exportant une faible partie de leur production

B Pays très dépendants

C Pays exportant la moitié de leur production

D Pays moyennement dépendants

Des choix et des priorités pour l'avenir

Notions

Effet de serre : accumulation de la chaleur dans l'atmosphère accentuée par les activités humaines.

Bouquet énergétique : répartition, au sein d'une zone géographique donnée, de la consommation des diverses sources d'énergie.

Transition énergétique : désigne le fait que la part de l'énergie renouvelable croît dans la consommation totale d'énergie.

Synthèse audio
www.lienmini.fr/hg2-12

■ **L'exploitation des ressources énergétiques peut avoir des conséquences importantes sur l'environnement et les populations** (marées noires, accidents technologiques…). Consciente de ces problèmes, l'ONU multiplie les sommets de la Terre et les conférences sur le changement climatique. Cependant, aucun consensus ne se dégage, en raison de la position des pays émergents dont la croissance économique s'appuie sur les énergies fossiles ou du refus de certains pays de réduire leurs émissions de gaz à **effet de serre** (États-Unis).

■ **Les questions environnementales ainsi que l'épuisement inélucable des énergies fossiles incitent à se tourner vers des énergies renouvelables et non émettrices de CO_2.** Ainsi, le **bouquet énergétique** se diversifie dans de nombreux pays. Cette **transition énergétique** reste lente et source de débats : contestation de l'utilisation d'agrocarburants qui risque d'aggraver les tensions alimentaires ; coût et faible rendement de certaines de ces énergies.

■ **Un modèle de développement moins énergivore est aujourd'hui possible grâce aux progrès technologiques** qui permettent de produire autant en consommant moins d'énergie. Des normes imposant l'isolation renforcée de l'habitat, des systèmes d'éclairage moins gourmands, l'introduction de nouvelles motorisations participent aux économies d'énergie. Toutefois, un **changement des habitudes de consommation** s'impose pour lutter contre le gaspillage.

Vérifier sa compréhension de la leçon

1. Lisez ces affirmations puis, en vous aidant de la leçon, identifiez celles qui sont fausses et reformulez-les pour qu'elles soient justes.
a. L'homme maîtrise parfaitement la production et la consommation d'énergie.
b. Les pays diversifient de plus en plus leurs sources d'énergie.
c. La maîtrise de l'énergie est de la responsabilité de tous.

2. Retrouvez les points de la leçon illustrés par le document ci-contre. Expliquez vos choix.

Campagne du ministère de l'Écologie, du Développement durable et de l'Énergie, 2013.

Organiser ses connaissances à l'aide d'un schéma

Le schéma ci-dessous explique la transition énergétique. Recopiez-le puis complétez-le à l'aide de la leçon.

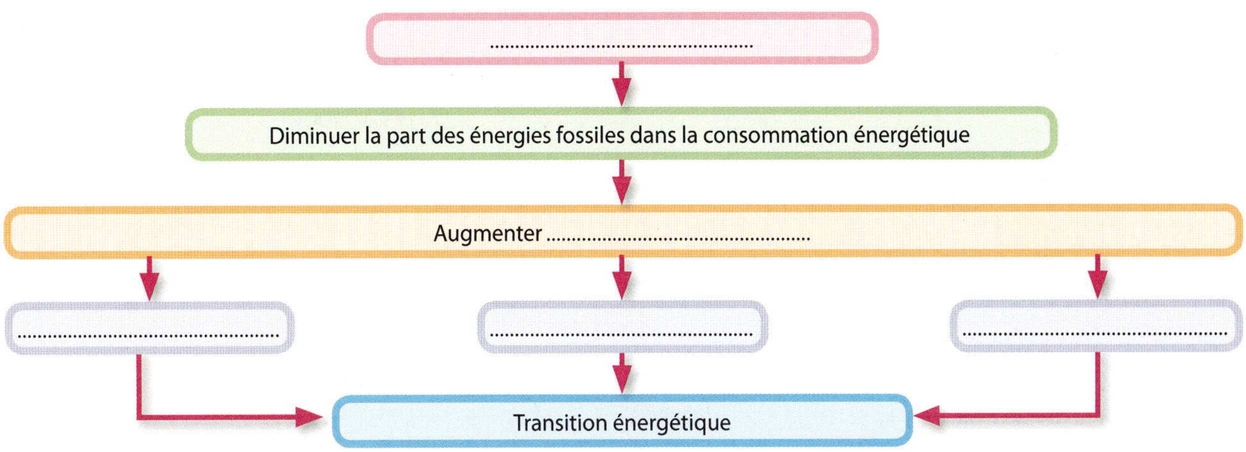

1 Vue de Mumbai en Inde

Mégalopole d'environ 20 millions d'habitants, Mumbai est la capitale économique et financière de l'Inde. Elle est le symbole de la modernité et de l'émergence indienne. Pourtant, plus de 60 % de la population vit dans les *slums* (bidonvilles) et un million de personnes sont sans abri.

Sujet d'étude 7

Le développement inégal

> Pourquoi parle-t-on de développement inégal pour caractériser les territoires ?

2 Distribution gratuite de nourriture dans le quartier de Harlem à New York

Près de 46 millions de personnes vivent de l'aide alimentaire aux États-Unis, soit 15 % de la population. Depuis 2007, leur nombre a augmenté de 74 %, principalement à cause de la forte récession qu'a connue le pays.

LANCER LA RÉFLEXION !

1. Comparez ces deux photographies puis identifiez un point commun et une différence.
2. Donnez une raison qui explique que ces photographies aient été choisies pour illustrer le sujet d'étude.
3. En vous appuyant sur les deux documents, formulez deux hypothèses en réponse à la question : « Pourquoi parle-t-on de développement inégal pour caractériser les territoires ? »

Le développement inégal :

1 La richesse par habitant dans le monde

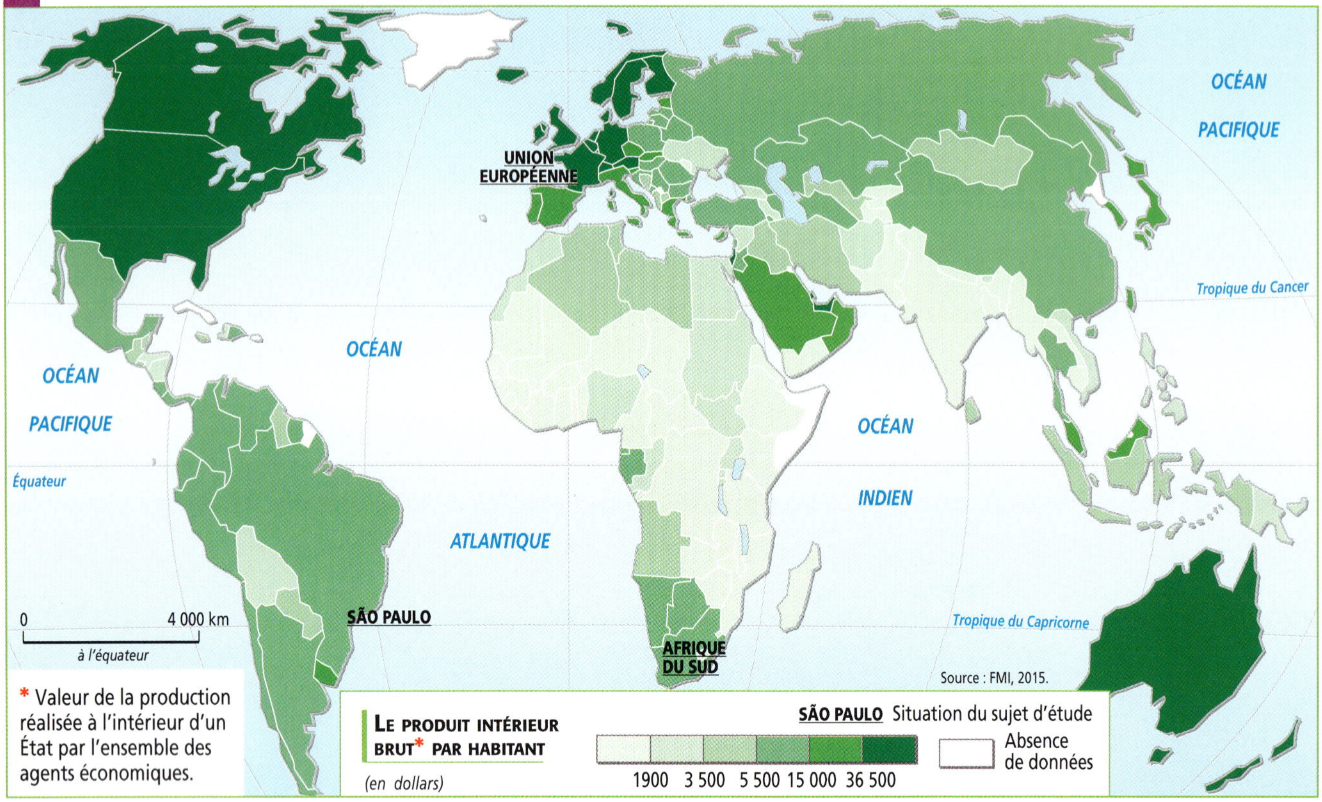

2 La croissance économique mondiale

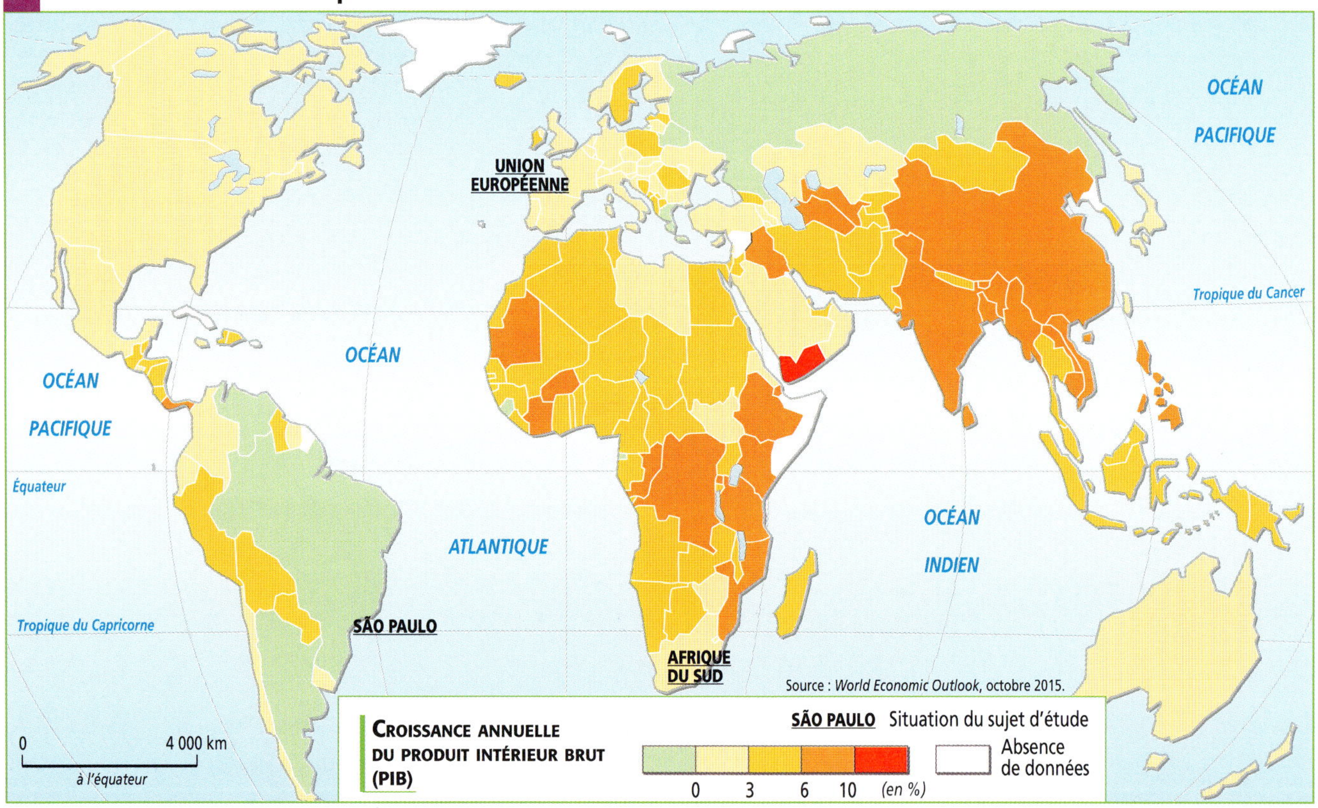

des réalités plurielles

3 La pauvreté dans le monde

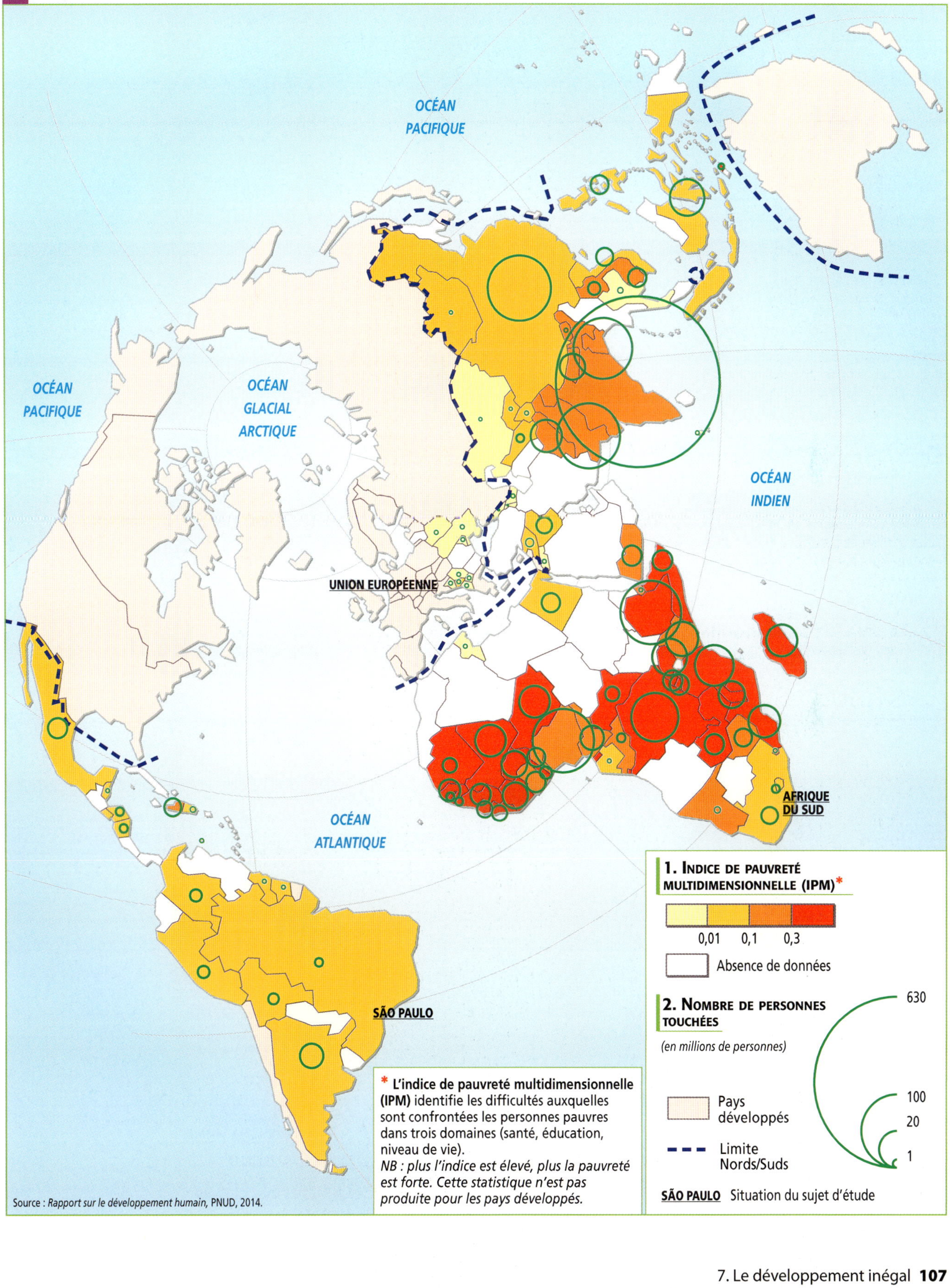

* **L'indice de pauvreté multidimensionnelle (IPM)** identifie les difficultés auxquelles sont confrontées les personnes pauvres dans trois domaines (santé, éducation, niveau de vie).
NB : plus l'indice est élevé, plus la pauvreté est forte. Cette statistique n'est pas produite pour les pays développés.

Source : *Rapport sur le développement humain*, PNUD, 2014.

A. Croissance et développement, un défi pour de nombreux pays

> Pourquoi la croissance ne suffit-elle pas pour assurer le développement ?

1 Le PIB, un indicateur de la croissance

Taux de croissance du PIB (%)	2004	2008	2015	2016 (prévisions)
Monde	5,2	3	2,2	3,5
Chine	10,08	9,62	7,75	6,45
Inde	7,92	3,89	5,08	7,55
Japon	2,36	-1,04	1,75	0,93
États-Unis	3,79	-0,29	2,32	2,70
France	2,79	0,20	0,18	-0,53
Nigeria	33,74	6,27	4,28	6,56

Source : Banque mondiale.

1. À la lecture de ces données, formulez deux remarques.
2. Repérez les pays cités dans le tableau sur les cartes 1 et 3 p. 106-107. Montrez que les informations fournies par les cartes nuancent vos réponses à la question 1.

2 Croissance et développement en Inde

L'Inde, comme la Chine, connaît des taux de croissance parmi les plus élevés de la planète… mais au prix de fractures sociales croissantes. […] La dixième puissance économique mondiale se caractérise par un progrès économique rapide, par une croissance impressionnante et une prospérité dans les secteurs de pointe comme l'informatique ou la pharmacie. Cependant, face à ce décollage économique vertical, s'oppose un déclin social qui entrave son développement. La fracture sociale entre les bénéficiaires de la mondialisation et la population vivant dans la misère s'est considérablement aggravée ces dernières années. Plus de 80 % de la population y vit avec moins de deux dollars par jour, la moitié est en état de malnutrition. Cette pauvreté a amplifié l'exode vers les villes marquées par un développement exponentiel des bidonvilles et des sans-abri. […] Ces pays émergents que sont la Chine et l'Inde, dopés par la croissance, ont fondé leur essor sur le progrès économique au détriment du progrès social.

Gérard Fonouni, « Le développement est impossible sur un océan de pauvreté », *L'Humanité*, 8 mars 2013.

1. Recopiez la phrase qui résume l'information essentielle de ce document. Expliquez votre choix.

3 L'IDH, un indicateur de développement

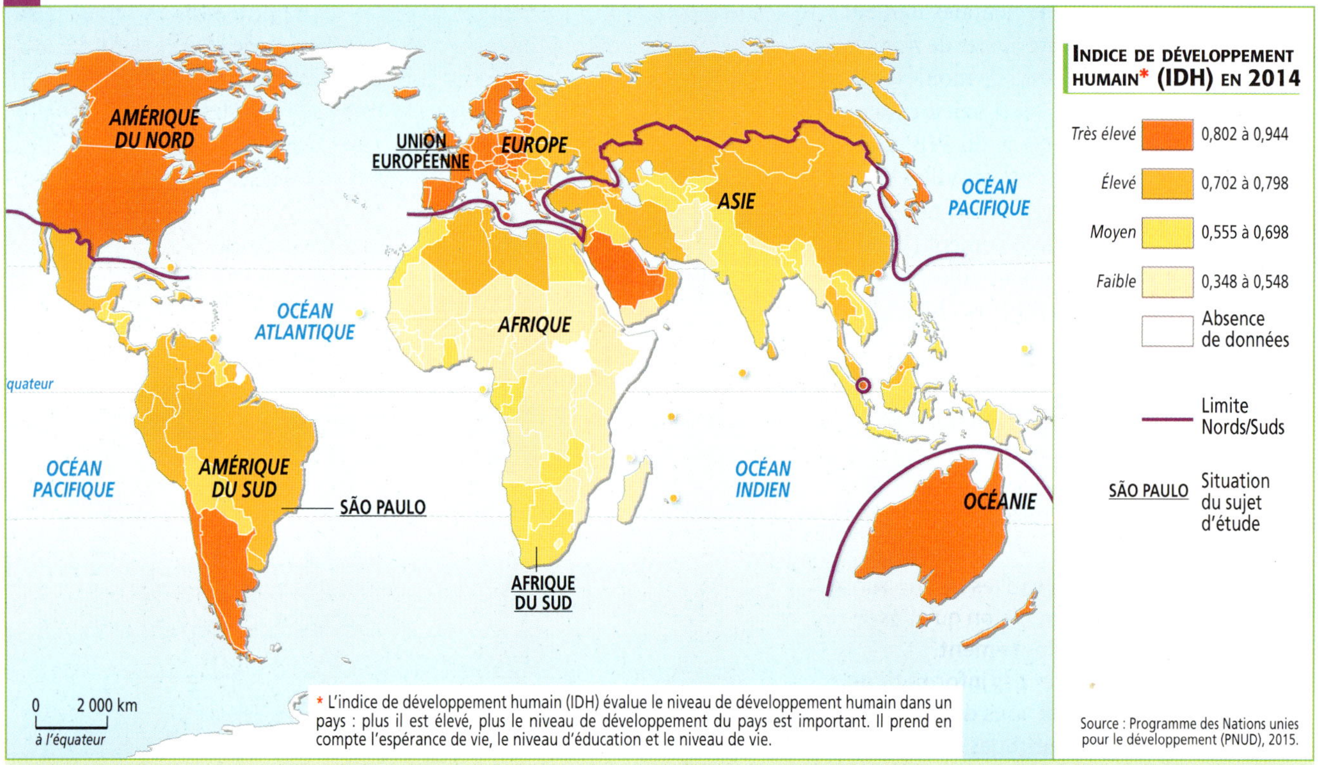

* L'indice de développement humain (IDH) évalue le niveau de développement humain dans un pays : plus il est élevé, plus le niveau de développement du pays est important. Il prend en compte l'espérance de vie, le niveau d'éducation et le niveau de vie.

Source : Programme des Nations unies pour le développement (PNUD), 2015.

1. Expliquez le titre donné à ce document.
2. Ce document confirme les propos de Gérard Fonouni (doc. 2). Justifiez cette affirmation.

4 Le bidonville de Makoko à Lagos, la capitale économique du Nigeria

Le Nigeria a enregistré une croissance moyenne de 7 % entre 2005 et 2015. Premier producteur et exportateur de pétrole du continent africain, le pays profite également du boom des matières premières et des cours soutenus du pétrole. Ce dynamisme économique attire les investissements des entreprises internationales.

1. Expliquez pourquoi la situation du Nigeria illustre les propos de Gérard Fonouni (doc. 2).

5 Vers une croissance

Les questions environnementales hantent l'esprit des responsables politiques chinois car de nombreux seuils ont été franchis. […] Pour la première moitié de la décennie 2000, la Banque mondiale (2007) estimait le coût total des pollutions de l'air et de l'eau à 2,68 % du PIB. Certes quelques progrès ont été enregistrés dans les villes […]. Mais de manière globale, la pollution a augmenté, notamment les particules toxiques et les gaz d'échappement liés au parc automobile pléthorique dans les grandes villes. […]
De plus en plus de chercheurs chinois s'interrogent donc sur la durabilité d'un tel système […]. Ainsi la catastrophe de Zhouqu, qui a vu la destruction de la ville par une coulée de boue résultant de la destruction des forêts, a profondément marqué les esprits. […] « La croissance est là, l'enrichissement aussi mais il n'y a plus d'air frais, plus d'eau potable ni de nourriture saine. Voilà le développement à la chinoise[1] ! »

Jean-Marie Quitté et Richard Maire, « Chine-Inde : course au développement et impacts socio-environnementaux », *Les Cahiers d'Outre-Mer*, 2011.

1. Propos du sociologue chinois Yan, 2010.

1. Indiquez quel problème pose la croissance économique en Chine.
2. Expliquez pourquoi ce problème menace son développement.

Construire ses connaissances

1. Relevez dans un tableau les informations fournies par chaque document et classez-les selon qu'elles se rapportent à la croissance ou au développement.
2. En vous appuyant sur ces informations, construisez un court paragraphe dans lequel vous donnerez deux raisons qui expliquent que la croissance ne suffit pas à assurer le développement.

	Informations sur la croissance	Informations sur le développement
Doc. 1	…	…
Doc. 2	…	…
Doc. 3	…	…
Doc. 4	…	…
Doc. 5	…	…

B. Des inégalités de développement à toutes les échelles

> Pourquoi l'opposition Nord-Sud ne suffit-elle plus pour décrire les inégalités de développement ?

1 Une image du monde

Dessin d'Ysope, 2009.

1. Décrivez ce dessin (description et sens).
2. À l'aide des cartes 1 et 2 p. 106, reformulez le message de ce dessin.

2 Des menaces pour le développement

Des millions de foyers vivent dans l'incertitude et dans l'insécurité en faisant face à la menace constante de chocs pouvant affecter leurs revenus et leur bien-être. Dépourvus d'économies privées, de capitaux financiers et d'une protection suffisante par le biais des politiques nationales, ces foyers sont exposés aux crises financières et aux catastrophes naturelles. L'insécurité économique peut être considérable dans les pays en développement, où une grande proportion de l'emploi fait partie de l'économie informelle[1] et ne bénéficie d'aucune assurance sociale. Le secteur informel représente 25 à 40 % de la production annuelle des pays en développement en Afrique et en Asie. Mais la vulnérabilité économique ne touche pas uniquement les pays en développement. En raison de la lenteur de la récupération de la crise économique mondiale, nombreuses sont les personnes encore confrontées à une immense insécurité dans les pays riches.

« Chocs et menaces contre le développement humain », *Rapport sur le développement humain 2014*, PNUD, 2015.

1. Activités qui échappent au contrôle et à la fiscalité de l'État.

1. Relevez les constats que dresse ce rapport.
2. Confrontez ces constats avec le document 1. Formulez une remarque.

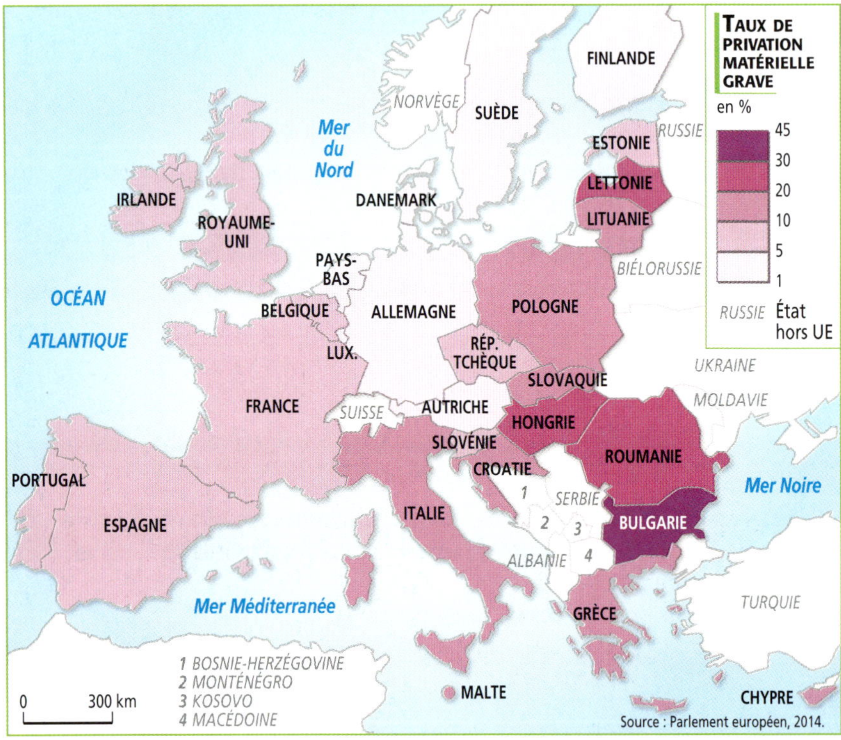

3 Pauvreté et exclusion sociale

Le taux de privation matérielle grave calcule le pourcentage de la population qui ne peut pas payer au moins quatre de ces neufs éléments : le loyer, un prêt ou les factures de services publics, le chauffage du logement, les dépenses imprévues, un repas avec de la viande, de la volaille ou du poisson tous les deux jours, une semaine de vacances par an, une télévision, une machine à laver, une voiture, un téléphone.

1. Expliquez pourquoi ce document illustre le titre du corpus : « Des inégalités de développement à toutes les échelles ». Illustrez votre réponse à l'aide des données de la carte.

4 Les inégalités socio-économiques en Chine

Selon un rapport de l'Université de Pékin, 1 % des ménages les plus riches de l'Empire du Milieu contrôlaient plus d'un tiers des richesses du pays en 2012. Parallèlement 25 % des ménages les plus pauvres se partagent 1 % des richesses. […]

Selon les experts, le rapide développement économique de la Chine a généré des inégalités socio-spatiales croissantes, engendrant un décalage croissant entre provinces littorales et intérieures, et entre villes et campagnes. L'examen des données statistiques officielles chinoises permet clairement de repérer une aggravation des déséquilibres internes de la Chine, lesquels constituent des facteurs potentiels de déstabilisation sociale, en particulier dans le cas des paysans venus tenter leur chance dans les grandes aires urbaines littorales, ou chassés de leurs terres par l'expansion urbaine autour des métropoles.

Depuis 25 ans, la Chine connaît un rythme de croissance exceptionnel qui l'a mise au rang des plus grandes puissances économiques du monde.

Mais si certains retiennent la vue des brillantes façades des gratte-ciel de Shanghai et des Jeux olympiques de Pékin, les campagnes chinoises connaissent depuis quelques années des révoltes paysannes étouffées par la police et les médias à la demande du pouvoir en place.

Élisabeth Studer, « Chine : inégalité sociale accrue, un tiers de la richesse du pays aux mains des 1 % de la population », leblogfinance.com, 7 août 2014.

1. Indiquez les différentes échelles auxquelles se manifestent les inégalités de développement en Chine.
2. Relevez le facteur qui explique ces inégalités.

5 Les objectifs du Millénaire pour le développement

Campagne 2015 pour le 5e objectif du Millénaire pour le développement : Améliorer la santé maternelle, Organisation des Nations unies (ONU).

1. Identifiez l'émetteur de cette affiche.
2. Précisez l'intérêt de ce document pour traiter des inégalités de développement.

Construire ses connaissances

1. Relevez dans un tableau les informations fournies par chaque document en les regroupant en deux rubriques.

	Échelle où se manifestent les inégalités	Description des inégalités
Doc. 1	…	…
Doc. 2	…	…
Doc. 3	…	…
Doc. 4	…	…
Doc. 5	…	…

2. En vous appuyant sur ces informations, construisez un court paragraphe dans lequel vous décrirez comment se traduisent les inégalités de développement dans le monde.
Vous pouvez débuter votre écrit de cette façon :
Des écarts de développement se manifestent à l'échelle mondiale entre le Nord et le Sud (doc. 1). En effet, on constate … . Toutefois, les inégalités se manifestent également … (doc. 2).

Les dynamiques socio-spatiales dans l'Union européenne

CONTEXTE

L'Union européenne (UE), composée de 28 États membres depuis 2007, est l'un des espaces géographiques les plus riches et les plus développés de la planète. Peuplée de plus de 508 millions d'habitants, soit 7 % de la population mondiale, elle est la première zone économique mondiale avec 24 % du PIB mondial. Toutefois, d'importants contrastes de développement existent entre les États membres. Réduire ces écarts est l'un des objectifs majeurs de l'UE qui consacre aujourd'hui près de 80 % de son budget à ce projet.

> Pourquoi l'Union européenne met-elle en œuvre une politique de réduction des inégalités ?

1 Une image de l'Union européenne

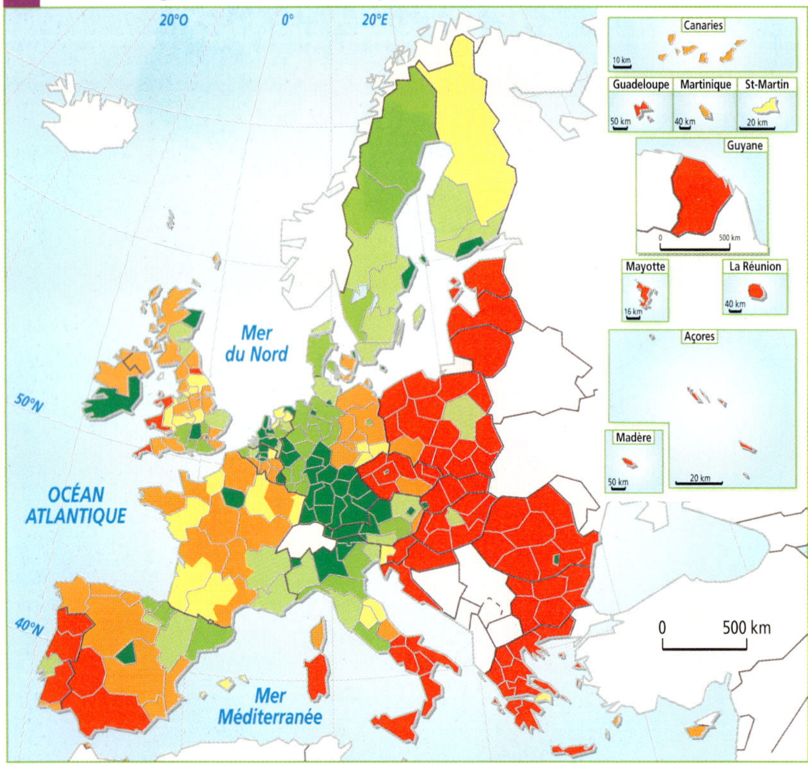

1. Décrivez l'image que nous donne cette carte de l'Union européenne.
2. Comparez cette carte au doc. 3 p. 110 et formulez deux remarques.

2 Le développement de l'Union européenne

Le développement économique de l'Union européenne tend à profiter aux aires dotées en services de très haut niveau, en laboratoires de recherches, et situées au cœur des réseaux d'information et de transport, comme Paris, Londres ou Milan, plutôt qu'aux régions périphériques dont le seul atout est la faiblesse des salaires. [...]
Au-delà de l'économie, les inégalités sociales restent fortes. Dans les régions les plus développées, les populations bénéficient d'un meilleur accès aux services publics que dans les zones faiblement peuplées. Ainsi en est-il pour les services de santé avec des répercussions sur l'espérance de vie qui varie, pour les hommes de 80 ans dans les Marches (Italie) à 65 ans en Lituanie. Un nouveau-né roumain a six fois plus de risque de décéder qu'un nouveau-né belge.

J. Beaujeu-Garnier, C. Lefort et P.-J. Thumerelle, *Encyclopédie universalis.*

1. Le développement économique de l'Union européenne ne réduit pas les inégalités entre les régions. Justifiez cette affirmation à l'aide de l'article.

3 Un quartier de Bucarest (Roumanie)

1. Expliquez pourquoi cette photographie illustre les inégalités auxquelles l'Union européenne est confrontée.

4 La politique régionale européenne 2014-2020

À l'issue de ces négociations, la Commission européenne a proposé une nouvelle architecture de la politique régionale européenne pour 2014-2020. On cherche surtout aujourd'hui à ne plus saupoudrer les aides européennes, mais, au contraire, à les concentrer sur les régions les plus en retard. L'objectif est désormais de répartir les aides [...] selon des priorités thématiques devant permettre d'améliorer la compétitivité de l'Europe [...] telles que la recherche et le développement technologique, l'innovation, les énergies renouvelables, les transports alternatifs à la route, etc. Or, ces projets ne répondent pas aux exigences de rattrapage et de restructuration économique des pays de l'Europe centrale et orientale (PECO). Il existe un réel décalage entre les thématiques soutenues financièrement par les Fonds européens et la nécessité pour les PECO de reconvertir leur industrie, construire des routes, relancer l'emploi.

Sébastien Bourdin, « Les défis de la future politique régionale européenne 2014-2020 : on prend les mêmes et on recommence ? », Géoconfluences, 20 mars 2014.

1. Reformulez les priorités de la politique régionale européenne pour la période 2014-2020.
2. Indiquez le point de vue de l'auteur sur ces priorités.

5 Un exemple de réalisation européenne

Hôpital de Puigcerda

SOIGNER DES DEUX CÔTÉS DES PYRÉNÉES

Date **2013** Coût total **31 millions €** Subventions européennes **18,6 millions €**

30 000 habitants **qui bénéficient d'un nouvel accès à la santé**

100 km **en moins à réaliser pour des soins d'urgence**

1 centre transfrontalier **qui intègre 2 cultures et 2 systèmes de soins**

Pour la première fois en Europe, un centre hospitalier transfrontalier est géré dès sa construction par deux pays. L'hôpital de Cerdagne et Capcir donne accès aux soins à 30 000 habitants dans une région de montagnes isolée et à une population de 150 000 habitants en saison touristique. Il vise à fournir, notamment, des soins d'urgence et d'obstétrique qui ne pouvaient être pris en charge qu'à Perpignan soit à plus de 100 km du territoire. Un établissement qui intègre pleinement les deux cultures en employant du personnel français et espagnol et en accueillant les patients dans les mêmes conditions que dans leur pays d'origine.

Site internet L'Europe s'engage en France, « Chiffres clés », www.europe-en-france.gouv.fr.

1. Identifiez les principaux avantages de ce projet.

Caractériser une situation géographique

En utilisant vos réponses aux questions précédentes, donnez trois raisons qui expliquent que l'Union européenne met en œuvre un politique de réduction des inégalités. Vous illustrerez vos réponses avec des exemples précis tirés des documents.

Les dynamiques socio-spatiales en Afrique du Sud

CONTEXTE

L'Afrique du Sud est la première économie d'Afrique subsaharienne. Classé dans la catégorie des pays émergents avec un taux de croissance annuel d'environ 5 % et plaque tournante du commerce africain, le pays est encore par certains aspects un pays en développement. Ainsi, il reste marqué, à toutes les échelles, par l'ampleur des inégalités socio-spatiales et ethniques héritées de l'apartheid.

> Comment les inégalités socio-spatiales se manifestent-elles en Afrique du Sud ?

1 Croissance et développement en Afrique du Sud

	1990	2007	2015
PIB (millions de dollars)	112 013	286 171	317 285
Importations (millions de dollars)	13 000	62 300	109 000
Exportations (millions de dollars)	20 000	52 000	114 000
Taux de chômage (%)	20	25,6	25,1
IDH	0,51	0,65	0,65 (118e sur 187)
Mortalité infantile (‰)	48	43	45
Espérance de vie (années)	59	47	57
Proportion des 15/49 ans infectés par le virus du sida (%)	12	17	19

Sources : FMI, Banque mondiale.

1. Relevez les indicateurs illustrant la croissance économique du pays.
2. Malgré sa croissance économique, l'Afrique du Sud reste un pays en développement. Justifiez cette affirmation.

2 Les provinces sud-africaines

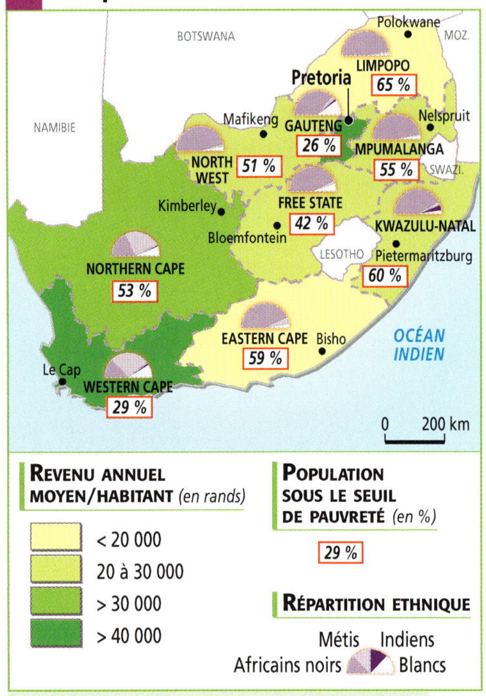

1. Reformulez les principales informations données par la carte.

3 Les dynamiques du territoire sud-africain

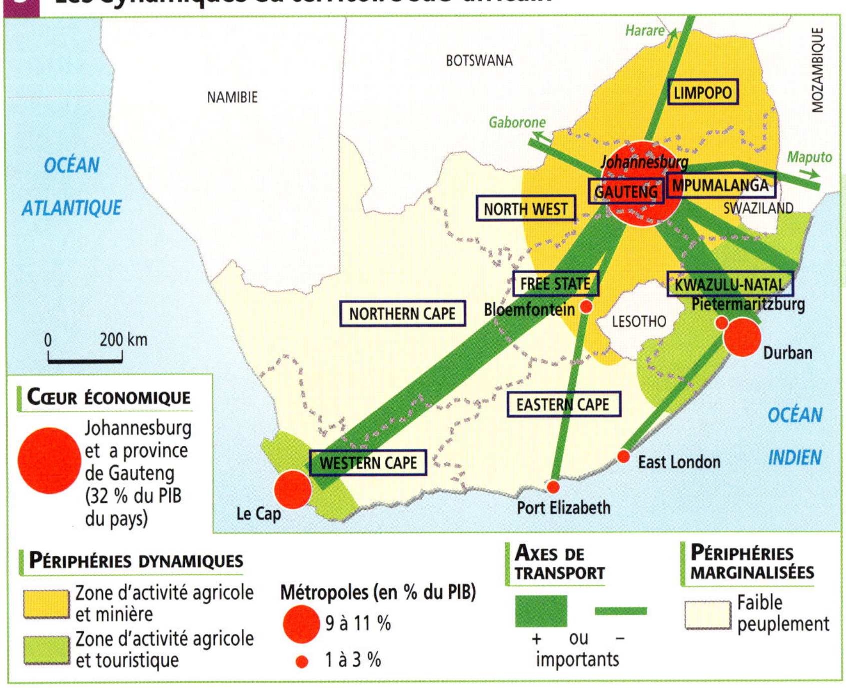

1. Expliquez pourquoi l'organisation du territoire sud-africain illustre les inégalités sociales du pays. (doc. 2 et 3).

Montrer en quoi la situation est caractéristique du sujet d'étude

En utilisant vos réponses aux questions, donnez trois exemples qui montrent que les inégalités sociales se traduisent dans l'organisation du territoire sud-africain.

4 Vue de Johannesburg

1. Localisez l'espace photographié (doc. 2 et 3).
2. Relevez des éléments du paysage qui illustrent le dynamisme économique de cet espace. Justifiez vos choix.

5 Une société en mutation

Depuis la fin de l'apartheid, la mixité sociale a progressé. Chez les plus riches, la ségrégation raciale s'est fortement atténuée. Il n'y a plus aujourd'hui de quartier résidentiel dans les grandes villes qui ne soit exclusivement blanc. Par contre, elle reste forte dans les petites villes. Dans les métropoles en revanche, un changement social majeur a bien eu lieu : l'émergence d'une nouvelle élite et d'une classe sociale moyenne noire. Toute une génération de jeunes Noirs qualifiés a ainsi accédé à un nouveau mode de vie centré sur le gain financier. Certes, ils ne sont que 2,6 millions dans un pays de 46 millions d'habitants. Malgré « leur réussite », certains restent vivre dans les *townships* où s'ouvrent des centres commerciaux qui leur sont dédiés.

P. Gervais-Lambony, *Afrique du Sud entre héritages et émergences*, La Documentation photographique, © La Documentation française, n° 8 088, juillet-août 2012.

1. Identifiez les changements qui touchent la société sud-africaine.

6 Bekkersdal, un *township* de Johannesburg

On peut lire sur le panneau : « La corruption anéantit les bénéfices de notre liberté ».

1. Précisez qui est désigné par le pronom possessif « notre » dans le slogan.
2. Donnez deux raisons qui montrent les limites de la mutation de la société sud-africaine (doc. 5 et 6).

Les dynamiques socio-spatiales à São Paulo

CONTEXTE

Plus grande ville du Brésil, São Paulo et sa région métropolitaine comptent plus de 20 millions d'habitants. Capitale économique du pays, elle symbolise, avec ses nombreuses entreprises financières et industrielles, le dynamisme du pays et exerce une forte attraction sur tout le territoire. Toutefois, cet espace urbain reflète les inégalités d'un développement économique qui laisse de côté une partie importante de la population de cette ville.

> Comment l'organisation de l'espace urbain de São Paulo traduit-elle les inégalités sociales entre les habitants ?

1 Les défis de la croissance

São Paulo est passée de 1 million d'habitants dans les années 1930, époque à laquelle elle commence à s'industrialiser et attirer des migrants pour décoller dans les années 1950 et 1960 où elle atteint 5 millions d'habitants (5,1 millions en 1966), à 10,6 millions d'habitants aujourd'hui. [...] Le premier de ces défis est la favelisation de São Paulo, c'est-à-dire la multiplication de constructions très précaires sur des aires illégales aux dépends de toute considération de salubrité, hygiène ou sécurité. [...] Celles-ci ne se développent qu'à la fin des années 1970, lorsque l'industrie s'essouffle et que la crise se profile, hypothéquant les opportunités d'emplois pour les migrants alors que la spéculation foncière ferme définitivement la ville et sa périphérie immédiate aux petits revenus. [...] Les favelas abriteraient aujourd'hui plus de 10 % des habitants de São Paulo. [...] Le second de ces défis, conséquence directe du premier, est la dégradation environnementale. La population précaire vient occuper illégalement les aires qui n'intéressent pas le marché immobilier, parce qu'elles sont inconstructibles ou protégées : ce sont les zones de forêt au nord et les abords des réserves d'eau au sud de la municipalité. Là, chaque jour, la population riveraine déverse des millions de litres de déchets dans l'eau, sans que soient mises en place les politiques et infrastructures suffisantes pour freiner le désastre.

Marie-Caroline Saglio-Yatzimirsky, « La croissance péri-urbaine de São Paulo : favelisation et dégradation environnementale », CEPED, 2012.

1. Relevez les défis auxquels São Paulo doit faire face.

2 Les inégalités socio-spatiales à São Paulo

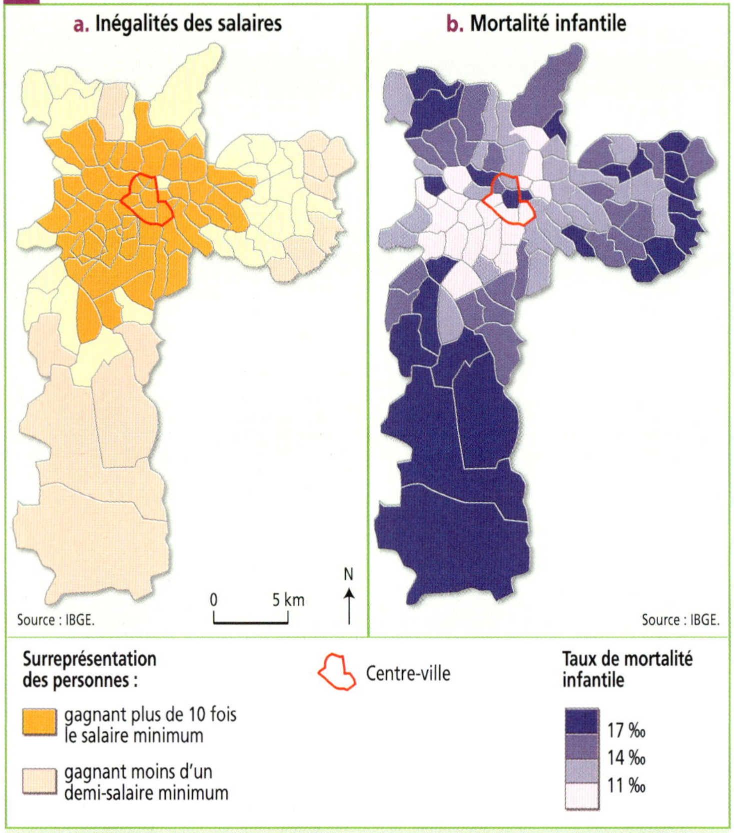

1. Expliquez pourquoi ces deux cartes illustrent les inégalités socio-spatiales à São Paulo.

Montrer en quoi la situation est caractéristique du sujet d'étude

En utilisant vos réponses aux questions, donnez trois raisons qui montrent que les inégalités sociales entre les habitants de São Paulo se traduisent dans l'organisation de l'espace urbain.

3 Un Brésil en pleine mutation

Les frères Campana ont désormais conquis le cœur de leurs compatriotes. La frange la plus riche de la population, qui vit à 80 % à São Paulo, n'hésite plus à dépenser des fortunes pour acquérir l'une de leurs créations : un fauteuil composé de dizaines d'alligators en cuir cousus main ou un canapé Sushi réalisé à partir de chutes de caoutchouc. [...]

Il suffit de flâner [à Jardim, le quartier chic], et de descendre la rua Oscar Freire, le long de laquelle s'égrènent les grandes marques de mode, pour prendre le pouls du nouveau Brésil. C'est aussi là que l'on trouve les meilleures tables de la ville [...].

Non loin de là, l'homme d'affaires français Alexandre Allard élabore un complexe immobilier d'un nouveau genre : une ville dans la ville, vouée au luxe et au business, en lieu et place d'un ancien hôpital. [...]

Avec ses rues vallonnées et sa végétation tropicale, le quartier Vila Madanela rafle tous les suffrages. La nuit, les jeunes branchés se pressent dans ses bars ; la journée, on y vient pour les boutiques de mode et les spots alternatifs comme l'enseigne de design vintage Retro 63 [...].

Marion Vignal, « Le São Paulo des frères Campana », *L'Express*, 8 octobre 2012.

1. **Confrontez l'image de São Paulo donnée par ce texte à celle donnée dans les documents 1 et 2. Formulez deux remarques.**

4 Paysage urbain à São Paulo

1. **Justifiez le choix de cette photographie pour illustrer les informations fournies par les documents 1, 2 et 3.**

5 Des leviers de développement

Uniao de Vila Nova, un quartier de 32 000 habitants, à 25 kilomètres du centre de São Paulo... La favela était autrefois rongée par la criminalité et le trafic de drogues. À la saison des pluies, les maisons délabrées étaient souvent emportées par les crues du fleuve voisin. Aujourd'hui, cette zone de 100 hectares est devenue un quartier propret et sûr [...], où les habitants sont fiers d'habiter. « Nous n'avons connu aucun meurtre en six ans alors qu'il y en avait quatre par jour dans les années 1990 », raconte Geraldo de Pindola Melo, le leader de la communauté. [...]

Le quartier compte maintenant sept écoles, trois crèches et 28 équipes de football. Les déchets y sont ramassés régulièrement et la coopérative de recyclage emploie 36 personnes, en majorité des femmes. [...] En projet, une gare, un petit hôpital et un collège professionnel. Les habitants sont fiers de montrer leurs maisons bien équipées, construites avec l'aide de la CDHU, l'agence pour le logement de l'État de São Paulo, et dont le loyer est fixé à 15 % de leurs revenus. D'autres sont propriétaires.

« Brésil : un programme ambitieux a réussi à métamorphoser les favelas à São Paulo », *20 Minutes* avec AFP, 2012.

1. **Citez les actions menées pour améliorer les conditions de vie dans les favelas.**
2. **Identifiez les acteurs qui conduisent ces actions.**

Croissance et développement, un défi pour de nombreux pays

Notions

PIB (produit intérieur brut) : indicateur qui mesure l'activité économique d'un pays.

Croissance : augmentation de la richesse produite par un pays, mesurée avec le PIB ou le PIB/hab.

Développement : ensemble des changements économiques et sociaux qui permettent à la population d'avoir une meilleure qualité de vie.

Indice de développement humain (IDH) : indicateur qui mesure le bien-être humain à partir de l'espérance de vie à la naissance, du pouvoir d'achat et du niveau d'instruction.

Synthèse audio
www.lienmini.fr/hg2-13

■ **En 20 ans, le produit intérieur brut (PIB) mondial a doublé.** Toutefois, cette **croissance n'est pas synonyme d'un enrichissement égal pour tous :** en 2015, 10 % de la population détient 86 % de la richesse mondiale. L'Union européenne, la Chine, le Japon et les États-Unis se partagent 54 % du PIB mondial. De même, les écarts de revenus entre les populations du monde restent importants : le PIB par habitant au Luxembourg est 320 fois supérieur à celui de la Sierra Leone.

■ Les pays industrialisés développés (PID) voient leur croissance ralentir depuis 2010 alors que les **pays émergents** et les **pays les moins avancés** (PMA) connaissent une croissance souvent supérieure à 5 % par an. Toutefois, **cette croissance ne s'accompagne pas toujours d'une hausse du niveau de développement.** L'**indice de développement humain (IDH)** montre que certains pays ne parviennent pas à assurer les besoins essentiels de leur population. Même si les conditions de vie s'améliorent à l'échelle mondiale, 9,6 % de la population vit encore avec moins de 1,9 dollar par jour.

■ **La persistance des inégalités mais également l'augmentation de la population mondiale, de ses besoins et les perspectives de raréfaction des ressources conduisent à envisager un développement durable.** Il ne s'agit plus seulement de favoriser l'enrichissement matériel des populations mais de gérer les ressources et les espaces de la planète afin de « permettre aux générations actuelles de satisfaire à leurs besoins sans compromettre la capacité des générations futures à satisfaire les leurs. »

Vérifier sa compréhension de la leçon

1. Retrouvez la ou les phrases de la leçon qui correspondent à chacune de ces affirmations.
a. La croissance est inégalitaire.
b. La croissance se traduit toujours par une amélioration du niveau de vie et des conditions de vie de la population.
c. Le développement est inégalitaire dans le monde.

2. Retrouvez les points de la leçon illustrés par le document ci-contre. Expliquez vos choix.

Campagne de l'ONG Solidarité mondiale.

Organiser ses connaissances à l'aide d'un schéma

Reproduisez le schéma ci-dessous puis complétez-le avec les éléments qui vous semblent les plus importants à retenir.

Thème abordé
Le développement
→ Question posée p. 108
....
....
→ 1er élément de réponse
....
→ 2e élément de réponse
....

Des inégalités de développement à toutes les échelles

Notions

Pays émergents : pays du Sud à la croissance économique rapide et au PIB par habitant proche de celui des pays développés.

Pays les moins avancés (PMA) : situés en Afrique, en Asie, et aux Caraïbes, ce sont les pays les plus pauvres du monde. Ils représentent 12 % de la population mondiale et 2 % du PIB mondial.

Inégalités socio-spatiales : différence de peuplement, de niveau de vie et/ou d'équipement entre les territoires.

Synthèse audio
www.lienmini.fr/hg2-14

■ **Aujourd'hui, la traditionnelle division entre un Nord riche et un Sud pauvre doit être nuancée.** En effet, bien que les écarts de revenus et de développement soient toujours très importants entre ces deux ensembles, la part des pays du Nord dans la richesse mondiale diminue (63 % en 1980, 42 % en 2016). La récession économique que connaissent tous les pays du Nord y a développé la pauvreté et l'exclusion sociale. Désormais, on emploie les termes « Nords » et « Suds » afin de refléter la diversité des situations.

■ **Les « Nords » regroupent la plupart des pays riches de la planète mais ne constituent plus un ensemble homogène.** Certains, tels les anciens pays communistes d'Europe de l'Est, connaissent des retards de développement et une précarisation des conditions de vie de leur population. **Quant aux « Suds », les inégalités sont fortes entre pays émergents (BRICS, Mexique...) et pays les moins avancés (PMA).** À l'échelle nationale, des écarts de richesse et de développement existent entre les régions (opposition entre les façades littorales, ouvertes sur le commerce international, et les régions enclavées). Enfin, à l'échelle locale, les **inégalités socio-spatiales** se lisent dans les espaces et les paysages urbains.

■ **Des politiques d'aide au développement permettent de lutter contre les inégalités de développement et de richesses.** Elles sont menées par des organisations internationales (ONU, PNUD, OMS), des ONG et des gouvernements. Malgré ces mesures, les Suds connaissent les situations de pauvreté les plus extrêmes, dans les villes comme dans les campagnes.

Vérifier sa compréhension de la leçon

1. Dites si ces affirmations sont justes ou fausses. Justifiez votre réponse à l'aide de la leçon.
a. Des inégalités existent entre les pays du « Nord ».
b. Les pays du « Sud » se caractérisent par un développement égal.
c. Des politiques d'aide au développement sont mises en œuvre par divers acteurs.

2. Retrouvez les points de la leçon illustrés par ce document. Expliquez vos choix.

Dessin de Patrick Mignard, 2014.

Organiser ses connaissances à l'aide d'un schéma

Reproduisez le schéma ci-dessous puis complétez-le avec les éléments qui vous semblent les plus importants à retenir.

1 La ville de Taclaban aux Philippines le 17 novembre 2013, après le passage du typhon Hayan

En novembre 2013, un puissant typhon a frappé les Philippines. Accompagné par des vents de plus de 300 km/h et des vagues de plusieurs mètres, il a dévasté des régions entières sur une zone de 600 kilomètres. Faisant plusieurs milliers de morts et des centaines de milliers de sans-abri, cette catastrophe a affecté plus de 14 millions de personnes. La ville de Taclaban, située au centre de l'archipel, a été une des villes côtières les plus touchées.

Sujet d'étude 8

Les sociétés face aux risques

> Comment les sociétés gèrent-elles les risques auxquels elles sont exposées ?

2 Une culture du risque au Japon

Situé au confluent de plusieurs plaques tectoniques (carte p. 120), le Japon subit 20 % des séismes les plus violents enregistrés dans le monde. L'État a développé un vaste programme d'éducation et d'information de la population en cas de séisme. Dans les écoles, de fréquents exercices initient les enfants aux attitudes et aux gestes qui sauvent.

LANCER LA RÉFLEXION !

1. Identifiez les risques évoqués (doc. 1 et 2).
2. Comparez l'image que donnent ces documents sur la façon dont les Philippines et le Japon gèrent le risque. Justifiez votre réponse.
3. Donnez deux raisons qui permettent de comprendre que le titre du sujet d'étude associe les termes « sociétés » et « risques ».

Aléas, risques

1 Aléas et risques naturels majeurs dans le monde

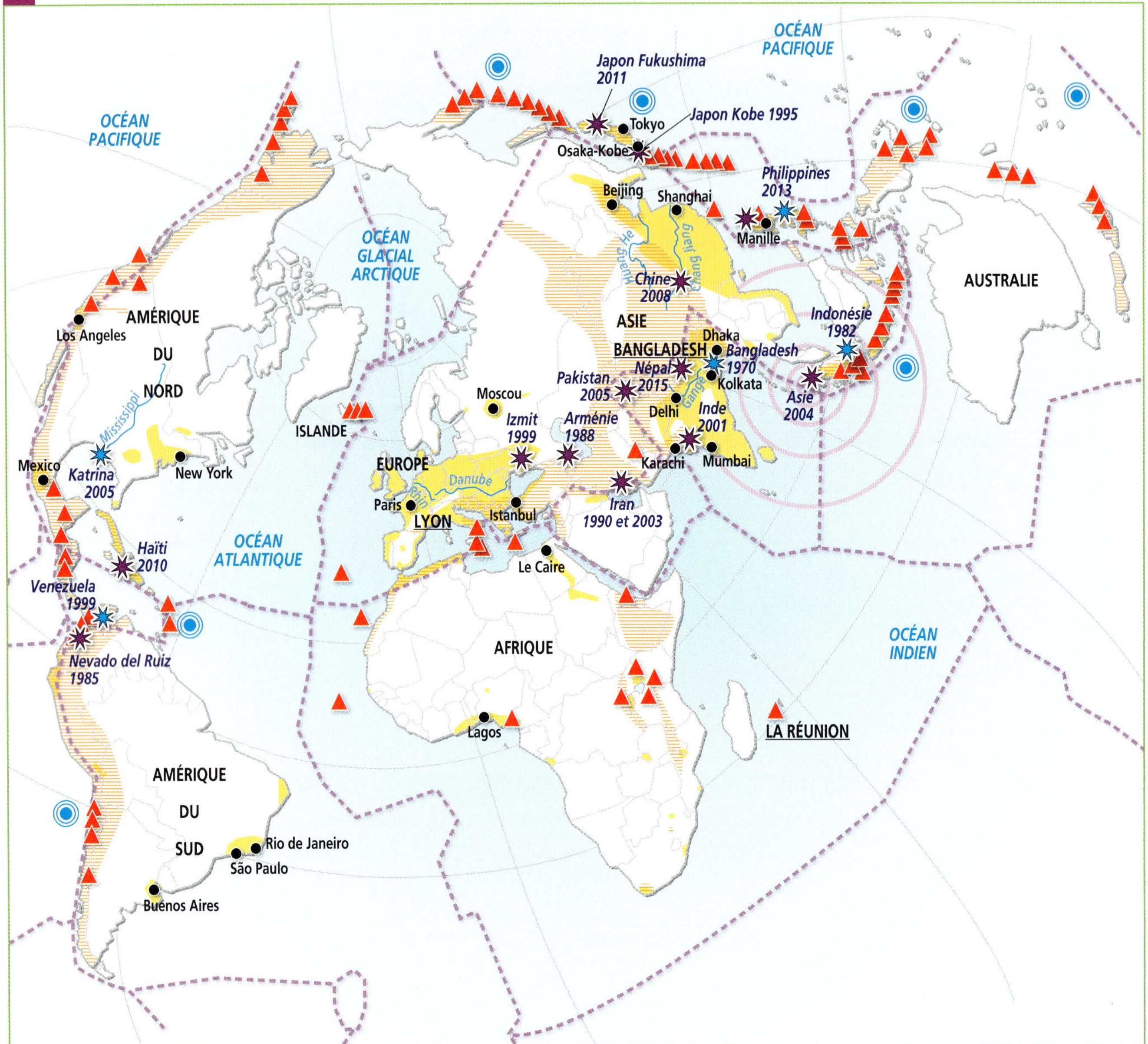

Pays à IDH faible ou moyen

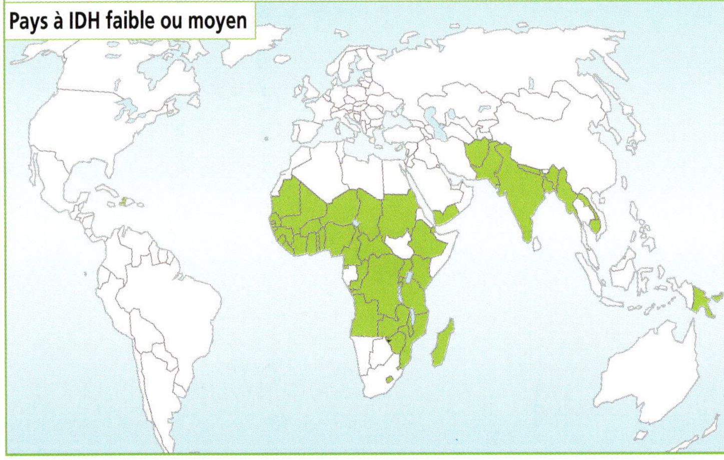

et catastrophes

2 Les catastrophes industrielles dans le monde

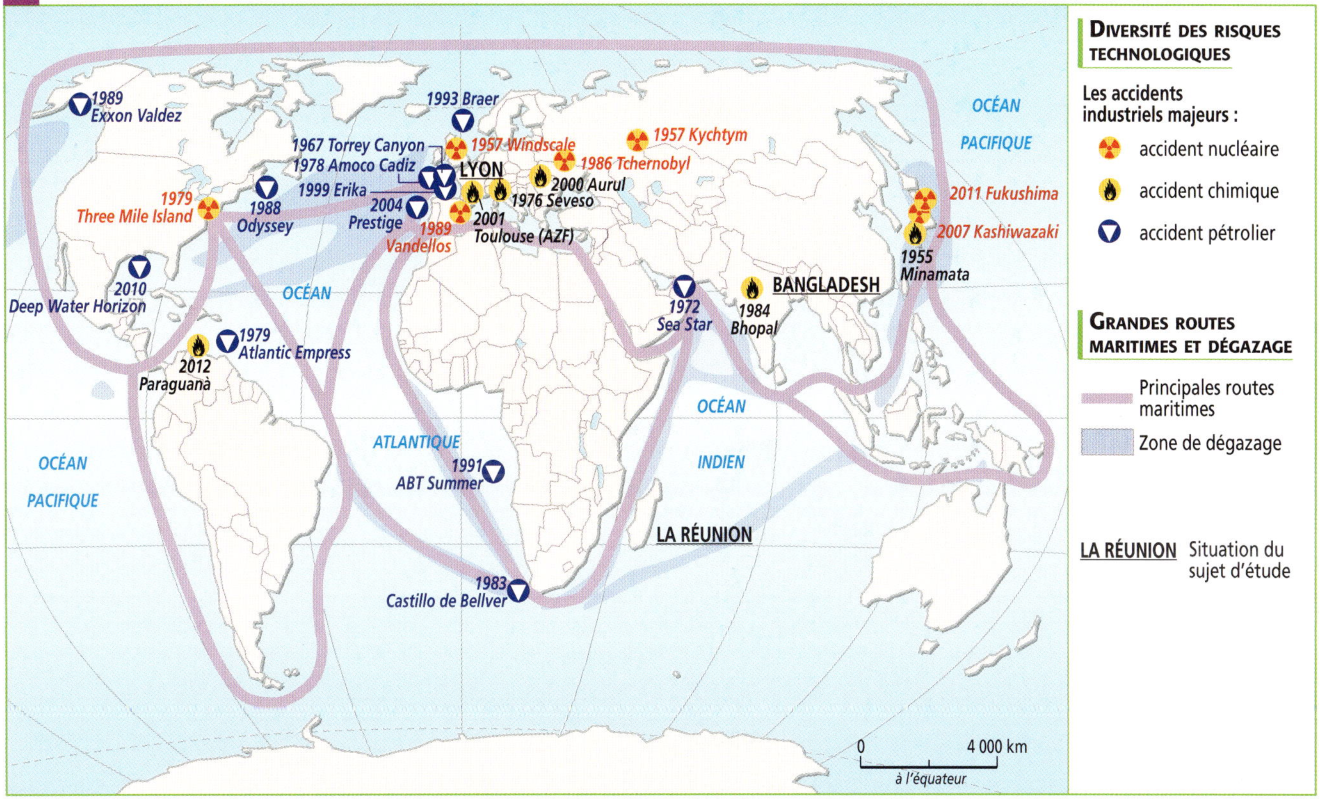

3 Les victimes et le coût des catastrophes naturelles

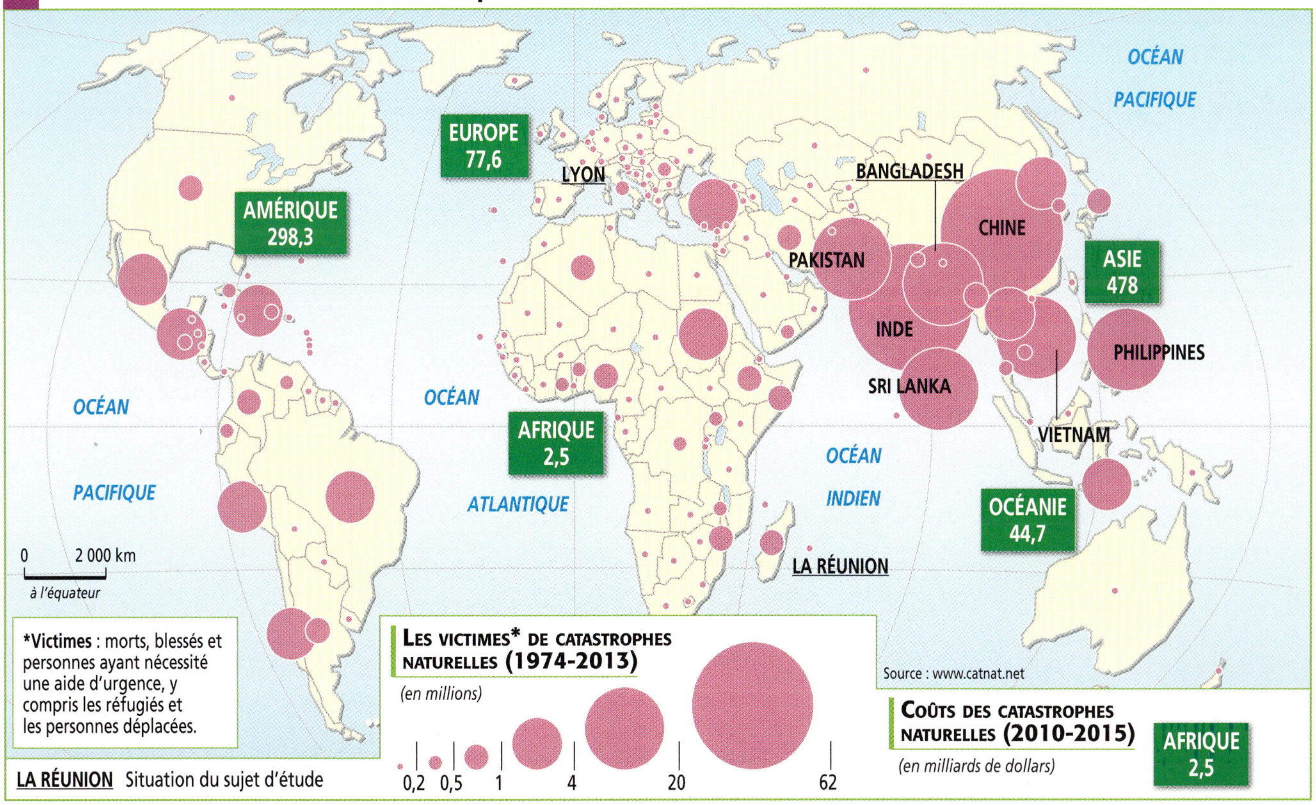

A. Des espaces et des sociétés exposés à des risques majeurs

> Quels types de risques majeurs menacent les sociétés ?

1 Inondations dans les Alpes-Maritimes

Samedi 3 octobre 2015, une dégradation orageuse est née de la confrontation d'une masse d'air froide venue du nord et d'une masse d'air chaude formée au-dessus de la mer Méditerranée, de plus en plus chaude. De fortes pluies ont alors frappé dans un premier temps les Bouches-du-Rhône et le Vaucluse où l'on a observé de la grêle, des rafales de vent et des fortes pluies. En fin d'après-midi, ces orages se sont décalés vers le Var. [...] Sur toute la journée, le réseau de détection Météorage a enregistré sur la région 12 707 impacts de foudre. [...] Ces orages ont touché une zone fortement urbanisée. Résultat : de nombreuses localités de Monaco à Mandelieu-la-Napoule ont connu de fortes inondations liées au ruissellement qui ont engendré plus de 240 interventions de pompiers dont 23 héli-treuillages. [...] D'après la préfecture des Alpes-Maritimes, 20 personnes sont mortes. [...] Mais plutôt que de blâmer le mauvais temps, un bouc-émissaire bien pratique pour se dédouaner de ses responsabilités, c'est surtout la gestion catastrophique du territoire qui est à l'origine de cette nouvelle tragédie. Si de nombreuses communes ont été touchées par les inondations, ce n'est pas tout à fait par hasard. Par exemple, 30 % de la ville de Cannes est construite sur des zones inondables, 19 % pour la ville de Mandelieu-la-Napoule...

Christophe Magdelaine, « De puissants orages et de très fortes pluies se sont abattus sur les Alpes-Maritimes », notreplanete.info, 13 octobre 2015.

1. Nommez les phénomènes naturels à l'origine des inondations dans les Alpes-Maritimes.
2. Après avoir énuméré les conséquences de ces inondations, expliquez pourquoi elles ont été aussi dramatiques.

2 Un espace soumis aux risques : le complexe industriel d'Exxon Mobil (raffineries) à Bâton Rouge en Louisiane (États-Unis)

1. Expliquez le titre donné à ce document.

3 La ville de Namie (Japon), après la catastrophe nucléaire de Fukushima

Le 11 mars 2011, le Japon est touché par un séisme puis balayé par un tsunami. La centrale nucléaire de Fukushima est envahie par l'océan, provoquant une catastrophe nucléaire. La contamination radioactive s'est répandue jusqu'à 250 km au nord et au sud jusqu'aux environs de Tokyo.

1. La catastrophe de Fukushima a rappelé au Japon sa forte exposition aux risques majeurs et a questionné le monde. Donnez deux raisons qui permettent de comprendre cette affirmation.

4 Arkhangai (Mongolie)

Ces dernières années, la Mongolie a été frappée par des hivers rigoureux dus au dérèglement climatique. En 2010, 8 millions de têtes de bétail ont péri, forçant plus de 20 000 éleveurs à migrer vers Oulan-Bator où ils se retrouvent confrontés à la misère et au chômage.

1. Déterminez ce qui peut expliquer la scène photographiée.

5 Les villes, des espaces à hauts risques

Les grandes métropoles sont désormais les cibles les plus exposées aux impacts des risques tant naturels que technologiques, de par leur accumulation de population, d'activités et de fonctions stratégiques. Or, une des tendances fondamentales du temps présent réside dans la concentration des populations mondiales dans de très grandes agglomérations, souvent situées dans des zones à hauts risques, sismiques ou hydriques. Dès lors, on peut s'interroger sur les interrelations entre le gigantisme urbain, la montée en puissance des métropoles régionales ou nationales et une aggravation des risques. À plus long terme, une autre causalité est source de préoccupation : la montée progressive du niveau marin. Conséquence des changements climatiques probables, elle menace de nombreuses métropoles portuaires mondiales telles que Londres, le delta néerlandais avec Rotterdam/Amsterdam, mais aussi Tokyo.

« Les grandes métropoles face aux risques naturels », *Sécurité et stratégie*, n° 9, CDSE, mai-août 2012.

1. Relevez les raisons qui expliquent que les villes sont considérées comme des espaces à hauts risques.

Construire ses connaissances

1. À l'aide de vos réponses aux questions précédentes et de la carte 1 p. 122, rédigez une réponse en deux paragraphes à la question : « Quels types de risques majeurs menacent les sociétés ? »
- 1er paragraphe : définition de ce qu'est un risque majeur.
- 2nd paragraphe : diversité des risques majeurs (types, origines, espaces exposés).

B. Des sociétés inégales face aux risques

> Comment expliquer l'inégale vulnérabilité des sociétés face aux risques ?

1 Séisme en Chine

Le séisme de magnitude 6,1 qui a frappé la province du Yunnan a fait 398 morts, près de 2 000 blessés, plus de 80 000 maisons effondrées et 124 000 sévèrement endommagées. [...] L'épicentre s'est produit dans une zone relativement peuplée, à 30 kilomètres de Zhaotong, une ville de plus de 5 millions d'habitants. Mais surtout, la qualité des constructions est très mauvaise dans cette région. Elles sont le plus souvent en brique ou parfois en béton, mais ce dernier est très rarement armé ou ferraillé. Des normes parasismiques ont récemment été mises en place, mais elles sont très rarement suivies d'effet, à l'exception de quelques bâtiments publics. Or, pour résister aux tremblements de terre, les bâtiments doivent être construits en béton ferraillé – le matériau s'effrite mais sa structure reste en place – et avoir des formes particulières pour absorber les vibrations. Ainsi, ils se déforment sans se casser. C'est le cas au Japon, où les séismes de magnitude 6 ne font aucun dégât humain ni matériel.

Jérôme Vergne, « Chine : pourquoi un séisme "mineur" pour le Yunnan a fait autant de dégâts », propos recueillis par Audrey Garric, *Le Monde.fr*, 4 août 2014.

1. Citez les facteurs qui expliquent la gravité du séisme en Chine.

2 Le quartier de Pétion-Ville dans la banlieue de Port-au-Prince (Haïti)

1. Relevez les éléments qui montrent que Port-au-Prince est une ville très vulnérable. Expliquez vos choix.
2. Dites pourquoi les documents 1 et 2 illustrent les inégalités des sociétés face aux risques.

3 La réduction des risques de catastrophes : un pilier du développement (Madagascar)

AVANTAGES ET RÉSULTATS:

au niveau de la condition vie des populations rurales

Avant

La population n'était pas organisée et ne pouvait pas correctement faire face aux inondations ou aux cyclones.

→ ***Il y avait des cas de décès et/ou de blessés graves lors des périodes d'inondation et de cyclone dans les zones exposées***

Actions de RRC

- Mise en place et formation de comités de Gestion de Risques et de Catastrophes (GRC) aptes à préparer et encadrer à la survenue la population face à la survenue d'aléas
- Réalisation d'exercices de simulation
- Édification d'abris de refuge à usage multiple
- Construction de passerelles et de diguettes en cas d'évacuation

Après

Tout au long de l'année (*avant/pendant/après la survenue d'aléa*), les comités GRC encadrent la population et leur indiquent les comportements à adopter dans le cadre de la GRC.
Lors de la survenue d'un aléa, des lieux d'abris bien entretenus peuvent accueillir les personnes les plus vulnérables et le reste de la population se réfugie dans une zone sécurisée identifiée à l'avance.
→ ***Aucun cas de décès n'a été enregistré dans les zones ciblées depuis la mise en œuvre des pratiques de préparation et de construction d'infrastructure de mitigation***

Brochure de l'ONG SAF/FJKM, 2014.

1. Identifiez les acteurs de ce projet et les mesures mises en place pour réduire les risques à Madagascar.
2. Expliquez le titre donné à de document.

4 Le plan de prévention des risques naturels d'inondations de l'Yseron (département du Rhône)

Que contient le PPRNi ?

> **Note de présentation**
> Pour expliquer la démarche de travail et justifier le PPRNi.

> **Règlement**
> Pour préciser les dispositions (interdictions, prescriptions, mesures...) à respecter selon les zones (rouge, rouge extension, bleue, verte, blanche).

> 3 cartes (aléas-enjeux-zonage)

la carte des aléas
qualifie l'inondation pour la crue de référence

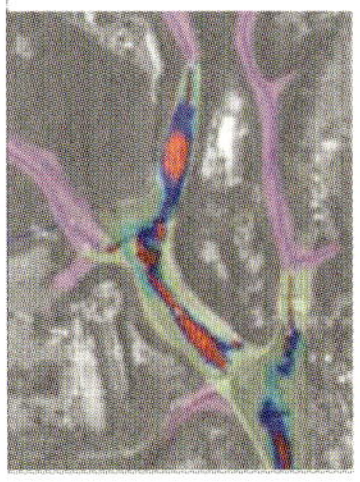

X

la carte des enjeux
précise l'occupation des sols actuelle

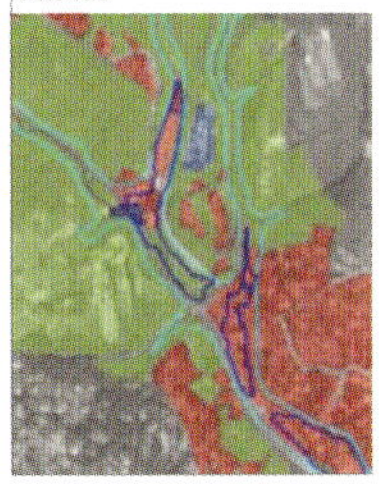

→

la carte de zonage
délimite les zones de règlementation, indique une cote règlementaire de référence à respecter

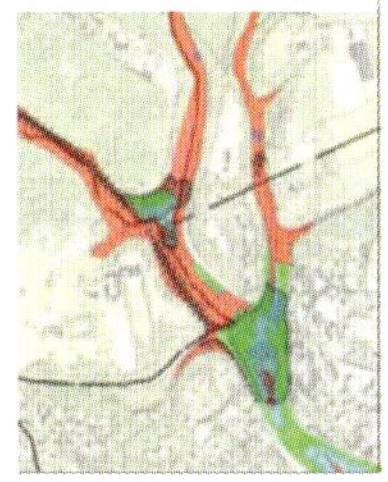

L'aléa est défini selon la hauteur et la vitesse de l'eau.

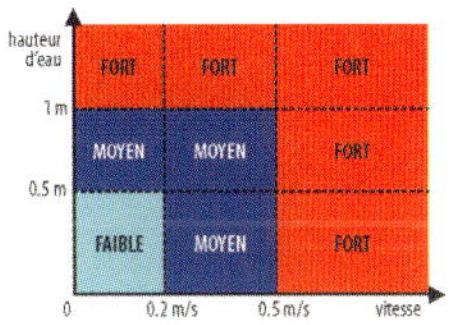

En aléa fort tout adulte serait dans l'impossibilité de se déplacer en sécurité.

Comment est fait le zonage ?

Les cartes de zonage résultent du croisement des cartes des aléas et des cartes des enjeux

Aléa fort : zone rouge quel que soit l'enjeu.
Aléa moyen et faible : zone rouge si secteur non urbanisé
ou rouge extension si bâti existant isolé,
zone bleue si secteur urbanisé.
Aléa très faible (hydrogéomorphologique) : zone verte en contexte urbain.
Zone non inondable : zone blanche quel que soit l'enjeu.

Quels sont les grands principes ?

Zone rouge : constructions nouvelles interdites.
Zone rouge extension : possibilité pour une petite extension et des parkings perméables.
Zone bleue : possibilité de construire avec prescriptions (limitation de Coefficient d'Emprise au Sol, 1er plancher situé au niveau de la cote réglementaire de référence...).
Zone verte : possibilité de construire avec quelques recommandations.
Zone blanche : gestion des eaux pluviales à prendre en compte pour toute nouvelle imperméabilisation.
Pour toutes constructions existantes en zone inondable, des mesures de réduction de vulnérabilité doivent être prises.

Direction départementale du territoire du Rhône.

1. Relevez les acteurs de ce plan.
2. Donnez deux raisons qui expliquent que le PPRI est un outil efficace de prévention du risque d'inondation.

5 Pour une gestion efficace des risques

Pendant longtemps on a exclusivement étudié l'aléa. On faisait des études sur les fleuves, sur les inondations et puis on essayait d'envisager comment limiter l'expansion de l'eau. Cela s'est traduit plus tard par la politique des digues et des barrages.
Si les digues sont des réponses satisfaisantes, ce sont des réponses qui aggravent la vulnérabilité car elles induisent l'installation des gens dans le lit inondable, derrière les digues. Or, on sait que toutes les digues sont faites pour être rompues. Ces constructions humaines, dont les bases sont sapées par les animaux, sont submergées soit parce qu'elles n'ont pas été construites assez hautes, soit parce que l'entretien, qui coûte très cher, n'est pas assuré. […] La manière dont les gens construisent dans les zones inondables est un autre critère. L'extrême vulnérabilité du littoral atlantique français s'explique parce qu'on a construit, certes derrière des digues, mais dans des secteurs très bas. Ainsi, lorsque les digues ont été franchies parce qu'il y a eu conjonction d'une forte tempête et d'une très grosse marée, les gens ont été ont été inondés, surtout s'ils logeaient au rez-de-chaussée. La prévention passe donc par l'aménagement du territoire et par la formation des populations sur les gestes à avoir en cas de danger. L'éducation aux risques a une très grande place.

D'après **Yvette Veyret**, « Risques et développement durable », *Paroles de scientifiques*, CRDP de l'académie Amiens, 2010.

1. Reformulez le point de vue d'Yvette Veyret.
2. La gestion des risques doit conduire à repenser le développement, facteur et créateur de certains aléas. Justifiez cette affirmation à l'aide d'exemples tirés du texte.

Construire ses connaissances

1. Organisez dans un tableau les informations fournies par chaque document selon qu'elles sont des obstacles ou des leviers à la réduction des risques auxquels sont confrontées les sociétés.
2. En vous appuyant sur ces informations, construisez un court paragraphe dans lequel vous donnerez deux raisons qui expliquent l'inégale vulnérabilité des sociétés face aux risques.

La Réunion, une île exposée au risque volcanique

CONTEXTE

Formée de deux grands volcans juxtaposés sur le fond océanique et partiellement émergés, l'île de La Réunion est un espace exposé au risque volcanique. En effet, si le Piton des Neiges est éteint depuis 20 000 ans, le Piton de la Fournaise au sud-est du territoire est actif. À l'échelle mondiale, ce volcan enregistre le plus grand nombre d'éruptions par an, avec 27 éruptions entre 1998 et 2007, et en moyenne une phase éruptive tous les neuf mois.

> Pourquoi et comment l'aléa volcanique s'inscrit-il dans la politique de gestion des risques sur l'île de La Réunion ?

1 Aléas et risques sur l'île de La Réunion

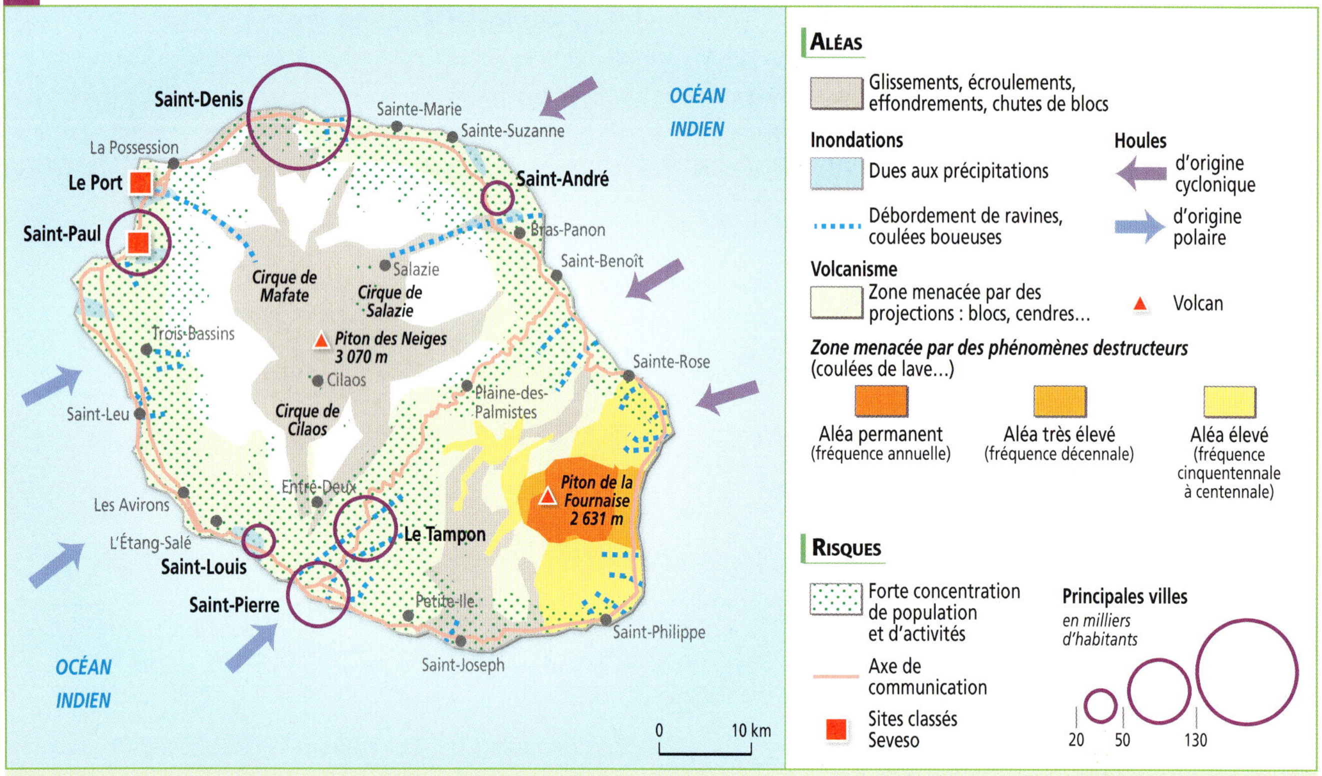

1. Énumérez les différents risques auxquels l'île de La Réunion est soumise.
2. Donnez deux raisons qui expliquent que le littoral est très exposé aux risques naturels.

2 Vigilance autour du Piton de la Fournaise

Le Piton de la Fournaise est toujours en vigilance volcanique ce lundi 22 décembre 2014. Alors que les vacances scolaires débutent, Dominique Sorain, le préfet de La Réunion, rappelle « aux randonneurs accédant à la partie haute de l'enclos du Piton de la Fournaise de rester sur les sentiers balisés et de faire preuve de la plus grande vigilance. » Le dispositif ORSEC, déclenché le 4 décembre dernier, est toujours en vigueur. L'Observatoire volcanologique du Piton de la Fournaise enregistre depuis le 3 décembre « une sismicité importante accompagnée de déformations localisées dans le cratère », indique la préfecture. Lors de la journée du 13 décembre, 98 séismes ont été enregistrés. « Ces événements s'inscrivent dans la tendance générale d'augmentation de toutes les constantes (sismicité, déformations et gaz) enregistrées depuis le mois de septembre », souligne le représentant de l'État.

« La Fournaise est toujours agitée », *ImazPress Réunion*, www.ipreunion.com, 22 décembre 2014.

1. Précisez ce qu'est le dispositif ORSEC (acteurs, objectifs).

3 Éruption du Piton de la Fournaise, 21 juin 2014

1. Donnez trois raisons qui permettent de comprendre pourquoi il est essentiel de mettre en œuvre une politique de gestion du risque volcanique à La Réunion (doc. 1, 2 et 3).

5 L'observatoire volcanologique du Piton de la Fournaise

Quatre réseaux différents de surveillance ont été mis en place sur le terrain [...]. Les réseaux fonctionnent en continu, 24h/24 et 365 jours par an. Ils comportent un total d'environ 100 instruments pour 35 sites différents sur le massif du Piton de la Fournaise. Les instruments sont entretenus, réparés et constamment perfectionnés par les techniciens et le bon fonctionnement des réseaux est vérifié tous les jours par le personnel de l'observatoire. Le flot de données enregistrées à l'observatoire, dépouillées quotidiennement, a permis dans le passé de prévoir toutes les éruptions depuis la création de l'observatoire. L'analyse des données et les recherches expérimentales menées à l'observatoire et à l'Institut de physique du globe de Paris ont amélioré notre compréhension des mécanismes éruptifs des volcans. En retour, ces connaissances ont servi à perfectionner les méthodes de surveillance et les prévisions des éruptions.

« Les réseaux d'observation de l'OVPF », *Observatoire volcanologique du Piton de la Fournaise*, Institut de physique du globe de Paris, www.ipgp.fr, 2015.

1. Relevez les informations qui illustrent l'importance de l'action conduite par l'observatoire volcanique du Piton de la Fournaise dans la prévention du risque volcanique.

4 La prévention du risque volcanique

SUIVEZ LES INFORMATIONS QUI SERONT DIFFUSÉES PAR LES AUTORITÉS, C'EST UNE QUESTION DE SÉCURITÉ.
TENEZ VOUS INFORMÉ PAR LES MÉDIAS

CONSEILS

- Prévenir quelqu'un de sa sortie au volcan,
- Avant de partir, consulter la météo,
- Penser à adapter la marche à sa condition physique **(randonnée difficile pour les enfants)**,
- Si l'on est perdu, penser à remonter vers le sommet, on retrouve toujours le sentier des cratères,
- En cas de coulée, partir latéralement, ne pas courir !
- Ne pas sortir des sentiers balisés,
- Ne pas emmener des chiens, les laves abrasives abîment et coupent leurs pattes,
- Attention, les téléphones portables fonctionnent au nord du sommet seulement entre BORY et la Soufrière.

NUMÉROS À RETENIR

15	Urgence médicale SAMU
18	Pompier
17	Police / Gendarmerie
112	Appel d'urgence européen (GSM)
02 62 930 930	Gendarmerie de haute montagne
02 62 37 38 39	Répondeur ONF
02 62 27 54 61	Répondeur OVPF/IPGP
Internet	ovpf.univ-reunion.fr www.ipgp.jussieu.fr

Extrait de la brochure réalisée par la **préfecture de La Réunion,** 2006.

1. Le citoyen est acteur de la politique de gestion du risque volcanique. Justifiez cette affirmation.

Décrire une situation géographique

À l'aide de vos réponses aux questions précédentes, décrivez le risque volcanique à La Réunion et les mesures mises en place pour le limiter.

Le couloir de la chimie au sud de Lyon

CONTEXTE

Le couloir de la chimie représente un risque industriel majeur en France. Longue d'une quinzaine de kilomètres, implantée en zone très densément peuplée, cette zone industrielle concentre un nombre important d'entreprises aux activités très dangereuses. Les accidents qui ont eu lieu par le passé ont conduit l'État, ainsi que les industriels, à mettre en œuvre des mesures pour limiter les effets d'une nouvelle catastrophe.

> Comment un espace exposé aux risques peut-il s'en protéger ?

1 Une raffinerie de pétrole à Feyzin

1 Raffinerie
2 Stockage du pétrole
3 Rhône
4 Habitat urbain
5 Autoroute

1. Déterminez les risques auxquels cet espace est exposé. Expliquez vos réponses.

2 Feyzin, une ville dans le couloir de la chimie

Protéger les populations et les entreprises voisines des sites sensibles, dits Seveso. Telle est l'enjeu du Plan de prévention des risques technologiques (PPRT) en cours d'élaboration, pour les Feyzinois et les sociétés se trouvant à proximité de la raffinerie. Le document devrait être validé, dans un an, par l'État et s'appliquer à partir de 2017.
Mais une zone d'expropriation a d'ores et déjà été définie. Elle intègre le stade Jean-Bouin. À cet égard, lors du dernier conseil municipal, les élus ont pris acte des mesures proposées par le préfet et dont certaines étaient déjà mises en place : jauge d'usagers limitée à 500 personnes ; possibilité de confiner le public dans un bâtiment proche ; mais aussi… déplacement du complexe sportif des Razes. […]
« Nous demandons à l'État de prendre un engagement identique pour l'A7 qui longe la raffinerie. Nous considérons que les contournements envisagés, à l'ouest ou à l'est de l'agglomération, peuvent être réalisés dans le délai imparti. […] Un allégement du trafic bénéficierait aux communes voisines de Saint-Fons, Pierre-Bénite. Il signifierait en cas d'accident moins de personnes impactées et des opérations d'évacuation moins complexes[1]. »

« Risques industriels : stade Jean-Bouin déplacé, autoroute déclassée ? », *Le Progrès*, 16 novembre 2015.

1. Propos d'Yves Blein, maire de Feyzin.

1. Définissez ce qu'est un Plan de prévention des risques technologiques (acteurs, objectifs…).
2. Indiquez le point du vue du conseil municipal de Feyzin.

3 Le couloir de la chimie, un espace à risques

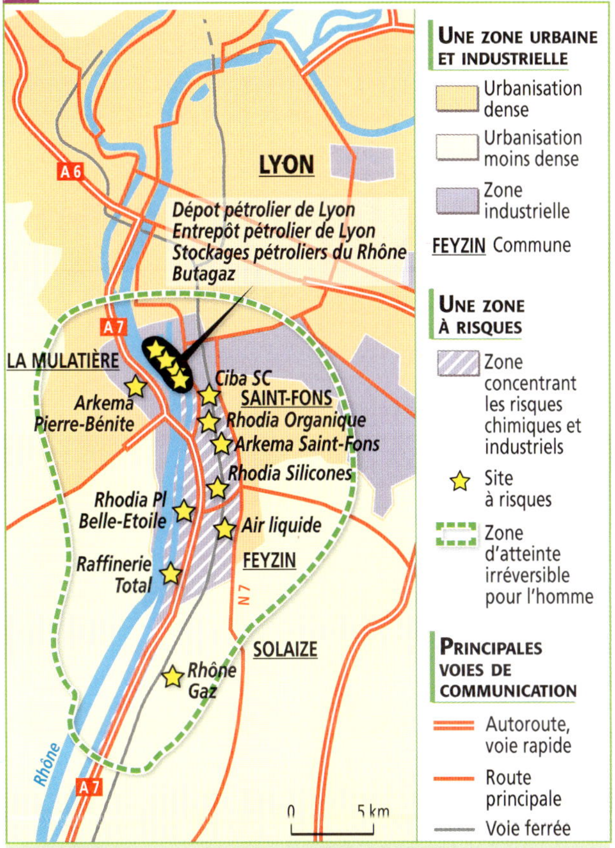

1. Donnez trois raisons qui permettent de comprendre pourquoi le couloir de la chimie est considéré comme un espace à risques multiples.

4 Marc Michel, manager des risques à Pierre-Bénite

Quels sont votre rôle et vos actions ?
Mon rôle consiste à suivre l'élaboration des Plans de prévention des risques technologiques qui réglementent le territoire au niveau de l'urbanisme et de la construction des bâtiments. Je gère le Plan communal de sauvegarde qui permet d'anticiper l'organisation des services municipaux en cas d'alerte. Je m'occupe de l'information des habitants : par papier ou Internet avec le DICRIM[1], mais également directement grâce aux réunions publiques. Enfin, j'ai des missions qui visent à rendre plus acceptable la cohabitation ville-industrie. Il s'agit de suivre les plaintes liées à d'éventuelles nuisances ou encore d'organiser des événements sur le thème de l'industrie.
Quelle est la répartition des tâches entre les acteurs locaux ?
L'État coordonne, contrôle et pilote les différents acteurs de la prévention. L'industriel est chargé de prévenir la survenue d'accidents à l'intérieur de son site. En cas d'accident, les secours (pompiers, police, SAMU...) prennent en charge les victimes tandis que les mairies prennent des mesures de sauvegarde des populations impliquées (évacuation, relogement).

Interview de **Marc Michel**, manager des risques à la mairie de Pierre-Bénite, octobre 2012.

1. Document d'information communal sur les risques majeurs (DICRIM).

1. Décrivez la fonction de « manager des risques » qu'occupe Marc Michel.
2. Montrez que Marc Michel occupe une place centrale dans la gestion des risques à Pierre-Bénite.

5 La gestion du risque industriel sur la plateforme chimique des Roches-Roussillon

La plateforme chimique des Roches Roussillon regroupe 15 entreprises dont 5 sont classées Seveso seuil haut. Elles sont toutes signataires de la Charte HSE qui permet d'assurer une gestion cohérente et efficace de l'hygiène industrielle, de la sécurité et de la protection de l'environnement sur la plateforme. Afin de maîtriser les risques liés à l'activité de la chimie, des mesures de prévention sont prévues et concernent les aspects :
– humains au travers des formations du personnel aux risques, sensibilisation au travers de moments forts comme la semaine de la sécurité plateforme ;
– organisationnels, avec la mise en œuvre de procédures, consignes, système de gestion de la sécurité, audits internes et externes et l'utilisation d'entreprises extérieures afin d'améliorer de façon continue la sécurité au sein de l'entreprise ;
– techniques et matériels, via l'amélioration des procédés, la mise en œuvre des meilleures techniques disponibles, détecteurs et alarmes

Daniel Bombasaro, *Risques Infos* n° 32, Institut des Risques Majeurs, www.irma-grenoble.com, octobre 2013.

1. Les entreprises sont des acteurs essentiels dans la politique de gestion des risques. Justifiez cette affirmation.

Décrire une situation géographique

Après avoir expliqué pourquoi le couloir de la chimie est un espace à risque, décrivez comment cet espace peut s'en protéger.

Les inondations au Bangladesh

CONTEXTE

Pays au ras de l'eau, bordé par le golfe du Bengale, traversé par sept grands fleuves et plus de 200 cours d'eau, le Bangladesh est particulièrement exposé aux risques. Menacé par les cyclones et les pluies de mousson très intenses, le Bangladesh est régulièrement confronté à des inondations qui fragilisent une population déjà fortement touchée par la pauvreté.

> Pourquoi les inondations au Bangladesh sont-elles à l'origine de graves catastrophes ?

1 Le Bangladesh, un espace à risque

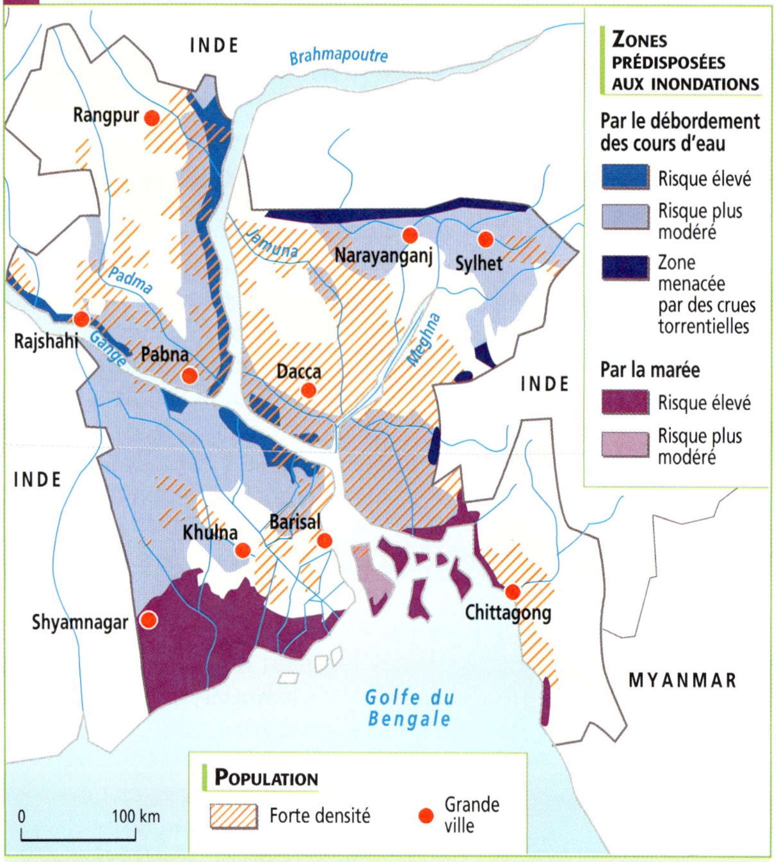

1. Citez trois raisons qui expliquent que le Bangladesh est un espace à risque.

Dacca en septembre 2015.

2 Les inondations de l'été 2015

Au nord du Bangladesh, Anwar étudie ses cours de physique les pieds dans l'eau. [...] « Ça arrive souvent, quelques semaines, parfois ça peut durer un mois, alors on attend », explique le jeune homme. Nous sommes en pleine mousson, la saison des pluies qui court de juillet à septembre. La maison a pourtant été surélevée pour éviter les inondations, mais ce n'est pas suffisant. [...]

En quelques jours, quatre mille hectares, quinze villages et deux mille personnes ont été impactés. Les écoles sont fermées, les cultivateurs ne peuvent pas travailler. [...] Pas d'assurance pour rembourser les dégâts, ici les habitants perdent bien plus que leur maison. À chaque fois, ils repartent de zéro. La récolte de riz est perdue, les investissements pour la lancer aussi, les terres inutilisables, la maison à reconstruire. En se déplaçant dans la région, c'est flagrant. On aperçoit des maisons désossées, où il ne reste que le squelette de bois, les plaques de tôle ont été emportées pour recréer un foyer un peu plus loin. [...] C'est ce qu'a fait Zariul. « En quarante ans, j'ai déménagé huit fois [...] Se déplacer coûte très cher. Quand il faut partir, je perds mes terres, mes économies. On devient de plus en plus pauvre. On est huit dans la famille, je ne sais pas comment on va survivre. »

Julie Lallouët-Geffroy, « Changement climatique : le Bangladesh a déjà les pieds dans l'eau », reporterre.net, 13 janvier 2015.

1. Justifiez les deux affirmations suivantes :
   - le sous-développement aggrave le risque d'inondation ;
   - le risque d'inondation aggrave la pauvreté.

3 Un programme de réduction des risques

Le PNUD[1] apporte depuis longtemps un soutien au Bangladesh pour atténuer cette vulnérabilité. Cela fait 20 ans qu'il l'aide à passer d'une situation de réaction aux crises à une réduction préventive des risques. [...] Le gouvernement du Bangladesh, aidé par le PNUD, a ainsi créé des institutions de gestion des calamités, comme le Centre d'alerte et de prévention des crues, un réseau de 2 000 comités villageois, 40 commissions de district chargées de la gestion des catastrophes. Plus de 60 000 fonctionnaires gouvernementaux ont reçu une formation sur les interventions d'urgence. Le PNUD a également appuyé la mise en place de systèmes d'alerte précoce et l'introduction de technologies novatrices, telles que la construction de 1 500 maisons résistantes aux catastrophes. Dès 2003, [...] le ministère bangladais de l'Agriculture et de la Gestion des Catastrophes a lancé un Programme Global de Gestion des Catastrophes. Conduit en partenariat avec le Département britannique du développement international, les Nations unies et, depuis 2006, la Commission européenne, les mesures ont pour objectif améliorer la résilience de la population et doit permettre de passer de l'aide directe et la réhabilitation des sinistrés à une situation où l'impact des inévitables perturbations météorologiques est anticipé, diminué grâce la préparation des populations.

« Bangladesh : réduction des risques de catastrophe au titre du développement », *Appui au changement transformateur*, PNUD, 2011.

1. Programme des Nations unies pour le développement.

1. Identifiez les acteurs et les mesures de la politique de réduction des risques au Bangladesh.

4 Une ceinture verte pour les zones côtières

Après le passage d'un cyclone meurtrier en 2009, les Nations unies ont mis en œuvre un programme de reboisement des zones côtières. Des parcelles de terres cultivables ont été distribuées aux habitants en échange de l'engagement de la communauté à protéger les forêts.

1. Expliquez pourquoi les mesures décrites dans les documents 3 et 4 aident le pays à passer « d'une situation de réaction aux crises à une réduction préventive des risques ».

5 Une nouvelle menace

Avec la montée du niveau de la mer, non seulement l'eau sera encore plus envahissante mais elle sera, et est déjà, salée. La salinité accroît les maladies, empêche la culture du riz, l'activité qui permet à des milliers de personnes de vivre. Un des enjeux fondamentaux est de réussir à traiter cette eau à grande échelle. Plusieurs ONG et agences de développement s'y attellent [...] mais ils ponctionnent l'eau des nappes phréatiques [qui] se vident dangereusement. À cela s'ajoute la pédagogie côté population. Difficile de convaincre une famille pauvre d'acheter de l'eau potable pour préserver sa santé sur le long terme, alors que l'eau non-traitée est à portée de main. Les dégâts de l'eau salée ne sont pas immédiats. [...] « Pour faire face au réchauffement climatique, dont l'Occident est responsable, il faut se préoccuper des inondations, des tempêtes, de l'érosion, de l'eau potable, des migrations, de l'agriculture. Pour cela, il nous faut de l'argent et de la technologie[1]. »

Julie Lallouët-Geffroy, « Changement climatique : le Bangladesh a déjà les pieds dans l'eau », reporterre.net, 13 janvier 2015.

1. Ainun Nishat est chercheur, spécialiste du changement climatique à l'université Brac de Dacca, la capitale.

1. Précisez quelle est « cette nouvelle menace ».
2. Justifiez l'utilisation du terme « menace » pour évoquer ce phénomène.

Décrire une situation géographique

En utilisant vos réponses aux questions précédentes, donnez trois raisons qui expliquent pourquoi les inondations au Bangladesh sont à l'origine de graves catastrophes.

Des espaces et des sociétés exposés à des risques majeurs

Notions

Aléa : source du danger.

Risque majeur : conséquence d'un aléa d'origine naturelle ou technologique dont les effets sont très graves (nombreuses victimes et/ou dommages importants pour les biens et/ou pour l'environnement).

Catastrophe : risque majeur devenu une réalité concrète, d'une gravité exceptionnelle.

Synthèse audio
www.lienmini.fr/hg2-15

■ **Partout où ils vivent, les hommes sont confrontés à des aléas.** D'origine naturelle (cyclone, séismes…), technologique (production d'énergie nucléaire, transports de matières premières…) ou sanitaire (maladie), les aléas deviennent des risques lorsque les sociétés y sont exposées. Aujourd'hui, près d'un tiers de la population mondiale vit dans des zones soumises à l'un des **risques** naturels **majeurs**.

■ **Par leurs activités et leurs aménagements, les hommes peuvent amplifier les risques naturels.** Ainsi, la hausse des émissions de CO_2 entraîne des changements climatiques qui accentuent l'intensité des phénomènes naturels et rendent difficile la vie dans certaines régions. De la même manière, la construction en zones inondables ou sismiques est à l'origine de **catastrophes** lorsque l'aléa survient. Par ailleurs, le développement des activités industrielles entraîne l'émergence et la multiplication des risques technologiques.

■ **Tous les espaces ne sont pas également exposés aux risques.** Seules certaines régions très peuplées sont considérées comme des zones à hauts risques. Ainsi, les littoraux de l'océan Pacifique enregistrent des séismes et des éruptions volcaniques qui peuvent être à l'origine de tsunamis alors que les façades Est des continents sont touchées par de violents cyclones. Les mégalopoles du monde entier, en raison de leur forte concentration de population et d'activités industrielles sont aujourd'hui des espaces particulièrement exposés aux risques majeurs.

Vérifier sa compréhension de la leçon

1. **Dites si ces affirmations sont vraies ou fausses. Relevez une ou plusieurs phrases de la leçon pour justifier votre réponse.**
a. Un risque suppose la présence d'un aléa naturel ou technologique.
b. Les hommes et leurs activités sont à l'origine des aléas.
c. Les risques technologiques sont liés à la croissance économique, industrielle et urbaine.

2. **Retrouvez le ou les points de la leçon illustrés par ce dessin. Expliquez vos choix.**

Dessin de **Soulcié**, 2011.

Organiser ses connaissances à l'aide d'un schéma

Reproduisez le schéma ci-dessous puis placez les termes suivants :
– dans les cases : catastrophes, aléa, vulnérabilité, risque ;
– sur les flèches : forment, provoquent, et augmentent, et.

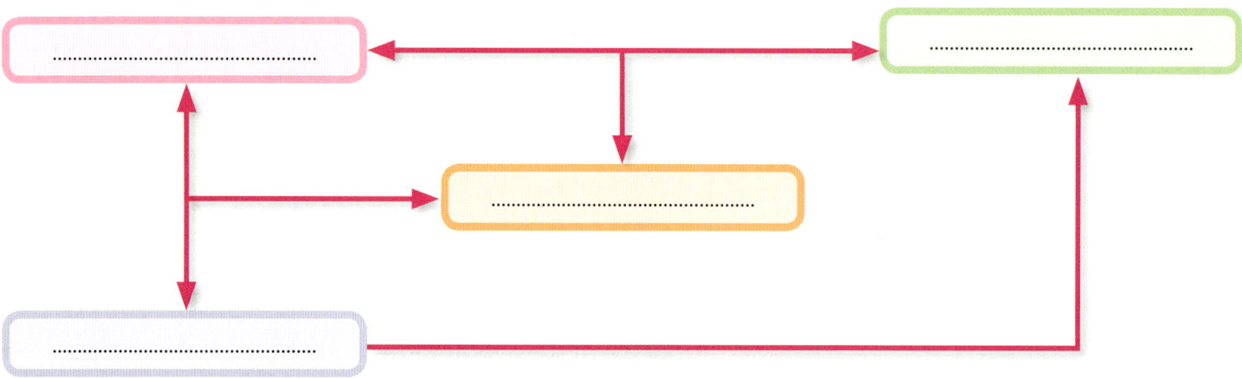

Des sociétés inégales face aux risques

Notions

Vulnérabilité : fragilité d'une société face à une catastrophe naturelle ou technologique.

Plan de prévention des risques : plan qui définit les zones à risques et les mesures pour réduire ces risques, réglemente l'utilisation des sols à l'échelle communale en fonction de ces risques (naturels ou technologiques).

Résilience : capacité d'une société à s'adapter au danger, à en gérer ou à en éviter les conséquences négatives.

Synthèse audio
www.lienmini.fr/hg2-16

■ **Si tous les pays peuvent être touchés par une catastrophe naturelle ou technologique, les conséquences diffèrent selon la capacité des sociétés à prévenir et à gérer les risques.** En effet, la mise en œuvre de dispositifs de prévention (observatoires, système d'alerte…), de mesures concrètes d'information et d'éducation des populations permet de réduire la **vulnérabilité** des sociétés. Toutefois, ces initiatives demandent des moyens financiers et technologiques, et ne sont donc pas accessibles à tous.

■ **Dans les pays riches, la gestion des risques est intégrée à la politique d'aménagement des territoires** et s'organise en un ensemble cohérent qui allie prévision, protection et prévention. En France, l'État et les collectivités territoriales élaborent des **plans de prévention des risques** pour informer les citoyens sur les mesures de sauvegarde mises en place (DDRM, DICRIM).

■ **Dans les pays en voie de développement, le manque de moyens freine la mise en place de politiques fiables de gestion du risque.** Les victimes et les dégâts y sont souvent très importants, notamment dans les villes en raison de l'étalement urbain et du bâti précaire. La solidarité internationale contribue à réduire ces inégalités face aux risques. Des organismes internationaux et les ONG tentent de développer des politiques de prévention et de financer des infrastructures de protection, mais la **résilience** des sociétés reste faible.

Vérifier sa compréhension de la leçon

1. Dites si ces affirmations sont vraies ou fausses. Relevez une ou plusieurs phrases de la leçon pour justifier votre réponse.
a. Des risques de même ampleur peuvent provoquer des catastrophes au bilan très différent.
b. Les sociétés des pays développés s'adaptent aux risques.
c. La gestion des risques est coûteuse.

2. Retrouvez les points de la leçon illustrés par ce dessin. Expliquez vos choix.

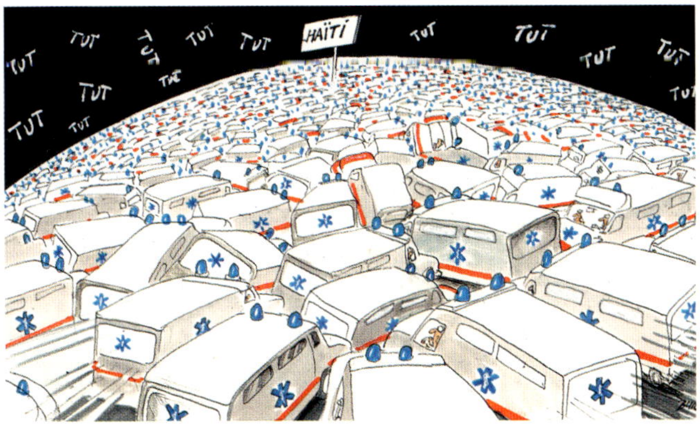

Dessin de Burki, *24 heures*, 15 janvier 2010.

Organiser ses connaissances à l'aide d'un schéma

Recopiez puis complétez le schéma ci-dessous à l'aide de la leçon.

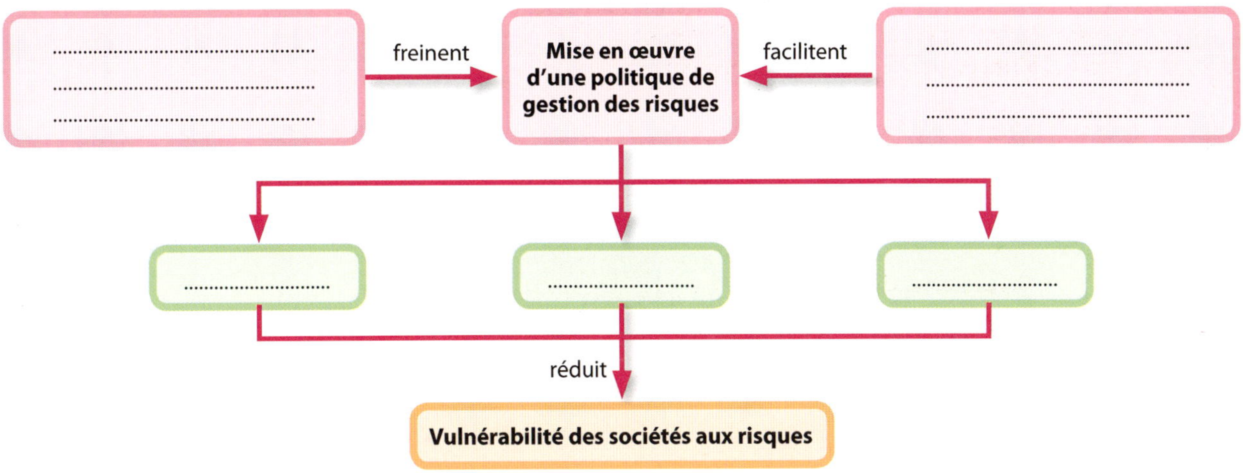

1 Un rassemblement pour les valeurs de la République

Suite à la vague d'attentats perpétrés dans la soirée du 13 novembre 2015 à Paris et dans sa périphérie, revendiqués par l'organisation terroriste État islamique (dite « Daech »), des manifestations d'hommage aux 130 victimes se sont déroulées partout en France. Ici, place de la République à Paris, une affiche a été posée en rappel de ces événements.

Sujet d'étude 9

Vivre dans un État de droit

> Comment l'État de droit garantit-il les libertés et l'égalité ?

Brainstorming

L'enseignement moral et civique au lycée : un nouvel enseignement

Enjeux De la vie en société à l'État de droit

L'ENSEIGNEMENT MORAL ET CIVIQUE

EXPRIMEZ votre point de vue

- Listez les idées que vous associez aux adjectifs « moral » et « civique ».
- Précisez le sens que vous donnez à chacun de ces deux adjectifs.
- Complétez vos définitions à l'aide d'un dictionnaire.
- En vous appuyant sur ces premiers éléments, définissez ce qu'est, selon vous, l'enseignement moral et civique.

ENRICHISSEZ votre point de vue

1 L'école, des principes et des enjeux

Le système d'enseignement français est fondé sur cinq grands principes : la liberté de l'enseignement, la gratuité, la neutralité, la laïcité et l'obligation scolaire. Ces principes sont inspirés de la Révolution de 1789, de lois votées entre 1881 et 1889 ainsi que de la Constitution du 4 octobre 1958 qui stipule : « l'organisation de l'enseignement public obligatoire gratuit et laïque à tous les degrés est un devoir de l'État ». [...] Au-delà de ces principes, l'École de la République est également le lieu de l'apprentissage de la citoyenneté et du « vivre ensemble », capable de former des citoyens éclairés, de transmettre et de faire partager les valeurs de la République.
L'ensemble de ces principes ont été réaffirmés avec force au lendemain des attentats des 7, 8 et 9 janvier[1] qui ont endeuillé la République. Une grande mobilisation de l'École pour les valeurs de la République est lancée le 22 janvier autour de 11 mesures phares. [...]
Enfin, il est de la responsabilité du système éducatif de favoriser, au cours de la scolarité, la réflexion des jeunes sur l'égale dignité des êtres humains, sur la place des femmes et des hommes dans la société.

« Une école qui porte haut les valeurs de la République », **www.gouvernement.fr**, 24 mars 2015.

1. Série d'attaques terroristes islamistes qui se sont déroulées entre les 7 et 9 janvier 2015 en France, qui visaient l'équipe du journal satirique *Charlie Hebdo*, des policiers et des clients d'une supérette casher à Paris, et au cours desquelles dix-sept personnes ont été tuées.

1. Précisez quel rôle est assigné à l'école.
2. Donnez des exemples d'actions, de projets, d'enseignements... qui se déroulent dans votre établissement et qui illustrent ce rôle de l'école.
3. Expliquez pourquoi, selon vous, les attentats de janvier 2015 ont conduit à une « mobilisation de l'École ».

2 L'école, un lieu de parole

C'est en devenant le lieu d'une parole libre et organisée que l'école peut jouer son rôle en matière d'éducation civique, c'est-à-dire associer l'efficacité – ce qui n'est pas discuté n'est pas intériorisé – et l'absence de dogmatisme – ce qui est discuté ne prend pas valeur de dogme, mais de problème indéfiniment rectifié. Ce privilège accordé à la liberté d'expression n'est pas gratuit. Il n'y a pas de démocratie sans espace public de délibération. Avant de voter, les citoyens sont des personnes qui s'inscrivent dans un débat, qui font valoir leurs arguments. Et l'apprentissage de la citoyenneté, sans exclure d'autres voies, passe par celui du débat argumenté.

Jean-Paul Thomas, « Pas de formation sans réflexion de fond », *Les Cahiers pédagogiques*, supplément n° 4, oct.-nov. 1998.

Un débat dans une classe de Première baccalauréat professionnel.

1. Reformulez les raisons pour lesquelles l'auteur estimait en 1998 que l'école devait devenir un lieu « d'une parole libre et organisée ».
2. Précisez quelle activité devait être, selon lui, développée pour parvenir à cela.
3. Indiquez deux conditions qui, selon vous, sont essentielles au bon déroulement de cette activité.

AU LYCÉE : UN NOUVEL ENSEIGNEMENT

3 Un parcours citoyen[1]

1. Parmi les 11 mesures présentées par Najat Vallaud-Belkacem, ministre de l'Éducation nationale (doc. 1), figure la mise en place d'un parcours citoyen, depuis l'école élémentaire jusqu'à la terminale.

1. Repérez quel est l'objectif du « parcours citoyen » et reformulez-le avec vos mots.
2. Identifiez les éléments de ce parcours.
3. Expliquez comment chacun de ces éléments contribue à atteindre l'objectif du parcours citoyen.
4. Nommez le pictogramme associé à l'enseignement moral et civique et justifiez son choix par les rédacteurs de ce document.

4 Les objectifs de l'enseignement moral et civique

L'enseignement moral et civique (EMC) a pour but de favoriser le développement d'une aptitude à vivre ensemble dans une société démocratique, c'est-à-dire à la fois :

a) à penser et à agir par soi-même et avec les autres et à pouvoir répondre de ses pensées et de ses choix (principe d'autonomie) ;

b) à comprendre le bien-fondé des règles régissant les comportements individuels et collectifs, à y obéir et à agir conformément à elles (principe de discipline) ;

c) à reconnaître le pluralisme des opinions, des convictions, des croyances et des modes de vie (principe de la coexistence des libertés) ;

d) à construire du lien social et politique (principe de la communauté des citoyens).

[L'enseignement de l'EMC doit contribuer à] la formation du jugement moral qui permet de comprendre et de discuter les choix moraux que chacun rencontre dans sa vie. C'est le résultat d'une éducation et d'un enseignement qui demandent d'appréhender les différentes formes de raisonnement moral, d'être mis en situation d'argumenter, de délibérer en s'initiant à la complexité des problèmes moraux, et de justifier leurs choix.

Projet de programme d'Enseignement moral et civique, Conseil supérieur des programmes, juillet 2014.

1. Relevez l'objectif de l'enseignement moral et civique (EMC).
2. Indiquez quelles sont les aptitudes qu'il faut acquérir pour atteindre cet objectif.
3. Dégagez le point commun entre les objectifs de l'EMC et les propos de l'auteur du document 2.

5 Scène d'école

Dessin de **Nono**.

1. Expliquez pourquoi ce dessin est humoristique.
2. Dégagez le sens de ce dessin.

6 L'intolérance au cœur de l'école

« À chaque fois que j'évoque en cours la bataille de Poitiers et Charles Martel arrêtant l'invasion arabe, j'ai la même réaction, raconte Estelle, qui enseigne depuis sept ans en zone d'éducation prioritaire. Plusieurs gamins qui s'écrient "On est de retour, et cette fois, on va gagner." Par-delà la part de provocation, ils ont le choc des civilisations chevillé au corps. Mais la fracture traverse la France. Dans leur tête, il y a eux et nous. »

Tout un monde où l'on se définit par son origine, et par son degré plus ou moins important d'intégration. « J'ai découvert avec mes élèves d'origine africaine ce qu'est un "bounty", raconte Jean-Christophe, professeur dans les Yvelines. Comme les barres chocolatées à la noix de coco, noir à l'extérieur, mais blanc à l'intérieur – traître, donc. Un crime qui se paye immédiatement par l'ostracisme[1]. »

Dans ce monde-là, les hiérarchies sont précises et chacun doit tenir sa place, ne surtout pas entrer dans le jeu de l'institution. Le bon élève, le « bolos », est mal vu, traité de « pédé ». Il suffit parfois de porter des lunettes pour être un « sale intello ». « Ça, précise Jean-Christophe, c'est la vie ordinaire, quand il n'y a pas de tension particulière. Et ça ne touche pas seulement les élèves. J'avais un jeune collègue homosexuel il y a quelques années. Il a vécu un enfer. Il a fini par démissionner. »

Natacha Polony, « L'intolérance au cœur de l'école », *Le Figaro*, 30 août 2010.

1. Fait de tenir une personne à l'écart du groupe.

1. Précisez quels problèmes se posent dans certains établissements et, en particulier, dans certaines disciplines.
2. Mettez en relation la vision que donnent de l'école les documents 5 et 6 et les objectifs de l'EMC (doc. 4).
3. Formulez deux remarques.

7 Une image de la société française

Affiche des **PanamBoys United**, 2014.

1. Donnez la nature et la source de ce document.
2. Après avoir identifié le message que véhicule cette affiche, dites ce qui a pu motiver sa publication.
3. « Cette affiche fait écho aux constats dressés dans les documents 5 et 6. » Justifiez cette affirmation.

8 Le vivre-ensemble

La nation française, au départ, on l'a construite à partir de peuples qui cohabitaient mais qui avaient des territoires propres, que ce soient les Occitans, les Bretons, les Basques, etc. Cette nation française s'est constituée de peuples différents qui, jusqu'à il y a encore moins de cent ans, parlaient des dialectes différents du français. On a constitué notre nation dans un monde rural, qui est un monde où l'on se côtoie moins, et ces différents peuples se côtoyaient moins. Aujourd'hui, le monde urbain change la donne, on est les uns sur les autres. Cela a des conséquences à tous les niveaux. […] Ma première action, au lendemain des attentats [de janvier 2015], a été d'appeler les responsables religieux de ma commune – le curé, l'imam, le rabbin, le moine bouddhiste, etc. – et de les réunir pour une discussion collective. […] Ce n'est pas tant une question de religion que de cosmopolitisme, de la place de chacun dans la société. Et cette question se pose justement au niveau civilisationnel puisqu'à l'avenir, les zones urbaines vont accueillir de plus en plus de gens différents.
On peut mettre des murs partout autour de la France, ça ne changera rien, il y aura des réfugiés qui fuient les guerres. Bientôt nous aurons les réfugiés climatiques. Quand il y aura 100 millions de Bangladais sous l'eau, qui migreront vers l'Inde, l'Europe aura des reports. Il va falloir anticiper cela. […] Il ne faut pas que les gens restent entre eux, car c'est là que ça devient du communautarisme. Il faut faire discuter ces communautés entre elles. On a tous un rôle à redéfinir avec chacun, et le vivre-ensemble, c'est ça. C'est reconnaître l'autre comme différent : on vient tous avec notre propre histoire, notre propre culture, notre propre philosophie, notre propre religion, etc. Mais il faut se construire un ensemble, et c'est cela la construction du XXIe siècle.

Entretien avec Stéphane Gatignon, maire de Sevran, une des communes les plus pauvres de France (Seine-Saint-Denis), *Reporterre, le quotidien de l'écologie*, www.reporter.net, 5 février 2015.

1. Reformulez le constat que dresse Stéphane Gatignon sur la société française.
2. Indiquez quel est, selon lui, l'objectif du XXIe siècle.
3. Expliquez pourquoi l'enseignement moral et civique peut aider à atteindre cet objectif.

FORMULEZ vos conclusions

▸ En reprenant l'ensemble de vos réponses et des informations données par les documents, complétez votre première définition de l'enseignement moral et civique.

De la vie en société à l'État de droit

EXPRIMEZ votre point de vue

- Notez les idées que vous associez à l'expression « vivre en société ».
- Donnez des conditions qui, pour vous, sont essentielles à la vie en société. Expliquez vos choix.
- Formulez deux raisons qui, selon vous, expliquent que la vie en société est un sujet sur lequel on s'interroge à l'école.

ENRICHISSEZ votre point de vue

A. Pour une définition de la société

1 Point de vue d'un philosophe

Posons, pour fixer les idées, qu'une société est une association, plus ou moins autosuffisante, de personnes qui, dans leurs relations réciproques, reconnaissent certaines règles de conduite comme obligatoires, et qui, pour la plupart, agissent en conformité avec elles. Supposons, de plus, que ces règles déterminent un système de coopération visant à favoriser le bien de ses membres. Bien qu'une société soit une tentative de coopération en vue de l'avantage mutuel, elle se caractérise donc à la fois par un conflit d'intérêts et par une identité d'intérêts. Il y a identité d'intérêts puisque la coopération sociale procure à tous une vie meilleure que celle que chacun aurait eue en cherchant à vivre seulement grâce à ses propres efforts. Il y a conflit d'intérêts puisque les hommes ne sont pas indifférents à la façon dont sont répartis les fruits de leur collaboration, car, dans la poursuite de leurs objectifs, ils préfèrent tous une part plus grande de ces avantages à une plus petite.

John Rawls (1921-2002), *Théorie de la justice*, coll. « Essais », Éditions du Seuil, 1971.

1. Reformulez la définition de la société que donne John Rawls.
2. Précisez les deux caractéristiques d'une société.

2 Une vision de la société

1. En vous appuyant sur les éléments de cette Une, décrivez la vision qu'elle donne de la société.
2. « Les documents 1 et 2 conduisent à s'interroger sur les difficultés que peut poser la vie en société. » Justifiez cette affirmation.

B. À propos de la vie en société

3 Vivre en société

Hors de la société civile[1] chacun jouit d'une liberté très entière, mais qui est infructueuse, parce que comme elle donne le privilège de faire tout ce que bon nous semble, elle laisse aux autres la puissance de nous faire souffrir tout ce qu'il leur plaît. Mais dans le gouvernement d'un État bien établi, chaque particulier ne se réserve qu'autant de liberté qu'il lui en faut pour vivre commodément, et en une parfaite tranquillité, comme on n'en ôte aux autres que ce dont ils seraient à craindre. Hors de la société civile, ce n'est qu'un continuel brigandage et on est exposé à la violence de tous ceux qui voudront nous ôter les biens et la vie ; mais dans l'État, cette puissance n'appartient qu'à lui seul.

Thomas Hobbes (1588-1679), *Du Citoyen*, 1642, coll. « GF », Flammarion, 2010.

1. Synonyme de société.

1. Relevez les différences entre vivre dans la société civile et hors de la société civile.

4 De l'intérêt particulier aux intérêts du tout

Bien que chacun de nous soit une personne séparée des autres et dont, par conséquent, les intérêts sont en quelque façon distincts de ceux du reste du monde, on doit toutefois penser qu'on ne saurait subsister seul, et qu'on est, en effet, l'une des parties de l'univers, et plus particulièrement encore l'une des parties de cette terre, l'une des parties de cet État, de cette société, de cette famille, à laquelle on est joint par sa demeure, par son serment, par sa naissance. Et il faut toujours préférer les intérêts du tout, dont on fait partie, à ceux de sa personne en particulier.

René Descartes (1596-1650), Lettre à Élisabeth de Bohême (1618-1680), 1645, cité dans *Correspondance avec Élisabeth et autres lettres*, Flammarion, 1989.

1. Relevez les deux constats que fait René Descartes.
2. Expliquez la phrase suivante : « Et il faut toujours préférer les intérêts du tout, dont on fait partie, à ceux de sa personne en particulier. ».
3. Donnez une raison qui explique que ce point de vue est une condition de la vie en société.

5 Scène du quotidien

Dessin de Kroll, 2001.

1. Identifiez les personnages et la scène représentée.
2. Recherchez le lien entre ce dessin réalisé au XXIe siècle et les propos de Descartes au XVIIe siècle (doc. 4).

C. Droit, lois et vie en société

6 Droit, loi et liberté

Bien compris, le droit consiste moins à restreindre un agent libre et intelligent qu'à le guider au mieux de ses intérêts et il ne commande qu'en vue du bien commun de ceux qui lui sont soumis. Le droit n'a pas pour fin d'abolir la liberté ni de l'entraver, mais de la conserver et de l'accroître. La liberté consiste à ne subir ni contrainte ni violence, par le fait d'autrui, ce qui est impossible sans lois […]. La liberté n'est donc pas […] une liberté pour tout un chacun de faire tout ce qui lui plaît, de vivre comme il l'entend, et de n'être lié par aucune loi. Mais la liberté des hommes soumis à un gouvernement, c'est d'avoir une règle stable à laquelle se conformer, qui soit commune à tous les membres de cette société, et créée par le pouvoir législatif qui y a été établi.

John Locke (1632-1704), *Traité du gouvernement civil, « Second traité »*, 1690, coll. « GF », Flammarion, 1999.

1. Décrivez le rôle du droit et de la loi dans la société.

7 Des droits naturels

Art. 1er. Les hommes naissent et demeurent libres et égaux en droits.

Art. 2. Le but de toute association politique est la conservation des droits naturels et imprescriptibles de l'Homme. Ces droits sont la liberté, la propriété, la sûreté, et la résistance à l'oppression.

Art. 4. La liberté consiste à pouvoir faire tout ce qui ne nuit pas à autrui : ainsi, l'exercice des droits naturels de chaque homme n'a de bornes que celles qui assurent aux autres membres de la société la jouissance de ces mêmes droits. Ces bornes ne peuvent être déterminées que par la loi.

Art. 6. La loi est l'expression de la volonté générale. Tous les citoyens ont droit de concourir personnellement, ou par leurs représentants, à sa formation. Elle doit être la même pour tous, soit qu'elle protège, soit qu'elle punisse. Tous les citoyens étant égaux à ses yeux […].

Art. 10. Nul ne doit être inquiété pour ses opinions, même religieuses, pourvu que leur manifestation ne trouble pas l'ordre public établi par la loi.

Art. 11. La libre communication des pensées et des opinions est un des droits les plus précieux de l'Homme : tout Citoyen peut donc parler, écrire, imprimer librement, sauf à répondre de l'abus de cette liberté dans les cas déterminés par la loi.

Déclaration des droits de l'homme et du citoyen (extraits), 26 août 1789.

1. Définissez le sens du mot « droits » dans ce texte.
2. Comparez cette définition à celle donnée dans le document 6 et expliquez pourquoi elles se complètent.
3. Citez l'article qui, selon vous, énonce une des conditions essentielles à la vie en société. Expliquez votre choix.

8 De l'intérêt de la loi

Campagne de la **Sécurité routière**, 2007.

1. Ce document illustre des passages des documents 6 et 7. Relevez ces passages et expliquez vos choix.
2. Montrez que la loi garantit la vie en société (doc. 7 et 8).

FORMULEZ vos conclusions

▶ En vous appuyant sur ce que les documents vous ont appris et à l'aide de vos premières réponses (▶ Exprimez votre point de vue) :
- définissez ce qu'est une société ;
- précisez quelles sont les exigences de la vie en société ;
- décrivez le rôle du droit et de la loi pour garantir la vie en société.

À RETENIR

La France, un État de droit

- Parce que l'Homme est un être social, il est nécessaire d'organiser la société dans laquelle il vit. La Déclaration des droits de l'homme et du citoyen de 1789 marque l'avènement de l'**État de droit** en dotant tout individu d'un pouvoir de résistance à l'arbitraire, de **droits naturels** et de **libertés individuelles**. En France, le **droit** a pour fonction d'assurer l'ordre social, de résoudre les litiges et les conflits.
- Les gouvernants, comme tous les **citoyens**, sont tenus de respecter des normes juridiques : les **lois**. Elles définissent les règles indispensables à l'exercice des libertés individuelles dans le respect de celles des autres. Elles sont votées par le Parlement et tirent leur légitimité de la **souveraineté populaire**.
- Si nul n'est censé ignorer les lois et doit donc les respecter, il est matériellement impossible de toutes les connaître. Ainsi, l'allégeance aux lois et leur respect ne peuvent se fonder que sur la connaissance supposée de leur existence et de leurs prescriptions. La **justice**, institution indépendante, en assure le respect. Parfois, les lois sont source de débat et leur application est contestée parce qu'elles mettent en tension la liberté individuelle et l'ordre public.

Synthèse audio
www.lienmini.fr/hg2-17

Le lycée : une communauté pour apprendre à vivre en société ?

1 La vie au lycée : des valeurs et des principes

Le service public de l'éducation repose sur des valeurs et des principes dont le respect s'impose à tous dans l'établissement : principes de gratuité de l'enseignement, de neutralité et de laïcité. Chacun est également tenu au devoir d'assiduité et de ponctualité, de tolérance et de respect d'autrui dans sa personne et ses convictions, au respect de l'égalité des chances et de traitement entre filles et garçons, à la protection contre toute forme de violence psychologique, physique ou morale. En aucune circonstance, l'usage de la violence physique comme verbale ne saurait être toléré. Le respect mutuel entre adultes et élèves et entre élèves constitue également un des fondements de la vie collective.

Le Règlement intérieur dans les établissements publics locaux d'enseignement, Circulaire n° 2011-112, 1er août 2011.

1. « Le lycée est une expérience de vie en collectivité. » Illustrez cette affirmation par deux exemples.
2. Citez les valeurs et les principes qui régissent la vie au lycée.
3. Montrez que le respect de ces valeurs et principes est une condition pour assurer le « vivre ensemble » au lycée.

2 Des réalités scolaires parfois difficiles

a. 10 % des élèves sont victimes de harcèlement dans le cadre scolaire. Mais la loi de refondation de l'école oblige désormais les établissements à mettre en place une politique de prévention de la violence et à prendre en charge les élèves harcelés. [...]

Marion était drôle. Sensible, bonne élève, elle avait un tempérament d'artiste. Elle s'est pendue dans sa chambre le 13 février 2013... épuisée par l'enfer que lui faisaient vivre ses bourreaux, cinq élèves de son collège qui l'insultaient quotidiennement et la menaçaient de mort, en direct ou sur Internet. Marion avait 13 ans. [...]

Trop gros, trop maigre, trop petit, trop grand, trop roux, trop fille, trop garçon, trop intelligent, trop bête, trop noir, trop blanc, trop bronzé, trop asiatique, trop handicapé, bref « trop pas comme les autres » aux yeux du harceleur et de ses complices... la victime est toujours celui ou celle qui, faible et isolé, ne peut pas se défendre contre l'« oppression conformiste » que lui font subir ses pairs. Et elle souffre d'autant plus que c'est à son être intime, à l'estime qu'elle a d'elle-même que s'attaquent ses persécuteurs.

Pierre Challier et Dominique Delpiroux, « Harcèlement et racket à l'école : les bouleversants témoignages des élèves », *La Dépêche*, 22 novembre 2013.

1. Reformulez les constats que font les auteurs de cet article (doc. 2a).

Ce que dit le droit

Le harcèlement à l'école est un délit qui peut entraîner des peines de prison et/ou des amendes.
Les faits sont punis même s'ils n'ont pas été commis dans l'établissement scolaire.

b. Dessin de **Nono**.

2. Décrivez ce dessin.
3. Montrez que ces documents illustrent les difficultés que pose le « vivre ensemble » au lycée (doc. 2a et 2b).

3 Le règlement intérieur

Le règlement intérieur définit les règles qui régissent la vie quotidienne dans l'établissement, ainsi que les décisions individuelles que le chef d'établissement peut prendre en application de ces règles. [...]
Élaboré et réactualisé en concertation avec tous les acteurs de la communauté éducative[1], le règlement intérieur place l'élève, en le rendant responsable, en situation d'apprentissage de la vie en société et de la citoyenneté. [...] Le règlement intérieur précise les règles de vie collective applicables à tous les membres de la communauté éducative dans l'enceinte de l'établissement ainsi que les modalités spécifiques selon lesquelles sont mis en application les droits et libertés dont bénéficient les élèves. Il ne peut en aucune façon se réduire à un énoncé de dispositions relatives aux obligations des seuls élèves et au régime des punitions et des sanctions les concernant.

D'après Le Règlement intérieur dans les établissements publics locaux d'enseignement, Circulaire n° 2011-112, 1er août 2011.

1. Préparé par la direction de l'établissement, le règlement intérieur est examiné et voté par le conseil d'administration, composé du chef d'établissement et de ses adjoints, de conseillers d'éducation, de professeurs, de représentants de la commune et de la région, de représentants de lycéens et de parents d'élèves.

1. Identifiez les acteurs et les objectifs du règlement intérieur.
2. Lisez le réglement intérieur de votre lycée et recherchez des exemples de dispositions prises dans le cadre de chacun de ces objectifs.

Ce que dit le droit

« Dans chaque école et établissement d'enseignement scolaire public, le règlement intérieur précise les conditions dans lesquelles est assuré le respect des droits et des devoirs de chacun des membres de la communauté éducative. »

Article L. 401.2 du Code de l'éducation, en vigueur au 22 juin 2000.

4 La semaine de la vie lycéenne

Affiche de la **Semaine de la vie lycéenne**, 2014.

1. Recherchez ce qu'est le Conseil de la vie lycéenne et la Maison des lycéens.
2. À l'aide des documents 2, 3 et 4, donnez deux exemples qui prouvent que :
- le lycée est un lieu organisé à l'image de la société ;
- le lycéen est un acteur de la vie de son établissement scolaire.

5 Des initiatives lycéennes

Ce que dit le droit

« Dans les collèges et les lycées, les élèves disposent, dans le respect du pluralisme et du principe de neutralité, de la liberté d'information et de la liberté d'expression. L'exercice de ces libertés ne peut porter atteinte aux activités d'enseignement. »

Article L511-2 du Code de l'éducation, en vigueur au 22 juin 2000.

1. Nommez l'initiative dont il est question dans ce document.
2. Expliquez pourquoi ce type d'initiative contribue à faire du lycée un lieu d'apprentissage de la vie en société.

6 Des droits individuels et collectifs

La liberté d'expression est garantie par l'exercice de plusieurs droits, notamment le droit de publication et le droit d'affichage. L'usage des technologies de l'information et de la communication ont contribué à élargir ces droits. [...] Les publications rédigées par des lycéens peuvent être librement diffusées dans l'établissement [...]. Ce droit peut s'exercer sans autorisation, ni contrôle préalable du chef d'établissement. [...] Toutefois, les écrits doivent ne présenter aucun caractère injurieux ou diffamatoire, ni porter atteinte aux droits d'autrui ou à l'ordre public à peine de mise en œuvre du régime de responsabilité civile et pénale. Le conseil des délégués pour la vie lycéenne (CVL) est associé à la procédure d'interdiction ou de suspension de la publication en cas de manquements à ces obligations.

Responsabilité et engagement des lycéens,
Circulaire n° 2010-129, 24 août 2010.

1. Définissez ce qu'est le droit d'expression.
2. Énumérez les conditions dans lesquelles ce droit s'exerce au sein d'un établissement scolaire.

7 Le lycée professionnel, un lieu ouvert sur la société

Dessin de **Schvartz**, 2009.

Ce que dit le droit

« Les périodes de formation en milieu professionnel et les stages correspondent à des périodes temporaires de mise en situation en milieu professionnel au cours desquelles l'élève ou l'étudiant acquiert des compétences professionnelles et met en œuvre les acquis de sa formation en vue d'obtenir un diplôme ou une certification et de favoriser son insertion professionnelle. »

Art. L. 124-1. de la loi n° 2014-788, 10 juillet 2014.

1. Identifiez les personnages et la scène représentés sur ce dessin.
2. Citez les éléments de ce dessin qui font sourire. Justifiez vos choix.

8 « Ma vie de lycéen »

Ma vie de lycéen

Tout ce que vous avez toujours voulu savoir sur le lycée (sans oser le demander)

LE BLOG DU PROF PRINCIPAL BAC PRO

Accueil | Le lycée professionnel ? Une affaire de pro ! | VDL, qu'est-ce que c'est ?

Recherche

J'ai 15 ans, puis-je travailler sur des machines dangereuses ?

Publié le 8 avril 2015 par Pierre Santini

C'est la particularité des lycées professionnels. Evidemment, les règles de l'Education nationale s'y appliquent mais certaines dispositions du code du travail s'y appliquent aussi, c'est le cas pour l'utilisation des machines dangereuses pour les élèves de moins de 18 ans.

Le code du travail prévoit que l'utilisation des machines dangereuses est interdite pour les mineurs mais pour les élèves de lycées professionnels, cette interdiction peut être levée sous deux conditions :

- si les élèves ont 16 ans

- s'ils suivent une formation technologique ou professionnelle qualifiante (CAP, BEP, Bac pro, BTS...)

Pourtant, **de plus en plus d'élèves de moins de 15 ans sont accueillis aujourd'hui en lycée professionnel.** Il fallait donc trouver un moyen de leur permettre de suivre des études en utilisant tout le matériel et outillage nécessaire à l'apprentissage du métier. Lire la suite →

Partagez ce billet sur vos réseaux !

MORE

UN BLOG

letudiant.fr

Retour à l'accueil VDL

VDL, QU'EST-CE QUE C'EST ?

VDL (Ma vie de lycéen) est le nouveau lycée virtuel lancé par L'Etudiant. Toute l'année, via leurs blogs, cinq enseignants, un CPE et un proviseur vous aident à décoder les rouages de votre lycée, à connaître vos droits, à réussir vos examens et surtout à profiter au maximum de vos années lycée !

SUIVEZ-NOUS

J'EN PARLE SUR LE BLOG

aide assistante sociale Autonomie

http://blog.letudiant.fr/ma-vie-de-lyceen-en-bac-professionnel/

1. Indiquez la nature de ce document.
2. Précisez pourquoi la scolarité que vous suivez au lycée professionnel vous prépare à la vie en société (doc. 6, 7 et 8).

POUR DÉBATTRE

► En vous appuyant sur la réflexion que vous venez de conduire à partir des différents documents et de votre expérience de collégien puis de lycéen, donnez votre point de vue sur cette question : « Le lycée : une communauté pour apprendre à vivre en société ? »

La justice : une valeur et une institution garante de la vie en société ?

1 Pour une définition de la justice

Le juste politique c'est celui qui règne entre des hommes [...] qui sont libres et égaux. En sorte que pour ceux chez qui ces conditions ne sont pas réalisées, il n'existe pas de justice politique réglant leurs rapports mutuels. [...] En effet, le juste suppose des gens dont les rapports sont régis par la loi, et la loi suppose des gens chez qui l'injustice se peut trouver : car la justice que rend un tribunal est discernement du juste et de l'injuste. [...] Et qu'est-ce qu'agir injustement ? C'est prendre pour soi une part excessive des choses qui sont en elles-mêmes des biens, et une part insuffisante des choses qui sont en elles-mêmes des maux. Voilà pourquoi nous ne souffrons pas que ce soit un homme qui commande, mais nous voulons que ce soit la loi ; parce qu'un homme ne commande que dans son propre intérêt, et devient tyran. Le magistrat, au contraire, est le gardien de la justice, et, s'il l'est de la justice, il l'est aussi de l'égalité.

Aristote (philosophe grec, 384-322 av. J.-C.), *Éthique à Nicomaque*, Livre V, chapitre 10, Coll. « GF », Flammarion, 2008.

1. Expliquez pourquoi il n'existe de justice que dans les sociétés où « les hommes sont libres et égaux ».
2. Précisez quel est le rôle de la justice.

Statue de la fontaine de la Justice, 1543, Berne, Suisse.

2 Fondements et principes de la justice

a. **Art. 7.** Nul homme ne peut être accusé, arrêté ou détenu que dans les cas déterminés par la loi et selon les formes qu'elle a prescrites. Ceux qui sollicitent, expédient, exécutent ou font exécuter des ordres arbitraires doivent être punis ; mais tout citoyen appelé ou saisi en vertu de la loi doit obéir à l'instant ; il se rend coupable par la résistance.

Art. 8. La loi ne doit établir que des peines strictement et évidemment nécessaires, et nul ne peut être puni qu'en vertu d'une loi établie et promulguée antérieurement au délit, et légalement appliquée.

Art. 9. Tout homme étant présumé innocent jusqu'à ce qu'il ait été déclaré coupable, s'il est jugé indispensable de l'arrêter, toute rigueur qui ne serait pas nécessaire pour s'assurer de sa personne, doit être sévèrement réprimée par la loi.

Déclaration des droits de l'homme et du citoyen, 1789.

1. Relevez les conditions dans lesquelles la justice s'exerce dans une société démocratique.

b. Affiche des 60 ans de la Convention européenne des droits de l'homme, 2010.

2. Indiquez les commanditaires et l'objectif de cette affiche.
3. Expliquez ce que signifie « être jugé équitablement par un juge indépendant et impartial ».

Ce que dit le droit

« Art. 64. Le président de la République est garant de l'indépendance de l'autorité judiciaire.
Art. 66. Nul ne peut être arbitrairement détenu. L'autorité judiciaire, gardienne de la liberté individuelle, assure le respect de ce principe dans les conditions prévues par la loi. »

Constitution de la Ve République, 1958.

3 Des lieux de justice

Fronton du tribunal de grande instance de Perpignan.

1. Comparez la sculpture qui orne le fronton du tribunal de Perpignan et la statue illustrant le document 1.
2. Identifiez les éléments qui sont associés à la justice (doc. 1 et 3a). Justifiez le choix de ces éléments.
3. Recherchez ce qu'est un palais de justice.

4 L'organisation et le fonctionnement de la justice

En France, la justice se compose :
– de l'ordre judiciaire qui règle les litiges opposant les citoyens entre eux et sanctionnent les auteurs d'infractions aux lois pénales ;
– de l'ordre administratif qui règle les litiges opposant un citoyen à l'État, à une collectivité territoriale ou à un organisme chargé d'une mission de service public.
Dans l'ordre judiciaire, on distingue les juridictions civiles (tribunal de grande instance, tribunal d'instance, tribunal de commerce, conseil des prud'hommes…) qui tranchent les litiges (loyer, divorce, consommation, succession…) mais n'infligent pas de peines et les juridictions pénales (tribunal de police, tribunal correctionnel, cour d'assises) qui sanctionnent les atteintes contre les particuliers, les biens et la société.
Toute personne qui n'est pas d'accord avec la décision rendue par une de ces juridictions dites de « premier degré » peut s'adresser à des « juridictions de second degré ». Ainsi, la cour d'appel vérifie qu'il n'y a pas eu d'erreurs de droit, examine les éléments matériels de l'affaire et peut confirmer la décision rendue par les premiers juges, soit l'annuler, totalement ou partiellement. Toute personne qui n'est pas d'accord avec cette décision peut ensuite s'adresser à la Cour de cassation. Plus haute juridiction de l'ordre judiciaire, elle siège à Paris et exerce sa compétence sur l'ensemble du territoire français. Lorsque qu'elle estime que la décision attaquée n'a pas été prise conformément aux règles de droit, elle « casse » la décision. Si elle l'estime nécessaire, l'affaire est renvoyée devant une juridiction pour y être rejugée. Dans le cas contraire, elle rejette le « pourvoi », ce qui équivaut à confirmer la décision contestée.

D'après *L'Organisation de la Justice*, « Fiche pratique », Ministère de la Justice, 2012.

1. « La justice rétablit chacun dans ses droits mais protège également les intérêts des individus et de la société ». Justifiez cette affirmation en vous appuyant sur les informations données par ce texte.
2. Donnez deux arguments qui prouvent que l'organisation et le fonctionnement de la justice sont une garantie d'équité pour les justiciables.

5 L'organisation et le fonctionnement de la justice

Il est rare qu'un citoyen soit préparé à ce genre d'expérience. « Au début, on part avec des préjugés en se disant : « je vais être très sévère envers l'accusé, il mérite la prison ». Mais témoins, avocats, spécialistes et autres psychiatres se succèdent à la barre, « c'est là que tout se complique », avoue Marie. Troublée, elle réalise qu'elle a avant tout affaire à un homme, pas seulement à un accusé. « C'est un être humain que l'on a face à soi. Même si on est là pour juger quelqu'un, on ne doit pas perdre de vue la présomption d'innocence. Il faut se le répéter constamment dans sa tête. » [...]

Être jurée populaire est « un devoir de citoyen qui apporte beaucoup humainement et sur le plan pédagogique », résume Marie. [...] « Pour moi, c'est nécessaire. Les juges, peu importe l'affaire qu'ils traitent, en correctionnelle comme au pénal, ont besoin de l'avis de la population. J'ai vraiment eu l'impression que nous avons été une aide lors du procès », affirme-t-elle. Et d'ajouter, « nous aidons les juges qui sont trop souples à être plus stricts et inversement. Nous avons un regard plus extérieur, voire neuf. »

Anne-Diandra Louarn, « J'ai été jurée populaire », *Le Figaro*, 14 avril 2011.

Le jury d'assises de la cour de Haute-Loire, présidé par Christophe Ruin, lors du procès de Mathieu, jugé pour le viol et le meurtre d'une jeune fille.

1. Nommez les personnes chargées de rendre la justice et précisez celles que l'on voit sur la photographie.
2. Donnez deux raisons qui expliquent pourquoi il est à fois important et difficile que les citoyens soient associés à l'exercice de la justice.

6 Paroles de juges

Le Point.fr : En quoi consiste la mission du juge des enfants ?

Robert Adam (juge des enfants) : Il s'occupe en grande partie de familles et de jeunes pour lesquelles l'appartenance sociale et le simple respect de la loi ne vont pas de soi. Pour des jeunes qui ne se sentent pas attendus dans notre société, qui doutent de leur place dans leur famille, le rôle du juge est de représenter quelqu'un qui symboliquement les rattache à cette société et les convainc qu'ils ont une place à y prendre. Il incarne la pédagogie de la loi et il symbolise aussi le fait que l'insolvabilité éducative de leurs parents ne laisse pas la société indifférente.

Le Point.fr : Quel est l'impact sur ces mineurs de la punition judiciaire ?

Robert Adam : Le fait que les mineurs auteurs d'actes de délinquance soient poursuivis et sanctionnés pénalement est quelque chose d'indispensable, le maintien du pacte social passe par cette symbolique-là. Et les mineurs qui passent à l'acte en ont aussi besoin pour ne pas être réduits à la dimension pulsionnelle du passage à l'acte. Mais il faut être fou pour s'imaginer qu'il suffit d'être un peu ferme avec eux en marquant que « c'est la loi ! » pour qu'ils se projettent dans un autre avenir. Non seulement cela ne réparera pas toutes les brisures de leur enfance, mais cette « loi » est celle d'une société à laquelle ils ne se sentent pas appartenir. La loi, c'est la grammaire du vivre ensemble, mais cette grammaire ne concerne que ceux qui parlent la même langue. [...] Ils seront punis, mais ils ont droit à plus. D'où la conjugaison éducation/sanction. Il faut faire du juste avec l'injuste, réconcilier, assurer chacun de sa place et de la sollicitude de l'ensemble. À notre niveau, on ne peut que semer des graines...

Laurence Neuer, « Juge pour enfants : "Il faut faire du juste avec l'injuste" », *Le Point*, 28 septembre 2013.

1. Reformulez le point de vue du juge Robert Adam sur sa fonction.
2. Indiquez quelles sont les limites que rencontre l'exercice de la justice à l'encontre des mineurs.

7 L'affaire Lambert

Vincent Lambert est hospitalisé au centre de soins palliatifs du CHU de Reims (Marne) depuis sept ans, après avoir été victime d'un accident de la route. Tétraplégique, l'ancien infirmier psychiatrique a d'abord été dans une phase de coma profond avant de se trouver aujourd'hui en état de « conscience minimale plus ». [...]

En avril 2013, son épouse Rachel, son neveu François, six frères et sœur et le corps médical se sont prononcés pour l'arrêt des soins de Vincent Lambert. L'hôpital de Reims avait noté des comportements inhabituels d'opposition de Vincent Lambert lors des soins, qui pouvaient faire « suspecter » un refus de vivre de la part du patient. [...]

À l'issue d'une procédure collégiale de réflexion prévue par la loi Leonetti, l'équipe médicale des soins palliatifs du CHU de Reims décidait l'arrêt de la nutrition artificielle, son seul traitement, en accord avec son épouse et sept membres de sa famille. Mais pas avec ses parents. [...]

Ce sont eux qui ont saisi la Cour européenne des droits de l'Homme (CEDH) car ils contestent la décision rendue en juin dernier par le Conseil d'État, d'autoriser l'arrêt de l'alimentation et de l'hydratation artificielles qui le maintiennent en vie depuis plusieurs années.

Cathy Lafon, « Fin de vie : les questions que pose l'affaire Vincent Lambert », *Sud-Ouest*, 6 janvier 2015.

1. Relevez les deux juridictions qui sont intervenues dans cette affaire et précisez leur rôle en matière de justice.
2. Précisez dans quelle mesure cette affaire illustre les difficultés auxquelles se heurte parfois la justice.

Ce que dit le droit

« Art. 2. Le droit de toute personne à la vie est protégé par la loi. La mort ne peut être infligée à quiconque intentionnellement [...]. »

Convention européenne des droits de l'Homme, 1950.

« Art. 1. [...] [Lorsque les actes médicaux] apparaissent inutiles, disproportionnés ou n'ayant d'autre effet que le seul maintien artificiel de la vie, ils peuvent être suspendus ou ne pas être entrepris. »

Loi Leonetti, 2005.

8 Loi naturelle et loi humaines

« Considérant qu'il existe une loi naturelle, supérieure aux lois humaines, d'après laquelle depuis les origines du monde, aucune union n'a été célébrée officiellement entre deux personnes du même sexe au titre d'un "mariage", pour la raison que ces personnes [...] sont radicalement incapables de procréer un être humain qui soit issu de cette union, et par conséquent de l'éduquer à titre de parents dans l'altérité et la complémentarité, qu'il ne peut donc s'agir d'établir entre eux aucun véritable "mariage" ».

C'est par cette délibération votée par le conseil municipal que le maire et les élus du village de Fontgombault ont fait savoir qu'ils ne célébreraient pas de mariages homosexuels et refusaient donc d'appliquer la loi sur le mariage pour tous, une loi de la République. [...]

Les lois doivent être appliquées sur l'ensemble du territoire français. La loi sur le mariage pour tous ne déroge pas à la règle. Or, des maires, au nom de leur « liberté de conscience », veulent se soustraire aux obligations qui incombent à leur mission d'officier d'état civil en refusant de célébrer ces mariages. Qu'on se le dise une bonne fois pour toute : il n'y a aucune « liberté de conscience » qui est prévue. Le contraire, d'ailleurs, aurait été particulièrement inquiétant et discriminatoire envers les homosexuels. Ceux qui prétendent le contraire ne sont que des menteurs ou – pire encore – des homophobes qui agissent sournoisement, en voulant priver des citoyens à part entière de leurs droits légitimes.

Giuseppe Di Bella, « La mairie de Fontgombault refuse tout mariage gay : son homophobie doit être condamnée », leplus.nouvelobs.com, 7 novembre 2013.

1. Dégagez le sujet de cet article.
2. Expliquez pourquoi ce sujet fait débat.

POUR DÉBATTRE

► En vous appuyant sur la réflexion que vous venez de conduire à partir des documents, de votre expérience et de vos connaissances, donnez votre point de vue sur cette question : « La justice : une valeur et une institution garante de la vie en société ? »

Les discriminations : une remise en cause du principe républicain d'égalité ?

1 « Discrimination » : un mot source de confusions

La première difficulté est de nommer l'acte lui-même et de le qualifier. Pour beaucoup d'acteurs, « discrimination » et « racisme » sont synonymes. Or ces termes désignent deux réalités différentes.

– Le racisme renvoie à une idéologie, à une conviction, à une croyance, au fait de croire que par nature, par essence, les femmes sont inférieures aux hommes, les Blancs supérieurs aux Noirs… De cette catégorisation basée sur des critères biologiques, on en arrive à justifier des positions économiques, à hiérarchiser entre les groupes.

– La discrimination renvoie à des actes, des faits, des pratiques. Un maraîcher peut être raciste en pensant que les Blancs sont supérieurs aux Noirs mais, par pragmatisme, embaucher des Turcs ou des Noirs pour ramasser ses melons afin d'éviter qu'ils ne pourrissent : il ne discrimine pas à l'embauche. En même temps, il peut pratiquer la discrimination en termes de rémunération ou de conditions de travail. À l'inverse, un employeur peut très bien être militant des Droits de l'homme, manifester contre le racisme et ses expressions mais pratiquer la discrimination en faisant valoir que sa clientèle ne veut pas traiter avec des employés de couleur. […] La discrimination est un acte, et non une opinion ou un jugement de valeur.

Rachid Alaoui, « Du ressenti au vécu des discriminations par les victimes », *Actes des Journées du pôle ressources intégration, lutte contre les discriminations et pour l'égalité*, 25 octobre 2007.

1. Expliquez le titre donné à ce document.
2. Construisez une définition de « discrimination ».

2 La discrimination : un délit

a. **Affiche pour la semaine de l'égalité urbaine à Strasbourg,** 12-22 novembre 2014.

b. **Art. 1 132-1.** Aucune personne ne peut être écartée d'une procédure de recrutement ou de l'accès à un stage ou à une période de formation en entreprise, aucun salarié ne peut être sanctionné, licencié ou faire l'objet d'une mesure discriminatoire, directe ou indirecte, notamment en matière de rémunération, de mesures d'intéressement ou de distribution d'actions, de formation, de reclassement, d'affectation, de qualification, de classification, de promotion professionnelle, de mutation ou de renouvellement de contrat en raison de son origine, de son sexe, de ses mœurs, de son orientation sexuelle, de son âge, de sa situation de famille ou de sa grossesse, de ses caractéristiques génétiques, de son appartenance ou de sa non-appartenance, vraie ou supposée, à une ethnie, une nation ou une race, de ses opinions politiques, de ses activités syndicales ou mutualistes, de ses convictions religieuses, de son apparence physique, de son nom de famille ou en raison de son état de santé ou de son handicap.

Code du travail, loi du 6 novembre 2001.

1. Donnez une raison qui permet de comprendre le choix de cette affiche pour annoncer la Semaine de l'égalité à Strasbourg.
2. Précisez la nature et l'objet du texte 2b.
3. En vous appuyant sur le texte, justifiez le slogan de l'affiche.

3 Une scène du quotidien ?

1. Dégagez le sens de ce dessin.

Dessin d'**Antoine Chéreau**, 2014.

4 Un apprenti victime de discrimination

Il a gagné. Mais, au-delà des mille euros de dommages et intérêts que lui a alloués le conseil de prud'hommes, c'est bien la reconnaissance du harcèlement moral, dont Kévin a été l'objet, qui lui donne un peu de baume au cœur.
Cette lamentable affaire débute en juin 2013. Kévin, 16 ans, achève sa première année de CAP Vente au centre de formation des apprentis d'Orléans.
Un contrat d'apprentissage lie l'adolescent à un boulanger. « Alors que la première année de cette formation en alternance s'était bien passée, la patronne a demandé à rencontrer ma mère. Elle lui a demandé si j'avais une différence sexuelle par rapport à des manières que j'avais ». La maman de Kévin n'a aucune raison de dissimuler l'homosexualité de son fils.
À la rentrée de septembre cependant, le ton change et les humiliations se multiplient. Aux brimades, succèdent bientôt les agressions physiques.
Kévin finit par alerter la Direction régionale des entreprises, de la concurrence, de la consommation, du travail et de l'emploi (DIRECCTE) qui, après avoir mené son enquête, conseille au jeune homme de se mettre en arrêt maladie. À son retour, la situation s'aggrave encore davantage. La DIRECCTE finit par mettre autoritairement un terme au contrat de travail et invite l'adolescent à saisir les prud'hommes. […].
Kévin a bien décroché son CAP et exerce aujourd'hui la profession de vendeur dans… une autre boulangerie.

Philippe Renaud, « Victime d'homophobie, Kévin a vécu un calvaire professionnel », *La République*, 10 février 2015.

1. Expliquez pourquoi la situation qu'a vécue Kévin s'apparente à une discrimination. Justifiez votre réponse.

5 Les salaires femmes-hommes

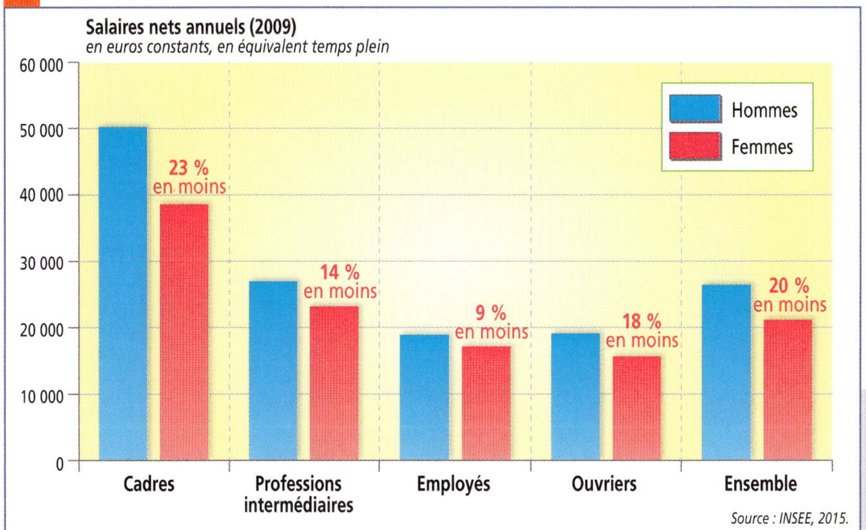

Ce que dit le droit

Toutes les entreprises sont soumises à l'obligation de respecter l'égalité professionnelle entre les femmes et les hommes, et ce, quelle que soit leur taille, dès l'embauche, en matière de rémunération et de déroulement de carrière.

1. Observez ce graphique et formulez deux remarques.
2. Dites si, selon vous, cette situation peut s'expliquer.

6 Des discriminations plurielles

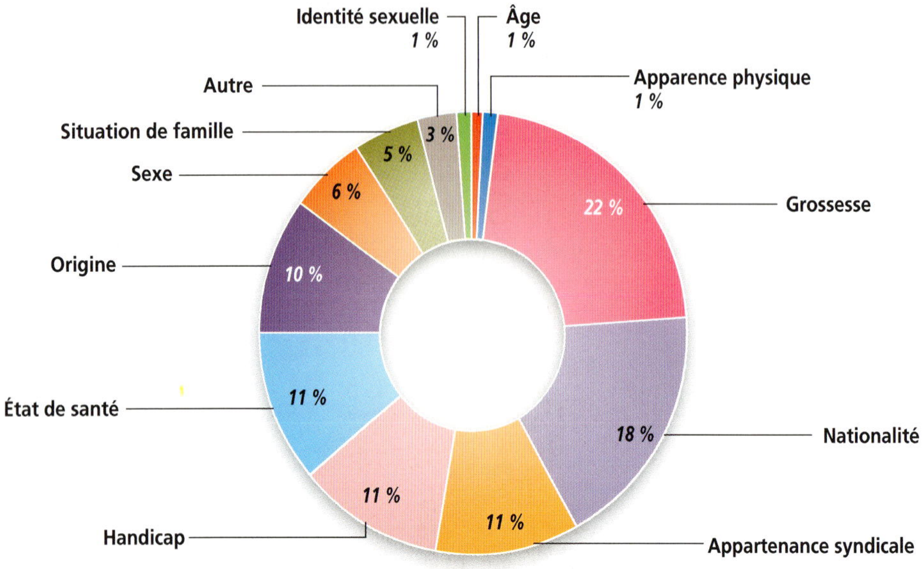

Source : Rapport d'activité du défenseur des droits, 2013.

Ce que dit le droit
Le défenseur des droits est chargé de défendre les droits des citoyens face aux administrations mais dispose également de prérogatives de lutte contre les discriminations. Il accompagne notamment les personnes qui, s'estimant lésées dans leurs droits ou libertés, ou pensant avoir subi des discriminations, portent plainte. Le défenseur des droits peut désigner, sur l'ensemble du territoire, des délégués, placés sous son autorité.

1. Justifiez le titre de ce document.
2. Montrez que l'existence en France d'un « défenseur des droits » témoigne du caractère illégal des discriminations.

7 L'alerte de l'Association des paralysés de France

Sans attendre l'ouverture, le 17 novembre, de la prochaine Semaine de l'emploi des handicapés, l'Association des paralysés de France (APF) a alerté mercredi 5 novembre sur « les graves difficultés rencontrées par les personnes en situation de handicap en matière d'emploi ». […]
Première mauvaise nouvelle : le nombre de personnes handicapées au chômage a connu « une augmentation de 100 % en six ans », en passant de 205 864 en décembre 2007 à 413 421 en décembre 2013. Jusqu'à 2010, la crise avait semblé les épargner, relativement en tout cas, puisque le nombre de demandeurs d'emploi avait augmenté beaucoup moins chez les handicapés que chez les valides.
Une évolution favorable que les observateurs attribuaient alors à la loi de 2005 qui, en durcissant les sanctions appliquées aux employeurs ne respectant pas l'obligation d'employer 6 % de travailleurs handicapés, avait permis un vrai progrès. […] Aujourd'hui, la loi semble impuissante à endiguer les effets de la crise.

Nathalie Birchem,
« Alerte sur l'emploi des personnes handicapées »,
La Croix, 6 novembre 2014.

1. Relevez les raisons pour lesquelles l'Association des paralysés de France lance cette alerte.
2. Résumez la mesure décidée par la loi de 2005.

8 L'enseignement pour lutter contre les discriminations

L'accès à enseignement supérieur est un moyen pour lutter contre toutes ces formes de discriminations […].
L'enseignement supérieur est particulièrement concerné, puisqu'il permet de former les futures élites et de leur donner les moyens de jouer le rôle de modèles, à condition de témoigner d'un minimum de solidarité vis-à-vis de celles et de ceux qui n'ont pas bénéficié de tels programmes... Il s'agit en d'autres termes de « mettre le paquet » sur la formation en amont, plutôt que d'agir directement sur le marché du travail ou sur les politiques publiques.
[Cela a été mis en œuvre en France], avec la première expérience de « discrimination positive » à Sciences Po au début des années 2000, qui a mis en place une procédure d'admission spéciale pour les lycéens issus de ZEP […]. La conférence des grandes écoles (CGE) elle-même a par la suite engagé une réflexion sur les moyens de promouvoir la diversification des procédures de recrutement parmi ses membres.

Mehdi Thomas Allal, « Accès à l'enseignement supérieur : quel succès pour les politiques de discrimination positive ? », *Le Huffington Post*, www.huffingtonpost.fr, 21 septembre 2013.

1. Expliquez ce qu'est une « discrimination positive ».
2. Pour certains, la discrimination positive « corrige une inégalité en en créant une autre ». En vous appuyant sur l'exemple développé dans le texte, donnez une raison qui permet de comprendre ce point de vue.

9 Des mesures politiques

Jeudi 25 avril 2013 - N°4185

0,90€

Aujourd'hui en France

BANDE DESSINÉE

Bon anniversaire Spirou !

PAGE 29

(Dupuis.)

Parité hommes - femmes

Les premières sanctions tombent

Exclusif. La ministre des Droits des femmes réaffirme sa détermination à faire appliquer la loi. Deux entreprises ont été condamnées pour ne pas avoir respecté l'égalité salariale. PAGES 2 ET 3

Une du ***Parisien Aujourd'hui en France***, 25 avril 2013.

1. Identifiez les mesures prises par l'État pour lutter contre les inégalités salariales entre les femmes et les hommes.

10 Propositions du Conseil d'analyse économique[1]

Les politiques publiques visant à réduire durablement les inégalités entre genres sur le marché du travail doivent s'attaquer aux causes de leur formation et non se limiter à promulguer des lois rappelant l'égalité juridique des femmes et des hommes. […]

Ainsi, les choix d'orientation des filles ont un impact très important sur l'écart salarial entre femmes et hommes. Plusieurs actions sont possibles pour favoriser des choix d'orientation fondés sur les talents et les goûts plutôt que sur des représentations sexuées des disciplines et des carrières. […]

[De la même manière] une grande partie des efforts pour améliorer les carrières professionnelles des femmes a consisté à mettre en place des quotas. Alors qu'ils sont motivés par un principe d'équité, ils impliquent une institutionnalisation de la différenciation entre femmes et hommes. Les quotas risquent de nuire à la crédibilité des femmes qui peuvent être soupçonnées d'obtenir des responsabilités grâce à leur sexe, renforçant ainsi l'idée selon laquelle les femmes seraient moins capables que les hommes.

Antoine Bozio, Brigitte Dormont, Cecila Garcia-Peñalosa, « Réduire les inégalités de salaires entre femmes et hommes », *Notes du conseil d'analyse économique*, n° 17, Conseil d'analyse économique, octobre 2014.

1. Composé d'économistes universitaires et de chercheurs reconnus, le Conseil d'analyse économique, placé auprès du Premier ministre, réalise pour le gouvernement et publie des analyses économiques.

1. Reformulez le point de vue du Conseil d'analyse économique et les arguments qu'il avance pour le justifier.

POUR DÉBATTRE

▶ En vous appuyant sur la réflexion que vous venez de conduire à partir des différents documents, de votre expérience et de vos connaissances, donnez votre point de vue sur cette question : « Les discriminations : une remise en cause du principe républicain d'égalité ? »

SUJET D'ÉTUDE 1. Être ouvrier en France (1830-1975)

Un monde du travail en mutation

« L'ouvrier ne voit plus naître son œuvre sous ses doigts. Il ne crée rien. [...] Qu'y a-t-il pour l'intelligence dans la fonction d'un homme qui passe toute sa vie douze ou quatorze heures par jour à fabriquer la vingt-cinquième partie d'une épingle. [...] Autrefois, dans le temps où florissaient les métiers manuels, l'industrie était gouvernée par une hiérarchie légitime acceptée et respectée également des ouvriers et des maîtres [...]. Aujourd'hui, l'ouvrier n'est qu'un agent de production : le but est la production la plus abondante et la moins coûteuse. »

Eugène Buret, *De La Misère des classes laborieuses en Angleterre et en France*, 1840.

Une conscience ouvrière forgée par les luttes

HISTOIRE DES ARTS

Affiche de Jules Grandjouan, 1910.

À l'automne 1910, la Fédération des mécaniciens et chauffeurs s'associe au Syndicat national des cheminots et lance la « grève de la thune » pour obtenir du gouvernement l'instauration d'un salaire minimum journalier de cinq francs.

L'expression d'une identité politique et sociale

Situations

L'émergence des ouvriers

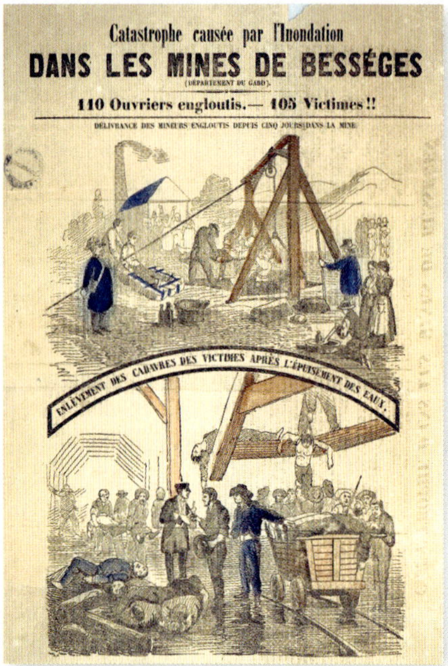

◀ Au XIXe siècle, les nouvelles industries emploient une main-d'œuvre importante. Les **conditions de travail** des ouvriers sont **difficiles** et **souvent dangereuses**.

Gravure anonyme, 1861.

Autorisés en 1884, les **syndicats** ▶ stimulent la combativité des ouvriers contre le patronat et organisent des **grèves** et des **manifestations**.

Dessin de Jules Grandjouan pour *L'Assiette au Beurre*, 6 mai 1905.

1830 | 1840 | 1850 | 1860 | 1870 | 1880 | 1890 | 1900

MONARCHIE DE JUILLET | II^de RÉP. | IInd EMPIRE

Naissance et formation de la classe ouvrière | Essor et reconnaissan

- **1831** Révolte des canuts lyonnais
- **1841** Loi limitant à 8 heures par jour le travail des enfants
- **1848** Manifeste du parti communiste
- **1864** Reconnaissance du droit de grève
- **1871** Insurrection ouvrière à Paris (Commune)
- **1884** Autorisation des syndicats
- **1892** Grève des mineurs de Carmaux
- **1895** Création de la Confédération générale du travail (CGT), 1er syndicat ouvrier
- **1900** Journée de travail fixée à 10 heures
- **1905** Création de la SFIO (Section française de l'Internationale ouvrière)

dans la société française (1830-1975)

◀ En 1936, la victoire du **Front populaire**, coalition des partis de gauche soutenus par les syndicats ouvriers, **transforme** durablement **la vie des salariés**.

Camping dans la forêt des Landes, 1936.

À partir des années 1950, ▶ l'automatisation et la mécanisation **remettent** en question **la place de l'ouvrier** au sein de la production.

Ouvrières sur une chaîne de montage de l'usine Citroën à Rennes en 1966.

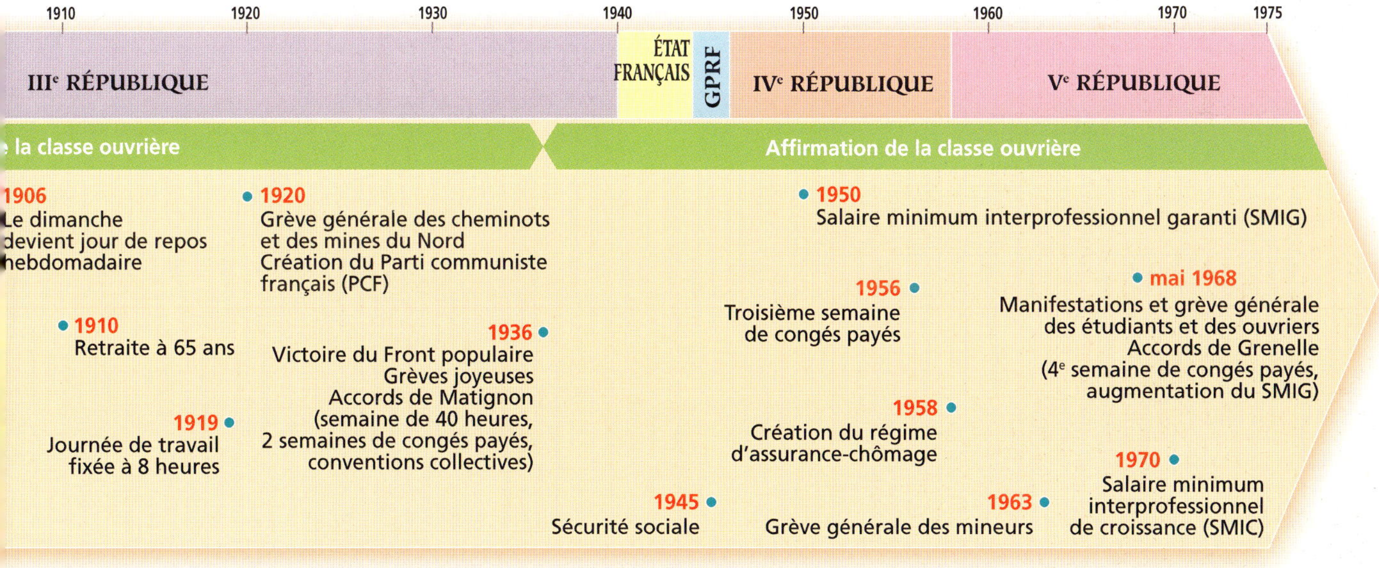

Vers l'EXAM **Justifiez le choix du titre de cette double-page.**

▶ Déduisez des images du monde ouvrier et de la frise deux idées qui permettent de comprendre le choix de ce titre.

A. La formation progressive d'une classe ouvrière (1830-1930)

1 La révolte des canuts, première insurrection ouvrière (1831)

a. Gravure de 1880.
Le 22 novembre 1831, les ouvriers de la soie lyonnais se soulèvent pour protester contre leurs faibles salaires. Après deux jours de combats, la garde nationale et l'armée mettent fin à l'insurrection. Le bilan est lourd : près de 200 morts.

- **Indiquez les causes du soulèvement des canuts.**
- **Expliquez leur devise : « Vivre en travaillant ou mourir en combattant ».**

b. La sédition de Lyon a révélé un grave secret, celui de la lutte intestine qui a lieu dans la société entre la classe qui possède et celle qui ne possède pas. Notre société commerciale et industrielle a sa plaie comme toutes les autres sociétés ; cette plaie, ce sont les ouvriers. Point de fabriques sans ouvriers, et avec une population d'ouvriers toujours croissante et toujours nécessiteuse, point de repos pour la société.

Marc Girardin, conseiller d'État, *Journal des débats*, 8 décembre 1831.

Résumez le point de vue du conseiller d'État sur la sédition de Lyon. Justifiez votre réponse.

2 Le travail ouvrier vers 1850

En 1846, à l'âge de treize ans, je trouvais à m'embaucher dans une filature de laine. [...] Je me trouvais à la fabrique avant six heures et le travail se terminait à neuf heures du soir. [...] Le moindre retard impliquait une amende et à la troisième récidive on était congédié avec un mauvais certificat qui vous mettait dans l'impossibilité de trouver à se caser dans la contrée. Mais malgré tous ces inconvénients, la situation des ouvriers de fabrique était bien plus tolérable que celle des ouvriers en chambre. [...] L'ouvrier en chambre respire toute la journée les émanations malsaines du charbon et de l'huile nauséabonde qu'il chauffe ; une famille entière est ainsi à demi asphyxiée dans un espace de quelques mètres carrés. Pour échapper à cet isolement qui lui pèse, l'ouvrier va chercher la société au cabaret ; là il s'informe des prix donnés pour les façons, des conditions du travail ; il boit sa bouteille en chantant quelques couplets, puis il rentre dans son infect taudis. Dans les fabriques, au contraire, les ateliers sont chauffés, suffisamment aérés et bien éclairés ; l'ordre et la propreté y règnent ; l'ouvrier s'y trouve en société.

Norbert Truquin, *Mémoires et aventure d'un prolétaire à travers la révolution, l'Algérie, la République argentine, le Paraguay*, Paris, 1888.

Décrivez les conditions de travail des ouvriers dans les deux lieux évoqués.

3 Les ouvriers à la fin du XIXe siècle

Transcription :
« Déclaration du gouvernement lue par M. de Freycinet, président du Conseil, à la chambre des députés, séance du 18 mars 1890.
Nous sommes à une époque de transformations sociales, où la condition des travailleurs est justement l'objet de préoccupations nouvelles. Le premier devoir des pouvoirs publics est de se tourner vers ces populations laborieuses et de leur faciliter le passage à une situation meilleure. Aucun gouvernement aujourd'hui, même le plus éloigné par sa forme de la constitution démocratique, ne saurait échapper à ce devoir. La République française, plus que tout autre, est tenue de s'en inspirer. »

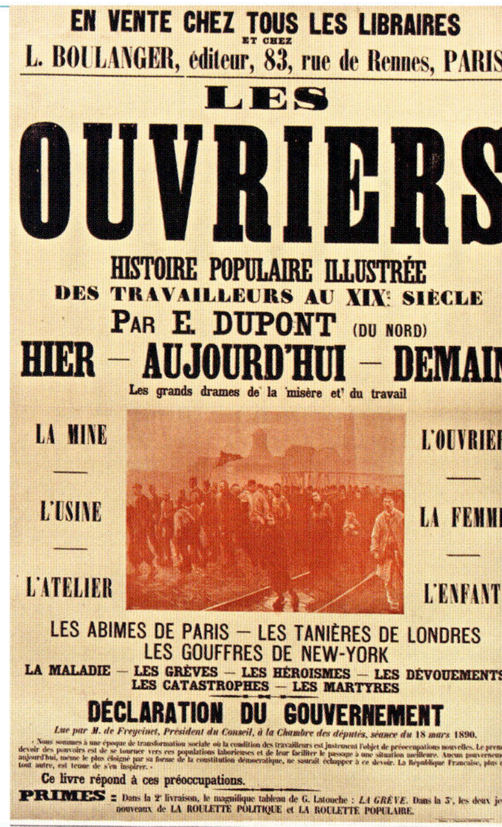

Affiche publicitaire, 1890.

- **Caractérisez l'image que cet ouvrage donne des ouvriers.**
- **Comparez la position de l'État sur la question ouvrière au début et à la fin du XIXe siècle (doc. 1b et 3).**

4 La cité ouvrière d'Homécourt (Meurthe-et-Moselle)

Pour accueillir et garder sa main-d'œuvre, la direction des usines sidérurgiques Vezin-Aulnoye fait construire des cités ouvrières. Le village de 30 habitants à la fin du XIXe siècle devient une ville de 7 000 personnes en 1911.

- **Repérez et nommez les différents éléments qui composent ce paysage.**
- **« Ce document permet d'identifier certains traits de l'industrialisation de la France au début du XXe siècle. » Justifiez cette affirmation.**

5 De nouvelles méthodes de travail

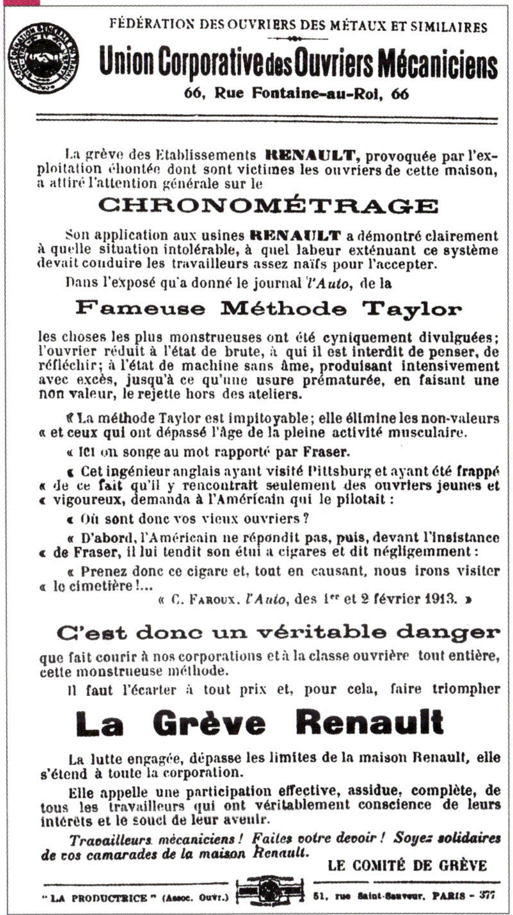

FÉDÉRATION DES OUVRIERS DES MÉTAUX ET SIMILAIRES

Union Corporative des Ouvriers Mécaniciens

66, Rue Fontaine-au-Roi, 66

La grève des Etablissements **RENAULT**, provoquée par l'exploitation éhontée dont sont victimes les ouvriers de cette maison, a attiré l'attention générale sur le

CHRONOMÉTRAGE

Son application aux usines **RENAULT** a démontré clairement à quelle situation intolérable, à quel labeur exténuant ce système devait conduire les travailleurs assez naïfs pour l'accepter.

Dans l'exposé qu'a donné le journal *l'Auto*, de la

Fameuse Méthode Taylor

les choses les plus monstrueuses ont été cyniquement divulguées; l'ouvrier réduit à l'état de brute, à qui il est interdit de penser, de réfléchir; à l'état de machine sans âme, produisant intensivement avec excès, jusqu'à ce qu'une usure prématurée, en faisant une non valeur, le rejette hors des ateliers.

« La méthode Taylor est impitoyable; elle élimine les non-valeurs « et ceux qui ont dépassé l'âge de la pleine activité musculaire.

« Ici on songe au mot rapporté par Fraser.

« Cet ingénieur anglais ayant visité Pittsburg et ayant été frappé « de ce fait qu'il y rencontrait seulement des ouvriers jeunes et « vigoureux, demanda à l'Américain qui le pilotait :

« Où sont donc vos vieux ouvriers ?

« D'abord, l'Américain ne répondit pas, puis, devant l'insistance « de Fraser, il lui tendit son étui à cigares et dit négligemment :

« Prenez donc ce cigare et, tout en causant, nous irons visiter « le cimetière !...

« C. Faroux, *l'Auto*, des 1er et 2 février 1913. »

C'est donc un véritable danger

que fait courir à nos corporations et à la classe ouvrière tout entière, cette monstrueuse méthode.

Il faut l'écarter à tout prix et, pour cela, faire triompher

La Grève Renault

La lutte engagée, dépasse les limites de la maison Renault, elle s'étend à toute la corporation.

Elle appelle une participation effective, assidue, complète, de tous les travailleurs qui ont véritablement conscience de leurs intérêts et le souci de leur avenir.

Travailleurs mécaniciens ! Faites votre devoir ! Soyez solidaires de vos camarades de la maison Renault.

LE COMITÉ DE GRÈVE

"LA PRODUCTRICE" (Assoc. Ouvr.) 51, rue Saint-Sauveur, PARIS - 377

Affiche syndicale, 1913.

- **Décrivez les méthodes de production dans les usines Renault en 1913.**
- **Précisez les réactions des ouvriers face à ce nouveau mode de production.**

6 Une sociabilité ouvrière

Au sorti de la fosse
C'était l'estaminet
Qui défendait la cause
De ce monde ouvrier
C'est le bistrot du mineur
Où l'on parle ch'ti mi
Les hommes tous en sueur
Y dégustent leur demi
On y sert la bistouille
Et son café brûlant
Qui fait naître les embrouilles
Parmi les pauvres gens
Certains des prolétaires
Y jouent à la belote
Avec avis contraires
Les rires et les parlottes
Lieu de réunion
De cette marée humaine
À l'âpre condition
De leur mal qui traîne
On y paie la semaine
À tous ces renégats
Qui ruminent leur peine
Et forment les syndicats
C'est un point de rencontre
Aux horaires de la mine
Des descentes, des remontes
Et comptage des berlines
Café d'un autre temps
Au groupement d'ouvriers
À leur cheminement
Tu as contribué

Henri Raimbaut, poète mineur (1933-2013).

Expliquez le rôle du café dans le quotidien des mineurs (voir aussi doc. 2 p. 162).

Vers l'EXAM « La société française est marquée entre 1830 et 1930 par la formation d'une classe ouvrière. » Justifiez cette affirmation.

▶ Recherchez le sens de l'expression « classe ouvrière ».
▶ Interrogez-vous sur ce qui caractérise cette classe ouvrière.
▶ Relevez des exemples précis dans les documents qui prouvent l'affirmation.

B. L'apogée de la classe ouvrière (1930-1975)

1 L'évolution du nombre d'ouvriers en France

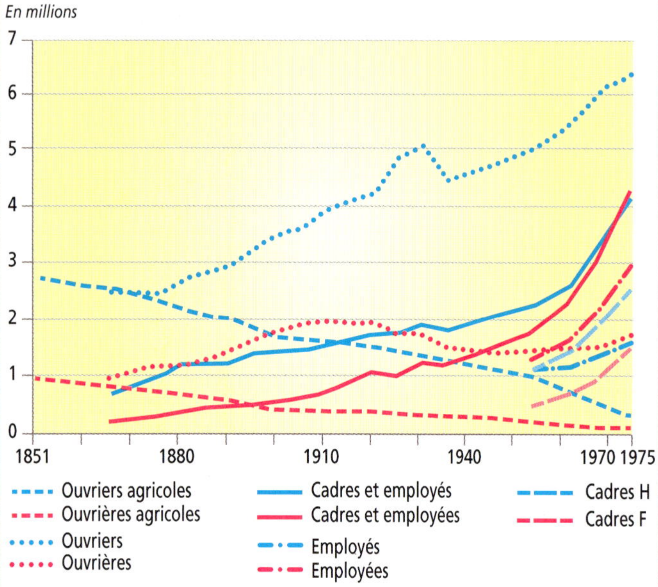

Source : Secrétariat d'État aux droits des femmes et à la formation professionnelle, 1999.

• Caractérisez l'évolution du nombre d'ouvriers en France entre 1851 et 1975.
• Comparez l'évolution du nombre d'ouvriers et d'ouvrières puis formulez deux remarques.

2 Les élections de 1936 et les ouvriers

Une du magazine *Miroir du monde*, 6 juin 1936.

Chaque ouvrier, en voyant arriver au pouvoir le parti socialiste[1], a eu le sentiment que, devant le patron, il n'était plus le plus faible. La réaction a été immédiate.

Pourquoi les ouvriers n'ont-ils pas attendu la formation du nouveau gouvernement ? Il ne faut pas, à mon avis, chercher là-dessous des manœuvres machiavéliques. Nous ne devons pas non plus, nous autres, nous hâter de conclure que la classe ouvrière se méfie des partis ou du pouvoir d'État. Nous aurions, par la suite, de sérieuses désillusions. Bien sûr, il est réconfortant de constater que les ouvriers aiment encore mieux faire leurs propres affaires que de les confier au gouvernement. Mais ce n'est pas, je crois, cet état d'esprit qui a déterminé la grève. Non. En premier lieu on n'a pas eu la force d'attendre. Tous ceux qui ont souffert savent que lorsqu'on croit qu'on va être délivré d'une souffrance trop longue et trop dure, les derniers jours d'attente sont intolérables. Mais le facteur essentiel est ailleurs. Le public, et les patrons, et Léon Blum lui-même, et tous ceux qui sont étrangers à cette vie d'esclave sont incapables de comprendre ce qui a été décisif dans cette affaire. […]

Il s'agit, après avoir toujours plié, tout subi, tout encaissé en silence pendant des mois et des années, d'oser enfin se redresser. Se tenir debout. Prendre la parole à son tour. Se sentir des hommes, pendant quelques jours. Indépendamment des revendications, cette grève est en elle-même une joie. Une joie pure. Une joie sans mélange.

Simone Weil, « La vie et la grève des ouvrières métallos », article paru sous le pseudonyme de Simone Galois dans *La Révolution prolétarienne*, 10 juin 1936.

1. En mai 1936, la coalition du Front populaire, formé des trois partis de gauche (partis socialiste, communiste et radical) soutenus par les syndicats, remporte les élections législatives.

• Décrivez le contexte dans lequel cet article est écrit et publié.
• Expliquez en quoi les grèves de 1936 diffèrent des grèves menées auparavant.

3 *L'Humanité* au lendemain des accords de Matignon (7 juin 1936)

L'unité pour le pain a vaincu !

l'Humanité

ORGANE CENTRAL DU PARTI COMMUNISTE (S.F.I.C.)

LUNDI 8 JUIN 1936 — DEUX ÉDITIONS

Fondateur : JEAN JAURÈS — Directeur : MARCEL CACHIN

LA VICTOIRE EST ACQUISE !

Travail et « propriété »

AUX CRIS DE : VIVE L'UNITÉ ! LES SOVIETS PARTOUT !

Notre camarade Thorez fait acclamer notre soutien au gouvernement Léon Blum

L'accord est réalisé entre les délégués des syndicats patronaux et les représentants de la C. G. T.

POUR TOUS LES TRAVAILLEURS DE TOUTES LES INDUSTRIES : RECONNAISSANCE DU DROIT SYNDICAL ET DES DÉLÉGUÉS D'ATELIERS AUGMENTATION DES SALAIRES DE 7 A 15 %, SANS DIMINUTION DES AVANTAGES SUPÉRIEURS DÉJÀ ACQUIS

HIER, DES DIZAINES DE NOUVELLES VICTOIRES ONT ÉTÉ ENREGISTRÉES

• En vous appuyant sur les informations de cette Une, dites ce que sont les accords de Matignon.
• Montrez que ces accords révèlent la prise en compte de la question ouvrière par le pouvoir politique.

4 Les congés payés

Photographie prise à Paris en août 1936.

Dès son arrivée au pouvoir, le Front populaire négocie avec la SNCF des billets de congés annuels à tarif réduit. Mis en vente le 3 août 1936, ils bénéficient à 550 000 personnes en 1936, puis 907 000 en 1937.

Précisez comment le Front populaire favorise l'accès des ouvriers aux loisirs (voir également la frise p. 160-161).

5 Le mode de vie ouvrier dans les années 1960

En 1947, à 14 ans, Richard obtient son certificat d'études. Dans son trois-pièces-cuisine, sans douche ni salle de bains, la famille Schnell vit au jour le jour. Avec son CAP de serrurier, Richard est payé 200 francs par mois en 1950, 350 francs en 1954. Après 1958, sa femme va apporter au ménage 350 francs par mois en multipliant les heures supplémentaires. De quoi acheter le mobilier. « C'est vers 1960 que j'ai senti ma situation s'améliorer », dit-il. Cette année-là, il touche 743 francs par mois et il fête sa première voiture achetée, d'occasion, à crédit. Le frigo et la télé viennent aussi à cette époque. Richard comprend que le crédit lui permet d'améliorer son sort un peu plus vite. Il achète une voiture neuve en 1965, qui lui coûte près de six mois de son salaire. En 1970, il en est à 2 200 francs de salaire mensuel. Ses filles, Martine née en 1958, et Sandrine née en 1966, découvrent pour la première fois les grandes vacances lointaines dans la caravane payée 14 000 francs en 1974.

D'après P. Beaudeux, *Demain, la France*, Hachette, 1986.

Comparez le mode de vie des ouvriers dans les années 1960 et dans les périodes antérieures (p. 162-163) puis formulez trois remarques.

6 Les mutations du monde du travail dans les années 1970

Affiche de la CGT, 1975.

Identifiez les difficultés auxquelles sont confrontés les ouvriers au milieu des années 1970.

Vers l'EXAM **Expliquez et justifiez à l'aide des documents le choix du titre de cette double-page.**

- Définissez le terme « apogée ».
- Citez des faits précis qui permettent de comprendre le choix de ce titre.

1892, la grève de Carmaux et Jean Jaurès

En mai 1892, l'ouvrier syndicaliste Jean-Baptiste Calvignac est élu maire de Carmaux, dans le Tarn. Afin d'exercer ses fonctions, il demande à la compagnie minière qui l'emploie deux jours de congés par semaine. Celle-ci refuse et le renvoie. Les mineurs se mettent alors en grève. Dans les articles qu'il écrit pour *La Dépêche*, Jean Jaurès leur apporte son soutien et affirme son engagement dans la défense de la classe ouvrière.

Clés pour comprendre

Un contexte : Carmaux, une ville ouvrière

1850 : début de l'exploitation minière par la famille Solages ; en 1890, un tiers des habitants de Carmaux travaille dans les mines.
1855 : début des conflits entre les mineurs et la direction.
1883 : grève des mineurs contre les conditions de travail et création de leur syndicat.
1891 : succès de la grève organisée par les mineurs en soutien à leurs camarades renvoyés pour avoir chômé le 1er mai.
Août-nov. 1892 : grève suite au renvoi de Calvignac.

Un homme : Jean Jaurès (1859-1914)

1885 : élu député républicain du Tarn.
1887 : collabore à *La Dépêche*, quotidien politique républicain.
1889 : battu aux élections législatives par le marquis de Solages, président de la société des mines de Carmaux.
1892 : mène campagne à *La Dépêche* en faveur des mineurs en grève à Carmaux.
Déc. 1892 : nommé candidat au mandat de député du Tarn par les militants socialistes.
1893 : réélu député républicain du Tarn.

1 Images de la grève

a. Tout ce petit monde est calme, et, à mesure que je m'éloigne du centre du bourg, je trouve partout encore plus de tranquillité. Il n'est guère d'ouvriers à Carmaux, à Blaye, à Rozière, qui n'ait sa maisonnette à lui et ne cultive son bout de champ. Et c'est là qu'on les retrouve, travaillant la terre ou flânant aux alentours de petites maisons, en attendant la fin d'un chômage qu'ils n'ont pas souhaité, qu'ils subissent, au nom de certains « principes imprescriptibles » dont on leur rebat les oreilles, et qu'ils vénèrent de loin, les pauvres diables, sans comprendre exactement ce que cette ruineuse discipline signifie. On leur a affirmé qu'ils étaient tyrannisés, et ils ont consenti à le croire ; et les voilà, malgré eux, coalisés contre un homme charmant[1] dont hier encore ils chantaient les louanges.

Guy, *L'Illustration*, 21 septembre 1892.

1. L'auteur évoque M. Humblot, le directeur de la Société des mines de Carmaux (SMC).

Précisez le point de vue du journaliste de *L'Illustration* sur la grève des mineurs.

b. Roll, *La Grève des mineurs*, 1880, illustration parue dans *Le Petit Journal*, supplément illustré, 1er octobre 1892.

- **Comparez l'image que *Le Petit Journal* et *L'Illustration* donnent des mineurs (doc. 1a et 1b).**
- **Dites ce que cette comparaison nous apprend sur le regard que porte la société sur les mineurs et leur combat.**

2 L'engagement de Jaurès dans la grève

Les citoyens ont-ils le droit d'élire, pour les représenter, un ouvrier, et les ouvriers ont-ils le droit de prétendre aux fonctions électives, municipales ou législatives ? Oui ! Si une compagnie, si une société industrielle quelconque chasse l'ouvrier élu parce qu'il a été élu, si elle lui retire, à cause du mandat qu'il a reçu, les moyens de vivre, y a-t-il violation du suffrage universel ? Évidemment, oui [...].

On saura que c'est la compagnie qui a suscité et voulu la grève avec toutes ses conséquences, et qu'écrasée politiquement par les victoires pacifiques des ouvriers, elle a demandé son salut à des incidents provoqués par elle. On saura que même après le renvoi de Calvignac, qui était un défi à tous les ouvriers et un attentat à leur liberté, ils ont cherché à négocier avec la compagnie, et que, deux fois, leur délégation a été repoussée avant qu'ils aient songé à forcer la porte[1]. [...]

Il y a un fait qui domine tout : un ouvrier républicain, élu maire et conseiller d'arrondissement, a été congédié, pour cette seule raison, par la compagnie. [...] Or, renvoyer de la mine un ouvrier élu par ses camarades uniquement parce qu'il est élu, c'est dire aux ouvriers qu'en nommant leur camarade ils le chassent ; c'est donc s'opposer par l'intimidation à la liberté du vote ; c'est tomber sous le coup du Code pénal. [...] Déjà, d'un bout à l'autre de la France, le parti ouvrier s'émeut, car c'est pour lui une question de vie ou de mort. Il faut que les ouvriers de Carmaux puissent tenir, s'il est nécessaire, même jusqu'à la rentrée des Chambres. Il faut que chacun de nous, selon ses ressources, envoie son obole, petite ou grande, au trésorier du comité [de grève]. Il faut que les organisations syndicales et les Bourses du travail envoient leurs fonds et tout de suite. Il faut que dans toutes les réunions, les banquets qui fêteront le 22 septembre[2], de larges collectes soient faites au profit de Carmaux.

Jean Jaurès, *La Dépêche*, 6 septembre 1892.

1. Le 15 août, des mineurs ont saccagé le bureau du directeur de la Société des mines de Carmaux (SMC).
2. Centenaire de la fondation de la République (22 septembre 1792).

- **Identifiez les raisons qui poussent Jean Jaurès à soutenir le mouvement des mineurs.**
- **« Pour Jean Jaurès, la grève de Carmaux a également un enjeu national. » Justifiez cette affirmation.**

3 Jean Jaurès à Carmaux

Panneau scolaire des éditions Rossignol, 1953.

Montrez que cette scène illustre l'union entre un homme, Jean Jaurès, et un groupe social, les mineurs.

4 La fin de la grève

La grève de Carmaux est terminée. On en peut maintenant marquer les résultats. Ils sont grands, très grands et durables. Il y en a de deux sortes : les uns, immédiats, les autres plus ou moins éloignés. [...] Il est certain maintenant qu'aucune compagnie, aucune société industrielle n'osera créer des difficultés aux ouvriers investis d'un mandat électif : le suffrage universel s'est défendu trop énergiquement pour qu'on puisse l'inquiéter de nouveau. Ainsi, dans toutes les agglomérations industrielles d'abord, et bientôt de proche en proche, dans toutes les communes, les salariés auront une part du pouvoir administratif ; il y aura là pour le socialisme comme des forteresses locales, et de plus les travailleurs auront là un point d'appui pour envoyer des représentants dans toutes les assemblées, dans les conseils généraux, à la Chambre et au Sénat même. [...] La victoire de 3 000 ouvriers permet d'affirmer que la solidarité des millions de salariés qui peinent en France aura bientôt raison de toutes les résistances.

Jean Jaurès, *La Dépêche*, 8 novembre 1892.

Résumez le point de vue de Jean Jaurès sur la grève de Carmaux.

Vers l'EXAM **Montrez comment l'engagement de Jean Jaurès dans cette grève permet aux mineurs de Carmaux de faire entendre leurs revendications et, plus largement, contribue au progrès de la cause ouvrière en France.**

Être ouvrier à Saint-Étienne à la fin du XIXe siècle

Longtemps surnommée la « ville noire », Saint-Étienne, située au cœur du bassin houiller stéphanois, attire dès le milieu du XIXe siècle une main-d'œuvre considérable en provenance des campagnes environnantes. L'activité minière transforme la ville en un grand centre industriel, terreau d'une culture ouvrière forte.

Clés pour comprendre

Un espace : le bassin houiller stéphanois

50 km de long, **12 km** de large.
44 % de la production houillère française en 1856, 33 % à la fin du XIXe siècle.
Plus de 190 puits exploités à Saint-Étienne.

Des hommes : les mineurs stéphanois

5 % de la population en 1848, **18 %** en 1886.
Jusqu'à 700 kg de charbon par jour et par mineur à la fin du XIXe siècle.
1861 : première catastrophe minière à Saint-Étienne : 19 morts.
1883 : création de la Fédération nationale des mineurs, ancêtre de la Fédération CGT du sous-sol.

1 Saint-Étienne, les mines dans la ville

Le puits Neyron des Houillères de Saint-Étienne, situé en face de la gare, carte postale de 1906.

- Identifiez sur cette photographie les éléments qui témoignent de l'activité minière.
- Justifiez le choix du titre donné à ce document.

2 Le travail à la mine

Les différentes compagnies de mines obligent les ouvriers mineurs à travailler généralement de 4 heures du matin à 6 ou 7 heures du soir (jusqu'à 8 et même 9 quelques fois, et cela sans augmentation de salaire), ce qui fait que c'est excessivement pénible pour eux, et leur occasionne une vieillesse prématurée, lorsqu'ils ne périssent pas à la tâche. De plus, en général, pendant l'intervalle de leurs pénibles journées, ils auraient besoin d'avoir (comme les autres ouvriers qui travaillent dehors) une heure pour prendre leurs repas de midi, et se reposer, mais il [sic] ne leur est point accordé. Il y a même des traîneurs qui sont obligés de traîner la benne d'une main, et tenir leur morceau de pain de l'autre, en sorte qu'ils travaillent ainsi de 12 à 17 heures sans relâche. Outre l'inconvénient d'épuiser leurs forces par un travail si prolongé, ils ont l'inconvénient d'être exposés plus longtemps aux dangers inséparables de l'exploitation des mines. 4 heures du matin à 6 heures du soir, cela fait 14 heures de présence !

Pétition des mineurs de Saint-Étienne adressée au préfet de la Loire (1865), citée dans Bernard Plessy, Louis Challet, *La Vie quotidienne des mineurs au temps de Germinal*, Hachette, 1984.

Qualifiez les conditions de travail des mineurs.

3 L'explosion au puits de la Manufacture

LE PROGRÈS ILLUSTRÉ

On s'abonne sans frais dans tous les bureaux de poste.

Supplément littéraire du « PROGRÈS DE LYON »

Les manuscrits non insérés ne sont pas rendus

ABONNEMENTS	ADMINISTRATION ET RÉDACTION	ANNONCES
Rhône et limitrophes ..... 2 » 3 50 de ces départements 2 50 4 50	10, Place de la Charité, 10 ADRESSER LES CORRESPONDANCES ET ABONNEMENTS à M. Léon DELAROCHE, administrateur	Les annonces sont reçues exclusivement : A LYON : à l'Agence V. Fournier, 14, rue Confort, et dans ses succursales de Grenoble, Saint-Étienne, Mâcon et Dijon. A PARIS : à l'Agence Havas, place de la Bourse, 8.

LA CATASTROPHE DE SAINT-ÉTIENNE

1. Vue générale du Puits de la Manufacture. — 2. La remontée des cadavres. — 3. Les cercueils des victimes dans la cour de l'Hôpital du Soleil. 4. Un élève de l'École des Mines de Saint-Étienne et un mineur.

Le Progrès illustré, 20 décembre 1891.

Le 6 décembre 1891, à 2 h 30, une explosion au puits de la Manufacture fait 62 morts et 10 blessés.

Montrez que cette Une fait écho au document 2.

4 Les conditions de vie des mineurs

a. Maison de mineurs dans le quartier de Tarentaize, 1902.

Décrivez les logements ouvriers. Justifiez votre réponse en citant des éléments précis du document.

b. Les jardins ouvriers dans la plaine du Clapier.

En effet, les terrains ne manquent pas à Saint-Étienne. Les hauts agrès des mines règnent sur un désert, car les champs minés, où nul ne peut bâtir, ne sont pas exploités par les sociétés minières. On peut donc louer… On partagera en lots. On donnera, on prêtera outils, engrais, semences. Ce seront les ressources doublées, triplées pour les familles nombreuses. On aura la soupe au chou et les légumes frais. Ce sera pour tous les mineurs, déracinés en grand nombre des plaines du Forez ou des pâtis de la Haute-Loire, le retour à la bonne terre et au chaud soleil. […] On aidera l'ouvrier, on occupera ses loisirs et on lui rendra ses racines rurales.

Père Volpette, fondateur des premiers jardins ouvriers, cité dans Louis Théolier, *L'Homme noir chez les hommes noirs : le Père Félix Volpette, fondateur des « Jardins ouvriers », 1856-1922*, Spes, 1930.

Relevez les raisons pour lesquelles le père Volpette souhaite créer des jardins ouvriers.

5 Chant de mineurs

Ils réclamaient leurs droits par une grève immense,
Nos courageux mineurs aux traits noirs mais riants ;
Plus de bras au travail, donc un morne silence
Règne autour de leurs puits, naguère si bruyants.
Mais hélas ! tout à coup la fusillade tonne,
Puis on entend des cris de douleur et d'effroi !…
La poudre est en fumée et le clairon résonne,
Onze frères sont morts en réclamant un droit.
Soldats, vous avez tué nos frères sans défense,
Vous êtes des bourreaux.
On a tué l'enfant dans les bras de sa mère,
Égorgé lâchement la femme à genoux,
Un paisible vieillard qui défrichait sa terre…
On parlera longtemps soldats de ce « fait d'arme » […]
Soldats, quand vous frappez l'ennemi de la France
Dans un loyal combat, vous êtes des héros ;
Mais quand vous massacrez vos frères sans défense,
Vous n'êtes plus soldats, vous êtes des bourreaux.

La Ricamerie (extrait), paroles de Rémy Doutre (chansonnier et mineur stéphanois), août 1869.

Précisez en quoi ce chant témoigne de la condition des mineurs au XIXe siècle à Saint-Étienne.

Vers l'EXAM **Présentez le quotidien des mineurs stéphanois à la fin du XIXe siècle.**

Un monde ouvrier en mutation

Notions

Organisation scientifique du travail : mise au point aux États-Unis dans les années 1880 par l'ingénieur Frederick W. Taylor, elle repose sur la décomposition du travail en tâches chronométrées, sur la mécanisation des procédés de production et sur la division entre tâches de conception et de production.

Automatisation : exécution des tâches techniques par des machines entièrement informatisées.

Synthèse audio
www.lienmini.fr/hg1-01

■ **Malgré la diffusion de l'industrialisation depuis la fin du XVIIIe siècle, les ouvriers restent peu nombreux dans la société française,** ne représentant que 18 % de la population active en 1880. Peu homogène, le monde ouvrier est alors essentiellement constitué d'une main-d'œuvre rurale qui, pour survivre, cumule deux activités : l'une à la fabrique ou à l'atelier, parfois installé dans le domicile, l'autre aux champs. La condition ouvrière se caractérise par des conditions de vie et de travail difficiles : longueur des journées, salaires très bas, absence de protection sociale. Sporadiquement, des révoltes éclatent mais **les gouvernements restent sourds aux revendications ouvrières et répriment sévèrement ces manifestations** (canuts lyonnais en 1831, Commune de Paris en 1971), même après avoir légalisé la grève en 1864.

■ **À partir des années 1880, l'industrialisation s'accélère, les usines se développent.** De taille variable, elles nécessitent une main-d'œuvre nombreuse et peu qualifiée. Les effectifs ouvriers augmentent (3 millions en 1870, 4,7 en 1911, 7 en 1931 et 8,2 en 1975), notamment dans les mines et la métallurgie, et se féminisent. Le recours à l'immigration se systématise pour pallier des besoins toujours plus importants. **Pour améliorer les rythmes de production, certains patrons mettent en place le travail à la chaîne.** Amorcée dès le début du XXe siècle, cette **organisation scientifique du travail** se généralise et bouleverse le travail de l'ouvrier. Répétitive, de plus en plus déshumanisée, elle ne demande aucune qualification et impose des cadences que l'ouvrier ne maîtrise plus. À partir de 1950, l'**automatisation** progresse et concurrence les hommes, peu à peu remplacés par des machines.

Vérifier sa compréhension de la leçon

Retrouvez les points de la leçon illustrés par ces documents. Expliquez vos choix.

1. Seulement nous sommes en face du Creusot, la plus grande usine de France et peut-être d'Europe. Il y a ici quantités de machines et de fourneaux, et plus de seize mille ouvriers qui travaillent nuit et jour pour donner à la France une partie du fer qu'elle emploie. C'est de ces machines et de ces énormes fourneaux chauffés à blanc continuellement que partent les lueurs et les grondements qui nous arrivent. [...] Il y a trois grandes usines distinctes : fonderie, ateliers de construction et mines ; chacune des parties est reliée à l'autre par des chemins de fer ; c'est un va et vient perpétuel.

Augustine Fouillée (écrit sous le pseudonyme G. Bruno), *Le Tour de la France par deux enfants*, Belin, 1877.

2. L'usine automobile Peugeot au début du XXe siècle.

Organiser ses connaissances à l'aide d'un schéma

Recopiez puis complétez ce schéma avec les éléments de la leçon. Faites le même schéma pour la période 1880-1975.

Fin XVIIIe siècle-1880

- → Poids des ouvriers dans la population active ....
- → Caractéristiques du monde ouvrier ....
- → Lieu du travail ouvrier ....
- → Conditions de travail ....

Une conscience de classe et une culture ouvrières

Notions

Socialisme : doctrine née au XIXe siècle prônant, par la révolution ou par des réformes, la disparition des inégalités sociales et la remise en cause de l'économie capitaliste.

Conscience de classe : prise de conscience, par un groupe social, d'intérêts communs qui le pousse à s'organiser en partis et en syndicats pour sa défense.

Syndicat : organisation de salariés par branche de métiers pour obtenir une amélioration de leurs conditions de vie et de travail.

Culture ouvrière : ensemble de valeurs et d'activités communes aux ouvriers.

Synthèse audio
www.lienmini.fr/hg1-02

■ **Au XIXe siècle, perçus par les classes dirigeantes comme une menace pour l'ordre social, les ouvriers sont marginalisés dans la société. À partir des années 1880,** plus nombreux et influencés par les idées **socialistes**, ils **développent une conscience de classe**. Organisés en **syndicats** (création de la CGT en 1895), représentés politiquement dans des partis « ouvriers » (création de la SFIO en 1905 et de la SFIC en 1920), **ils radicalisent leurs luttes**. Sous la pression de leurs revendications, **de nombreuses lois sociales sont votées.** Les accords de Matignon en 1936 puis de Grenelle en 1968 permettent des progrès importants dans la situation des salariés. Le plein emploi des Trente Glorieuses ouvre l'accès à la société de consommation, mais les conditions de travail restent difficiles : la concurrence internationale, aggravée par la crise économique des années 1970, multiplie les délocalisations et les licenciements.

■ **Si la conscience de classe s'est forgée dans les combats collectifs, la culture ouvrière s'est construite dans la cité ouvrière ou la banlieue.** La rue, la fontaine, le lavoir ou le « bistro », où l'on se retrouve pour le plaisir mais aussi pour les réunions politiques et syndicales, sont les premiers lieux de sociabilité. Avec la diminution de la durée du travail, les loisirs se développent et le monde ouvrier retrouve, notamment dans le sport, des valeurs qui sont les siennes – l'aventure collective dans le football ou la résistance à la souffrance avec la pratique du cyclisme. **Au XXe siècle, la diffusion d'une culture de masse efface progressivement les spécificités de la culture ouvrière,** même si celle-ci s'exprime encore lors du 1er mai ou de la fête de *L'Humanité*.

Vérifier sa compréhension de la leçon

Retrouvez les points de la leçon illustrés par ces documents. Expliquez vos choix.

1. L'arrivée du tour de France au stade Geoffroy Guichard à Saint-Étienne, le 24 juillet 1953.

2. Affiche de l'Atelier populaire de l'École des Beaux-Arts de Paris, mai 1968.

Organiser ses connaissances à l'aide d'un schéma

Recopiez puis complétez ce tableau avec les éléments de la leçon afin de définir la notion de conscience de classe. Faites le même schéma pour la culture ouvrière.

Facteurs à l'origine de son émergence .... → CONSCIENCE DE CLASSE → Caractéristiques .... / Manifestations ....

EXAM

Évaluer ses connaissances sur le sujet d'étude

Les idées essentielles

Répondez en quelques phrases aux questions suivantes.

1. Quelles sont les principales évolutions du travail ouvrier entre 1830 et 1975 ?
2. De quels moyens d'action disposent les ouvriers pour faire entendre leurs revendications ?
3. Pourquoi la victoire du Front populaire en 1936 est-elle importante pour les ouvriers ?
4. Comment s'exprime la culture ouvrière ?

Illustrez chacune des affirmations suivantes par des exemples.

1. Au début du XIXe siècle, le monde ouvrier est très divers.
2. Les premières organisations ouvrières se mettent en place à la fin du XIXe siècle.
3. La condition ouvrière s'améliore après 1945.
4. L'identité ouvrière se constitue peu à peu autour de pratiques sociales et culturelles communes.

Les périodes clés

Associez chaque période aux éléments qui la caractérisent : 1830-1890 • 1890-1930 • 1930-1975

Généralisation de l'automatisation du travail • Développement de quartiers ouvriers • Deuxième industrialisation • France encore très rurale • Spécialisation des usines • Amélioration du niveau de vie des ouvriers • Mécanisation du travail • Pénurie d'ouvriers • Fabriques et manufactures • Organisation des syndicats • Concentration des usines • Apogée du nombre d'ouvriers

Les notions clés

Associez chaque notion à sa définition.

1. Socialisme
2. Paternalisme
3. Syndicat
4. Classe

a. Groupe de personnes partageant des conditions de vie, des comportements et des intérêts communs.

b. Association professionnelle qui cherche à défendre les droits et les intérêts de ses membres.

c. Doctrine née au XIXe siècle prônant la disparition des inégalités sociales.

d. Attitude protectrice du patron envers ses employés (éducation, logements, soins médicaux..). En contrepartie, les employés lui doivent respect et obéissance.

Les faits

Retrouvez les points du sujet d'étude illustrés par chaque document. Expliquez vos choix.

1. Ouvriers au café, carte postale, début du XXe siècle.

2. Affiche, 1912.

Répondre à des questions de connaissance

➜ Mettre en œuvre les capacités et les connaissances du programme d'histoire

▸ Sujet d'étude

Être ouvrier en France (1830-1975)

En vous appuyant sur le document, répondez aux questions suivantes.

1. Précisez le contexte de publication de ce magazine.

2. Expliquez le titrage de cette Une : « Un peuple entier manifeste sa volonté dans la joie ».

3. Justifiez le choix du magazine d'ajouter à cette scène de manifestation les photographies de Léon Blum et de Maurice Thorez.

4. Montrez que l'événement évoqué par ce document a marqué l'histoire du monde ouvrier.

Une du magazine *Regards*, photomontage avec Léon Blum et Maurice Thorez, 14 juillet 1936

Coup de pouce

1. « Préciser le contexte de publication », c'est indiquer, après avoir identifié la date du document, les circonstances dans lesquelles il a été produit.

2. « Justifier », c'est donner des éléments qui expliquent une situation. Il s'agit ici d'expliquer la présence de Blum et Thorez sur la couverture du magazine. Vous devez donc connaître ces personnages.

3. « Montrer », c'est donner la preuve. Pour répondre, vous devez identifier l'événement évoqué sur la Une et mobiliser vos connaissances pour en dégager l'importance pour le monde ouvrier.

▸ Situation 1

1892, la grève de Carmaux et Jean Jaurès

Présentez Jean Jaurès et expliquez pourquoi il a joué un rôle important dans la grève de Carmaux.

▸ Situation 2

Être ouvrier à…

Caractérisez le travail et la vie ouvrière dans une ville de votre choix, à une période ou à une date que vous préciserez. Pour cela, recopiez puis complétez le tableau et, à chaque fois que cela est possible, illustrez vos réponses avec des exemples précis.

Ville	....
Date *ou* période	....
Activité(s) industrielle(s)	....
Type et organisation du travail	....
Conditions de travail (temps de travail, de repos…)	....
Rapports avec la direction	....
Conditions de vie (logements, niveau de vie, sociabilité…)	....

EXAM

EXERCICE GUIDÉ

Répondre à des questions à partir d'un support documentaire

➜ Exploiter un document pour analyser une situation historique

Discours de Georges Clemenceau, républicain radical, à la Chambre des députés, le 8 mai 1891

Le 1er mai 1891 à Fourmies, ville industrielle et textile du nord de la France, les ouvriers manifestent pacifiquement pour revendiquer la journée de 8 heures. Pour les disperser, le préfet mobilise la troupe. Le bilan est de 9 morts et de 35 blessés.

L'industrie est venue, la mangeuse d'hommes, l'implacable industrie, qui a pris les développements que l'on sait, attachant l'ouvrier à la machine comme le serf était attaché à la glèbe.

Qu'a-t-on fait ensuite ? Les républicains se sont répandus partout, demandant le suffrage universel [...]. Et vous avez pensé que [ces hommes des champs ou des usines] se contenteraient de cette part congrue de souveraineté ? Quelle erreur ! Sommes-nous bien sûrs – et je suis le premier à me mettre en cause –, sommes-nous bien sûrs d'avoir fait tout ce qu'il fallait pour éviter les conflits, de nous être préoccupés comme nous l'aurions dû des questions si graves et si aiguës que soulève l'état social actuel, d'avoir eu toujours présentes devant nous les questions si troublantes, si impérieusement urgentes, que la vie pose quotidiennement pour tant d'hommes qui n'ont eu d'autre tort que de naître ? Sommes-nous sûrs d'y avoir tout sacrifié ? Assurément non ! [...] Eh bien, quand vous regardez ce qui s'est passé à Fourmies – je ne veux pas prononcer de gros mots, Monsieur le président du Conseil – qui pourrait soutenir, ici ou devant l'Europe, devant le monde civilisé, que les faits qui se sont passés à Fourmies avant la fusillade justifient la mort de ces femmes, de ces enfants, dont le sang a pour si longtemps rougi le pavé ! Non, assurément, il y a une disproportion épouvantable entre les actes qui ont précédé la fusillade et la fusillade elle-même. [...] Il y a quelque part, sur le pavé de Fourmies, une tâche de sang innocent qu'il faut laver à tout prix !

1 Citez deux éléments précis qui justifient l'image que donne Clemenceau de l'industrie.

- Retrouvez et expliquez la métaphore employée par Clemenceau pour évoquer l'industrie.
- Sélectionnez dans vos connaissances des faits qui illustrent cette image.

Votre réponse : « Clemenceau décrit l'industrie ... (*image utilisée*). Cette image est fondée car ... (*1er fait historique qui justifie cette image*). De plus, ... (*2nd fait historique*). »

2 Relevez les deux critiques adressées par Clemenceau aux républicains.

▶ Extraits du doc.

- Identifiez ces deux critiques dans le texte.
- Citez-les dans votre réponse, sans forcément les reformuler.

Votre réponse : « Clemenceau pense que les républicains ... (*1re critique*). De plus, il constate que ... (*2de critique*). »

3 Résumez le point de vue de Clemenceau sur la manifestation de Fourmies.

▶ Extraits du doc.

- Retrouvez dans le texte les passages qui traduisent l'opinion de Clemenceau.
- Identifiez puis reformulez ses arguments.

Votre réponse : « Pour Clemenceau, la manifestation de Fourmies (*indiquez son point de vue*). En effet, il ... (*reprenez son 1er argument*). De plus, il ... (*2nd argument*). »

4 Montrez que ce discours illustre la situation des ouvriers en France à la fin du XIXe siècle : conditions de travail, organisation et luttes ouvrières.

▶ Extraits du doc.

- Recherchez ce que dit Clemenceau des ouvriers.
- Mobilisez vos connaissances sur ce sujet et mettez-les en relation avec les propos de Clemenceau.

Votre réponse : « Clemenceau décrit la situation des ouvriers ... (*citez Clemenceau*). En effet, à la fin du XIXe siècle, le monde ouvrier se caractérise ... (*connaissances personnelles*). De plus, ... (*connaissances personnelles*). Enfin, ... (*connaissances personnelles*). »

SUJET D'ÉTUDE

2. Les femmes dans la société française de la Belle Époque à nos jours

Combattre pour la reconnaissance d'une citoyenneté au féminin

« Les femmes d'aujourd'hui sont en train de détrôner le mythe de la féminité ; elles commencent à affirmer concrètement leur indépendance mais ce n'est pas sans peine qu'elles réussissent à vivre intégralement leur condition d'être humain. Élevées par des femmes, au sein d'un monde féminin, leur destinée normale est le mariage, qui les subordonne encore pratiquement à l'homme ; le prestige viril est bien loin de s'être effacé : il repose encore sur de solides bases économiques et sociales. »

Simone de Beauvoir, *Le Deuxième Sexe*, Gallimard, 1949.

HISTOIRE DES ARTS

Marche internationale des femmes à Paris le 20 novembre 1971 en faveur de la légalisation de l'avortement.

Dès les années 1950, des mouvements comme le Planning familial militent pour la légalisation du contrôle des naissances et poussent les autorités à légaliser la contraception. Très rapidement, les féministes se font le relai de ces revendications.

Lutter pour une autre place dans la société

Situations

La lente émancipation

Au début du XXe siècle, le rôle de la femme reste celui de la **ménagère** qui se consacre à sa **famille** et à l'**éducation de ses enfants**.

Carnet de la bonne ménagère, Livre de recettes de la Compagnie Liebig, 1896.

De 1914 à 1918, **les femmes participent** activement à **l'effort de guerre** et remplacent les hommes aux champs et dans les usines.

Le grand atelier d'usinage et de montage d'obus de l'usine Citroën à Paris, octobre 1915.

1870 – 1880 – 1890 – 1900 – 1910 – 1920 – 1930 – 1940 – 194

IIIe RÉPUBLIQUE — ÉTAT FRANÇAIS

1re Guerre mondiale — 2de Guerre mondiale

Naissance du féminisme — **Développement du féminisme et lente évolution du droit des femmes**

- **1881** Scolarisation obligatoire des filles de 6 à 13 ans
- **1907** Liberté pour la femme de disposer de son salaire
- **1909** « Union française pour le suffrage féminin »
- **1911** Création d'une section féminine à la CGT
- **1920** Droit d'adhérer à un syndicat sans l'autorisation du mari. Lois natalistes punissant l'avortement et la contraception
- **1925** Mêmes programmes d'enseignement pour les filles et les garçons
- **1936** Trois femmes dans le gouvernement de Front populaire
- **1940** Décret limitant l'emploi des femmes dans la fonction publique
- **1942** Loi punissant l'avortement de peine de mort

des femmes au XXe siècle

Pendant la Seconde Guerre mondiale, des femmes **s'engagent dans le combat clandestin** au sein de mouvements de résistance et de réseaux et prennent ainsi une part active à la libération du territoire.

Parisienne montant une barricade en août 1944, lors de la libération de Paris par les troupes alliées.

En 2007, et pour la **première fois** depuis 1944, date à laquelle les **femmes** obtiennent le droit de vote et d'éligibilité, une femme accède au **second tour d'une élection présidentielle**.

Ségolène Royal en meeting au stade Charléty à Paris, le 1er mai 2007.

1946 – 1950 – 1958 – 1960 – 1970 – 1980 – 1990 – 2000 – 2010 – 2014

IVe RÉPUBLIQUE | **Ve RÉPUBLIQUE**

Émergence d'un féminisme plus radical et révolution de la condition féminime

- **944** —)roit de vote et d'éligibilité
- **946** — :galité des droits entre hommes :t femmes (Constitution)
- **1960** — Planning familial
- **1963** — Mixité dans les collèges d'enseignement secondaire
- **1965** — Autorisation pour les femmes d'exercer une activité professionnelle sans le consentement du mari
- **1967** — Libéralisation de la contraception et autorisation de la pilule
- **1968** — « Mouvement de libération des femmes » (MLF)
- **1974** — Création d'un secrétariat d'État à la condition féminine
- **1975** — Légalisation de l'IVG
- **1980** — Loi interdisant le licenciement d'une femme enceinte
- **1984** — Loi pour l'égalité hommes-femmes au travail
- **1998** — Féminisation du nom des métiers, des corps et des grades
- **2000** — Loi sur la parité politique

Vers l'EXAM **« L'histoire des femmes au XXe siècle est celle d'une émancipation lente et difficile. » Justifiez cette affirmation à l'aide des documents et de la frise.**

▶ Croisez les photographies et les dates pour expliquer pourquoi on qualifie cette émancipation de « lente » et « difficile ».

A. Les femmes face aux conservatismes (1914-1944)

1 L'éducation des filles au début du xxᵉ siècle

a. Classe d'une école primaire en 1900.

b. Discours d'inauguration du directeur du nouveau lycée[1] de jeunes filles de Rouen (1910).

Nous ne désirons pas, pour la plupart d'entre elles, que ce rêve de faire carrière devienne une réalité [...].
Ce n'est pas cependant dans le prétoire ou dans l'amphithéâtre que nous cherchons à orienter la jeune activité du plus grand nombre de nos élèves : notre but est tout autre. Il faut qu'elles restent des filles affectueuses, et qu'elles deviennent plus tard des épouses dévouées, des mères attentives [...] ; nous voulons aussi que les grandes idées de progrès, de solidarité sociale, fassent battre un jour le cœur de chacune à l'unisson de son mari.

Cité par Françoise Mayeur, *L'Éducation des filles en France*, Hachette Littératures, 1971.

1. Jusqu'à la loi Camille Sée votée en 1880, il n'existe que des lycées de garçons.

- **Caractérisez l'instruction des filles au début du xxᵉ siècle.**
- **Expliquez pourquoi les propos du directeur du lycée de Rouen font écho à la photographie.**

2 L'accès à des métiers d'hommes

Carte postale, 1901.

Si les femmes peuvent étudier le droit, elles ne sont autorisées à exercer la profession d'avocat qu'en 1900.

Qualifiez l'image que cette carte postale donne de l'accès des femmes à des métiers d'hommes. Justifiez votre réponse en citant des éléments précis du document.

3 Les femmes dans la guerre (1914-1918)

13 mai 1917. Gouverneur militaire Lyon. Les ouvrières chargement cartoucherie Valence au nombre de 950 ont pris prétexte hier soir d'une modification tarifs salaires pour cesser travail et rester bras croisés dans ateliers. En présence de cette attitude, directeur les a autorisées à sortir à minuit 30. Sortie s'est effectuée tranquillement mais groupement s'est formé plus loin et manifestation comprenant environ 500 femmes s'est produite rue Valence. Actuellement grève continue. Femmes des autres ateliers en tout 2 500 ont cessé travail moins par esprit de solidarité que par crainte des grévistes. Après-midi cortège s'est formé sans violences et autre incident.
Directeur aidé du syndicat s'efforce de faire reprendre travail. Mais ce soir n'ayant pas encore abouti, personnel avisé par affiche que ateliers chargements et fabrications fermés jusqu'à nouvel ordre ainsi que autres ateliers de femmes. Hommes continuent travail dans mesure possible. La grève a pour prétexte des questions salaires mais en réalité pour cause de lassitude, énervement, difficultés de vie, privations notamment de charbon et en général mauvais esprit continue à régner chez personnel féminin.

Extrait d'un télégramme de l'armée au gouvernement, 1917, cité dans Roger Colombier, *Le Travail des femmes autrefois*, L'Harmattan, 2012.

- **Indiquez l'objet de ce télégramme.**
- **« Lors de la Première Guerre mondiale, la place des femmes dans la société change. » Illustrez cette idée par des exemples (Repères, p. 176).**

4 La revendication des droits civiques

a. Dans tous les cas, l'heure n'est point venue de remettre un bulletin de vote à la femme […].
En sa mentalité faite d'abord de sentimentalité, la femme est-elle apte comme l'homme à aborder les luttes du forum, l'ardente bataille des luttes politiques ? […] Ce n'est pas avec des larmes, ce n'est pas avec la sensiblerie qu'on peut mener des destinées humaines. […]
À quel moment vous propose-t-on d'adopter une telle modification de notre droit public ?
Au lendemain de la guerre effroyable […], près de deux millions d'hommes manqueront à l'appel demain autour des urnes électorales : rompant formidablement l'équilibre, ils seront remplacés par des femmes ; si l'électorat était établi, il y aurait deux millions d'électrices de plus que d'électeurs ; suivant le terme de notre vieux droit et contrairement à ses sages principes, « la France tomberait en quenouille ».

Discours du sénateur Alexandre Bérard au Sénat, Paris, 1919.

- **Résumez le point de vue du sénateur Bérard.**
- **Relevez ses arguments pour justifier son point de vue.**

b. Tract édité par le Conseil national des femmes en 1929 pour les états généraux du féminisme.

- **Décrivez la situation politique et civique des femmes dans les années 1930.**
- **Précisez la revendication du Conseil national des femmes et les valeurs qu'il met en avant.**

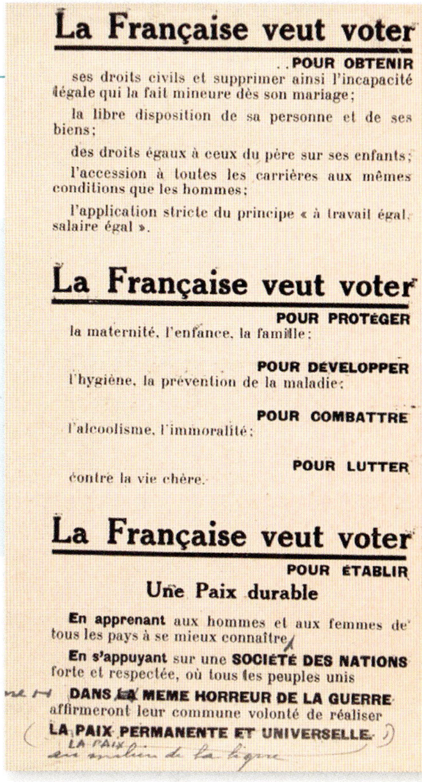

La Française veut voter

POUR OBTENIR
ses droits civils et supprimer ainsi l'incapacité légale qui la fait mineure dès son mariage ;
la libre disposition de sa personne et de ses biens ;
des droits égaux à ceux du père sur ses enfants ;
l'accession à toutes les carrières aux mêmes conditions que les hommes ;
l'application stricte du principe « à travail égal, salaire égal ».

La Française veut voter

POUR PROTÉGER
la maternité, l'enfance, la famille ;
POUR DÉVELOPPER
l'hygiène, la prévention de la maladie ;
POUR COMBATTRE
l'alcoolisme, l'immoralité ;
POUR LUTTER
contre la vie chère.

La Française veut voter

POUR ÉTABLIR
Une Paix durable
En apprenant aux hommes et aux femmes de tous les pays à se mieux connaître,
En s'appuyant sur une SOCIÉTÉ DES NATIONS forte et respectée, où tous les peuples unis
DANS LA MÊME HORREUR DE LA GUERRE affirmeront leur commune volonté de réaliser
LA PAIX PERMANENTE ET UNIVERSELLE.

5 L'accès aux responsabilités politiques

La Française

Journal d'information et d'action féminines

PARAIT LE SAMEDI

Trois Femmes font partie du Gouvernement

Par la grande porte...

Vers l'égalité

LES FEMMES VEULENT LE DROIT DE VOTE

Une démarche au Palais-Bourbon

La Française, 13 juin 1936.
Alors que les femmes n'ont toujours pas le droit de vote, Léon Blum nomme sous-secrétaires d'État Suzanne Lacore, Irène Joliot-Curie et Cécile Brunschvicg.

Expliquez pourquoi la décision du Front populaire a une portée symbolique.

6 La place des femmes dans l'État français

Document édité par l'État français entre 1940 et 1944.

- **Comparez ce document au doc. 1.**
- **Formulez deux observations.**

Vers l'EXAM **Montrez que l'émancipation des femmes progresse très peu entre 1914 et 1944 en raison du poids des conservatismes.**
▶ Recherchez le sens du terme « conservatisme ».
▶ Retrouvez dans les documents des exemples qui illustrent ces conservatismes face aux femmes.
▶ Expliquez pourquoi ils sont des obstacles à l'émancipation des femmes.

B. L'affirmation des femmes dans la société depuis 1945

1 L'égalité des droits politiques

C'est pendant l'Occupation que les mentalités ont changé, et c'est dans la Résistance que les femmes ont gagné le droit de voter et d'être élues. Elles avaient montré leur courage, pris des risques fous, reçu les clandestins, assuré la transmission des messages… Il était impossible de leur dénier encore le droit de vote. Ce n'est pas de Gaulle qui leur a donné. Ce sont les femmes qui l'ont glorieusement gagné. […]
En 1945, les socialistes m'avaient désignée comme candidate dans l'Aube où mon mari s'était investi avant-guerre. Mais sur place, il y a eu des protestations : « Quoi ? Une Parisienne ? Et une femme en plus ? » […] Je trouve que les femmes n'ont pas assez profité des pouvoirs dont elles pouvaient se saisir. Elles auraient dû s'introduire plus massivement dans les partis, les journaux. Je sais que c'était difficile. La religion, la tradition, les réticences masculines sont des freins permanents.

Gilberte Brossolette, propos recueillis par Annick Cojean pour *Le Monde*, 9 mars 2001.

- **Indiquez dans quelles circonstances les femmes obtiennent le droit de vote.**
- **Précisez pourquoi il est difficile pour les femmes d'affirmer leur place dans la société française.**

2 La persistance des conservatismes

Publicité française des années 1950.

Décrivez l'image que donne cette publicité du rôle des femmes dans la société française des années 1950.

3 Pour un mouvement de libération des femmes

Quand nous marchons dans les rues, nous sommes sifflées, huées, touchées, nous sommes appréciées ou dépréciées par les regards. […] Si nous résistons nous sommes bégueules, salopes, mégères ou féministes hystériques. Nous n'allons pas dans les rues comme des individus libres de croiser les regards. Nous sommes des objets en usage ou hors d'usage. […] La seule deuxième fonction qui nous est concédée dans la société où nous vivons est celle de ménagère, donc, elle nous est, elle aussi, rappelée avec une cruauté machiavélique. « Trois générations de femmes utilisent le fer à repasser machintruc », « Paic vous sort plus vite de votre cuisine », « Moulinex libère la femme », « Hoover recherche les clientes exigeantes ». Sans arrêt on nous rappelle que, ou bien nous sommes des objets sexuels ou bien nous sommes de par notre « nature » des ménagères, sacro-sainte fonction. […] Lorsque nous travaillons au-dehors, notre solitude est à peine moindre. Nous pouvons alors difficilement parler d'une activité de transformation sur le monde puisqu'on nous confie les tâches les plus subalternes, celles dont les hommes ne veulent pas. Il y a très peu d'hommes de peine, des milliers de femmes de ménage (pour un homme, cette sorte de travail est une « peine » ; pour une femme, du « ménage »). Dans les usines nous sommes […] des manœuvres. Dans les bureaux, dactylos, secrétaires, nous sommes les domestiques des cadres. Dans les hôpitaux, infirmières, nous sommes les servantes des médecins. […] Opprimées idéologiquement, économiquement et politiquement, nous savons que nous avons les moyens de lutter contre cette triple oppression. Nous disons, comme les premières féministes, il faut d'abord que nous nous unissions.

Monique Wittig, Gille Wittig, Marcia Rothenburg et Margaret Stephenson, « Combat pour la libération de la femme », *L'Idiot international*, n° 6, mai 1970.

- **Relevez les critiques formulées par les auteurs.**
- **Précisez l'objectif de leur mobilisation.**

4 La liberté de disposer de son corps

Affiche du Mouvement français pour le planning familial, 1980.

Justifiez le titre donné à ce document.

5 La place des femmes en politique

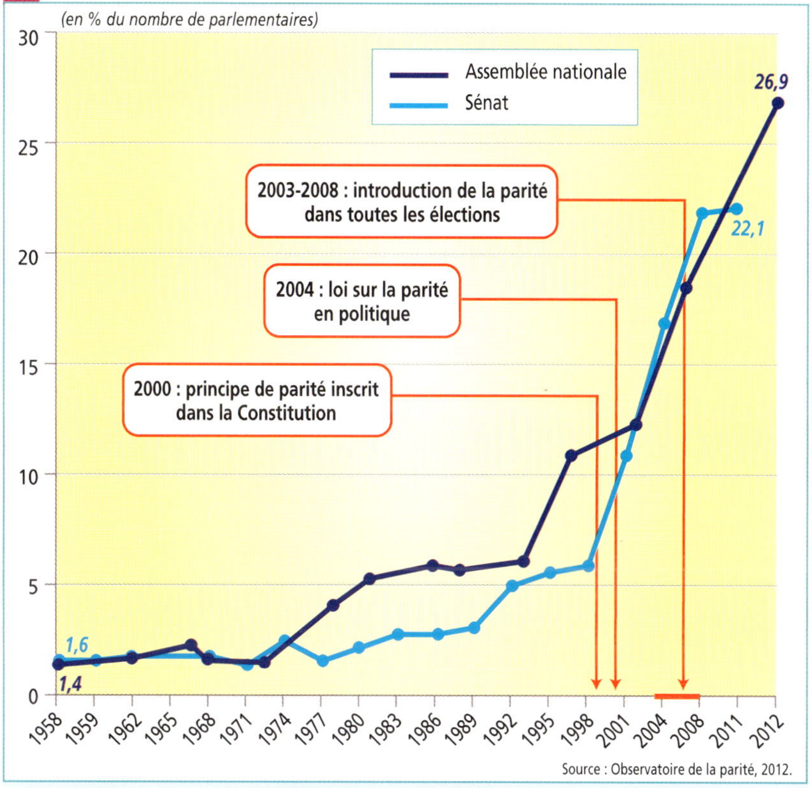

Source : Observatoire de la parité, 2012.

Observez ce graphique et formulez deux observations.

6 Les femmes dans le monde du travail aujourd'hui

a. Le travail des femmes reste en majorité peu qualifié. 60 % des femmes sont ouvrières ou employées. On constate une bipolarisation de l'emploi féminin depuis quelques années. Une minorité de femmes occupe des emplois très qualifiés, alors qu'une forte majorité est cantonnée dans des emplois peu qualifiés. […] La bipolarisation est le résultat d'un double mouvement, analyse Margaret Maruani, sociologue, directeur de recherches au CNRS. « Il y a eu un mouvement global d'élévation du niveau scolaire et universitaire des femmes, ce qui leur a permis d'embrasser des professions autrefois réservées aux hommes (journalistes, avocats, médecins) et d'accéder en plus grand nombre au statut de cadre. Mais c'est encore une petite minorité par rapport à l'écrasante majorité de femmes qui demeurent cantonnées aux emplois salariés d'exécution. » On retrouve nombre de femmes dans le service aux personnes, le commerce, l'hôtellerie-restauration. […] Les femmes ne représentent que 7 % des membres des états-majors des entreprises. […] Pourquoi un si faible pourcentage ? La faute au « plafond de verre », une limite invisible mais bien réelle qui empêche les femmes d'accéder aux plus hauts postes. Il résulte autant du manque d'empressement des entreprises à les promouvoir à certains postes que des réticences des femmes elles-mêmes, liées à leur recherche d'un équilibre entre vie professionnelle et vie privée.

D'après l'article de C. Leroy, *Le Monde*, 25 février 1998.

b. Manifestation à Paris, 2013.

Décrivez la situation des femmes dans le monde du travail.

Vers l'EXAM **Montrez que l'affirmation des femmes dans la société française depuis les années 1950 est le résultat d'un combat.**

▶ Interrogez-vous sur le sens de l'expression « s'affirmer dans la société ».

▶ Recherchez des éléments qui illustrent que :
- les femmes se sont affirmées dans la société depuis les années 1950 ;
- les femmes ont dû lutter pour s'affirmer.

Louise Weiss et le vote des femmes dans l'entre-deux-guerres

Dès l'adoption du suffrage universel masculin en 1848, des femmes revendiquent l'égalité des droits politiques. Or, si celles que l'on nomme les suffragettes obtiennent le soutien de l'Assemblée nationale, le Sénat s'oppose systématiquement au droit de vote des femmes. Dans les années 1930, les féministes, symbolisées par Louise Weiss, relaient leur combat par des actions parfois spectaculaires.

Clés pour comprendre

Un contexte

1848 : adoption du suffrage universel masculin ; début du militantisme féminin pour le droit de vote des femmes.
1876 : création du premier groupe suffragiste, Le Droit des Femmes.
1914-1918 : participation des femmes à l'effort de guerre.
1919-1939 : échec des propositions de loi en faveur du vote des femmes au Sénat.
1944 : droit de vote et d'éligibilité accordé aux femmes.

Une femme : Louise Weiss (1893-1983)

1915 : débute sa carrière de journaliste.
1918-1939 : milite pour des projets en faveur de la paix et de la Société des Nations.
1934 : élabore un programme commun avec les mouvements suffragistes et crée une association féministe, La Femme nouvelle, à l'origine de nombreuses manifestations.
1935 : se présente aux élections municipales.

1 La condition féminine au début du XXe siècle

Femmes, [...] dès que vous vous mariez, vous devenez incapables. En effet, vous devenez incapables de vous diriger librement, de voyager, d'exercer une profession ou un métier sans autorisation maritale : c'est l'incapacité quant à votre personne. Sans cette autorisation, il vous est impossible de gérer vos biens, d'acheter, de vendre, d'ester en justice pour défendre vos intérêts alors que vous pouvez être ruinées par un conjoint indigne qui vendra vos meubles ou gaspillera vos économies sans que vous ayez quoi que ce soit à dire : c'est l'incapacité quant à vos biens. Seules, vous ne pouvez prendre aucune décision pour les problèmes qui vous tiennent le plus à cœur, à savoir : l'éducation, la santé, l'avenir de vos enfants : c'est votre incapacité en matière de puissance paternelle. Par contre, vous n'avez besoin d'aucune autorisation pour être poursuivies par un tribunal répressif. Mineures pour vos biens, vous êtes majeures pour vos fautes. Exigez la réforme du code civil. Ce n'est pas tout, vous payez des impôts. Or, vous n'êtes pas consultées sur l'emploi des fonds que vous versez ainsi au budget. Pourtant, de ce budget dépendent les problèmes qui intéressent votre sort et celui de vos enfants, les traitements, les pensions, l'instruction publique et toutes les mesures relatives à la défense nationale, à la paix ou à la guerre. Votre argent est utile à la France. Votre opinion ne l'est-elle donc pas ? Exigez le droit de vote.

Louise Weiss, *Mémoires d'une Européenne*, t. 3 : *Combats pour les femmes, 1934-1939*, Albin Michel, 1980 (1re éd. 1970).

Relevez les revendications de Louise Weiss et les raisons qu'elle avance pour les justifier.

2 Regard sur le droit de vote des femmes en 1919

Le Rire, journal satirique, 1919.

- **Contextualisez ce document (« Clés pour comprendre », frise p. 176).**
- **Précisez le point de vue de ce journal sur le droit de vote des femmes.**

3 De nouvelles formes d'action

En 1936, Louise Weiss et les militantes de La Femme nouvelle envahissent la piste du champ de course de Longchamp lors du Grand Prix.

À l'attaque ! […] Aucun des 700 000 élus du suffrage universel qui gouvernent la France (conseillers municipaux, conseillers d'arrondissement, conseillers généraux, maires, députés, sénateurs) ne pourrait vous refuser le bulletin de vote, si, appuyées par le sentiment public, vous les acculiez à une décision. Tous les élus dépendent de l'opinion. Mobilisez donc la presse, le cinéma, la radio. […] Pour réussir, il [faut] jeter le féminisme dans l'arène de l'actualité. […] Créer des nouvelles [a] été l'explication du succès de Mrs Pankhurst[1], la célèbre suffragette britannique. Elle [a] suscité des faits amusants, divers, curieux, voire tragiques, que les gazettes [n'ont] pu passer sous silence. Il [faut] divertir au lieu de prêcher, tenir l'opinion en haleine, émouvoir, en un mot obliger le pays tout entier à prendre feu pour notre cause.

Propos tenus par Louise Weiss à Cécile Brunschvicg, présidente de l'association L'Union pour le suffrage des femmes, 1934, cités dans Louise Weiss, *Mémoires d'une Européenne*, t. 3 : *Combats pour les femmes, 1934-1939*, Albin Michel, 1980 (1re éd. 1970).

1. Féministe et militante anglaise qui se bat de 1898 à 1928 pour le droit de vote des femmes.

- Caractérisez les formes d'actions préconisées par Louise Weiss pour faire entendre ses revendications.
- Expliquez l'intérêt de ce type d'action.

4 Louise Weiss, candidate aux élections municipales du 5 mai 1935

À Paris, l'idée d'une participation féminine aux élections n'était pas tout à fait neuve. Les associations suffragistes l'avaient déjà mise en pratique en poussant des candidats masculins qui plaideraient pour leur cause […] mais ils se dérobaient souvent à des professions de foi en réunion publique, sous prétexte d'en avoir assez fait en présentant leur nom à la cause. Ou bien leurs affirmations n'étaient prises au sérieux par personne. Les femmes capables de les seconder dans le tapage des réunions se comptaient. Et puis, ils gênaient les candidats sérieux en leur prenant des voix. Les futurs élus maudissaient alors le vote des femmes, et nos intérêts ne s'en trouvaient pas mieux. Quelques femmes avaient également essayé de se présenter elles-mêmes, notamment dans les communes rouges de la banlieue. Élues, elles avaient siégé jusqu'à ce que le gouvernement déclarât nulle leur élection […].
J'imaginai un système nouveau sous forme d'une campagne symbolique qui ne gênerait en rien la campagne officielle.

Louise Weiss, *Mémoires d'une Européenne*, t. 3 : *Combats pour les femmes, 1934-1939*, Albin Michel, 1980 (1re éd. 1970).

- Indiquez ce que souhaite faire Louise Weiss et pourquoi.
- « Ce que souhaite faire Louise Weiss est illégal. » Justifiez cette affirmation.

5 Manifestation des militantes de La Femme nouvelle à Paris, 10 juillet 1936

Montrez que cette image est symbolique du combat mené par Louise Weiss et les féministes dans l'entre-deux-guerres.

Vers l'EXAM Décrivez le rôle de Louise Weiss dans le combat pour la reconnaissance du droit de vote des femmes.

Simone Veil et le débat sur l'IVG

Si l'après-guerre voit la reconnaissance de la citoyenneté politique des femmes, la société reste marquée par de profondes inégalités. Dans ce contexte, les groupes féministes font du droit des femmes à disposer librement de leur corps un enjeu essentiel de leur combat. En 1974, la ministre de la Santé, Simone Veil, propose à l'Assemblée nationale le vote d'une loi visant à légaliser l'interruption volontaire de grossesse (IVG).

Clés pour comprendre

Un contexte

1920 : loi interdisant toute forme de contraception et l'avortement.
1956 : création du mouvement La Maternité heureuse pour le droit à la contraception et à l'avortement.
1967 : autorisation de la pilule (loi Neuwirth).
1968 : naissance du Mouvement de libération des femmes (MLF).
1971 : *Manifeste des 343* dans lequel 343 femmes (des personnalités du spectacle, de la littérature et de la politique) déclarent avoir avorté.
1973 : *Manifeste des 331 médecins* revendiquant avoir pratiqué des avortements ; naissance du Mouvement pour la liberté de l'avortement et de la contraception.

Une femme : Simone Veil

Mai 1974 : ministre de la Santé et aux Affaires sociales.
26 novembre 1974 : défense du projet de loi sur l'IVG à l'Assemblée nationale.
29 novembre 1974 : après 25 heures de débat, le projet de loi est voté par 284 voix contre 181.
17 janvier 1975 : promulgation de la loi.

1 Maîtriser la maternité : une question vive dans la France des années 1960

J'observe que l'accord est fait sur deux réalités : la nécessité de remplacer la loi de 1920, qui est morte ; la nécessité d'une politique nataliste. Mais la combinaison d'une politique de régulation des naissances et d'une politique nataliste efficace est un luxe que nous ne pouvons pas nous offrir. La régulation des naissances va accentuer le déclin déjà inscrit dans les courbes démographiques. C'est pourquoi je crois qu'il faut être plus strict : contrôle de la mise en vente, pas de publicité, pas de remboursement par la Sécurité sociale. De l'information, oui, mais sur quoi ? Pas sur la pilule et la régulation des naissances ! Sur une conception de la vie familiale qui montre que c'est normal d'avoir quatre ou cinq enfants. Cela doit commencer dès l'école. Je crois moins aux allocations familiales, elles n'ont plus d'effet quand les salaires sont élevés.

Intervention du Premier ministre Michel Debré lors du conseil des ministres du 24 mai 1967, cité dans Alain Peyrefitte, *C'était de Gaulle*, Gallimard, 2002.

Précisez le point de vue et les arguments de Michel Debré.

2 Manifestations lors du procès de Bobigny (1972)

Le 8 novembre 1972 débute le procès d'une jeune fille de 16 ans, jugée pour avoir subi un avortement clandestin, alors qu'elle était tombée enceinte à la suite d'un viol. Gisèle Halimi, féministe engagée et avocate de la jeune fille, utilise les médias pour dénoncer le statut de l'avortement en France et l'injustice de la condition féminine. L'accusée est relaxée.

Indiquez ce que le procès de Bobigny révèle de l'avortement en France au début des années 1970.

3 Simone Veil face aux députés

Je savais – ne serait-ce que par le courrier reçu – que les attaques seraient vives car le sujet heurtait des convictions philosophiques et religieuses sincères. Mais je n'imaginais pas la haine que j'allais susciter, la monstruosité des propos de certains parlementaires, ni leur grossièreté à mon égard. Une grossièreté inimaginable. Un langage de soudards. Car il semble qu'en abordant ce type de sujets, et face à une femme, certains hommes usent spontanément d'un discours empreint de machisme et de vulgarité.

Simone Veil, *Les Hommes aussi s'en souviennent. Une loi pour l'Histoire*, Stock, 2004.

Simone Veil devant l'Assemblée nationale le 26 novembre 1974, composée de 478 députés dont 9 femmes.

Décrivez le contexte dans lequel Simone Veil présente son projet et expliquez pourquoi il peut rendre difficile son action.

4 La présentation du projet de loi sur l'IVG

Pourquoi donc ne pas continuer à fermer les yeux? Parce que la situation actuelle est mauvaise. [...] Lorsque les médecins, dans leurs cabinets, enfreignent la loi et le font connaître publiquement, [...] lorsque des services sociaux d'organismes publics fournissent à des femmes en détresse les renseignements susceptibles de faciliter une interruption de grossesse, lorsque, aux mêmes fins, sont organisés ouvertement et même par charter des voyages à l'étranger, alors je dis que nous sommes dans une situation de désordre et d'anarchie qui ne peut plus continuer. Mais me direz-vous, pourquoi avoir laissé la situation se dégrader ainsi et pourquoi la tolérer? Pourquoi ne pas faire respecter la loi? [...] Parce qu'en face d'une femme décidée à interrompre sa grossesse, [les médecins] savent qu'en refusant leur conseil et leur soutien, ils la rejettent dans la solitude et l'angoisse d'un acte perpétré dans les pires conditions, qui risque de la laisser mutilée à jamais. Ils savent que la même femme, si elle a de l'argent, si elle sait s'informer, se rendra dans un pays voisin ou même en France dans certaines cliniques et pourra, sans encourir aucun risque ni aucune pénalité, mettre fin à sa grossesse. Et ces femmes, ce ne sont pas nécessairement les plus immorales ou les plus inconscientes. Elles sont 300 000 chaque année. [...] C'est cette injustice qu'il convient de faire cesser.

Discours de Simone Veil à l'Assemblée nationale, 26 novembre 1974.

Relevez les arguments avancés par Simone Veil pour justifier le vote d'une loi légalisant l'avortement.

5 Un projet de loi en débat

Votre projet est contestable au niveau de trois principes: le respect de la vie, l'euthanasie, la notion d'acte médical. Respect de la vie d'abord: vous nous proposez l'avortement libre jusqu'à la dixième semaine de grossesse. Seriez-vous convaincue que jusqu'à cette échéance il n'y a rien de vivant ou presque? [...] Le deuxième principe mis en cause par votre texte est celui de l'euthanasie. En inscrivant dans la loi la possibilité légale de faire avorter une femme s'il y a un risque élevé que l'enfant soit atteint d'une affection d'une particulière gravité, vous instaurez un nouveau droit, celui de l'euthanasie légale. Vous le savez, les médecins en leur âme et conscience pratiquent déjà ces interventions lorsqu'ils ont la quasi-certitude d'anomalie grave chez l'enfant à naître. Ils le font sans scandale, sans publicité, avec humanité. Pourquoi vouloir à tout prix légiférer, autoriser, légaliser? [...] Le troisième principe mis en cause par votre texte est celui de la notion d'acte médical. Vous dites que l'avortement avant comme après la dixième semaine est un acte médical. Non, Madame le ministre, pas forcément. L'acte médical est un acte effectué par un médecin avec une finalité précise, orientée vers la lutte contre la maladie. La grossesse, que je sache, n'est pas une maladie.

Intervention du député Alexandre Bolo, séance du 26 novembre 1974.

Résumez le point de vue du député et ses arguments.

Vers l'EXAM **Montrez que Simone Veil a dû faire face à de nombreuses oppositions pour faire adopter le projet de loi sur l'IVG.**

Une émancipation difficile (1900-1939)

Notions

Émancipation : accès à l'autonomie et à la liberté.

Féministe : militante qui défend les intérêts et les droits des femmes, dans le but de modifier les hiérarchies sociales, culturelles et politiques qui instaurent une suprématie masculine.

■ **Au début du xxe siècle, les femmes sont les « oubliées » de la République.** Le **Code Napoléon** les maintient sous l'autorité du chef de famille, père ou mari. Elles restent des **mineures civiques et civiles** au regard de la loi. Exclues du vote ainsi que de la citoyenneté, elles sont confinées à l'espace domestique et à leurs rôles d'épouses et de mères. Les progrès de la scolarisation, à partir des lois Ferry, ne modifient guère cette situation : les enseignements, différents de ceux de garçons, ont avant tout pour objectif de faire des filles de bonnes ménagères. Après la Première Guerre mondiale, alors même que les femmes ont montré qu'elles pouvaient occuper des emplois masculins, elles sont renvoyées à leur foyer afin de repeupler le pays (lois natalistes de 1920 punissant l'avortement et la contraception).

■ **Ces pesanteurs sociales**, alimentées par un **clergé influent** qui encourage l'exclusion des femmes de la sphère publique, **expliquent les progrès très lents de l'émancipation féminine dans la première partie du xxe siècle**. Si les femmes ont toujours travaillé, notamment dans les campagnes et au sein des classes urbaines populaires ou moyennes, elles investissent progressivement certaines professions jusqu'alors réservées aux hommes (industries mécaniques ou chimiques). Représentant le tiers des actifs, elles sont de plus en plus nombreuses dans le secteur tertiaire (multiplication par trois du nombre d'employées entre 1906 et 1931). La mode des **garçonnes** dans les années 1920 témoigne de cette émancipation et symbolise un nouveau type de femmes. Toutefois, pour la plupart d'entre elles, les choses changent peu. L'action des **féministes** pour l'égalité politique reste un échec. Malgré l'entrée de trois femmes au gouvernement en 1936, **les femmes n'ont toujours aucun droit politique à la veille de la Seconde Guerre mondiale**.

Synthèse audio
www.lienmini.fr/hg1-03

Vérifier sa compréhension de la leçon

Retrouvez les points de la leçon illustrés par ces documents. Expliquez vos choix.

1. Art. 213 – Le mari doit protection à sa femme, la femme doit obéissance à son mari.
Art 214 – La femme est obligée d'habiter avec son mari et de suivre partout où il juge bon de résider. […]
Art. 373 – Le père exerce seul l'autorité sur l'enfant jusqu'à sa majorité ou son émancipation. […]
Art. 1421 – Le mari administre seul les biens de la communauté. Il peut les vendre, aliéner, hypothéquer sans le concours de sa femme.
Art. 1428 – Le mari a l'administration de tous les biens personnels de sa femme. […]

Articles du Code civil de 1804.

2. Illustration de Georges Paul Leonnec parue dans *La Baïonnette*, novembre 1917.

Organiser ses connaissances à l'aide d'un tableau

Recopiez puis complétez ce tableau avec les éléments de la leçon.

Situation des femmes en France entre 1900 et 1939			
Dans la sphère privée	Dans la sphère économique	Dans la sphère politique	Dans la sphère sociale
....	....	....	....

Des conquêtes et des combats pour l'égalité

Notions

Parité : égalité de fonctions entre les hommes et les femmes. En politique, obligation de présenter autant de candidatures féminines que masculines aux élections.

MLF (Mouvement de libération des femmes) : mouvement féministe non mixte issu de Mai 68 qui porte une critique radicale de la domination masculine et se bat pour le droit des femmes.

Plafond de verre : expression qui désigne l'inaccessibilité aux fonctions hiérarchiques les plus élevées pour les femmes.

Synthèse audio
www.lienmini.fr/hg1-04

■ **À partir de 1945, l'émancipation des femmes et leur reconnaissance en tant que citoyennes progresse.** Si l'État français les voue entièrement à la famille, leur action dans la Résistance, dont elles forment 20 à 30 % des effectifs, conduit le **GPRF** à leur accorder le **droit de vote et l'éligibilité en 1944. La Constitution de la IVe République « garantit à la femme dans tous les domaines des droits égaux à ceux de l'homme »**. Les Françaises restent cependant peu présentes en politique (quatre ministres entre 1947 et 1974, 1,6 % des députés élus) et une loi sur la **parité** doit être votée en 2000. Quant à leur image, elle reste fortement liée au statut de mère au foyer, valorisé par la législation (allocations familiales, congé maternité) et la société de consommation.

■ **La reconnaissance de l'égalité nécessite encore de nombreux combats.** Dès 1949, un nouveau féminisme incarné par Simone de Beauvoir dénonce la société patriarcale et revendique le droit de pouvoir disposer de son corps. En autorisant la contraception, la loi Neurwirth (1967) marque une étape essentielle. À partir des années 1960, l'action de mouvements féministes (**MLF**) luttant contre le « **plafond de verre** » et de femmes politiques conduit à des évolutions importantes de la condition féminine : loi sur l'IVG (1975), sur l'égalité professionnelle (1983) ou encore sur l'égalité salariale (2006). **Toutefois, malgré un important dispositif législatif et un accès égal à la scolarisation, des inégalités persistent** (salaires inférieurs à ceux des hommes, discriminations à l'embauche…). Une nouvelle génération de féministes dénonce le **machisme et le sexisme** de la société.

Vérifier sa compréhension de la leçon

Retrouvez les points de la leçon illustrés par ces documents. Expliquez vos choix.

1. Un bureau de comptabilité en février 1965.

2. Une manifestation contre la fermeture de centres IVG à Paris en janvier 2014

Organiser ses connaissances à l'aide d'un schéma

Recopiez puis complétez ce schéma avec les éléments de la leçon.

Acteurs	→ L'émancipation des femmes : un combat ←	Avancées
....	↑ Limites	....

EXAM

Évaluer ses connaissances sur le sujet d'étude

Les idées essentielles

Répondez en quelques phrases aux questions suivantes.

1. Pourquoi la Première Guerre mondiale est-elle une étape majeure dans l'émancipation des femmes ?
2. Quels sont les enjeux des combats menés par les femmes dans la première moitié du XXe siècle ?
3. Quelle image des femmes domine dans la société jusque dans les années 1960 ?
4. Que revendiquent les féministes dans la seconde moitié du XXe siècle ?

Illustrez chacune des affirmations suivantes par des exemples.

1. Au début du XXe siècle, les femmes sont des mineurs civils et civiques.
2. L'action des femmes dans les guerres accélère leur reconnaissance dans la société.
3. Dans les années 1960-1970, le féminisme devient plus radical.
4. Des inégalités persistent entre les femmes et les hommes en ce début du XXIe siècle.

Les périodes clés

Associez chaque période aux éléments qui la caractérisent :
Fin du XIXe siècle • 1914-1944 • Depuis 1944

Maintien des femmes dans un statut de mère et d'épouse • Accès des femmes au monde de l'industrie • Exclusion de la sphère publique • Infériorité des femmes inscrite dans la loi • Obtention du droit de vote et de l'éligibilité • Scolarisation massive des filles dans le secondaire • Égalité salariale et professionnelle • Légalisation de la contraception • Nouvelles formes de lutte des féministes pour l'obtention du droit de vote

Les notions clés

Identifiez la notion qui correspond aux définitions suivantes.

1. Mouvement qui lutte pour le droit de vote des femmes, de la fin du XIXe siècle aux années 1930.
2. Égalité des femmes et des hommes, notamment professionnelle et salariale.
3. Discrimination fondée sur une prétendue supériorité de l'homme par rapport à la femme.
4. Concept qui définit le masculin et le féminin comme une construction culturelle et sociale.

Les faits

Retrouvez les points du sujet d'étude illustrés par chaque document. Expliquez vos choix.

1. La déléguée CGT Rose Zehner haranguant les ouvrières des usines Javel-Citroën en 1938, cliché réalisé par Willy Ronis pour la revue communiste *Regards*.

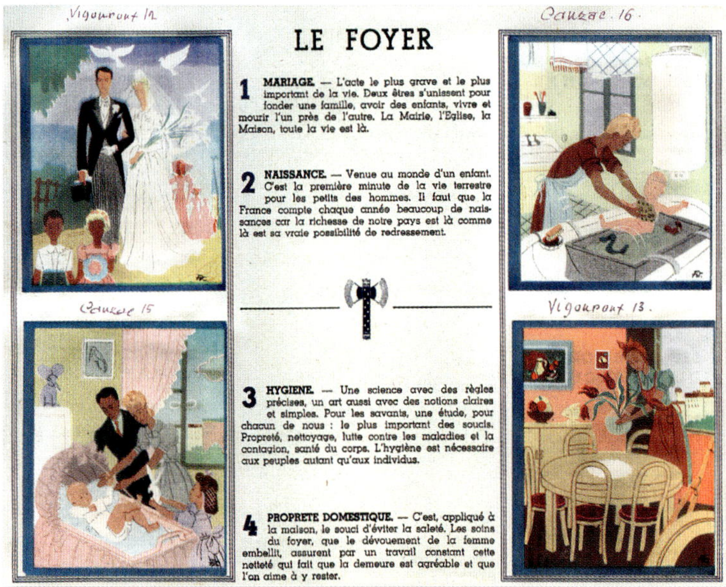

2. Illustration de Louis Ferrand parue dans *Les Bons Points du Maréchal*, 1943.

EXERCICE GUIDÉ

Répondre à des questions de connaissance

→ Mettre en œuvre les capacités et les connaissances du programme d'histoire

▸ Sujet d'étude

Les femmes dans la société française de la Belle Époque à nos jours

En vous appuyant sur le document, répondez aux questions suivantes.

1. Précisez qui sont ces femmes, ce qu'elles font et le contexte dans lequel s'inscrit leur action.
2. Expliquez ce que dénoncent ces femmes.
3. « Cette photographie illustre le mouvement féministe des années 1970. » Justifiez cette affirmation.

Des militantes à l'Arc de triomphe à Paris en 1970

Coup de pouce

1. **« Préciser »**, c'est compléter les informations données par le document en les explicitant à l'aide de vos connaissances.
2. **« Expliquer »**, c'est donner des éléments qui permettent de comprendre une situation. Pour répondre, identifiez les revendications des féministes (textes des banderoles) puis recherchez dans vos connaissances les raisons de ces revendications.
3. **« Justifier »**, c'est donner des preuves de ce que l'on dit. Mobilisez vos connaissances pour montrer ce qu'est le mouvement féministe des années 1970 : revendications, formes d'actions…

▸ Situation 1

Louise Weiss et le vote des femmes dans l'entre-deux-guerres

Expliquez comment Louise Weiss participe au combat des féministes en faveur du droit de vote des femmes dans l'entre-deux-guerres.

Coup de pouce

▸ Il s'agit de caractériser un personnage et son action en rapport avec un thème du sujet d'étude : l'accession des Françaises à la citoyenneté politique.
▸ Pour répondre, rappelez brièvement le contexte dans lequel s'inscrit son action (qu'en est-il du droit de vote des femmes à son époque ? D'autres femmes mènent-elles ce combat en France ?) et les formes de son action.
▸ Mettez en évidence les résultats des actions menées par Louise Weiss : ont-elles été déterminantes pour l'obtention du droit de vote des femmes ?

▸ Situation 2

Simone Veil et le débat sur l'IVG

Parmi ces affirmations, choisissez celle qui vous paraît la plus pertinente pour présenter Simone Veil et son action. Justifiez votre réponse en donnant des exemples.

A. En présentant son projet de loi en 1974, Simone Veil répond à une forte demande de la société française.

B. En présentant son projet de loi en 1974, Simone Veil suscite des oppositions multiples et ne parvient pas à convaincre les députés de voter en faveur de la loi.

C. En présentant son projet de loi en 1974, Simone Veil crée un vif débat dans l'opinion publique mais parvient à faire voter puis adopter la loi par le Parlement.

Répondre à des questions à partir d'un support documentaire

➜ Exploiter un document pour analyser une situation historique

1 Identifiez ce document et son contexte.

• Repérez la nature de l'affiche, sa date de publication, son commanditaire et ses destinataires.
• Précisez les circonstances dans lesquelles l'affiche est publiée et diffusée : quelle est la situation de la France à cette date ?

Votre réponse : « Cette affiche est une affiche ... (*nature de l'affiche*). Elle est publiée en ... par ... . Elle s'adresse plus particulièrement aux ... . En effet, à cette date, ... (*précisez les éléments du contexte qui permettent de comprendre la publication de cette affiche*). »

Affiche de la SFIO, 1945

2 Décrivez cette affiche et dégagez son sens.

• Identifiez tous les éléments représentés sur cette affiche (photographies et textes).
• Observez sa composition (couleurs, emplacement des éléments, grosseur des caractères...).
• Dégagez les significations possibles de ces éléments et résumez le message délivré par l'affiche.

Votre réponse : « Cette affiche est composée de ... (*décrivez la composition générale*). En effet, on peut y voir ... (*précisez ce que montrent les photographies*). Le texte ... (*résumez en quelques mots les informations*). Cette affiche a donc pour enjeu ... (*objectif de cette affiche, ce qu'elle veut dire à ceux qui la voient*). »

3 Montrez que cette affiche illustre une nouvelle place des femmes dans la société.

• Précisez comment les femmes sont représentées sur l'affiche.
• Expliquez le choix de ses représentations.
• Mobilisez vos connaissances afin de mettre en relation cette affiche et la place des femmes dans la société française à cette époque (en quoi leur situation a évolué ?).

Votre réponse : « En ... (*date de l'affiche*), les femmes ... (*décrivez leur place dans la société*). En effet, ... (*citez des faits précis qui illustrent cette nouvelle place dans la société*). Cette nouvelle place des femmes est le résultat ... (*donnez quelques éléments qui expliquent pourquoi elles ont acquis cette nouvelle place à cette date dans la société*). »

SUJET D'ÉTUDE

3. La République et le fait religieux depuis 1880

La République, un projet : soustraire l'État et la société à l'influence des religions

HISTOIRE DES ARTS

> « Le système [républicain] consiste dans la subordination de tous les corps, de toutes les institutions, quelles qu'elles soient, à la suprématie de l'État républicain et laïque. Il a pour base, en thèse générale, le principe fondamental de la Révolution, la souveraineté nationale, et pour conclusion, la sécularisation complète de la société. La République de 1870 a débarrassé la France de la dernière forme de la monarchie. Le ministère actuel entend que la République de nos jours l'affranchisse absolument de toute dépendance, quelle qu'elle soit, à l'égard du pouvoir religieux. »
>
> Discours d'Émile Combes, président du Conseil, prononcé à Auxerre le 4 septembre 1904.

Dessin de Roubille, « L'enseignement de la liberté », *Le Rire*, 26 mars 1904.
Dès leur arrivée au pouvoir en 1877, les républicains placent l'école au cœur du projet de laïcisation de la société.

La législation, un levier : construire une nouvelle société fondée sur les valeurs républicaines

Situations

La République et l'affirmation

Dès 1880, peu après leur arrivée au pouvoir, **les républicains**, hostiles à l'influence du clergé catholique dans la société, **s'attachent à établir la laïcité**.

Dessin de Gilbert Martin paru en couverture de la revue *Le Don Quichotte*, 21 avril 1884.

En 1905, **l'État républicain se sépare des Églises**. La religion devient un domaine strictement séparé dans lequel le pouvoir politique n'a plus à intervenir.

Carte postale, vers 1905.

1880 – 1890 – 1900 – 1910 – 1920 – 1930 – 1940 – 1944 – 1946

IIIe RÉPUBLIQUE | ÉTAT FRANÇAIS | GPRF | IV

Le conflit entre la République et l'Église

- **1881-1882** Lois Ferry : école publique obligatoire, gratuite et laïque
- **1884** Loi rétablissant le divorce
- **1886** Loi sur la laïcisation des personnels des écoles publiques
- **1890** Début des expulsions des congrégations
- **1903** Deuxième vague d'expulsion des congrégations

L'apaisement du conflit religieux

- **1904** Loi interdisant aux congrégations d'enseigner. Rupture des relations diplomatiques avec le Vatican
- **1905** Loi de séparation des Églises et de l'État
- **1914** Reprise des relations diplomatiques avec le Vatican
- **1924** Alsace-Lorraine sous régime concordataire
- **1940** Rapprochement de l'État français avec l'Église catholique

un pr

- **194** Inscription de la laïcit dans la Constitutio
- **1948** Autorisation des émissions à caractère religieux dans les médias

du principe de laïcité depuis 1880

◀ De nos jours, **l'équilibre entre laïcité et liberté** d'expression des religions est questionné.

Manifestation contre la loi sur l'interdiction des signes religieux dans les écoles publiques, 2004.

▲ Au début du XXIe siècle, l'État reconnaît toutes les religions tout en faisant de la **laïcité** un **rempart contre le fanatisme et les dérives communautaires**.

Les représentants des grandes religions reçus à l'Élysée à l'issue de la cérémonie des vœux des autorités religieuses, le 6 janvier 2004. De gauche à droite : le recteur de la grande mosquée de Paris Dalil Boubakeur, le président de la République Jacques Chirac, le grand rabbin de France Joseph Sitruk et le cardinal Jean-Marie Lustiger.

50 — 1958 — 1960 — 1970 — 1980 — 1990 — 2000 — 2010 — 2014

ÉPUBLIQUE | Ve RÉPUBLIQUE

La laïcité, pe constitutionnel | Une laïcité en débat

- **1958** Inscription de la laïcité dans la Constitution
- **1959** Loi Debré sur les écoles privées sous contrat
- **1977** Reconnaissance par l'État du caratère religieux des écoles privées
- **1984** Manifestations pour l'école libre
- **1989** Première affaire du voile musulman
- **2003** Création du Conseil du culte musulman
- **2004** Loi encadrant les signes religieux à l'école
- **2013** Charte de la laïcité dans les établissements scolaires

Vers l'EXAM **Précisez en quelques mots comment ont évolué les relations entre la République et les religions.**

▶ Observez les images (date et sujet représentés), lisez la chronologie et demandez-vous ce qu'elles apprennent.

A. La IIIe République et la laïcisation de la société (1880-1905)

1 Le projet des républicains

Nous voulons que cette République française [...] ramène la France dans ses véritables traditions en assurant les conquêtes et les principes de 1789 et, au premier rang de tous, le principe suivant lequel la puissance publique doit être affranchie dans son domaine, et l'État doit être laïque. [...]
Les affaires religieuses sont affaire de conscience et par conséquent de liberté. Le grand effort de la Révolution française a été pour affranchir la politique et le gouvernement du joug des diverses confessions religieuses. Nous ne sommes pas des théologiens, nous sommes des citoyens, des républicains, des politiques, des hommes civils : nous voulons que l'État nous rassemble et que la France soit la nation laïque par excellence. [...]
Nous continuons l'œuvre de nos pères, la Révolution française préparée par les hommes de la France du XVIIIe siècle, par la France de la raison, du libre examen. [...] Je le dis et je le répète, ce que nous voulons, c'est la liberté partout et en premier lieu la liberté de conscience assurée pour tous ; mais avant tout, par-dessus tout, nous considérons que la mise en œuvre de la liberté de conscience consiste d'abord à mettre l'État, les pouvoirs publics en dehors et au-dessus des dogmes et des pratiques des différentes confessions religieuses.

Léon Gambetta, *Discours de Belleville sur les lois constitutionnelles*, 23 avril 1875.

Relevez les objectifs des républicains.

2 L'école au cœur du projet républicain

Monsieur l'Instituteur,
L'année scolaire qui vient de s'ouvrir sera la seconde année d'application de la loi du 28 mars 1882. Je ne veux pas la laisser commencer sans vous adresser personnellement quelques recommandations qui sans doute ne vous paraîtront pas superflues après la première expérience que vous venez de faire du régime nouveau. [...] La loi du 28 mars se caractérise par deux dispositions qui se complètent sans se contredire : d'une part, elle met en dehors du programme obligatoire l'enseignement de tout dogme particulier ; d'autre part, elle y place au premier plan l'enseignement moral et civique. L'instruction religieuse appartient aux familles et à l'Église, l'instruction morale à l'école. Le législateur n'a donc pas entendu faire une œuvre purement négative.
Sans doute, il a eu pour premier objet de séparer l'école de l'église, d'assurer la liberté de conscience et des maîtres et des élèves, de distinguer enfin deux domaines trop longtemps confondus : celui des croyances, qui sont personnelles, libres et variables, et celui des connaissances, qui sont communes et indispensables à tous, de l'aveu de tous.

Jules Ferry (président du Conseil et ministre de l'Instruction publique et des Beaux-Arts), *Lettre aux instituteurs*, 17 novembre 1883.

Citez les dispositions prises par la loi du 28 mars 1882.

3 Les républicains et le mariage

Le Sans-Culotte, 13 avril 1879.

Autorisé en 1792, le divorce fut interdit en 1816 avant d'être rétabli en 1884 par les républicains. Il ne peut toutefois être prononcé, à la demande du mari ou de la femme, que pour faute (excès, sévices, injures ou condamnations à une peine addictive ou infamante).

Décrivez le dessin de cette Une et caractérisez l'image qu'il donne du mariage.

4 L'expulsion des congrégations religieuses

La loi de 1901, adoptée par les républicains, autorise la liberté d'association mais oblige à une déclaration d'existence.
Les demandes d'autorisation des congrégations, notamment enseignantes, sont massivement refusées. À partir d'avril 1903, les congrégations religieuses sont expulsées, tels ici les moines du couvent de la Grande-Chartreuse (Isère) qui rejoignent l'Italie.

Montrez que ce document illustre les tensions entre la République et les religions.

5 L'esprit de la séparation laïque

Ce n'est pas à la religion que nous nous attaquons, c'est à ses ministres, qui veulent s'en faire un instrument de domination. […] Nous serions les premiers à le défendre, si, par un acte législatif ou par une mesure administrative, quelqu'un faisait mine de vouloir s'y introduire de force et s'y comporter en maître. Tout ce que nous demandons à la religion, parce que nous avons le droit de le lui demander, c'est de s'enfermer dans ses temples, de se limiter à l'instruction de ses fidèles et de se garder de toute immixtion dans le domaine civil et politique. Nous sommes entrés en lutte ouverte avec ses ministres, parce qu'ils ont méconnu, de parti pris, le caractère essentiel de leur mission, qui est exclusivement d'ordre spirituel, parce qu'ils visent manifestement à s'emparer de la direction de la société. [...] Il peut leur convenir de nous représenter comme des sectaires, parce que nous leur tenons tête avec une fermeté mal servie par la législation existante. Mais l'opinion publique ne s'y trompe pas. À ses yeux, l'ennemi de la religion, ce n'est pas le gouvernement qui veut la séparer radicalement de la politique, en lui assurant la liberté dans la sphère qui lui est propre ; c'est le ministre du culte, qui associe délibérément la politique à la religion, pour s'autoriser à mettre une main despotique à la fois sur la conscience et sur la volonté de la nation.

Discours d'Émile Combes, président du Conseil, 13 septembre 1903.

- **Précisez le point de vue du gouvernement sur la religion.**
- **Indiquez quel est le projet du gouvernement.**

6 Un regard sur la société au début du xxe siècle

Caricature de Lange-Gabriel, *La Calotte*, 30 novembre 1906.
Ignace de Loyola fut, au XVe siècle, le fondateur de l'ordre religieux des Jésuites.

Dégagez le sens de cette caricature.

Vers l'EXAM **« L'arrivée au pouvoir des républicains se traduit par une laïcisation de la société. »**
Justifiez cette affirmation.
▶ Définissez le terme « laïcisation ».
▶ Recherchez dans le corpus des exemples qui illustrent l'action des républicains en faveur de la laïcisation de la société.

B. Une laïcité apaisée (1905-1945)

1 La République et l'Islam

Il s'agit de dégager un crédit de 500 000 francs pour la construction à Paris d'une mosquée, d'une bibliothèque, d'une salle d'étude et de conférences. L'Institut constituerait dans son ensemble pour les musulmans français et étrangers, nombreux à Paris, un centre de réunion, une vraie Maison de l'Islam. […] Si la guerre a scellé, sur les champs de bataille, la fraternité franco-musulmane et si plus de 100 000 de nos sujets et protégés sont morts au service d'une patrie désormais commune, cette patrie doit tenir à honneur de marquer au plus tôt et par des actes, sa reconnaissance et son souvenir. [...] À tous ces musulmans, quelle que soit leur origine, s'ils évoquent le nom de la France et demandent son aide spirituelle, son hospitalité, Paris offrira l'accueil de l'Institut musulman, l'ombre pieuse de sa mosquée, le délassement des lectures dans la bibliothèque arabe, l'enseignement des conférences et enfin la joie d'un foyer libre.

Projet de loi « en vue de la création à Paris d'un Institut musulman », adopté le 29 juin 1920 par la Chambre des députés.

Relevez la décision prise par le gouvernement et les raisons qui la justifient.

2 La nouvelle entente cordiale

Avec ce numéro, LA PETITE ILLUSTRATION contenant MARIETTE OU COMMENT ON ÉCRIT L'HISTOIRE, comédie en quatre actes, par M. Sacha Guitry.

87e ANNÉE — N° 4498 — **L'ILLUSTRATION** — 18 MAI 1929

Louis BASCHET, Secrétaire général. — RENÉ BASCHET, Directeur. — GASTON SORBETS, Rédacteur en chef.

LA NOUVELLE « ENTENTE CORDIALE » SOUS LE SIGNE DE JEANNE D'ARC

Sur une des tribunes officielles, à Orléans, avant le passage du cortège : le Président de la République s'entretient avec le Cardinal légat ; à la droite de celui-ci, sir William Tyrrell, ambassadeur de Grande-Bretagne, se penche pour écouter le cardinal Luçon, archevêque de Reims.

A la gauche du cliché, M. Painlevé ; au fond, debout, MM. Georges Lecomte et Joseph Bédier, de l'Académie française.

Phot. J. Clair-Guyot. — Voir l'article et les autres photographies pages 617 à 626.

L'Illustration, 8 mai 1929.

Le 8 mai 1929, Gaston Doumergue, président de la République, le cardinal de Luçon, représentant du pape, et l'ambassadeur britannique assistent à la commémoration du 500e anniversaire de la libération d'Orléans par Jeanne d'Arc.

Caractérisez l'image que donne cette photographie des relations entre l'Église catholique et la République.

3 L'État français et l'Église catholique

Le maréchal Pétain en pèlerinage de Notre-Dame des Fers à Orcival (Puy-de-Dôme), août 1943.

Déjà, le 14 juillet 1940, lors d'une messe à Vichy, le chef de l'État français s'était agenouillé, faisant dire à son ministre des Affaires étrangères : « Il y a longtemps qu'un chef de l'État ne s'était pas mis dans cette posture. »

Montrez que l'État français rompt avec la politique de laïcité menée depuis 1905.

Vers l'EXAM **« Après la Première Guerre mondiale, la République adopte une position d'apaisement face aux religions. » Expliquez cette affirmation (voir la frise p. 192-193).**

- ▶ Définissez l'expression « politique d'apaisement ».
- ▶ Recherchez des faits qui expliquent pourquoi on utilise cette expression pour caractériser la politique du gouvernement vis-à-vis des religions après la Première Guerre mondiale.

C. Une laïcité réaffirmée et questionnée depuis 1945

1 La laïcité : un principe constitutionnel

a. Constitution de la IVe République (1946)
Art. 1er. La France est une République indivisible, laïque, démocratique et sociale.

b. Constitution de la Ve République (1958)
Art. 1er. La France est une République indivisible, laïque, démocratique et sociale. Elle assure l'égalité devant la loi de tous les citoyens sans distinction d'origine, de race ou de religion.

c. Décret du 3 septembre 1974
La durée hebdomadaire de la scolarité dans les écoles élémentaires des départements du Haut-Rhin, du Bas-Rhin et de la Moselle est fixée par l'arrêté du 7 août 1969 susvisé et comprend obligatoirement une heure d'enseignement religieux.

- Précisez l'importance de ces textes dans les relations entre la République et les religions.
- Expliquez pourquoi l'Alsace-Moselle est citée.

2 Le mouvement de l'« école libre »

En janvier 1984, l'Assemblée nationale adopte le projet socialiste d'unifier l'enseignement privé et public sous le contrôle de l'État. Devant la mobilisation des parents d'élèves et de l'Église catholique, le projet est retiré en juillet.

Précisez qui manifeste et pourquoi.

3 De nouveaux défis pour la laïcité

Au nom de la « laïcité », une école a, il y a un an, envisagé de priver les enfants de Père Noël lors de la fête de fin d'année. Au nom de la « laïcité », une fonctionnaire territoriale protestante a été sanctionnée pour avoir distribué des calendriers portant le logo de son Église. Au nom de la « laïcité », des mères voilées sont régulièrement interdites de sorties scolaires avec leurs enfants. De bonne ou de mauvaise foi, les contours de la laïcité sont aujourd'hui questionnés, fragilisés par une remise en cause de la frontière entre public et privé, entre « mission de service public » et « mission d'intérêt général ». [...] Plus personne ne sait très bien en quoi consiste le « principe de laïcité », qui s'est forgé au fil des siècles en France. Même dans les esprits les mieux disposés à défendre ce principe, une confusion s'est installée progressivement entre diverses notions : laïcité, neutralité religieuse, séparation des Églises et de l'État, défense de l'égalité hommes-femmes et de la mixité.

Stéphanie Le Bars, « À quelle laïcité se vouer en France ? », *Le Monde*, lemonde.fr, 10 janvier 2014.

Expliquez le choix du titre donné à ce document.

Vers l'EXAM « La laïcité reste un enjeu pour la République. » Justifiez cette affirmation.
▶ Précisez le sens du mot « enjeu ».
▶ Citez des exemples qui montrent que cette affirmation est juste.

4 Une charte de la laïcité à l'école

Les quinze articles, rédigés dans un langage simple, encouragent les élèves à « faire l'apprentissage de la citoyenneté » autour de valeurs communes, en étant protégés « de tout prosélytisme ». Le texte, qui devra être affiché dans tous les établissements publics, rappelle des règles déjà existantes, comme le devoir de neutralité des personnels et l'interdiction de porter des signes religieux ostensibles à l'école (loi de mai 2004).
Une nouvelle règle est créée : aucun élève ne pourra plus invoquer une conviction religieuse pour contester le programme scolaire. Jusqu'ici, des incidents éclataient chaque jour lors de cours sur la théorie de l'évolution, la naissance des religions ou la Shoah.

Chloé Bossard, « La laïcité s'affiche à l'école », *La Nouvelle République*, 10 septembre 2013.

Dessin de Deligne, 2013.

- Indiquez quelle décision a été prise en septembre 2013.
- Donnez deux raisons qui expliquent cette décision.

Les lois laïques des années 1880

Animés par la volonté d'ôter à l'Église son influence dans la société et son autorité politique, les républicains adoptent, dès les années 1880, une série de lois visant à séculariser l'État et la vie sociale. Cette politique anticléricale s'appuie notamment sur la construction d'une nouvelle école, soustraite à l'influence de l'Église catholique et fondée sur les valeurs républicaines.

Clés pour comprendre

Un contexte

1878 : laïcisation du personnel des hôpitaux.
1880 : suppression des crucifix dans les tribunaux, de la référence à Dieu dans les serments judiciaires et du repos hebdomadaire le dimanche ; demande d'autorisation d'enseignement rendue obligatoire pour les congrégations ; expulsion des Jésuites de l'enseignement.
1881-1882 : lois scolaires : l'école est gratuite, obligatoire et laïque.
1884 : loi rétablissant le divorce ; suppression des prières publiques officielles à l'ouverture de chaque session parlementaire.

L'école primaire en France *(nombre d'élèves)*

	Écoles publiques laïques	Écoles congréganistes	Écoles privées
1878-1879	2 600 000	1 218 000	886 000
1901-1902	3 953 700	119 380	1 376 000
1912-1913	4 601 000	2 000	1 068 000

1 Une image de l'école cléricale

Dessin d'Alfred Le Petit, *Le Grelot*, 9 mai 1880.

- **Décrivez l'image « de l'enseignement supérieur clérical » donnée par ce journal.**
- **Indiquez l'intérêt et les limites de ce document.**

2 Les deux écoles

Mais, nous dit-on, de quoi vous préoccupez-vous [les républicains] ? Ils[1] élèvent à merveille ces cent mille jeunes gens qui leur sont confiés ; ils en font de bons chrétiens, soumis aux lois de leur pays. Pour croire cela, il ne faut avoir ni yeux, ni oreilles. Nous pouvons ici juger l'arbre à ses fruits. Oui, Messieurs, il y a des établissements où l'on tient école de la contre-révolution, où l'on apprend à détester et à maudire toutes les idées qui sont l'honneur et la raison d'être de la France moderne.
Et la jeunesse qui sort de là, élevée dans l'ignorance et dans la haine des idées qui nous sont chères, songez qu'elle va se heurter, dès les premiers pas dans sa vie, contre une autre partie de la jeunesse française, élevée à une autre école. Non ! Messieurs, d'une France ainsi faite, ainsi défaite, pour mieux dire, nous n'en voulons pas.

Discours de Jules Ferry devant le conseil général des Vosges, Épinal, 23 avril 1879.

1. Les Jésuites : ordre religieux créé au XVIe siècle et spécialisé dans l'enseignement.

- **Précisez l'opinion à laquelle s'oppose Jules Ferry.**
- **Relevez les raisons pour lesquelles il est en désaccord avec cette opinion.**

3 L'école : un enjeu pour les républicains

a. Oui, il faut que l'enfant connaisse l'organisation politique de son pays, et qu'en même temps il reçoive quelques notions sur son organisation sociale. […] L'enfant devra non seulement connaître l'état de la société mais aussi l'aimer, afin de se dévouer s'il est nécessaire lorsqu'il sera devenu homme, pour la défendre. Que l'instituteur lui dise : « Personne ne te commande, excepté la loi ! Ici nul n'est maître, sauf la nation. Toi, tu fais partie de la nation et, s'il y a dix millions d'électeurs, tu participes, pour ton dix-millionième, aux mêmes avantages que tes concitoyens et aux mêmes droits. »
L'instituteur devra faire remarquer à l'enfant la supériorité du régime démocratique sur le régime monarchique ; lui faire comprendre comment le premier est le règne de l'égalité et le second, le règne du privilège, l'un le régime du droit, l'autre le régime de l'arbitraire ; qu'il n'a rien à attendre des caprices d'en haut, des grâces d'en haut ; qu'à force de travail, il est le maître de sa destinée.

Discours de Paul Bert, ministre de l'Instruction publique, à l'Assemblée nationale, 20 mars 1880.

- Citez les objectifs fixés à l'école par les républicains.
- Expliquez pourquoi l'école est un enjeu pour eux.

b. Carte postale, 1900-1910.

- Identifiez les différents éléments représentés.
- Dégagez le sens de cette carte postale.

4 La législation scolaire[1]

Art. 1. L'enseignement primaire comprend :
- l'instruction morale et civique ;
- la lecture et l'écriture ;
- la langue et les éléments de la littérature française ;
- la géographie, particulièrement celle de la France ;
- l'histoire, particulièrement celle de la France jusqu'à nos jours ;
- quelques notions usuelles de droit et d'économie politique ;
- les éléments des sciences naturelles, physiques et mathématiques ; leurs applications à l'agriculture, à l'hygiène, aux arts industriels, travaux manuels et usage des outils des principaux métiers ;
- les éléments du dessin, du modelage et de la musique ;
- la gymnastique ;
- pour les garçons, les exercices militaires ;
- pour les filles, les travaux à l'aiguille.

Art. 2. Les écoles primaires publiques vaqueront un jour par semaine, en outre du dimanche, afin de permettre aux parents de faire donner, s'ils le désirent, à leurs enfants, l'instruction religieuse, en dehors des édifices scolaires. […]
Art. 3. Sont abrogées les dispositions des articles 18 et 44 de la loi du 15 mars 1850, en ce qu'elles donnent aux ministres des cultes un droit d'inspection, de surveillance et de direction dans les écoles primaires publiques et privées […].
Art. 4. L'instruction primaire est obligatoire pour les enfants des deux sexes âgés de six ans révolus à treize ans révolus ; elle peut être donnée soit dans les établissements d'instruction primaire ou secondaire, soit dans les écoles publiques ou libres, soit dans les familles, par le père de famille lui-même ou par toute autre personne qu'il aura choisie.

Loi du 28 mars 1882 sur l'enseignement primaire obligatoire.

1. En 1886, la loi de laïcisation du personnel enseignant dans les écoles publiques complète cette législation.

- Montrez que le programme d'enseignement de l'école primaire (art. 1) répond aux objectifs des républicains (doc. 3).
- « Cette loi instaure une école laïque mais ne remet pas en cause la liberté de conscience. » Justifiez cette affirmation.

Vers l'EXAM Après avoir défini ce qu'est la laïcité, montrez que l'école occupe une place essentielle dans la construction d'une société laïque.

Aristide Briand et la loi de séparation des Églises et de l'État

Depuis l'arrivée au pouvoir des républicains en 1877, les relations entre l'État et les Églises sont au cœur de nombreux débats. Désireux de faire reculer l'influence des Églises dans la société, les gouvernements mènent une politique résolument anticléricale. La loi de séparation des Églises et de l'État, votée en 1905, marque une étape importante dans l'affirmation d'un État laïque.

Clés pour comprendre

Un homme : Aristide Briand (1862-1932)

1902 : avocat, élu député républicain de la Loire.
1903 : nommé rapporteur de la commission sur le projet de loi sur la séparation des Églises et de l'État.
1906-1932 : onze fois président du Conseil et vingt fois ministre.

Un projet : mettre fin au concordat

1902-1903 : dépôt de sept propositions de loi visant à la séparation des Églises et de l'État.
Juin 1903 : examen de ces propositions par une commission et rédaction d'un projet de loi.
Mars-juillet 1905 : discussion de la loi au Parlement (48 séances, 320 amendements).
Décembre 1905 : vote de la loi.

1 1902-1905 : Émile Combes[1] et la question religieuse

Lithographie, 1904, musée Jean Jaurès, Castres.

1. Émile Combes : chef du gouvernement français de 1902 à 1905.

Décrivez l'image que donne cette caricature de l'Église et de la politique des républicains vis-à-vis de l'Église sous le gouvernement Combes.

2 Février 1903 : l'expulsion des sœurs de l'école de Saint-Méen (Finistère)

Dès que les voitures entrent dans le bourg, 300 personnes les entourent. La foule amassée crie « Vive les Sœurs ! Vive la liberté ! » M. Mœrdès, commissaire de police à Brest, arrive dans la cour de l'école ; il sonne à la porte, pendant que la foule grossit et continue à le menacer. Les gendarmes sont débordés et les paysans, toujours criant, envahissent la cour de l'école. Cependant, M. Mœrdès pénètre dans le salon des sœurs, et leur donne lecture de la lettre du préfet du Finistère qui rappelle la loi[1] et accorde aux sœurs un délai de huit jours pour se disperser. [...] Au dehors, la foule continue à crier : « Vive les Sœurs ! » Deux gendarmes s'efforcent de maintenir les paysans exaspérés, qui brandissent leurs bâtons. M. Mœrdès, qui a fait signer à la Supérieure un reçu de la notification de l'arrêt, sort de l'école. La foule le hue. Les gendarmes doivent le dégager et le protéger. M. Mœrdès peut enfin regagner le bourg. Des journalistes sont entourés et menacés parce qu'on les prend successivement pour le sous-préfet et qu'on les croit auteurs de l'expulsion des religieuses.

Bulletin des Congrégations, 22 février 1903.

1. Depuis la loi de 1901, les congrégations doivent obtenir une autorisation. En 1902, sous la pression d'Émile Combes, les députés rejettent toutes leurs demandes et elles sont expulsées.

« Ces faits illustrent la politique du gouvernement d'Émile Combes vis-à-vis de l'Église et les oppositions qu'elle suscite. » Justifiez cette affirmation.

3 Mars 1905 : Aristide Briand et le projet de loi sur la séparation des Églises et de l'État

Caricature de Mille, carte postale, 1905.

- À l'aide des « Clés pour comprendre » p. 200, présentez ce document.
- Expliquez le point de vue du caricaturiste sur l'action conduite par Aristide Briand.

4 Avril 1905 : séance parlementaire sur le projet de loi

En votant cette loi, vous ramènerez l'État à une plus juste appréciation de son rôle et de sa fonction et vous aurez accordé à l'Église la pleine liberté de s'organiser, de vivre, de se développer selon les règles et par ses propres moyens, sans autre restriction que le respect des lois et de l'ordre public [...], si quelqu'un ici avait cette arrière-pensée de faire une loi de séparation qui devînt d'une manière indirecte, sournoise, une entrave à l'exercice des cultes, une atteinte à la constitution des Églises, je vous déclare qu'il ne me trouverait pas en communion de pensée avec lui. Pour ma part, je n'ai jamais été guidé par une préoccupation de cette sorte. [...]
Quel est le but que vous poursuivez ? Voulez-vous une loi de large neutralité, susceptible d'assurer la pacification des esprits et de donner à la République, en même temps que la liberté de ses mouvements, une force plus grande ? Si oui, faites que cette loi soit franche, loyale et honnête. Faites-la telle que les Églises ne puissent y trouver aucune raison grave de bouder le régime nouveau, qu'elles sentent elles-mêmes la possibilité de vivre à l'abri de ce régime, et qu'elles soient, pour ainsi dire, obligées de l'accepter de bonne grâce ; car le pire qui pourrait arriver ce serait de déchaîner dans ce pays les passions religieuses.

Intervention d'Aristide Briand à la Chambre des députés, 20 avril 1905.

- Retrouvez les arguments de Briand pour convaincre les députés de voter la loi.
- Comparez les points de vue de Briand et de Combes sur la séparation des Églises et de l'État (doc. 2, 3 et 4).

5 Décembre 1905 : l'adoption de la loi

Art. 1. La République assure la liberté de conscience. Elle garantit le libre exercice des cultes. [...]
Art. 2. La République ne reconnaît, ne salarie, ne subventionne aucun culte. [...] Seront supprimées des budgets de l'État, des départements et des communes, toutes dépenses relatives à l'exercice des cultes. [...]
Art. 3. [...] Dès la promulgation de la présente loi, il sera procédé par les agents de l'administration des domaines à l'inventaire descriptif et estimatif :
1. des biens mobiliers et immobiliers desdits établissements ;
2. des biens de l'État, des départements et des communes dont les mêmes établissements ont la jouissance.
Art. 13. Les édifices servant à l'exercice public du culte, ainsi que les objets mobiliers les garnissant, seront laissés gratuitement à la disposition des établissements publics du culte, puis des associations appelées à les remplacer. [...]
Art. 28. Il est interdit, à l'avenir, d'élever ou d'apposer aucun signe ou emblème religieux sur les monuments publics ou en quelque emplacement public que ce soit, à l'exception des édifices servant au culte, des terrains de sépulture dans les cimetières, des monuments funéraires ainsi que des musées ou expositions.

Loi de séparation des Églises et de l'État, 9 décembre 1905.

Relevez les points de cette loi qui montrent qu'elle instaure en France une laïcité tolérante.

Vers l'EXAM Présentez la loi de séparation des Églises et de l'État (contexte historique, élaboration, principes et conséquences) et son importance pour la République française.

L'affirmation de la laïcité (1880-1945)

Notions

Anticléricalisme : opposition à l'action ou à l'influence publique du clergé.

Laïcisation : fait de rendre laïque, c'est-à-dire indépendant de toute confession et de toute religion.

Laïcité : forme d'organisation de la société consistant à séparer la société civile et politique de la société religieuse.

Synthèse audio
www.lienmini.fr/hg1-05

■ **Dès leur arrivée au pouvoir en 1880, les républicains affirment leur volonté de soustraire la société et l'État à l'influence des Églises.** En effet, si la Révolution française a mis fin à l'union traditionnelle entre le pouvoir et l'Église catholique, celle-ci conserve un rôle majeur dans la société, notamment dans l'enseignement ou l'assistance. Par ailleurs, soutenant les monarchistes opposés aux républicains, l'Église apparaît comme « l'ennemi du régime ». **Anticléricaux, les républicains adoptent donc une série de lois qui visent à limiter son influence au domaine privé** (laïcisation des hôpitaux de Paris en 1878, suppression du repos dominical en 1880, autorisation du divorce en 1884...). Les **congrégations religieuses** sont contrôlées. L'école, lieu de l'apprentissage de la République et de la formation du citoyen, est rendue laïque, gratuite et obligatoire pour tous les enfants de 6 à 13 ans en 1882 (**lois Ferry**).

■ Entre 1899 et 1904, les républicains mènent un anticléricalisme de combat. Le gouvernement Combes interdit puis expulse les congrégations et rompt les relations diplomatiques avec le pape (1904). **En 1905, la loi de séparation des Églises et de l'État marque une étape décisive dans la laïcisation de l'espace public.** Garantissant la liberté de conscience ainsi que le libre exercice de tous les cultes, elle supprime le régime concordataire et toutes les subventions aux cultes. **La religion devient un domaine strictement privé dans lequel l'État n'a plus à intervenir.** Pendant la Première Guerre mondiale, l'Union sacrée apaise le conflit et, durant les années 1930, l'anticléricalisme décline. Si l'État français favorise les congrégations religieuses et accorde quelques avantages aux cultes, la **laïcité** n'est cependant pas remise en cause.

Vérifier sa compréhension de la leçon

Retrouvez les points de la leçon illustrés par ces documents. Expliquez vos choix.

1. Affiche pour la revue *La Lanterne*, 1902.

2. Je suis, et tous les protestants avec moi, pour la laïcisation complète de l'État. L'État n'a pas, par fonction, à distribuer aux citoyens les vérités ou les erreurs de la religion. Il est sur un autre terrain : ce qu'il distribue, c'est la justice, la liberté, le bien-être. La religion est affaire de conscience, l'affaire de la conscience individuelle. L'État n'a qu'à s'abstenir complètement de toute participation et de toute action dans le domaine religieux, et il a le droit et le devoir d'exiger en retour des Églises qu'elles ne se mêlent pas de vouloir le dominer, de le façonner à leur gré. Je pense que, dans cette appréciation du rôle de l'État vis-à-vis des Églises, je suis en communion d'idées avec tous les démocrates et un grand nombre de libres penseurs eux-mêmes.

Pasteur Louis Lafon, *Le Siècle*, 1905.

Organiser ses connaissances à l'aide d'un tableau

Recopiez puis complétez ce tableau avec les éléments de la leçon.

	Avant 1880	À partir de 1880	Après 1905
Place de l'Église dans la société	.... Exemples :	.... Exemples :	.... Exemples : ....
Relations avec l'État	.... Exemples :	.... Exemples :	.... Exemples : ....

La laïcité en question depuis 1945

Notions

École libre : désigne l'école privée, qui se réfère à une religion.

Sécularisation : recul de la place de la religion dans la vie individuelle et dans la société.

Synthèse audio
www.lienmini.fr/hg1-06

■ **Au lendemain de la Seconde Guerre mondiale, la Constitution de la IVe République définit la France comme une République laïque.** Certains territoires, comme l'Alsace-Moselle ou la Guyane, bénéficient toutefois d'un régime d'exception : l'État rémunère les ministres du culte et organise les cours d'instruction religieuse. Par ailleurs, et sans remettre en question la loi de 1905, **la République concède progressivement aux religions une place dans l'espace public** : les émissions à caractère religieux sont par exemple autorisées dans les médias publics. Enfin, la République reconnaît l'enseignement privé, notamment catholique. **La question scolaire reste cependant vive** et est régulièrement l'objet de conflits entre partisans de l'école laïque et de l'**école libre**.

■ Malgré l'apaisement des tensions et la **sécularisation** de la société, **la laïcité doit faire face à de nombreux défis**. Dès les années 1950, l'immigration et le développement de l'islam, aujourd'hui deuxième religion de France, confrontent la laïcité au développement de nouvelles revendications culturelles et religieuses. Pour y répondre, l'**État fonde des institutions** (Conseil du culte musulman en 2002). Afin de garantir à tous la liberté religieuse et d'éviter un clivage social, comme l'illustrent les débats sur le voile ou l'action contre les sectes, de **nouvelles lois sont adoptées** (loi sur le port des signes religieux dans les écoles publiques en 2004, interdiction du port du voile intégral dans l'espace public en 2011…). En 2013, la Charte de la laïcité réaffirme l'importance du principe de laïcité, indissociable des valeurs de liberté, d'égalité et de fraternité.

Vérifier sa compréhension de la leçon

Retrouvez les points de la leçon illustrés par ces documents. Expliquez vos choix.

1. À côté de l'Éducation nationale et de l'enseignement public, il existe un enseignement privé. Cet enseignement privé est l'expression d'une liberté essentielle. Nous le savons : il ne suffit pas, pour qu'une liberté existe, qu'elle soit inscrite dans les textes. Elle doit pouvoir s'exprimer, c'est-à-dire que son expression doit pouvoir être garantie […]. L'enseignement privé représente aussi une forme de collaboration à la mission d'éducation nationale qui le fait ainsi participer à un service public. L'enseignement privé participe à une tâche d'utilité générale. Le fait même de participer à cette tâche pose, nous le savons tous, un problème, car la plus grande part de cet enseignement a un caractère spécifique qui est d'être un enseignement religieux ou, plus exactement, un enseignement délivré dans des établissements dont le caractère et la raison d'être sont d'être des établissements religieux.

Discours de Michel Debré (Premier ministre) devant l'Assemblée nationale, 23 décembre 1959.

2. *Charlie Hebdo*, Hors-série septembre 2013.

Organiser ses connaissances à l'aide d'un tableau

Recopiez puis complétez le tableau avec les éléments de la leçon.

La France, une République laïque Date :		
Exemples illustrant la laïcité	**Défis lancés à la laïcité**	**Mesures pour répondre aux défis lancés à la laïcité**
....	....	....

EXAM

Évaluer ses connaissances sur le sujet d'étude

Les idées essentielles

Répondez en quelques phrases aux questions suivantes.

1. Pourquoi la laïcité est-elle un principe fondamental pour les républicains ?
2. Quelles mesures prennent les républicains pour combattre l'influence de l'Église dans la société ?
3. Que sont les lois laïques ?
4. Pourquoi parle-t-on au xxe siècle d'une laïcité d'intégration ?

Illustrez chacune des affirmations suivantes par des exemples.

1. Tout au long du xxe siècle, on assiste à une laïcisation des institutions.
2. La laïcité garantit la liberté de conscience.
3. La question scolaire est au cœur du débat sur la laïcité.
4. Le respect de la laïcité se heurte aujourd'hui à de nombreux défis.

Les dates clés

Associez chaque date à l'événement correspondant.

1. 2004
2. 1882
3. 1905
4. 1946

a. La laïcité, principe constitutionnel.
b. Loi de séparation des Églises et de l'État.
c. Institution de l'école laïque.
d. Loi interdisant, dans les établissements scolaires, le port de signes ou de tenues manifestant une appartenance religieuse.

Les notions clés

Complétez chaque définition avec des mots de la liste suivante : *droit • assistance • laïque • enseignement • religion • opposition • Église • choix • clergé • influence • association.*

1. **Anticléricalisme :** .... à l'intervention et à l'............................ du .... dans la vie publique.
2. **Sécularisation :** action qui consiste à rendre des membres du clergé à la vie .... ou à soustraire des biens de l' .... pour les remettre à l'État laïque.
3. **Congrégation :** .... de religieux ou de religieuses assurant des missions de soin, d' .... et/ou d'............................ .
4. **Liberté de conscience :** .... que chacun a de pratiquer la .... de son ....

Les faits

Retrouvez les points du sujet d'étude illustrés par chaque document. Expliquez votre choix.

1. Manifestation contre le projet de loi de séparation des Églises et de l'État devant l'église Notre-Dame-des-Champs à Paris en 1904.

2. Prière de musulmans dans une rue de Gennevilliers en 2011.

Répondre à des questions de connaissance

→ Mettre en œuvre les capacités et les connaissances du programme d'histoire

▶ Sujet d'étude

La République et le fait religieux depuis 1880

En vous appuyant sur le document, répondez aux questions suivantes.

1. Précisez le sujet de cette caricature et son contexte de réalisation.

2. Dégagez le sens de cette caricature.

3. Montrez que cette caricature illustre les valeurs et les principes défendus par les républicains.

Dessin d'Ashaverus, *Les Corbeaux*, 1907

Le décervellement des enfants martyrs.

Coup de pouce

1. « Préciser le sujet et le contexte », c'est rechercher le thème abordé par le dessin (et les textes qui l'accompagnent) et les circonstances dans lequel il a été réalisé.

2. « Dégager le sens », c'est rechercher la signification (connotation) du dessin dont vous aurez étudié la composition et les éléments représentés (dénotation). La connaissance du contexte permet d'en construire le sens.

3. « Montrer », c'est donner une preuve. Cela suppose de connaître les idées défendues par les républicains sur le sujet évoqué par la caricature puis de rechercher les éléments du document qui les illustrent.

▶ Situation 1

Les lois laïques des années 1880

Parmi les trois affirmations suivantes, choisissez celle qui vous paraît la plus pertinente pour présenter les lois laïques des années 1880. Justifiez votre réponse en donnant des exemples.

A. Les lois laïques ont pour objectif de supprimer la religion catholique en France.

B. Les lois laïques ont pour objectif de faire reculer l'influence des religions dans la société.

C. Les lois laïques ont pour objectif de faire disparaître toutes les religions présentes en France.

▶ Situation 2

Aristide Briand et la loi de séparation des Églises et de l'État

Décrivez le rôle joué par Aristide Briand dans le vote de la loi de séparation des Églises et de l'État.

Coup de pouce

- Décrivez le contexte dans lequel cette loi est proposée.
- Indiquez qui est Aristide Briand et pourquoi son nom est lié à cette loi.
- Précisez son rôle dans l'adoption de cette loi par l'Assemblée nationale.

EXAM

EXERCICE GUIDÉ

Répondre à des questions à partir d'un support documentaire

→ Exploiter un document pour analyser une situation historique

Discours du président de la République Jacques Chirac devant le gouvernement et les députés à l'Élysée, le 17 décembre 2003

La laïcité est inscrite dans nos traditions. Elle est au cœur de notre identité républicaine. Il ne s'agit aujourd'hui ni de la refonder, ni d'en modifier les frontières. Il s'agit de la faire vivre en restant fidèle aux équilibres que nous avons su inventer et aux valeurs de la République. La laïcité garantit la liberté de conscience. Elle protège la liberté de croire ou de ne pas croire. Elle assure à chacun la possibilité d'exprimer et de pratiquer sa foi, paisiblement, librement, sans la menace de se voir imposer d'autres convictions ou d'autres croyances. […] C'est la neutralité de l'espace public qui permet la coexistence harmonieuse des différentes religions. […] Pourtant, malgré la force de cet acquis républicain, […] l'application du principe de laïcité dans notre société est aujourd'hui en débat.
Il faut aussi réaffirmer la laïcité à l'école car l'école doit être absolument préservée. L'école est au premier chef le lieu d'acquisition et de transmission des valeurs que nous avons en partage. L'instrument par excellence d'enracinement de l'idée républicaine. L'espace où l'on forme les citoyens de demain à la critique, au dialogue, à la liberté. […]
L'école est un sanctuaire républicain que nous devons défendre, pour préserver l'égalité devant l'acquisition des valeurs et du savoir, l'égalité entre les filles et les garçons, la mixité de tous les enseignements, et notamment du sport. Pour protéger nos enfants. Pour que notre jeunesse ne soit pas exposée aux vents mauvais qui divisent, qui séparent, qui dressent les uns contre les autres.
Il n'est pas question, bien sûr, de faire de l'école un lieu d'uniformité, d'anonymat, où seraient proscrits le fait ou l'appartenance religieuse. […] En conscience, j'estime que le port de tenues ou de signes qui manifestent ostensiblement l'appartenance religieuse doit être proscrit dans les écoles, les collèges et les lycées publics.

1 Expliquez pourquoi la laïcité est une question fondamentale pour le président Chirac.

▶ Extraits du doc.

- Identifiez le passage où Jacques Chirac définit la laïcité.
- Recherchez dans ses propos pourquoi cette question est fondamentale pour lui, puis résumez-les.

Votre réponse : « Pour Jacques Chirac, la laïcité est une question fondamentale. En effet, elle … (*reformulez la définition qu'il en donne*). Ainsi, la laïcité … (*résumez en quelques mots ses arguments*). »

2 Précisez pourquoi le président de la République s'exprime sur la laïcité.

▶ Extraits du doc.

- Identifiez le passage où Jacques Chirac donne les raisons qui le poussent à aborder le sujet.

Votre réponse : « Le président de la République s'exprime sur la laïcité parce que … (*indiquez la raison relevée dans le texte*). »

3 Montrez que les décisions annoncées par Jacques Chirac s'inscrivent dans la lignée de la politique laïque menée par les républicains depuis 1880.

▶ Extraits du doc.

- Recherchez dans le texte les décisions prises par Jacques Chirac puis résumez-les.
- Demandez-vous pourquoi ces décisions contribuent à faire de la société française une société laïque.
- Retrouvez, dans vos connaissances, les mesures mises en œuvre par les républicains dès 1880 pour laïciser la société.
- Montrez les points communs entre les décisions des républicains au XIXe siècle et celles de Jacques Chirac.

Votre réponse : « J. Chirac annonce dans son discours que … (*citez ses décisions*). Ces mesures participent à faire de la société une société laïque car … (*expliquez en quoi ce type de mesure contribue à une laïcisation de la société*). Elles s'inscrivent donc dans le combat mené par les républicains depuis 1880. En effet, dès 1880, … (*citez quelques exemples de mesures prises dès le XIXe siècle par les républicains pour laïciser la société*). »

SUJET D'ÉTUDE

4. De l'État français à la IVe République (1940-1946)

1940 : l'État français, un régime autoritaire né de la défaite

« Le désastre n'est, en réalité, que le reflet sur le plan militaire des faiblesses et des tares de l'ancien régime politique. Ce régime, pourtant, beaucoup d'entre vous l'aimaient. Votant tous les quatre ans, vous vous donniez l'impression d'être les citoyens libres d'un État libre, aussi vous étonnerai-je en vous disant que jamais, dans l'histoire de la France, l'État n'a été plus asservi qu'au cours des vingt dernières années. […]

L'autorité est nécessaire pour sauvegarder la liberté de l'État, garantir les libertés individuelles, en face d'intérêts particuliers. Nous ne perdrons, en réalité, certaines apparences trompeuses de la réalité que pour mieux en sauver la substance. »

Message du maréchal Pétain aux Français, 11 octobre 1940.

1946 : la République restaurée

HISTOIRE DES ARTS

Libération, affiche de Phili (Philippe Grach), éditée fin août 1944 par le secrétariat à l'information du Gouvernement provisoire de la République française.

Paris n'est pas encore libéré et, si la résistance intérieure a témoigné de son engagement, sa capacité à jouer un rôle majeur dans la libération du territoire n'est pas encore démontrée.

Situations

Collaborer ou résister : deux attitudes face à l'Occupation

L'effondrement et la refondation

Après la **débâcle militaire française** de 1940, **Paris** est occupé par les troupes de la Wehrmacht et devient le **siège du commandement militaire allemand** en France.

Défilé de l'armée allemande sur les Champs-Élysées à Paris en septembre 1940.

À Montoire le 24 octobre 1940, la France s'engage dans une **politique de collaboration** avec l'Allemagne nazie.

Entrevue de Montoire entre Philippe Pétain et Adolf Hitler, 24 octobre 1940.

1939 — 1940 — 1941 — 1942 — 1943

IIIe RÉPUBLIQUE

- **Septembre** Entrée en guerre de la France
- **10 mai** Offensive allemande
- **16 juin** Pétain, président du Conseil
- **18 juin** Appel du général de Gaulle
- **22 juin** Armistice

ÉTAT FRANÇAIS

- **10 juillet** Vote des pleins pouvoirs à Pétain et fin de la République
- **3 octobre** Statut des juifs
- **24 octobre** Rencontre entre Pétain et Hitler à Montoire
- **29 mars** Commissariat général aux questions juives
- **14 juin** Arrestation des juifs étrangers à Paris
- **27 mars** Premier convoi de déportation des juifs de France vers Auschwitz
- **29 mai** Port de l'étoile jaune obligatoire pour les juifs de la zone occupée
- **16-17 juillet** Rafle du Vel' d'Hiv'
- **Septembre** Mise en place du STO
- **22 octobre** Début de l'unification de la Résistance

de la République (1940-1946)

◀ À partir de 1942, **l'État français** se rend **complice du génocide** voulu par les nazis en arrêtant et déportant des juifs.

Enfants juifs internés au camp de Drancy en région parisienne.

En 1944, le **territoire français** est progressivement **libéré**. Dès le mois d'août, le Gouvernement provisoire de la République française (GPRF), dirigé par le **général de Gaulle, restaure la légalité républicaine**. ▶

Charles de Gaulle et les membres du CNR défilent sur les Champs-Élysées, le 26 août 1944.

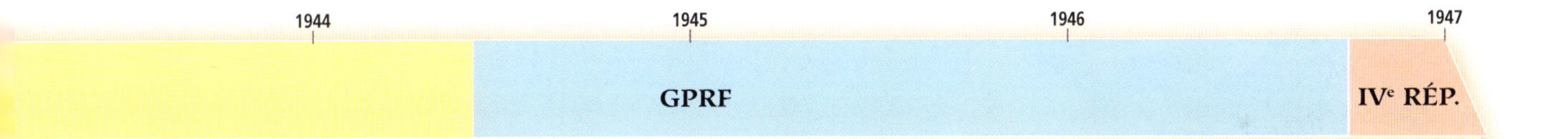

- **27 mai** Fondation du Conseil national de la Résistance (CNR)
- **21 juin** Arrestation de Jean Moulin
- **6 janvier** Mouvements unis de Résistance (MUR)
- **30 janvier** Milice française
- **15 mars** Adoption du programme du CNR
- **2 juin** Création du Gouvernement provisoire de la République française à Alger
- **6 juin** Débarquement allié en Normandie
- **17 août** Départ de Drancy du dernier convoi de déportation des juifs de France vers Auschwitz
- **25 août** Libération de Paris
- **Septembre** Gouvernement d'unanimité nationale présidé par de Gaulle
- **13 octobre** Adoption de la Constitution de la IVe République par référendum
- **27 octobre** Promulgation de la Constitution de la IVe République

Vers l'EXAM **Donnez deux raisons qui peuvent expliquer que les historiens décrivent l'État français comme une parenthèse dans l'histoire de la République.**

▶ À partir des photographies et de la frise, relevez deux faits qui justifient l'affirmation des historiens.

A. L'État français : Révolution nationale et collaboration

1 Le maréchal Pétain, chef de l'État français

a. Nous, maréchal de France, chef de l'État français
Vu la loi constitutionnelle du 10 juillet 1940,
Décrétons :
Article 1
1. Le chef de l'État français a la plénitude du pouvoir gouvernemental, il nomme et révoque les ministres et secrétaires d'État, qui ne sont responsables que devant lui.
2. Il exerce le pouvoir législatif, en conseil des ministres.
3. Il promulgue les lois et assure leur exécution.
4. Il nomme à tous les emplois civils et militaires pour lesquels la loi n'a pas prévu d'autre mode de désignation.
5. Il dispose de la force armée. […]
9. Il ne peut déclarer la guerre sans l'assentiment préalable des Assemblées législatives.

Actes constitutionnels du 11 juillet 1940.

Qualifiez le nouveau régime. Justifiez votre réponse.

b. Écoliers écoutant un discours radiodiffusé du maréchal Pétain, Paris, octobre 1941.

Indiquez pourquoi cette scène confirme la nature du régime mis en place par le maréchal Pétain.

2 La Révolution nationale

b. Art. 1. Philippe Pétain, maréchal de France, chef de l'État français, est nommé citoyen d'honneur […].
Art. 2. Dans tous les documents officiels et sur tous les monuments publics de cette commune seront enlevées ou grattées toutes les inscriptions comportant les mots « République française » ou la devise « Liberté, Égalité, Fraternité ». Ces inscriptions seront remplacées par les seuls mots « État français ».
Art. 3. Le buste symbolique dit de la Marianne sera enlevé de la salle de la mairie et remisé au grenier. En remplacement il sera fait l'acquisition d'un buste de la sainte de la patrie, Jeanne d'Arc.
Art. 4. Les portraits des présidents de la République seront de même enlevés et remisés au grenier et remplacés par le seul portrait du maréchal de France, chef de l'État français.

Délibération du conseil municipal d'une commune du Gard, 8 septembre 1940.

- **Montrez que les décisions prises dans cette commune sont symboliques de l'État français.**
- **Justifiez le choix du titre du document 2 : « La Révolution nationale ».**

a. Affiche du gouvernement de Vichy, 1942.

Décrivez l'image du maréchal Pétain diffusée par la propagande de l'État français.

3 Le choix de la collaboration

Français,

J'ai rencontré, jeudi dernier, le chancelier du Reich[1]. Cette rencontre a suscité des espérances et provoqué des inquiétudes. Je vous dois à ce sujet quelques explications. [...] Cette première rencontre entre le vainqueur et le vaincu marque le premier redressement de notre pays. C'est librement que je me suis rendu à l'invitation du Führer. Je n'ai subi de sa part aucun diktat, aucune pression. Une collaboration a été envisagée entre nos deux pays. J'en ai accepté le principe. Les modalités en seront discutées ultérieurement. [...]

C'est dans l'honneur et pour maintenir l'unité française – une unité de dix siècles – dans le cadre d'une activité constructive du nouvel ordre européen que j'entre, aujourd'hui, dans la voie de la collaboration. Ainsi, dans un avenir prochain, pourraient être allégé le poids des souffrances de notre pays, amélioré le sort de nos prisonniers, atténuée la charge des frais d'occupation. Ainsi pourraient être assouplie la ligne de démarcation et facilités l'administration et le ravitaillement du territoire.

Discours radiodiffusé du maréchal Pétain, 30 octobre 1940.

1. Le 24 octobre 1940, le maréchal Pétain rencontre Adolphe Hitler à Montoire (voir Repères p. 208).

Relevez les raisons avancées par Pétain pour justifier la collaboration.

4 Le statut des Juifs

a. **Art. 1.** Est regardé comme Juif, pour l'application de la présente loi, toute personne issue de trois grands-parents de race juive ou de deux grands-parents de même race, si son conjoint est lui-même juif.
Art. 2. L'accès et l'exercice des fonctions publiques et mandats ci-après sont interdits aux Juifs : chef de l'État ; membres du gouvernement ; [...] fonctionnaires de tous grades attachés à tous services de police ; membres des corps enseignants ; officiers des armées. [...]
Art. 5. Les Juifs ne pourront, sans condition ni réserve, exercer l'une des professions suivantes : directeurs, rédacteurs de journaux ; [...] gérants de toutes entreprises se rapportant à la radio.

Loi du 3 octobre 1940.

Caractérisez la politique de l'État français.

b. Départ de juifs pour un des trois camps d'internement de la région d'Orléans, sous la conduite de gendarmes français, Paris, gare d'Austerlitz, mai 1941.
Hommes, femmes et enfants sont ensuite déportés vers les camps d'extermination nazis, notamment à Auschwitz-Birkenau.

Expliquez l'intérêt de ce document pour comprendre cet aspect de la politique de collaboration.

5 Le service du travail obligatoire (STO)

Affiche de 1943.

Après avoir défini le STO, identifiez les arguments développés par l'État français pour le promouvoir.

Vers l'EXAM **Montrez que la politique menée par l'État français remet en question le régime républicain et bafoue la démocratie.**
▶ Précisez l'idée illustrée par chaque document et dites en quoi elle porte atteinte au régime républicain et à la démocratie.

B. La Résistance : un combat pour le rétablissement de la République

1 L'appel du 18 juin 1940

Les chefs qui, depuis de nombreuses années, sont à la tête des armées françaises, ont formé un gouvernement. Ce gouvernement, alléguant la défaite de nos armées, s'est mis en rapport avec l'ennemi pour cesser le combat. Certes, nous avons été, nous sommes, submergés par la force mécanique, terrestre et aérienne, de l'ennemi. Infiniment plus que leur nombre, ce sont les chars, les avions, la tactique des Allemands qui nous font reculer.
Mais le dernier mot est-il dit ? L'espérance doit-elle disparaître ? La défaite est-elle définitive ? Non. Croyez-moi, moi qui vous parle en connaissance de cause et vous dis que rien n'est perdu pour la France. Les mêmes moyens qui nous ont vaincus peuvent faire venir un jour la victoire. Car la France n'est pas seule ! […] Elle a un vaste empire derrière elle. Elle peut faire bloc avec l'Empire britannique qui tient la mer et continue la lutte. Elle peut, comme l'Angleterre, utiliser sans limites l'immense industrie des États-Unis. […]
Quoi qu'il arrive, la flamme de la résistance française ne doit pas s'éteindre et ne s'éteindra pas. Demain, comme aujourd'hui, je parlerai à la Radio de Londres.

Discours du général de Gaulle radiodiffusé depuis Londres par la BBC, 18 juin 1940.

- Résumez le point de vue du général de Gaulle.
- Précisez à qui de Gaulle s'oppose par cet appel.

2 Lucie Aubrac, une femme dans la Résistance

Mai 1940, la défaite, l'invasion nazie, mon jeune époux prisonnier de guerre, le discours de Pétain le 17 juin[1], l'appel du général de Gaulle depuis Londres le 18 juin. Pour moi la guerre n'est pas finie. C'est ma guerre à moi qui commence. Aider de grands élèves à rejoindre Londres, aider mon mari à s'évader du camp de prisonniers. Me voilà mobilisée, conspiratrice, prête pour démarrer une opposition à Vichy et à l'occupation allemande. À mon militantisme au grand jour succède maintenant un militantisme clandestin. Je suis en quelque sorte une femme double : une vie familiale avec un premier enfant qui s'annonce, une vie professionnelle au lycée de jeunes filles à Lyon. Mon double : les rendez-vous cachés, la recherche de complices pour notre propagande clandestine. […] Seuls comptent la volonté de vaincre le régime de Pétain, le désir de chasser l'occupant, le souci d'informer une opinion anesthésiée, d'aider tous celles et ceux qui sont les victimes de cette collaboration.

D'après le témoignage de Lucie Aubrac, *Lettre de la Fondation de la Résistance*, n° 27, décembre 2001.

1. Allocution du maréchal Pétain annonçant aux Français la demande d'armistice.

- Relevez les raisons pour lesquelles Lucie Aubrac entre en résistance.
- Expliquez la phrase : « À mon militantisme au grand jour succède maintenant un militantisme clandestin. »

3 La Résistance dans la France occupée

Affiche diffusée en dizaine de milliers d'exemplaires par le ministère de l'Information de Vichy au moment du procès et de la condamnation à mort de 23 résistants du groupe Manouchian (février 1944).

- Identifiez les actes de résistance évoqués sur cette affiche.
- Décrivez comment la propagande de Vichy présente la Résistance.

4 Le programme du Conseil national de la Résistance (15 mars 1944)

II. Mesures à appliquer dès la libération du territoire [...]
4. Afin d'assurer l'établissement de la démocratie la plus large en rendant la parole au peuple français par le rétablissement du suffrage universel, la pleine liberté de pensée, de conscience et d'expression, le respect de la personne humaine, l'égalité absolue de tous les citoyens devant la loi.
5. Afin de promouvoir les réformes indispensables :
a) sur le plan économique : l'instauration d'une véritable démocratie économique, le retour à la nation des grands moyens de production monopolisés, fruit du travail commun, des sources d'énergie, des richesses du sous-sol, des compagnies d'assurances et des grandes banques ;
b) sur le plan social, le droit au travail et le droit au repos, notamment par le rétablissement d'un plan complet de sécurité sociale, visant à assurer à tous les citoyens des moyens d'existence, dans tous les cas où ils sont incapables de se les procurer par le travail, avec gestion appartenant aux représentants des intéressés et de l'État une retraite permettant aux vieux travailleurs de finir dignement leurs jours [...].
Ainsi sera fondée une République nouvelle qui balaiera le régime de basse réaction instauré par Vichy et qui rendra aux institutions démocratiques et populaires l'efficacité que leur avaient fait perdre les entreprises de corruption et de trahison qui ont précédé la capitulation.

« Le Conseil national de la Résistance n'a pas pour seul objectif la libération de la France. » Justifiez cette affirmation.

5 Le rétablissement de la démocratie

Bureau de vote à Paris lors des élections législatives et du référendum organisés le 21 octobre 1945.

Les Français et les Françaises, qui ont obtenu le droit de vote en 1944, se prononcent sur l'instauration de nouvelles institutions. 96 % des électeurs votent « oui » et un an après, en octobre 1946, la réforme de la Constitution est adoptée, donnant naissance à la IVe République.

Montrez que la France retrouve, dès 1944, un régime démocratique.

6 La République sociale

Affiche du Parti communiste français, 1946.

Expliquez cette affiche et sa référence à 1936 (voir doc. 4 et la frise p. 208-209).

Vers l'EXAM **Expliquez le titre donné à cette double-page : « La Résistance : un combat pour le rétablissement de la République ».**
- Recensez les actions conduites par les résistants et leur(s) but(s).
- Demandez-vous pourquoi ces actions favorisent le rétablissement de la République.

La rafle du Vel' d'Hiv'

Depuis l'entrevue de Montoire en 1940, le maréchal Pétain mène une politique de collaboration avec l'Allemagne. En juillet 1942, le régime nazi organise l'opération « Vent printanier », une rafle de juifs à grande échelle dans plusieurs pays européens occupés. L'État français mobilise la police française : les 16 et 17 juillet 1942, 13 152 juifs étrangers, dont 4 115 enfants, sont arrêtés à Paris. 8 000 d'entre eux restent enfermés pendant cinq jours dans le Vélodrome d'Hiver, avant d'être envoyés dans les camps de Drancy et du Loiret. Tous sont déportés à Auschwitz-Birkenau, dont moins de 100 adultes reviennent en 1945.

Clés pour comprendre

Un contexte : la politique antisémite de l'État français

3 octobre 1940 : premier statut des juifs les excluant de certaines professions.
1940 : début des internements des juifs étrangers dans les camps français.
14 mai 1941 : première rafle de juifs étrangers à Paris.
9 mars 1942 : ordonnance allemande obligeant tous les juifs de plus de six ans à porter l'étoile jaune en zone occupée.
27 mars 1942 : départ du premier convoi de déportés juifs vers le camp d'extermination d'Auschwitz-Birkenau.
5 juin 1942 : les nazis réclament la déportation de 100 000 juifs, à raison de 3 000 juifs chaque semaine.
Juillet 1942 : opération « Vent Printanier ».
16-17 juillet 1942 : rafle du Vel' d'Hiv'.
31 juillet 1944 : départ du dernier convoi du camp de Drancy vers Auschwitz-Birkenau.

1 Les premières rafles de juifs en zone occupée

Le 20 août 1941, 4 232 juifs étrangers et français sont arrêtés dans le XIe arrondissement de Paris sous prétexte d'un contrôle d'identité à la préfecture de Police. Ils sont envoyés au camp de Drancy, « inauguré » à cette occasion.

Montrez que l'État français prend part aux rafles de juifs organisées par l'occupant nazi en France.

2 La rafle du Vel' d'Hiv'

À Messieurs les Commissaires Divisionnaires, Commissaires de Voie Publique et des Circonscriptions de Banlieue.

[…] Les Autorités Occupantes ont décidé l'arrestation et le rassemblement d'un certain nombre de juifs étrangers. La mesure dont il s'agit ne concerne que les juifs des nationalités suivantes : Allemands, Autrichiens, Polonais, Tchécoslovaques, Russes (réfugiés ou soviétiques, c'est-à-dire « blancs » ou « rouges »), Apatrides, c'est-à-dire de nationalité indéterminée. Elle concerne tous les juifs des nationalités ci-dessus, quel que soit leur sexe, pourvu qu'ils soient âgés de 16 à 60 ans (les femmes de 16 à 55 ans). Les enfants de moins de 16 ans seront emmenés en même temps que les parents [souligné par nous]. Vous constituerez des équipes d'arrestation. […] Les équipes chargées des arrestations devront procéder avec le plus de rapidité possible, sans paroles inutiles et sans commentaires.

[…] Des autobus, dont le nombre est indiqué plus loin, seront mis à votre disposition. Lorsque vous aurez un contingent suffisant pour remplir un autobus, vous dirigerez sur le camp de Drancy : les individus ou familles n'ayant pas d'enfants de moins de 16 ans ; sur le Vélodrome d'Hiver : les autres. […]

Total des équipes mobilisées pour les opérations : 1 472 ; total des gardiens en civil ou en tenue : 1 568. […] La garde du Vélodrome d'Hiver sera assurée, tant à l'intérieur qu'à l'extérieur, par la Gendarmerie de la région parisienne et sous sa responsabilité.

Tableau récapitulatif des fiches d'arrestations : Paris : 25 334 ; Banlieue : 2 057 ; total : 27 391. Paris le 13 juillet 1942, le directeur de la police municipale, Hennequin.

Archive de la police de Paris, cité dans Adam Rayski, *Il y a soixante ans. La rafle du vélodrome d'Hiver. Le peuple de Paris solidaire des Juifs*, Mairie de Paris, 2002.

- **Décrivez la façon dont la rafle doit se dérouler.**
- **Relevez deux éléments qui illustrent l'ampleur de cette opération.**

3 Au Vel' d'Hiv' : témoignage d'une assistante sociale

Au Vel' d'Hiv', 12 000 juifs sont parqués, c'est quelque chose d'horrible, de démoniaque, quelque chose qui vous prend à la gorge et vous empêche de crier. En entrant, tu as d'abord le souffle coupé par l'atmosphère empuantie, et tu te trouves dans ce grand vélodrome noir de gens entassés les uns contre les autres, certains avec de gros ballots déjà salis, d'autres sans rien du tout. Ils ont à peu près un mètre carré d'espace chacun quand ils sont couchés.

Les quelques W.-C. qu'il y a au Vel' d'Hiv' (tu sais combien ils sont peu nombreux) sont bouchés ; personne pour les remettre en état. Au rez-de-chaussée sont les malades. Les bassins restent pleins à côté d'eux, car on ne sait pas où les vider. Quant à l'eau, depuis que je suis là-bas, je n'ai vu que deux bouches d'eau auxquelles on a adapté un tuyau de caoutchouc. Inutile de te décrire la bousculade. Résultat : les gens ne boivent pas, ne peuvent pas se laver. Le ravitaillement : une louche de lait par enfant de moins de neuf ans (et encore tous n'en ont pas), deux tartines épaisses de 2 cm de gros pain pour toute la journée (et encore tous n'en ont pas) ; une louche de nouilles ou de purée pour les repas (et encore tous n'arrivent pas à en avoir). Cela va encore, car les gens ont des provisions de chez eux, mais d'ici quelques jours, je ne réponds plus de rien. L'état d'esprit des gens, entassés là est indescriptible. Des hurlements hystériques, des cris : « libérez-nous ! », des tentatives de suicide. Il y a des femmes qui veulent se jeter du haut des gradins ; elles se précipitent sur toi : « tuez-nous, mais ne nous laissez pas ici », « une piqûre pour mourir, je vous en supplie », et tant d'autres, et tant d'autres.

Pas un seul Allemand ! Ils ont raison. Ils se feraient écharper. Quels lâches de faire faire leur sale besogne par des Français ! Ce sont des gardes mobiles et des jeunes des « chantiers de jeunesse » qui font le service d'ordre.

Lettre d'une jeune assistante sociale à son père, cité dans Adam Rayski, *Il y a soixante ans. La rafle du vélodrome d'Hiver. Le peuple de Paris solidaire des Juifs*, Mairie de Paris, 2002.

Caractérisez les conditions dans lesquelles les juifs sont détenus au Vélodrome d'Hiver.

4 La déportation vers Auschwitz-Birkenau

5 h 25. Départ du convoi de Beaune-la-Rolande, directement pour Auschwitz, avec 1 014 déportés (588 femmes et 425 hommes). Plus de la moitié sont polonais. Destination officielle : « frontière lorraine ». Le registre des « départs d'internés » du camp note : Israélites de nationalités étrangères avec enfants en partie naturalisés français. Arrêtés Paris et sa banlieue le 16 juillet 1942, concentrés au Vélodrome d'Hiver et internés à Beaune-la-Rolande par wagons de marchandises aménagés à raison de 50 internés par wagon. Dans ce convoi, les enfants se trouvent avec leurs parents, aucune mesure n'a été prise pour leur identification. Escorté par un détachement de la gendarmerie prélevé à la 9e légion de gendarmes, composé d'un adjudant-chef, de 2 maréchaux des logis-chefs et de 22 gendarmes. Au départ, les internés ont reçu trois jours de vivres. 14 jours de vivres suivaient dans un wagon spécial.

Les limites d'âge imposées par les Allemands ne sont pas respectées : il y a dans ce convoi 30 enfants de moins de 12 ans, 176 jeunes filles de 13 à 21 ans et 93 garçons de 13 à 19 ans. À leur arrivée à Auschwitz, le 7 août, 214 hommes et 96 femmes furent sélectionnés et immatriculés pour le travail et les autres immédiatement gazés.

Archive départementale du Loiret 34 121, cité dans Éric Conan, *Sans oublier les enfants de Pithiviers et Beaune-la-Rolande, 19 juillet-16 septembre 1942*, Grasset et Fasquelle, 1991.

Dégagez l'intérêt de ce document pour l'étude de la rafle du Vel' d'Hiv'.

5 La France face à son passé

Monument commémoratif de la rafle du Vel' d'Hiv' à Paris (1994).
Il faut attendre le 16 juillet 1995 pour qu'un président de la République, Jacques Chirac, reconnaisse la responsabilité de la France dans la rafle du Vel' d'Hiv' et dans le génocide des juifs. Jusqu'alors, ses prédécesseurs l'avaient niée, considérant que la France légitime à cette époque n'était pas le régime de Vichy mais la France Libre.

Décrivez les positions successives des gouvernements français face à la rafle du Vel' d'Hiv' et à la participation de la France dans le génocide des juifs.

Vers l'EXAM **Expliquez la part de responsabilité de l'État français dans la rafle du Vel' d'Hiv' et dans le génocide des juifs pendant la Seconde Guerre mondiale.**

Jean Moulin et l'unification de la Résistance

Dès juin 1940, refusant la défaite et la présence de l'occupant, quelques milliers de volontaires rejoignent le général de Gaulle à Londres et les Forces françaises Libres (FFL). Dans le même temps, des réseaux de résistance s'organisent clandestinement sur le territoire national. À partir de 1942, grâce à l'action de Jean Moulin, les contacts avec la France Libre se renforcent et la résistance intérieure s'unifie au sein du Conseil national de la Résistance (CNR).

Clés pour comprendre

Un contexte : la Seconde Guerre mondiale

Septembre 1939 : invasion de la Pologne par les Allemands et déclaration de guerre de la France à l'Allemagne.
Mai-juin 1940 : défaite de la France et signature de l'armistice.
18 juin 1940 : appel à la résistance du général de Gaulle et naissance de la France Libre.
Octobre 1940 : début de la collaboration de l'État français et organisation de mouvements de résistance sur le territoire national.

Un homme : Jean Moulin (1899-1943)

1939 : préfet de l'Eure-et-Loir.
Novembre 1940 : révocation par l'État français pour refus de coopérer.
Octobre 1941 : rencontre le général de Gaulle à Londres, qui le nomme délégué de la France Libre en zone Sud.
Janvier 1943 : président des Mouvements unis de Résistance (MUR).
25 mai 1943 : préside la première réunion du CNR.
Été 1943 : arrêté et torturé par les Allemands, il meurt de ses blessures dans le train qui l'emmène en Allemagne.

1 Jean Moulin, un homme de l'ombre

Registration Certificate No. 1043799
Issued at ARO.I Piccadilly
on 25th October 1941
Name (Surname first in Roman Capitals) MERCIER Joseph Jean.
Alias
Left Thumb Print (if unable to sign name in English Characters).
25/10/41
Photograph
Signature of Holder Jos. Mercier

Nationality French.
Born on 20/7/96 in Peronne
Previous Nationality (if any)
Profession or Occupation None.
Single or Married Single.
Address of Residence De Vere Hotel. Kensington High St
Arrival in United Kingdom on 23/10/1941.
Address of last Residence outside U.K. Lisbon.
Government Service Sgt. French Army 1916/18
Passport or other papers as to Nationality and Identity. French Ppt No 71 issued Grasse 7.2.41.

a. Certificat d'entrée sur le sol britannique délivré à Jean Moulin, sous le nom de Joseph Jean Mercier, en octobre 1941.

b. Intérieur Sûreté-Police criminelle à Commissaires spéciaux postes frontières-Ports maritimes et aériens (zone libre). En communication à commissaires divisionnaires mobiles (zone libre) inspecteur général police territoire Vichy-Directeur police État sûreté Vichy, Suis avisé que Jean Moulin, né le 20 juin 1899, à Béziers, ancien sous-préfet (sic) Eure-et-Loir se disposerait à quitter France. Stop. Prière lui interdire sortie de territoire, le surveiller discrètement en cas découverte à la frontière et me tenir au courant.

Télégramme du 12 décembre 1940, cité par Jean-Pierre Azéma, *Jean Moulin*, Perrin, 2006.

Identifiez les obstacles auxquels se heurte Jean Moulin pour entrer en résistance et se rendre à Londres.

2 La mission de Jean Moulin

a. Mon cher ami,

La présence simultanée à Londres de Bernard et de Charvet[1] a permis d'établir l'entente entre leurs deux mouvements de résistance, et de fixer les conditions de leur activité sous l'autorité du Comité national. J'ai vivement regretté votre absence pendant cette mise au point. Je pense cependant que les dispositions qui ont été arrêtées faciliteront l'exécution de la mission qui vous est confiée.

Vous aurez à assurer la présidence du comité de coordination au sein duquel seront représentés les trois principaux mouvements de résistance : Combat, Franc-Tireur, Libération. Vous continuerez d'autre part comme représentant du Comité national en zone non occupée, à prendre tous les contacts politiques que vous jugerez opportuns. Vous pourrez y employer certains de nos agents qui vous sont directement subordonnés.

Toutes les organisations de résistance, quel que soit leur caractère, autres que les trois grands mouvements groupés par le comité de coordination, devront être invitées à affilier leurs adhérents à l'un de ces mouvements et à verser leurs groupes d'action dans les unités de l'armée secrète en cours de constitution. Il convient en effet d'éviter la prolifération de multiples petites organisations qui risqueraient de se gêner mutuellement, de susciter des rivalités et de créer la confusion.

Je tiens à vous redire que vous avez mon entière confiance et je vous adresse toutes mes amitiés.

Lettre du général de Gaulle à Jean Moulin, le nommant président du comité de coordination des mouvements de Résistance en zone Sud, 22 octobre 1942.

1. Respectivement, les chefs des mouvements de résistance Combat et Libération.

Citez les objectifs fixés par le général de Gaulle à Jean Moulin.

b. Affiche éditée par les Forces françaises Libres, publiée au Royaume-Uni, 1943.

Montrez que cette affiche illustre l'enjeu de la mission confiée à Jean Moulin par le général de Gaulle (doc. 2a et 2b).

3 La première réunion du Conseil national de la Résistance à Paris, le 27 mai 1943

Ce n'est pas sans difficultés que je suis parvenu à constituer et à réunir le Conseil de la Résistance : difficultés de principe, difficultés de personnes, difficultés matérielles. [...] J'ai eu en premier lieu à vaincre l'hostilité profonde de certains mouvements de zone Nord qui répugnaient à une collaboration quelconque avec les anciens partis. [...] Après une série de discussions, j'ai obtenu finalement l'adhésion des huit mouvements coordonnés [...]. En ce qui concerne les syndicalistes, j'ai eu aussi à aplanir un différend assez sérieux. La CGT demandait, en effet, deux sièges au Conseil pour que, arguaient ses représentants, les ouvriers et les employés pussent faire entendre leur voix. J'ai dû me montrer très ferme dans l'application du principe du représentant unique. La question a été d'autant plus délicate à traiter qu'aux difficultés de principe s'ajoutait une compétition de personnes, Saillant et Charles Laurent désirant tous deux faire partie du Conseil. [...] Je passe sur les difficultés matérielles de l'organisation d'une réunion de dix-sept membres recherchés ou au moins surveillés par la police et la Gestapo. [...] Le Conseil a enfin décidé de consacrer tous ses efforts à réaliser sur l'ensemble du territoire et d'abord à l'échelon de la région, l'union étroite des formations représentées au sein du Conseil de Résistance. Je tiens à souligner que tous les membres ainsi que tous leurs mandants ont attaché le plus grand soin et la plus haute importance à cette réunion. Certains mouvements qui, malgré tout, avaient conservé à l'égard du Conseil quelques préventions semblent maintenant avoir compris l'intérêt de cet organisme et le poids qu'il peut avoir. Le général de Gaulle aura de plus en plus besoin de ces hommes. [...] C'est ici même qu'il doit chercher ses appuis.

Rapport rédigé par Jean Moulin le 4 juin 1943, cité dans Jean-Pierre Azéma, *Jean Moulin*, Perrin, 2006.

Relevez les difficultés auxquelles s'est heurté Jean Moulin pour constituer le CNR.

Vers l'EXAM **Expliquez que l'action de Jean Moulin renforce la Résistance et l'autorité du général de Gaulle au sein de celle-ci.**

L'État français : l'effondrement de la République

Notions

État français (ou régime de Vichy) : gouvernement de la France de juillet 1940 à 1944, institué par les Actes constitutionnels de juillet 1940 et présidé par le maréchal Pétain. Son autorité s'exerce sur la zone « non occupée », au sud de la ligne de démarcation. Sa « capitale » est Vichy.

Révolution nationale : ensemble des réformes lancées par l'État français pour « redresser » la France et restaurer l'ordre moral.

Collaboration : aide à l'occupant pour l'effort de guerre et le contrôle des pays qu'il occupe. Elle peut être économique, politique, militaire et idéologique.

Synthèse audio
www.lienmini.fr/hg1-07

■ **En mai 1940, la défaite militaire de la France** face à l'armée allemande après six semaines de combats **provoque une crise politique majeure. Philippe Pétain, nommé président du Conseil** le 16 juin 1940, **signe l'armistice le 22 juin**. La grande majorité des Français fait alors pleinement confiance au « vainqueur de Verdun ». C'est donc sans véritable opposition que **Pétain obtient du Parlement, le 10 juillet 1940, les pleins pouvoirs. La IIIe République est alors remplacée par l'État français, régime autoritaire** qui repose sur la personne du maréchal pour lequel la propagande organise un véritable culte.

■ Le nouveau régime impose une **Révolution nationale**. Rompant avec les idéaux de la République considérée comme responsable de la défaite, elle impose le retour à des valeurs traditionnelles que résume la nouvelle devise, **« Travail, Famille, Patrie ». Régime d'exclusion et répressif**, l'État français pourchasse les communistes, exclut les étrangers et les juifs (**Statut des Juifs** en octobre 1940) considérés comme « des ennemis intérieurs ». Afin d'assouplir les clauses de l'armistice et obtenir un traitement de faveur de la part de l'Allemagne, Pétain engage la France dans la **collaboration** (entrevue de Montoire, octobre 1940). L'État **fournit au Reich ressources et main-d'œuvre (STO, 1943), accepte une collaboration militaire contre les Alliés** (Légion des volontaires français). La police française est mise au service de l'occupant pour arrêter les résistants et les juifs (création de la **Milice** en 1943). **Par sa propagande, sa législation et son soutien à l'Allemagne nazie, l'État français participe à la mise en œuvre du génocide des juifs d'Europe** (rafle du Vel' d'Hiv' les 16 et 17 juillet 1942).

Vérifier sa compréhension de la leçon

Retrouvez les points de la leçon illustrés par ces documents. Expliquez vos choix.

DÉPÊCHE DU CENTRE

Les prisonniers sont exonérés des impôts de 1939-1940 si leur montant n'excède pas 5.000 fr.

5.000 JUIFS de provenance étrangère ont été arrêtés par la police parisienne

C'est en vertu du décret du 4 octobre 1940, que l'ordre est venu de Vichy

1. Une de la *Dépêche du Centre*, 15 mai 1941.

2. Les jeunes gens de vingt-et-un, vingt-deux, vingt-trois ans sont mobilisés pour le service du travail obligatoire : service de deux ans pour partir travailler en Allemagne. Les étudiants sont furieux. Mercredi à midi – le décret [signé par Pétain] a été publié le matin – il y a eu un monôme[1].

Denise Domenach-Lallich, *Une Jeune Fille libre*, © Les Arènes Éditions, 2005.

1. Une manifestation d'étudiants.

Organiser ses connaissances à l'aide d'un schéma

Recopiez puis complétez ce schéma avec les éléments de la leçon.

10 mai 1940 Déclaration de guerre à l'Allemagne → .... → .... → État français

État français → Régime autoritaire — Exemples : ....
État français → Régime répressif — Exemples : ....
État français → Régime de collaboration — Exemples : ....

La Résistance : libération et reconstruction républicaine

Notions

France Libre : organisation de résistance extérieure fondée à Londres par le général de Gaulle. À partir du 13 juillet 1942, elle est renommée « France combattante ».

Mouvement de résistance : organisation de résistants qui mobilise la population (tracts, journaux clandestins) et organise la lutte contre l'occupant et Vichy.

Conseil national de la Résistance (CNR) : conseil créé en 1943 pour unifier la Résistance et préparer le retour de la démocratie. Il regroupe les principaux mouvements de résistance des deux zones, les partis politiques et les syndicats.

Synthèse audio
www.lienmini.fr/hg1-08

■ **Le 18 juin 1940, Charles de Gaulle appelle depuis Londres les Français à résister.** Il refuse l'armistice et oppose à la légalité de l'État français la légitimité du combat national. Il fonde la **France Libre** et, avec les Français qui le rejoignent, les Forces françaises Libres (FFL) pour continuer le combat aux côtés des Alliés. **En France, des hommes et des femmes refusent également la défaite et organisent clandestinement des mouvements de résistance**. Qualifiés par l'État français de « terroristes », ils agissent dans l'ombre contre l'occupant et le régime de Vichy (sabotages, diffusion de tracts et de journaux, envoi d'informations à Londres…). **D'abord très minoritaires, les résistants sont plus nombreux sous l'effet de la brutalité de l'occupation allemande** (STO, déportations) et s'organisent en **réseaux** : les FTP et les actions armées se multiplient, les **maquis** se développent.

■ **En 1941, le général de Gaulle confie à Jean Moulin la mission d'unifier les mouvements de résistance intérieure et de les placer sous son autorité.** En 1943, le **Conseil national de la Résistance** (CNR) est chargé d'organiser la **libération du territoire**. Il définit un ensemble de mesures en vue de la **reconstruction du pays sur des bases démocratiques, républicaines et sociales**. En 1944, après les débarquements alliés en Normandie et en Provence, le régime de Vichy s'effondre. La Résistance rétablit la République : un **gouvernement provisoire** (GPRF) est mis en place et les réformes prévues dans le programme du CNR sont réalisées (nationalisations d'entreprises, création de la Sécurité sociale, droit de vote des femmes). Après que les Français se sont prononcés en octobre 1945 en faveur d'un nouveau régime politique, la **Constitution de la IVe République est promulguée en octobre 1946**.

Vérifier sa compréhension de la leçon

Retrouvez les points de la leçon illustrés par ces documents.
Expliquez vos choix.

1. Le général de Gaulle passe en revue les troupes féminines des FFL le 11 juillet 1940 à Londres.

2. Affiche réalisée à Alger, mars 1943.

Organiser ses connaissances à l'aide d'un schéma

Recopiez puis complétez le schéma afin de décrire la façon dont la Résistance s'est constituée et organisée.

RÉSISTANCE →

Acteur
1er ex. : ……………
Actions : ……………

Acteur
2e ex. : ……………
Actions : ……………

→ Unification de la Résistance
Acteur : ……………
Date : ……………

→ Rôle de la Résistance
• ……………
• ……………

EXAM

Évaluer ses connaissances sur le sujet d'étude

Les idées essentielles

Répondez en quelques phrases aux questions suivantes.

1. Quelle est la situation politique de la France en juillet 1940 ?
2. Quelles sont les caractéristiques du nouveau régime qui s'installe en France dès l'été 1940 ?
3. Comment s'organise la résistance aux Allemands et à l'État français ?
4. Pourquoi la Résistance joue-t-elle un rôle fondamental dans la refondation républicaine ?

Illustrez chacune des affirmations suivantes par des exemples.

1. L'État français participe à la déportation et à l'extermination des juifs de France.
2. La collaboration de l'État français avec l'Allemagne nazie se fait dans plusieurs domaines.
3. La résistance est plurielle et diverse.
4. Le programme de la Résistance a pour but la libération du territoire et la construction d'une nouvelle France.

Les dates clés

Choisissez quatre dates dans la liste suivante et précisez pour chacune d'elles à quel événement important elle correspond.

18 juin 1940 • 22 juin 1940 • 10 juillet 1940 • 3 octobre 1940 • 24 octobre 1940 • 16 juillet 1942 • 27 mai 1943 • 8-9 mai 1944 • 6 juin 1944 • 13 octobre 1946

Les notions clés

Identifiez les notions qui correspondent aux définitions suivantes.

1. Idéologie antirépublicaine officielle de l'État français qui se traduit par un ensemble de réformes pour redresser la France et restaurer l'ordre moral.
2. Instauré en février 1943, il permet de réquisitionner des jeunes hommes âgés de 20 à 22 ans pour travailler en Allemagne.
3. Organisation clandestine qui cherche à sensibiliser et à mobiliser la population par des actions militaires contre l'État français et l'occupant nazi.
4. Organisation clandestine à objectif militaire (sabotages, évasions, attentats) qui travaille en lien avec les Alliés ou la France Libre.
5. Extermination systématique et organisée des juifs et des Tziganes dirigée par les nazis pendant la Seconde Guerre mondiale.

Les faits

Retrouvez les points du sujet d'étude illustrés par chaque document. Expliquez vos choix.

1. Carte postale, 1943.

2. Arrestation de résistants en France, juillet 1944.

Répondre à des questions de connaissance

➜ Mettre en œuvre les capacités et les connaissances du programme d'histoire

▶ Sujet d'étude

De l'État français à la IVe République (1940-1946)

En vous appuyant sur le document, répondez aux questions suivantes.

1. Présentez le contexte dans lequel cette photographie a été prise.
2. Précisez ce qu'est le CNR.
3. « Cette photographie évoque l'effondrement de l'État français. » Justifiez cette affirmation en relevant des éléments précis de la photographie.

Tribune installée lors de la manifestation du 1er mai 1945 à Paris

Coup de pouce

1. **« Présenter le contexte »**, c'est situer le document dans le temps et dans l'espace puis préciser les circonstances (politiques, économiques, socioculturelles…) dans lesquelles il s'inscrit. Pour cela, repérez la date et sélectionnez les connaissances qui permettent de comprendre le document.

▶ Situation 1

La rafle du Vel' d'Hiv'

En quelques lignes, racontez la rafle du Vel' d'Hiv'.

Coup de pouce

▶ **Pour raconter un événement** en histoire, il faut dater l'événement (*quand ?*), identifier les acteurs et les lieux (*qui ?*, *où ?*), cerner les causes et les motivations (*pourquoi ?*), décrire l'événement (*comment ?*) et indiquer sa portée (*quelles conséquences ?*).

▶ À la différence du récit littéraire, le récit historique intègre une **explication** – toute affirmation est justifiée, les faits sont expliqués – et s'énonce au présent.

▶ Situation 2

Jean Moulin et l'unification de la Résistance

Classez les événements suivants dans l'ordre chronologique.

Arrivée à Londres de Jean Moulin • Révocation par l'État français • Appel du général de Gaulle • Création du Comité de coordination de zone Sud présidé par Jean Moulin • Proclamation de l'État français • Première réunion du Conseil national de la Résistance présidée par Jean Moulin • Rencontre entre Pétain et Hitler à Montoire • Jean Moulin, délégué du Comité national français pour la zone libre • Arrestation de Jean Moulin à Caluire

EXAM

EXERCICE GUIDÉ

Répondre à des questions à partir d'un support documentaire

➜ Exploiter un document pour analyser une situation historique

Une de *Libération*, 1er mars 1943

1er Mars 1943

LIBÉRATION

ORGANE DES MOUVEMENTS DE RÉSISTANCE UNIS

Un seul chef : DE GAULLE ; une seule lutte : POUR NOS LIBERTÉS

Autres Organes des Mouvements de Résistance Unis

COMBAT

FRANC-TIREUR

La Jeunesse française répond : Merde

le Rassemblement du Peuple

La croix gammée a d'abord été le symbole de la Résistance. A Munich en 1920 les hommes d'Hitler étaient contre la collaboration.

A *LIBERATION* aussi, nous sommes les ennemis de la collaboration, mais nous sommes surtout les ennemis du Fascisme. D'un nouveau Fascisme qui tenterait de se lever sur l'imminente défaite allemande, NOUS NE VOULONS PAS.

Le Général DE GAULLE est notre Chef, il n'est pas notre Fuhrer.

Le Général DE GAULLE ne représente pas un césarisme naissant, une ambition personnelle, il est le garant de la LIBERTÉ nationale et individuelle.

Des martyrs ? Certes il en fallait. Pour l'Homme, pour le Monde, pour l'Histoire. Le Parti Communiste et nous-mêmes, nous donnons les meilleurs d'entre nous.

Nais nous sommes des VOLONTAIRES nous ne sommes pas des imbéciles. Nous sommes des jeunes que deux années de combat ont mûris. Nous avons beaucoup appris, de Vichy et aussi... d'Alger. Nous savons reconnaitre les ennemis de la Liberté quels qu'ils soient.

Le fascisme international, c'est la contre-révolution préventive, c'est la Sainte Alliance des nantis terrifiés, la dernière cartouche contre ce rassemblement po-

SABOTEZ LA CONSCRIPTION des esclaves au service d'Hitler

La relève n'ayant pas donné les résultats que les Allemands en attendaient, Hitler a exigé de Vichy des mesures plus draconiennes.

Le mot de mobilisation, dans la bouche de ceux qui capitulèrent en Juin 1940 risquait d'indigner le peuple de France. Aussi l'a t-on remplacé par l'expression atténuée : « Service obligatoire du travail ».

Il s'agit en fait de la déportation massive de notre jeunesse. Non contents de garder nos prisonniers et d'arracher nos ouvriers à leurs foyer, les Allemands nous demandent tous nos jeunes hommes, sans exception.

1 **Présentez ce document et précisez le contexte dans lequel il a été publié.**

• Identifiez la nature (discours, lettre, témoignage, mémoire...), les auteurs et les destinataires de ce document.
• Mobilisez vos connaissances pour préciser les circonstances dans lesquelles il est produit (qui le rédige, où, quand) et transmis (situation de la France à la date de sa publication).

Votre réponse : « Ce document est ... (*indiquez la nature du document*). Il a été publié par ... (*donnez quelques informations sur son auteur*). À cette époque, la France est ... (*décrivez la situation politique du pays en ne retenant que les éléments qui précisent les conditions de publication*). »

2 **Expliquez son titrage : « La jeunesse française répond : Merde. Sabotez la conscription des esclaves au service d'Hitler. »**

• Mobilisez vos connaissances pour comprendre l'expression « conscription des esclaves ».
• Mettez en relation les auteurs et les destinataires de ce message pour en dégager son sens.

Votre réponse : « Ce titre évoque ... (*nommez le fait auquel fait référence ce titre*) et incite ... (*précisez à qui s'adresse ce titre et ce qu'il les invite à faire*). En effet, ... (*indiquez le lien entre ce titre et la situation en France*). »

3 **Montrez que ce document illustre les deux voies politiques prises en France après la défaite de mai 1940.**

• Interrogez-vous sur le sens de l'expression « voies politiques », en lien avec la date donnée dans la consigne : mai 1940. Que se passe-t-il sur le plan politique en France une fois le pays vaincu ?
• Recherchez dans ce document les éléments qui illustrent ces deux voies politiques.

Votre réponse : « En 1940, face à la défaite, la France ... (*décrivez les deux attitudes politiques qui émergent face à la défaite*). Ce document se fait l'écho de ces deux attitudes car ... (*prouvez cette affirmation en vous appuyant sur le document*). »

SUJET D'ÉTUDE

5. Acteurs, flux et réseaux de la mondialisation

Le monde au XXIe siècle : des sociétés humaines de plus en plus interdépendantes

« Avec le temps, nous avons aussi créé une seule économie mondiale. À telle enseigne que, lorsqu'une économie modeste comme celle de la Grèce menace de s'effondrer, c'est le monde entier qui tremble, car l'effet de domino peut désormais emporter des pièces aussi importantes que les États-Unis ou la Chine. Les places boursières fluctuent à l'unisson, au gré des événements qui marquent la vie de la planète. L'existence de chaînes mondiales d'approvisionnement signifie que, lorsqu'un pays est frappé par une catastrophe naturelle, les usines à l'autre bout du monde en souffrent les conséquences. Nous vivons dans un monde économique unifié. »

Kishore Mahbubani, Doyen de la Lee Kuan Yew School of Public Policy de l'université de Singapour, *Finances et développement*, 2012.

ARTS ET GÉOGRAPHIE

Cliché du photographe américain John Stanmeyer, pris en février 2013 pour le *National Geographic*, et récompensé par le concours de photojournalisme *World Press Photo* en février 2014.

Des migrants africains tentent de capter une dernière fois le réseau téléphonique sur une plage de Djibouti, lieu de transit des migrants en provenance de la Somalie, de l'Éthiopie ou de l'Érythrée.

Situations

Des échanges planétaires multipliés et diversifiés

La mondialisation en fonctionnement

Amorcée au XVIe siècle avec les Grandes Découvertes, la mondialisation met progressivement en relation les différentes parties du monde. Des échanges de toute nature se développent entre les territoires, les économies et les sociétés. À partir des années 1950, ce mouvement s'intensifie sous l'effet de la libéralisation du commerce ainsi que des progrès des moyens de transport et de communication. La concurrence et l'interdépendance entre les territoires s'accentue.

Carte 1 **Acteurs, flux et réseaux de l'espace mondialisé**

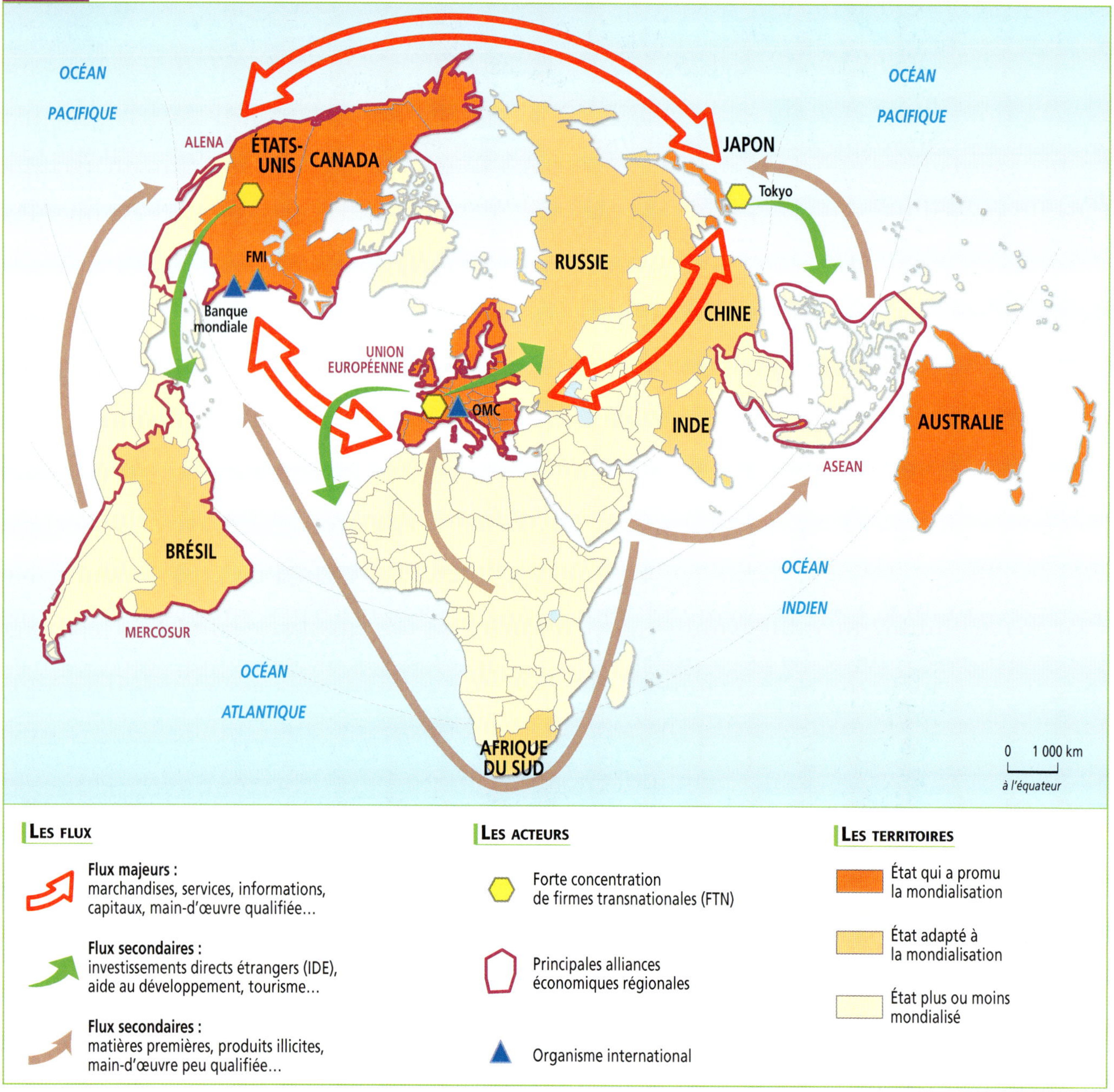

1. Précisez la nature des différents flux représentés et nommez les principales régions reliées par ces flux.
2. Définissez l'expression « les acteurs de la mondialisation ».
3. Expliquez pourquoi les géographes parlent d'un « monde en réseaux ».

Carte 2 L'implantation des sièges sociaux des 500 premières firmes transnationales (FTN)

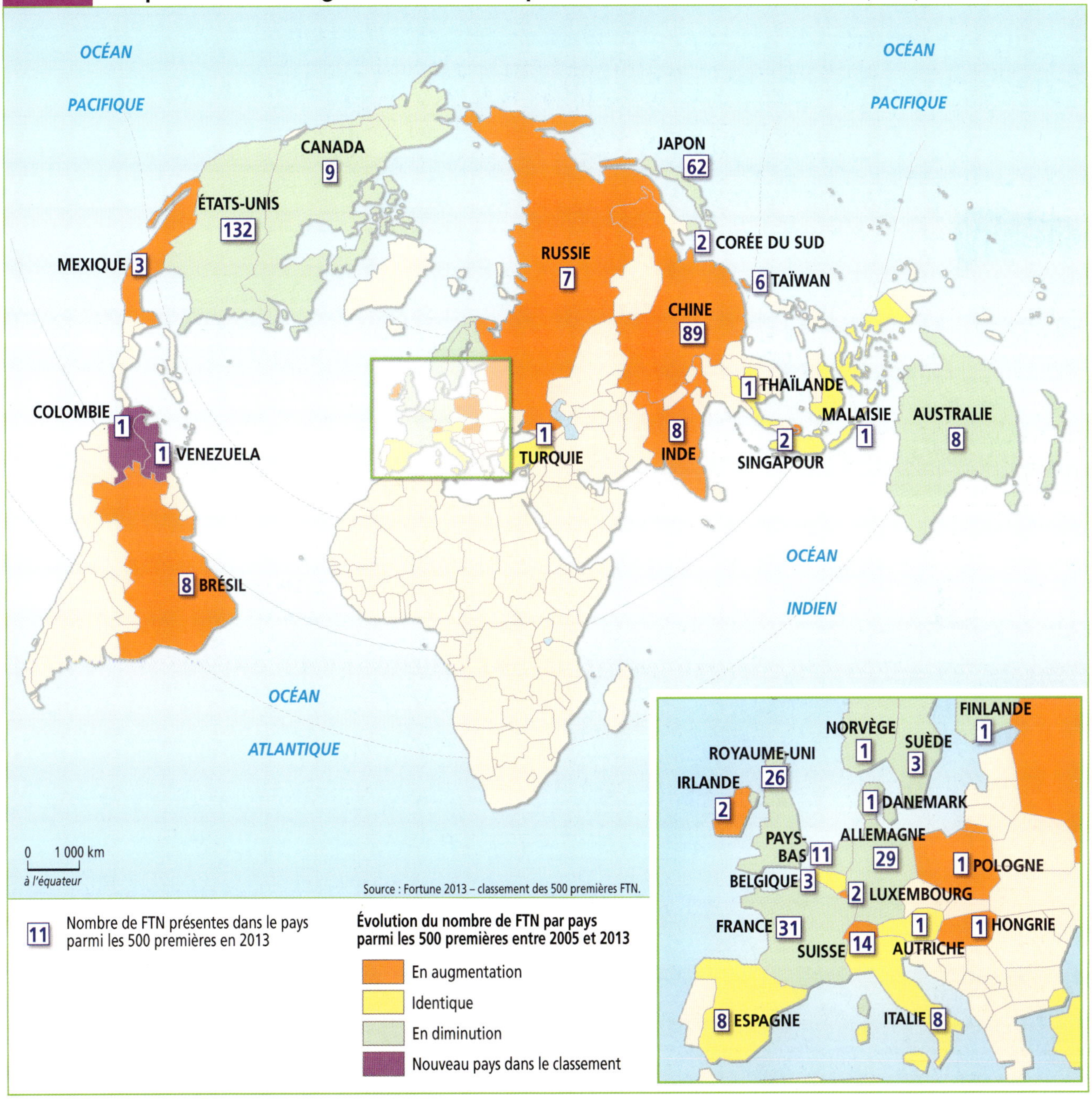

1. Citez les pays où l'on compte le plus de FTN.
2. Observez l'évolution du nombre de FTN entre 2005 et 2013. Formulez deux observations.
3. Après avoir défini ce qu'est une FTN, expliquez à l'aide d'un exemple pourquoi elles sont des acteurs essentiels de la mondialisation.

Vers l'EXAM En vous appuyant sur les informations fournies par les deux cartes, caractérisez les flux mondiaux.

▶ Définissez la notion de « flux ».

▶ Sélectionnez les informations qui permettent de décrire ces flux et leurs principales caractéristiques.

A. Processus et acteurs de la mondialisation

1 Une boutique à Mokhotlong (Lesotho)

Le Lesotho, en Afrique australe, fait partie des 49 pays les plus pauvres du monde. Situé à 1 300 m d'altitude, il est totalement enclavé. Les routes y sont quasi inexistantes et les déplacements se font à cheval.

« Cette photographie est une illustration de la mondialisation. » Justifiez cette affirmation.

2 Une chemise *made in* monde

Ce matin, je suis sorti acheter une chemise. Rien d'extraordinaire à cela : à travers le monde, ce sont peut-être vingt millions de gens qui ont fait la même chose. […] Et pourtant, la chemise que j'ai achetée, aussi simple qu'elle puisse paraître au regard de la technologie moderne, représente un triomphe de coopération internationale. Le coton vient d'Inde, cultivé à partir de semences américaines ; les fibres synthétiques viennent du Portugal et les couleurs des teintures d'au moins six autres pays ; la tige du col vient du Brésil et les machines-outils pour la production (tissage, coupe, couture) viennent d'Allemagne ; la chemise elle-même a été assemblée en Malaisie. Le projet de fabriquer une chemise et de me la livrer à Toulouse ne date pas d'hier : deux hivers au moins se sont écoulés depuis qu'un fermier indien mena une charrue à bœufs à travers son terrain, dans les plaines rouges qui entourent Coimbatore. Des ingénieurs de Cologne et des chimistes de Birmingham furent impliqués dans la préparation, il y a de longues années. Le plus remarquable sans doute est que, étant donné tous les obstacles qu'il lui a fallu surmonter pour seulement exister et le grand nombre de personnes mobilisées au fil du processus, c'est une chemise avec beaucoup de style et d'élégance.

Paul Seabright, *La Société des inconnus. Histoire naturelle de la collectivité humaine*, Markus Haller, 2011.

- **Expliquez le titre de ce document.**
- **Indiquez quel aspect de la mondialisation apparaît ici.**

3 Le coût horaire du travail dans le secteur manufacturier (2012)

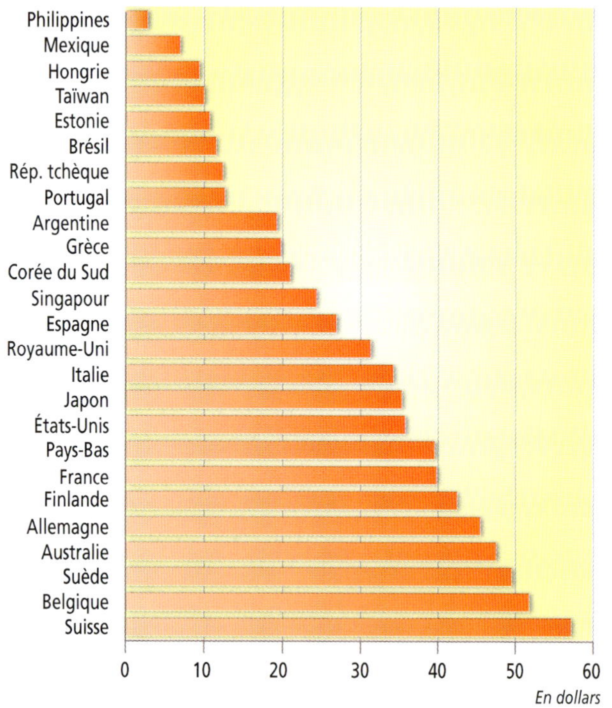

Source : BLS, calculs *Alternatives économiques*, 2014.

Établissez un lien entre les informations fournies par ce graphique et le processus de fabrication d'une chemise (doc. 2).

4 Toyota, une firme transnationale

Chaîne de production de l'usine Toyota à Onaing, dans le nord de la France.

Avec 50 sites de production dans une trentaine de pays et 325 000 salariés, Toyota a produit en 2013 plus de 10,2 millions de véhicules. La firme japonaise est ainsi devenue le premier constructeur automobile mondial. Avec un chiffre d'affaires équivalent au PNB des Philippines, le groupe est à la tête d'un conglomérat formé de milliers d'entreprises (plus de 30 000 en 2012) et possède de nombreuses filiales (équipements automobiles, production de camions, de bus, télécommunications...).

- **Définissez ce qu'est une firme transnationale (voir également carte 2 p. 225).**
- **Donnez deux raisons qui permettent de comprendre pourquoi ces firmes transnationales sont des acteurs essentiels de la mondialisation.**

5 L'HAMAP, une ONG humanitaire française

L'action de l'HAMAP s'organise autour de quatre activités : l'action contre les mines (dépollution des terres contaminées ; éducation aux risques des mines, bombes...), l'ingénierie (construction et réhabilitation d'infrastructures, particulièrement dans le domaine de l'accès à l'eau), l'éducation (lutte contre l'analphabétisme, aide à la création d'écoles des rues, soutien aux formations socioprofessionnelles) et la santé (soutien à des dispensaires, accès aux soins, amélioration des conditions d'hygiène et de vie des populations nécessiteuses). Ses actions s'étendent majoritairement en Afrique et en Asie du Sud-Est, mais aussi au Moyen-Orient et en Haïti.

D'après www.hamap.org, consulté en 2014.

Montrez que les ONG sont des acteurs de la mondialisation.

6 Pour une gouvernance mondiale solidaire et responsable

Nous devons faire face à une conjonction de crises d'envergure mondiale qui est sans précédent dans l'histoire : épuisement des ressources naturelles, destruction irréversible de la biodiversité, dérèglements du système financier mondial, déshumanisation du système économique international, famines et pénuries, pandémies virales, désagrégations politiques... Or aucun de ces phénomènes ne peut être considéré isolément. Ils sont tous fortement interconnectés et forment une seule « polycrise » menaçant ce monde d'une « polycatastrophe ». [...]
Parce que ces grandes crises du XXIe siècle sont planétaires, les hommes et femmes du monde entier doivent reconnaître leurs interdépendances multiples. [...] Les intérêts nationaux ne peuvent être sauvegardés que par des mesures communes à tous. [...] En effet, que ce soit en matière de protection de l'environnement ou de lutte contre le réchauffement climatique, de planification des ressources énergétiques, de l'accroissement des inégalités ou des exclusions sociales, la sécurité collective se heurte à l'inévitable myopie des intérêts nationaux. [...]
Nous appelons les représentants des États à faire pression sur l'Assemblée générale de l'ONU, afin d'aboutir à l'adoption d'une « Déclaration universelle d'interdépendance » qui se donne comme objectif de faire respecter le devoir de protection des populations contre les risques, présents et à venir, et de responsabiliser les divers acteurs de la mondialisation.

Membres du Collegium International, « Appel pour une gouvernance mondiale solidaire et responsable », www.collegium-international.org, mars 2012.

- **Identifiez les destinataires de ce texte et son objet.**
- **Identifiez les raisons pour lesquelles ce texte a été rédigé.**

Vers l'EXAM **Définissez ce qu'est la mondialisation.**

- Résumez les informations essentielles de chaque document.
- Demandez-vous ce que ces informations vous apprennent sur la mondialisation.
- Reprenez ces informations sous la forme d'un court paragraphe.

B. Les flux et les réseaux au cœur de la mondialisation

1 Les exportations de marchandises

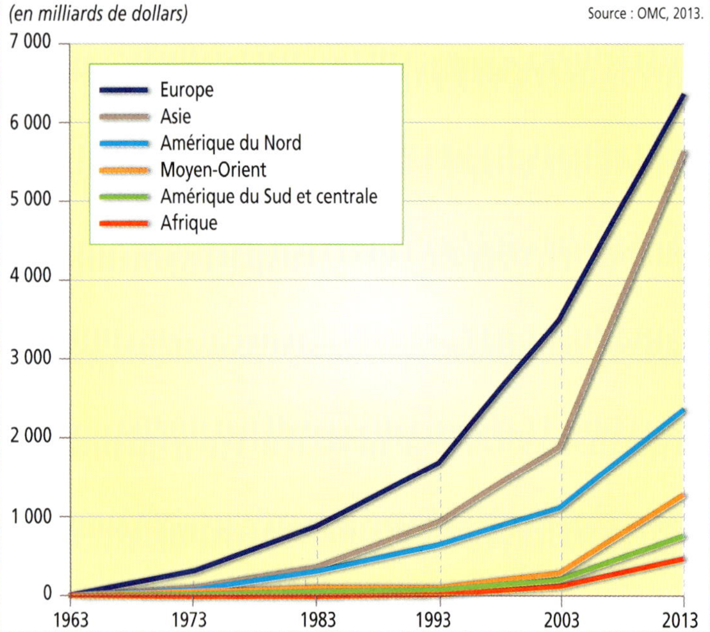

Décrivez l'évolution des échanges mondiaux de marchandises depuis 1948.

2 L'Organisation mondiale du commerce

L'Organisation mondiale du commerce (OMC), réunie sur l'île indonésienne de Bali, a annoncé avoir approuvé samedi un accord sur la libéralisation des échanges commerciaux, le premier de son histoire. « Approuvé », a déclaré le président de la réunion ministérielle, le ministre du commerce indonésien, Gita Wirjawan, samedi 7 décembre, devant les délégués des 159 États membres lors de la réunion de clôture de la ministérielle.

Cet accord, le premier depuis la création de l'OMC en 1995, est un « pas important » vers la réalisation du vaste programme de libéralisation des échanges commerciaux lancé en 2001 dans la capitale du Qatar, Doha, mais resté jusqu'à présent lettre morte. Ensemble de mesures minimales surnommé « Doha light », le texte concerne trois volets : l'agriculture, avec un engagement à réduire les subventions à l'export, l'aide au développement, prévoyant une exemption accrue des droits de douane aux produits provenant des pays les moins avancés, et la « facilitation des échanges », qui ambitionne de réduire la bureaucratie aux frontières. Premier accord dans l'histoire de l'OMC, ce n'est toutefois pas le premier dans la longue marche vers la libéralisation des échanges commerciaux. Le précédent cycle de négociations, dit « Uruguay Round », s'était conclu en 1994 avec l'accord de Marrakech, qui avait abouti à la création de l'OMC un an plus tard.

D'après Claire Guélaud, « Le sort de l'Organisation mondiale du commerce se décide à Bali », *Le Monde*, 2 décembre 2013.

Précisez ce qu'est l'Organisation mondiale du commerce et quel est son rôle.

3 Le *Marco-Polo*, un porte-conteneurs français

Construit par le Sud-Coréen Daewoo pour l'armateur français CMA-CGM, le *Marco-Polo* est l'équivalent de quatre terrains de football. Affecté à la route maritime qui relie l'Asie et le nord de l'Europe, il est parti de Ninghoo en Chine le 7 novembre 2012, et y sera de retour le 23 janvier après avoir livré 165 000 tonnes de marchandises conteneurisées : machines-outils, équipements industriels, produits agro-alimentaires en tous genres, eaux minérales et vin. Lorsqu'il repartira de Chine, il sera chargé de tous les produits finis de grande consommation qui atterrissent sur les linéaires de la grande distribution : jouets, vêtements, vélos, téléviseurs, etc. […] Cela fait cinquante ans que les Américains ont commencé à mettre des marchandises dans des boîtes standards pour les faire voyager. Depuis, on a fait des conteneurs doubles, des conteneurs « frigo » pour le transport de marchandises périssables et l'on s'est mis à scanner l'intérieur des conteneurs afin de déceler drogues et armes. Le *Marco-Polo* peut en transporter un maximum de 16 000. Mais au fait, quelle quantité de marchandises peut-on loger dans 16 000 conteneurs ? Sachant que l'on peut mettre 900 PC portables dans un conteneur, cela en fait 14,4 millions ou 7 200 jeans par conteneur, 340 aspirateurs ou encore 14 000 bouteilles de vin !

D'après Claire Garnier, « Le *Marco-Polo*, plus grand porte-conteneurs du monde et français », Slate.fr, 8 janvier 2013.

Dites pourquoi ce mode de transport favorise le développement des échanges mondiaux.

Le *Marco-Polo* dans le port du Havre, le 19 décembre 2012.

4 Le réseau FedEx*

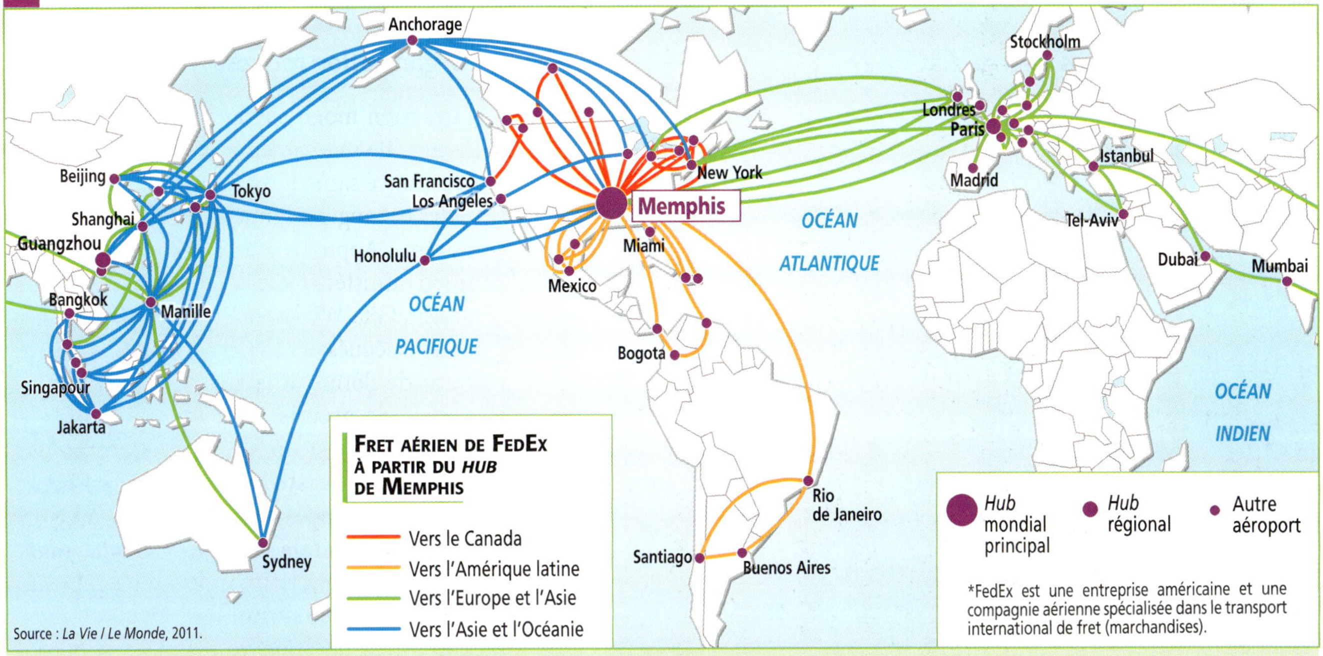

- **Décrivez le réseau FedEx.**
- **Après avoir défini ce que sont les *hubs*, montrez leur importance pour l'entreprise FedEx.**

5 Des marchés financiers mondiaux

Les marchés financiers tiennent aujourd'hui sous leur emprise les économies nationales trop dépendantes des fluctuations boursières. En 1929, la crise financière avait mis un mois à traverser l'Atlantique. En 1987, elle le fait en quelques heures et en 2008, en quelques secondes… Telle est une des conséquences de la globalisation des marchés financiers. La crise a fait prendre conscience de l'un de ses dangereux périls : la contagion. À l'instar du commerce et du reste de l'économie, les marchés financiers se sont mondialisés.

À quelque heure du jour ou de la nuit, il y a toujours, quelque part dans le monde, une bourse en activité. Après les États-Unis et l'Europe, les pays émergents de l'Est, de l'Asie et de l'Amérique latine se sont dotés de bourses et de dispositifs financiers sophistiqués afférents. En l'espace de vingt ans, la capitalisation mondiale des marchés boursiers a été multipliée par plus de cinq, passant de 8 800 milliards de dollars en 1990 à 49 000 milliards fin 2009[1].

D'après *Le Monde*, Hors-série *La Vie*, 2010-2011.

1. La capitalisation boursière était de 61 975 milliards de dollars fin 2013.

Expliquez la phrase suivante : « À l'instar du commerce et du reste de l'économie, les marchés financiers se sont mondialisés. »

6 Des Népalais immigrés au Qatar

Face à un taux de chômage de près de 50 %, un million de Népalais ont quitté leur pays pour le Moyen-Orient et l'Asie de l'Est. 300 000 d'entre eux travaillent au Qatar qui investit des milliards de dollars pour le Mondial de football 2022. Ils y subissent des conditions de travail difficiles, des journées de 12 heures, la chaleur et le manque d'eau.

Relevez les raisons qui déterminent les migrations vers le Qatar.

Vers l'EXAM **« La mondialisation opère une mise en réseau du monde. » Expliquez et justifiez cette affirmation.**

- Interrogez-vous sur le sens de « mise en réseau ».
- Demandez-vous pourquoi on utilise cette expression pour décrire un des aspects de la mondialisation.
- Recherchez dans les documents des exemples qui illustrent ce phénomène.

Les migrations internationales

Les hommes ont toujours migré en quête d'une vie meilleure. Aujourd'hui, ce phénomène connaît une ampleur sans précédent : en à peine 20 ans, le nombre de migrants a doublé et représente 3,2 % de la population mondiale. Ces mouvements de population ne se résument plus à des transferts de population des pays pauvres vers les pays riches mais constituent un défi pour tous les États du monde.

Clés pour comprendre

Des flux en hausse

Les effectifs de migrants (en millions)

- Monde entier : 154,2 (1990) ; 231,5 (2013)
- Nord : 82,3 (1990) ; 135,6 (2013)
- Sud : 71,9 (1990) ; 95,9 (2013)

Des flux pluriels

44 % des migrants sont peu qualifiés

22 % des migrants sont hautement qualifiés

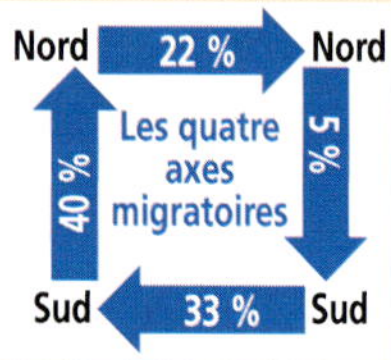

1 Le système migratoire mondial

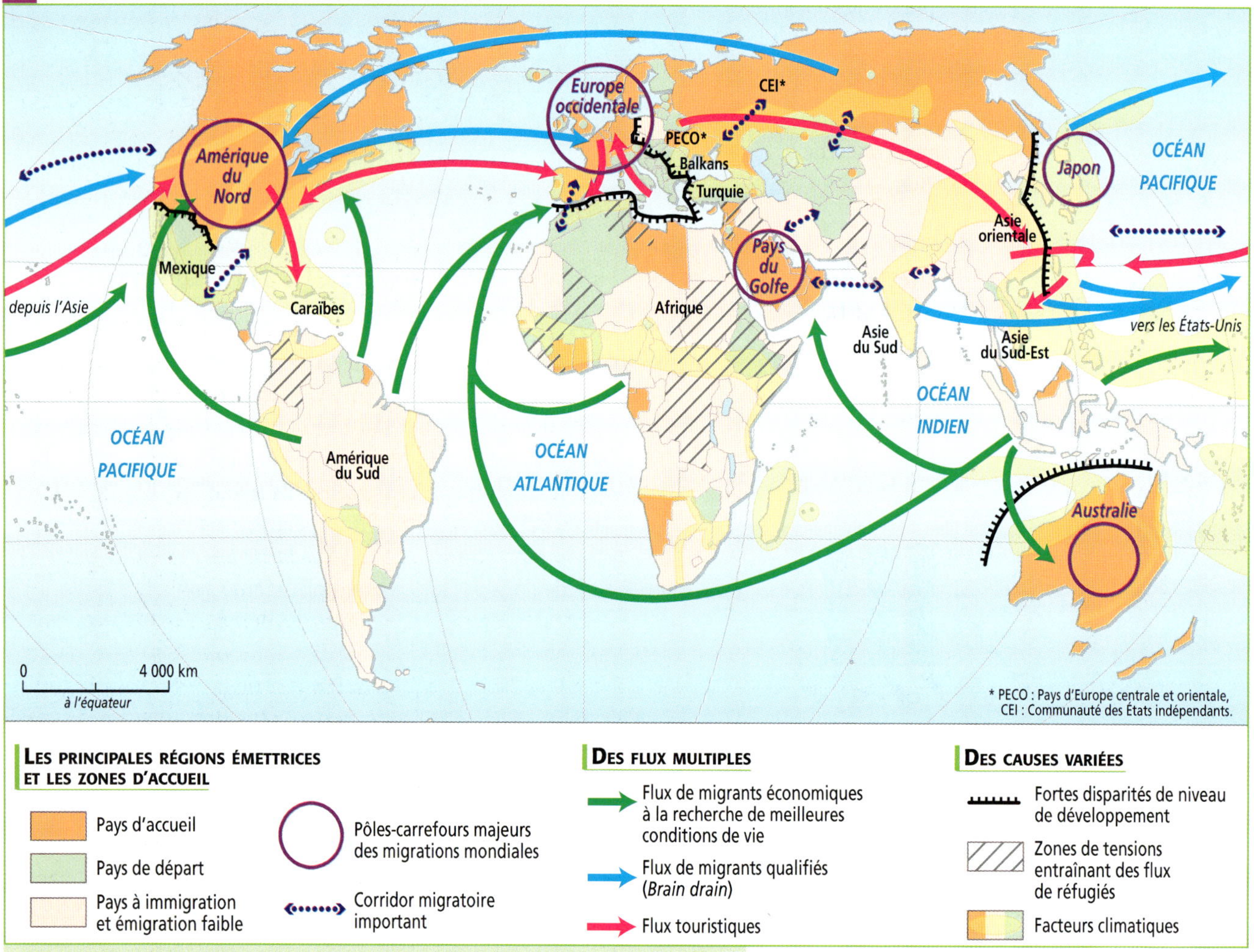

- Localisez les principaux foyers émetteurs et récepteurs de migrants.
- Donnez deux raisons qui expliquent ces localisations.
- Identifiez les différentes catégories de migrants et leurs motivations.

2 La question des réfugiés syriens

Alors que le nombre de réfugiés syriens ne cesse de grimper – bientôt 2,5 millions – l'immense majorité de ceux-ci (97 %) s'installent au Liban, en Jordanie, en Turquie ou en Irak. Des pays qui voient pousser d'immenses camps de réfugiés. Petit à petit, les Syriens déracinés se déplacent vers les pays occidentaux, mais dans une bien moindre mesure car demander l'asile sur le territoire de l'Union européenne est semé d'embûches : la frontière gréco-turque est particulièrement risquée pour des migrants qui risquent le refoulement, et parfois la mort.

Si les États ont participé à la levée de fonds initiée par les Nations unies pour venir en aide aux victimes du conflit syrien, le Haut-commissariat aux réfugiés (HCR) leur demande aujourd'hui de leur garantir un accès à la protection internationale, puis, en réinstallant 30 000 réfugiés, de soulager les pays limitrophes de la Syrie. Or, dans le contexte actuel, il n'est pas facile de dire qu'on va accueillir volontairement des gens quand le débat politique tend plutôt à un arrêt des flux migratoires. Du coup, les États préféreraient mettre la main à la pâte en envoyant des fonds là-bas pour que les réfugiés restent en Turquie, au Liban ou ailleurs, plutôt qu'en les accueillant ici.

D'après Cédric Vallet, « Accueil de réfugiés syriens : la France parmi les mauvais élèves », Slate.fr, 31 janvier 2014.

Expliquez pourquoi des mouvements de population, tels que celui des réfugiés syriens, concernent l'ensemble de la communauté internationale.

3 Ceuta, un corridor migratoire

En Afrique du Nord, une triple barrière grillagée, haute de sept mètres, sépare le Maroc des enclaves espagnoles de Ceuta et Melilla. Ces barrières ont encouragé les migrants à gagner le territoire espagnol en franchissant le détroit de Gibraltar, dans des embarcations de fortune, mettant souvent leur vie en jeu.

Citez deux difficultés auxquelles sont confrontés les migrants.

4 Les dix premiers pays bénéficiaires des envois de fonds des migrants

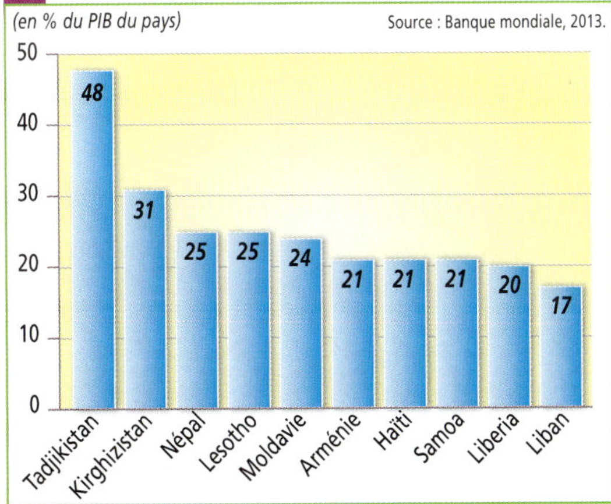

- **Précisez la nature des flux représentés par ce graphique.**
- **Donnez une raison qui permet de comprendre pourquoi les migrations peuvent être un atout pour le développement.**

Vers l'EXAM Montrez que les migrations sont un des aspects de la mondialisation.

5 La nouvelle politique migratoire de l'Allemagne

Pour la première fois, la plus grande économie de l'Union européenne a publié une liste regroupant 18 secteurs à la recherche de personnel. Du plombier à l'infirmier en passant par le conducteur de train, l'aide-soignant en maison de retraite ou le technicien spécialiste en mécanique : telles sont les professions que pourront exercer des immigrés non européens s'ils le veulent. [...]

L'Allemagne, plus vieux pays d'Europe avec une natalité en berne et 42 % de la population âgée de plus de 50 ans, prend peu à peu conscience de l'urgence de la situation. Même si elle fait travailler les personnes âgées plus longtemps, l'Allemagne accepte désormais l'immigration comme l'une des solutions à son problème démographique. On est loin d'un fameux slogan électoral [...] qui appelait en 2000 les Allemands à faire plus d'enfants plutôt que d'embaucher des informaticiens indiens.

L'Allemagne ouvre désormais ses bras, et pas seulement aux travailleurs des pays européens en crise ou d'Europe de l'Est. Sur un site intitulé « *Make it in Germany* », les ministères de l'Économie et du Travail, ainsi que l'Agence pour l'emploi, informent en anglais et en allemand des possibilités de travail, avec en photo une Africaine ou un Asiatique.

« L'Allemagne à la recherche de bras étrangers pour doper son économie », *Le Figaro*, 23 juillet 2013.

Justifiez le choix du titre de ce document.

Le circuit mondial d'un produit : l'iPad

Spécialisée dans la fabrication et la commercialisation de produits électroniques grand public, Apple est aujourd'hui l'une des premières entreprises mondiales. Or, comme beaucoup d'autres firmes transnationales, Apple sous-traite la fabrication des composants et l'assemblage de ses produits. Tous ses marchés, tels celui de la tablette tactile iPad, s'organisent à l'échelle planétaire.

Clés pour comprendre

Apple, une firme transnationale
170,9 milliards de dollars de chiffre d'affaires, soit plus que le PIB du Soudan ou de l'Irak.
20 000 salariés aux États-Unis, **43 000** dans le monde.
Plus de 1 000 sous-traitants qui emploient 700 000 salariés.

L'iPad, un produit high-tech
65,9 millions d'iPad vendus en 2012.
694 iPad vendus dans le monde par minute.
90 % des composants produits en dehors des États-Unis.

1 La route de l'iPad

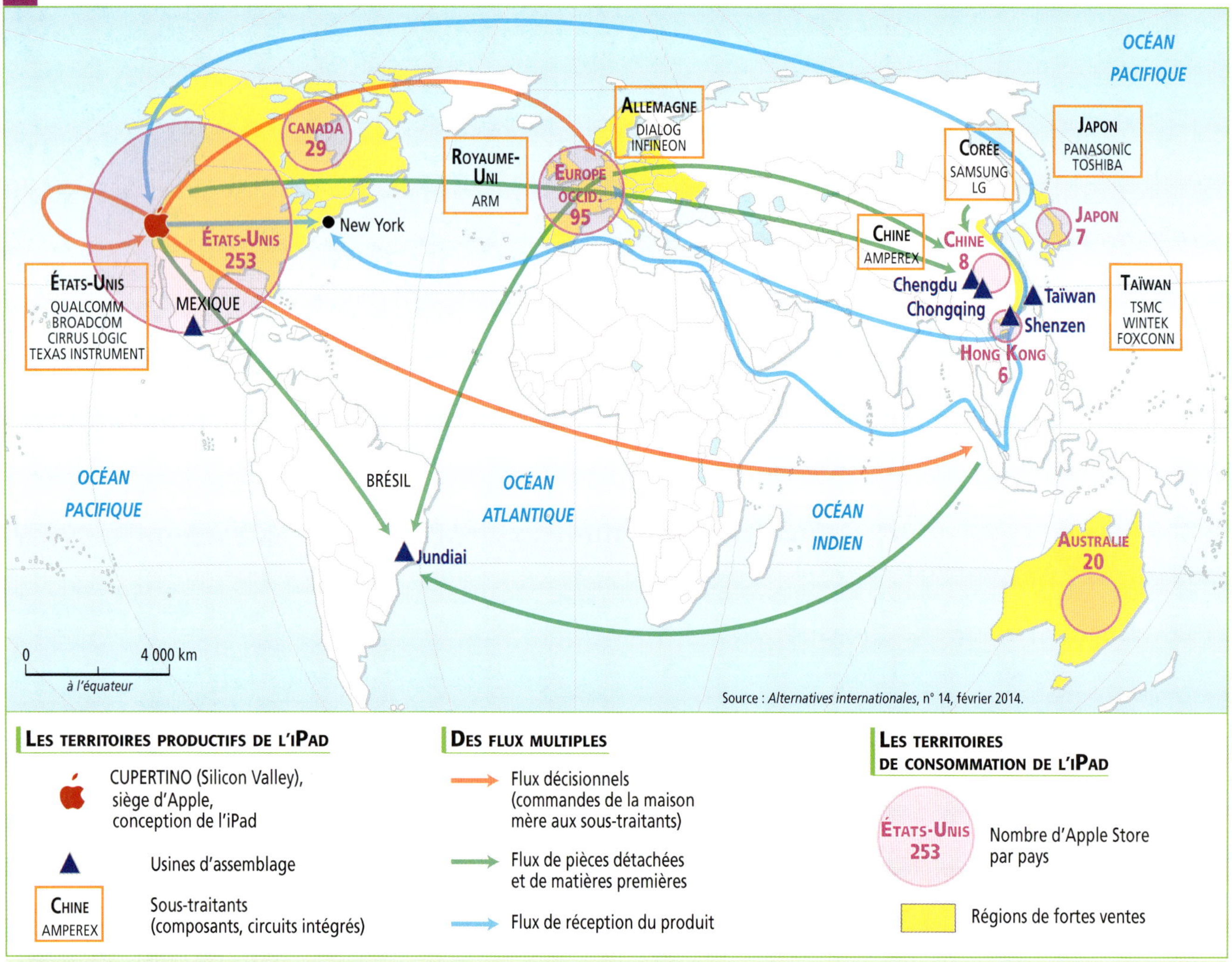

- Décrivez les flux que génère la fabrication de l'iPad (direction, nature...).
- Localisez les régions du monde qui restent en dehors des routes de l'iPad.

2 À l'origine de la stratégie d'Apple

Jusqu'en 2002, à peine deux heures de route séparaient le siège de l'entreprise, à Cupertino, de son usine de production en Californie. Mais en 2004, Apple faisait déjà largement appel à des fabricants étrangers. [...] L'Asie était certes attractive parce que sa main-d'œuvre semi-qualifiée était meilleur marché [mais surtout] parce que ses usines pouvaient adapter plus rapidement leur capacité de production [...].

Ces atouts sont devenus évidents lorsque Steve Jobs a exigé des écrans de verre en 2007. [...] Pour mettre au point le processus de découpe [...], il fallait une usine disponible, des centaines d'échantillons et une armée d'ingénieurs de niveau intermédiaire. La simple mise en place d'une telle infrastructure aurait coûté une fortune. C'est alors qu'une usine chinoise a proposé ses services. Son propriétaire avait déjà construit un bâtiment grâce à des subventions de l'État et offrait pour un prix dérisoire les services de ses ingénieurs. Elle avait également construit des dortoirs, afin d'avoir ses ouvriers sous la main vingt-quatre heures sur vingt-quatre. Cette usine décrocha le contrat.

« Toute la chaîne d'approvisionnement est maintenant en Chine, confie un dirigeant d'Apple. Il vous faut un millier de joints de caoutchouc ? Vous les trouverez dans l'usine d'à côté. Un million de vis ? C'est dans l'usine au coin de la rue. Vous voulez que cette vis soit façonnée un peu différemment ? Ce sera prêt dans trois heures. »

D'après Charles Duhigg, « Pourquoi l'iPhone ne sera jamais fabriqué aux États-Unis », *The New York Times*, paru dans *Courrier international*, 9 février 2012.

Expliquez pourquoi Apple a décidé, à partir de 2002, de délocaliser ses activités en Chine.

4 Foxconn au Brésil

Le Taïwanais Foxconn [principal fournisseur d'Apple, implanté jusqu'alors en Chine] a annoncé la construction d'une usine au Brésil pour y fabriquer les iPad et iPhone d'Apple. Produire en Chine n'a pas que des avantages. Ainsi, avec l'envolée des prix du pétrole, certains armateurs ont choisi de ralentir les bateaux : le temps de transport est passé de six à huit semaines. [...]

Outre une plus grande proximité avec les marchés américains, cette usine permettra tout d'abord à Apple d'échapper aux taxes brésiliennes. [...] En faisant baisser ses prix de vente, Apple peut espérer renforcer son emprise dans un des pays les plus dynamiques du monde. [...]

En outre, cela lui permet, ainsi qu'à Foxconn, de limiter son exposition au « risque chinois », avec la montée en puissance de la contestation au sein de ses usines à Shenzhen [...]. Les inondations en Thaïlande l'année dernière, qui ont privé l'industrie informatique de l'essentiel de ses ressources en disques durs, a remis au goût du jour la nécessité de multiplier ses sources.

Elsa Bembaron, « Apple va faire produire ses iPad au Brésil », *Le Figaro*, 23 octobre 2012.

« La recherche d'une plus grande rentabilité est à l'origine de la multiplication des flux à l'échelle mondiale. » Justifiez cette affirmation.

3 La production de l'iPad en Chine

Il faut environ cinq secondes à un ouvrier chinois pour installer le composant WiFi dans chaque tablette, à raison de huit à dix heures par jour, avec une pause de dix minutes toutes les deux heures.

Précisez l'intérêt de ce document.

5 La répartition du prix de vente d'un iPad

Répartition du prix de vente d'un iPad en fonction de la nationalité et de l'activité des entreprises *(en %)*

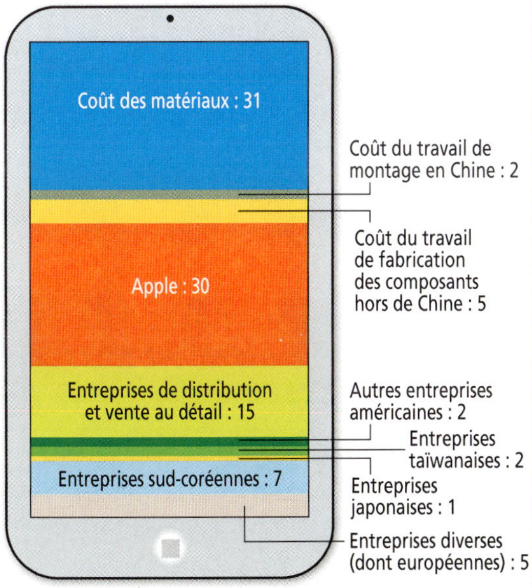

Source : *Capturing Value in Global Networks*, 2013.

Déduisez de ce graphique deux remarques sur la fabrication d'un iPad.

Vers l'EXAM **Montrez que l'exemple de l'iPad illustre et explique le processus de mondialisation.**

La mondialisation : un processus, des acteurs

Notions

Mondialisation : mise en relation des espaces et des économies mondiales par une intensification des échanges.

Globalisation : processus d'internationalisation des transactions industrielles, commerciales, financières.

Firme transnationale (FTN) : entreprise d'envergure mondiale qui possède des filiales dans plusieurs pays.

Division internationale du travail (DIT) : partage des activités économiques à l'échelle mondiale qui aboutit à une spécialisation des pays dans les domaines où ils sont les plus efficaces.

Synthèse audio
www.lienmini.fr/hg1-09

■ Initiée au XVIe siècle avec les Grandes Découvertes qui tissent des **relations entre les régions du monde**, la **mondialisation** se renforce au XIXe siècle sous l'effet de l'industrialisation et de la colonisation. Après 1945, les **États occidentaux capitalistes en deviennent les principaux acteurs**, en ouvrant leur économie et en imposant des logiques de **dérégulation** et de **concurrence** au reste du monde. La libéralisation de l'économie favorise une **globalisation** des marchés financiers alors que l'abaissement des tarifs douaniers, encadrés par l'OMC, facilite la circulation des marchandises et des services. Le développement d'organisations continentales géopolitiques ou économiques (UE, ALENA, MERCOSUR, ASEAN) renforce la mondialisation en créant des liens d'interdépendance entre les États.

■ **Les firmes transnationales (FTN) sont les premiers agents de la mondialisation** : avec plus de 83 000 firmes et 810 000 filiales à l'étranger, elles produisent 25 % du PIB mondial, contrôlent 33 % du commerce mondial et emploient plus de 88 millions de personnes. Leur puissance repose sur la **délocalisation de leur production** dans des pays qui offrent des avantages : coût ou qualité de la main-d'œuvre, importance potentielle des marchés et présence de ressources naturelles. **Acteurs de la division internationale du travail (DIT), elles gardent toutefois un ancrage national décisif pour les fonctions stratégiques** (sièges sociaux, recherche, production à haute valeur ajoutée). Si les 100 premières FTN appartiennent à des pays développés, les pays du Sud, notamment les pays émergents, disposent de firmes transnationales de plus en plus nombreuses et influentes.

Vérifier sa compréhension de la leçon

Retrouvez les points de la leçon illustrés par ces documents. Expliquez vos choix.

1. Réunion de l'OMC à Bali (Indonésie), décembre 2013.

2. Le quartier général de Nike à Beaverton (Oregon) aux États-Unis.

Organiser ses connaissances à l'aide d'un schéma

Complétez ce schéma à l'aide des éléments de la leçon afin de comprendre le rôle des FTN dans la mondialisation.

Exemple 1
Type de pays : ....
Activités : ....

← S'implante — Renvoie → ....

FTN
Localisation (type de pays) : ....
Activités : ....

S'implante → — ← Renvoie ....

Exemple 2
Type de pays : ....
Activités : ....

Des flux et des réseaux au cœur de la mondialisation

Notions

Flux : circulation de biens, de capitaux, d'informations et d'hommes. Ils mettent en relation différents territoires.

Réseaux : ensemble de liaisons qui permettent la circulation des flux matériels (marchandises) ou immatériels (capitaux, informations). Ils mettent en relation les acteurs et les lieux.

Nœud : point de convergence des différents flux dans un réseau.

■ **La mondialisation repose sur une explosion et une diversification continues des échanges internationaux.** Des **flux** croissants de marchandises, de capitaux, de services et d'informations alimentent un marché planétaire. Ils restent toutefois polarisés par la Triade et la façade pacifique de l'Asie : 15 États réalisent 75 % du commerce mondial (la Chine, les États-Unis, les pays européens et le Japon). **La mondialisation se traduit également par une mobilité de plus en plus forte des hommes.** Si le tourisme international reste la première forme de mobilité, les migrations économiques, politiques et environnementales ont doublé depuis 1975. Alimentés par des inégalités économiques croissantes, les flux migratoires se diversifient. Aux traditionnelles polarités Nord-Sud, avec comme principales destinations l'Amérique du Nord et l'Europe, se superposent des flux Sud-Sud (vers le Moyen-Orient, la Turquie…).

■ **La croissance des échanges s'est accompagnée d'une modernisation des moyens de transport :** la conteneurisation et la spécialisation des navires (porte-conteneurs, méthaniers…) ont ainsi permis, en 30 ans, une hausse de 120 % des tonnages transportés. Le transport aérien, structuré par de grands ***hubs*** aéroportuaires, facilite la mobilité des hommes et le transport de marchandises de valeur. Enfin, les télécommunications et les technologies numériques, aux coûts réduits, abolissent les distances entre les territoires et permettent de transférer de façon quasi instantanée informations et capitaux. Organisant le monde en **réseaux de plus en plus denses et complexes**, les flux empruntent des axes privilégiés et convergent vers des **nœuds** incontournables : grands ports, **plateformes multimodales**, *hubs*, serveurs Internet…

Synthèse audio
www.lienmini.fr/hg1-10

Vérifier sa compréhension de la leçon

Identifiez les passages de la leçon qui correspondent à ces affirmations.

1. La mondialisation est liée à la diffusion du capitalisme marchand, industriel et financier.
2. Les flux reposent sur de puissants réseaux logistiques multimodaux qui relient des territoires lointains.
3. Le marché financier est devenu planétaire.
4. Les inégalités socio-économiques alimentent la mobilité des hommes.

Organiser ses connaissances à l'aide d'un tableau

Recopiez puis complétez le tableau ci-dessous.

	MANIFESTATIONS DE LA MONDIALISATION		
Exemples	....	....	....
Facteurs explicatifs	....	....	....
Conséquences	....		

EXAM

Évaluer ses connaissances sur le sujet d'étude

Les idées essentielles

Répondez en quelques phrases aux questions suivantes.

1. Comment la mondialisation se manifeste-t-elle ?
2. De quelles natures sont les échanges planétaires ?
3. Quel lien peut-on établir entre mobilité humaine et mondialisation ?

Illustrez chacune des affirmations suivantes par un exemple ou un fait historique.

1. Les flux sont au cœur de la mondialisation.
2. Les firmes transnationales sont des acteurs majeurs de la mondialisation.
3. Les progrès des transports et des communications ont favorisé le développement d'une économie mondiale.

Les notions clés

Retrouvez la notion qui correspond à chaque définition.

1. Circulation de biens, de services, de capitaux, d'informations et de personnes.
2. Ensemble de liaisons qui permettent la circulation des flux matériels ou immatériels, et mettent en relation différents acteurs et différents lieux.
3. Mise en relation des espaces et des économies mondiales par une intensification des échanges.

Les acteurs

Organisez les expressions de cette liste en trois ensembles : les acteurs favorisés par la mondialisation ; les acteurs qui composent avec la mondialisation ; les acteurs qui régulent la mondialisation.

La Triade • Les hommes • L'Organisation mondiale du commerce (OMC) • Les pays émergents • Les organisations non gouvernementales (ONG) • Les États • Les organisations économiques régionales (ASEAN, UE…) • Les firmes transnationales

Les enjeux

Retrouvez les figurés qui correspondent aux informations indiquées dans la légende.

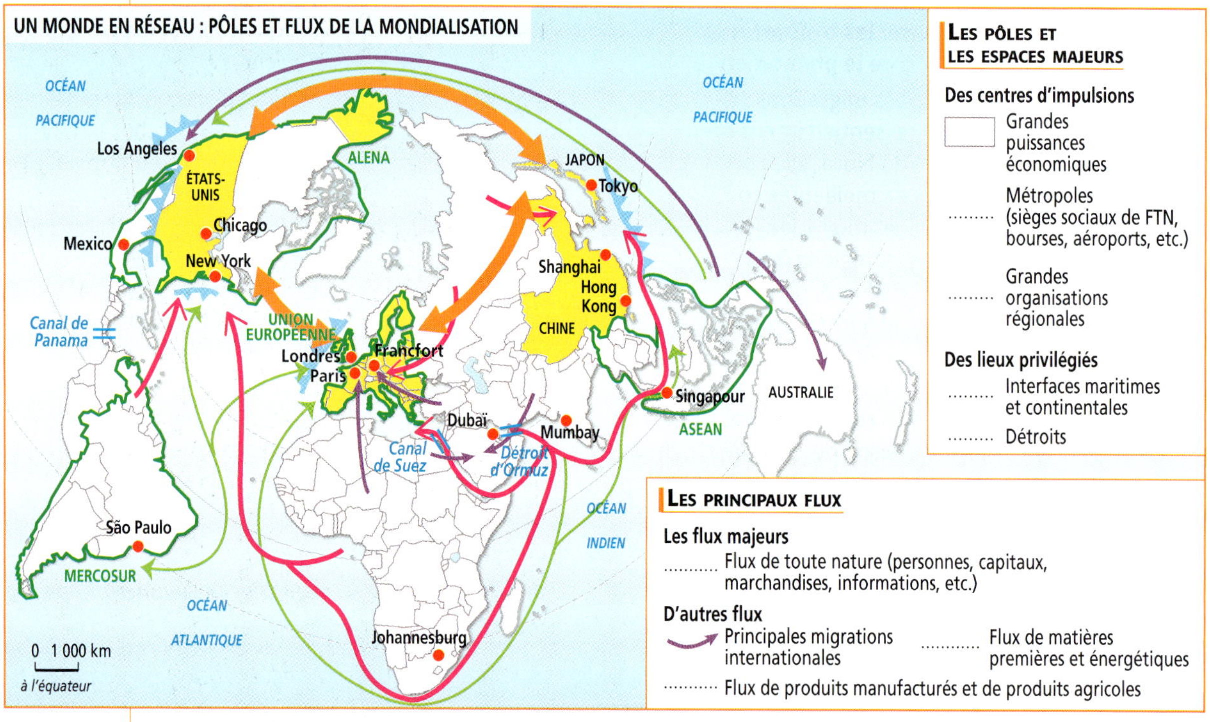

Répondre à des questions de connaissance

→ Mettre en œuvre les capacités et les connaissances du programme de géographie

▶ Sujet d'étude

Acteurs, flux et réseaux de la mondialisation

En vous appuyant sur le document, répondez aux questions suivantes.

1. Présentez ce document.
2. Nommez et caractérisez le type d'entreprises dont il est question.
3. Expliquez l'intérêt de ce document et des données qui y sont représentées.
4. Précisez l'aspect de la mondialisation illustré par ce document. Justifiez votre réponse à l'aide de vos connaissances.

Chiffres d'affaires d'entreprises et PIB d'États (en 2013)
(en milliards de dollars)

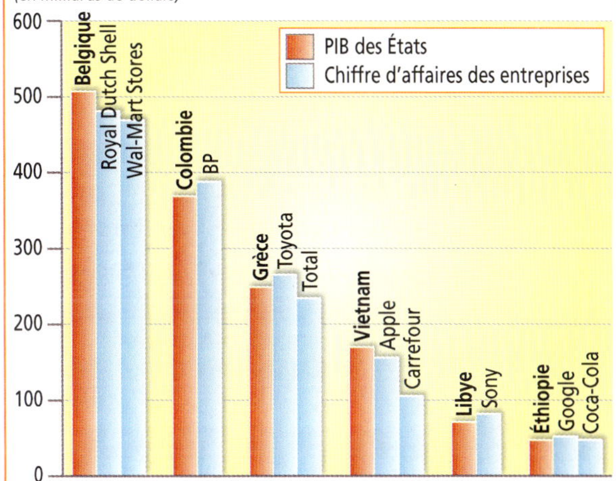

Source : FMI, 2013 et *Global 500*, 2013.

Coup de pouce

1. **« Présenter un document »,** c'est indiquer sa nature, sa source, sa date et son thème.
2. **« Nommer »,** c'est donner le terme précis utilisé en géographie pour désigner ce type d'entreprises. **« Caractériser »,** c'est expliquer la spécificité de ces entreprises et dresser la liste des éléments qui permettent de décrire cette spécificité.
3. **« Expliquer l'intérêt »,** c'est lire le document et mettre en évidence ce qu'il nous apprend.
4. **« Préciser l'aspect de la mondialisation »,** c'est indiquer quel thème du sujet d'étude est mis en évidence par ce document. **« Justifier »,** c'est apporter des faits précis pour appuyer votre réponse.

▶ Situation 1

Les migrations internationales

Parmi les trois affirmations suivantes, choisissez celle qui vous paraît la plus pertinente pour décrire le phénomène migratoire aujourd'hui. Expliquez votre choix.

A. Les migrations sont un phénomène majeur de la mondialisation. Elles concernent essentiellement les pays du Sud dont la population migre vers les pays riches et développés du Nord. Elles ont donc uniquement une cause économique (recherche d'un travail et de meilleures conditions de vie).

B. Les migrations sont un phénomène majeur de la mondialisation. Elles concernent toutes les régions du monde qui peuvent être émettrices ou/et réceptrices de migrants. Les pays du Nord, riches et développés, sont donc acteurs de ce phénomène tout comme les pays du Sud. Ces migrations ont des causes plurielles (économiques, politiques, touristiques, environnementales…).

C. Les migrations sont un phénomène mineur de la mondialisation. Récentes, elles ont connu un réel essor depuis le milieu des années 1950 et se sont essentiellement développées en raison des progrès des transports. Elles ne concernent que les populations disposant de moyens financiers importants. Les pauvres ne participent donc pas à ces migrations.

▶ Situation 2

Le circuit mondial d'un produit

Expliquez l'expression « le circuit mondial d'un produit ». Illustrez vos explications en vous appuyant sur l'exemple précis d'un produit.

Répondre à des questions à partir d'un support documentaire

→ Exploiter un document pour analyser une situation géographique

La stratégie mondiale d'un constructeur : Toyota

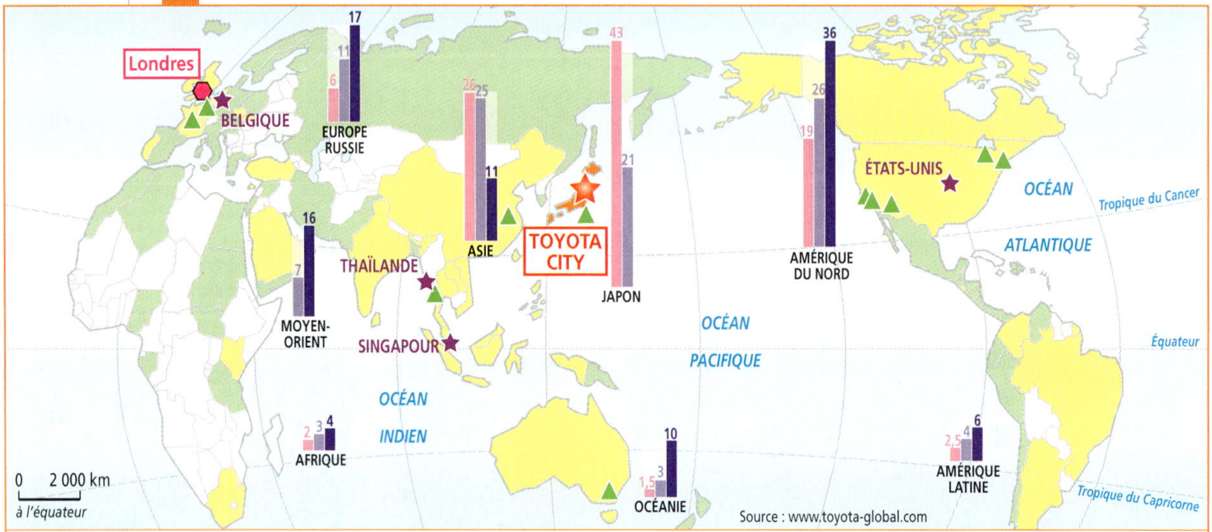

Des fonctions centrales
- Centre stratégique
- Coordination régionale
- Centre financier
- Centre de Recherche et Développement

Production et vente
- Pays dans lequel Toyota produit et commercialise ses modèles
- Pays dans lequel Toyota commercialise ses modèles

Une activité mondiale
- % de la production mondiale de Toyota en 2010
- % des ventes mondiales de Toyota en 2010
- % des exportations japonaises de Toyota en 2010

1 Expliquez le titre du document et illustrez votre réponse avec des exemples précis relevés sur la carte.

- Précisez le sens du terme « stratégie ».
- Recherchez les informations de la légende qui justifient l'emploi de cette expression pour Toyota.
- Observez la localisation de ces informations sur la carte.

Votre réponse : « Une stratégie mondiale signifie qu'une entreprise … (*expliquez l'expression*). On peut dire que Toyota adopte cette stratégie car la carte montre que … (*1er élément illustrant cette stratégie*). Par ailleurs, on constate également … (*2e élément illustrant cette stratégie*). »

2 Comparez le poids des différentes aires géographiques dans l'activité de Toyota et formulez trois remarques.

- Sélectionnez le(s) figuré(s) de la légende qui permet(tent) de répondre et reportez-vous à la carte pour repérer ces informations.
- Confrontez les données fournies pour chaque zone et dégagez-en trois idées.

Votre réponse : « En confrontant les données de … (*citez les données utilisées*), j'observe que … (*1er constat*). Ensuite, … (*2e constat*). Enfin, … (*3e constat*). »

3 Montrez que le groupe Toyota est un acteur de la mondialisation.

- Mobilisez vos connaissances afin de définir ce qu'est la « mondialisation ».
- Décrivez le rôle de Toyota en vous appuyant sur des exemples précis de la carte.

Votre réponse : « La mondialisation est … (*définition*). Par son activité, Toyota est donc un acteur de ce processus. En effet, la firme … (*1er argument et illustration avec un exemple tiré de la carte*). Par ailleurs, le groupe automobile … (*2e argument et illustration*). »

SUJET D'ÉTUDE 6. Mondialisation et diversité culturelle

La mondialisation, entre uniformisation et brassage culturels

« Stimulée par le marché et la circulation de l'information, la consommation de produits culturels mondiaux se généralise. Or, si elle s'impose aux modes plus traditionnels de la diffusion de la consommation, cette culture mondiale n'exclut pas pourtant la coexistence d'autres formes et pratiques culturelles. Des réappropriations, hybridations et métissages multiples se manifestent partout. Contrairement aux idées reçues, le monde culturel se diversifie plus qu'il ne s'uniformise. »

Marie-Françoise Durand *et alii*, *Atlas de la mondialisation*, Sciences Po/Les Presses, 2010.

ARTS ET GÉOGRAPHIE

Matango Flower, Takashi Murakami, 2001-2006, fibre de verre, fer, peinture à l'huile et acrylique, 315 (h) x 204,4 (l) x 263 cm (p), galerie des Glaces du château de Versailles, 2010.

Pur produit de l'univers manga, ce champignon floral fait partie des 22 œuvres de Takashi Murakami exposées au château de Versailles en 2010. La rencontre entre la production contemporaine de l'artiste néo-pop japonais et le cadre prestigieux du château de Versailles a suscité de vives polémiques autour du « choc des cultures ».

Face à la mondialisation, des identités culturelles affirmées

Situations

Les cultures mondiales : entre uniformisation et diversité

Sous l'effet du développement des échanges, des progrès des moyens de transport et de communication, les sociétés humaines tendent à s'uniformiser. Le partage de plus en plus important de produits culturels, d'informations et de modes de consommation conduit ainsi à l'émergence d'une culture mondiale. Toutefois, de nombreuses cultures singulières ancrées dans une histoire et un territoire continuent d'exister à différentes échelles.

Carte 1 Les grandes aires culturelles mondiales

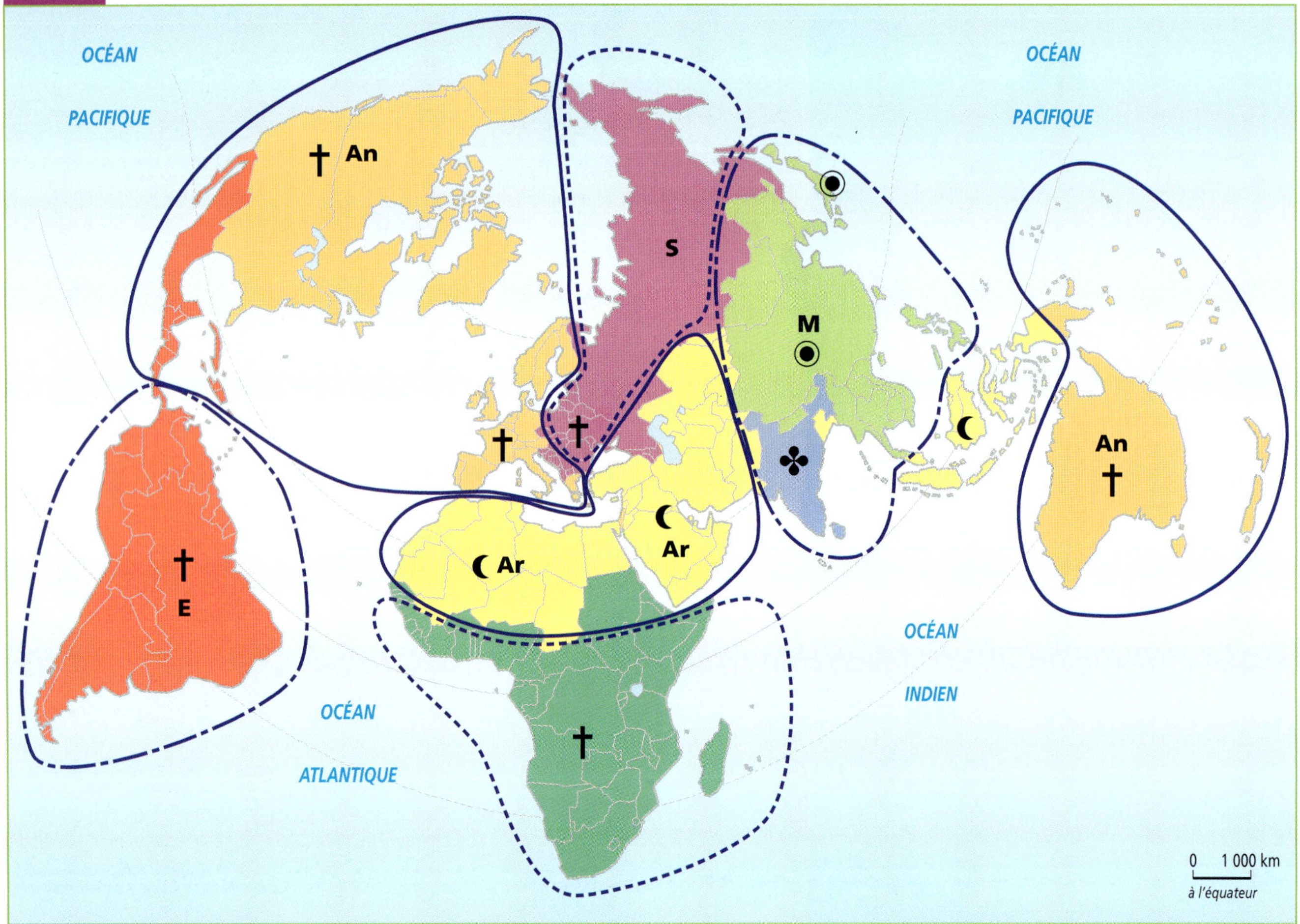

1. Un monde morcelé en grandes aires culturelles…

- Aire indienne
- Aire extrême-orientale
- Aire musulmane
- Aire occidentale
- Aire latino-américaine
- Aire africaine
- Aire slave

2. … définies par des facteurs d'unité

Langues
- **An** Anglais
- **Ar** Arabe
- **E** Espagnol
- **M** Mandarin
- **S** Langues slaves

Religions
- † Christianisme
- ✤ Hindouisme
- ☾ Islam
- ◉ Bouddhisme

3. … avec des dynamismes inégaux

- Aire culturelle en pleine expansion
- Aire culturelle en relative expansion
- Aire culturelle stable ou en repli

1. Identifiez les facteurs qui témoignent de la diversité culturelle du monde.
2. Observez les limites des grandes aires culturelles et formulez une remarque.
3. Indiquez à quel terme du titre de cette double page renvoie la carte. Justifiez votre réponse.

Carte 2 Les sites Internet les plus consultés dans le monde

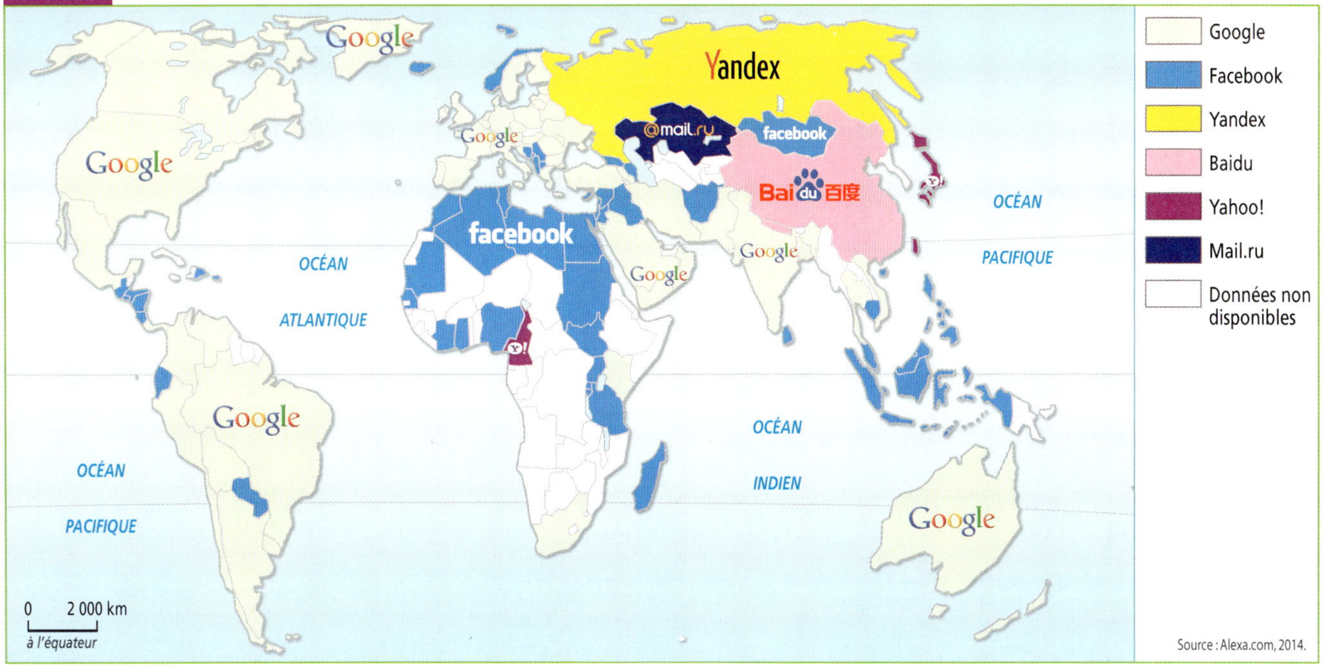

Carte 3 Le cinéma dans le monde

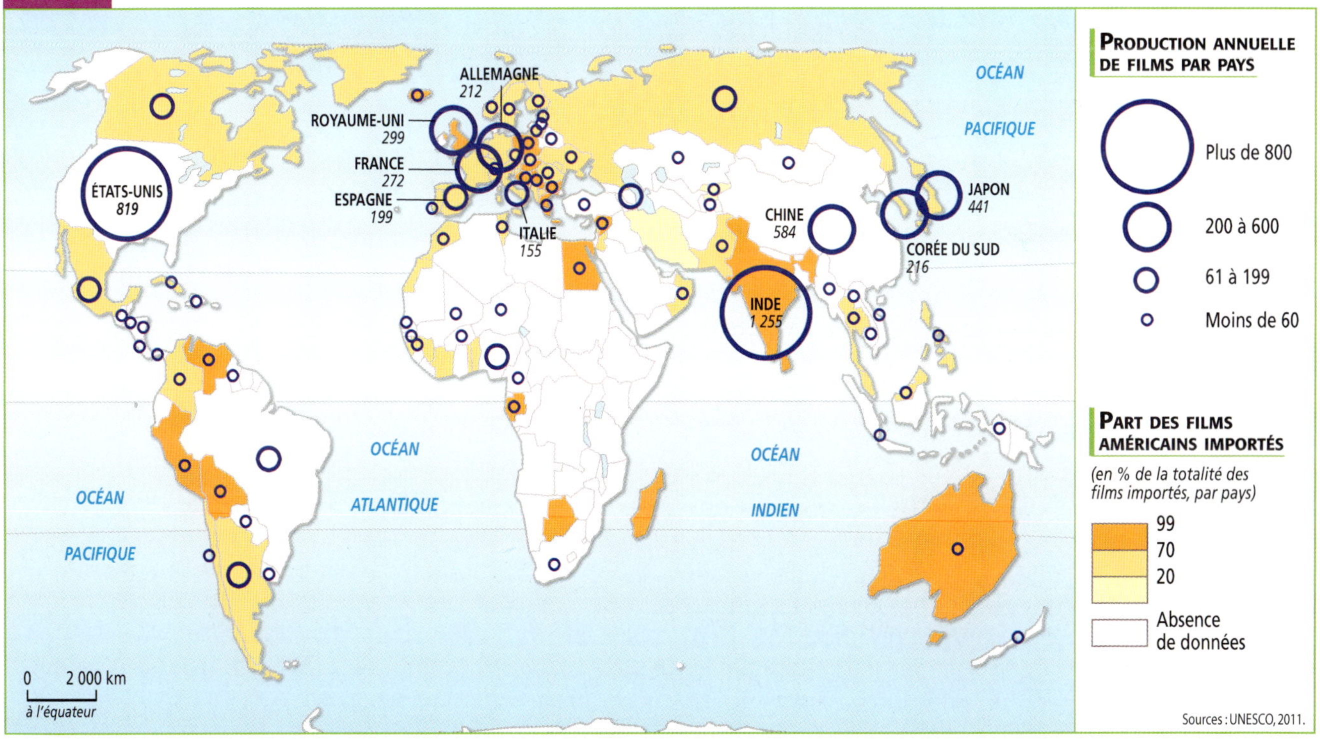

1 Carte 2 – Expliquez le rôle des réseaux Internet dans le processus d'uniformisation culturelle du monde.

2 Carte 2 – Montrez que cette uniformisation a des limites.

3 Carte 3 – Précisez pourquoi le cinéma illustre à la fois l'uniformisation et la diversité culturelle du monde.

Vers l'EXAM **À l'aide des documents, expliquez le titre du sujet d'étude : « Mondialisation et diversité culturelle ».**

- Définissez les expressions « diversité culturelle » et « mondialisation culturelle ».
- Interrogez-vous sur le sens de la conjonction de coordination « et ».

A. La diffusion d'une culture mondiale

1 Commerçant marocain de la région montagneuse de l'Atlas

« Cette photographie montre que la mondialisation s'accompagne d'une certaine uniformisation des modes de consommation. » Expliquez et justifiez cette affirmation.

2 Indiens Surini au cœur de l'Amazonie

- Décrivez cette photographie.
- Montrez son intérêt pour comprendre la diffusion d'une culture mondiale.

3 Le football, un sport mondial

Le football est le stade ultime de la mondialisation. Il n'est pas aujourd'hui de phénomène plus global. Son empire ne connaît ni frontières, ni limites. Phénomène plus rare encore, c'est le seul empire qui soit populaire. Et c'est le seul par lequel les peuples enthousiastes réclament d'être conquis, se réjouissent de l'avoir été, luttent avec acharnement pour en être les meilleurs disciples. Il n'y a aucune surface habitée de la planète, si petite soit-elle, qui ait su, pu ou voulu résister à la conquête du football. Ce sport si typiquement britannique est devenu le sport mondial.

Le premier empire politique et militaire global, c'est-à-dire à l'échelle de la planète, est celui dirigé par les États-Unis. Ils dominent le monde comme jamais aucune autre puissance ne l'avait fait auparavant. D'Oslo à Tokyo, ils sont stratégiquement presque présents partout. Mais cet empire est surclassé, et de loin, dans l'étendue de son influence et, plus encore, dans sa popularité, par celui du ballon rond. [...]

La « globalisation », la « mondialisation » sont devenus des termes courants pour qualifier la période actuelle. Les frontières n'ont plus le même sens qu'autrefois. Les moyens de communication, qu'ils soient employés à rendre publics les événements ou à se déplacer, ont radicalement modifié les notions de temps et d'espaces. Le monde est devenu un village global où tout se sait. Où, du moins, tout peut se savoir. Il existe désormais des références universelles, immédiatement identifiées par la majorité des êtres humains, qu'ils vivent à Tokyo, Berlin, Los Angeles, Dakar, Buenos Aires ou Melbourne. Mais le phénomène le plus global est bien le football. Bien sûr George Bush, Ben Laden, le pape ou le Dalaï Lama, Madonna ou Youssou N'Dour sont universellement connus (et diversement appréciés). Or, Messi, Christiano Ronaldo ou Drogba les dépassent de loin en notoriété, et plus encore en popularité. Le football est bel et bien l'archétype de la mondialisation plus encore que la démocratie, l'économie de marché ou Internet.

Pascal Boniface, *Football et mondialisation*, Armand Colin, 2010.

Expliquez pourquoi le football témoigne d'une uniformisation culturelle du monde.

4 *Made in China*

Au cours des trois dernières décennies, les partisans et les critiques de la mondialisation la considéraient comme un synonyme d'américanisation. Caractéristique de cette mondialisation américaine, l'Amérique corporatiste marquait sa domination du monde par l'omniprésence des arches dorées de McDonald's et les panneaux rouge vermillon proclamant « *Things go better with Coke* » (« Les choses vont mieux avec un Coca-Cola »). Les panneaux Coca-Cola, avec des slogans différents, et les arches sont toujours là, mais la mondialisation américaine est éventée.

Les nouveaux champions de la mondialisation d'aujourd'hui sont les pays pauvres et en développement d'hier, spécialement ceux d'Asie – menés par la Chine et l'Inde. Les produits « *Made in China* » remplissent les rayonnages des supermarchés de l'Ouest, nous rappelant que la Chine est le deuxième plus gros exportateur mondial, la deuxième plus grosse économie, et le premier créancier. En Inde, longtemps connue pour son sous-développement, les compagnies informatiques dirigent maintenant les back offices du monde et les milliardaires indiens font la tournée des magasins dans l'Ouest développé.

Nayan Chanda, « Mondialisation ou asiatisation ? », *Problèmes économiques*, n° 3 038, février 2012.

• Relevez les acteurs de la diffusion d'une culture mondiale.
• Reformulez le point de vue de l'auteur.

5 Salon manga à Barcelone (Espagne)

Montrez que ce document renforce le point de vue développé par l'auteur du texte précédent (doc. 4).

6 Tradition et mondialisation

Les faits qui relèvent de la mondialisation de la culture ne sont pas tous de même nature. En effet, peut-on mettre dans le même panier la diffusion hors du Japon de l'art zen du tir à l'arc et la commercialisation mondiale d'un film comme *Titanic* ? L'art zen est le produit d'une tradition. Pour se l'approprier, il faut en passer par un apprentissage de plusieurs années auprès d'un maître. En revanche, les films et les séries télévisées sont les produits culturels d'une industrie de haute technologie. Ils font l'objet d'une consommation de masse éphémère et sans cesse renouvelée. Ici une tradition plusieurs fois séculaire, là une production d'origine récente vouée à une consommation à court terme. Les problèmes posés par la mondialisation de la culture s'inscrivent dans l'espace ouvert par cette différence : que pèsent les cultures du monde – celles par exemple des Indiens d'Amazonie, des Eskimos, des Tziganes ou des Alsaciens – face à l'assaut des industries de la culture ? Que pèse le cinéma ou l'audiovisuel français face au géant américain ?

Jean-Pierre Warnier, *La Mondialisation de la culture*, La Découverte, 2008.

Vers l'EXAM Expliquez le rôle de la mondialisation dans la naissance et la diffusion d'une culture mondiale.
▶ Définissez la notion de « culture mondiale ».
▶ Recherchez des exemples dans les documents.

• Reformulez l'idée développée par l'auteur.
• Relevez la phrase qui, selon vous, résume cette idée. Justifiez votre choix.

B. L'affirmation d'identités particulières

1 Une définition de la diversité culturelle

La diversité culturelle est d'abord un fait : il existe une grande variété de cultures différentes. La connaissance de cette diversité a été facilitée par la mondialisation des échanges et par une plus grande ouverture des sociétés les unes aux autres. Les migrations internationales sont un facteur important de la dynamique interculturelle. Dans les pays d'accueil, les migrants sont confrontés au défi de concilier un système traditionnel de valeurs, de normes culturelles et de codes sociaux avec les coutumes du pays d'accueil. Parmi les réponses possibles à ce défi, la plupart des immigrés évitent l'assimilation complète ou le rejet pur et simple, et optent pour une adaptation partielle à leur nouvel environnement culturel tout en préservant les liens avec leur culture d'origine, au moyen notamment des relations familiales ou des médias. [...] La mondialisation des échanges internationaux se traduit par l'intégration d'une grande diversité de services et d'expressions multiculturels dans de nombreux pays. Un exemple de ce phénomène est le fait que l'on trouve dans l'ensemble du monde industrialisé une gamme de plus en plus large de restaurants étrangers accueillant aussi bien les populations locales que les immigrés. [...] Les mouvements entre aires géoculturelles supposent inévitablement une traduction, une mutation et une adaptation de la part de la culture réceptrice, et les transferts culturels ne sont généralement pas à sens unique.

D'après l'Unesco, *Rapport mondial, Investir dans la diversité culturelle et le dialogue interculturel*, 2010.

Relevez les éléments qui expliquent que la mondialisation favorise la diversité culturelle.

2 Diversité culturelle et dialogue interculturel

Justifiez le choix de ces photographies pour illustrer le rapport mondial de l'Unesco (doc. 1).

3 *Billboard Liberation Front*

Entouré du plus grand secret, le *Billboard Liberation Front* sort la nuit pour s'attaquer aux panneaux d'affichage des autoroutes californiennes en détournant les messages publicitaires qu'ils exposent. En 2010, à San Francisco, le groupe modifie l'affiche et les slogans McDonald's : le slogan « J'adore ça – Vous avez environ 10 000 papilles, testez-les toutes » est transformé en « J'en ai assez – vous avez environ 10 000 papilles, tuez-les toutes ».

Décrivez la démarche du *Billboard Liberation Front*.

4 Starbucks en Chine

En 2012, l'annonce de l'ouverture d'un café Starbucks près de l'un des plus célèbres temples bouddhistes du sud de la Chine a suscité une importante polémique, notamment sur les réseaux sociaux où était dénoncée l'invasion culturelle de la Chine. Déjà en 2007, le café situé dans la Cité interdite à Pékin avait provoqué le mécontentement de nombreux Chinois, offensés de voir une chaîne occidentale accueillie au sein d'un symbole de la nation.

Citez les raisons pour lesquelles l'annonce de l'ouverture, en septembre 2012, d'un café Starbucks en Chine a suscité des polémiques.

5 Les langues régionales

Les États membres du Conseil de l'Europe, signataires de la présente Charte [...],
Considérant que la protection des langues régionales ou minoritaires historiques de l'Europe, dont certaines risquent, au fil du temps, de disparaître, contribue à maintenir et à développer les traditions et la richesse culturelles de l'Europe,
Considérant que le droit de pratiquer une langue régionale ou minoritaire dans la vie privée et publique constitue un droit imprescriptible, conformément aux principes contenus dans le Pacte international relatif aux droits civils et politiques des Nations unies, et conformément à l'esprit de la Convention de sauvegarde des Droits de l'homme et des Libertés fondamentales du Conseil de l'Europe,
Soulignant la valeur de l'interculturel et du plurilinguisme, et considérant que la protection et l'encouragement des langues régionales ou minoritaires ne devraient pas se faire au détriment des langues officielles et de la nécessité de les apprendre,
Conscients du fait que la protection et la promotion des langues régionales ou minoritaires dans les différents pays et régions d'Europe représentent une contribution importante à la construction d'une Europe fondée sur les principes de la démocratie et de la diversité culturelle,
Sont convenus de ce qui suit. [...]

Charte européenne des langues régionales ou minoritaires, Strasbourg, 2012.

- **Indiquez l'objectif de cette charte.**
- **Relevez les raisons pour lesquelles le Conseil de l'Europe a rédigé cette charte.**

Vers l'EXAM **Présentez les aspects et les limites de l'uniformisation culturelle du monde.**

▶ Définissez l'expression « uniformisation culturelle ».

▶ Recherchez dans les documents des exemples qui illustrent cette notion et en montrent les limites.

6 L'éducation, vecteur de la diversité culturelle

Jeune fille autochtone dans une salle de classe du Haut-Orénoque au Venezuela.

- **Montrez que cette photographie témoigne de la diversité culturelle.**
- **Expliquez pourquoi l'Unesco considère l'éducation comme un vecteur de cette diversité.**

Le cinéma en Asie

L'Asie est devenue l'un des principaux acteurs de l'industrie cinématographique mondiale et elle est de plus en plus présente sur les marchés européen et nord-américain. Si la place grandissante des films coréens et chinois dans les festivals ou le succès des films d'animation japonais témoignent de cette vitalité, le cinéma asiatique n'a pas encore une audience mondiale.

Clés pour comprendre

Des films

2 783 films produits par les pays asiatiques en 2012 : Inde (1 255), Chine (745), Japon (554), Corée du Sud (229), soit deux fois plus que les États-Unis et l'Europe réunis.
25 films asiatiques programmés dans les salles françaises sur les 717 films à l'affiche en 2012.

Des recettes

43 % d'augmentation par an (2005-2011) des recettes du marché du film chinois, **2,2 %** pour le marché du film américain.

Un chiffre d'affaires

2,7 milliards de dollars de chiffre d'affaires en 2011 pour le Japon contre **10 milliards** pour les États-Unis.

1 L'Asie et le 7e art

D'un point de vue culturel, l'Asie a toujours semblé à des milliers de kilomètres de l'Europe. À l'heure de la mondialisation, l'écart n'est plus aussi énorme. D'autant que les cinéastes asiatiques s'éloignent du chromo des cerisiers en fleur pour évoquer la réalité qui fâche (ou pas). Soit des sujets proches du public européen. […]
Certes, l'industrie du 7e art en Asie est en majorité constituée de films chinois, japonais et sud-coréens, venus de pays dont l'économie est, ou a été, florissante ; ceci expliquant cela. Pour autant, et le cas de l'Inde mis à part, on voit apparaître des œuvres venues d'Asie du Sud-Est. Aujourd'hui, les Philippines produisent 80 films par an. La Thaïlande, 50. Des cinéastes comme Brillante Mendoza, Pen-Ek Ratanaruang ou Apichatpong Weerasethakul se font un nom. « Le développement de l'éducation et d'Internet a joué, explique ce dernier. Les gens sont plus au fait de l'histoire et de la politique de leur pays, et des films passionnants sont nés de cette prise de conscience. »
En Chine, où dix nouveaux écrans apparaissent chaque jour, la nouvelle classe moyenne permet au cinéma populaire d'être rentable sur le plan intérieur. Une bonne santé qui bénéficie aux productions indépendantes et plus confidentielles, les pays voisins ayant besoin d'alimenter des chaînes câblées toujours plus nombreuses.

Julien Welter, « Ces clichés sur le cinéma asiatique… », *L'Express*, 6 mars 2012.

Relevez les raisons de la vitalité du cinéma asiatique.

Affiche du film *Dhoom 3*, Inde, 2013.

2 Le box-office 2013

Dans le monde	Nationalité	En Inde	Nationalité
1. *Iron man*	États-Unis	1. *Dhoom 3*	Inde
2. *Moi, moche et méchant*	États-Unis	2. *Krrish 3*	Inde
3. *Fast and Furious*	Royaume-Uni	3. *Chennai Express*	Inde
4. *Monstres Academy*	États-Unis	4. *He Hai Deewani Jawaani*	Inde
5. *Hunger Games*	États-Unis	5. *Ramleela*	Inde

Lisez ce tableau et formulez trois observations.

3 L'Inde et Bollywood

Pourquoi Bollywood bénéficie d'une telle influence culturelle au niveau international hors des cercles de la diaspora? Des spectacles comme Bharati, *inspiré des films de Bollywood, ont fait le tour du monde.*

D'un côté, ce cinéma ne circule pas beaucoup dans le monde mais, en même temps, tout le monde sait ce qu'est un film indien. Ils ont un style, une certaine façon de traiter de la réalité. Les Indiens ne voient pratiquement que leurs films. Il est très difficile de pénétrer le marché local. Ils ont exporté une marque à travers ce cinéma. Bollywood, c'est un terme que vous utilisez même pour des rencontres, des foires, des festivals qui ne mettent pas en scène le cinéma.

Ils ont développé une identité très forte. C'est vraiment du « *soft power* ». Avant même que l'Inde ne soit devenue un État émergent, ils avaient déjà un cinéma qui était identifié parce que très particulier.

Entretien avec Monique Dagnaud, sociologue au CNRS et spécialiste des industries culturelles, « Bollywood : 100 ans de cinéma chanté et dansé », TV5 Monde, www.tv5.org, 1er mai 2013.

Devdas, réalisé par Sanjay Leela Bhansali, avec Aishwarya Rai, 2002.

- **Expliquez pourquoi il est étonnant que le cinéma indien bénéficie d'une influence aussi importante.**
- **Citez les raisons pour lesquelles ce cinéma est connu dans le monde entier.**

4 L'asiatisation du cinéma américain

C'est vers les années 1980 que le cinéma américain commence tout doucement à évoluer et à se tourner vers le cinéma hongkongais. John Silver, un des plus grands producteurs américains contemporains, produit des films dans lesquels les combats sont inspirés du cinéma de Hong Kong. Le symbole de cette mutation est l'émergence d'acteurs qui construisent leur personnage autour d'arts martiaux.

Certains réalisateurs, à l'instar de John Sturges, Sergio Leone ou Steven Spielberg qui, dans les années 1960 et 1970, réalisent des adaptations ou des œuvres fortement inspirées du cinéma japonais, admirent et utilisent le cinéma de Hong Kong. Quentin Tarantino est celui qui incarne le mieux cet hommage. Dans ses films, il intègre ainsi la façon de concevoir un échange de coups de feu à la manière des polars hongkongais. Tous les clichés du réalisateur hongkongais John Woo sont présents, une arme dans chaque main, des munitions inépuisables. Avec *Kill Bill* (2003), Tarantino fait revivre les films de kung fu des années 1970.

Ces dernières années sont marquées par de profonds changements dans les relations entre les cinémas américain et hongkongais. Les acteurs et cinéastes de Hong Kong sont fortement plébiscités à Hollywood. Seulement, l'accès au rêve américain passe par une certaine soumission, inéluctable, à ses règles. Phénomène encore plus regrettable, Hollywood s'est accaparé une partie du cinéma de Hong Kong, y voyant un excellent moyen de rentabiliser et redynamiser son industrie.

D'après Yann Jegodtka, *Histoire du cinéma de Hong Kong*, Mon Petit Éditeur, 2013.

Justifiez le titre de ce document en vous appuyant sur des éléments précis du texte.

5 Les films du Studio Ghibli

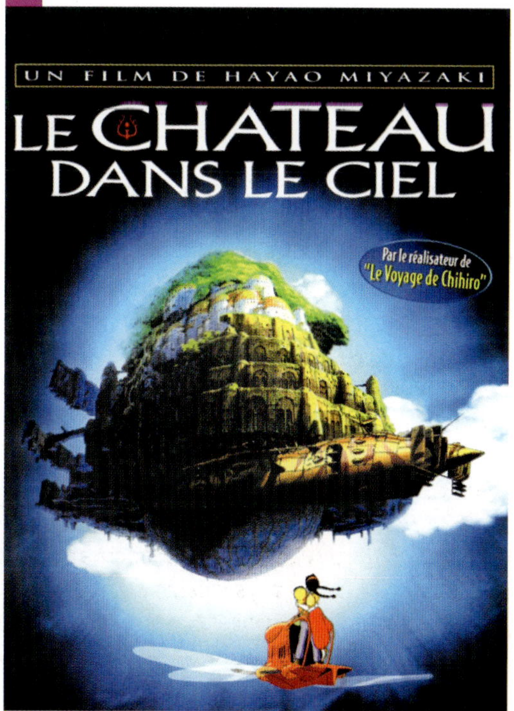

Peu visible en dehors de ses frontières, le cinéma japonais tend depuis 15 ans à s'exporter davantage, notamment grâce à ses films d'animation, tels les *animes* du Studio Ghibli.

Caractérisez le type de cinéma japonais qui s'exporte à l'étranger.

Vers l'EXAM **À l'aide des documents, montrez que le cinéma asiatique a une dimension mondiale mais qu'il conserve des spécificités culturelles.**

Géographie des goûts alimentaires

Si l'alimentation a d'abord été basée sur les plantes cultivées localement, elle s'est diversifiée grâce à la circulation de nombreux produits. Ainsi, beaucoup d'aliments caractéristiques des cuisines locales sont à l'origine des produits importés. Aujourd'hui, sous l'influence des firmes agro-alimentaires et des chaînes de restauration, une uniformisation des goûts s'est amorcée.

Clés pour comprendre

Des régimes alimentaires différents

Consommation de riz (hab./an) :
- Europe et Amérique du Nord : moins de 10 kg.
- Afrique et Amérique latine : entre 40 et 60 kg.
- En Asie : entre 120 et 1 709 kg.

Consommation de fromage (hab./an) :
- Europe et Amérique du Nord : entre 14 et 17 kg.
- Afrique équatoriale : 4 kg.
- Asie : entre 0,3 et 2 kg.

Un produit standardisé : le hamburger

58 hamburgers vendus chaque seconde dans le monde, soit 1,85 milliard par an.
706 clients entrent dans un McDonald's toutes les secondes, soit plus de 22 milliards par an.
77 pays (sur 195) dans lesquels McDonald's n'est pas implanté.

1 Vente de produits alimentaires au Ghana (Afrique de l'Ouest)

a. Supermarché à Accra.

b. Marché de Chorkkor à Accra.

- Comparez ces deux photographies.
- Montrez qu'elles illustrent à la fois l'uniformisation des goûts et la persistance de spécificités alimentaires.

2 Les régimes alimentaires

Les régimes alimentaires varient largement dans le monde et ont évolué au cours des millénaires, principalement influencés par des facteurs liés à l'environnement comme le climat et l'écologie. Les facteurs sociaux jouent aussi un rôle important : le régime dépend du groupe social. La situation économique, le développement des technologies et les possibilités commerciales contribuent également à influencer le régime alimentaire. Alors que beaucoup de régimes traditionnels dans les pays en voie de développement sont dominés par un seul aliment de base, ce n'est plus le cas depuis longtemps dans les sociétés industrialisées, où la variété de la nourriture vendue n'a jamais été si grande. […]
Bien qu'une pénurie de produits alimentaires de base frappe toujours certains secteurs de la population dans de nombreux pays, l'expansion du commerce alimentaire, l'amélioration des communications mondiales et la pénétration des nouveaux marchés par des sociétés alimentaires influent aujourd'hui sur le régime.
Une « alimentation de transition » s'instaure parmi les populations urbaines de nombreux pays en voie de développement.

Erik Millstone *et alii*, *Atlas de l'alimentation dans le monde*, Autrement, 2003.

- Relevez les facteurs qui influencent les régimes alimentaires.
- Parmi ces facteurs, sélectionnez-en un qui permet de comprendre les photographies du document 1 et expliquez votre choix.

3 La mondialisation du goût

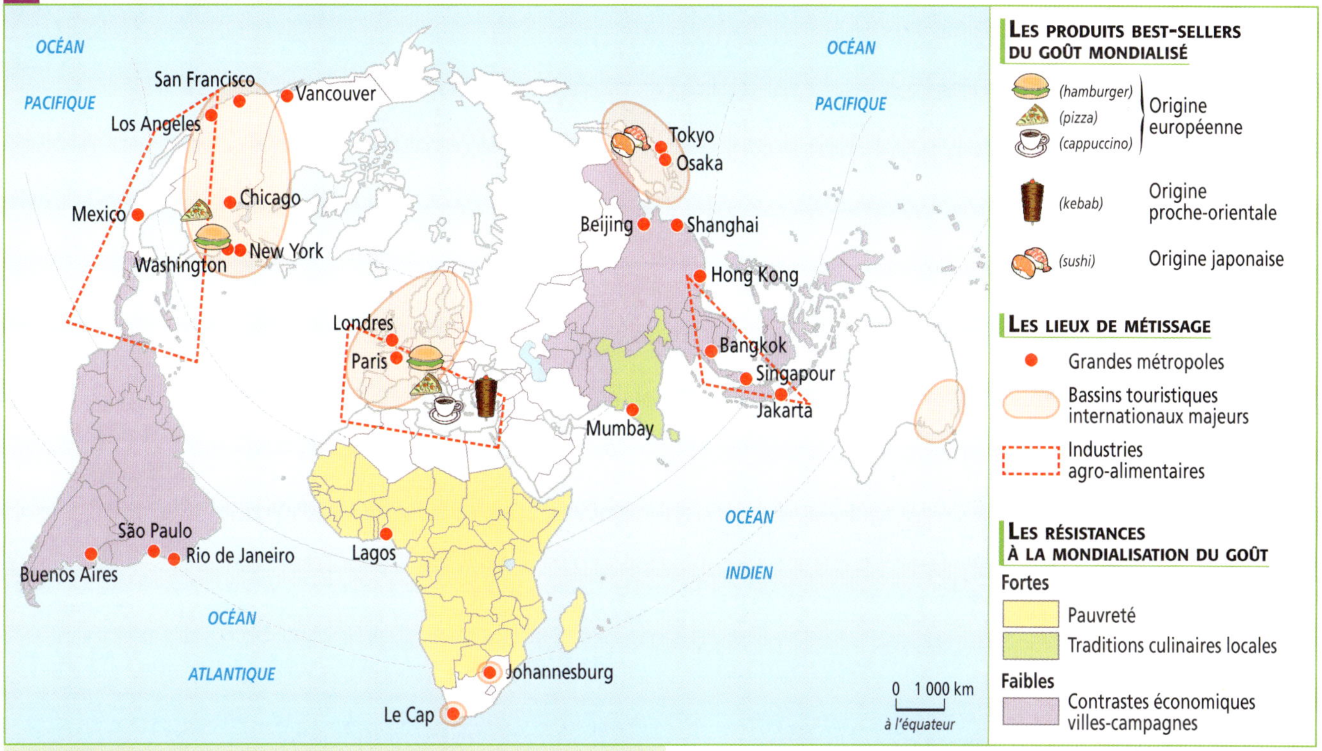

- **Justifiez le choix du titre donné à cette carte.**
- **Indiquez quelles sont les limites à la mondialisation du goût.**

4 Les cultures locales dans le système mondial

Dans le système alimentaire mondial, toutes les saveurs circulent, sont réinterprétées par les cultures locales qui empruntent ce dont elles ont besoin et s'intègrent dans les systèmes de goûts existants. Avec les technologies de conservation (froid, emballages sous vide avec nouveaux matériaux), l'offre alimentaire s'est considérablement étendue dans les pays riches où la distribution a ouvert des rayons « exotiques » qui sont le relais des restaurants, de plus en plus nombreux à offrir une restauration nouvelle et changeante.

De fait, l'alimentation agit comme un prisme grossissant sur nos tables et dans nos verres des processus d'intégration des goûts et des saveurs étrangers à nos propres cultures. Partout le brassage est indéniable mais il n'a pas le même sens ni la même puissance selon les régions du monde et les sociétés qui les pratiquent ou les subissent. Une nourriture choisie ne saurait être interprétée de la même manière qu'une nourriture imposée par le besoin et les nécessités. Les résistances à une mondialisation qui serait inéluctable sont grandes parce que les deux milliards de « pauvres » n'ont pas le choix de ce qu'ils mangent.

Gilles Fumey, « La mondialisation de l'alimentation », *L'Information géographique*, vol. 71, 2007.

- **Expliquez la première phrase du second paragraphe.**
- **Ce texte reprend certaines informations cartographiées dans le document 3. Citez-en deux.**

5 Les cuisines du restaurant Esquina à Singapour

Le chef anglais Jason Atherton a ouvert de nombreux restaurants à travers le monde. Ici, à Singapour, l'Esquina propose une cuisine espagnole.

Dégagez l'idée illustrée par ce document.

Vers l'EXAM À l'aide des documents, montrez que la géographie des goûts alimentaires illustre le processus de mondialisation et ses limites.

L'émergence d'une culture mondiale

Notions

Culture mondiale : ensemble de valeurs, de comportements et de modes de consommation diffusés dans le monde entier.

Firme transnationale (FTN) : entreprise d'envergure mondiale qui possède des filiales dans plusieurs pays.

Métissage culturel : mélange d'influences culturelles (artistiques, alimentaires…).

Acculturation : fait pour une culture nouvelle de supplanter peu à peu les cultures traditionnelles.

Synthèse audio
www.lienmini.fr/hg1-11

■ **La mondialisation et la multiplication des échanges** ainsi que **l'essor des réseaux de communication et d'information** favorisent l'émergence d'une **culture mondiale uniformisée**. Aujourd'hui, à travers le monde et notamment dans les grandes villes, les personnes suivent les mêmes codes vestimentaires, consomment les mêmes produits culturels et adoptent des habitudes de consommation identiques. Les **firmes transnationales (FTN)**, en diffusant leurs produits, jouent un rôle essentiel dans ce processus d'uniformisation des modes de vie et de consommation. Ces grands groupes, essentiellement originaires des pays du Nord, tels que Starbucks, McDonald's ou encore Nike, ont ainsi diffusé un modèle culturel qui a peu à peu gagné l'ensemble des continents.

■ Si **cette culture mondiale est fortement marquée par l'influence américaine**, on assiste aujourd'hui à l'**émergence de produits provenant d'Europe, du Japon ou de pays émergents** : consoles de jeux ou mangas japonais, films de Bollywood, émissions télévisées d'Al Jazeera… En outre, cette culture mondiale intègre des **singularités locales**. En effet, **l'augmentation des flux** – migrations internationales, NTIC, diasporas – favorise les **contacts entre les cultures** et génère un véritable **métissage culturel**. Les **grandes métropoles**, où vivent de nombreux migrants, sont les lieux privilégiés de ce brassage des cultures, parfois accusé de provoquer l'**acculturation** des populations.

Vérifier sa compréhension de la leçon

Retrouvez les points de la leçon illustrés par ces documents. Expliquez vos choix.

1. Une yourte en Mongolie.

2. Dessin de Chappatte sur les Jeux olympiques de Turin, 2006.

Organiser ses connaissances à l'aide d'un schéma

Reproduisez puis complétez le schéma avec les éléments de la leçon.

ACTEURS DE LA MONDIALISATION

Exemple 1 : …………	Exemple 2 : …………

ÉMERGENCE D'UNE CULTURE MONDIALE

Exemple 1 : …………	Exemple 2 : …………

La persistance des diversités culturelles

Notions

Aire de civilisation : étendue géographique unifiée par des traits culturels communs.

Appartenance identitaire : sentiment que l'on a de faire partie d'un groupe ou d'une société et de partager l'identité de ses membres.

Diversité culturelle : coexistence de pratiques culturelles différentes à l'intérieur d'une même société ou à travers le monde.

Synthèse audio
www.lienmini.fr/hg1-12

■ **Malgré l'émergence d'une culture mondiale, le monde est toujours caractérisé par une pluralité des civilisations.** Construites au fil des millénaires, les grandes **aires de civilisation** rassemblent, par-delà les frontières des États, des populations aux modes de vie, aux valeurs et aux croyances communes. Loin d'uniformiser le monde, la mondialisation suscite la **mise en avant d'identités et de cultures particulières**, notamment dans les pays émergents. L'exemple du cinéma indien illustre cette tendance. L'affirmation de ces **appartenances identitaires** se traduit par le désir de **conserver ou de restaurer les cultures traditionnelles**. La promotion des langues régionales ou encore la reconnaissance par des labels des savoir-faire régionaux favorisent la persistance des cultures locales.

■ **Les organisations internationales et les États militent pour préserver,** voire renforcer, la **diversité culturelle**. En 2005, l'Unesco adopte une **convention pour la protection et la promotion de l'expression des diversités culturelles**, promouvant ainsi le respect et le dialogue entre les sociétés, gages de paix. Toutefois, la préservation de cette diversité s'accompagne parfois de **revendications identitaires**. Si certaines condamnent de façon radicale l'occidentalisation de la culture et sont source de tension, d'autres aboutissent à des tentations séparatistes ou autonomistes (nationalistes flamands qui demandent la création d'un État flamand par exemple).

Vérifier sa compréhension de la leçon

Retrouvez les points de la leçon illustrés par ces documents. Expliquez vos choix.

1. Aujourd'hui, les Étasuniens hispanophones sont la principale minorité des États-Unis. Composez le numéro de n'importe quel service d'assistance téléphonique et vous entendrez le message : « *Appuyez sur la touche 1 pour poursuivre en anglais. Oprima el 2 para continuar en español* [*Appuyez sur la touche 2 pour continuer en espagnol.*] » Cela ne doit pas étonner : dans beaucoup de domaines de la vie américaine, il est possible de se débrouiller en parlant uniquement espagnol.

« La Révolution est en marche », *Courrier international*, n° 940, 7 novembre 2008.

2. Festival de danse aborigène en Australie, 2011.

Organiser ses connaissances à l'aide d'un schéma

Reproduisez puis complétez le schéma avec les éléments de la leçon.

Acteur de la diversité culturelle
Exemple : ....

↓

Préservation de la diversité
Exemple d'action : ....

↓

Acteur de la diversité culturelle
Exemple : ....

↓

Revendication de la diversité
Exemple d'action : ....

↓

DIVERSITÉ CULTURELLE

EXAM

Évaluer ses connaissances sur le sujet d'étude

Les idées essentielles

Répondez en quelques phrases aux questions suivantes.

1. Quels éléments permettent de définir la « culture mondiale » ?
2. Quel est le rôle des nouvelles technologies dans la mondialisation de la culture ?
3. Comment s'exprime la diversité culturelle à l'échelle mondiale ?
4. Comment se manifestent les résistances à la mondialisation culturelle ?

Illustrez chacune des affirmations suivantes par un exemple.

1. Les FTN diffusent le modèle des pays riches dans le monde entier.
2. Les migrations de population favorisent le métissage culturel.
3. L'uniformisation culturelle du monde ne conduit pas à la disparition de la diversité culturelle.
4. Des mesures sont prises pour préserver la diversité culturelle.

Les notions clés

Retrouvez la notion qui se trouve derrière chacune de ces définitions.

1. Espace géographique qui se caractérise par des traits culturels communs.
2. Mélange d'influences de différentes origines géographiques ou sociales.
3. Processus d'uniformisation culturelle favorisé par l'utilisation des nouvelles technologies, l'usage de l'anglais et la diffusion de produits culturels visant un public mondial.
4. Sentiment de faire partie d'un groupe ou d'une société.

Les acteurs

Associez chaque acteur de la mondialisation culturelle à son rôle.

1. Unesco
2. FTN
3. Flux migratoires
4. Nouvelles technologies

a. Mettre en contact des cultures différentes.
b. Diffuser rapidement des produits culturels, à l'échelle de la planète.
c. Produire, vendre et diffuser des produits alimentaires ou culturels standardisés.
d. Garantir et protéger la diversité culturelle des populations du monde.

Les enjeux

Identifiez les points du sujet d'étude illustrés par chaque document. Expliquez vos choix.

1. Un magasin IKEA à Shanghai.

2. Un temple dans le sud-ouest de la Chine, pendant les célébrations du nouvel an chinois.

Répondre à des questions de connaissance

→ Mettre en œuvre les capacités et les connaissances du programme de géographie

▶ Sujet d'étude

Mondialisation et diversité culturelle

En vous appuyant sur le document, répondez aux questions suivantes.

1. Identifiez le thème de cette carte.
2. Citez les pôles émetteurs des pratiques sportives.
3. Expliquez pourquoi la diffusion mondiale de ces pratiques favorise une uniformisation culturelle.
4. Montrez, à travers l'exemple des pratiques sportives, que cette uniformisation culturelle a des limites.

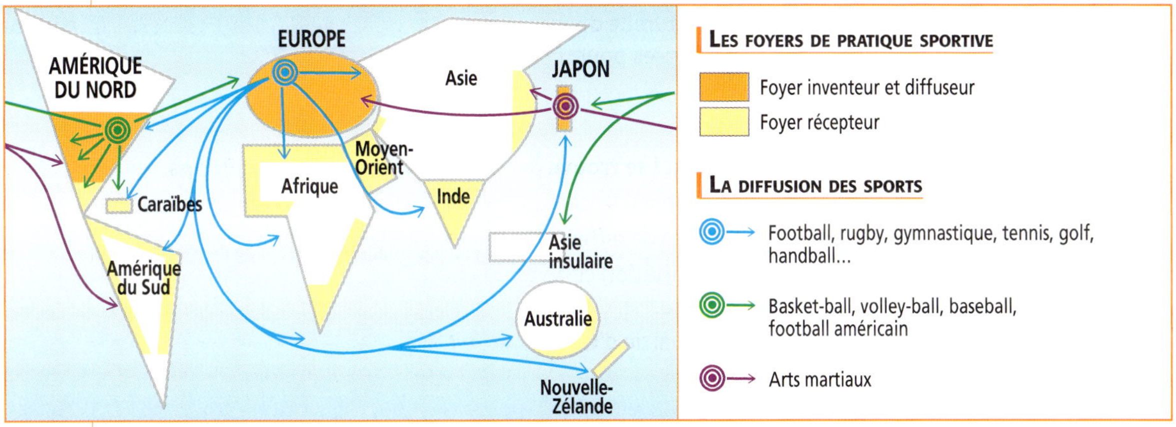

Coup de pouce

1. et **2.** **« Identifier »**, **« Citer »**, c'est relever des informations fournies par le document (ici une **carte**) et les recopier. Pour cela, lisez le **titre** et la **légende** de la carte.

3. **« Expliquer pourquoi »**, c'est donner les causes d'une situation. Ici, pourquoi la diffusion des pratiques sportives est-elle une des raisons de l'uniformisation culturelle ?

4. **« Montrer »**, c'est donner la preuve « que l'uniformisation culturelle a des limites » en s'appuyant sur les informations fournies par la carte.

▶ Situation 1

Le cinéma en Asie

Parmi les trois affirmations suivantes, choisissez celle qui vous semble pertinente, puis justifiez votre choix en donnant des exemples.

A. Le cinéma asiatique est un cinéma très populaire. Comme le cinéma américain, il attire un public très nombreux dans les pays du monde entier.

B. Aujourd'hui, l'Inde est devenue un acteur majeur du cinéma mondial, tant par le nombre de spectateurs que par la richesse de sa production.

C. Le cinéma asiatique est très fortement ancré dans les cultures nationales et résiste à toute influence occidentale, et inversement.

▶ Situation 2

Géographie des goûts alimentaires

En vous appuyant sur des exemples, montrez que les goûts alimentaires relèvent d'une culture mondiale et de traditions culturelles.

Coup de pouce

- Définissez les expressions « **culture mondiale** » et « **traditions culturelles** ».
- Donnez des exemples d'aliments, de plats ou d'habitudes de consommation qui illustrent ces deux caractéristiques.

EXAM

EXERCICE GUIDÉ

Répondre à des questions à partir d'un support documentaire

→ Exploiter un document pour analyser une situation géographique

Wanda et le cinéma mondial

Le groupe chinois Wanda est devenu lundi 21 mai le premier propriétaire mondial de cinémas en acquérant le spécialiste des multiplex aux États-Unis, AMC (American Multi-Cinema). Avec ce rachat, la Chine effectue une percée inédite au pays de Hollywood tout en espérant rehausser son influence culturelle, ainsi que le souhaitent officiellement ses dirigeants communistes.

Wanda, qui possède et gère de nombreux cinémas, hôtels de luxe et commerces en Chine, a assuré qu'il serait dorénavant un acteur « réellement mondial » grâce à cette transaction de 2,6 milliards de dollars. « Il s'agit ici de financements chinois susceptibles d'ouvrir l'accès à un marché du 7e art, celui d'Amérique du Nord », a expliqué à l'Agence France Presse Teng Jimeng, expert en cinéma à l'Université d'études étrangères de Pékin. […]

Wanda, un conglomérat[1] privé qui enregistre un chiffre d'affaires annuel de 16,7 milliards de dollars, possède déjà 86 multiplex et 730 écrans en Chine. Le groupe a profité de l'explosion des recettes du box-office en Chine où l'industrie cinématographique est en pleine effervescence. L'essor de l'exploitation cinématographique en Chine est soutenu par la croissance rapide de la classe moyenne, qui apprécie les sorties le week-end dans les nouveaux centres commerciaux où sont installés les multiplex.

AMC gère de son côté un empire de 346 multiplex en Amérique du Nord, qui totalise plus de 5 000 écrans, dont 2 336 écrans 3D et 128 dômes IMAX. Environ 200 millions de spectateurs ont vu un film dans une des salles d'AMC en 2011.

La Chine protège son industrie cinématographique en limitant à 20 par an, un nombre dérisoire, le nombre de films étrangers distribués sur son territoire. Mais selon M. Teng, l'achat d'AMC par Wanda pourrait faire bouger les choses. « AMC pourra utiliser Wanda pour pénétrer l'immense marché chinois avec des films américains », estime-t-il.

Bill Savadove (AFP Pékin), www.afp.com, 21 mai 2012.

1. Grandes entreprises dont les activités sont fortement diversifiées, constituées souvent par acquisition d'entreprises n'ayant pas de liens entre elles.

1 Expliquez pourquoi l'information que communique cette dépêche AFP est importante.

▶ Extraits du doc.

- Identifiez ce dont parle le texte et ce qu'il en dit.
- Mettez en relation ces différents éléments et construisez une phrase qui résume ces points.
- Rédigez une seconde phrase expliquant l'intérêt de cette information.

Votre réponse : « Cette dépêche AFP nous apprend que … . Cette information est importante parce que … (*donner les raisons qui permettent d'en comprendre l'importance*). »

2 Décrivez et caractérisez l'activité du groupe chinois Wanda.

▶ Extraits du doc.

- Identifiez les passages du texte qui fournissent des informations sur ce groupe chinois.
- Résumez-les afin de mettre en évidence les principales caractéristiques de cette entreprise chinoise.

Votre réponse : « Le groupe Wanda est une entreprise très importante parce qu'elle … (*1er élément qui montre sa puissance*). De plus, elle … (*2e élément*). Enfin, elle … (*3e élément*). »

3 Montrez que Wanda est un acteur de la mondialisation culturelle.

- Mobilisez vos connaissances pour définir les expressions « **mondialisation culturelle** » et « **acteur de la mondialisation** ».

▶ Extraits du doc.

- Sélectionnez dans le texte les informations qui montrent que l'activité du groupe participe à la mondialisation culturelle.

Votre réponse : « La mondialisation culturelle désigne … (*définition*). Le groupe Wanda en est l'un des acteurs parce que … (*expliquer ce qui dans son activité contribue à la mondialisation culturelle*). »

SUJET D'ÉTUDE

7. Pôles et aires de puissance

Le monde : un espace organisé et dominé par des centres d'impulsion

« Alors que le monde contemporain n'a jamais historiquement été aussi riche, seulement trois espaces polarisent l'essentiel de la dynamique séculaire : l'Amérique du Nord, l'Europe occidentale et l'Asie en développement. Pour comprendre ces trajectoires, deux facteurs d'explication nous ont semblé déterminants. Premièrement, un processus quantitatif lié à un processus massif d'accumulation de capital sous forme d'investissements participant à la modernisation des territoires et des sociétés. Deuxièmement, un facteur qualitatif lié à l'efficacité des capitaux mobilisés. »

Laurent Carroué, *La Mondialisation*, Bréal, 2006.

Inauguré en 2012, le Shard est le plus haut gratte-ciel d'Europe. Conçue par l'architecte italien Renzo Piano, cette pyramide de verre effilée culmine à 310 mètres au-dessus de la Tamise, faisant face à la City, le quartier d'affaires de Londres.

Situations

Des territoires à l'attractivité et au rayonnement mondiaux

Mondialisation et organisation de l'espace mondial

Caractérisée par la multiplication des échanges et l'intensification des relations d'interdépendance entre les différentes régions du monde, la mondialisation touche la plupart des territoires. Toutefois, leur degré d'intégration au système-Monde varie. La mondialisation dessine ainsi un monde hiérarchisé, dominé par certains espaces qui s'affirment alors que d'autres restent en marge.

Carte 1 **Les territoires dans la mondialisation**

1. Localisez les aires de puissance.
2. Décrivez chacune de ces aires de puissance.
3. Donnez une raison qui permet de comprendre pourquoi les façades maritimes et les détroits sont des espaces moteurs de la mondialisation.

Carte 2 L'archipel mégalopolitain mondial (AMM)

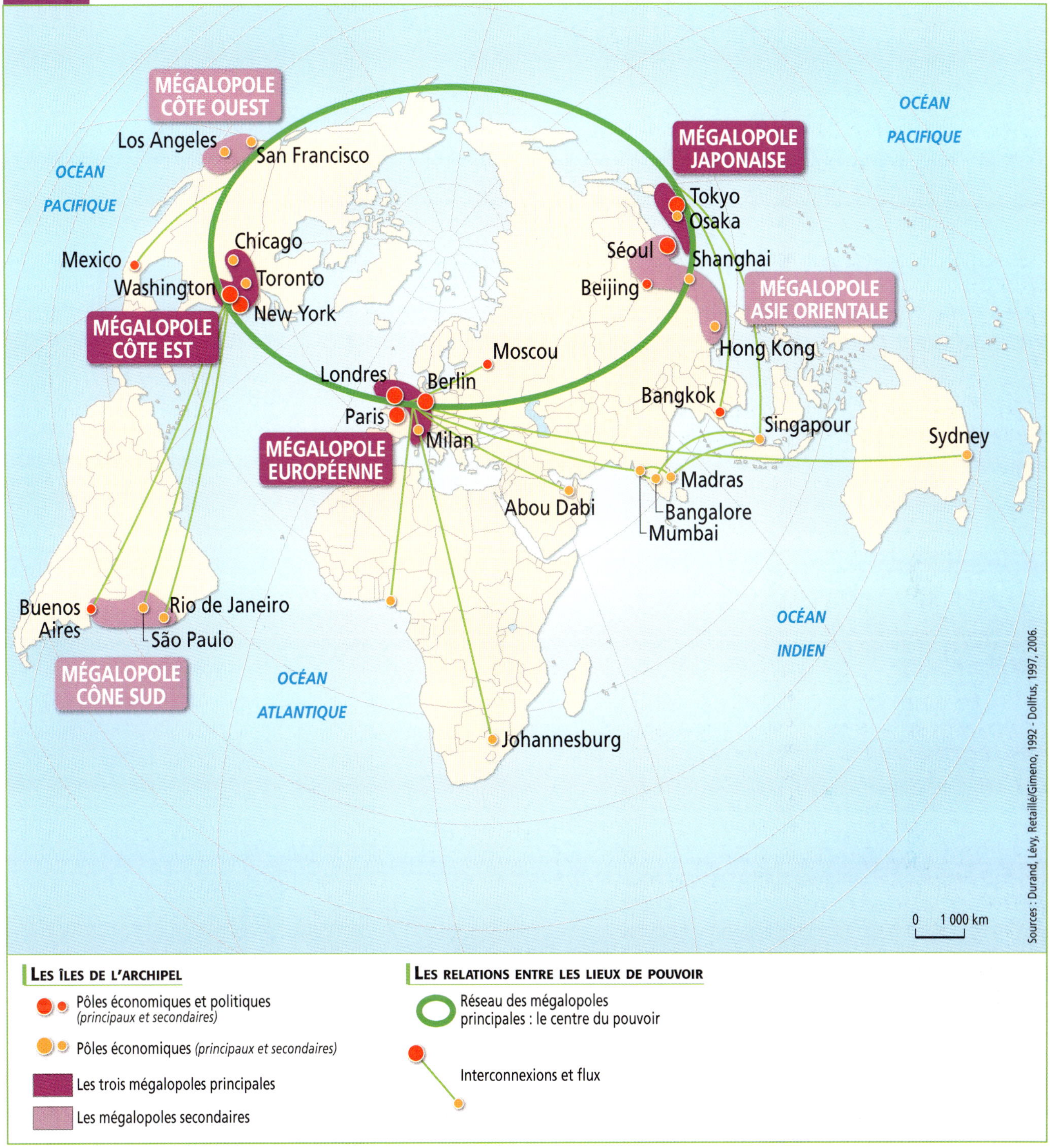

1. Observez la localisation des principaux pôles économiques et politiques puis formulez deux remarques.
2. Définissez ce qu'est une mégalopole.
3. Expliquez cette information de la deuxième partie de la légende : « Réseau des mégalopoles principales : le centre du pouvoir ».

Vers l'EXAM **« Certains territoires jouent un rôle clé dans la mondialisation. » Justifiez cette affirmation.**

- Précisez le sens de cette affirmation en vous demandant ce que signifie « jouer un rôle clé dans la mondialisation ».
- Identifiez et nommez ces territoires.
- Recherchez, dans les informations fournies par les cartes, des exemples qui permettent de prouver cette affirmation.

A. Les aires de puissance : des espaces majeurs de l'économie mondiale

1 La production de la richesse mondiale depuis 1980

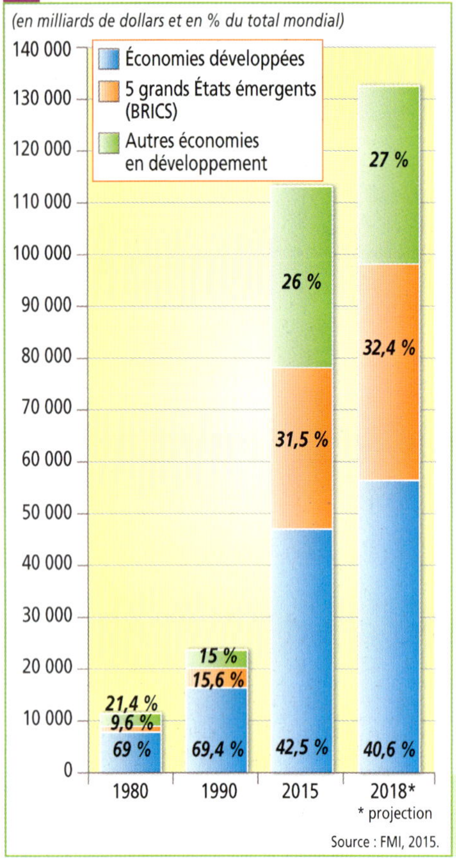

Observez ce graphique et formulez deux remarques.

2 Des centres d'impulsion de l'économie mondiale

	États-Unis	Union européenne	Chine	Japon
Population (en % de la population mondiale, 2015)	4,40 %	7 %	18,6 %	1,70 %
PIB/hab. (en dollars, 2015)	55 904	37 801	14 189	38 210
Exportations (en milliards de dollars, 2014)	1 620	2 858	2 342	683
Part des exportations mondiales de marchandises (en %, 2014)	8,53 %	15 %	12,3 %	3,6 %
Nombre de multinationales (dans les 500 premières du monde, 2014)	127	117	98	54

Sources : FMI, OMC, *Fortune 500*.

En vous appuyant sur les informations de ce tableau, expliquez et justifiez le titre donné à ce document.

3 Le G8 et l'ordre économique mondial

Les chefs d'État et de gouvernement du G8 se sont réunis à Lough Erne (Irlande du Nord) en juin 2013 sous présidence britannique. Le G8 est le principal forum d'échanges entre les dirigeants des « économies avancées » sur les grands enjeux de politique étrangère et de sécurité et sur l'économie mondiale.
De gauche à droite : Shinzo Abe (Japon), Angela Merkel (Allemagne), Vladimir Poutine (Russie), David Cameron (Royaume-Uni), Barack Obama (États-Unis), François Hollande (France), Stephen Harper (Canada), Enrico Letta (Italie).

- **Définissez ce qu'est le G8.**
- **Caractérisez son influence dans le monde.**

4 Les dynamiques des aires de puissance

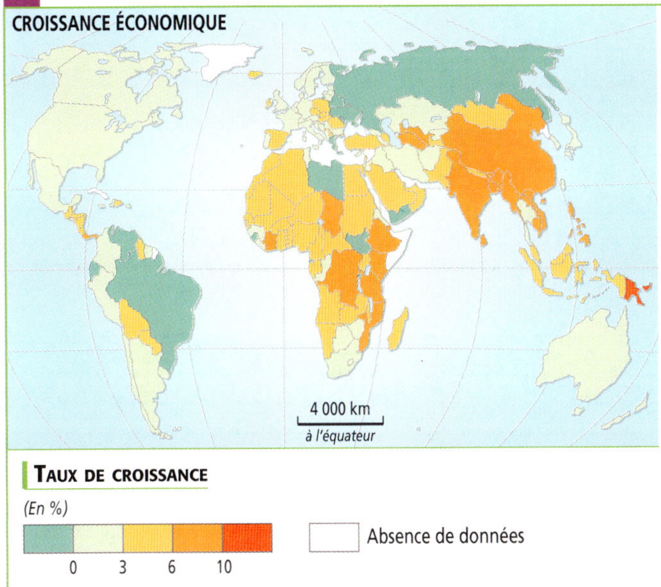

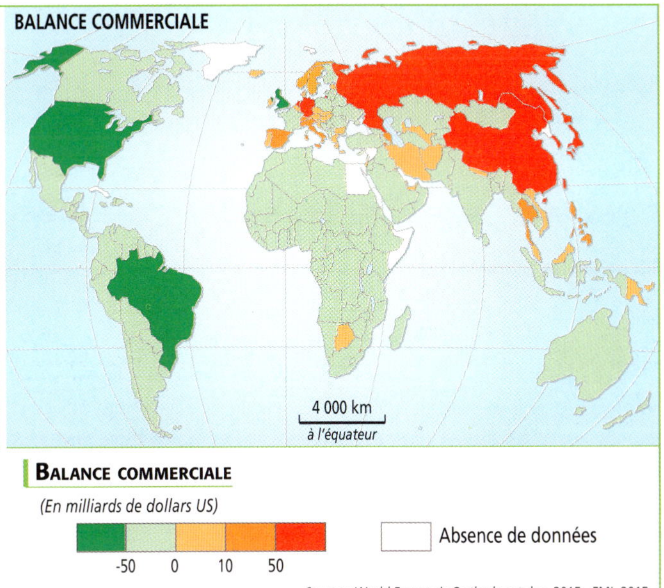

Source : *World Economic Outlook*, octobre 2015 - FMI, 2015.

Montrez que certaines aires de puissance sont fragilisées.

5 Les États-Unis, première puissance mondiale

La question du leader mondial pour 2030 est déjà en marche. Selon deux agences de presse mondiales, les informations divergent. Tandis que Reuters annonce que, grâce au leadership chinois, l'Asie s'imposera dans vingt ans comme première puissance mondiale, l'AFP déclare que les États-Unis resteront probablement en tête. Malgré l'avènement considérable de la Chine comme première puissance économique, un rapport américain a publié que son pays resterait la puissance dominante durant au moins deux décennies. Pourquoi ? Les États-Unis sembleraient prendre l'avantage sur la propension à régler les conflits internationaux. De plus, leurs avancées technologiques resteraient toujours en haut de l'échelle. […] La puissance chinoise devrait donc dépasser celle des États-Unis. Ainsi, l'évolution de l'économie mondiale dépendra de plus en plus des progrès des pays émergents tels que le Brésil et non plus seulement de l'évolution du monde occidental.

D'après Hélène Jeunet, « États-Unis : toujours première puissance mondiale en 2030 ? », melty.fr, 10 décembre 2012.

- **Donnez la raison du désaccord entre les agences de presse.**
- **Précisez quelle est la principale évolution que doit connaître l'économie mondiale dans les années 2030.**

6 L'Asie orientale, une aire en expansion

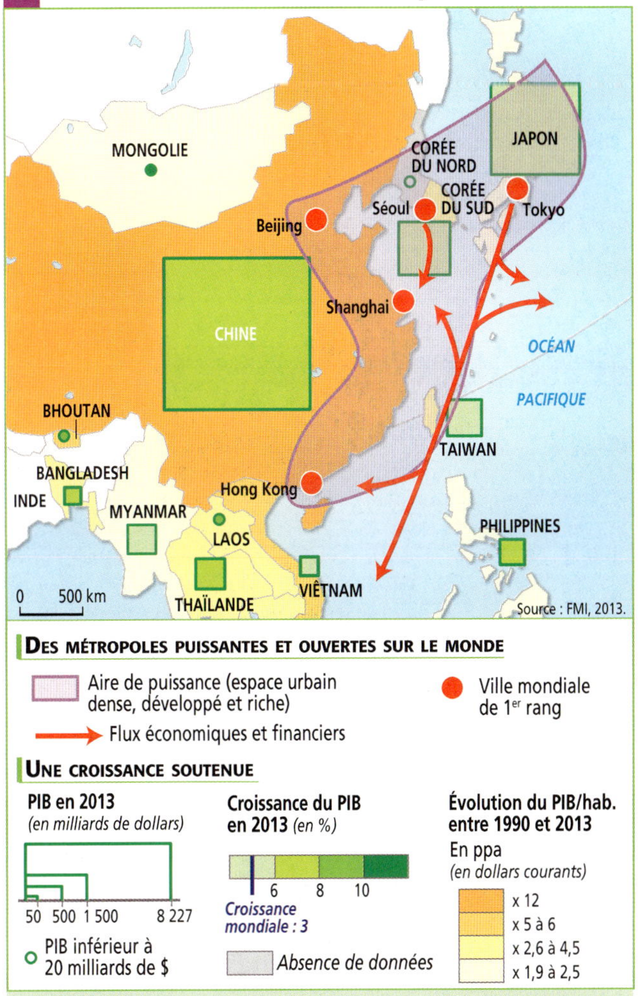

Montrez que l'Asie est une aire de puissance en expansion.

Vers l'EXAM Expliquez ce qu'est une « aire de puissance ».

▶ Localisez les aires de puissance (carte 1 p. 256) et précisez pourquoi elles sont qualifiées de « puissantes ».

▶ Identifiez leurs éventuelles fragilités.

B. Les métropoles : des centres d'impulsion de l'économie mondiale

1 Les villes à la conquête du monde

Depuis que les villes existent, elles sont les nœuds essentiels de la puissance. Capitales impériales, cités-États, carrefours marchands ou centres de savoir et de création artistique, souvent plusieurs choses à la fois, les villes concentrent les pouvoirs et les richesses, tracent les routes de l'échange, scandent les rythmes de la production et de l'échange, lancent les offensives et signent les traités. On avait fini par l'oublier, tant la géopolitique et l'économie internationale nous avaient habitués à nous représenter les affaires planétaires comme les relations entre ces blocs bariolés que sont, dans nos vieux atlas, les États-nations. Dans le monde global qui s'édifie sous nos yeux, pourtant, de nouvelles géographies se dessinent, tissées par des réseaux de managers, de fonctionnaires, de militants ou d'immigrés qui transcendent les espaces nationaux. Pratiquement à chaque nœud de ces filets planétaires, on trouve une métropole : Londres, New York, Tokyo, mais aussi Mumbay, Shanghai, Buenos Aires… La mondialisation prend appui sur un vaste archipel de villes. […] Le monde n'a plus un seul centre, comme le furent en leur temps Amsterdam puis Londres, organisant autour d'elles les flux de marchandises et de capitaux, mais une pluralité de pôles de poids équivalents, liés autant par des relations de coopération que de concurrence. Tant les affaires économiques que les relations politiques planétaires se décident dans les échanges permanents qui se nouent au sein des réseaux de villes. Celles-ci apparaissent plus que jamais aux commandes de la mondialisation. Elles tendent à se détacher des nations, jouant leur propre partition.

Xavier de la Vega, « Les villes à la conquête du monde », *Villes mondiales : les nouveaux lieux de pouvoir*, *Sciences humaines*, n° 17, 2010.

- **« Depuis que les villes existent, elles sont les nœuds essentiels de la puissance. » Retrouvez dans le texte deux éléments qui justifient cette affirmation.**
- **Relevez les principales caractéristiques de l'organisation économique du monde aujourd'hui (voir également carte 2 p. 257).**

2 Les villes et la production de richesses (2012)

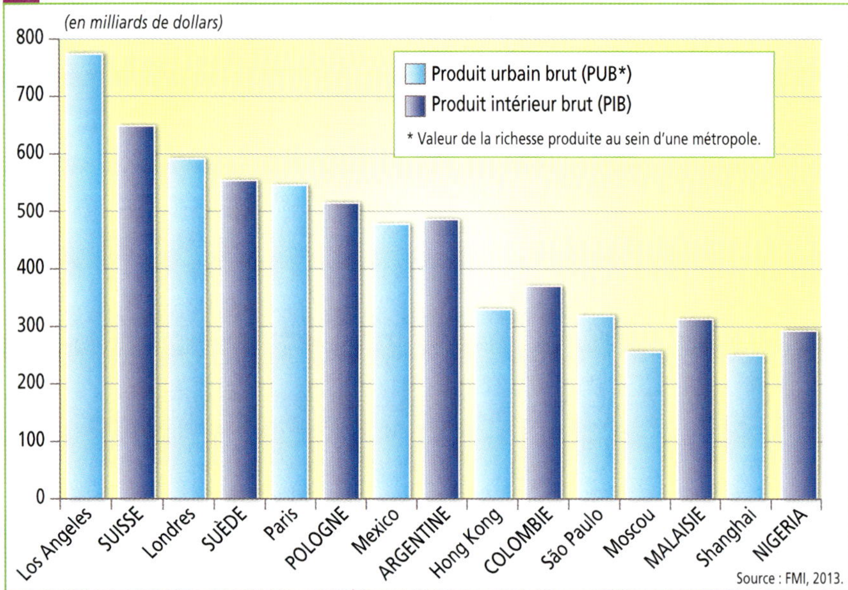

Source : FMI, 2013.

Expliquez pourquoi ce graphique illustre le propos de Xavier de la Vega (doc. 1).

3 New York, une ville monde

Mégapole de 22 millions d'habitants, New York domine la « Mégalopolis » nord-américaine, un espace urbanisé s'étendant sur 1 000 km. Celle-ci comprend sept métropoles millionnaires, qui forment un chapelet de 55 millions d'habitants. La ville de New York est le siège du « pouvoir politique » international avec l'ONU, le nœud de la finance internationale (Wall Street), des flux d'Internet et des télécommunications les plus denses, du trafic aérien (JFK, La Guardia, Newark) et portuaire (premier port de la façade atlantique) et le lieu stratégique pour les sociétés financières (la capitalisation boursière équivaut à l'ensemble des autres bourses du monde). C'est le siège indispensable pour les entreprises innovantes, pour de nombreux sièges sociaux (25 des 500 plus grandes FTN). C'est la ville des mouvements culturels, des grands médias et télévisions (CBS) et des agences de presse (Associated Press). Ville d'immigration, New York demeure toujours un pôle attractif pour les immigrants qualifiés ou non, signe de son exceptionnel rayonnement.

D'après Laurent Carroué, Jean-Paul Charvet, Gabriel Dupuy *et alii*, *Géographie et géopolitique de la mondialisation*, Hatier, 2011.

En vous appuyant sur l'exemple de New York, définissez ce qu'est une « ville monde ».

4 Le quartier de Shinjuku à Tokyo

Situé dans l'agglomération la plus peuplée du monde (37 millions d'habitants), le quartier de Shinjuku est le centre des affaires de la capitale japonaise. Il accueille de nombreux sièges de firmes transnationales, des grands magasins, des restaurants et des hôtels de renommée mondiale.

Citez les éléments de ce paysage urbain qui reflètent la puissance des villes mondiales. Expliquez vos choix.

5 La mégalopole japonaise

Un système urbain

- Ville de rang mondial
- Mégalopole
- Autre ville importante

Le fonctionnement de l'espace mégalopolitain

- Mégalopole japonaise : espace de très forte concentration de la population et des activités économiques
- Axe majeur de communication terrestre (Shinkansen)

Une façade littorale dynamique

- Complexe industrialo-portuaire avec terre-pleins
- Interface maritime

- **Décrivez la mégalopole japonaise.**
- **Identifiez les éléments qui montrent qu'il s'agit d'un espace moteur de l'économie japonaise.**

6 La croissance de la richesse dans les premières villes mondiales

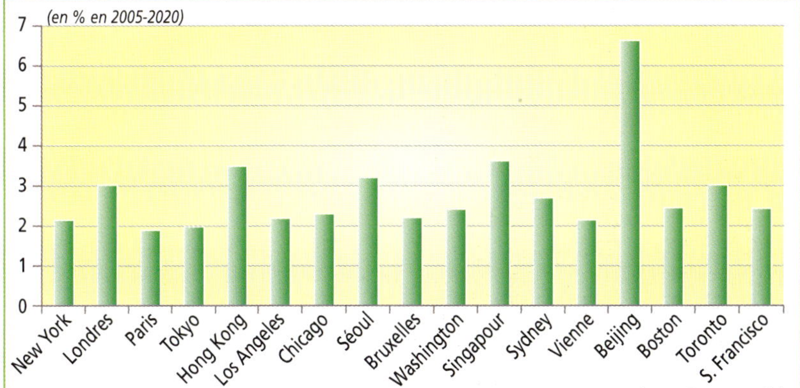

Source : Banque mondiale.

Comparez la croissance de la richesse dans les premières villes mondiales et formulez deux remarques.

Vers l'EXAM **Expliquez pourquoi les métropoles sont les centres d'impulsion de l'économie mondiale.**

▶ Définissez les termes « métropoles » et « centres d'impulsion » (voir également carte 2 p. 257).

▶ Recherchez dans les documents des informations qui permettent de comprendre que les métropoles sont « des centres d'impulsion de l'économie mondiale ».

La Chine littorale

Devenue en moins de 30 ans la deuxième puissance économique mondiale, la Chine s'appuie sur l'ouverture du pays vers l'international. Amorcée dans les années 1980, cette politique repose sur le développement des zones littorales. Ces régions sont le cœur économique du pays et un des pôles majeurs de l'aire de puissance de l'Asie orientale.

Clés pour comprendre

La Chine
7,7 % de croissance en 2013
→ États-Unis : 1,9 % ; France : 0,3 %
2e PIB mondial après les États-Unis
1re puissance commerciale mondiale
→ 11 % des exportations mondiales (États-Unis : 8 %)

La Chine littorale
14 % du territoire chinois
43 % de la population chinoise
62 % du PIB de la Chine
86 % des investissements étrangers en Chine
93 % des exportations chinoises

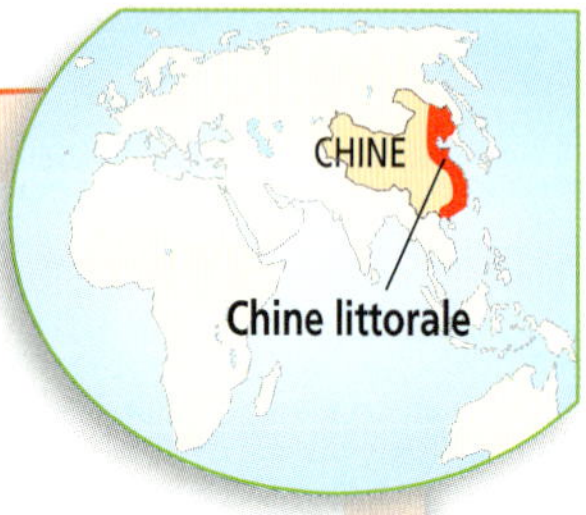

1 La Chine littorale, un espace intégré à l'économie mondiale

L'espace chinois
- Villes de plus de 5 millions d'habitants
- Capitale politique
- Provinces maritimes au cœur de la stratégie d'ouverture et de la modernisation
- Provinces intérieures : réservoir de main-d'œuvre, espace économique d'appui
- Chine de l'Ouest : réservoir de matières premières, espace en réserve

Le dynamisme de la Chine littorale
- Façade maritime
- Échange économique
- Montant des IDE (*2007, en millions de $*) : 2 000 ; 5 000 ; 10 000 ; 22 000
- Exode rural

• **Relevez deux éléments qui reflètent le dynamisme du littoral chinois. Justifiez votre réponse.**

2 Yangshan : le premier port de conteneurs du monde

C'est à plus de 100 kilomètres du centre de Shanghai que commence le port en eau profonde de Yangshan. Du côté de la mer de Chine orientale, les villages ont laissé place à un champ d'éoliennes. Un interminable pont (plus de 30 km de longueur) se profile au-dessus de la baie de Hangzhou, à une dizaine de mètres seulement au-dessus de l'eau. Une file de camions s'enfonce dans les brumes matinales. Chaque véhicule transporte un conteneur. Derrière le promontoire de l'île de Yangshan apparaît une mer de conteneurs, bien ordonnée. Les immenses quais, gagnés sur la mer, font plus de 5 kilomètres de longueur et sont dominés par de gigantesques grues rouges à roulettes. Hautes comme des tours de 30 étages, elles peuvent soulever 80 tonnes. Toutes les 30 secondes, un camion est autorisé à entrer dans l'enceinte bien gardée. Il s'arrête entre les pattes d'une grue. Une main de fer saisit le conteneur et pose sa proie sur un navire. Le chargement complet d'un porte-conteneurs est opéré en quelques heures... Six bateaux sont chargés simultanément. Une dizaine d'autres attendent au large.

D'après Caroline Puel, « Le plus grand port de la planète », *Le Point*, 24 novembre 2011.

• **Localisez le port de Yangshan (doc. 1 et 2).**
• **Montrez qu'il est un exemple de l'intégration de la Chine à la mondialisation.**

3 Le quartier de Yujiapu au sud-est de Tianjin

Entre Pékin et la mer Jaune, la ville de Tianjin s'étend dans une zone de développement économique. Le quartier d'Yujiapu en sera le cœur financier. Pour le moment, Yujiapu est un chantier pharaonique, ponctué de centaines de grues. Ici, 120 buildings vont sortir de terre. […] Yujiapu n'est qu'une petite partie de Binhai New Area. La nouvelle zone va s'étendre sur 700 km². La même superficie que Singapour. La zone de développement économique de Binhai devrait porter la population de Tianjin à 20 millions d'habitants d'ici à 2020. Autant que Pékin aujourd'hui. À terme, en 15 ans, Tianjin aura bâti l'un des plus grands quartiers financiers de la planète. Tout autour, Binhai New Area poursuit sa croissance folle. Dans des domaines de pointe : pétrochimie, biomédecine, électronique, énergies nouvelles. Les plus grandes entreprises – Toyota, Airbus, Samsung – ont choisi d'investir ici.

D'après François-Xavier Lefranc, « À Tianjin, les Chinois visent plus haut que Manhattan », jactiv.ouest-france.fr, 18 janvier 2013.

- **Décrivez le projet présenté dans cet article.**
- **Précisez l'intérêt de ce projet pour la Chine.**

4 Travailleurs migrants en Chine

La main-d'œuvre venue des campagnes chinoises pour travailler dans les usines du littoral s'entasse dans des bidonvilles faits de conteneurs ou dans des dortoirs aménagés spécialement pour eux à l'intérieur des usines.

« Ce document illustre les limites du développement de la Chine littorale. » Justifiez cette affirmation.

Vers l'EXAM **Montrez que la Chine littorale est un pôle de puissance de l'espace mondial mais que son expansion économique a des limites.**

5 Des signes d'essoufflement de la croissance

General Electric rapatrie de Chine vers le Kentucky sa production de réfrigérateurs, de machines à laver et d'appareils de chauffage. Et ce n'est qu'un exemple. Entre hausse des salaires, normes plus sévères et vieillissement de sa population, la Chine fait moins figure d'eldorado de la sous-traitance. Preuve de cette tendance, près des 2/5e des grandes entreprises américaines pensent quitter la Chine pour les États-Unis […]. Les entreprises avaient beaucoup délocalisé en Chine, devenu l'atelier du monde, en raison de salaires très bas nourris par un exode rural massif. Aujourd'hui, la Chine voit sa compétitivité reculer en raison des hausses de salaires. Selon *L'Usine Nouvelle*, la croissance des salaires s'est établie à 13,1 % en 2007, 11,7 % en 2008 et 12,8 % en 2009.
Un bon exemple le montre, celui de la célèbre entreprise Foxconn (connue pour être le sous-traitant d'Apple) qui a augmenté ses salaires [de 70 %] à la suite de conflits sociaux. […] Autre exemple, celui d'un industriel qui a décidé de construire sa nouvelle usine en France. Une usine de moules à gâteaux en silicone. Outre les problèmes d'infrastructure, le PDG de l'entreprise explique que la hausse des salaires liée à une faible productivité rend moins intéressante l'implantation en Chine : « Un ouvrier chinois a besoin d'avoir derrière lui un contremaître, un contrôleur de qualité, un team leader, un superviseur et un manager… Pour faire tourner une machine, on a besoin de quatre personnes, alors qu'en France une seule suffit. Même si les salaires français sont encore dix fois supérieurs aux salaires chinois, l'écart s'amenuise beaucoup en prenant en compte tout cela. »

Pierre Magnan, « La Chine pourrait perdre son rôle d'atelier du monde », *Géopolis*, geopolis.francetvinfo.fr, France Télévisions, 22 janvier 2013.

Expliquez le titre de cet article : « La Chine pourrait perdre son rôle d'atelier du monde. »

La Californie

Si la mégalopole atlantique, qui s'étend de Boston à Washington, reste le cœur décisionnel des États-Unis et l'un des pôles majeurs de l'aire de puissance nord-américaine, elle est concurrencée par la façade pacifique tournée vers l'Asie. Son attractivité s'appuie sur le dynamisme de l'espace californien, première région économique du pays et centre d'impulsion de l'espace mondial.

Clés pour comprendre

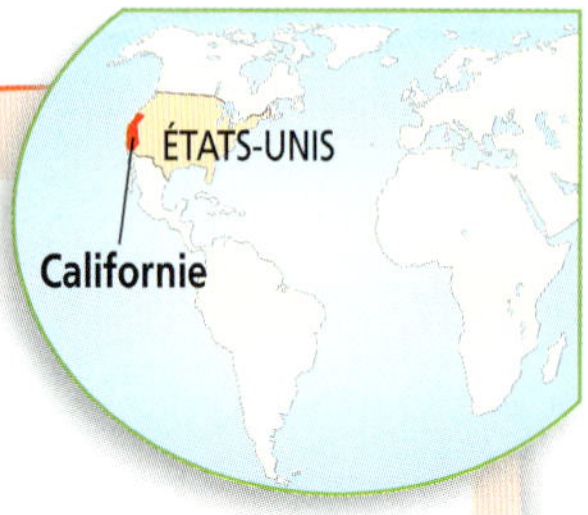

Les États-Unis

3e pays par la superficie
→ 300 fois la superficie de la Belgique
4,5 % de la population mondiale
3e IDH mondial
1er PIB mondial
→ 1,9 % de croissance en 2013
1er exportateur mondial

La Californie

3e État américain par sa superficie
→ les deux tiers de la superficie de la France
État le plus peuplé des États-Unis
PIB plus élevé que celui du continent africain
→ 3,5 % de croissance en 2013
14 % des exportations américaines

La Silicon Valley

20 % du PIB français
416 000 salariés, cadres et ingénieurs
11 500 entreprises high-tech
11 sociétés créées chaque semaine

1 L'organisation de l'espace californien

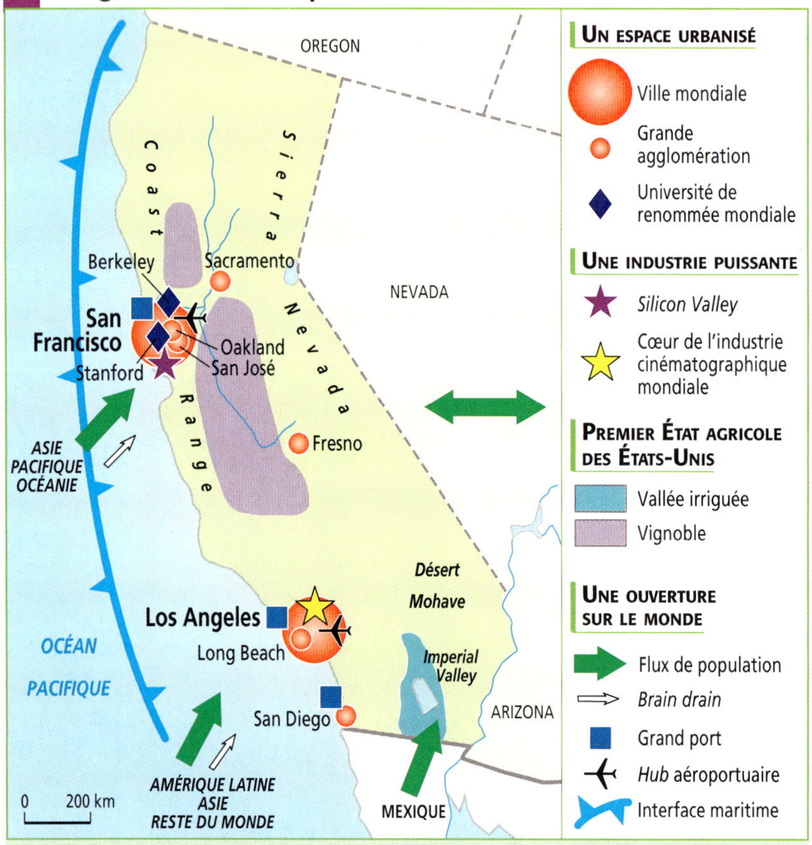

Identifiez les éléments qui font de la Californie un pôle de puissance mondial.

2 La Silicon Valley, un espace de l'innovation

Lancé à l'été 2003, le sommet sur l'innovation de la Silicon Valley est le plus grand rendez-vous annuel des esprits les plus brillants, des meilleurs entrepreneurs et investisseurs mondiaux. Le sommet de l'innovation a présenté des entreprises qui sont devenues des noms courants comme Pixar, Google, salesforce.com, Skype, YouTube, Tesla, Facebook et Twitter. Cet événement exclusif de deux jours débat des tendances et des opportunités dans les médias numériques en plein essor, le divertissement de haut niveau, les secteurs de l'informatique. Le sommet de l'innovation facilite les rencontres entre les participants qui y concluent des transactions. Les organisateurs de AlwaysOn Global honorent les 250 meilleures sociétés privées et leurs PDG qui y participent.

« Sommet de l'innovation de la Silicon Valley, 23-24 juillet 2013 », events.aonetwork.com, consulté en 2014.

Expliquez l'importance de ce sommet pour la Silicon Valley.

3 San Francisco, une métropole mondiale

Quatrième métropole des États-Unis par sa population, San Francisco est l'une des dix villes mondiales, se plaçant au 18e rang des villes les plus riches et au 15e rang des places financières.

Relevez les éléments de ce paysage urbain qui symbolisent la puissance économique de San Francisco. Justifiez vos choix.

4 Le dynamisme commercial californien

La majorité des exportations de l'État ont transité par les ports de Los Angeles et Long Beach, a indiqué M. Andersen. L'État de Californie espère voir ses exportations boostées par un accord de libre-échange avec 12 pays qui fait l'objet de négociations depuis 2010 et qui doit être conclu d'ici la fin de l'année. Le gouvernement fédéral est en pourparlers avec les 12 pays[1] sur l'accord dit « Partenariat transpacifique », dont l'Australie et le Japon. L'importance de l'accord tient au fait que les 12 pays représentent 40 % du PIB mondial et le tiers du commerce international. Le futur accord devra porter sur plusieurs questions telles que le commerce électronique, l'emballage des produits et les entreprises publiques, a-t-il indiqué. Le responsable américain a en outre relevé que « les exportations ont contribué à la reprise économique » du pays et que « les exportations américaines ont atteint des niveaux records en 2011 et 2012 », ajoutant que les exportations de marchandises sont en voie d'enregistrer d'autres niveaux records cette année.

« La Californie a représenté 10 % des exportations de marchandises des États-Unis en 2012 », menara.ma, 27 septembre 2013.

1. Australie, Brunei, Canada, Chili, Japon, Malaisie, Mexique, Nouvelle-Zélande, Pérou, Singapour, États-Unis, Vietnam.

« La Californie est une région motrice à l'échelle nationale et mondiale. » Justifiez cette affirmation.

5 Hollywood

Tournage du film *Gangster Squad* de Ruben Fleischer, 2013.

Situé sur les hauteurs de Los Angeles, Hollywood est réputé, depuis le début du XXe siècle, pour ses studios de cinéma, pour abriter les sièges sociaux des grands groupes cinématographiques et pour être le principal lieu de résidence de nombreuses stars.

Montrez en quoi ce document illustre une dimension de la puissance californienne.

Vers l'EXAM Expliquez pourquoi la Californie est un pôle de puissance dans l'espace américain et dans l'espace mondial.

Les espaces majeurs de la mondialisation

Notions

Triade : désigne les trois grandes aires de puissance traditionnelles (Amérique du Nord, Europe occidentale et Asie orientale).

Centre d'impulsion : espace de décision qui concentre les différents aspects de la puissance (politique, économique, culturelle…) et qui peut les diffuser à l'échelle mondiale.

Aire de puissance : espace regroupant plusieurs États et qui domine le monde par son influence économique, politique, culturelle, diplomatique et militaire.

Synthèse audio
www.lienmini.fr/hg1-13

■ La mondialisation met en concurrence les territoires les uns avec les autres et les hiérarchise à l'échelle planétaire. **Les États et régions développés de la Triade sont les centres d'impulsion du système-Monde et bénéficient du processus.** Formant de vastes **aires de puissance**, l'Amérique du Nord, l'Union européenne et l'Asie orientale **contrôlent l'essentiel du pouvoir économique mondial** (60 % de la richesse mondiale). À la tête des principales bourses mondiales, ces aires de puissance dominent les marchés financiers (85 % de la capitalisation boursière) et concentrent les principaux centres de décision et d'innovation de la planète. Leur domination se traduit par un rôle clé dans les institutions internationales (Conseil de sécurité de l'ONU, OMC, FMI…) et un important rayonnement culturel.

■ **L'aire nord-américaine**, dominée par les États-Unis et rassemblant le Canada et le Mexique au sein de l'ALENA, **est le premier centre d'impulsion mondiale**. Bénéficiant de sa position d'interface avec l'Europe et l'Asie orientale, elle concentre l'essentiel des pouvoirs économiques, financiers, technologiques et militaires. L'Union européenne, organisée autour de sa mégalopole et de la Northern Range, est la **première puissance commerciale mondiale**. Elle renforce son influence en Europe orientale et en Afrique. Enfin, **la plus récente, l'aire asiatique,** est aujourd'hui **la plus dynamique**. Construite autour du Japon, avec son industrie diversifiée de haute technologie, et de la Chine littorale, elle s'étend aux NPIA. **Aujourd'hui, ces aires sont concurrencées** par des puissances émergentes (BRICS) et leur croissance économique faiblit.

Vérifier sa compréhension de la leçon

Retrouvez les points de la leçon illustrés par ces documents. Expliquez vos choix.

1. Dessin de Yannick Deboue, paru dans *Mediapart*, juin 2011.

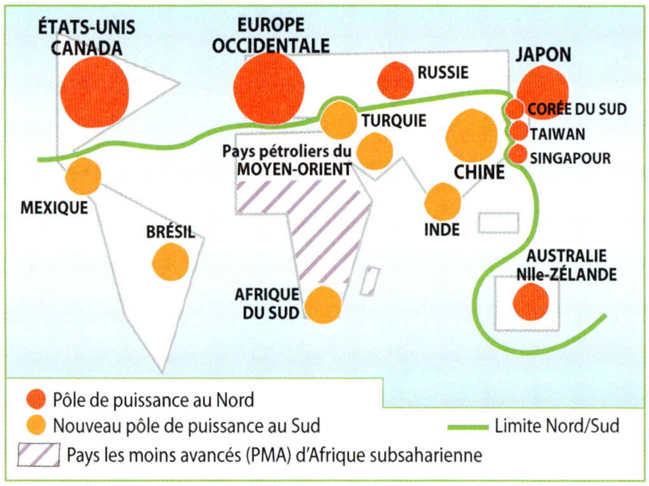

2. Les pôles de puissance.

Organiser ses connaissances à l'aide d'un schéma

Reproduisez puis complétez le schéma avec des éléments de la leçon.

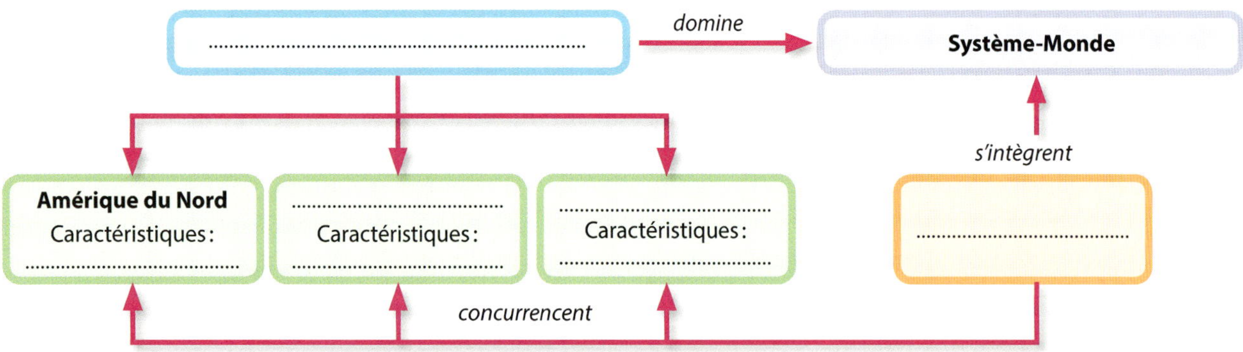

Les pôles dominants de la mondialisation

Notions

Métropole : ville exerçant une fonction de commandement et concentrant populations et richesses.

Ville mondiale (ou globale) : métropole accumulant richesses et pouvoirs de commandement et exerçant une influence mondiale.

Mégalopole : région urbaine formée par plusieurs très grandes agglomérations reliées entre elles par un dense réseau de communications, s'étendant sur des centaines de kilomètres et regroupant des millions d'habitants.

Archipel mégalopolitain mondial (AMM) : réseau formé par des villes mondiales entre elles.

Synthèse audio
www.lienmini.fr/hg1-14

■ **La mondialisation a fait des métropoles des centres économiques privilégiés.** Leur puissance est essentiellement fondée sur des activités de service spécialisées dans le tertiaire supérieur : NBIC situées dans les technopoles, sièges des firmes transnationales et des organisations internationales, les places boursières et financières (Wall Street à New York, City à Londres) dans les CBD. Dotées de ports et d'aéroports performants, elles attirent et redistribuent les flux de marchandises, d'informations et de capitaux. Ce sont ainsi des **nœuds de communication** majeurs, de concentration et de circulation des richesses, des hommes, des savoirs, des informations.

■ **Certaines de ces métropoles,** telles New York, Tokyo, Londres et Paris, **sont devenues des villes mondiales**. Londres, avec la City, est ainsi le siège de plus de 500 banques internationales et compagnies d'assurances. **Fonctionnant en réseau,** elles forment, au sein des aires de puissance, des **mégalopoles** qui constituent le cœur de l'**archipel métropolitain mondial (AMM). Trois d'entre elles dominent le monde :** la **mégalopole américaine**, centre politique et financier le plus puissant de la planète, la **mégalopole européenne** (50 % du PIB et 60 % de l'industrie européens) et la **mégalopole japonaise** (1re région industrielle et façade portuaire du monde). Sous l'effet de la croissance démographique et économique, des mégalopoles secondaires se constituent en Californie, au Brésil ou en Chine.

Vérifier sa compréhension de la leçon

Retrouvez les points de la leçon illustrés par ces documents. Expliquez vos choix.

1. L'aéroport d'affaires de la City et de Canary Warf à Londres (Angleterre).

2. Le centre des affaires de Shanghai (Chine).

Organiser ses connaissances à l'aide d'un schéma

Observez le schéma puis associez à chaque lettre une des informations suivantes :

- Marginalisation
- Centre d'impulsion
- Aire de puissance
- Interface
- Mégalopole
- Intégration

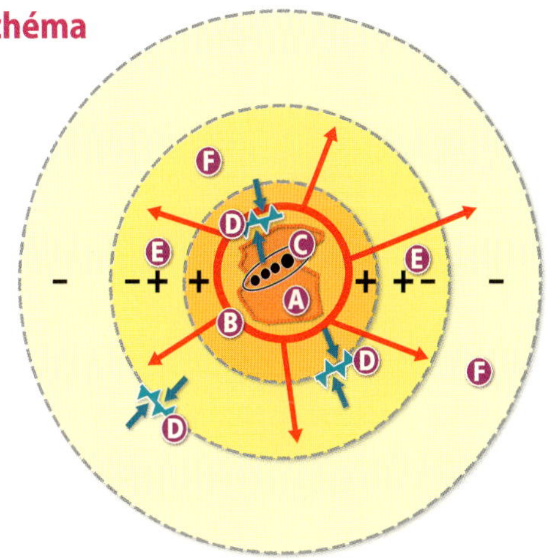

Évaluer ses connaissances sur le sujet d'étude

Les idées essentielles

Répondez en quelques phrases aux questions suivantes.

1. Quelles sont les caractéristiques d'une aire de puissance ?
2. Sur quoi repose la puissance des métropoles ?
3. Que désigne l'archipel mégalopolitain mondial ?

Illustrez chacune des affirmations suivantes par des exemples.

1. La Triade domine le monde.
2. Les villes mondiales fonctionnent en réseau.
3. Les métropoles sont des lieux d'impulsion de l'économie mondiale.

Les notions clés

Construisez la définition de chaque notion à l'aide des termes proposés.

1. **Littoralisation** : façades maritimes, hommes, échanges, concentration.
2. **Métropolisation** : fonctions, villes, richesses, hommes.
3. **Centres** : domination, concentration, périphéries, pouvoir décisionnel.

Les acteurs

Associez chaque pôle de la mondialisation à sa définition.

1. Ville mondiale
2. Aire de puissance
3. Métropole
4. Mégalopole

a. Métropole accumulant richesses et pouvoir de commandement et exerçant une influence mondiale ; lieu majeur de la mondialisation.
b. Système urbain étendu sur des centaines de kilomètres, regroupant des villes et des zones péri-urbaines de toutes tailles.
c. Espace concentrant des activités de production, des capacités d'innovation et des pouvoirs de décision ayant une influence planétaire.
d. Ville exerçant une fonction de commandement sur l'espace environnant à l'échelle régionale, nationale, continentale ou mondiale.

Les enjeux

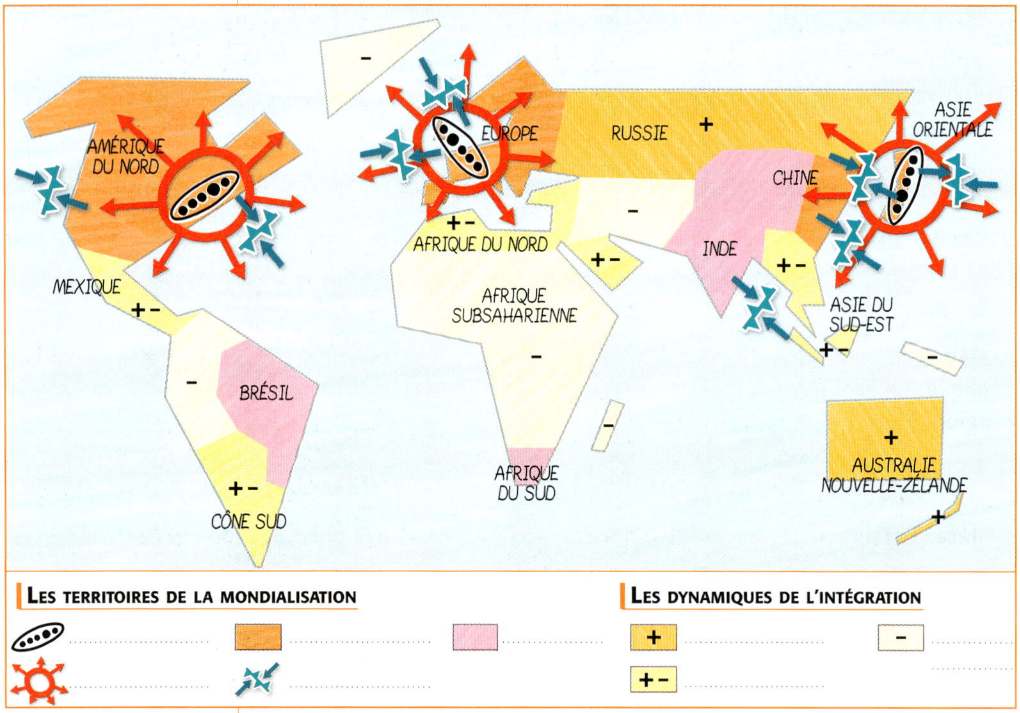

Recopiez puis complétez la légende à l'aide des éléments de la liste suivante :

- Espace marginalisé
- Centre d'impulsion
- Pays émergent
- Région intégrée
- Ville mondiale
- Aire de puissance
- Interface
- Mégalopole
- Région en voie d'intégration

Répondre à des questions de connaissance

➜ Mettre en œuvre les capacités et les connaissances du programme de géographie

▸ Sujet d'étude

Pôles et aires de puissance

En vous appuyant sur le document, répondez aux questions suivantes.

1. Précisez la nature des flux représentés sur cette carte.
2. Décrivez la géographie de ces flux.
3. Expliquez le titre de la troisième partie de la légende : « Un système interconnecté ».
4. Montrez que cette carte met en évidence certaines caractéristiques de la mondialisation.

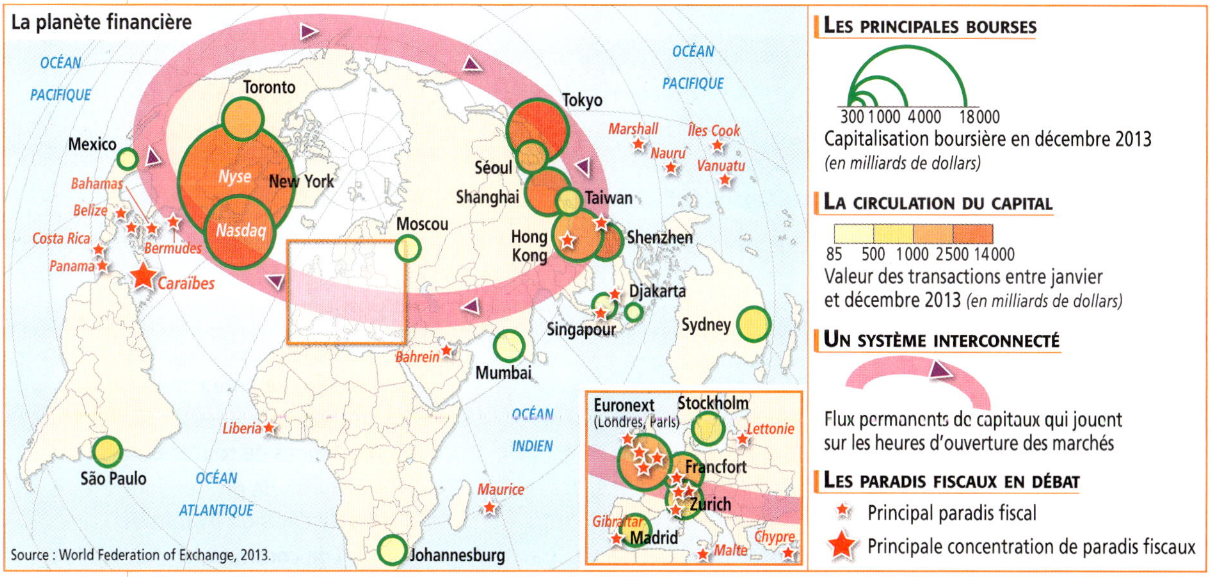

Coup de pouce

1. **« Préciser la nature des flux »**, c'est indiquer quels sont les produits concernés par ces flux.
2. **« Décrire la géographie des flux »**, c'est indiquer les territoires reliés par ces flux.
3. **« Expliquer le titre »**, c'est donner le sens de cette expression à l'aide de la carte.
4. **« Montrer »**, c'est rechercher sur la carte des éléments qui permettent de dire qu'elle illustre certains traits de la mondialisation.

▸ Situation 1

La Chine littorale

Montrez que la Chine littorale est un pôle de puissance dans le cadre de la mondialisation.

Coup de pouce

- Recensez les facteurs qui font du littoral chinois un pôle de puissance.
- Expliquez en quelques mots pourquoi chacun de ces facteurs contribue à faire de la Chine littorale une région motrice à l'échelle mondiale.

▸ Situation 2

La Californie

Complétez le tableau à l'aide d'éléments précis afin de décrire la puissance de cet État américain.

Localisation et atouts	....	Exemple de région motrice	....
Spécificités démographiques	....	Poids à l'échelle américaine	....
Fondements de sa puissance économique	....	Poids à l'échelle mondiale	....
		Faiblesses	....

EXAM

EXERCICE GUIDÉ

Répondre à des questions à partir d'un support documentaire

→ Exploiter un document pour analyser une situation géographique

Londres et Paris, des villes globales

Si Londres et Paris ont réussi leur entrée dans la compétition internationale et se sont hissées au plus haut niveau des palmarès des villes globales, il n'en reste pas moins que cette volonté de faire partie du mouvement du Monde a entraîné de sérieuses conséquences. [...] Paris *intra-muros*, attirant de plus en plus l'élite, se gentrifie dans sa totalité, ce qui oblige les classes moyennes inférieures et les classes populaires à s'expatrier toujours plus loin en Île-de-France en raison de la flambée des prix de l'immobilier. Dès lors, le risque de voir des processus de ghettoïsation se développer devient plus que jamais réel. De même, Londres est totalement gentrifiée dans son centre. Derrière les façades high-tech des tours se cachent en effet des processus d'éviction des classes populaires.

D'une façon générale, Londres et Paris se trouvent face à des défis, non seulement en termes urbanistiques (étalement urbain), de transport (gestion des flux automobiles et aériens) et environnementaux, mais aussi et surtout sociaux. En effet, les élites des deux capitales devront réfléchir, d'une façon ou d'une autre, à la montée des inégalités, car c'est un fait connu que la misère, la pauvreté et la relégation de certaines zones d'habitat tirent vers le bas toute ville globale. Londres et Paris, du moins leurs décideurs, devront s'interroger afin de ne pas ultra-favoriser une « élite » au détriment d'une grande partie de leurs habitants, sous peine de confirmer la théorie de Sassen[1] selon laquelle une ville globale est une « ville duale ». Ce qui serait à n'en pas douter un obstacle pour que les deux capitales continuent à faire partie du peloton de tête des villes globales.

D'après Hervé Marchal et Jean-Marc Stébé, « Exister ou disparaître dans le jeu économique de la globalisation : un défi pour Londres et Paris », *Observatoire de la société britannique*, n° 11, 2011.

1. Saskia Sassen : spécialiste de la mondialisation et de la sociologie des très grandes villes du monde.

1 Indiquez le point de vue développé par les auteurs et relevez deux de leurs arguments.

▶ Extraits du doc.
Extraits du doc.

- Identifiez le sujet abordé par les auteurs.
- Retrouvez les passages du texte où ils expriment une opinion et énoncent leurs arguments.
- Synthétisez ces éléments de réponse afin de ne pas recopier des phrases entières du texte.

Votre réponse : « Hervé Marchal et Jean-Marc Stébé évoquent dans cet extrait ... (*thème abordé*). Ils pensent que ... (*opinion qu'ils défendent*). En effet, ils montrent que ... (*1er élément justifiant leur point de vue*). De plus, ils constatent que ... (*2e élément*). »

2 Expliquez l'affirmation : « une ville globale est une ville duale ».

- Précisez le sens des adjectifs « globale » et « duale » à l'aide de vos connaissances et du texte.
- Recherchez dans le texte des éléments qui justifient cette affirmation.

Votre réponse : « Une ville globale désigne ... (*explication de cette expression*). Quant à l'adjectif « duale », il signifie que ... (*sens de cet adjectif*). L'affirmation « une ville globale est une ville duale » se comprend parce que les auteurs ont démontré que ... (*éléments mis en évidence par les auteurs qui prouvent la justesse de cette affirmation*). »

3 Montrez que les villes globales sont des pôles de puissance de l'espace mondial.

- Mobilisez vos connaissances sur le sujet d'étude pour définir ce qu'est un « pôle de puissance ».
- Énumérez quelques caractéristiques des villes globales qui illustrent leur place de « pôle de puissance » de l'espace mondial.

Votre réponse : « Un pôle de puissance est ... (*définition*). Les villes globales sont donc des pôles de puissance car ... (*1re caractéristique qui en témoigne*). De plus, elles ... (*2e caractéristique*). Enfin, elles ... (*3e caractéristique*). »

SUJET D'ÉTUDE

8. Les dynamiques des périphéries

« L'élection d'un Brésilien à la tête de l'Organisation mondiale du commerce est certes d'abord une affaire politique, puisque ce sont les États qui sont représentés à l'OMC. Mais on ne peut s'empêcher d'y voir un signe de l'évolution économique du monde, puisque c'est un représentant des pays émergents qui remplace un représentant des pays européens. C'est l'occasion de rappeler que le commerce international et la mondialisation ont sorti des pays entiers de la misère et qu'une véritable classe moyenne se développe au sein des pays du Sud. Certains d'entre eux ont même rattrapé des pays européens. [...] Le Sud tire aujourd'hui la croissance mondiale. »

Jean-Yves Naudet, « La mondialisation sort les pays du Sud de la pauvreté », *Économie internationale*, 29 mai 2013.

Le Sud, un espace pluriel et une intégration variable à la mondialisation

ARTS ET GÉOGRAPHIE

Photographie de David Fabrega, 2013.

Quatre ans après le violent séisme qui a ravagé Haïti en 2010, tuant plus de 250 000 personnes, la reconstruction du pays le plus pauvre du continent américain est engagée. Toutefois, la population reste confrontée au quotidien à d'énormes difficultés.

Des pays aux dynamiques de développement inégales

Situations

Un espace mondial et des territoires inégalement intégrés

La mondialisation concerne désormais toute la planète. Ainsi, hormis quelques rares lieux isolés, aucun territoire n'est à l'écart des grands courants d'échanges et de circulation. Toutefois, cette ouverture ne profite pas à toutes les régions du monde et l'espace mondial reste marqué par de fortes disparités. Diversement intégrés à la mondialisation, certains pays s'affirment, remettant en cause la domination des aires de puissance, alors que d'autres subissent la mondialisation et se marginalisent.

Carte 1 La diversité des périphéries

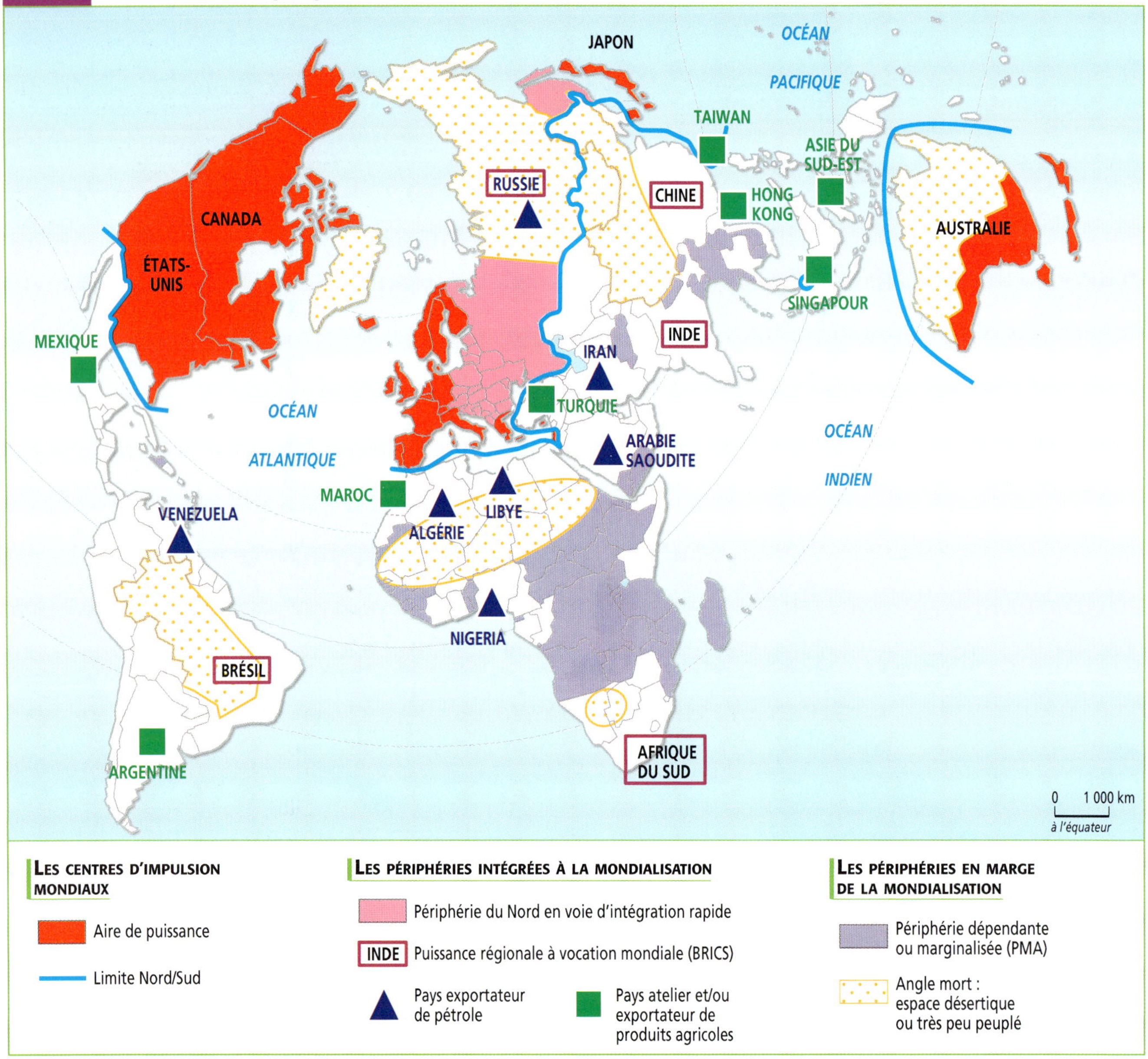

1. Citez les différents types de périphéries et donnez pour chacun d'eux un exemple de pays.
2. Donnez un exemple qui permet de comprendre comment les périphéries intégrées participent à la mondialisation.
3. « La coupure Nord/Sud est de moins en moins pertinente pour expliquer l'organisation actuelle du monde. » Justifiez cette affirmation.

Carte 2 Les investissements directs étrangers (IDE) dans le monde

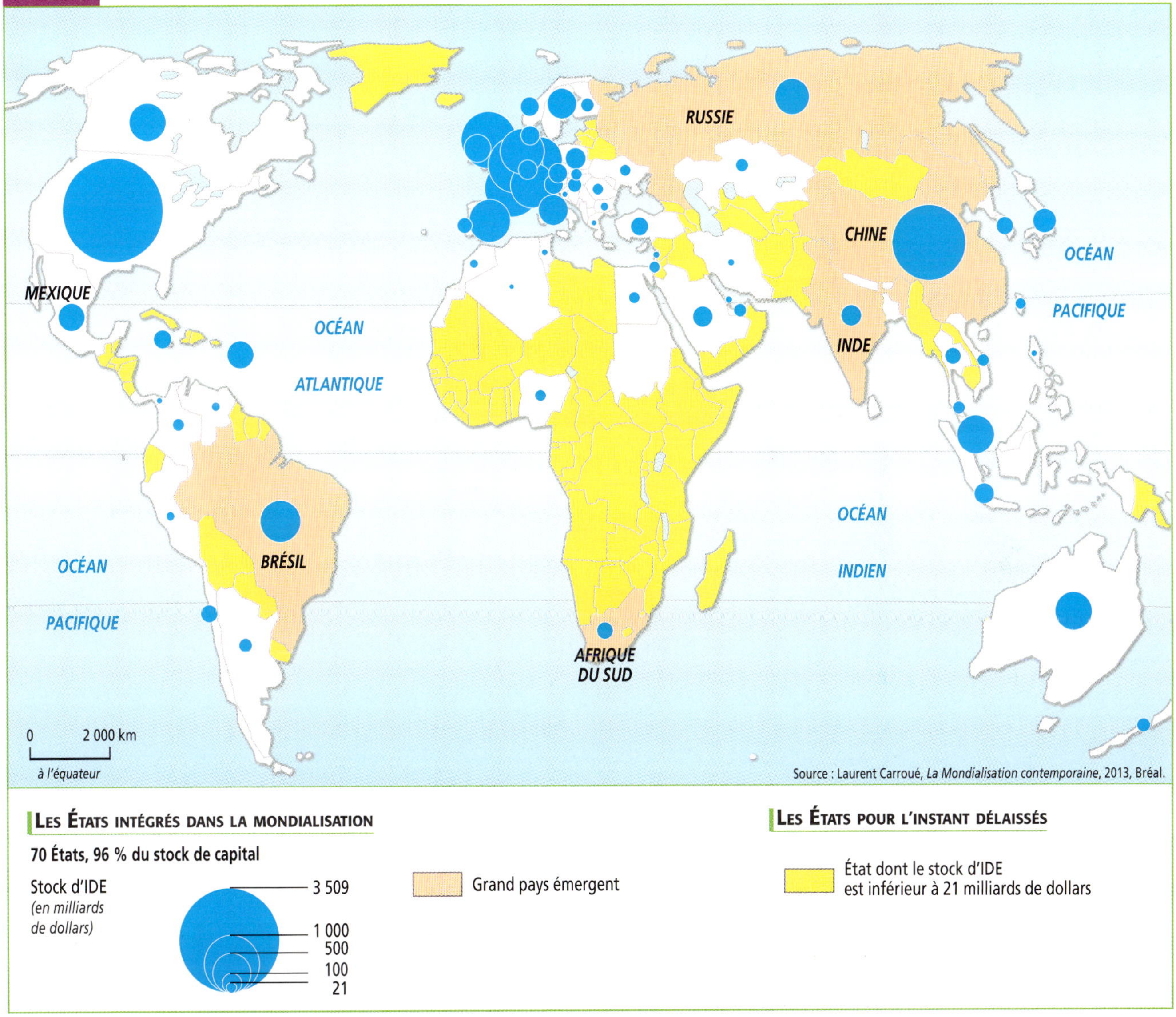

1 Décrivez la répartition des investissements directs étrangers dans le monde.

2 Précisez à quel type de pays correspondent les États où le stock d'IDE est inférieur à 21 milliards de dollars.

3 **Cartes 1 et 2** – Montrez que la répartition des IDE dans le monde est le reflet de l'inégale intégration des territoires dans la mondialisation.

Vers l'EXAM **« Les périphéries ne forment pas un ensemble géographique homogène. » Justifiez cette affirmation.**

- Recherchez le sens de l'adjectif « homogène ».
- Sélectionnez dans les informations fournies par les cartes, celles qui illustrent le sens de cet adjectif et prouvent la justesse de cette affirmation.

A. Le Sud et la mondialisation

1 L'essor du Sud

Aux yeux d'un simple observateur, l'état des lieux en 2013 pourrait ressembler à un monde coupé en deux: d'une part, un Sud en plein essor, dont les pays les plus visibles sont la Chine et l'Inde, où les progrès en termes de développement humain sont importants, la croissance semble rester solide et les perspectives de réduction de la pauvreté encourageantes. D'autre part, un Nord en crise. Le remarquable essor du Sud est certes encourageant, mais, de bien des façons, trompeur. Le Sud a besoin du Nord et le Nord a de plus en plus besoin du Sud. Le monde est de plus en plus connecté, cela ne fait aucun doute. Au cours des années récentes, nous avons assisté à une réorientation notable à l'échelle mondiale de la production, dont une partie toujours plus importante est destinée au commerce mondial, lequel représentait en 2011 près de 60 % de la production mondiale. Les pays en développement ont joué ici un rôle majeur: entre 1980 et 2010, leur part dans les échanges mondiaux de marchandises est passée de 25 à 47 % et celle dans la production mondiale de 33 à 45 %. Les régions en développement ont également renforcé les liens qui les unissent: entre 1980 et 2011, les échanges Sud-Sud sont passés de moins de 8 % du commerce mondial de marchandises à plus de 26 %.

Rapport sur le développement humain 2013, PNUD.

- Justifie le titre de ce document.
- Donnez une raison qui permet d'expliquer l'affirmation suivante: « Le Sud a besoin du Nord et le Nord a de plus en plus besoin du Sud. »

2 La croissance des pays du Sud

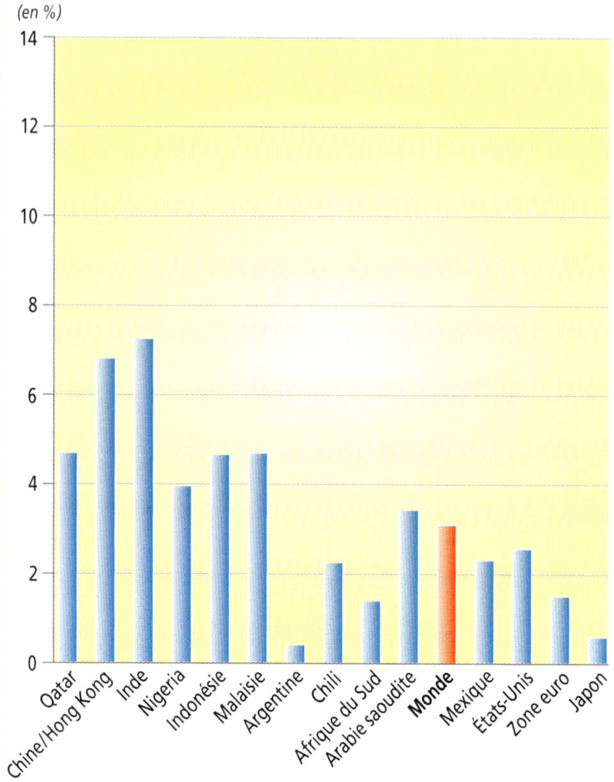

Source : *Oxford Economics*, 2015.

- Observez ce graphique et formulez deux observations.
- « Les informations représentées sur ce graphique illustrent l'analyse du PNUD (doc. 1). » Justifiez cette affirmation.

3 Manufacture de vêtements au Bangladesh

De nombreux groupes occidentaux de l'industrie du textile font fabriquer leurs vêtements au Bangladesh où les salaires se situent autour de 30 euros par mois.

- Localisez le Bangladesh (carte 1 p. 272).
- Expliquez comment le Bangladesh participe à la mondialisation.

4 Les bidonvilles : des lieux dans la mondialisation

Dharavi (en Inde) compterait entre 600 000 et 1 million d'habitants. C'est dans ce bidonville qu'est recyclée la majorité du plastique, de la ferraille ou des appareils électroménagers de Bombay et de toute sa région. Dharavi accueille également des potiers et des milliers d'autres artisans qui génèrent en tout un chiffre d'affaires estimé à 600 millions d'euros par an.
Mais Dharavi, auparavant situé à la périphérie de la ville, se trouve aujourd'hui au cœur de la capitale financière de l'Inde. Et ce terrain vaut donc de l'or. Un projet de réhabilitation et de relogement de tous les habitants dans des tours est sur le point d'être approuvé. Mais il risque de mettre en péril ce qui fait l'essence même de ce quartier : son économie informelle.

Radio France Internationale, rfi.fr, 18 juillet 2012.

Expliquez le titre de ce document.

5 Les FTN et le Sud

Le groupe agro-alimentaire suisse Nestlé compte aujourd'hui 29 usines en Afrique. Avec 1 milliard d'habitants et une classe moyenne en pleine expansion, le continent représente un marché très prometteur. Au Kenya, Nestlé s'associe avec des ONG pour créer des coopératives afin de collecter le lait produit par les petits agriculteurs, contrôlant par là même la filière laitière, depuis les fermes jusqu'aux marchés.

- **Localisez le Kenya (carte 1 p. 272).**
- **Décrivez la politique de la firme transnationale Nestlé au Kenya et, plus largement, en Afrique.**

6 Un Sud fragmenté

Le tiers-monde n'existe plus. Les trajectoires de l'Afrique, l'Asie, l'Amérique latine se sont largement différenciées depuis deux décennies. D'un côté, des pays émergents, formidables puissances du Sud, nous concurrencent désormais dans tous les domaines. Ils sont peu à peu en train de nous rattraper, en termes de niveau de vie et de technologie. Nous y dépêchons nos gouvernements et nos entreprises dans l'espoir de bénéficier de la manne de leurs marchés en forte croissance, et tentons de nous défendre de leur agressivité commerciale en remettant en question les règles que nous leur avons nous-mêmes imposées. De l'autre, des pays très pauvres qui nous inquiètent par leur instabilité. Nous leur dépêchons nos ONG, espérant ainsi contenir à distance tous leurs maux. Entre les deux, un magma assez hétéroclite de situations très contrastées. L'espace mondial s'est désarticulé et fragmenté à toutes les échelles, entre les « inclus » et les « exclus », ceux qui tirent leur épingle du jeu parce qu'ils ont les qualifications et les atouts pour s'inscrire dans la mondialisation, et ceux qui sont perdants, petits agriculteurs, citadins sans qualifications, territoires mal équipés et mal dotés en ressources intéressantes.

Sylvie Brunel, « Une aubaine pour le Sud », *Sciences humaines*, n° 180, 2007.

- **Citez les différents types de pays qui forment le Sud.**
- **Montrez que l'analyse de Sylvie Brunel nuance l'image du Sud donnée dans les documents 1 et 2.**

Vers l'EXAM **« Les territoires du Sud sont intégrés à la mondialisation mais à des degrés divers. » Justifiez cette affirmation.**
▶ Définissez « être intégré à la mondialisation » et « à des degrés divers ». Pour vous aider, vous pouvez vous appuyer sur la carte 1 p. 272.
▶ Recherchez dans les documents des informations qui permettent de prouver cette affirmation.

B. L'affirmation de nouvelles puissances

1 Les BRICS en quelques chiffres

	Pays de la Triade			BRICS				
	États-Unis	Union européenne	Japon	Chine	Russie	Inde	Brésil	Afrique du Sud
Population (*en millions d'hab.*) – 2015 – 2050 (*estimation*)	321 422	513 520	126 95	1 374 1 323	146 126	1 292 1 692	204 223	55 57
Croissance du PIB (*en %*) –2015 –2018-2030 (*prospectives*)[1]	2,6 2,5	1,9 1,7[2]	0,5 1,4	6,8 5,5	– 3,8 2,7	7,2 6,5	– 3,1 3,9	1,4 3,8
Nombre d'années pour atteindre les indicateurs économiques des pays de la Triade	-	-	-	23	17	50	119	35
IDH[3] 2015 (*rang sur 186*)	8e	28 pays dans les 59 premiers	20e	90e	50e	130e	75e	116e

1. PIB potentiel. **2.** Zone euro. **3.** Indice de développement humain.

Sources : Banque mondiale, OCDE, PNUD.

- **Comparez l'évolution démographique et économique des pays de la Triade avec celle des BRICS. Formulez deux remarques.**
- **Expliquez l'intérêt des indicateurs figurant dans les deux dernières lignes du tableau.**

2 Les BRICS dans la mondialisation

Les BRIC (Brésil, Russie, Inde, Chine) sont le moteur de la croissance économique mondiale. On estime qu'ils représenteront 40 % de la croissance économique mondiale vers 2025. Leurs atouts ? Tous quatre sont des pays-continents. La Chine est un « exportateur manufacturier hypercompétitif ». L'Inde se spécialise dans les services informatiques. Le Brésil est un agro-exportateur redoutable. La Russie mise sur ses atouts énergétiques. En 2010, l'Afrique du Sud, poumon économique de l'Afrique australe, puissance diplomatique du continent, est admise au sein des BRICS.
Ces challengers ont déjà acquis des positions enviables à l'échelle internationale : Gazprom, société russe de gaz dont l'Union européenne se méfie après les coupures de gaz des hivers précédents, le géant brésilien Vale en situation oligopolistique sur le marché des minerais, China Mobil qui est depuis près de cinq ans le premier opérateur mondial de télécommunications, ou l'Indien Tata Motors qui rachète en 2008 Jaguar et Land Rover.

D'après Axelle Degans, « Ces pays émergents qui font basculer le monde », *Les Grands Dossiers des Sciences humaines*, 2011.

Identifiez les atouts des BRICS.

3 Le 5e sommet des BRICS

De gauche à droite : Manmohan Singh (Inde), Xi Jinping (Chine), Jacob Zuma (Afrique du Sud), Dilma Roussef (Brésil), Vladimir Poutine (Russie).

Les cinq pays émergents des BRICS ont bouclé mercredi leur cinquième sommet à Durban. « Nous avons décidé d'ouvrir des négociations formelles pour fonder une nouvelle banque de développement menée par les BRICS […] mais aussi pour coopérer avec les autres marchés émergents et les pays en développement à l'avenir », a précisé le président sud-africain Jacob Zuma.
L'ambition des BRICS est de créer des institutions ou des équipements permettant aux cinq pays de s'affranchir de la domination des pays occidentaux. M. Zuma a encore évoqué mercredi un câble sous-marin de 28 400 km de long pour l'Internet à haut débit qui les relierait entre eux et « va supprimer la dépendance envers les points de connexion des pays développés ».

« Les BRICS ont du mal à concrétiser leur volonté d'autonomie », AFP, Journal du Net, 27 mars 2013.

Expliquez pourquoi ce sommet illustre la volonté des BRICS de s'imposer comme des puissances à l'échelle mondiale.

Vers l'EXAM **Montrez que les BRICS sont aujourd'hui des puissances importantes à l'échelle mondiale mais qu'ils doivent encore relever certains défis.**

▶ Citez et localisez les BRICS (voir carte 1 p. 272).
▶ Recherchez, dans les documents, des informations montrant les aspects de la puissance et les fragilités des BRICS.

C. Des territoires marginalisés

1 Les pays les moins avancés (PMA)

Pays du tiers-monde, du Sud, périphériques, sous-développés, en développement, pauvres, très endettés… Les concepts, catégories et qualificatifs ne manquent pas pour désigner les pays les plus pauvres de notre planète. […]

Depuis 1971, les PMA ont vu leur nombre doubler. Ils étaient 24 en 1971, 31 dix ans plus tard et 48 aujourd'hui. 33 sont en Afrique, 9 en Asie, 5 en Océanie et 1 en Amérique latine. Ces pays englobent quelque 850 millions d'habitants, soit environ 12 % de la population mondiale, mais ne représentent que 2 % de la richesse mondiale (PIB mondial) et 1 % du commerce mondial des marchandises. Seuls trois pays ont pu se hisser hors du groupe : le Botswana en 1994, le Cap Vert en 2007 et les Maldives en 2011.

En matière de développement des PMA, un premier constat interpelle. Malgré une croissance annuelle du PIB de ce groupe de plus de 7 % entre 2002 et 2007, ces pays peinent à assurer une répartition équitable des bénéfices pour l'ensemble de leurs populations qui se retrouvent encore pour la moitié dans l'extrême pauvreté. « Sur l'ensemble des PMA, 277 millions de personnes, soit 36 % de la population, vivent avec moins de 1 dollar par jour. 31 % sont sous-alimentées, alors que dans les autres pays en développement, ce chiffre n'atteint que 17 %. »

Oumou Zé, « Pourquoi les "pays les moins avancés" n'avancent pas », *Centre national de coopération au développement*, www.cncd.be, 6 mai 2011.

- **Localisez les régions du monde où sont situés les PMA (voir également carte 1 p. 272).**
- **Précisez les caractéristiques des PMA.**

2 Les difficultés structurelles des pays pauvres

Femmes touaregs dans le désert du Ténéré au Niger.

Observez cette photographie et expliquez pourquoi elle illustre certaines des difficultés rencontrées par les PMA.

Vers l'EXAM **Donnez deux raisons qui expliquent la faible intégration des PMA à la mondialisation.**

▶ Recherchez les caractéristiques communes des PMA.

▶ Définissez ce qu'est « l'intégration à la mondialisation ».

▶ Donnez deux éléments qui prouvent que les PMA sont faiblement intégrés à la mondialisation.

3 Le défi des pays pauvres

Les pays pauvres sont confrontés à un casse-tête démographique : leur population, dont 60 % sont âgés de moins de 25 ans, devrait doubler d'ici à 2010 et atteindre 1,7 milliard de personnes. Pour absorber ces nouveaux arrivants sur le marché du travail, il leur faudrait créer 95 millions d'emplois d'ici à 2020 et encore 160 millions durant la décennie suivante. […]

Aujourd'hui, ils attendent leur développement de l'intégration internationale et de la libéralisation du commerce. Mais la stagnation de leurs exportations en raison de la moindre demande des pays développés, comme des pays émergents, rend encore plus nécessaire une diversification de leurs activités économiques. La CNUCED pense que celle-ci devrait concerner aussi bien l'industrie la moins sophistiquée que l'agriculture – notamment vivrière – qui emploie toujours 70 % de la population des zones rurales. […]

Dans le même esprit, la CNUCED conseille aux bailleurs de fonds, encore très axés sur l'aide à la santé et à l'éducation, d'accroître leurs financements aux infrastructures (routes, énergie, adduction d'eau), à la recherche-développement en agriculture et à l'industrie à forte intensité de main-d'œuvre pour que l'emploi soit de meilleure qualité et dépende moins de l'économie informelle.

D'après Alain Faujas, « Selon l'ONU, les pays les plus pauvres ne créent pas assez d'emplois », *Le Monde*, lemonde.fr, 20 novembre 2013.

- **Identifiez le « défi » que doivent relever les pays pauvres.**
- **Citez les mesures qui doivent être prises pour y parvenir.**

Un pays émergent : le Brésil

Si le Brésil passe de la sixième à la huitième place au classement des pays les plus riches du monde entre 2012 et 2014, il reste la première puissance économique de l'hémisphère Sud. Fort de son économie en plein essor, le pays souhaite s'affirmer comme une puissance régionale, porte-parole des pays émergents au sein des institutions internationales. Toutefois, la persistance de fortes inégalités fragilise son entrée dans le cercle des économies développées.

Clés pour comprendre

Un territoire
8,5 millions de km²
→ 15 fois la France
65 % du territoire couverts par la forêt
22 hab./km² → France : 113 hab./km²
15 villes de plus d'un million d'habitants
→ France : 4 villes

Une économie
1re économie d'Amérique latine, 8e PIB mondial
3e exportateur mondial de produits agricoles

Une société
Âge moyen : 29 ans
→ France : 41 ans
IDH : 87e rang mondial (75e rang en 2007)
28,8 % de la population en dessous du seuil de pauvreté

1 L'épopée d'une puissance émergente

Doté d'une industrie moderne, et en voie de devenir « la ferme du monde », le Brésil possède le 6e PIB mondial[1] (mais seulement le 71e par habitant). Certaines de ses entreprises, comme Petrobras ou Vale (acier), sont des géants mondiaux. Troisième exportateur agricole mondial, il est le premier producteur de café, poulet, jus d'orange, viande de bœuf. Pratiquement autosuffisant en énergie (pétrole, hydroélectricité, éthanol, nucléaire), le Brésil dispose dans ce domaine d'un « passeport pour le futur », dixit Lula : les énormes gisements d'or noir en eaux très profondes (à 7 000 mètres, sous 2 000 mètres de sel) découverts en 2007 au large de ses côtes.
Les faiblesses économiques du Brésil sont bien identifiées. Il investit et épargne trop peu. Bénéficiant d'un vaste marché intérieur, il exporte aussi trop peu, contribuant seulement pour 1,4 % au commerce mondial. Il néglige trop le budget recherche-développement. Ses infrastructures routières, portuaires et aéroportuaires se détériorent ou saturent. La charge fiscale est pesante ; la bureaucratie, tatillonne, entrave le business. Le développement est très inégal selon les régions. Malgré de légers progrès, sa compétitivité ne brille guère (48e rang mondial).

Jean-Pierre Langellier, « Brésil, l'épopée d'une puissance émergente », *Le Monde*, 25 juin 2013.

1. Le PIB calculé au terme de l'année 2013 et les prévisions de 2014 amènent à revoir à la baisse le PIB du Brésil qui enregistre une croissance de – 0,93 %. Le PIB du Brésil est donc le 8e mondial.

Montrez que la réussite économique du Brésil est contrastée (doc. 1 et « Clés pour comprendre »).

2 Le port de Santos

Situé à 60 km de São Paulo, le port de Santos a connu une croissance spectaculaire grâce à l'essor du commerce avec la Chine, premier partenaire commercial du Brésil devant les États-Unis. Santos voit transiter 25 % du commerce extérieur du Brésil et écoule la plus grande partie de la production des États céréaliers. Le projet d'expansion du port de Santos, lancé cette année, doit encourager l'intégration sud-américaine et permettre le transport de marchandises depuis le Brésil vers les marchés asiatiques.

Expliquez pourquoi cette photographie symbolise le dynamisme de l'économie brésilienne.

3 Le Brésil, une puissance régionale à vocation mondiale

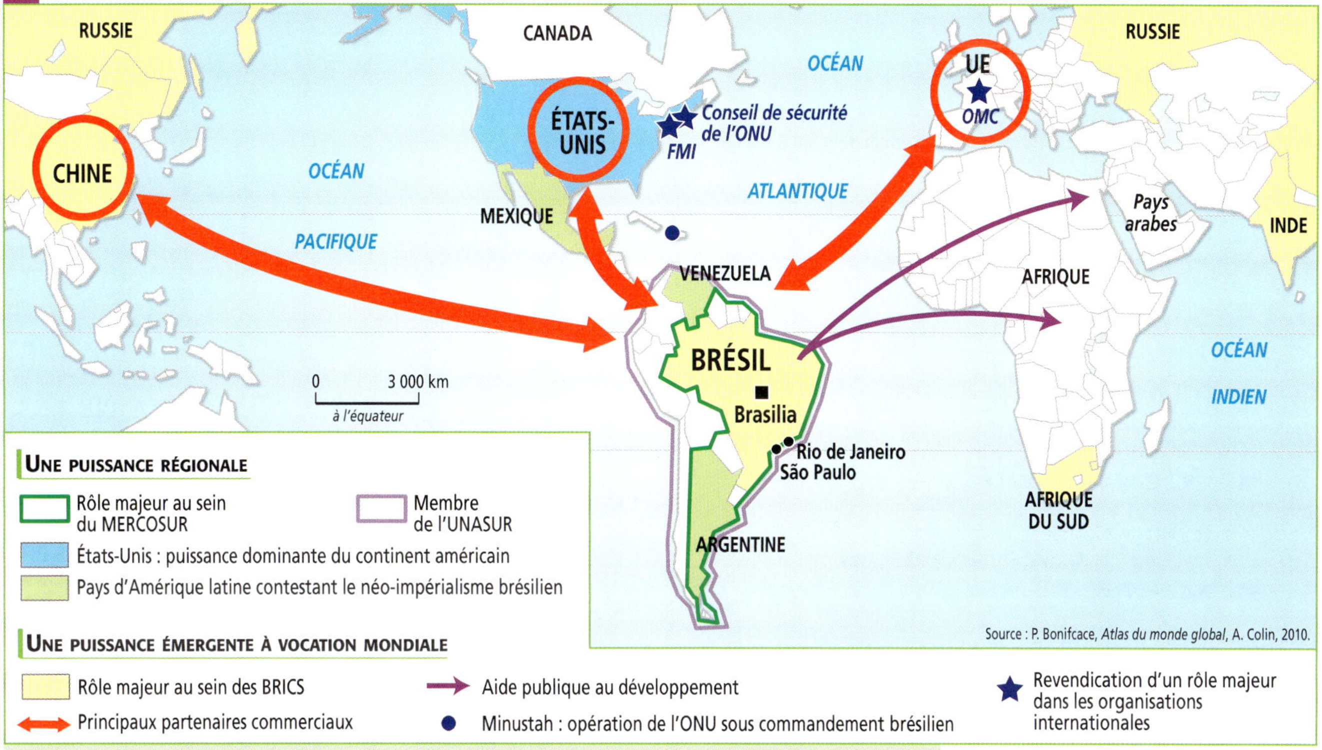

Source : P. Bonifcace, *Atlas du monde global*, A. Colin, 2010.

Relevez deux informations qui justifient le titre de cette carte et explicitez vos choix.

4 Révoltes sociales dans les villes brésiliennes

Un projet d'augmentation des tarifs des transports publics à São Paulo et Rio de Janeiro a mis le feu aux poudres. Le Brésil, 6e puissance économique mondiale[1], fait face à une contestation sociale inédite dans son histoire. Un million de personnes dans les rues, des émeutes, déjà un mort. Les Brésiliens se révoltent contre l'incurie de services publics sous-développés, la corruption de la classe politique, les inégalités sociales, et un Mondial de football 2014 qui va leur coûter 11 milliards d'euros. [...]

Grâce à une forte croissance économique, commencée dans les années 1960, et aux programmes sociaux lancés par le gouvernement, 40 millions de Brésiliens sont sortis de l'extrême pauvreté pour rejoindre les rangs de la classe moyenne. [...]

Mais c'est le retard en matière d'infrastructures publiques qui a jeté les manifestants dans la rue. Trains délabrés, autobus bondés, embouteillages monstres, métros insuffisants : les transports publics brésiliens sont aussi chers que dans les pays développés, et inefficaces. Les manifestants dénoncent aussi des fermetures d'écoles publiques et réclament de meilleurs hôpitaux. Pour Marcio d'Agosto, de l'université fédérale de Rio, cité par l'AFP, l'insatisfaction provient d'un manque d'investissements chronique depuis 50 ans.

Laurent Martinet, « Brésil : pourquoi le géant de l'Amérique latine est en crise », *L'Expansion*, lexpansion.lexpress.fr, 21 juin 2013.

1. 8e économie mondiale en 2013-2014.

« La réussite économique du Brésil reste fragile. » Justifiez cette affirmation.

5 São Paulo, la plus grande ville du Brésil

À São Paulo, 10 % de la population vivent dans des bidonvilles, à la périphérie de la métropole. À Rio, les bidonvilles sont plus centraux, et abritent 25 % de la population.

« La réussite économique du Brésil n'est pas synonyme de développement. » Justifiez cette affirmation par des exemples relevés dans les documents 4 et 5.

Vers l'EXAM En vous appuyant sur l'exemple du Brésil, définissez la notion de « pays émergent ».

Un PMA : le Bénin

Malgré un taux de croissance économique positif depuis plusieurs années, un fort potentiel agricole et une ouverture sur la mer, le Bénin est, comme 48 autres pays situés en Afrique et en Asie, un des « pays les moins avancés » de la planète. Caractérisé par un faible revenu par habitant, des retards de développement et une vulnérabilité économique, il reste peu intégré à l'économie mondiale.

Clés pour comprendre

Un territoire
114 760 km² → 4,7 fois plus petit que la France
65 % du territoire couvert par la forêt
80 hab./km² → France métropolitaine : 117 hab./km²

Une économie
135ᵉ PIB mondial (sur 187)
Secteurs économiques (part dans le PIB) :
→ Agriculture : 33,4 % → Industries : 13,3 %
→ Services : 53,3 %

Une société
IDH : 167ᵉ rang mondial (sur 187)
52 % de la population a moins de 20 ans
Espérance de vie (moyenne) : 56,5 ans
→ France : 82 ans
35,2 % de la population en dessous du seuil de pauvreté

1 État de l'économie béninoise

Le Bénin fonctionne tant bien que mal avec une économie médiocre. Certes, des progrès y ont été obtenus. Ainsi, l'amélioration de la production de coton est notable. [...] De même, le port de Cotonou a réduit à la fin de 2012 les délais d'importation de vingt jours à six ou sept jours grâce au guichet unique des douanes et à d'autres améliorations au niveau des procédures d'importation. Par ailleurs, la dette extérieure publique ne dépasse pas les 17 % du PIB quand, en Europe, on excède allègrement les 80 %. Il n'empêche que le Bénin ne semble pas prêt à décoller. [...] Ne produisant pas grand-chose hormis le coton et l'huile – qui part en contrebande au Nigeria –, le Bénin est une annexe de son grand voisin, à qui est destinée la moitié des importations passant par le port de Cotonou et, notamment, les volailles congelées, les voitures d'occasion et les textiles. Cette proximité et les trafics transfrontaliers en tout genre tirent l'économie béninoise vers l'informel. Par exemple, les grandes compagnies pétrolières se sont retirées de ce pays qui importe du Nigeria, en fraude et dans des récipients improbables, 85 % de sa consommation d'essence. [...] Une bonne partie de ses acteurs économiques ont pris l'habitude de détourner, truquer, fausser et voler, ce qui vaut au pays de se trouver relégué à la 175ᵉ place des 185 pays classés par la Banque mondiale selon leur climat des affaires en 2013.

« Bénin, la grande déception économique », *Jeune Afrique*, 8 avril 2013.

- « Le Bénin fonctionne tant bien que mal avec une économie médiocre. » Relevez dans le texte des exemples qui justifient cette affirmation.
- Identifiez les freins au développement économique.

2 L'or blanc du Bénin

Le coton récolté a du mal à quitter les champs pour les usines d'égrenage. Il n'y a pas suffisamment de camions pour le faire. Le Conseil des ministres a mobilisé l'armée pour ramasser le coton. Les ministres issus des bassins cotonniers et, depuis quelques jours, le chef de l'État sillonnent les bassins cotonniers pour mobiliser la main-d'œuvre. L'urgence est telle que le chef de l'État a sollicité l'aide des pays voisins pour le transport du coton. Il s'est également adressé aux transporteurs du port autonome de Cotonou afin qu'ils l'aident à sauver l'or blanc dont la majorité de la collecte est encore prise au piège dans les champs entre les feux de brousse et les pluies précoces. [...] De plus, les usines d'égrenage sont vieilles et ne sont pas, selon le président, en mesure d'égrener toute la production.

D'après Jean-Marie Sèdolo, « Difficile collecte de la production de l'or blanc de la campagne 2013-2014 », *La Presse du jour*, 27 février 2014.

- Citez les difficultés auxquelles se heurtent la culture et la récolte du coton.
- Montrez que ces difficultés révèlent le faible niveau de développement du Bénin.

3 Cotonou, la capitale économique du Bénin

a. Le centre-ville de Cotonou.

b. Un bidonville à Cotonou.

Observez ces deux photographies et dégagez les informations qu'elles fournissent sur le développement du Bénin.

4 Des aides au développement

102 millions d'euros. C'est le montant du nouvel accord-cadre de partenariat 2014-2016 que viennent de signer la France et le Bénin. Ces 102 millions d'euros seront focalisés sur la gouvernance démocratique, le développement durable, l'éducation et la formation professionnelle ainsi que la santé.

Les domaines concernés par ce volet Santé sont la lutte contre le sida, le paludisme, la tuberculose et pour la santé de la mère et de l'enfant. […] Lors de son séjour, le ministre délégué chargé du Développement de la France, Pascal Canfin, a visité le Centre Lazaret et l'Espace Adis. Créé depuis 1966 avec l'appui de la Coopération française, le Centre hospitalier Lazaret abrite des services techniques et hospitaliers, ainsi que le programme national de lutte contre la tuberculose. […] L'Espace Adis est un centre médicosocial de jour, ouvert en 2002 par l'ONG Racines qui intervient dans le domaine de l'information, des conseils, du dépistage et des consultations médicales sur le VIH/sida. Elle cède aussi des médicaments à prix réduits et offre gratuitement des antirétroviraux.

Léonce Gamaï, « La France octroie 67 milliards de francs CFA au Bénin », *La Nouvelle République*, 3 décembre 2013.

Précisez l'intérêt de ce texte pour comprendre la situation du Bénin.

Vers l'EXAM En vous appuyant sur les informations données dans les documents et les « Clés pour comprendre », expliquez pourquoi le Bénin fait partie des PMA.

5 Des perspectives économiques

Les perspectives macroéconomiques pour 2014 sont globalement positives. Selon les prévisions du FMI, le taux de croissance du PIB réel devrait se maintenir aux alentours de 5,5 %, impulsé par les activités portuaires et agricoles. La politique budgétaire est prudente et l'endettement devrait demeurer stable. Au-delà de 2014, le principal défi à relever consistera à préserver la dynamique positive de croissance tout en faisant reculer la pauvreté. À cette fin, il est nécessaire de s'attaquer aux déficits d'infrastructure dans les domaines de l'énergie et des transports, où les goulots d'étranglement brident la croissance. Le gouvernement a entrepris d'établir un ambitieux plan d'investissements en la matière. Il sera essentiel d'améliorer le climat des affaires pour contribuer à doper l'investissement privé, pour que la hausse récente de cet investissement et l'augmentation prévue des investissements publics se traduisent par une croissance économique inclusive et créatrice d'emplois.

Communiqué de presse du FMI au terme d'une mission au Bénin, imf.org, 26 février 2014.

- **Indiquez le défi que le Bénin doit relever et donnez un exemple de mesure pour y parvenir.**
- **Expliquez pourquoi cette mesure doit permettre au pays d'améliorer sa situation économique.**

Les Suds : entre intégration et marginalisation

Notions

Périphérie : espace plus ou moins intégré dans la mondialisation, dont le développement et le positionnement dans la hiérarchie mondiale dépendent du type de relations qu'ils entretiennent avec un ou plusieurs centres économiques.

Espace marginalisé : espace exclu de la mondialisation car trop éloigné du centre.

Synthèse audio
www.lienmini.fr/hg1-15

■ **En 20 ans, l'économie mondiale est devenue multipolaire.** Alors que la richesse a été multipliée par trois entre 1990 et 2012, le poids des pays développés du Nord a diminué, passant de 80 à 60 % du total, en raison du dynamisme des économies des pays du Sud. Ce constat masque en réalité d'importants écarts de richesse et de développement entre ces pays. **On est ainsi passé d'un « Sud », qui présentait une réelle homogénéité** (retard de développement, croissance démographique forte, poids important du travail agricole, pauvreté généralisée, forte dépendance à l'égard des pays riches), **à des « Suds ».** Ces territoires ont un poids démographique considérable et occupent une place croissante dans l'économie mondiale, mais ils ne connaissent pas le même degré d'intégration aux réseaux économiques, diplomatiques et culturels de la mondialisation.

■ **Les périphéries forment un ensemble de territoires aux profils très différents.** Aux pays qui connaissent une industrialisation rapide (**BRICS**, **NPI** d'Asie, Asie de l'Est, Europe centrale et orientale et une partie de l'Amérique latine) s'opposent des pays en stagnation (pays d'Afrique du Nord, d'Amérique andine et centrale) et des **espaces marginalisés** (**PMA** d'Afrique subsaharienne ou d'Asie du Sud). À l'intérieur même de ces espaces, des disparités économiques et sociales apparaissent à toutes les échelles : d'une part entre les régions intégrées à la mondialisation et celles laissées-pour-compte, et d'autre part entre les populations. Au Brésil, par exemple, la part de richesse des 20 % les plus riches représente 32 fois celle des 20 % les plus pauvres. **Les métropoles cristallisent ces contrastes** : CBD et quartiers aisés côtoient des bidonvilles où les populations participent pourtant à l'économie et aux grands flux mondiaux par leur travail souvent effectué dans le secteur informel.

Vérifier sa compréhension de la leçon

Retrouvez les points de la leçon illustrés par ces documents. Expliquez vos choix.

1. Singapour.

2. Le quartier de Dharavi en Inde.

Organiser ses connaissances à l'aide d'un schéma

Reproduisez puis complétez ce schéma sur les périphéries avec les éléments de la leçon.

LE SUD
Définition : ....

→

LES SUDS
Définition : ....

↓

Degrés différents d'intégration à la mondialisation

↓ ↓ ↓

Pays : .... | Pays : .... | Pays : ....

Les Suds : nouvelles puissances et territoires marginalisés

Notions

Pays émergent : pays en développement présentant un rapide et fort taux de croissance du PIB qui lui permet de combler son retard par rapport aux pays développés.

BRICS : acronyme de **B**résil, **R**ussie, **I**nde, **C**hine et Afrique du **S**ud. Considérés comme des grandes puissances émergentes, ces pays comptent 40 % de la population mondiale et 61 % de la croissance mondiale (2015).

Pays les moins avancés (PMA) : catégorie de pays créée en 1971 par l'ONU regroupant les 49 pays les plus pauvres de la planète.

Synthèse audio
www.lienmini.fr/hg1-16

■ **Depuis une trentaine d'années, certains pays du Sud connaissent une croissance économique rapide.** Insérés dans l'économie mondiale et forts de leurs avantages comparatifs (pays ateliers, dragons, États rentiers), ces **pays émergents** ont développé leurs productions et leurs exportations grâce aux investissements des firmes transnationales (FTN). Leur croissance économique s'accompagne d'une **réduction de la pauvreté** et de la **naissance d'une classe moyenne** qui accède à la consommation. Le développement se recentre progressivement sur les marchés intérieurs en développement. Parmi eux, les **BRICS** concurrencent directement les pays développés. Leurs FTN produisent des biens et des services de toute nature, notamment des produits à haute valeur ajoutée, et sont présentes sur les marchés (groupe automobile indien Tata Motors). S'affirmant dans leur espace continental par la création d'alliances régionales (MERCOSUR, SADC, OCS) et à l'échelle mondiale, **ces pays revendiquent une place à la tête des institutions internationales.**

■ D'autres territoires du Sud, les **pays les moins avancés (PMA), sont peu intégrés à l'économie mondiale**. Attirant peu d'IDE et exportant des produits à faible valeur ajoutée, ils se caractérisent par une production alimentaire insuffisante, une faible productivité et une urbanisation croissante alimentée par les flux massifs de migrants venus des campagnes pour échapper à la pauvreté. Certains enregistrent des taux de croissance économique supérieurs à 5 % par an, mais ce dynamisme se concentre sur une ou deux industries extractives et reste lié au prix très élevé des matières premières. **Les PMA sont donc marqués par une grande vulnérabilité et une forte dépendance vis-à-vis des pays du Nord** qui convoitent leurs richesses (main-d'œuvre jeune et abondante, richesses naturelles, vastes terres agricoles). Confrontés à de nombreuses difficultés (absence d'infrastructures, faiblesse et corruption des États, conflits…), ils mènent des politiques de développement peu efficaces.

Vérifier sa compréhension de la leçon

Retrouvez les points de la leçon illustrés par ces documents. Expliquez vos choix.

1. Dessin de Glez paru sur le site Internet *Jeune Afrique*, 26 mars 2013.

2. Une rue de Phnom Penh (Cambodge).

Organiser ses connaissances à l'aide d'un tableau

Complétez le tableau ci-dessous avec les éléments de la leçon.

	LES SUDS		
	Des États du Sud intégrés	**De nouvelles puissances**	....
Dénomination	....	....	....
Caractéristiques démographiques	....	....	....
Caractéristiques économiques	....	....	....
Caractéristiques politiques	....	....	....

EXAM

Évaluer ses connaissances sur le sujet d'étude

Les idées essentielles

Répondez en quelques phrases aux questions suivantes.

1. Pourquoi peut-on dire qu'il y a une intégration variable des territoires dans la mondialisation ?
2. Quelles sont les principales puissances émergentes ?
3. Quelles caractéristiques permettent de définir un pays émergent ?
4. Quels sont les principaux freins au développement des PMA ?

Illustrez chacune des affirmations suivantes par des exemples.

1. Il existe différents types de périphéries.
2. La mondialisation accroît les inégalités territoriales.
3. Aujourd'hui, il n'y a plus un « Sud » mais des « Suds ».
4. Les PMA sont en marge de la mondialisation.

Les notions clés

Construisez la définition de chaque notion à l'aide des termes proposés.

1. **Périphérie** : pôle, relations, mondialisation, région.
2. **Pays émergent** : croissance économique, niveau de vie, PIB, BRICS.
3. **Mondialisation** : territoires, espace mondial, échanges, degrés.
4. **Espace marginalisé** : IDH, exclusion, vulnérabilité.

Les acteurs

Retrouvez l'acteur qui correspond à chaque définition.

1. Au nombre de 49, ils sont les pays les plus pauvres de la planète.
2. Désignés par un acronyme, ils sont des puissances émergentes.
3. Désignées par un acronyme, elles possèdent des filiales dans plusieurs pays.
4. Associations économiques régionales, elles favorisent les échanges entre leurs signataires.

Les enjeux

Identifiez les points du sujet d'étude illustrés par chaque document. Justifiez votre choix.

1. Hyderabad en Inde.

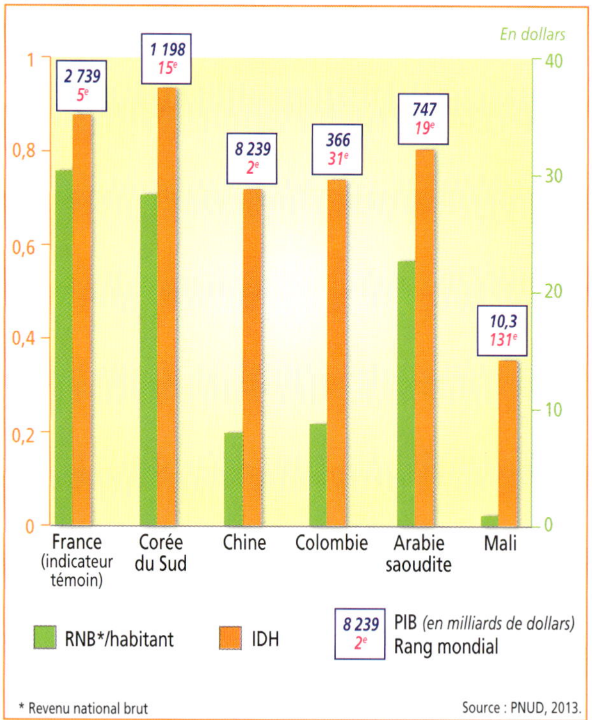

2. Économie et développement des pays du Sud.

Répondre à des questions de connaissance

➜ Mettre en œuvre les capacités et les connaissances du programme de géographie

▸ Sujet d'étude

Les dynamiques des périphéries

En vous appuyant sur le document, répondez aux questions suivantes.

1. Présentez le document.
2. Confrontez le titre, « Industrie : les émergents à l'attaque », et la photographie.
3. Expliquez pourquoi les pays émergents permettent « la revanche du Sud ».
4. « Les pays du Sud sont tous des périphéries mais leur degré d'intégration à la mondialisation varie. » Justifiez cette affirmation.

Une du *Monde*, supplément « Éco&entreprise », 18 février 2013

Le Monde éco&entreprise

L'empire du Soleil-Vieillissant
Par Nicolas Baverez
CHRONIQUE PAGE 2

Ces start-up qui veulent doubler les taxis de Paris
Depuis 2011, les « voitures de tourisme avec chauffeur » circulent dans la capitale
INNOVATION PAGE 6

L'ordinateur-tablette de Sony, taille XXL pour toute la famille
Le constructeur japonais tente de se relancer avec un nouveau concept
INNOVATION PAGE 7

Industrie : les émergents à l'attaque

Ils viennent d'Inde, de Chine, du Brésil, d'Afrique du Sud, ou encore du Chili. A une vitesse étonnante, ces géants du Nouveau Monde ont rattrapé leur retard technologique et commercial. Jusqu'à faire de l'ombre à nos champions

PAGES 4 et 5

La revanche du Sud

REPORTAGE

Coup de pouce

1. **« Présenter le document »,** c'est donner des précisions sur sa nature, sa date, sa source et son thème.
2. **« Confronter le titre et la photographie »,** c'est comparer ce que dit le titre et ce que montre la photographie afin de comparer les informations et d'expliquer en quoi ils se complètent.
3. **« Expliquer pourquoi »,** c'est énoncer les raisons pour lesquelles la réussite des pays émergents change l'image des pays du Sud.
4. **« Justifier une affirmation »,** c'est citer des éléments qui prouvent sa justesse. Pour répondre, sélectionnez des éléments du document et vos connaissances qui la valident.

▸ Situation 1

Un pays émergent, le Brésil

En vous appuyant sur l'exemple du Brésil, indiquez les principales caractéristiques d'un pays émergent.

▸ Situation 2

Un PMA, le Bénin

Parmi les trois affirmations suivantes, choisissez celle qui vous paraît la plus pertinente pour présenter un des pays les moins avancés. Justifiez votre réponse à l'aide d'exemples.

A. Les PMA sont les 49 pays les plus pauvres du monde, principalement situés en Afrique, en Asie du Sud et en Amérique du Nord. Malgré leur croissance, leur insertion dans la mondialisation reste faible à cause d'une économie peu industrialisée et essentiellement rurale. Le niveau de développement de la population est très faible.

B. Les PMA sont les 49 pays les plus pauvres du monde, principalement situés en Afrique, en Asie du Sud et dans les Caraïbes. Grâce à leur croissance, leur insertion dans la mondialisation progresse. Le niveau de développement de la population reste cependant faible.

C. Les PMA sont les 49 pays les plus pauvres du monde, principalement situés en Afrique, en Asie du Sud et en Amérique du Nord. Malgré leur croissance, leur insertion dans la mondialisation reste faible à cause d'une économie trop centrée sur l'industrie exportatrice. Le niveau de développement de la population s'améliore grâce aux systèmes éducatifs et de santé de plus en plus performants.

EXAM

EXERCICE GUIDÉ

Répondre à des questions à partir d'un support documentaire

→ Exploiter un document pour analyser une situation géographique

1 Décrivez cette caricature.

• Identifiez tous les éléments représentés (lieu, personnages, objets…).

Votre réponse : « Ce dessin nous montre … (*décrivez ce que vous voyez*). »

Dessin de Rash Brax, 5 novembre 2010

Hu Jintao a été président de la République populaire de Chine de 2003 à 2013.

2 Expliquez qui sont les personnages dessinés et ce qu'ils font.

• Identifiez les personnages.
• Mettez en relation les éléments du dessin et leurs propos pour indiquer l'objet de cette scène.
• Mobilisez vos connaissances pour préciser ce que montre le dessin.

Votre réponse : « Ce dessin montre … (*identité d'un 1er personnage*) et … (*identité du 2nd personnage*). Ils sont … (*décrivez ce qu'ils font*) et évoquent … (*objet de leurs échanges*). En effet, … (*connaissances qui permettent de comprendre ce dessin*). »

3 Dégagez le point de vue du dessinateur.

• Déduisez l'opinion du dessinateur à l'aide des éléments représentés (dessin et texte).

Votre réponse : « Le dessinateur évoque … (*thème abordé*). Il en donne une image … (*qualifiez l'image qu'il en donne, positive ou négative*). En effet, … (*justifiez cette image en vous appuyant sur le texte et le dessin*). »

4 Identifiez deux points du sujet d'étude sur les dynamismes des périphéries mis en évidence par ce dessin.

• Mobilisez vos connaissances pour retrouver deux réalités géographiques étudiées en classe et illustrées par cette caricature.

Votre réponse : « Cette caricature montre … (*1re réalité géographique*). Elle fait également écho au fait que, aujourd'hui, … (*2de réalité géographique*). »

ENSEIGNEMENT MORAL ET CIVIQUE

9. Exercer sa citoyenneté dans une société démocratique

« Le citoyen n'est pas un individu concret. [...] Il est détenteur d'une part de la souveraineté politique. C'est l'ensemble des citoyens, constitués en collectivité politique ou en « communauté de citoyens », qui, par l'élection, choisit les gouvernants. C'est l'ensemble des citoyens qui est à la source du pouvoir et qui justifie que les décisions prises par les gouvernants sont exécutées. C'est l'ensemble des citoyens qui contrôle et sanctionne l'action des gouvernants issus de l'élection. [...] Comment conjuguer la citoyenneté nationale et la citoyenneté européenne ? La citoyenneté européenne peut-elle n'être que l'élargissement à l'Europe de la citoyenneté nationale ou doit-elle être de nature différente ? C'est tout l'effort, mené en particulier par Jurgen Habermas (1990), pour penser une citoyenneté européenne, fondée sur l'adhésion à l'État de droit et aux droits de l'homme qui soit détachée de l'adhésion à une culture, une langue et une histoire nationale. »

Dominique Schnapper, « La Citoyenneté », *Encyclopedia Universalis*, édition 2001.

Affiche de l'Association des Agences-Conseils en Communication (AACC). Campagne de lutte contre l'abstention 2012.

Exercer sa citoyenneté dans la société et dans la République française

EXPRIMEZ votre point de vue

▶ **Sélectionnez, parmi les définitions ci-dessous, celle qui répond le mieux au sens que vous donnez à l'expression « être citoyen ». Est citoyen :**
- ☐ toute personne qui a le droit de voter et d'être élue ;
- ☐ celui qui est capable d'intervenir dans la cité ;
- ☐ toute personne âgée d'au moins 18 ans ;
- ☐ toute personne jouissant, sur le territoire de l'État dont il relève, de droits garantis par la loi ;
- ☐ tout individu qui respecte ses devoirs envers la société.

▶ **Choisissez deux situations parmi celles proposées ci-dessous puis expliquez pourquoi elles sont des formes d'exercice de la citoyenneté :** Respecter les lois – Voter – S'impliquer dans une association – Se présenter à des élections – Adhérer à un syndicat – Participer à la vie de sa commune – Militer dans un parti politique – Faire preuve de civisme au quotidien.

▶ **Donnez une raison qui peut expliquer que le titre de cette page distingue l'exercice de la citoyenneté « dans la société » d'une part et « dans la République française » d'autre part.**

ENRICHISSEZ votre point de vue

A. Pour une définition de la citoyenneté

Doc. 1 La citoyenneté, une invention antique

a. S'il faut délibérer sur le gouvernement de la Cité[1], alors chacun se lève pour donner son avis : charpentier, forgeron, cordonnier, marchand ou armateur, riche ou pauvre, noble ou roturier, indifféremment.

Platon (428-vers 348-347 av. J.-C.), *Protagoras*, vers 430 av. J.-C.

1. Athènes.

b. 6. Le citoyen au sens strict, aucun caractère ne le définit mieux que la participation à l'exercice des pouvoirs de juge et de magistrat. Or, parmi les magistratures, les unes sont limitées en durée, de sorte que certaines ne peuvent absolument pas être exercées deux fois par la même personne, ou du moins ne le sont qu'après un intervalle de temps bien défini ; d'autres sont de durée illimitée, comme celle de juge ou de membre de l'Assemblée.

8. […] Nous posons le principe que sont citoyens ceux qui participent ainsi au pouvoir.

Aristote, *Politique*, III, cité dans M. Austin et P. Vidal-Naquet, *Économies et sociétés en Grèce ancienne*, Armand Colin, 1974.

- Décrivez comment le citoyen participe à la gestion des affaires de la cité.
- Justifiez le titre donné à ce document.

Doc. 2 Citoyenneté et démocratie

a. « Ô Demos [le peuple], tu possèdes en vérité un splendide pouvoir ; l'humanité entière te craint comme un tyran. Hélas on te mène facilement et tu aimes les flatteries qui te dupent. Tu restes toujours bouche bée devant les beaux parleurs. Ton bon sens alors t'abandonne et te plante sur place. »

Aristophane (vers 445-vers 386 av. J.-C.), *Les Cavaliers*, 424 av. J.-C.1. Athènes.

b. La démocratie couronnant le peuple, stèle de marbre portant le décret contre la tyrannie, 336 av. J.-C., Musée de l'Agora, Athènes.

- Reformulez le constat que fait Aristophane sur l'exercice de la citoyenneté.
- Exprimez votre point de vue sur ce constat.
- Expliquez pourquoi il nuance la vision de la démocratie que nous donne la stèle (doc. 2b).

B. Être citoyen

Doc. 3 Réflexions sur l'exercice de la citoyenneté

Le citoyen n'est pas l'individu réel avec ses faiblesses, son égoïsme, son aveuglement et ses enthousiasmes. C'est l'homme éclairé par la raison, parlant selon les impératifs de cette raison commune à tous, et, par conséquent, débarrassé des préjugés de classe et des soucis inhérents à sa condition économique, capable d'opiner sur la chose publique sans être dominé par son intérêt personnel, bref c'est une manière de saint qui doit sa qualité de membre du souverain – la Nation – à son désintéressement.

G. Burdeau, *Droit constitutionnel et institutions politiques*, LGDJ, 1999.

Relevez ce qui, pour l'auteur, caractérise le citoyen.

Doc. 4 Un exercice de la citoyenneté constant

La démocratie ne consiste pas à mettre épisodiquement un bulletin dans l'urne, à déléguer les pouvoirs à un ou plusieurs élus puis se désintéresser, s'abstenir, se taire pendant cinq ou sept ans[1]. Elle est l'action continuelle du citoyen, non seulement sur les affaires de l'État, mais sur celle de la religion, de la commune, de la coopération, de l'association, de la profession. La démocratie n'est efficace que si elle existe partout en tout temps. Le citoyen est un homme qui ne laisse pas aux autres le soin de décider de son sort commun. Il n'y a pas de démocratie si le peuple n'est pas composé de véritables citoyens, agissant constamment en tant que tels.

Pierre Mendès France, *La République moderne*, Gallimard, 1962.

1. Jusqu'en 2000, l'élection présidentielle avait lieu tous les sept ans. Depuis, elle se déroule la même année que les élections législatives, soit tous les cinq ans.

Expliquez et justifiez le titre de ce document.

Doc. 5 Une manifestation à Lyon (2011)

Donnez une raison qui explique le choix de cette photographie pour illustrer l'exercice de la citoyenneté.

Doc. 6 Les collectifs citoyens

Afin d'améliorer leur cadre de vie sans attendre une hypothétique action de la municipalité, un collectif d'habitants d'un quartier populaire de Marseille multiplie les actions concrètes. Au programme, troc de livres, végétalisation de la ville et mobilisation festive pour améliorer les transports publics.

« On a besoin de s'en sortir ensemble entre pauvres », clame Claude. C'est ce qui a poussé cette jeune sexagénaire à rejoindre Brouettes et Compagnie, un collectif d'habitants de la Belle de Mai, le quartier le plus pauvre de Marseille. Ce regroupement informel de riverains qui regroupe chômeurs, assistantes de direction, artistes ou encore jardiniers porte un objectif simple, celui d'améliorer leur cadre de vie.

Ils se sont réunis pour la première fois en 2008, à l'appel d'une radio locale et d'un animateur culturel qui proposait aux habitants de redécouvrir leur quartier. Puis ils se sont de nouveaux retrouvés, cette fois-ci, sans l'animateur. « On avait une même aspiration à créer du lien social et de la convivialité. On s'est dit que pour ça, on n'avait pas besoin de médiateurs donc on s'est affranchi de cette tutelle et on a fondé un collectif », raconte Anne, une des premières Brouettes, comme ils se nomment entre eux.

Emmanuel Daniel, « Un collectif citoyen tente de se réapproprier son quartier », *Tour de France des alternatives*, 15 septembre 2013.

- **Définissez ce qu'est un collectif de citoyens.**
- **Identifiez le lien entre ce document et l'exercice de la citoyenneté.**

Doc. 7 Des trois aspects de la citoyenneté

On distingue habituellement trois aspects dans le concept de citoyenneté.

En premier lieu un aspect identitaire : être citoyen, c'est éprouver une « ressemblance fondatrice » avec d'autres. Cette ressemblance peut aussi bien se fonder sur une histoire commune, une culture ou une langue communes, voire une religion, des traditions : l'essentiel est qu'elle donne lieu à une « conscience d'identité » qui émerge à travers les différences individuelles, sociales, ethniques ou géographiques qui caractérisent les citoyens d'une même nation.

En second lieu, être citoyen, c'est prendre des décisions ensemble, être partie prenante de projets, d'entreprises, d'actions auxquelles on participe par le biais de l'élection des représentants.

Enfin être citoyen c'est avoir conscience de droits et de devoirs, non seulement pour soi, mais aussi corrélativement pour les autres. C'est donc être vigilant non seulement pour la défense de ses propres droits, mais aussi ceux des autres ; non seulement pour l'accomplissement de ses devoirs propres, mais aussi ceux des autres. Ce dernier aspect de la citoyenneté se concrétise notamment par la défense des droits de l'homme et du citoyen partout où ils sont violés.

D'après François Galichet, professeur émérite à l'IUFM d'Alsace, *Débat philosophique et citoyenneté*, 2011.

- **Indiquez quels sont pour l'auteur les trois aspects de la citoyenneté.**
- **Précisez à quelle(s) définition(s) de l'expression « Être citoyen » (▶ Exprimez votre point de vue) font écho les propos de l'auteur.**

Doc. 8 Une nouvelle dimension à la citoyenneté

Art. 7-1. Il est institué une citoyenneté de l'Union. Est citoyen de l'Union toute personne ayant la nationalité d'un État membre.
Art.7 A-1. Tout citoyen de l'Union a le droit de circuler et de séjourner librement sur le territoire des États membres [...].
Art.7 B-1. Tout citoyen de l'Union résidant dans un État membre dont il n'est pas ressortissant a le droit de vote et d'éligibilité aux élections municipales dans l'État membre où il réside, dans les mêmes conditions que les ressortissants de cet État. [...]
Art.7 C. Tout citoyen de l'Union bénéficie, sur le territoire d'un pays tiers où l'État membre dont il est ressortissant n'est pas représenté, de la protection de la part des autorités diplomatiques et consulaires de tout État membre [...].
Art.7 D. Tout citoyen de l'Union a le droit de pétition devant le Parlement européen. [...]

Traité sur l'Union européenne, 7 février 1992.

Justifiez le titre de ce document.

Doc. 9 Les droits du citoyen européen

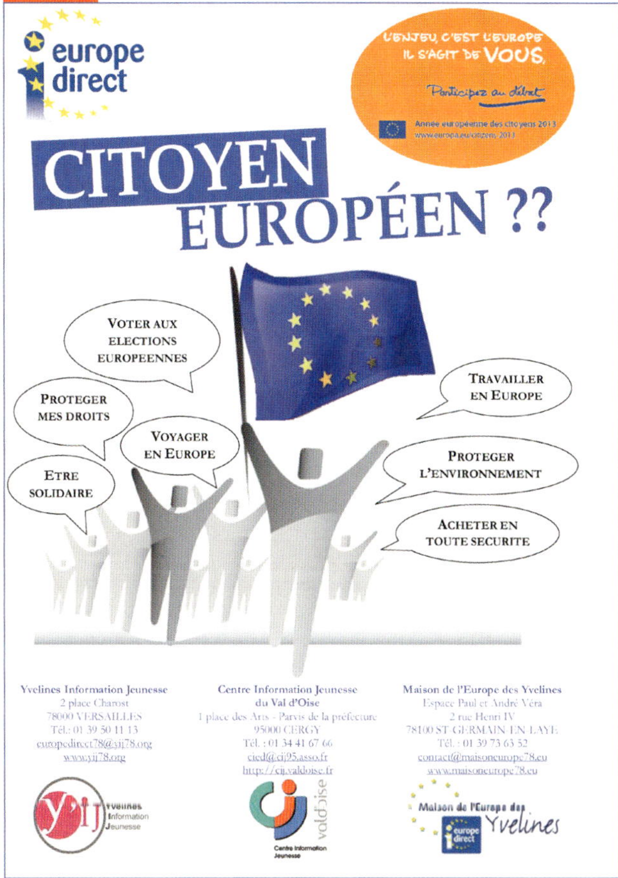

Brochure publiée par Yvelines Information Jeunesse, le Centre Information Jeunesse du Val d'Oise, la Maison de l'Europe des Yvelines et Europe Direct, 2013.

- **Identifiez la citoyenneté dont il est question dans ce document.**
- **Doc. 8 et 9 Décrivez comment peut s'exercer cette citoyenneté.**

FORMULEZ vos conclusions

▶ **En vous appuyant sur ce que les documents vous ont appris et à l'aide vos premières réponses (▶ Exprimez votre point de vue) :**
- définissez ce qu'est « être citoyen » ;
- donnez deux raisons qui justifient l'affirmation suivante : « Le citoyen est un acteur de la République ».

À RETENIR

Citoyenneté, République et démocratie

- La Grèce antique et, plus particulièrement la **cité** d'Athènes, est la première à penser la **démocratie**. Si cette démocratie, limitée aux hommes, refuse de s'ouvrir aux étrangers et repose largement sur le travail de nombreux esclaves, elle élabore des principes et des pratiques de gouvernement qui impliquent la participation des **citoyens** à toutes les décisions.
- Depuis le XIXe siècle, la **République** française fait du citoyen celui qui décide du fonctionnement de la société en exerçant ses **droits politiques**. Dans la vie quotidienne, il est également acteur de cette société. Ainsi, la **citoyenneté** se définit juridiquement par la possession de la **nationalité** française et de ses **droits civils** et politiques mais aussi comme la participation à la vie de la « cité ».
- De ce fait, la citoyenneté s'exerce dans les lieux différents comme l'entreprise, le lycée, le quartier... et au sein d'organisations, tels les partis politiques, les associations ou les syndicats. Par son action et guidé par **l'intérêt commun**, chacun peut donc faire évoluer la société où il vit, venir en aide aux autres ou influencer la politique nationale et ainsi faire vivre la démocratie. Toutefois cet engagement doit se faire dans le cadre prévu par la **Constitution**. Chacun dispose de la liberté d'opinion et peut exprimer ses idées mais dans le respect d'autrui. La **loi** considère comme des délits les **propos discriminatoires**, racistes ou sexistes et peut dissoudre tout rassemblement ou autre organisation qui met en péril la sécurité de l'État et des personnes.

Synthèse audio
www.lienmini.fr/hg1-17

Voter : un droit et un devoir pour tous les citoyens ?

Doc. 1 Réflexions sur le droit de vote

a. Dessin d'André-Philippe Côté.

- Doc. 1a Décrivez la construction de ce dessin.
- Doc. 1a Retrouvez l'idée que veut illustrer le dessinateur.
- Doc. 1b Relevez les raisons qui, selon Anne Muxel, expliquent l'augmentation de l'abstention.
- Doc. 1a et b Dites pourquoi le point de vue d'Anne Muxel est différent de celui exprimé par le dessin.

b. Depuis une trentaine d'années, l'abstention augmente. [Cette tendance peut s'expliquer] par des mutations profondes du comportement électoral et des usages de la citoyenneté. L'abstention a acquis une certaine légitimité en tant que réponse politique à part entière. L'électeur d'aujourd'hui est d'abord un électeur intermittent, qui fait un usage alterné du vote et de l'abstention, qui ajuste son comportement électoral en fonction de l'offre politique ou de la façon dont il perçoit l'importance des enjeux du scrutin. […]
Le vote est de moins en moins considéré comme un devoir et de plus en plus comme un droit. On peut donc aussi interpréter cette abstention comme un signe de vitalité politique et démocratique, car le citoyen évalue les enjeux, évalue s'il souhaite se déplacer, s'investir dans cet engagement électoral, s'il a envie d'envoyer un message d'alerte par une abstention-sanction. Cela peut être le signe d'une certaine maîtrise sur le plan des usages démocratiques. Dans ce cas, on peut considérer que c'est moins problématique pour les démocraties.

Anne Muxel, directrice de recherche du Centre de recherches politiques de Sciences Po (Cevipof), propos recueillis par Ilan Caro, « L'abstention est devenue une réponse politique », www.francetvinfo.fr, 23 mars 2014.

Doc. 2 Des limites à l'action citoyenne ?

Un processus démocratique de qualité doit articuler trois fonctions essentielles : la participation, la délibération et la représentation des citoyens. L'espace et le temps de la délibération sont essentiels car c'est à cette occasion que l'on passe du simple agrégat d'opinions pour construire un véritable jugement citoyen nourri d'informations, d'argumentations diverses ou contradictoires, d'expertises et d'évaluations.
[Or, comme cela demande du temps et des financements], il faudrait prévoir des crédits-temps alloués aux citoyens investis dans des participations civiques importantes – sur le modèle des congés de représentation syndicaux, par exemple –, voire une « indemnité civique » ou revenu de citoyenneté. […] Si l'on veut, en effet, que la démocratie ne soit pas réservée à ceux qui en ont les moyens (en temps, en argent, en savoirs, en relations, etc.), il est essentiel de permettre à tous ceux qui le souhaitent d'exercer la plénitude de leurs droits civiques.

Patrick Viveret, « Pour redonner sa noblesse à l'action politique », *Le Monde diplomatique*, mai 2000.

- Précisez à quelle réalité politique l'auteur fait référence quand il évoque « la participation, la délibération et la représentation des citoyens » dans la démocratie.
- Relevez la proposition émise par l'auteur dans son article.

Doc. 3 Des limites à l'action citoyenne ?

La proposition n'est pas nouvelle[1] mais provoque toujours un intérêt certain chez les responsables politiques. Le vote obligatoire, déjà de rigueur chez certains de nos voisins[2], est une nouvelle fois préconisé. Dans son rapport sur l'engagement républicain, Claude Bartolone fait la promotion de cette idée. « Je crois que l'on pourrait engager cette démarche parce que la démocratie s'entretient, s'irrigue. Je ne connais pas de meilleur moyen de l'arroser que de participer au vote », a expliqué le président de l'Assemblée nationale depuis l'Élysée où il était attendu mercredi pour livrer ses suggestions à François Hollande.

Aussitôt rendue publique, la proposition a été approuvée par Jean-Marie Le Guen, le secrétaire d'État chargé des relations avec le Parlement. « Avant je n'en voyais pas l'intérêt, aujourd'hui je suis plutôt convaincu de la nécessité d'aller vers cette direction », a-t-il déclaré à Sud Radio. La démocratie ne doit pas être une valeur commerciale que l'on consomme ou que l'on ne consomme pas. Il y a une forme d'état d'esprit « J'y vais si ça me rapporte ». La démocratie, ce sont des droits et aussi des devoirs et des gens sont morts pour avoir le droit de vote ». L'enthousiasme est plus modéré chez Gérard Collomb, le maire PS de Lyon invité d'I-Télé : « Je trouve que c'est bien mais ce n'est pas la seule solution. On peut penser que cela va permettre de lutter contre l'abstention mais en même temps, il faut bien voir que le mal est plus profond ». « Dans certains quartiers les gens sont désintéressés par la politique. Quand il y a 25-30 % de chômage, 50 % chez les jeunes, on ne peut pas s'étonner ensuite qu'il y a une abstention grandissante », a noté l'élu.

Tristan Quinault Maupoil, « Le débat sur le vote obligatoire relancé par Calde Bartolone », *Le Figaro*, 15 avril 2015.

1. Trente-trois propositions de loi sous la IIIe République, neuf sous la IVe, seize depuis le début de la Ve, dont treize depuis 2000.
2. Dix-huit pays sanctionnent les abstentionnistes : le Mexique, l'Équateur, le Pérou, le Brésil, la Bolivie, l'Argentine, le Paraguay, la Belgique, le Luxembourg, la Suisse, le Liechtenstein, Chypre, la Turquie, l'Égypte, Singapour, l'Australie, les îles Nauru et Fidji.

- Identifiez et reformulez les arguments des partisans du vote obligatoire.
- Précisez pourquoi cette mesure risque d'avoir des effets limités sur le taux d'abstention aux élections.

Doc. 4 Le droit de vote en débat

l'Humanité
LE JOURNAL FONDÉ PAR JEAN JAURÈS
L'invité EMMANUEL ZEMMOUR L'actu de la semaine vue par le président de l'Unef. P. 23
DROIT DE VOTE AUX ÉLECTIONS LOCALES
« On vit ici
On bosse ici
On vote ici ! »
Syndicaliste, militant associatif ou engagé dans la vie sportive : la parole à trois étrangers impliqués dans la vie de la cité et concernés par la promesse « oubliée » du président de la République. PAGE 2
RENCONTRE Le défi d'une autre gestion des entreprises. P. 12
VIRGIN Les syndicats accusent l'actionnaire Butler. P. 6
SYRIE Bachar Al Assad persiste et signe dans la voie de la guerre et des massacres. P. 11

L'Humanité, 7 janvier 2013.

- Identifiez le sujet de cette Une.
- Donnez deux raisons pour lesquelles ce sujet fait polémique en France (Ce que dit le droit).

Ce que dit le droit

« Art. 3. [...] Sont électeurs, dans les conditions déterminées par la loi, tous les nationaux français majeurs des deux sexes, jouissant de leurs droits civils et politiques. »

Constitution de la Ve République, 1958.

« Art. LO 227-1. Les citoyens de l'Union européenne résidant en France, autres que les citoyens français, peuvent participer à l'élection des conseillers municipaux dans les mêmes conditions que les électeurs français, sous réserve des dispositions de la présente section. »

Loi organique n° 98-404 du 25 mai 1998.

POUR DÉBATTRE

▶ En vous appuyant sur la réflexion que vous venez de conduire à partir des différents documents, de vos connaissances et de votre expérience, donnez votre point de vue sur cette question : « Voter : un droit et un devoir pour tous les citoyens ? »

L'engagement : une citoyenneté active au quotidien ?

Doc. 1 Les Français et l'engagement

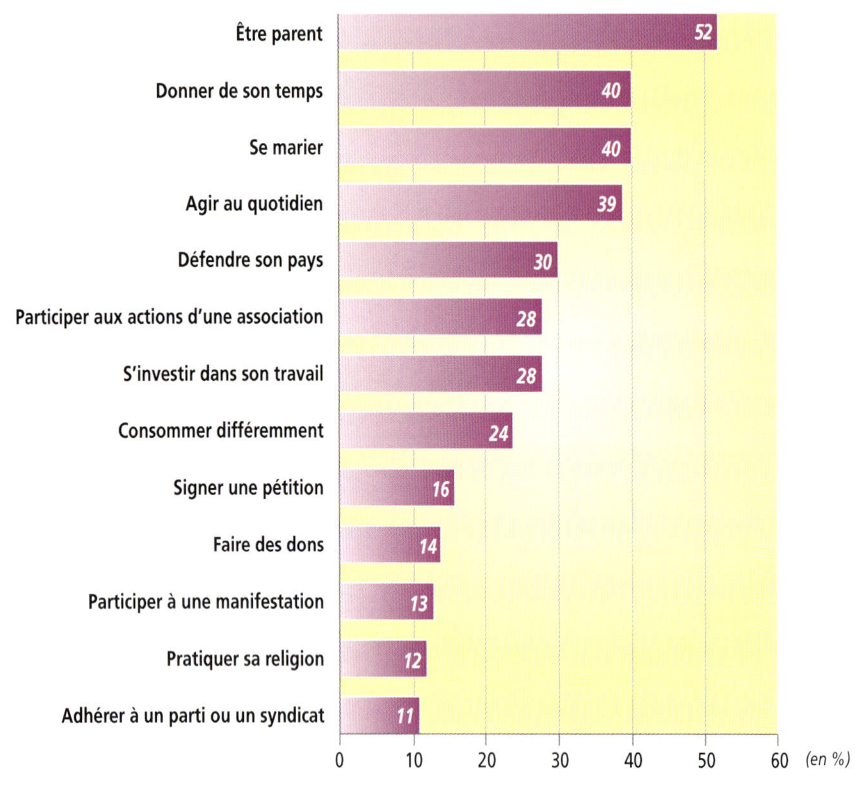

Source : Étude Opinionway réalisée les 16 et 17 juin 2011 pour le magazine *Clés*, auprès d'un échantillon de 1 000 personnes de plus de 18 ans représentatif de la population française en réponse à la question : « quelles sont les actions qui correspondent à l'idée que vous vous faites de l'engagement ? ».

- Choisissez parmi ces propositions celles qui correspondent à votre conception personnelle de l'engagement. Expliquez vos choix.
- Indiquez une de ces actions, qui, selon vous, n'est pas une forme d'engagement. Expliquez votre choix.

Doc. 2 David Myriam, un artiste engagé

Artiste engagé, ça signifie quoi ?

C'est un artiste militant qui porte un regard critique sur le monde, qui veut dire des choses, dont l'œuvre est imprégnée, consciemment ou pas, d'une certaine vision politique. Ca s'oppose aux créations-marchandises qui visent à distraire. [...] Après, il peut exister des œuvres artistiques tout à fait valables, qui parlent de la beauté du monde, de son mystère, qui veulent faire rire et rêver, mais ce ne sont pas des créations engagées, ou alors sous une autre forme, plus indirecte. On pourrait dire que l'artiste engagée utilise les mots, les images, etc. à la place des armes et des coups de poing pour inciter à la révolution en évoquant l'utopie et en démontant les barbaries. [...] Je vois mal comment on peut être un artiste dans le monde actuel sans être engagé d'une manière ou d'une autre. En fait ça vaut pour n'importe quel être humain, mais c'est encore plus important à mon avis pour une artiste vu que son objectif est de tenir un « discours » sur le monde.

David Myriam, http://art-engage.net

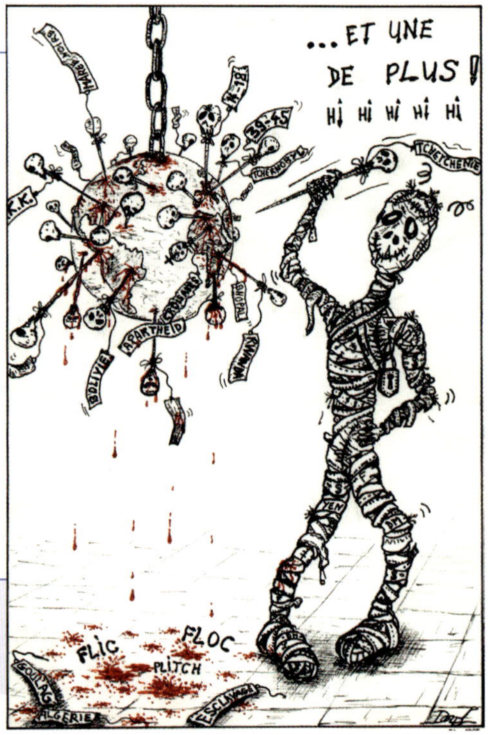

- Relevez ce qui caractérise un artiste engagé selon David Myriam.
- Expliquez la dernière phrase du texte.
- Montrez que le dessin de l'artiste illustre sa conception de l'art engagé.

Doc. 3 L'engagement citoyen

Pour certains, l'engagement citoyen ne peut être qu'un engagement de contestation, de remise en question de l'ordre établi, de revendication. De ce point de vue, engagement citoyen et militantisme vont de pair. Pour d'autres, l'engagement citoyen signifie un engagement vis-à-vis d'autrui et de la collectivité, créateur d'un espace public et de lien social. L'engagement citoyen englobe alors le militantisme mais est conçu d'une manière plus large et peut prendre différentes formes, il peut se vivre dans un contrat de travail comme dans la participation à des manifestations, dans la signature de pétition ou dans des actes d'achat raisonnés (par exemple achats de produits écologiques ou boycott de produits provenant de certains pays, etc.).

Anne-Marie Dieu, *Le Processus de l'engagement volontaire et citoyen : des valeurs, des individus et des associations*, CESEP, Nivelle (Belgique), 2011.

- Relevez dans le texte les deux sens que peut prendre l'engagement citoyen.
- Citez les exemples que l'auteur donne des formes d'engagement et indiquez pour chacun d'eux lequel des deux sens de l'engagement ils illustrent.

Doc. 4 Entre militantisme et engagement

a. Distribution du programme de campagne de François Hollande, le 26 février 2012.

b. Agence du service civique, campagne 2015.

Ce que dit le droit

« Les partis et groupements politiques concourent à l'expression du suffrage. Ils se forment et exercent leur activité librement. Ils doivent respecter les principes de la souveraineté nationale et de la démocratie. »

Article 4 de la Constitution 1958.

- Justifiez le titre de ce document 4.
- Indiquez les différences et les similitudes de ces deux formes d'action.

Doc. 5 Entre engagement et militantisme

Quel est ton parcours de militante ?
À la base, je ne me définis pas comme militante. Je ne me suis pas engagée par conviction, pour défendre une cause particulière, mais plutôt par opportunité. Quand je suis arrivée à l'université, il se trouve que dans ma promo il y avait le président d'une association étudiante. Le projet avait l'air intéressant, c'était un moyen de rencontrer des gens alors que je venais juste d'arriver à Paris, je suis donc allée voir. Je n'étais pas militante à la base, même si notre association défendait l'accès à l'éducation en reversant ses bénéfices à d'autres associations dont c'était le combat. […] C'est en m'y impliquant en tant que bénévole puis trésorière et après en m'engageant dans le réseau Animafac que je suis devenue militante.
Fais-tu une différence entre le militantisme et l'engagement ?
Pour moi, derrière l'engagement il y a d'abord l'idée d'un contrat tacite. Tu rejoins une association et tu t'engages à faire une maraude, organiser une soirée, déplacer des cartons, etc. Et une fois que tu l'as dit, il faut que tu le fasses. Le militantisme va plus loin. C'est la prise de conscience que ton engagement porte un discours politique.

Interview de Bérénice Jond, Présidente d'Animafac, Réseau national d'associations étudiantes.
Propos recueillis par Bertrand Coly, ancien secrétaire général du MRJC.

- Précisez ce qui distingue, selon B. Jond, l'engagement et le militantisme.

Doc. 6 Témoignage

J'ai grandi en Allemagne, à Francfort, entre un père français et une mère allemande. Après avoir terminé ma scolarité en France, je suis retourné là-bas pour faire mon service militaire obligatoire. […] L'armée m'a plu dès le début, alors que j'étais simple soldat de rang en régiment parachutiste dans la Sarre. Mais le vrai déclic a eu lieu en 2008, en Afghanistan, où j'ai passé quatre mois. Là, j'ai vu des choses terribles, j'ai pris conscience de la misère dans le monde et à quel point notre vie est confortable. […] J'ai décidé de préparer le concours de Saint-Cyr. Mon engagement dans l'armée est une démarche personnelle, qui correspond à mes valeurs. […] J'ai trouvé ma voie et les termes « honneur », « courage », « dépassement de soi », ont pris tout leur sens depuis que j'ai décidé de faire ma carrière sous les drapeaux. Si je décroche Saint-Cyr, je rêve de trouver un poste dans le cadre européen ou franco-allemand. Et de continuer d'être disponible, non pas pour défendre la paix, mais pour aider les plus faibles.

Felix Weikl, 23 ans, militaire.
http://www.cles.com/enquetes/article/s-engager-pour-quoi-faire

Des militaires français à proximité de Camp Tora, à une cinquantaine de kilomètres de Kaboul, le 11 septembre 2011.

- Précisez le sujet de ce témoignage.
- Donnez deux raisons qui expliquent le choix de ce témoignage pour illustrer le sujet abordé dans ces pages.

Doc. 7 Avaaz

- Identifier la nature de ce document
- Expliquez ce qu'est Avaaz.

Doc. 8 Citoyen du monde, derrière mon ordinateur

Au début, [sur Avaaz] je signais les pétitions mais j'étais sceptique. De simples textes portés par des citoyens peuvent-ils peser dans la balance mondiale ? Le nombre de signatures réunies en un temps record, la pression mise sur les dirigeants, parfois contraints de reculer, m'ont convaincu. Je m'implique de plus en plus, depuis mon écran d'ordinateur. Étudiant dans le Nord-Pas-de-Calais, je ne peux pas participer aux rassemblements parisiens, mais je passe cinq à dix heures par semaine à traduire des textes bénévolement et je soutiens les causes Avaaz sur les réseaux sociaux. Cet engagement colle à ma fibre de citoyen du monde. Je participe à une prise de conscience collective, numériquement peut-être, mais activement et avec des résultats concrets.

David Dubroeucq, 24 ans, Étudiant et militant sur Internet.
http://www.cles.com/enquetes/article/s-engager-pour-quoi-faire

- Les nouvelles technologies favorisent l'engagement. Justifiez cette affirmation.

POUR DÉBATTRE

▶ En vous appuyant sur la réflexion que vous venez de conduire et sur votre expérience personnelle, donnez votre point de vue sur cette question : « L'engagement, une citoyenneté active au quotidien ? ».

Exercer sa citoyenneté dans une société de l'information : une nécessaire éducation ?

Doc. 1 Une société de la communication et de l'information

Louie Psihoyos, *The Information Revolution. 500 monitors*, 2003.

- Expliquez le lien entre cette œuvre et le titre donné au document.
- Dégagez une des idées qu'a voulues illustrer l'artiste en réalisant cette œuvre.

Doc. 2 Pour une définition de la société de l'information

La « société de l'information » a succédé à la société industrielle dans la partie la plus développée de l'humanité qui privilégie dorénavant l'échange de données grâce aux nouvelles technologies abolissant le lieu et le temps. […] Mais l'expression même de « société de l'information » reste équivoque : « l'erreur, c'est de penser que l'information, c'est de la connaissance. C'est plutôt un fragment de réalité qui nous interroge. Pour qu'elle devienne de la connaissance, l'information doit être intégrée dans un contexte […] » indique Edgar Morin dans l'hebdomadaire *La Vie*, d'avril 2008. Il n'existerait donc pas de conséquence naturelle entre « plus on a d'informations » et « mieux on comprend ». Certains penseraient même le contraire : l'explosion d'informations parcellaires et intéressées nuirait à notre compréhension du monde. Pendant longtemps, les médias de presse affirmaient leur ambition de faire des liens, replacer l'événement dans une dynamique historique, sociale, sociologique, politique, économique, culturelle. Dans sa mythologie, l'information journalistique sert ainsi à éclairer des citoyens/consommateurs, animer le débat démocratique, donner des outils pour que chacun façonne sa liberté de penser et d'agir. […]

Tous ceux, professionnels ou non, journalistes ou non, qui revendiquent la production d'une information de presse doivent donc accepter et défendre les règles déontologiques qui déclinent trois idées fondamentales : le droit à l'information du public, la recherche de la vérité et le respect de la dignité humaine.

Nathalie Dollé, « Dossier Information et citoyenneté », *Mediapart*, blogs.mediapart.fr, 5 mai 2010.

- Définissez ce que l'on entend par« société de l'information ».
- Précisez le lien que l'on peut établir entre le développement de la société de l'information et l'exercice de la citoyenneté.

Doc. 3 Une nouvelle société de l'information

a. Dessin de Philippe Tastet, 2013

b. Dessin de Babouse, *L'Humanité*, mai 2010.

- **Doc. 3a** Justifiez le titre de ce dessin.
- **Doc. 3b** Observez les personnages représentés et indiquez ce qu'ils symbolisent.
- Donnez le sens de ce dessin.
- Expliquez pourquoi on parle aujourd'hui d'« une nouvelle société de l'information ».

Ce que dit le droit

« Art. 19 - 1. Nul ne peut être inquiété pour ses opinions.
2. Toute personne a droit à la liberté d'expression ; ce droit comprend la liberté de rechercher, de recevoir et de répandre des informations et des idées de toute espèce, sans considération de frontières, sous une forme orale, écrite, imprimée ou artistique, ou par tout autre moyen de son choix.
3. L'exercice des libertés [...] peut en conséquence être soumis à certaines restrictions [...] :
a) au respect des droits ou de la réputation d'autrui ;
b) à la sauvegarde de la sécurité nationale, de l'ordre public, de la santé ou de la moralité publiques. »

Pacte international relatif aux droits civils et politiques, Nations unies, 1966.

Doc. 4 Le pouvoir de la télévision en particulier

Avant, l'homme ne pouvait pas vivre sans armes, puis sans voitures, ou sans électricité. Aujourd'hui, on ne peut pas vivre sans les médias. Le danger vient de ce que les médias, qui sont une puissance, ne s'occupent plus exclusivement de l'information. Ils se sont fixé un objectif plus ambitieux : ils façonnent la réalité. De plus en plus souvent, nous percevons le monde tel qu'il nous est montré à la télévision, et non pas tel qu'il est en réalité. La télévision nous fait vivre dans un univers de contes. L'histoire que nous connaissons d'après la télévision n'est pas le fruit de notre existence, mais de notre imagination. Nous ne faisons que l'imaginer, sur la base d'éléments réels, certes, mais dont la construction dépend de nous. [...]
Le rôle de l'image télévisée est énorme. Nous devons rester conscients que l'image ne suscite pas de réflexion, elle agit seulement sur nos émotions.

Ryszard Kapuscinski, *Autoportrait d'un reporter*, Éditions Plon, 2008.

- Résumez le point de vue de l'auteur.
- Montrez que ce point de vue justifie l'idée selon laquelle savoir lire l'information est une condition à l'exercice de la citoyenneté.

Doc. 5 L'image et l'information

On s'interroge peu au quotidien sur la fonction des images dans les articles de presse. Mais l'explosion de l'édition sur le web et la création de banques d'images gratuites ou à bas coût, sans même parler des pratiques d'utilisation sauvage (sans autorisation) d'images produites par des tiers, pose bien des questions.

L'image est l'élément de l'article (ou du journal) qui accroche le lecteur. On sait par exemple que jusqu'en 2008, la devise du magazine *Paris Match* était « Le poids des mots, le choc des photos ». […]

André Gunthert, spécialiste de l'histoire visuelle et créateur du Laboratoire d'histoire visuelle contemporaine à l'École des Hautes études en sciences sociales [constate qu'aujourd'hui la photographie perd] une bonne part de sa fonction d'information.

L'utilisation de photos illustratives qui sont une simplification allégorique de la thématique, largement employées par la presse magazine, a désormais été adoptée par la presse quotidienne et sert à illustrer l'actualité, en lieu et place des photos de presse réalisées sur les lieux de l'événement.

D'après Alexandre Roberge, « L'image et l'information : un rapport trouble à décrypter », *Thot-Cursus*, 9 décembre 2012.

- **Reformulez les deux constats que fait l'auteur.**
- **Montrez que les points de vue défendus par les auteurs des documents 4 et 5 justifient l'idée qu'il est nécessaire d'avoir un regard critique sur les informations qui nous sont données.**

Doc. 6 Une si pesante image

Le Sud-Africain Kevin Carter est âgé de 33 ans quand il entre dans l'histoire du photojournalisme avec cette image. […]

En mars 1993, il se rend au Soudan pour enquêter sur la guerre civile et la famine qui frappe le pays. Avec d'autres photographes, il arrive dans le village d'Ayod. Il tombe sur un enfant squelettique qui se traîne péniblement jusqu'au centre d'approvisionnement alimentaire voisin. Soudain, un vautour vient se poser derrière lui. Carter a devant lui un symbole fort de la misère qui sévit dans la région et il déclenche son appareil. […]

Un an après cette prise de vue, le 12 avril 1994, Nancy Buirski, alors rédactrice photo au *New York Times*, appelle Kevin Carter pour lui annoncer qu'il vient de remporter le prix Pulitzer grâce à cette photographie. Ce prix prestigieux apporte à Kevin Carter une reconnaissance de ses pairs en même temps qu'une salve de critiques acerbes. La plupart portent sur l'éthique du photographe dans une situation pareille. « L'homme qui n'ajuste son objectif que pour cadrer au mieux la souffrance n'est peut-être aussi qu'un prédateur, un vautour de plus sur les lieux », écrit le *St. Petersburg Times*, quotidien publié en Floride. Beaucoup se demandent à voix haute pourquoi Carter n'a pas aidé l'enfant.

En 2011, Alberto Rojas, photojournaliste pour le quotidien espagnol *El Mundo*, s'est rendu à Ayod. Obsédé par cette image, il s'était mis à chercher des informations sur elle. […] Pour lui, le bébé sur la photo de Carter n'était pas seul, il était à quelques mètres du centre de soins, près de son père, de personnels médicaux. Le bracelet en plastique interpella aussi Rojas car cela constituait un signe évident de prise en charge du bébé par une organisation humanitaire. […]

Au terme d'une enquête de plusieurs jours, il rencontra le père de l'enfant immortalisé par Kevin Carter. […] L'enfant avait effectivement survécu à la famine mais était mort quatorze ans plus tard des suites de fièvres intenses provoquées par une crise de paludisme.

Pauline Auzoun, « Une si pesante image », *Le Monde*, 26 juillet 2013.

- **Expliquez pourquoi la publication de cette photographie interroge sur l'utilisation des images dans les médias.**

Doc. 7 Le journalisme citoyen

L'information ne s'achète plus dans un kiosque, mais se consulte en ligne. Le moyen de diffusion est simple. [...] Il s'agit d'Internet. [...] Et si le citoyen lit l'information sur la toile, il voit aussi que cette dernière lui permet l'inimaginable. Ainsi, le lecteur peut devenir auteur. Ainsi, le lecteur mécontent peut corriger l'actualité. Lui aussi peut se prendre pour un journaliste et diffuser ses articles. [...]

L'information n'est pas faite pour qu'un passionné couche sa plume sur du papier ou pose ses doigts sur un clavier afin de parler d'elle.

Non, l'information a pour objet d'informer le public parce que celui-ci veut connaître la réalité du monde dans lequel il vit. C'est pourquoi le journalisme est une profession. L'information est l'œuvre de professionnels. Elle doit être contrôlée. Il n'est pas possible qu'il soit raconté n'importe quoi au public. D'ailleurs, l'informateur ne raconte pas, mais rapporte. Il rapporte des faits. De la manière la plus simple possible. Le reporter doit s'en tenir au fait. Et c'est ainsi que le lecteur juge. C'est pourquoi la presse se veut être neutre. Elle ne doit pas influencer le jugement du lecteur, mais lui permettre de se faire une opinion. Le lecteur pense grâce à la presse.

L'existence de la presse libre et neutre manifeste l'existence de la démocratie.

Richard Patrosso, « Journalisme citoyen et cinquième pouvoir », *Agoravox*, www.agoravox.fr, 1er février 2007.

- Définissez ce que l'on appelle le « journalisme citoyen ».
- Donnez une raison qui explique que le développement de cette forme de « journalisme » rend encore plus compliquée la lecture de l'information.

Ce que dit le droit

« La communication au public par voie électronique est libre.
L'exercice de cette liberté ne peut être limité que dans la mesure requise, d'une part, par le respect de la dignité de la personne humaine, de la liberté et de la propriété d'autrui, du caractère pluraliste de l'expression des courants de pensée et d'opinion et, d'autre part, par la protection de l'enfance et de l'adolescence, par la sauvegarde de l'ordre public, par les besoins de la défense nationale [...]. »

Loi n° 86-1067 du 30 septembre 1986 relative à la liberté de communication audiovisuelle.

Doc. 8 Hoaxbuster, un site critique

www.hoaxbuster.com/dossiers/11-septembre-10-ans-de-rumeurs

- Précisez le rôle de ce site Internet.
- Doc. 7 et 8 « La création de ce site Internet répond aux propos de l'auteur du texte. » Démontrez cette affirmation.

POUR DÉBATTRE

► En vous appuyant sur la réflexion que vous venez de conduire à partir des différents documents, de vos connaissances et de votre expérience, donnez votre point de vue sur cette question : « Exercer sa citoyenneté dans une société de l'information : une nécessaire éducation ? »

SUJET D'ÉTUDE 1. Les États-Unis et le monde (1917-1989)

Les États-Unis : de l'isolationnisme…

« Nous avons toujours été les spectateurs anxieux des événements qui se déroulent en Europe, partie du globe avec laquelle nous avons tant de liens et dont nous tirons notre origine. […] C'est seulement lorsque nos droits sont atteints ou sérieusement menacés que nous ressentons l'offense ou faisons des préparatifs pour notre défense. »

James Monroe, président des États-Unis (1817-1825), 1823.

… à un rayonnement mondial

HISTOIRE DES ARTS

Daniel Authouart, *Manhattan Colors*, huile sur toile, 192,5 x 273,5 cm, 1998.

Une puissance qui s'affirme lors des deux guerres mondiales

Situations

De l'interventionnisme mesuré des États-Unis à l'affirmation de leur superpuissance

Si les États-Unis dominent l'économie mondiale depuis le début du XXe siècle, ils n'interviennent pas dans les relations internationales. Contraints de s'engager dans les deux guerres mondiales, ils jouent un rôle essentiel dans la victoire des Alliés et affirment leur statut de puissance. Après 1945, face à l'URSS, ils s'imposent comme leader du monde libre et ne cessent d'étendre leur influence économique, politique, militaire et culturelle.

Carte 1 Les États-Unis au lendemain de la Première Guerre mondiale

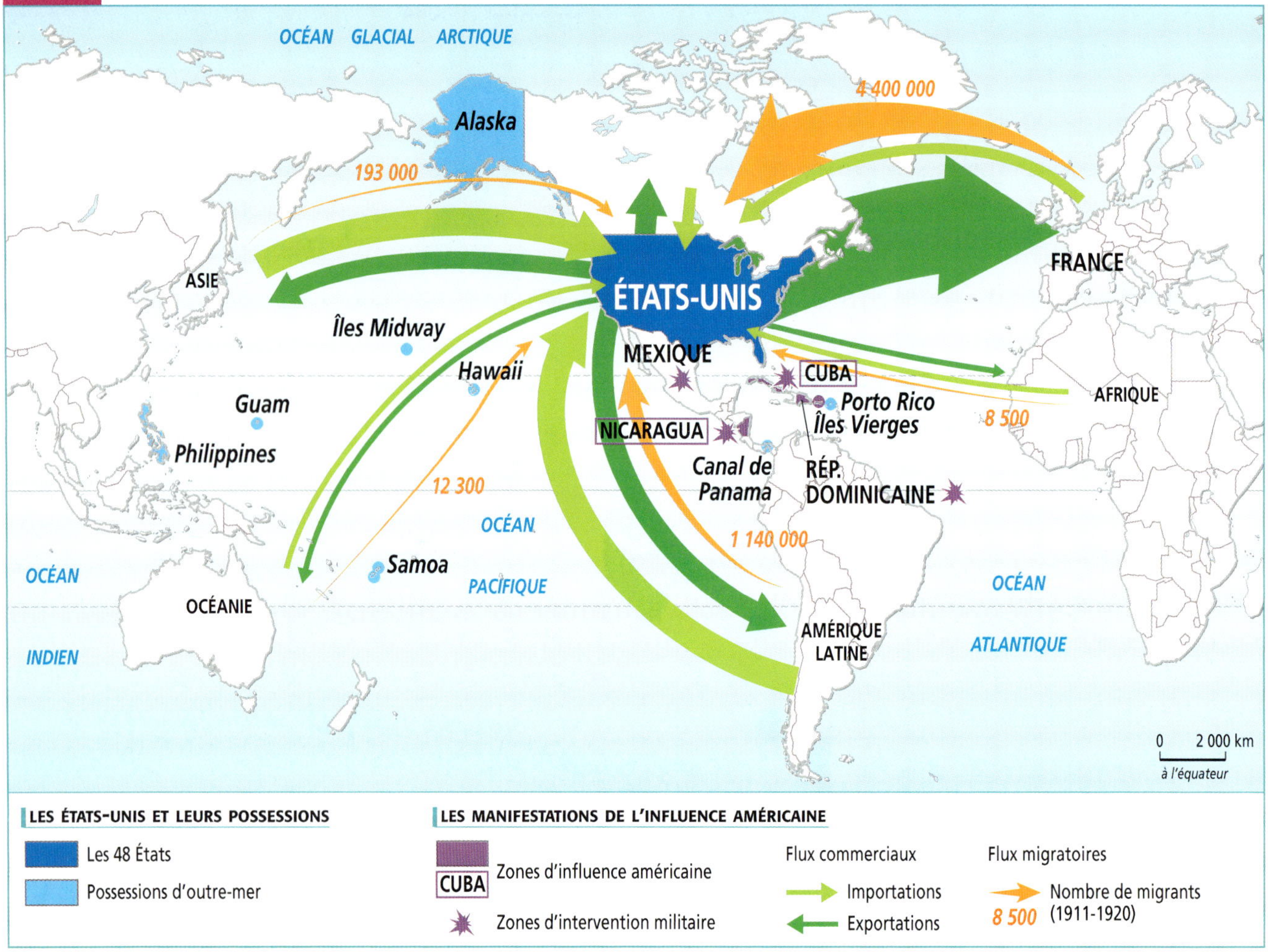

1. Citez les principales formes de la présence américaine dans le monde en 1918.
2. Montrez que l'influence américaine reste avant tout régionale.

1914 — 1920 — 1940

AFFIRMATION DE LA PUISSANCE AMÉRICAINE

INTERVENTIONNISME — ISOLATIONNISME

1914-1918 Première Guerre mondiale

1917 Entrée en guerre des États-Unis

1918 14 points de Wilson

1920 Refus du Sénat américain d'entrer à la SDN

1939-1945 Seconde Guerre mondiale

1941 Pearl Harbor, Entrée en guerre des États-Unis

1945 Création de l'ONU, Bombes atomiques (Hiroshima

1947 Plan Marshall

Carte 2 Les États-Unis dans la guerre froide

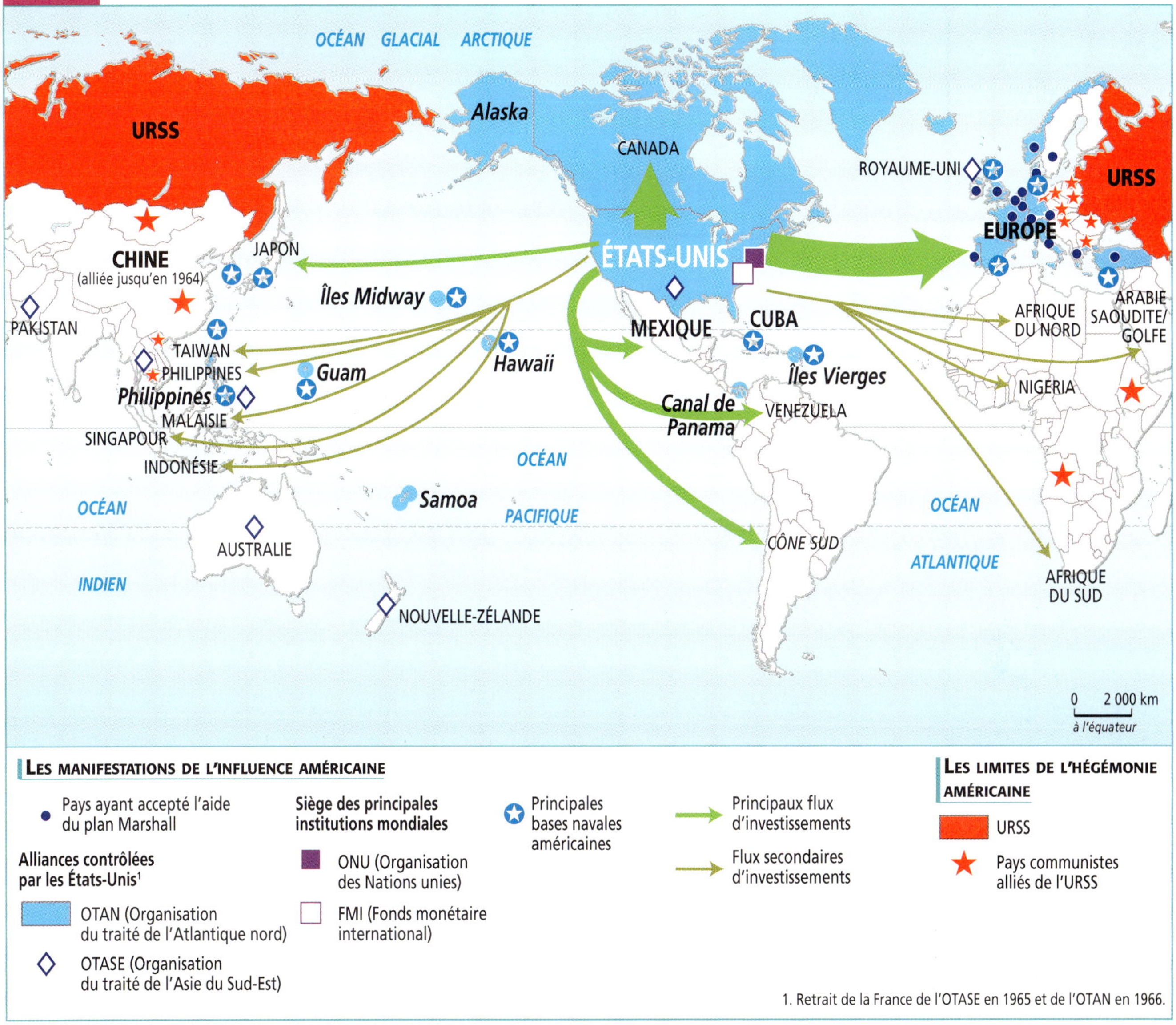

1 Les États-Unis sont une superpuissance après 1945. Justifiez cette affirmation.

2 Relevez deux informations sur la carte qui montrent les limites de cette puissance.

BAC **Décrivez les formes que prend la puissance américaine au XXe siècle.**

▸ Recherchez et citez les éléments qui illustrent la puissance américaine (lecture de la légende des cartes).

▸ Expliquez pourquoi ces éléments illustrent la puissance américaine.

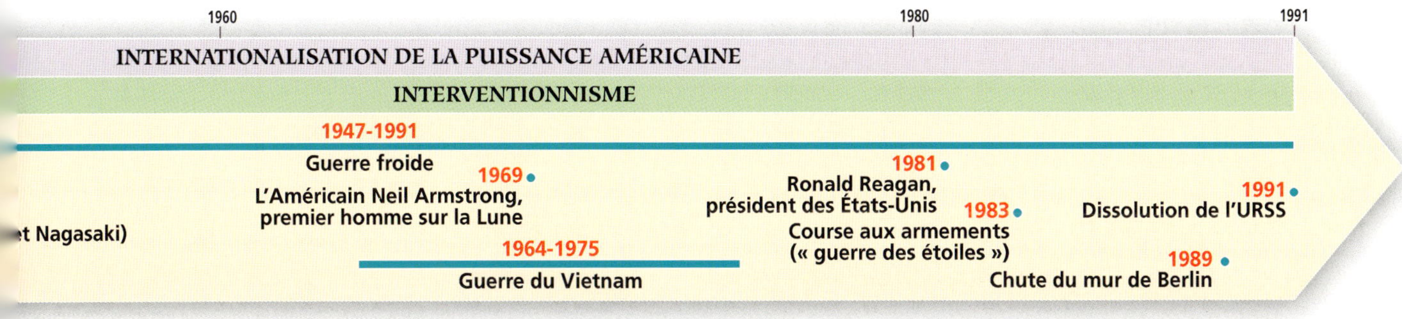

A. L'affirmation de la puissance américaine (1917-1945)

Doc. 1 L'entrée en guerre des États-Unis (1917)

Nous n'avons pas de querelle avec le peuple allemand. Nous ne désirons ni conquêtes ni dominations. Nous ne sommes que l'un des champions des Droits de l'homme. [...] La guerre actuelle de l'Allemagne contre le commerce est une guerre contre l'humanité ; c'est une guerre contre toutes les nations. Des navires américains ont été coulés et des vies américaines ont été perdues dans des circonstances qui nous ont profondément touchés. Mais les navires et les citoyens d'autres nations neutres et amies ont été coulés et précipités dans les flots de la même manière. [...] Je recommande au Congrès d'accepter officiellement la position de belligérant qui lui est ainsi imposée et de prendre des mesures immédiates, non seulement pour mettre le pays dans un état plus complet de défense, mais aussi pour exercer toute sa puissance et employer toutes ses ressources afin d'amener à composition le gouvernement allemand et, par-là, de terminer la guerre. [...] La neutralité n'est plus ni possible, ni désirable quand il y va de la paix du monde et de la liberté des peuples.

Discours du président Wilson au Congrès américain, 2 avril 1917.

Résumez le point de vue de Wilson et ses arguments.

Doc. 2 Les 14 points de Wilson (1918)

EXCLUSIVE TELEGRAPHIC SERVICE IN SAN LUIS OBISPO COUNTY OF UNITED PRESS NEWS ASSN. TABLOID FOR BUSY PEOPLE

SAN LUIS OBISPO DAILY TELEGRAM

13TH YEAR—No. 183. SUNDAY, OCTOBER 6, 1918. PRICE 5 CENTS

GERMANY ASKS PEACE EXTRA

EXTRA ON WILSON'S 14 POINTS

Thousands Gather for Celebration When News of Peace Move Comes

WILSON THE MAN OF HOUR

Fourteen Terms of Peace to Go Down in History as a Second Declaration of Independence, Say Diplomats.

NO PEACE TALK UNTIL GERMAN TROOPS LEAVE FRANCE, BELGIUM, RUSSIA

By RAYMOND CLAPPER, United Press Correspondent.

WASHINGTON, Oct. 6.—There will be no peace talk until German troops leave Belgium, France and Russia. This is the answer that officials and diplomats make today to reports that Germany is sending a request for peace negotiations.

That Prince Max would propose a cessation of hostilities was expected, and ask for a discussion of war aims raised by President Wilson.

Germany's greatest peace offensive is on the way, according to all views here.

Seeing her doom in the field of battle she is now entering into a string of clever peace maneuvers in the hope that she can stave off the fate that is ahead of her.

Military officials warn against any feeling that the end of the war is at hand.

AMSTERDAM, Oct. 6.—Prince Maximilian of Baden, the new German chancellor, announced in the Reichstag that he is communicating his request for peace negotiations to President Wilson through Switzerland, according to dispatches received here today

By ED L. KEEN, United Press Correspondent.

LONDON, Oct. 6.—What newspaper comment has been heard so far regarding the latest peace move by the Central Powers is a flat declination to even consider the proposal. Dispatches reaching here show that Germany has offered to negotiate peace on a basis of President Wilson's terms laid down in his speeches, but has failed to make any concession that would prove acceptable to the allies.

Une du journal américain *Daily Telegram*, 1918.
« L'Allemagne demande la paix sur les 14 points de Wilson »

Cette Une illustre l'importance du rôle joué par les États-Unis dans l'arrêt des combats en 1918. Justifiez cette affirmation.

Doc. 3 Les États-Unis et l'Europe en guerre (1941)

J'ai récemment souligné la rapidité avec laquelle le tempo de la guerre moderne pourrait apporter chez nous-mêmes l'agression matérielle à laquelle nous devons finalement nous attendre si les nations tyranniques gagnent cette guerre. [...] Par conséquent, je demande au Congrès des pouvoirs et des fonds suffisants pour la fabrication de munitions et de fournitures de guerre supplémentaires, pour les fournir à ces nations qui sont en guerre avec les pays agresseurs. Notre rôle le plus utile et immédiat est d'agir comme un arsenal pour eux, ainsi que pour nous-mêmes. Ils n'ont pas besoin d'hommes, mais ils ont besoin de milliards de dollars d'armes pour se défendre. [...] Nous ne pouvons pas, et nous ne voulons pas leur dire de se rendre, simplement parce qu'ils sont actuellement incapables de payer les armes dont nous savons qu'ils doivent les avoir. Je recommande que nous permettions à ces nations de continuer à obtenir du matériel de guerre aux États-Unis en mettant leurs commandes dans notre propre programme. La quasi-totalité de leur matériel pourrait, le moment venu, être utile à notre propre défense. Pour ce que nous envoyons à l'étranger, nous serons remboursés dans un délai raisonnable après la fin des hostilités, en matériels semblables ou, à notre choix, par d'autres marchandises de toutes sortes, qu'ils peuvent produire et dont nous avons besoin.

Discours du président Franklin D. Roosevelt au Congrès sur l'état de l'Union, 6 janvier 1941.

- **Comparez les raisons que donne Roosevelt pour justifier l'engagement de son pays dans la guerre à celles évoquées par Wilson en 1917.**
- **Relevez les moyens envisagés par Roosevelt pour aider l'Europe en guerre.**

Doc. 4 L'économie des principaux belligérants après la Seconde Guerre mondiale

	États-Unis	Royaume-Uni	France	Allemagne	Japon
Indice du PIB en 1946 (indice 100 en 1938)	161	112	84	49	57
Indice des exportations en 1946 (indice 100 en 1938)	191	100	40	7	2
Indice de la production industrielle en 1947 (indice 100 en 1937)	163	100	85	37	25

D'après Yves-Henri Nouailhat, *Les États-Unis et le monde de 1898 à nos jours*, A. Colin, 2003.

- **Comparez l'économie des États-Unis et celle des autres belligérants après la Seconde Guerre mondiale.**
- **Donnez une explication à ces constats.**

Doc. 5 Les États-Unis et le monde en 1945

En août 1945, le général de Gaulle rencontre le président Harry Truman à Washington.

Le président Truman était en effet convaincu que la mission de servir de guide revenait au peuple américain [...]. D'ailleurs, à quelle puissance, à quelle richesse, pouvaient se comparer les siennes ? [...] Parmi les belligérants, ce pays était le seul intact. Son économie, bâtie sur des ressources illimitées, se hâtait de sortir du régime du temps de guerre pour produire des quantités énormes de biens de consommation. Et puis, ils étaient les plus forts ! Quelques jours avant ma visite à Washington, les bombes atomiques avaient réduit le Japon à la capitulation. Le président n'envisageait donc pas que la Russie pût, de sitôt, risquer directement une guerre. [...] Mais il pensait qu'en maints endroits la ruine, la misère, le désordre, pouvaient avoir pour conséquence l'avènement du communisme et procurer aux Soviets autant de victoires sans batailles. Au total, le problème de la paix n'était donc, suivant lui, que d'ordre économique.

Charles de Gaulle, *Mémoires de guerre, Le salut 1944-1946* (tome 3), Plon, 1959 (Pocket, 2010).

Précisez le rôle que doivent jouer les États-Unis dans le monde, selon Harry Truman.

Doc. 6 Les États-Unis et l'Europe

« Le vent d'Ouest - Et maintenant au travail », caricature britannique de Leslie Gilbert Illingworth, juillet 1948.

ERP : *Europa reconstruction programm* (programme de reconstruction européenne).

Dégagez le sens de cette caricature.

BAC **Expliquez pourquoi l'engagement des États-Unis dans les deux guerres mondiales contribue à l'affirmation de leur puissance.**

▶ Réfléchissez aux différentes façons dont les États-Unis participent aux deux guerres mondiales et au rétablissement de la paix.

▶ Interrogez-vous sur les conséquences, pour les États-Unis, de cet engagement.

B. L'internationalisation de la puissance américaine (1945-1989)

Doc. 1 Les États-Unis et le communisme

Une du magazine *Captain America*, n° 78, septembre 1954.
« Écraseur de communistes »
« Combien de suspense et d'action pourrez-vous supporter? Découvrez *Captain America* défiant les hordes communistes !! »

Montrez l'intérêt et les limites de ce document pour étudier le rôle des États-Unis dans le monde dans les années 1950.

Doc. 2 La « prééminence » des États-Unis

Nous nous rendons pourtant compte que la première place et le prestige des États-Unis ne dépendent pas simplement de notre progrès matériel inégalé, de notre richesse et de notre force militaire, mais aussi de la façon dont nous employons notre puissance dans l'intérêt de la paix dans le monde et de l'amélioration de la condition humaine. [...] Nous avons été obligés de créer une industrie d'armement permanente de grande échelle. De plus, trois millions et demi d'hommes et de femmes sont directement impliqués dans la défense en tant qu'institution. Nous dépensons chaque année, rien que pour la sécurité militaire, une somme supérieure au revenu net de la totalité de la société américaine. [...] De même la révolution technologique des décennies récentes fut en grande partie responsable des changements radicaux de notre position militaro-industrielle. Dans cette révolution, la recherche est devenue centrale, elle est également plus formalisée, plus complexe, et coûteuse.

Dwight D. Eisenhower, président des États-Unis, allocution de fin de mandat, 17 janvier 1961.

Relevez les éléments qui assurent la « prééminence » des États-Unis dans les années 1960.

Doc. 3 Les États-Unis et l'« Empire du Mal »

[Les dirigeants soviétiques] doivent comprendre que nous ne ferons jamais de compromis sur nos principes et critères moraux. Nous n'abdiquerons jamais notre liberté [...] et nous ne cesserons jamais de rechercher une paix véritable. Mais nous ne pourrons défendre aucune de ces idées chères à l'Amérique par ces prétendues solutions de gel nucléaire prônées par certains.

La vérité serait qu'un tel gel aujourd'hui serait une tromperie dangereuse, car il ne s'agirait que d'une illusion de paix. La vérité, c'est que nous devons rechercher et trouver la paix par la force. [...] En conséquence, je vous encourage à vous élever contre ceux qui chercheraient à placer les États-Unis dans une position d'infériorité militaire et morale. Et, lorsque vous débattrez des propositions de gel nucléaire, je vous exhorte à vous défier de la tentation de l'orgueil, de cette tentation qui consisterait à vous décréter allégrement au-dessus de la bataille, à décider que les deux camps sont également coupables, à ignorer les faits de l'Histoire et les pulsions agressives de l'Empire du Mal, à vous contenter de dire que la course aux armements n'est qu'un vaste malentendu et par là même à vous soustraire au combat entre le juste et le faux, le bien et le mal. [...] Je crois que nous relèverons le défi. Je crois que le communisme n'est qu'un chapitre supplémentaire, triste et bizarre, de notre Histoire dont les dernières pages sont en train de s'écrire sous nos yeux.

Discours du président R. Reagan devant la convention annuelle de l'Association nationale des évangélistes, Orlando, 8 mars 1983.

Résumez le point de vue défendu par le président américain et relevez ses arguments.

Doc. 4 Les alliances des États-Unis pendant la guerre froide

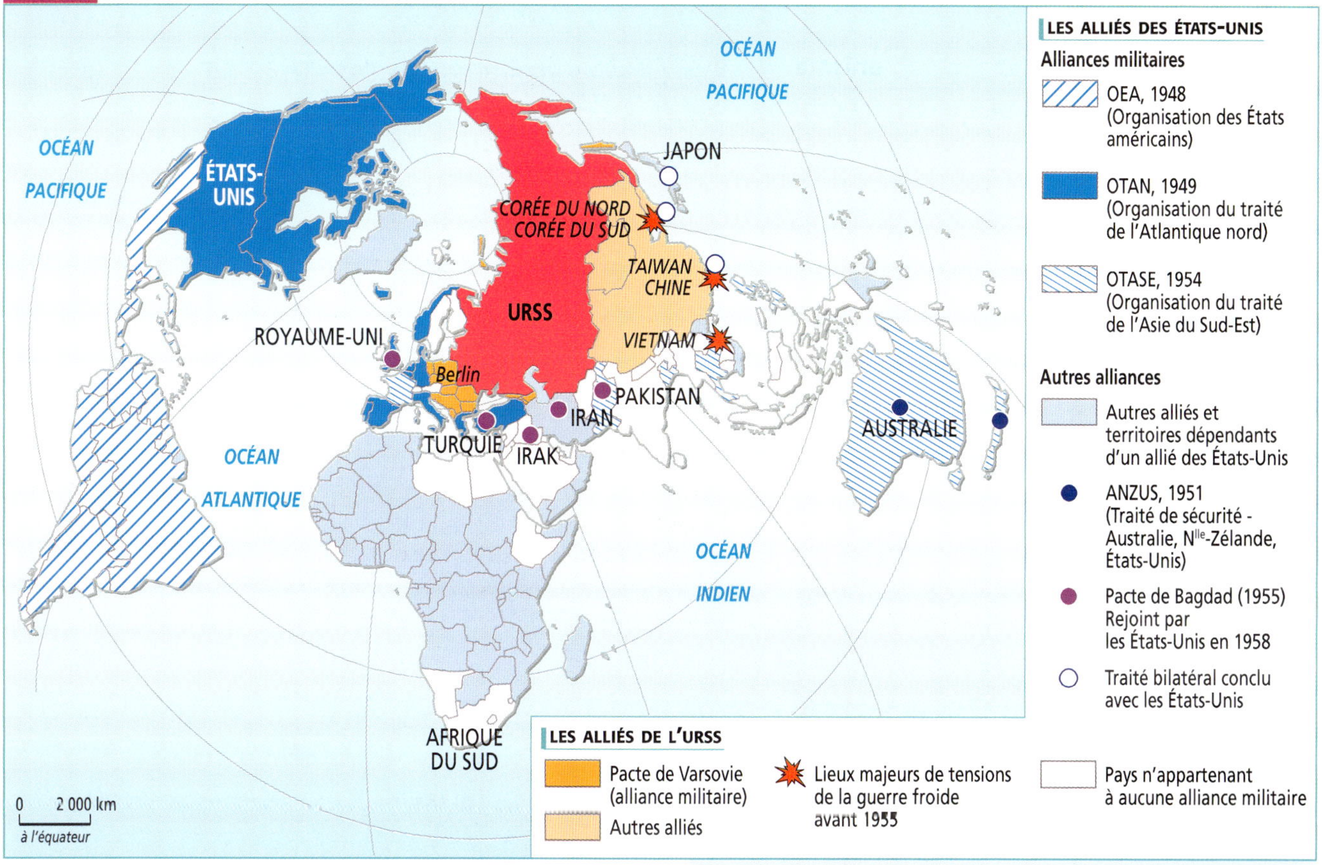

Formulez deux remarques sur la présence des États-Unis dans le monde pendant la guerre froide.

Doc. 5 Le modèle américain

Une du magazine *Le Point*, 22-25 juillet 1985.

Justifiez le titre de cette Une à l'aide des éléments du dessin.

BAC Expliquez comment s'exerce la puissance américaine à l'échelle mondiale après 1945.

▶ Reprenez les différents éléments évoqués dans les documents.

▶ Expliquez pourquoi ces éléments permettent aux États-Unis d'être puissants à l'échelle mondiale.

Les 14 points de Wilson

Après avoir proclamé en août 1914 la neutralité de son pays, le président Wilson déclare la guerre à l'Allemagne en 1917. S'il s'agit avant tout de défendre les intérêts commerciaux américains, Wilson espère également pouvoir peser sur le règlement du conflit et promouvoir une paix durable dans le monde.

Doc. 1 Les 14 points du président Wilson

Nous sommes entrés dans cette guerre parce que des violations du droit se sont produites qui nous touchaient au vif, et qui rendaient la vie de notre peuple impossible, à moins qu'elles ne fussent réparées, et que le monde ne fût une fois pour toutes assuré contre leur retour.

Ce que nous exigeons dans cette guerre n'est donc rien de particulier pour nous-mêmes. Ce que nous voulons, c'est que le monde devienne un lieu sûr […] pour toute nation qui désire vivre librement de sa vie propre, décider de ses propres institutions, et être sûre d'être traitée en toute justice et loyauté par les autres nations, au lieu d'être exposée à la violence et aux agressions égoïstes de jadis. […]

C'est donc le programme de la paix du monde qui constitue notre programme. Et ce programme, le seul possible selon nous, est le suivant :

1. Des conventions de paix, préparées au grand jour ; après quoi il n'y aura plus d'ententes particulières et secrètes d'aucune sorte entre les nations, mais la diplomatie procédera toujours franchement et à la vue de tous.
2. Liberté absolue de la navigation sur mer […].
3. Suppression, autant que possible, de toutes les barrières économiques, et établissement de conditions commerciales égales pour toutes les nations.
4. Les armements de chaque pays seront réduits au minimum compatible avec la sécurité intérieure.
5. Un arrangement librement débattu, dans un esprit large et absolument impartial, de toutes les revendications coloniales. […]

8. Le territoire français tout entier devra être libéré et les régions envahies devront être restaurées […].
9. Une rectification des frontières italiennes devra être opérée conformément aux données clairement perceptibles du principe des nationalités. […]

14. Une société des nations doit être constituée en vertu de conventions formelles ayant pour objet d'offrir des garanties mutuelles d'indépendance politique et d'intégrité territoriale aux petits comme aux grands États […].

Message sur les Conditions de la Paix adressé par le président Wilson au Congrès des États-Unis, 8 janvier 1918.

- **Relevez la raison pour laquelle les États-Unis sont entrés en guerre.**
- **Expliquez, en vous appuyant sur des exemples précis, pourquoi les 14 points doivent contribuer à une paix durable dans le monde.**

Doc. 2 Regards sur les 14 points

a. « Peut-il produire l'harmonie ? » Dessin paru dans le journal américain *The Brooklyn Citizen*, 1918.

b. Carte postale française, 1918.

Décrivez l'image que chacun de ces documents donne de Wilson et des 14 points.

Doc. 3 Le règlement de la paix (28 juin 1919)

Art. 8 – 1. Les membres de la Société [des Nations] reconnaissent que le maintien de la paix exige la réduction des armements nationaux au minimum compatible avec la sécurité nationale et avec l'exécution des obligations internationales imposée par une action commune.
6. Les membres de la Société s'engagent à échanger, de la manière la plus franche et la plus complète, tous renseignements relatifs à l'échelle de leurs armements, à leurs programmes militaires, navals et aériens et à la condition de celles de leurs industries susceptibles d'être utilisées pour la guerre.
Art. 10 – Les membres de la Société s'engagent à respecter et à maintenir contre toute agression extérieure l'intégrité territoriale et l'indépendance politique présente de tous les membres de la Société.
Art. 12 – Tous les membres de la Société conviennent que, s'il s'élève entre eux un différend susceptible d'entraîner une rupture, ils le soumettront soit à la procédure de l'arbitrage, soit à l'examen du Conseil. Ils conviennent encore qu'en aucun cas ils ne doivent recourir à la guerre avant l'expiration d'un délai de trois mois après la sentence des arbitres ou le rapport du Conseil.

Traité de Versailles, charte de création de la Société des Nations (extraits), 28 juin 1919.

« Les idées de Wilson et ses 14 points ont influencé le règlement de la paix. » Justifiez cette affirmation en citant des exemples précis à l'aide du doc. 1.

Doc. 4 Les États-Unis, clé de voûte de la Société des Nations

THE GAP IN THE BRIDGE.

« La brèche dans le pont », caricature parue dans le magazine anglais *Punch magazine*, 10 décembre 1919.

À gauche, le panneau indique : « *Ce pont de la Société des Nations a été bâti par le président des États-Unis* ». Sur le pont, on lit « *Belgique, France, Angleterre, Italie* ».
À droite, le personnage (l'Oncle Sam) se repose contre une pierre sur laquelle est inscrit : « *Clé de voûte États-Unis* ».

Dégagez le sens de ce dessin.

Doc. 5 La fin du rêve wilsonien

Les États-Unis ne s'engagent pas à préserver l'intégrité territoriale ou l'indépendance de quelque nation que ce soit par l'emploi de leur force militaire ou navale, de leurs ressources ou de quelque forme que ce soit de discrimination économique ou à intervenir dans les controverses entre les nations […].
Les États-Unis ne soumettront à l'arbitrage ou à l'enquête de l'Assemblée ou du Conseil de la Société des Nations […] aucune question qui, selon eux, dépend ou est en relation avec leur politique établie de longue date et communément connue sous le nom de « doctrine Monroe[1] ».
Les États-Unis ne seront pas obligés de contribuer à quelque dépense que ce soit de la Société des Nations.
Aucun plan pour la limitation des armements proposé par la Société des Nations ne sera retenu comme liant les États-Unis jusqu'à ce qu'il ait été accepté par le Congrès […].

Débats du Congrès des États-Unis sur la Société des Nations, 19 mars 1920.

1. Principe de non-intervention dans les affaires européennes énoncé en 1823 par le président Monroe.

- **Précisez la position qu'adoptent les États-Unis en 1919.**
- **Recherchez la raison donnée par le Congrès pour justifier cette position.**

BAC **Après avoir résumé les idées défendues par le président Wilson, montrez-en l'influence et les limites.**

Le plan Marshall et le début de la guerre froide

Au lendemain de la Seconde Guerre mondiale, les pays européens sont dévastés et ruinés. En 1947, les États-Unis proposent une aide financière et matérielle pour la reconstruction de l'Europe. Rejeté par les gouvernements communistes de l'Europe de l'Est, le plan Marshall marque la rupture entre les deux anciens alliés soviétique et américain.

Doc. 1 La situation en Europe à la veille du plan Marshall

Récemment, des régimes totalitaires ont été imposés contre leur volonté aux peuples d'un certain nombre d'États et presque chaque nation doit choisir entre deux modes de vie. Trop souvent, pourtant, ce choix ne se fait pas librement.
Le premier mode de vie repose sur la volonté de la majorité et il est caractérisé par des institutions libres, un gouvernement représentatif, des élections libres, des garanties assurant la liberté individuelle, la liberté de parole et de religion, et l'absence de toute oppression politique.
L'autre mode de vie repose sur la volonté d'une minorité imposée par la force à la majorité. Il s'appuie sur la terreur et l'oppression, une presse et une radio contrôlées, sur des élections truquées et la suppression des libertés personnelles.
Je crois que la politique des États-Unis doit consister à soutenir les peuples libres. Ce que j'entends par un tel soutien, c'est essentiellement une aide économique et financière qui constitue la base de la stabilité économique et d'une vie politique cohérente.

Discours du président Harry Truman devant les deux chambres du Congrès américain, 12 mars 1947.

- **Expliquez la première phrase de ce texte.**
- **Décrivez le rôle que doivent jouer les États-Unis en Europe.**

Doc. 2 Le plan Marshall (juin 1947)

a. Il est logique que les États-Unis fassent tout ce qui sera en leur pouvoir pour contribuer au retour de conditions économiques normalement saines dans le monde, sans lesquelles il ne peut y avoir de stabilité politique ni de paix assurée. Notre politique n'est dirigée ni contre un pays ni contre une doctrine, mais contre la faim, la pauvreté, le désespoir et le chaos. Son objectif devrait être de remettre l'économie mondiale en état de fonctionner, et d'ainsi permettre l'émergence de conditions politiques et sociales dans lesquelles des institutions libres puissent exister. Tout gouvernement qui consent à nous aider dans la tâche de renaissance trouvera, j'en suis sûr, une coopération complète de la part du gouvernement américain. Tout gouvernement qui manœuvre pour arrêter la renaissance d'autres pays ne peut attendre d'aide de notre part.

Discours du secrétaire d'État américain George Marshall à l'université de Harvard, 5 juin 1947.

Identifiez les points communs entre les propos de Marshall et ceux de Truman (doc. 1).

b. Affiche française de Thibault de Champrosay, 1947.

Dégagez le sens de cette affiche.

Doc. 3 La répartition de l'aide Marshall

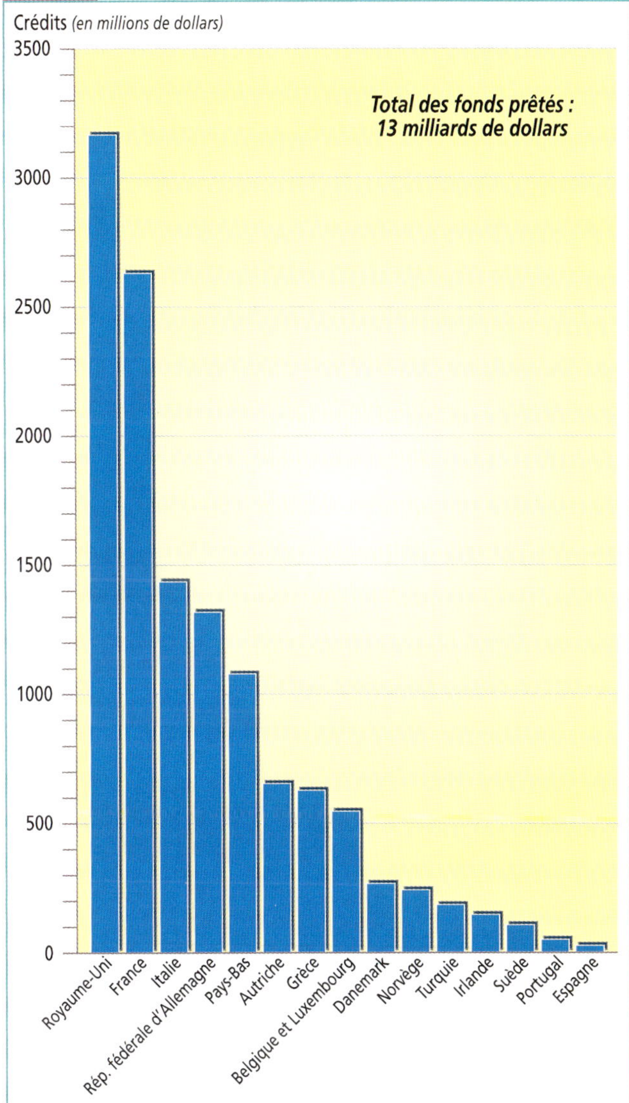

Source : *Procurement Authorisations and Allotments Mutual Security Agency.*

Les États-Unis règlent directement aux fournisseurs américains les équipements exportés vers l'Europe ou accordent des dons et des prêts en dollars aux États bénéficiaires. Ces fonds sont laissés à la disposition de l'État bénéficiaire à condition qu'ils soient affectés à d'autres dépenses d'investissement.

- **Formulez deux remarques sur ce graphique.**
- **Montrez que le plan Marshall permet aux États-Unis de jouer un rôle en Europe.**

BAC « Le plan Marshall marque le début de la guerre froide. » Justifiez cette affirmation.

Doc. 4 Les réactions au plan Marshall

a. Le but des États-Unis est l'établissement de la domination mondiale de l'impérialisme américain et la consolidation de leur situation de monopole suite à la disparition de leurs deux concurrents les plus grands – l'Allemagne et le Japon – et à l'affaiblissement des partenaires capitalistes des États-Unis : l'Angleterre et la France. Ce nouveau cours compte sur un large programme de mesures d'ordre militaire, économique et politique. Leur application établirait dans tous les pays visés par l'expansionnisme des États-Unis leur domination politique et économique et réduirait ces pays à l'état de satellites des États-Unis. […] C'est aux partis communistes qu'incombe le rôle historique particulier de se mettre à la tête de la résistance au plan américain d'asservissement de l'Europe.

Discours d'Andreï Jdanov, membre du bureau politique du Parti communiste soviétique, lors de la conférence des partis communistes européens, Pologne, 22 septembre 1947.

Résumez le point de vue de Jdanov sur le plan Marshall et la décision qui en découle.

b. « Le paradis Marshall » chasse l'ange de la paix, caricature parue dans le journal soviétique *Krokodil*, 20 juillet 1950.

Décrivez le paradis Marshall (personnages, attitude, gestes…) et expliquez l'image que le caricaturiste souhaite donner du plan Marshall.

Les guerres mondiales et l'affirmation de la puissance américaine (1917-1945)

Notions

Isolationnisme : politique des États-Unis qui consiste à ne pas intervenir dans les relations internationales. Énoncée en 1823 par le président James Monroe, elle précise que le continent américain est fermé à toute tentative de colonisation européenne, qu'aucune intrusion dans la politique américaine de la part des États européens ne sera tolérée, et qu'en contrepartie, toute intervention américaine en Europe est inenvisageable.

Synthèse audio
www.lienmini.fr/hgt-01

■ **En 1914, alors que l'Europe s'engage dans la Première Guerre mondiale, les États-Unis proclament leur neutralité.** Attaché à l'**isolationnisme**, le pays n'entre dans le conflit qu'en 1917, parce que ses intérêts commerciaux sont menacés par les attaques des sous-marins allemands. Première économie mondiale, ils mobilisent d'importants moyens et contribuent de manière décisive à la victoire des Alliés. Leur position leur permet de peser sur le règlement de la paix. **Le président Wilson définit alors dans ses « 14 points »** les bases des traités de paix et impose la création d'une **Société des Nations**. À partir des années 1920, les États-Unis renouent avec leur politique d'isolement même s'ils interviennent pour régler les différends qui subsistent entre vainqueurs et vaincus (plans Dawes et Young, pacte Briand-Kellogg). **Ils affirment néanmoins leur domination économique sur le monde** : premier exportateur de biens, créancier de l'Europe, le pays développe ses investissements à l'étranger.

■ **Au début de la Seconde Guerre mondiale, les États-Unis adoptent à nouveau une position de neutralité**, tout en s'engageant **indirectement** dans le conflit (lois *Cash and Carry* et prêt-bail…). En 1941, la destruction de leur flotte par les Japonais à **Pearl Harbor** les conduit à intervenir militairement. Leur appui en hommes et en matériel est déterminant dans la victoire des Alliés. Le pays peut ainsi, comme en 1918, jouer un **rôle clé dans le règlement de la paix** (conférence de Yalta, création de l'ONU). Grenier et arsenal de l'Europe pendant le conflit, **les États-Unis accèdent en 1945 au rang de superpuissance**, assurant la moitié de la production mondiale, réalisant un quart des exportations mondiales et disposant des deux tiers de l'or mondial.

Vérifier sa compréhension de la leçon

Dites si ces affirmations sont justes ou fausses. Justifiez votre choix en citant des éléments de la leçon.

1. Les États-Unis interviennent dans les deux guerres mondiales pour des raisons économiques.
2. Les États-Unis ont une influence importante lors de la rédaction des traités de paix qui mettent fin au premier conflit mondial.
3. Les États-Unis deviennent la première puissance économique mondiale à la suite des deux guerres mondiales.
4. Les États-Unis s'engagent dès 1939 aux côtés des Alliés.
5. Après avoir joué un rôle important lors de la Seconde Guerre mondiale, les États-Unis reviennent à une politique isolationniste.

Organiser ses connaissances à l'aide d'un tableau

Reproduisez puis complétez le tableau suivant en utilisant les éléments de la leçon.

	Rôle économique	Rôle politique	Rôle militaire
1917-1940	....	....	....
1941-1945	....	....	....

L'internationalisation de la puissance américaine (1945-1989)

Notions

Modèle américain : expression qui renvoie aux principes politiques (démocratie), économiques (libéralisme, économie de marché) et culturels *(American way of life)* qu'incarnent les États-Unis.

Hégémonie : désigne l'influence des États-Unis dans les domaines politique, militaire, économique et culturel à l'échelle mondiale.

Synthèse audio
www.lienmini.fr/hgt-02

■ Si, en 1945, **les États-Unis sont confortés dans leur rôle de première puissance mondiale** (monopole de l'arme nucléaire, dollar principale monnaie d'échange), ils sont aussi conscients que l'avènement de l'URSS comme grande puissance mondiale leur interdit de retourner à leur isolationnisme traditionnel. **Dès 1947, l'opposition idéologique entre les deux pays fracture le monde en deux blocs** et les États-Unis prennent la tête du « monde libre ». Finançant la reconstruction de l'Europe de l'Ouest (**plan Marshall**), ils tissent un réseau d'alliances (**OTAN**), se lancent dans une **course aux armements** et combattent les mouvements révolutionnaires communistes en Amérique latine ou en Asie (guerre de Corée, 1950-1953). Leur suprématie se traduit également par la diffusion du **modèle américain** et de son influence culturelle.

■ **L'hégémonie américaine s'effrite entre les années 1960 et 1980.** La poussée du communisme oblige le pays à intervenir dans des guerres longues et coûteuses (Vietnam, 1964-1975) qui suscitent de vives critiques et le développement d'un sentiment anti-américain. Sur leur territoire, la pauvreté des minorités et la ségrégation entraînent des mouvements contestataires (Martin Luther King, Malcom X et les **Black Panthers**). **Avec la présidence de Reagan (1981-1988), le pays retrouve son rôle de leader mondial :** soutien aux guérillas anticommunistes (Afghanistan, Amérique latine), relance des dépenses et de la course aux armements (« guerre des étoiles ») et essor de la puissance technologique (poids mondial des entreprises comme Microsoft ou Apple). **Après l'effondrement des régimes communistes en Europe de l'Est en 1989 puis l'éclatement de l'URSS en 1991, les États-Unis deviennent la seule superpuissance mondiale.**

Vérifier sa compréhension de la leçon

Retrouvez le(s) point(s) de la leçon illustrés par ces documents.

1. Dessin de Chappatte, 2000.

2. Bande dessinée américaine, *The Red Iceberg*, 1960.

Organiser ses connaissances à l'aide d'un schéma

Reproduisez puis complétez le schéma suivant en utilisant les éléments de la leçon.

1945-1989 Internationalisation de la puissance américaine

- **Économique** : ....
- **Politique** : ....
- **Militaire** : ....

BAC

Évaluer ses connaissances sur le sujet d'étude

Les idées essentielles

Répondez en quelques phrases aux questions suivantes.

- À quelle date et pourquoi les États-Unis s'engagent-ils dans la Première Guerre mondiale ?
- Quel rôle les États-Unis jouent-ils dans le règlement de la paix en 1918 ?
- Comment les États-Unis conçoivent-ils leur rôle dans le monde après 1945 ?
- Qu'appelle-t-on la « guerre froide » ?
- Pourquoi 1989 est-elle une date clé dans l'histoire des États-Unis ?

Illustrez chacune des affirmations suivantes par un fait ou un événement historique.

- En 1918, les États-Unis sont les arbitres de la paix.
- L'intervention des États-Unis dans les deux guerres mondiales est déterminante pour la victoire des Alliés.
- Les deux guerres mondiales ont renforcé le poids économique et financier des États-Unis.
- Après 1945, les États-Unis luttent contre l'expansion du communisme dans le monde.
- La présidence de Ronald Reagan redonne un rôle de leader mondial aux États-Unis.

Les dates clés

Associez chaque date ou période aux faits historiques correspondant.

1. 5 juin 1947	a. Présidence de Ronald Reagan
2. 8 janvier 1918	b. Refus du Congrès américain de participer à la Société des Nations
3. 1989-1991	c. Effondrement des régimes communistes en Europe de l'Est
4. 1981-1988	d. Quatorze points de Wilson
5. 20 novembre 1919	e. Discours de George Marshall à Harvard

Les acteurs

Dans la liste de mots suivants, choisissez ceux que vous associerez à Woodrow Wilson, Georges Marshall et Ronald Reagan. Justifiez vos choix.

Guerre froide • Seconde Guerre mondiale • Reconstruction • Président démocrate • Plan • Programme de paix • Europe de l'Ouest • Course aux armements • Guérilla anti-communiste • Première Guerre mondiale • Société des Nations • « Guerre des étoiles »

Les faits

Retrouvez les points du sujet d'étude illustrés par chaque document. Justifiez votre choix.

1. Affiche américaine pour le plan Marshall, vers 1947.

2. Conférence de presse du président américain John F. Kennedy sur l'Asie du Sud-Est, 23 novembre 1961.

Répondre à des questions de connaissance

➜ Mettre en œuvre les capacités et les connaissances du programme d'histoire

Capacité / Thème

1 **Caractérisez la politique extérieure des États-Unis à l'égard de l'Europe dans la première moitié du XXe siècle (1917-1941).**

▶ Frise p. 304, doc. p. 306-307, leçon p. 314

Vous devez **décrire les relations** qu'entretiennent les États-Unis avec les pays européens entre 1917 et 1941. Il s'agit donc de **préciser la position** qu'ils adoptent face aux événements qui se déroulent en Europe : Première Guerre mondiale, règlement de la paix, montée du nazisme et début de la Seconde Guerre mondiale.

Votre réponse : « Dans cette première moitié du XXe siècle, les États-Unis abandonnent leur isolationnisme traditionnel et … »

Capacité / Thème

2 **Choisissez deux faits parmi les propositions suivantes puis datez-les et expliquez pourquoi ils ont marqué l'histoire des États-Unis.**

Le plan Marshall • La guerre du Vietnam • La présidence de R. Reagan • La chute du mur de Berlin

Pour dater les faits, vous devez **citer une année ou une période**. Puis, il faut **donner des raisons** qui permettent de comprendre pourquoi ce fait est important dans l'histoire des États-Unis.

Votre réponse : « Le plan Marshall est … (*dire en quoi consiste ce plan, donner la date*). Il est important dans l'histoire des États-Unis car … (*raison(s) qui illustre(nt) son importance*). »

Capacité / Thème

3 **« Le modèle américain qui se diffuse dans le monde après 1945 est un modèle politique, économique et culturel. » Justifiez cette affirmation.**

Vous devez **sélectionner dans vos connaissances** celles qui prouvent cette affirmation.

Votre réponse : « Le modèle américain est un modèle politique parce que … Il a également une dimension économique car … Enfin, sur le plan culturel, il se caractérise par … »

Capacité

4 **Décrivez le contexte dans lequel s'inscrit ce document.**

Vous devez **repérer la date** à laquelle ce document a été publié, **identifier à quelle période** du sujet d'étude il se réfère et en **retrouver ses caractéristiques** (période de guerre, de crise économique, de tensions internationales…).

Votre réponse : « Ce document est … (*nature, date, auteur, rapide description*). Il a été produit au moment où … (*précisions des circonstances dans lesquelles il a été élaboré, diffusé,* etc.) et illustre … (*point du sujet d'étude qu'il met en évidence*). »

Is this tomorrow, American under communism! (À quand notre tour ? Les États-Unis attaqués par les communistes !), bande dessinée américaine publiée en novembre 1947.

BAC

EXERCICE GUIDÉ

Répondre à des questions à partir d'un support documentaire

➜ Exploiter un document pour analyser une situation historique

Doc. 1 Discours du président démocrate Woodrow Wilson

Aujourd'hui, les dirigeants du monde savent que le seul moyen de voir leur peuple heureux est d'éviter, à tout jamais, ce qui vient de se produire. Pour la France, la Société des Nations est une nécessité, non seulement pour elle-même, mais aussi pour le genre humain. Et la France sait que les sacrifices nécessaires à la mise en place de la Société des Nations ne sont rien par rapport à ceux qu'il faudrait faire si la Société n'existait pas. Les nations du monde sont sur le point de cimenter une fraternité qui rendra inutile, dans l'avenir, le maintien de ces armements écrasants qui font souffrir les peuples, presque autant en temps de paix qu'en temps de guerre. Ainsi, pendant que nous siégeons[1], je pense : « Nous allons faire un monde dans lequel il fera bon de vivre ».

Discours de Wilson à l'Assemblée nationale (extraits), Paris, 3 février 1919, traduction sur www.assemblee-nationale.fr adaptée par les auteurs, janvier 2014.

1. W. Wilson est membre de la conférence internationale pour la paix qui se déroule à Paris entre janvier 1919 et août 1920.

Doc. 2 Caricature américaine publiée par les Républicains en 1920

« Si nous étions dans la Société des Nations », W. Mac Cay. John Bull (le Royaume-Uni) interpelle l'Oncle Sam (les États-Unis) : « Hé Sam ! Envoie-moi de nouvelles troupes ! »

1 **Expliquez pourquoi Wilson s'adresse aux députés français (doc. 1).**

Vous devez **identifier les circonstances** dans lesquelles ce discours a été prononcé pour comprendre pourquoi le président américain est en France et s'adresse aux députés.

Pour répondre :

▶ date, événement historique
▶ leçon p. 314

- recherchez ces informations dans le paratexte et dans les propos de Wilson ;
- lisez l'extrait et retrouvez le thème essentiel du discours ;
- mobilisez vos connaissances sur le sujet d'étude pour éclairer les informations relevées dans le document : en 1920, quelles relations les États-Unis entretiennent-ils avec l'Europe ?

2 **Dégagez le sens de cette caricature (doc. 2).**

Vous devez **identifier le sujet** de cette caricature **et le point de vue** du dessinateur.

Pour répondre :

- utilisez le paratexte pour situer le document dans son contexte (auteur, date, destinataire…).
- identifiez les différents éléments du dessin et décrivez la scène représentée ;
- mobilisez vos connaissances pour expliquer ces éléments et comprendre le point de vue de l'auteur.

▶ leçon p. 314

3 **Montrez que ces deux documents illustrent des visions opposées des relations des États-Unis avec le reste du monde à partir de 1920.**

Vous devez **résumer le point de vue des deux auteurs** et **mettre** en évidence leurs divergences.

Pour répondre :

- rappelez le sujet abordé dans ces deux documents et le point de vue des auteurs ;
- mobilisez vos connaissances pour confronter le point de vue de chaque auteur avec les faits : dans les années 1920, quelle est la place des États-Unis dans les relations internationales ?

▶ leçon p. 314

SUJET D'ÉTUDE 2. L'idée d'Europe au XXe siècle

L'Europe : hier, un rêve esquissé

« Un jour viendra où vous France, vous Russie, vous Italie, vous Angleterre, vous Allemagne, vous toutes, nations du continent, sans perdre vos qualités distinctes et votre glorieuse individualité, vous vous fondrez étroitement dans une unité supérieure, et vous constituerez la fraternité européenne.
Un jour viendra où il n'y aura plus d'autres champs de bataille que les marchés s'ouvrant au commerce et les esprits s'ouvrant aux idées.
Un jour viendra où l'on verra ces deux groupes immenses, les États-Unis d'Amérique, les États-Unis d'Europe, placés en face l'un de l'autre, se tendant la main par-dessus les mers, échangeant leurs produits, leur commerce, leur industrie, leurs arts, leurs génies. »

Victor Hugo, discours au congrès de la Paix, 21 août 1849.

Aujourd'hui, une réalité

HISTOIRE DES ARTS

Affiche réalisée dans le cadre d'un atelier réunissant des étudiants de l'École nationale supérieure des Arts décoratifs (ENSAD) et l'école d'Arts de Breda (Pays-Bas), 2006.

Tout au long du XXe siècle, des hommes et des projets pour construire l'Europe

Situations

L'Europe unie, une construction économique et politique progressive

Projet utopique au XIXe siècle, la construction européenne prend forme au XXe siècle. Envisagée après la Première Guerre mondiale par quelques Européens convaincus, elle ne se réalise que dans les années 1950. Le souvenir traumatisant de la Seconde Guerre mondiale et la peur de l'expansion du communisme accélèrent le processus d'union des États d'Europe de l'Ouest.

Carte 1 Les premiers pas de la construction européenne (1948-1960)

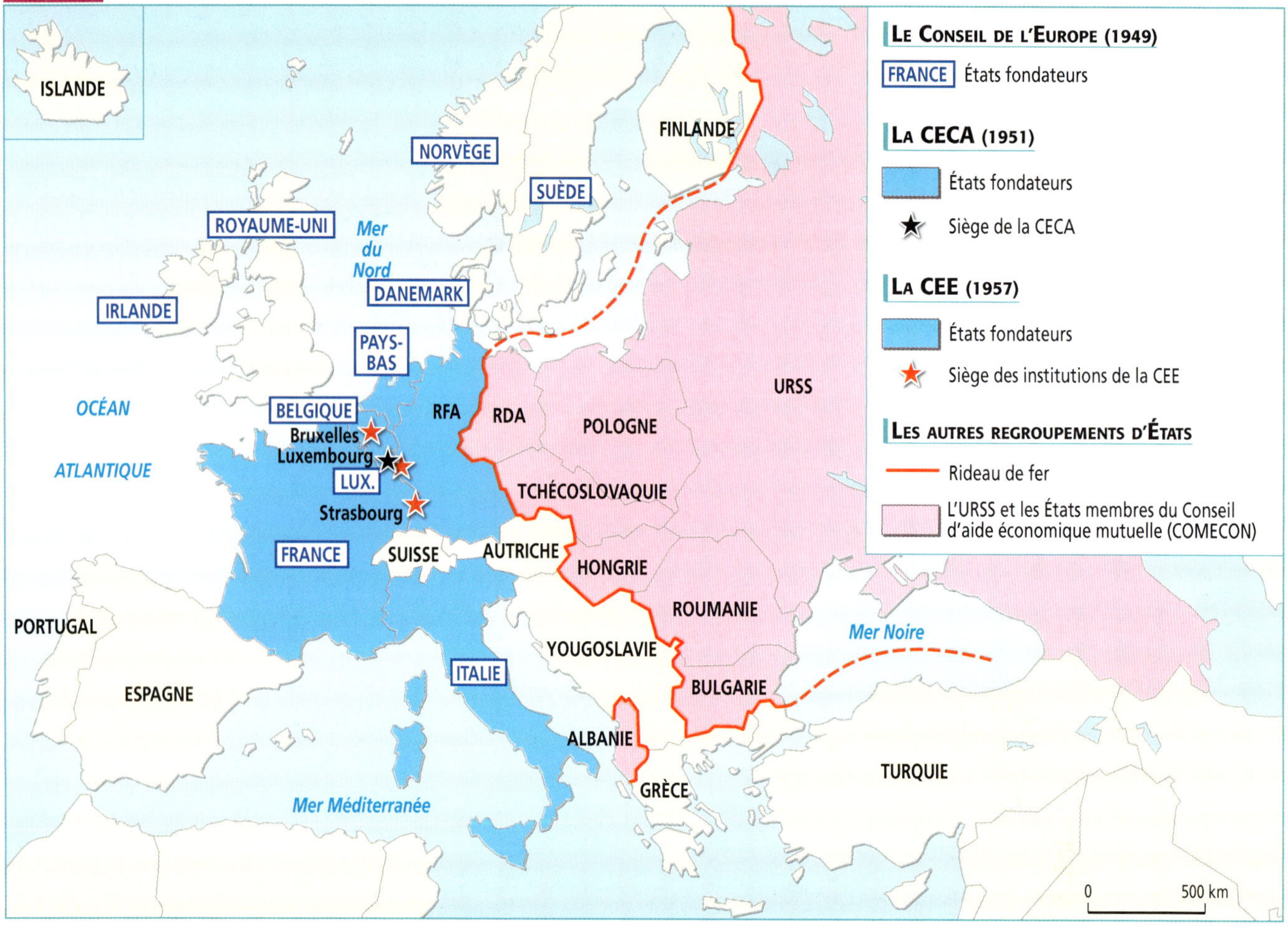

1 Décrivez les formes que prend la construction européenne entre 1949 et 1957.

2 La construction européenne n'aboutit pas à l'unité de l'Europe. Justifiez cette affirmation à l'aide d'un exemple.

1910 — 1920 — 1930 — 1940 — 1950 — 1960

ÉMERGENCE DE L'IDÉE EUROPÉENNE | CONSTRUCTION

- **1914-1918** Première Guerre mondiale
- **1919** Création de la SDN
- **1923** Manifeste paneuropéen de Richard Coudenhove-Kalergi
- **1929** Projet de Fédération européenne d'Aristide Briand
- **1939-1945** Seconde Guerre mondiale
- **1944** Projet d'union européenne élaboré par des résistants européens
- **1948** Congrès des européistes à La Haye
- **1950** Plan Schuman
- **1951** Signature du traité de Pari Naissance de la CECA
- **1957** Traité de

Carte 2 L'Europe en 2014

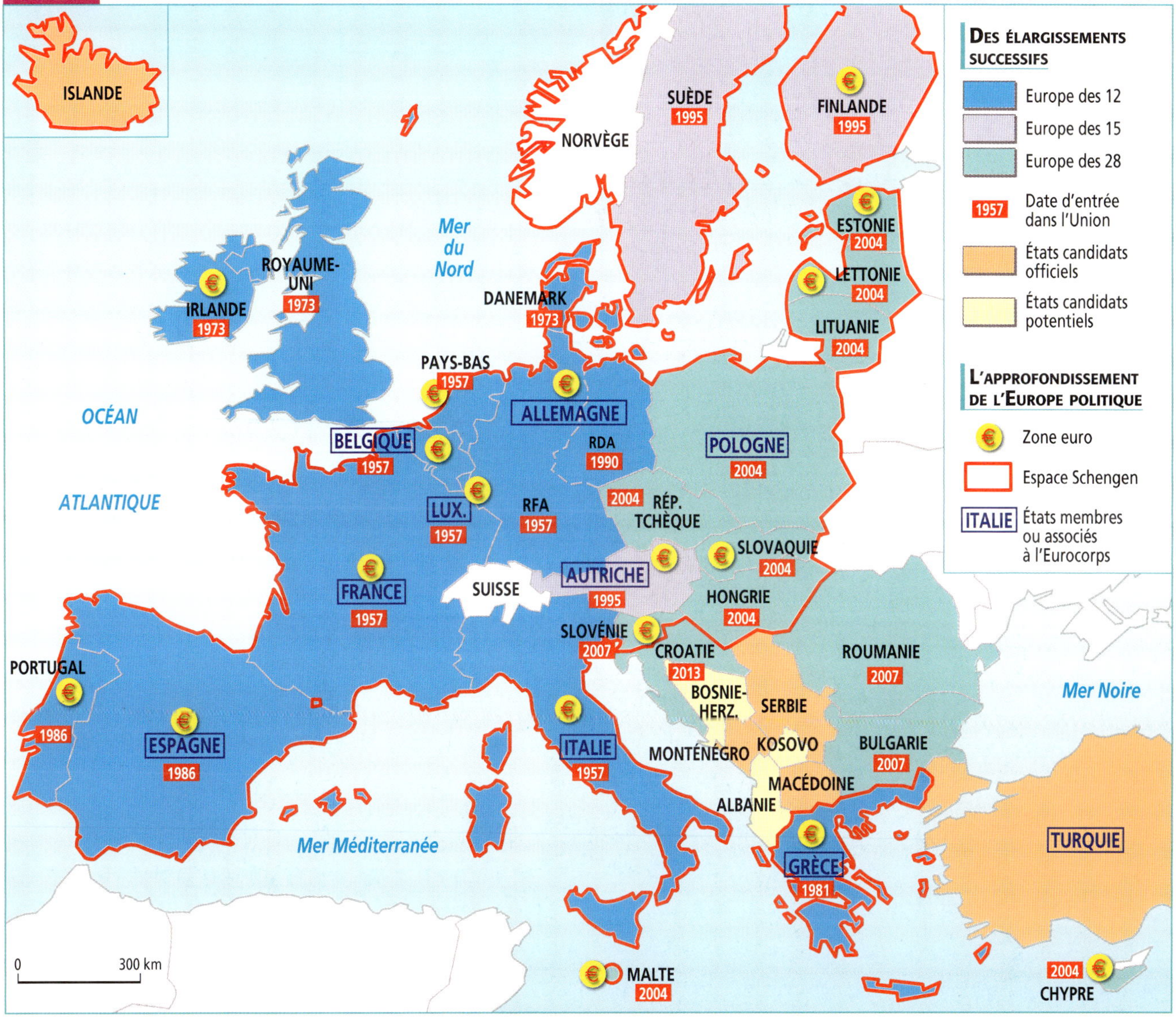

❶ Comparez la construction européenne au début des années 1960 (carte 1) et en 2014. Formulez deux remarques.

❷ Citez deux exemples qui montrent, qu'aujourd'hui, la construction européenne se heurte à des difficultés.

BAC Expliquez pourquoi on qualifie de « progressive » la construction économique et politique de l'Europe unie.

▶ Interrogez-vous sur le sens de l'adjectif « progressive ».

▶ Recherchez sur les deux cartes des éléments qui justifient l'utilisation de cet adjectif pour décrire la construction économique et politique de l'Europe.

1970 — 1980 — 1990 — 2000 — 2010 — 2014

'UNE EUROPE ÉCONOMIQUE

CONSTRUCTION D'UNE EUROPE POLITIQUE

- **1979** Premiers mouvements eurosceptiques (France, Royaume-Uni)
- **1985** Accords de Schengen
- **1989** Disparition du bloc communiste
- **1992** Traité de Maastricht Naissance de l'Union européenne
- **1995** Libre circulation des personnes dans l'UE
- **2002** L'euro, monnaie unique européenne
- **2005** Rejet du projet de constitution européenne

ome - Naissance de la CEE et de l'Euratom

A. Aux origines du projet européen

Doc. 1 Le mouvement paneuropéen

Dans les usines de toute l'Europe, on forge chaque jour des armes destinées au massacre des hommes de l'Europe – dans les laboratoires européens, on prépare des poisons destinés à l'anéantissement des femmes et des enfants de l'Europe. [...] Le seul salut réside dans la Paneurope, dans le rassemblement de tous les États démocratiques du continent en un groupement politique et économique international. Si la Paneurope est créée, elle pourra constituer avec l'Amérique, la Grande-Bretagne, la Russie et l'Extrême-Orient une nouvelle Société des Nations[1], au sein de laquelle aucune partie du monde n'aurait plus à craindre l'ingérence des autres dans ses affaires.

[...] Sans une garantie durable de la paix en Europe, toute union douanière européenne reste impossible. Aussi longtemps que l'État vit dans la peur continuelle de ses voisins, il doit s'assurer de sa subsistance autonome en temps de guerre. Pour cela, il lui faut des industries nationales et des cordons douaniers. Seule, la substitution de l'arbitrage obligatoire au risque de guerre pourrait ouvrir la voie à la suppression des frontières douanières et au libre-échange européen. [...] Il ne faut pas se lasser de répéter cette vérité simple : une Europe divisée conduit à la guerre, à l'oppression, à la misère, une Europe unie à la paix, à la prospérité !

Richard Coudenhove-Kalergi, *Manifeste paneuropéen*, 1924.

1. Référence à l'organisation internationale créée en 1919 par le traité de Versailles pour le maintien de la paix grâce au désarmement et à l'arbitrage.

- **Définissez la « Paneurope ».**
- **Reformulez les arguments de Coudenhove-Kalergi pour justifier sa création.**

BAC **Décrivez les objectifs et la forme du projet européen tel qu'il est imaginé dans l'entre-deux-guerres.**

▶ Retrouvez les raisons avancées pour défendre l'idée que les nations européennes doivent s'unir.

▶ Recherchez comment les nations européennes peuvent réaliser leur union.

Doc. 2 Aristide Briand et l'union fédérale européenne

a. Une du *Journal de la semaine*, 11 septembre 1929.

b. Je pense qu'entre des peuples qui sont géographiquement groupés comme les peuples d'Europe, il doit exister une sorte de lien fédéral ; ces peuples doivent avoir à tout instant la possibilité d'entrer en contact, de discuter leurs intérêts, de prendre des résolutions communes, d'établir entre eux un lien de solidarité qui leur permette de faire face, au moment voulu, à des circonstances graves, si elles venaient à naître.

C'est ce lien que je voudrais m'efforcer d'établir.

Évidemment, l'Association agira surtout dans le domaine économique : c'est la question la plus pressante. Je crois que l'on peut y obtenir des succès. Mais je suis sûr aussi qu'au point de vue politique, au point de vue social, le lien fédéral, sans toucher à la souveraineté d'aucune des nations qui pourraient faire partie d'une telle association, peut être bienfaisant.

Discours d'Aristide Briand (extrait) prononcé à Genève devant la Xe assemblée de la Société des Nations, 5 septembre 1929.

En vous appuyant sur des éléments du discours d'Aristide Briand, justifiez le choix du titrage de la Une du *Journal de la Semaine*, « Vers une Europe nouvelle ».

B. La mise en œuvre du projet européen

Doc. 1 Le congrès des européistes à La Haye (mai 1948)

Devant 750 délégués venus de 17 pays européens, le Premier ministre anglais Winston Churchill rappelle que, depuis le début du XXe siècle, « l'Europe a connu une série de terribles guerres nationalistes » qui l'ont ruinée et appelle à créer « un genre d'États-Unis d'Europe » pour ne pas à nouveau « subir une nouvelle forme de tyrannie et de terreur ».

- **Expliquez l'expression « États-Unis d'Europe ».**
- **Identifiez le facteur qui, selon Winston Churchill, doit conduire à créer les « États-Unis d'Europe ».**

Doc. 2 Regard sur l'Europe

„He! he! holt doch die unnützen Stangen da weg und tragt sie nach vorn! — Wir müssen eine gemeinsame Barrikade errichten . . .!!"

Caricature de Bob (dessinateur allemand), avril 1950.
« Hé ! Hé ! Enlevez ces barricades inutiles et amenez-les à l'avant ! Nous devons ériger une barricade commune... ! »

- **Contextualisez cette caricature.**
- **Montrez qu'elle illustre les propos de Churchill au congrès de la Haye en 1948 (doc. 1).**

Doc. 3 Le plan Schuman (1950)

On annonça qu'un envoyé du ministre français des Affaires étrangères avait une communication urgente à faire. Il apportait deux lettres de Schuman qui m'étaient adressées dont une qu'accompagnait un mémorandum contenant le projet qui allait être par la suite désigné sous le nom de Plan Schuman. Il prévoyait la création d'une haute autorité conjointe, d'une communauté franco-allemande du charbon et de l'acier ouverte aux autres pays européens. La crainte persistait en France d'être à nouveau attaqué par l'Allemagne quand celle-ci serait relevée. Tout réarmement se traduirait par une élévation de la production du charbon, du fer et de l'acier. Si l'on créait une organisation telle qu'il l'envisageait, qui permît aux deux pays participants de déceler les premiers signes d'une telle évolution, cette nouvelle possibilité amènerait en France un immense apaisement dans les esprits. Le plan correspondait absolument à la conception que j'avais depuis si longtemps d'une harmonisation des industries-clés européennes et je répondis sans délai à Schuman que j'approuvais de tout cœur sa proposition.

Konrad Adenauer (chancelier de la République fédérale d'Allemagne), *Mémoires*, 1945-1953 (tome 1), Hachette, 1965.

- **Relevez les propositions du plan Schuman.**
- **Expliquez pourquoi ce plan est proposé à l'Allemagne.**

BAC **« Le renouveau de l'idée européenne est fortement lié au contexte de l'après-guerre. » Justifiez cette affirmation.**

▶ Recherchez dans les documents des éléments qui prouvent cette affirmation.

C. Élargissement et consolidation du projet européen

Doc. 1 Les communautés européennes (1957)

Décrivez et expliquez ce document.

Affiche italienne, 1957.

Une Europe unie pour le progrès et la paix
« Que les frontières en Europe tombent enfin et que l'on ait une seule communauté et une libre circulation des personnes, des biens et surtout du travail »
De Gasperi (président du Conseil italien)
Rome, 25 mars 1957, Signature des traités pour le marché commun et l'Euratom (Communauté européenne de l'énergie atomique)

Doc. 2 L'Union européenne (1992)

Art. A Par le présent traité, les Hautes Parties Contractantes instituent entre elles une Union européenne. […]
L'Union est fondée sur les Communautés européennes complétées par les politiques et formes de coopération instaurées par le présent traité. […]
Art. B L'Union se donne pour objectifs :
- de promouvoir un progrès économique et social équilibré et durable, notamment par la création d'un espace sans frontières intérieures, par le renforcement de la cohésion économique et sociale et par l'établissement d'une union économique et monétaire comportant, à terme, une monnaie unique, conformément aux dispositions du présent traité ;
- d'affirmer son identité sur la scène internationale, notamment par la mise en œuvre d'une politique étrangère et de sécurité commune, y compris la définition à terme d'une politique de défense commune, qui pourrait conduire, le moment venu, à une défense commune ;
- de renforcer la protection des droits et des intérêts des ressortissants de ses États membres par l'instauration d'une citoyenneté de l'Union ;
- de développer une coopération étroite dans le domaine de la justice et des affaires intérieures […].

Traité de Maastricht (extraits), signé le 7 février 1992 par les 12 États membres de la Communauté économique européenne.

Donnez deux exemples qui montrent que le traité de Maastricht marque une avancée dans la construction européenne.

Doc. 3 Le programme Leonardo-AUDACE

Plaquette réalisée par la région Auvergne (2013).

Montrez que Leonardo-AUDACE est un exemple de programme européen qui s'inscrit dans la logique des traités de Rome et de Maastricht.

BAC **« Depuis ses premières réalisations dans les années 1950, le projet européen s'est élargi et approfondi. » Expliquez et justifiez cette affirmation à l'aide des documents.**
▶ Interrogez-vous sur le sens des verbes « élargir » et « approfondir ».
▶ Recherchez des exemples qui témoignent de ces deux évolutions : l'élargissement et l'approfondissement du projet européen.

D. Le projet européen en débat

Doc. 1 De Gaulle et l'Europe supranationale

Il existe aujourd'hui une organisation économique telle que, peu à peu, les barrières douanières entre les Six s'effacent […]. Aux yeux de la France, cette construction économique ne suffit pas. L'Europe occidentale, qu'il s'agisse de son action vis-à-vis des autres peuples, ou de sa propre défense, ou de sa contribution au développement des régions qui en ont besoin […], doit se constituer politiquement. Autrement dit, il faut à l'Europe des institutions qui l'amènent à former un ensemble politique, comme elle en est un déjà dans l'ordre économique. [...] Pour cela, on nous dit : « Fondons ensemble les six États dans une entité supranationale ; ainsi ce sera très simple et très pratique. » Mais cette entité-là est impossible […]. Alors on se rabat sur une espèce d'hybride dans lequel les six États acceptent de s'engager à se soumettre à ce qui sera décidé par une certaine majorité. En même temps, bien qu'il y ait déjà six Parlements nationaux plus l'Assemblée parlementaire européenne, plus l'Assemblée parlementaire du Conseil de l'Europe, il faudrait de surcroît élire un Parlement de plus, qualifié d'européen, et qui ferait la loi aux six États. […]
Est-ce que le peuple français, le peuple allemand, le peuple italien, le peuple hollandais, le peuple belge, le peuple luxembourgeois, songeraient à se soumettre à des lois que voteraient des députés étrangers, dès lors que ces lois iraient à l'encontre de leur volonté profonde ?

Charles de Gaulle, extrait de la conférence de presse du 5 mai 1962, *Discours et messages*, tome III, Plon, 1970.

- **Résumez le point de vue de Charles de Gaulle sur la construction européenne telle qu'elle existe en 1962.**
- **Relevez les arguments qu'il avance contre l'Europe supranationale.**

Doc. 2 L'opinion et la construction européenne

Dégagez le sens de cette caricature.

En 2005, le caricaturiste luxembourgeois Schneider illustre le résultat négatif des référendums organisés en France et aux Pays-Bas sur la ratification du traité établissant une Constitution pour l'Europe.

Doc. 3 Les limites de l'Europe

La question des limites de l'Europe ne se pose pas de la même manière selon l'idée que l'on se fait de la finalité du projet européen. La question turque est révélatrice plus que tout autre adhésion des clivages qui existent en Europe. […] Pour certains, l'Europe est et doit rester un grand marché économique garant de certains principes et de la paix sur le continent. Dans cette hypothèse, l'intégration turque ne pose aucun problème tant qu'elle remplit les fameux critères de Copenhague[1] […]. L'autre vision est celle d'une Europe politique : dans ce cas de figure, l'intégration turque pose des problèmes non pas parce que c'est un pays musulman, bien que la majorité des pays européens soient de confessions chrétiennes – d'autres pays qui ont vocation à intégrer l'UE comme le Kosovo ou l'Albanie ont une population à majorité musulmane – mais bien parce que, si l'on accepte la Turquie, le nom même d'Europe perdra son sens. Pourquoi refuser à ce moment-là aux pays du Mashrek ou d'Asie centrale le statut de membre ? Il convient donc de donner rapidement des frontières géographiques pour que naisse un espace politique.

Lionel Luttenbacher, « Entre élargissement et approfondissement : un choix se structure politique pour l'Europe », agoravox.fr, 20 mars 2008.

1. Conditions que doit respecter un pays qui souhaite intégrer l'Union européenne.

Identifiez les deux visions qui s'expriment aujourd'hui en Europe.

BAC **Expliquez pourquoi la construction d'une Europe politique est source de débats et d'oppositions.**

▶ Demandez-vous ce que l'on entend par « Europe politique ».
▶ Précisez le sens de l'expression « être source de débats ».
▶ Recherchez les raisons qui expliquent que la construction d'une Europe politique soit source de débats.

Le plan Schuman

Au lendemain de la Seconde Guerre mondiale, l'idéal d'une Europe unie et pacifique renaît. Dans le contexte de la guerre froide, alors que le continent est sous l'influence des deux Grands, les États d'Europe multiplient les initiatives de coopération économique et politique. En Europe de l'Ouest, le plan Schuman pose les bases de la construction européenne.

Doc. 1 9 mai 1950 : la proposition Schuman

L'Europe n'a pas été faite, nous avons eu la guerre. L'Europe ne se fera pas d'un coup, ni dans une construction d'ensemble : elle se fera par des réalisations concrètes, créant d'abord une solidarité de fait. Le rassemblement des nations européennes exige que l'opposition séculaire de la France et de l'Allemagne soit éliminée : l'action entreprise doit toucher au premier chef la France et l'Allemagne. […]
Le gouvernement français propose de placer l'ensemble de la production franco-allemande de charbon et d'acier sous une Haute Autorité commune, dans une organisation ouverte à la participation des autres pays d'Europe. La mise en commun des productions de charbon et d'acier assurera immédiatement l'établissement de bases communes de développement économique, première étape de la Fédération européenne. […]
La solidarité de production qui sera ainsi nouée manifestera que toute guerre entre la France et l'Allemagne devient non seulement impensable, mais matériellement impossible. L'établissement de cette unité puissante de production ouverte à tous les pays qui voudront y participer […] jettera les fondements réels de leur unification économique.

Conférence de presse de Robert Schuman, ministre français des Affaires étrangères, Paris, 9 mai 1950.

Décrivez le projet de Schuman et expliquez pourquoi ce projet doit permettre la réalisation de l'Europe.

Doc. 2 Les réactions allemande et soviétique

a. Monsieur le président,
J'ai l'honneur de vous exprimer mes remerciements très sincères pour le message que vous m'avez adressé, ainsi qu'aux ministres des Affaires étrangères d'Italie, de Belgique, de Hollande et du Luxembourg. Je crois qu'il n'est pas besoin de souligner particulièrement combien je partage totalement les idées qu'il contient.
Nous ne pourrons conduire les peuples d'Europe occidentale à créer une communauté viable que si nous réussissons à établir entre eux une coopération dans des domaines concrets. Dans cette perspective, le grand Plan que vous avez rendu public le 9 mai montre la voie. Nous ne pourrons cependant suivre cette voie avec succès que si tous les participants à la conférence de Paris subordonnent leurs intérêts économiques égoïstes au profit du grand dessein de la réalisation d'une véritable fédération.
C'est pour moi une satisfaction particulière et une très grande joie de travailler avec vous.
Veuillez agréer, Monsieur le Président, l'expression de ma parfaite considération.

Konrad Adenauer, chancelier de la RFA, lettre adressée à Robert Schuman le 30 juin 1950.

Comparez le point de vue développé par le chancelier allemand avec celui de Robert Schuman (doc. 1) puis formulez deux observations.

b. Caricature parue dans le journal satirique soviétique *Krokodil*, 1950.
Sur le sac de la mariée est écrit « *Ruhr* ».

Identifiez et expliquez la prise de position du journal soviétique sur la proposition de Schuman.

Doc. 3 18 avril 1951 : la signature du traité de Paris

Le président de la République fédérale d'Allemagne, Son Altesse Royale le prince de Belgique, le président de la République française, le président de la République italienne. Son Altesse Royale la grande-duchesse de Luxembourg, Sa Majesté la reine des Pays-Bas [...] ont décidé de créer une Communauté européenne du charbon et de l'acier[1].[...]

Art. 3 - Les institutions de la communauté doivent [...] dans l'intérêt commun :

a) Veiller à l'approvisionnement du marché commun en tenant compte des besoins des pays tiers ;

b) Assurer à tous les utilisateurs du marché commun placés dans des conditions comparables un égal accès aux ressources de production ;

c) Veiller à l'établissement des prix les plus bas [...] ;

d) Veiller au maintien des conditions incitant les entreprises à développer et à améliorer leur potentiel de production et à promouvoir une politique d'exploitation rationnelle des ressources naturelles évitant leur épuisement inconsidéré ;

e) Promouvoir l'amélioration des conditions de vie et de travail de la main-d'œuvre [...] ;

f) Promouvoir le développement des échanges internationaux [...] ;

g) Promouvoir l'expansion régulière et la modernisation de la production ainsi que l'amélioration de la qualité.

Traité de Paris (extraits), 18 avril 1951.

1. Instaurée pour une durée de 50 ans, la CECA est intégrée à l'UE en 2001.

Relevez deux exemples montrant que le traité de Paris instaure une coopération économique à l'échelle européenne. Justifiez votre choix.

Doc. 4 Regard sur le traité de Paris

Dessin de Herbert L. Herblock paru dans le *Washington Post*, États-Unis, 1951.

« Maintenant, nous sommes citoyens européens »
On peut lire sur le dessin : « charbon », « acier », « plan Schuman ». Sur la barrière : « Barrières de commerce en Europe ».

Expliquez la légende de cette caricature.

Doc. 5 Des réalisations de la Communauté économique du charbon et de l'acier

Robert Schuman assiste au lancement de la construction d'un village européen, en 1952, à Spiesen dans la région de la Sarre. Plus de 150 000 logements ouvriers sont ainsi financés et construits par la CECA entre 1952 et 1979.

Montrez que le traité de Paris marque les débuts d'une politique sociale européenne.

BAC « Le charbon et l'acier sont à l'origine de la construction européenne. » Justifiez cette affirmation.

Kohl-Mitterrand et l'Europe

Après avoir été au cœur des deux conflits mondiaux, la France et l'Allemagne s'engagent dans une politique de rapprochement et de coopération fondée sur la volonté de construire une Europe unie. De 1982 à 1995, les relations entre Helmut Kohl et François Mitterrand illustrent le rôle moteur du couple « franco-allemand » dans les progrès de l'intégration européenne.

Doc. 1 Verdun, un lieu de mémoire franco-allemand

Le 22 septembre 1984, François Mitterrand, président de la République française (1981-1995) et Helmut Kohl, chancelier de la RFA (1982-1990) puis de l'Allemagne (1990-1998), rendent hommage aux morts des deux guerres mondiales.

Expliquez le titre donné à ce document.

Doc. 2 Le couple franco-allemand et la construction européenne

Caricature du dessinateur allemand Walter Hanel, 29 mars 1984.
« Souriez, s'il vous plaît ! »
EG (*Europaïsche Gemeinschaft*) : Communauté européenne.

Décrivez l'image que donne cette caricature de l'Europe en 1984 et de l'action franco-allemande

Doc. 3 La rencontre d'Évian

Vous savez que le chancelier Kohl et moi-même venons de nous réunir comme nous le faisons régulièrement depuis plusieurs années. Hors des rencontres officielles, des sommets européens ou industriels, deux fois par an au moins nous nous retrouvons dans des rencontres informelles, sans ordre du jour, où nous parlons de choses dont nous convenons. C'est ce que nous avons fait aujourd'hui, à Évian. À tour de rôle, le chancelier et moi-même, nous nous rendons soit en République fédérale, soit en France. Aujourd'hui, nous avions à préparer la rencontre de Hanovre[1] qui aura lieu à la fin de ce mois. Et nous avons également en perspective le sommet des pays industrialisés de Toronto dans moins de trois semaines où sont en jeu les intérêts de l'Europe dont l'Allemagne fédérale et la France ne sont pas seuls dépositaires, mais qui nous intéressent. Et les relations bilatérales exigent des rencontres, des conversations, des mises au point, étant entendu que nous persévérons dans une bonne entente qui nous permet d'aborder les échéances de la meilleure façon. […] Nous avons naturellement parlé aussi de ce qui se passe en dehors de nous, la rencontre de Moscou entre le président des États-Unis et le Secrétaire général du Parti communiste soviétique. Mais bien entendu, notre principale préoccupation reste la construction de l'Europe. Voilà ce qu'a été notre conversation.

Réunion de presse conjointe de François Mitterrand et Helmut Kohl, Évian, 2 juin 1988.

1. Réunion du conseil européen.

Relevez les éléments qui expliquent que la France et l'Allemagne sont considérées comme moteurs de l'Europe des Douze. Justifiez vos choix.

Doc. 4 3 novembre 1988, 52e sommet franco-allemand

Les Länder, qui en République fédérale d'Allemagne sont compétents pour les questions de radiodiffusion, et la République française se sont accordés pour étudier dans les plus brefs délais l'ensemble des questions relatives à la création d'une chaîne culturelle franco-allemande, noyau d'une future télévision culturelle européenne[1]. [...] Grâce à la mise en œuvre de ce projet, la coopération européenne dans le domaine de la radiodiffusion trouvera une qualité nouvelle ; ainsi, l'organisation et la conception des programmes respecteront les différences de mentalité, d'habitudes et de types de présentation. De la même manière, l'un des objectifs fondamentaux que vise cette chaîne sera d'apporter aux Européens issus d'espaces linguistiques différents une familiarité accrue avec les langues des partenaires. L'identité culturelle de l'Europe, mais aussi les spécificités culturelles des pays européens trouveront à s'exprimer dans ce nouveau programme. Il apportera un progrès sensible dans la compréhension et le renforcement des liens entre le peuple français et le peuple allemand, et entre les citoyens de l'Europe, et contribuera à développer la conscience d'une identité européenne. Cette chaîne contribuera en outre à intensifier la coproduction franco-allemande et européenne et, de ce fait, à mettre en œuvre l'un des objectifs fondamentaux que s'étaient fixés les deux États.

Extrait du communiqué commun franco-allemand publié à l'issue du sommet de Bonn, 4 novembre 1988.

1. La chaîne franco-allemande ARTE est créée en 1990.

- **Citez la décision prise lors de ce sommet franco-allemand.**
- **Montrez que cette décision participe à la construction d'une Europe unie.**

Doc. 5 Les ambitions européennes de Mitterrand et Kohl

Vous avez pris l'initiative de convoquer pour le 28 avril une réunion spéciale du Conseil européen. [...] Compte tenu des profondes transformations en Europe, de l'établissement du marché intérieur et de la réalisation de l'Union économique et monétaire, nous jugeons nécessaire d'accélérer la construction politique de l'Europe des Douze. Nous pensons que le moment est venu de « transformer l'ensemble des relations entre les États membres en une Union européenne et de doter celle-ci des moyens d'action nécessaires », ainsi que l'a prévu l'Acte unique[1].

Dans cette perspective, nous souhaitons que le Conseil européen du 28 avril décide :

1. de demander aux instances compétentes d'intensifier les travaux préparatoires à la Conférence intergouvernementale sur l'Union économique et monétaire qui s'ouvrira, ainsi que l'a décidé le Conseil européen de Strasbourg, avant la fin de l'année 1990 ;
2. de lancer les travaux préparatoires à une conférence intergouvernementale sur l'Union politique.

Il s'agirait notamment de renforcer la légitimité démocratique de l'Union, de rendre plus efficaces les institutions, d'assurer l'unité et la cohérence de l'action de l'Union dans les domaines économique, monétaire et politique, de définir et de mettre en œuvre une politique étrangère et de sécurité commune [...].

Nous vous serions reconnaissants de bien vouloir transmettre ce message aux autres membres du Conseil européen.

Extrait du message conjoint de François Mitterrand et Helmut Kohl au président du Conseil européen, 18 avril 1990.

1. Traité signé en 1986 par les États membres de la Communauté européenne.

Citez les propositions que font François Mitterrand et Helmut Kohl au président du Conseil européen.

Doc. 6 L'euro

Une de *Libération*, 2 janvier 1999.

Identifiez le lien entre les documents 5 et 6.

BAC Expliquez pourquoi l'action de François Mitterrand et d'Helmut Kohl est importante pour la construction d'une Europe unie.

L'idée d'Europe : des origines aux premières réalisations

Notions

Mouvement paneuropéen : mouvement fondé en 1923 qui défend la création d'une fédération entre les États européens afin de définir une politique européenne commune.

Communauté européenne du charbon et de l'acier (CECA) : structure supranationale regroupant l'Allemagne, le Benelux (Belgique, Pays-Bas, Luxembourg), la France et l'Italie, afin de mettre en commun les productions de charbon et d'acier.

Communauté économique européenne (CEE) : marché commun économique créé en 1957 instaurant une union douanière entre les six pays fondateurs de la CECA.

Synthèse audio
www.lienmini.fr/hgt-03

■ **L'idée de construire une Europe unie est une idée ancienne. Elle prend réellement forme au XIXe siècle.** En 1849, Victor Hugo évoque l'union des nations européennes au sein d'**États-Unis d'Europe**, où circuleraient librement les biens et les personnes et qui garantirait la paix sur le continent. Cette vision est reprise dans les années 1920 par Richard Coudenhove-Kalergi, fondateur du **mouvement paneuropéen**, qui propose un **projet de Fédération des États européens.** Basée sur l'union politique des États d'Europe et l'élaboration d'une politique commune en matière d'économie et de défense, la Fédération doit rendre le rang de puissance mondiale à une Europe ruinée par la Première Guerre mondiale. **Aristide Briand**, ministre français des Affaires étrangères, participe activement à la diffusion de ce projet auprès des gouvernements européens. Mais la crise économique des années 1930, l'avènement du fascisme en Italie et du nazisme en Allemagne mettent fin à cet espoir d'union européenne.

■ **Au lendemain de la Seconde Guerre mondiale, l'idéal d'une Europe unie et pacifique renaît sous l'influence des européistes.** Dès 1948, réunis à La Haye, ils décident de la création d'une assemblée européenne internationale, le **Conseil de l'Europe**. Dans le même temps, soutenus par les États-Unis qui souhaitent unifier l'Europe de l'Ouest face au bloc communiste, les États européens se rassemblent dans l'**Organisation européenne de coopération économique** (OECE) pour gérer en commun l'aide du **plan Marshall**. La coopération économique s'accélère dans les années 1950. En 1951, sous l'impulsion de la France, est créée la **Communauté européenne du charbon et de l'acier (CECA)**. Les dirigeants des six pays membres décident de prolonger l'œuvre de la CECA en créant un marché commun et signent, en 1957, le **traité de Rome** qui fonde la **Communauté économique européenne (CEE)**.

Vérifier sa compréhension de la leçon

Relevez les éléments de la leçon qui illustrent chacun des points suivants.

1. L'idée d'une Europe unie est née en réaction aux conflits qui ont déchiré l'Europe.
2. L'idée d'une Europe unie échoue dans l'entre-deux-guerres.
3. L'idée d'une Europe unie est envisagée comme une forme de coopération dans différents domaines.
4. Le plan Marshall facilite le processus d'intégration entre les pays d'Europe occidentale.
5. L'union de l'Europe se concrétise d'abord dans le domaine économique.

Organiser ses connaissances à l'aide d'un tableau de synthèse

Reproduisez puis complétez le tableau suivant pour dresser un bilan des débuts de la construction européenne.

	L'Europe unie : une idée	L'Europe unie : une réalisation
Période	....	....
Acteurs	....	....
Objectif(s)	....	....
Réalisations	....	....

Une diversité culturelle identitaire et résistante

Notions

Marché unique : zone de libre circulation des biens, des services, des capitaux et des personnes (« quatre libertés »).

Fédéralisme : courant politique défendant l'approfondissement de l'union vers une fédération des États membres gouvernée par des institutions supranationales, c'est-à-dire supérieures aux États et pouvant leur imposer des décisions.

Unionisme : courant politique favorable à une union politique de l'Europe respectant la souveraineté de chaque État.

Synthèse audio
www.lienmini.fr/hgt-04

■ À partir des années 1970, portées par le couple franco-allemand, la CEE puis l'Union européenne **connaissent plusieurs élargissements et approfondissements**. De six membres en 1993, l'Union en regroupe 28 en 2013. Le traité de l'Acte unique aboutit en 1993 à l'ouverture totale des frontières au sein de la Communauté et à la création d'un **marché unique**. Parallèlement, **le projet d'une Europe politique se concrétise**. En effet, le **traité de Maastricht** (1992) ne prévoit pas seulement une union économique et monétaire avec adoption d'une monnaie commune, l'euro, mais crée également une **citoyenneté européenne**, renforce les pouvoirs du **Parlement européen** et définit les bases d'une politique étrangère et de sécurité commune (PESC).

■ Le projet européen connaît d'importantes avancées et dépasse la sphère économique pour amener les États membres à mettre en commun une part de leur **souveraineté** politique. Mais sa **réalisation est ponctuée d'oppositions**. Ainsi, dès les années 1950, partisans du **fédéralisme** et de l'**unionisme** sont divisés sur la forme que doit prendre cette union. Dans les années 1980, les **eurosceptiques** critiquent le caractère technocratique de l'Europe et la perte de souveraineté des États. Par ailleurs, la difficulté de trouver des réponses communes à certaines questions, telles l'adhésion de la Turquie ou la solidarité financière au moment où la dette grecque a provoqué la crise de l'euro en 2007, met en évidence les **divisions entre les États membres**. Enfin, si l'idée européenne s'est répandue dans l'opinion publique, l'UE suscite peu d'adhésion, comme en témoignent les **taux d'abstention élevés aux élections européennes**.

Vérifier sa compréhension de la leçon

Observez ce document et retrouvez le point de la leçon qu'il illustre.

Dessin de *Pierre Kroll* paru dans *Le Soir* (Bruxelles), 6 janvier 2007.

Organiser ses connaissances à l'aide d'un schéma

Reproduisez puis complétez le schéma avec les éléments de la leçon.

Des avancées		LE PROJET EUROPÉEN		Des blocages
Économiques : .... Politiques :	←	LE PROJET EUROPÉEN	→	Économiques : .... Politiques : ....

BAC

Évaluer ses connaissances sur le sujet d'étude

Les idées essentielles

Répondez en quelques phrases aux questions suivantes.

- Pourquoi associe-t-on les noms d'Aristide Briand et Robert Coudenhove-Kalergi à l'idée d'Europe ?
- Pourquoi, après 1945, le contexte international favorise-t-il la réalisation de l'unité européenne ?
- Quels sont les principaux apports du traité de Maastricht à la construction européenne ?
- Qu'évoque-t-on lorsque l'on parle des « élargissements » et des « approfondissements » de l'UE ?

Illustrez chacune des affirmations suivantes par un fait ou un événement historique.

- La construction européenne est fondée sur une construction économique.
- L'Allemagne et la France ont joué et jouent un rôle important dans la construction européenne.
- L'effondrement du bloc communiste à la fin des années 1990 accélère la construction européenne.
- La construction européenne est toujours objet de débats.

Les dates clés

Associez chaque date à l'événement correspondant.

1. 1er janvier 2002	a. Premier élargissement de la CEE
2. 7 février 1992	b. Adoption d'une monnaie commune, l'euro
3. 25 mars 1957	c. Instauration de la Communauté économique du charbon et de l'acier (CECA)
4. 18 avril 1951	d. Instauration de la Communauté économique européenne (CEE)
5. 1er janvier 1973	e. Signature du traité de Maastricht

Les acteurs

Rattachez chacun des hommes politiques suivants à une période et à une ou plusieurs avancées de la construction européenne. Expliquez vos choix.

Homme politique	Période	Avancée
– Robert Schuman – François Mitterrand – Aristide Briand – Helmut Kolh – Robert Coudenhove-Kalergi – Jean Monnet	– **Début du XXe siècle-1947 :** l'Europe, une idée – **1947-1957 :** les premières réalisations – **1957 à nos jours :** élargissements et approfondissement	– Acte unique européen – Fondation du Mouvement paneuropéen – Instauration de la CEE – Projet de Fédération des États européens – Création de la CECA – Traité de Maastricht

Les faits

Retrouvez les points du sujet d'étude illustré par chaque document. Justifiez votre choix.

1. « La Terre promise, Aristide Briand à la Société des Nations », caricature de Derso et Kelen, publiée dans *Le Rire*, 26 septembre 1931.

2. Affiche de Jean Effel pour la campagne du référendum européen sur l'élargissement de la CEE au Royaume-Uni, au Danemark et à l'Irlande, avril 1972.

Répondre à des questions de connaissance

→ Mettre en œuvre les capacités et les connaissances du programme d'histoire

Capacité / Thème

1 **Choisissez trois dates clés dans l'histoire de la construction européenne depuis 1946 et justifiez votre choix :** *1951 • 1957 • 1961 • 1989 • 1992 • 2002*

Vous devez **nommer le fait historique** ou **l'événement** qui correspond aux dates que vous choisissez. Puis, il faut **démontrer** que chacun de ces faits ou événements sont des étapes importantes dans la construction européenne. Pour cela, **décrivez-les** brièvement afin de **mettre en évidence leurs apports** à la construction européenne.

Votre réponse : « 1951 est l'année où … (*nommer le fait ou l'événement*). Ce fait/événement est important parce que … (*raison pour laquelle il participe de la construction européenne*). »

Capacité / Thème

2 **« La France et l'Allemagne sont des acteurs essentiels de la construction européenne. » Justifiez cette affirmation.**

Vous devez **sélectionner dans vos connaissances** des exemples qui montrent que cette affirmation est juste. Il faut ensuite les **expliciter** pour faire comprendre pourquoi ils prouvent cette affirmation.

Votre réponse : « L'Allemagne et la France sont des acteurs essentiels de la construction européenne car … (*1er argument*). De plus, ces deux pays … (*2e argument*). Enfin, ils … (*3e argument*). »

Thème

3 **Donnez un exemple qui montre que la construction européenne fait toujours débat.**

Vous devez, à partir d'un exemple précis tiré de vos **connaissances**, **prouver** que la construction européenne est l'objet de discussions quant à son évolution.

Votre réponse : « La construction européenne fait toujours débat parce que … (*énoncé du sujet qui fait débat*). En effet, … (*explicitation de votre réponse*). »

4 **Complétez la légende à partir des indications notées sur la carte.**

▶ carte repère p. 320

Vous devez **indiquer** en face de chaque figuré de la légende, à quoi il correspond sur la carte.

- 1 ……………………………………
- ……………………………………
- ……………………………………
- ……………………………………
- ……………………………………

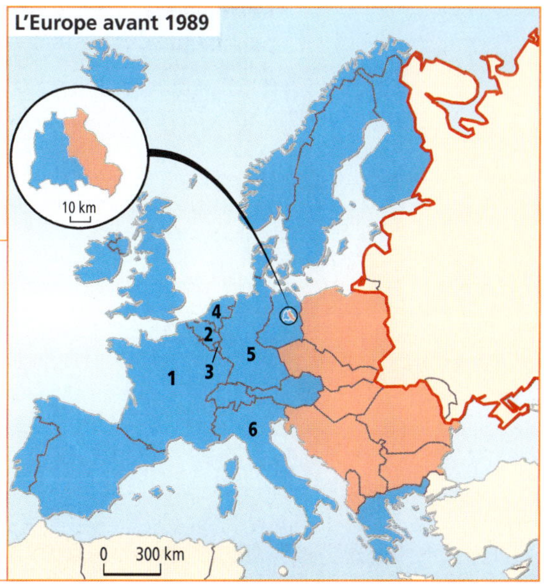

BAC

EXERCICE GUIDÉ

Répondre à des questions à partir d'un support documentaire

→ Exploiter un document pour analyser une situation historique

Doc. 1 **« L'Europe, notre maison commune »**

M'étant moi-même familiarisé avec une nouvelle perspective politique, je ne pouvais plus accepter comme auparavant le patchwork multicolore qu'offre la carte politique de l'Europe. Le continent a eu plus que sa part de guerre et de larmes. Il en a eu bien assez. Balayant le panorama de cette terre qui a tant souffert et songeant aux racines communes de cette civilisation européenne, à la fois protéiforme et une dans son essence, j'en suis venu à ressentir avec une acuité grandissante le caractère artificiel et temporaire de la confrontation entre les blocs et la nature «archaïque» du rideau de fer. C'est sans doute ainsi qu'a surgi dans mon esprit cette notion de «l'Europe notre maison commune» et que juste au bon moment, la formule m'est venue aux lèvres.

L'Europe est en effet une maison commune où la géographie et l'histoire ont étroitement tissé les destinées de dizaines de pays et de nations. Bien sûr, chacune d'entre elles a ses propres problèmes, chacun veut vivre sa propre vie, suivre ses propres traditions. Par conséquent, en poursuivant la métaphore, on pourrait dire : la maison est commune, certes, mais chaque famille y a son appartement, et de plus, il existe plusieurs entrées. Mais ce n'est qu'ensemble, collectivement, et en suivant les normes sensées de la coexistence que les Européens pourront sauver leur maison, la protéger d'une conflagration et d'autres calamités, l'améliorer et la rendre plus sûre et la maintenir en bon ordre. [...] Ce concept de maison commune européenne suggère par-dessus tout un certain degré d'intégration, même si les États appartiennent à des systèmes sociaux différents et des alliances politico-militaires opposées.

Mikhaïl Gorbatchev, dirigeant de l'URSS de 1985 à 1991, *Perestroïka, Vues neuves sur notre pays et le monde*, Flammarion, 1987.

1 **Résumez le point de vue défendu par M. Gorbatchev dans le premier paragraphe.**

Vous devez **reformuler** l'idée ou les idées principale(s) du premier paragraphe.

Pour répondre :

▶ Extraits du doc.

- identifiez le sujet abordé par Gorbatchev dans cette partie du texte ;
- relevez ce qu'il en dit ;
- reformulez ses propos de façon simple : « Mikhaïl Gorbatchev évoque dans ce texte (*sujet du texte*). Il pense que (*résumez de son point de vue*). »

2 **Dites pourquoi Gorbatchev utilise l'image d'une « maison commune » pour désigner l'Europe.**

Vous devez **expliquer la métaphore** de Gorbatchev sur l'Europe.

Pour répondre :

- interrogez-vous sur le sens de l'adjectif « commun » ;

▶ Extraits du doc.

- recherchez dans le texte les éléments que cite Gorbatchev pour justifier l'utilisation de cet adjectif à propos de l'Europe.

3 **Montrez que la dernière phrase de ce texte est déterminante pour la construction européenne.**

Vous devez **donner des raisons** qui expliquent que l'idée développée par Gorbatchev est importante pour réaliser l'unité européenne.

Pour répondre :

▶ leçon p. 331

- mobilisez vos connaissances sur le sujet d'étude pour comprendre le sens de cette phrase : à quoi fait référence Gorbatchev quand il écrit « des États appartiennent à des systèmes sociaux différents et des alliances politico-militaires opposées » ?

▶ Extraits du doc.

▶ leçon p. 331

- identifiez les fonctions occupées par Gorbatchev afin de saisir la portée de cette phrase ;
- mobilisez vos connaissances pour replacer ces propos dans leur contexte et en saisir l'importance : Quelle est la situation de l'Europe en 1987 ? Comment s'explique-t-elle ?

SUJET D'ÉTUDE

3. La décolonisation et la construction de nouveaux États : Inde, Algérie

La décolonisation : une remise en cause de l'autorité coloniale

« Il faut que toutes les colonies soient libérées de la colonisation impérialiste étrangère, que celle-ci soit politique ou économique. Les peuples des colonies doivent avoir le droit d'élire leurs propres gouvernements sans restriction venant de puissances étrangères. Nous disons aux peuples des colonies qu'ils doivent lutter pour atteindre ces buts par tous les moyens dont ils disposent. »

Kwame Nkrumah, leader nationaliste ghanéen, Ve congrès panafricain, Manchester, 1945.

HISTOIRE DES ARTS

Photographie de Marc Riboud.

Le 2 juillet 1962, les Algériens célèbrent l'indépendance à Alger au pied du monument commémorant le débarquement français à Sidi Ferruch en 1830.

Un processus irréversible après 1945

Des voies et des rythmes différents vers l'indépendance

Situations

De la domination coloniale aux indépendances

Dès les années 1930, la tutelle de l'Europe sur les territoires colonisés au XIXe siècle est remise en cause. Ce mouvement s'accélère après la Seconde Guerre mondiale, soutenu par les deux grands vainqueurs du conflit, l'Union soviétique et les États-Unis. Les puissances occidentales ne peuvent alors plus ignorer les contestations qui s'élèvent dans leurs empires.

Carte 1 Les empires coloniaux en 1939

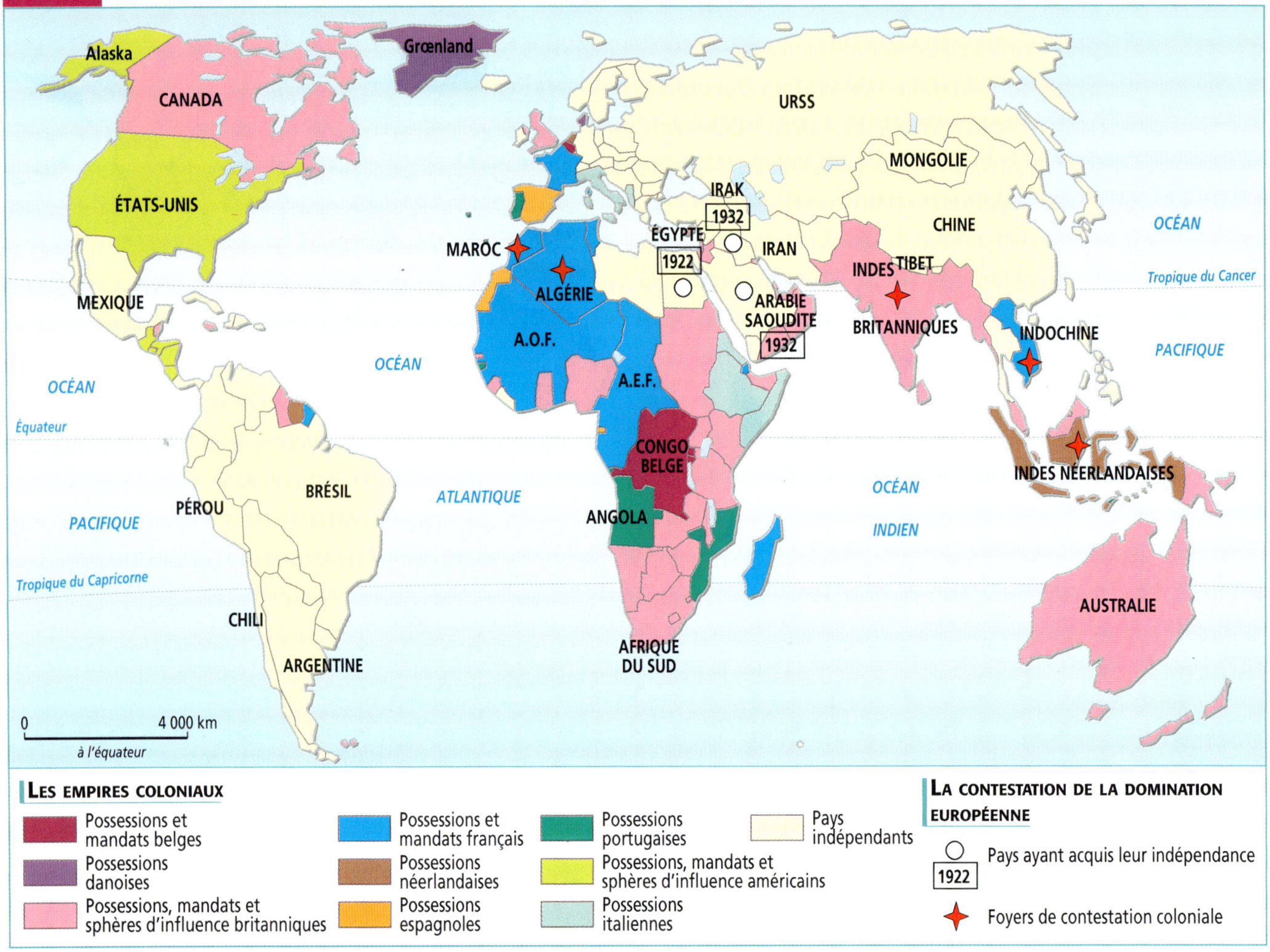

1. Identifiez et localisez les deux principaux empires coloniaux en 1939.
2. Citez deux régions où la domination coloniale est contestée.
3. Décrivez en quelques phrases la situation de l'Afrique et l'Asie en 1939.

1940 — 1945 — 1950 — 1955

CONTEXTE INTERNATIONAL

- **SECONDE GUERRE MONDIALE** — Affaiblissement de l'Europe
- **Règlement de la paix**
- **GUERRE FROIDE ET**
- **1945** Création de l'ONU
- **1955** Conférence des États émancipés à Bandung

DÉCOLONISATION

- **Décolonisations en Asie**
- **1942** *Quit India*
- **1947** Indépendance de l'Inde et du Pakistan
- **1954** "Toussain

Carte 2 Les décolonisations (1945-1975)

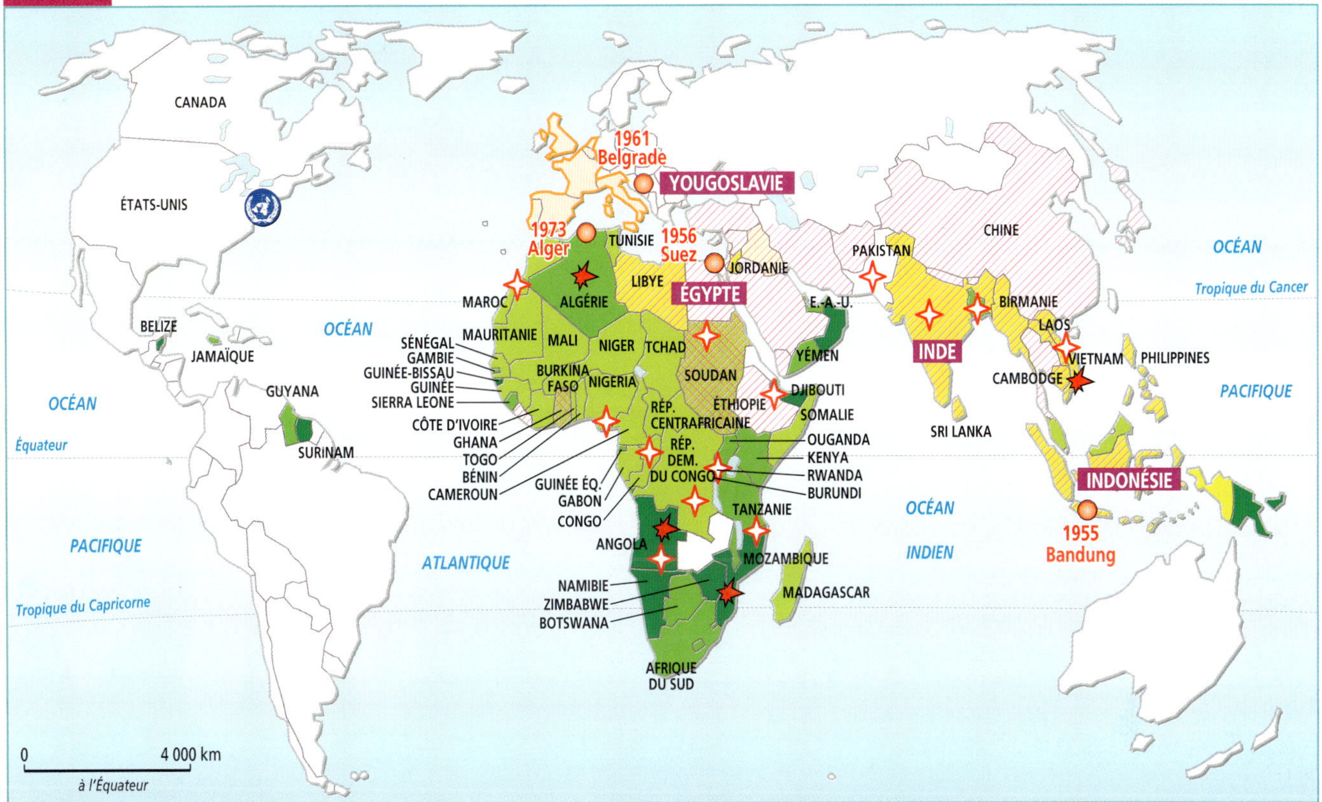

Accéder à l'indépendance face aux métropoles européennes...

- Métropoles européennes

Accession à l'indépendance entre :

- 1945-1954
- 1955-1960
- 1961-1973
- depuis 1974

- Guerres d'indépendance
- Troubles post-coloniaux

... pour se faire entendre sur la scène internationale comme le tiers-monde

- Une nouvelle tribune : l'ONU

Une volonté d'être unis

- Pays représentés à la conférence de Bandung en 1955
- Territoires non indépendants en 1955 mais représentés à Bandung
- INDE Pays initiateurs du non-alignement
- 1956 Suez Les temps forts de l'affirmation des pays du tiers-monde

❶ Justifiez l'utilisation du pluriel dans le titre de la carte.

❷ Identifiez le lien entre les cartes 1 et 2.

BAC **Expliquez pourquoi la décolonisation est un fait majeur de l'histoire du XXe siècle.**

▶ Définissez l'expression « un fait majeur du XXe siècle ».

▶ Sélectionnez dans les cartes (lisez la légende) les informations qui permettent de comprendre pourquoi on affirme que la « décolonisation est un fait majeur du XXe siècle ».

1960 1965 1970 1975

DIVISION DU MONDE EN DEUX BLOCS

• **1961** Conférence des États non-alignés à Belgrade

Décolonisations en Afrique

Guerre d'Algérie

rouge"

• **1962** Indépendance de l'Algérie (accords d'Évian)

A. Une émancipation irréversible

Doc. 1 Les Nations unies et la colonisation

Chapitre XI - Déclaration relative aux territoires non autonomes
Art. 73 – Les membres des Nations unies qui ont ou qui assument la responsabilité d'administrer des territoires dont les populations ne s'administrent pas encore complètement elles-mêmes reconnaissent le principe de la primauté des intérêts des habitants de ces territoires. Ils acceptent comme une mission sacrée l'obligation de favoriser dans toute la mesure possible leur prospérité, dans le cadre du système de paix et de sécurité internationales établi par la présente Charte et, à cette fin :
a. d'assurer, en respectant la culture des populations en question, leur progrès politique, économique et social, ainsi que le développement de leur instruction, de les traiter avec équité et de les protéger contre les abus ;
b. de développer leur capacité de s'administrer elles-mêmes, de tenir compte des aspirations politiques des populations et de les aider dans le développement progressif de leurs libres institutions politiques […].

Charte de San Francisco (extrait), 26 juin 1945.

- **Définissez l'expression « territoires non autonomes ».**
- **Relevez les engagements que prennent ces pays signataires de la charte des Nations unies.**

Doc. 2 L'URSS et la colonisation

« Les temps changent », affiche soviétique, 1962.

Reformulez en une ou deux phrases le message diffusé par cette affiche.

Doc. 3 La situation dans les colonies

a. L'Inde en 1930

Nous croyons que c'est le droit inaliénable du peuple indien, comme de tout autre peuple, de vivre en liberté, de jouir des fruits de son travail et de posséder ce qui est nécessaire pour vivre afin d'avoir toutes les possibilités de la croissance. Nous croyons aussi que si un gouvernement prive un peuple de ces droits et le maintient dans l'oppression, ce peuple a le droit d'en changer ou même de le révoquer. Le gouvernement britannique de l'Inde n'a pas seulement privé le peuple indien de sa liberté, mais il s'est fondé sur l'exploitation des masses et a ruiné l'Inde économiquement, politiquement, culturellement et spirituellement. En conséquence, nous croyons que l'Inde doit rompre ses liens avec la Grande-Bretagne et obtenir une complète indépendance.

Gandhi, discours cité dans *The Collected Works of Mahatma Gandhi*, Ahmedabad, *The Publications Division, Ministry of Information and Broadcasting, Government of India*, 1971.

Relevez les conséquences de la colonisation britannique.

b. L'Algérie en 1953

Population	Musulmans	Européens
En 1954 (en milliers)	8 450	984
Taux de natalité (‰)	45	19
Taux de mortalité infantile (‰)	181	46
Taux de scolarisation dans le primaire (%)	18	99
Population active (en %)		
Secteur primaire	87,8	14,4
Secteur secondaire	4,2	28,6
Secteur tertiaire	8	57
Propriété agricole		
Pourcentage des terres	75	25
Taille moyenne des exploitations (ha)	17	109

Source : Benjamin Stora, *L'Algérie coloniale*, 1930-1954, La Découverte, 1991.

Comparez la situation des populations colonisées en Inde et en Algérie en citant les données du tableau.

BAC **Expliquez le titre de ce corpus, « Une émancipation irréversible », et justifiez son choix en vous appuyant sur les informations fournies par les documents.**
▶ Définissez les termes « émancipation » et « irréversible ».
▶ Sélectionnez dans les documents les informations qui permettent de comprendre le titre du corpus.

B. Des voies différentes vers l'indépendance

Doc. 1 Une manifestation en Inde (1942)

En 1942, les autorités britanniques interdisent le parti nationaliste indien, le parti du Congrès, qui a voté la résolution *Quit India* (« Quittez l'Inde ») exigeant la fin de la domination britannique en Inde. Des manifestations se déroulent alors à travers le pays. Certaines d'entre elles donnent lieu à des actes de violence (bâtiments gouvernementaux incendiés, électricité coupée, voies de transport sabotées...) que les Britanniques répriment durement (100 000 arrestations).

Décrivez comment la population indienne exprime ses revendications indépendantistes et l'attitude des autorités britanniques.

Doc. 2 La politique britannique en Inde

Depuis longtemps, la politique des gouvernements britanniques successifs a été de travailler à la réalisation du self-government[1] dans l'Inde. En fonction de cette politique, une responsabilité croissante a été dévolue aux Indiens et, aujourd'hui, l'administration civile et les forces armées indiennes sont dans une large mesure aux mains de fonctionnaires et d'officiers indiens. [...] En 1940, le gouvernement de coalition reconnut que les Indiens devaient se donner eux-mêmes une nouvelle Constitution pour une Inde pleinement autonome et, par l'offre de 1942, il les invita à établir une Assemblée constituante dans ce but aussitôt que la guerre serait terminée. [...] Le gouvernement de Sa Majesté pense que le moment est venu de faire passer la responsabilité du gouvernement de l'Inde dans des mains indiennes. [...] Le gouvernement de Sa Majesté souhaite faire savoir clairement qu'il est dans son intention définitive de prendre les mesures nécessaires pour effectuer un transfert de pouvoir entre les mains indiennes responsables au plus tard en juin 1948.

Déclaration du Premier ministre anglais Clement Attlee à la Chambre des Communes, 20 janvier 1947.

1. Terme anglais qui désigne la capacité pour un peuple ou un territoire de se gouverner lui-même.

Confrontez les propos du Premier ministre anglais avec la situation décrite dans le document 1 et formulez une observation.

Doc. 3 La France et les revendications indépendantistes en Algérie

4 PAGES DE SPORTS
Écho Sport...
UNE PAGE ILLUSTRÉE

L'ÉCHO D'ALGER

15 FRANCS

Dimanche Lundi 7-8 Novembre 1954

Tout ce qui brille... SEUL LE VERNICIRE

M. MITTERRAND dans une déclaration radiodiffusée :

L'ALGÉRIE C'EST LA FRANCE ET LA FRANCE NE RECONNAITRA PAS CHEZ ELLE D'AUTRE AUTORITÉ QUE LA SIENNE

Chaque jour verra l'autorité de l'Etat s'affirmer d'avantage et le statut de l'Algérie entrera de plus en plus dans les faits

Investissements et grands travaux, formation professionnelle, fonction publique, décentralisation administrative seront l'objet de prochaines mesures

LES TROUPES ÉTANT SOLIDEMENT INSTALLÉES

La véritable opératio[n] de nettoyage de l'Aur[ès] va commencer dans quelques jour[s]

Le seul responsable de l'ordre c'est l'Etat

A L'EST D'HOKKAIDO (Japon)

L'Écho d'Alger, 7 novembre 1954.

Dans la nuit du 31 octobre au 1er novembre 1954, des indépendantistes commettent plusieurs dizaines d'attentats à différents endroits du territoire algérien. Cette nuit est appelée la « Toussaint rouge ».

Caractérisez la position du gouvernement français face aux indépendantistes algériens.

BAC Comparez les formes que prend la contestation de l'ordre colonial en Inde et en Algérie.

- Interrogez-vous sur le sens des termes « forme », « contestation », « ordre colonial » pour comprendre sur quoi doit porter votre comparaison.
- Observez la situation dans les deux pays.
- Identifiez puis citez les ressemblances et les différences entre ces deux pays.

C. Des défis pour les nouveaux États

Doc. 1 La situation économique de l'Inde indépendante

Chers compatriotes, [...]
Notre longue soumission ainsi que la guerre mondiale et ses conséquences nous ont laissé en héritage une série de problèmes vitaux qui font aujourd'hui que notre peuple manque de nourriture, d'habits et d'autres nécessités et qui nous ont entraînés dans un engrenage d'inflation et de hausse des prix. Il va de soi que nous ne pouvons résoudre tous ces problèmes en une seule fois mais nous ne pouvons néanmoins en reporter la solution. Pour cela, il faudra que nous établissions des plans avisés afin de freiner l'alourdissement du fardeau que supporte la population et d'augmenter le niveau de vie. [...] Nous devons rapidement changer notre système obsolète de baux de terres et promouvoir l'industrialisation à une mesure plus large et plus équilibrée, ce qui contribuera à accroître la richesse de l'État et par conséquent le revenu national, lequel pourra ensuite être redistribué plus équitablement. La production est aujourd'hui notre première priorité [...] mais cela ne suffit pas, car elle peut mener à une concentration d'autant plus accrue des richesses dans les mains de quelques personnes, ce qui peut entraver le progrès et qui, dans le contexte actuel, entraîne l'instabilité et les conflits. Pour ces motifs, une distribution juste et équitable est essentielle à la solution du problème. Le gouvernement indien examine actuellement différents grands projets pour le développement des vallées fluviales par le contrôle du flux des rivières grâce à la construction de barrages, de réservoirs et de structures d'irrigation ainsi que le développement de la production hydroélectrique.

Jawaharlal Nehru, Premier ministre indien, discours radiodiffusé le 15 août 1947 à l'occasion de l'accès à l'indépendance de l'Inde.

Relevez les décisions que souhaite prendre le gouvernement indien et les raisons qui les motivent.

Doc. 2 La partition de l'Inde (août 1947)

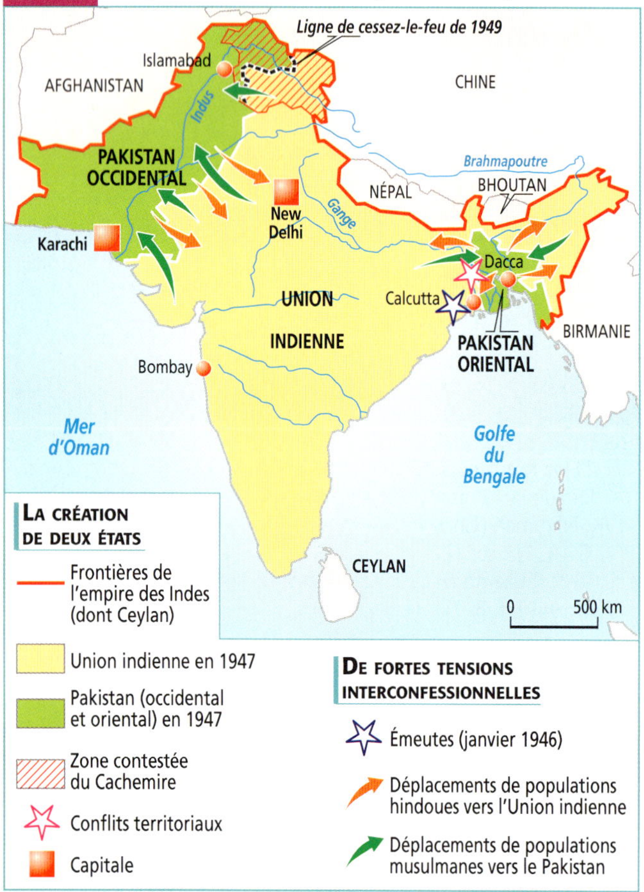

Précisez les conséquences territoriales de la disparition de l'empire des Indes britanniques.

Doc. 3 La politique agricole de l'Algérie

Art. 1 – Il sera constitué dans chaque entreprise agricole vacante, comprenant plus de dix ouvriers, un comité de gestion composé de trois membres au moins. Ce comité sera élu par l'ensemble des ouvriers travaillant habituellement dans l'entreprise ainsi que par les anciens combattants, militants et victimes de la répression qui seraient installés dans l'entreprise après arrêté préfectoral.
Art. 2 – Le comité de gestion choisira dans son sein un président qui déclarera la constitution du comité à l'autorité préfectorale chargée de prononcer son agrément. En cas d'agrément du comité, le président remplit les fonctions d'administrateur-gérant concernant la protection et gestion des biens vacants. [...]
Art. 5 – Les ouvriers et employés de l'exploitation percevront le salaire légal correspondant à leur emploi. Ils participeront à la gestion de l'entreprise par l'intermédiaire du comité de gestion et aux bénéfices en résultant, dans les conditions qui seront définies ultérieurement.
Art. 6 – En cas de retour du propriétaire, l'autorité préfectorale décidera des conditions de réintégration de ce dernier. En tout état de cause, le comité de gestion continuera à exercer ses droits qui lui sont reconnus par l'article 5 du présent décret.

Décret du gouvernement algérien instituant des comités de gestion dans les entreprises agricoles vacantes, 1962.

- **Définissez ce qu'est un comité de gestion.**
- **Montrez que le gouvernement algérien choisit une voie socialiste de développement.**

Doc. 4 Les choix économiques de l'Algérie

Timbre algérien, 1974.

Identifiez les choix économiques faits par l'Algérie dans les années 1970.

Doc. 5 La conférence de Bandung

Depuis sept jours nous sommes dans cette belle ville de Bandung, et Bandung a été au cours de cette semaine le point de mire, la capitale, devrais-je dire, de l'Asie et de l'Afrique […]. J'aimerais plus encore attirer votre attention sur le fait que nous nous sommes rencontrés, vus, liés d'amitié et que nous avons discuté ensemble pour trouver une solution à nos problèmes communs […]. Nous sommes résolus à n'être d'aucune façon dominés par aucun pays, par aucun continent. Nous ne sommes pas des « béni-oui-oui » qui disent « oui » à n'importe quel pays. Nous sommes des grands pays du monde et voulons vivre libres sans recevoir d'ordres de personne. Nous attachons de l'importance à l'amitié des grandes puissances, mais, à l'avenir, nous ne coopérerons avec elles que sur un pied d'égalité. C'est pourquoi nous élevons notre voix contre l'hégémonie et le colonialisme dont beaucoup d'entre nous ont souffert pendant longtemps. Et c'est pourquoi nous devons veiller à ce qu'aucune autre forme de domination ne nous menace. Nous voulons être amis avec l'Ouest, avec l'Est, avec tout le monde. Le seul chemin qui mène droit au cœur et à l'âme de l'Asie est celui de la tolérance, de l'amitié et de la coopération.

Jawaharlal Nehru,
discours de clôture de la conférence de Bandung,
24 avril 1955.

Résumez les intentions des pays réunis à Bandung.

Doc. 6 Le tiers-monde à l'ONU (1960)

Les chefs d'État fondateurs du mouvement des non-alignés sont réunis à New York lors de la 15e assemblée générale de l'ONU. De gauche à droite, J. Nehru, K. Nkrumah (Ghana – ancienne colonie britannique indépendante en 1957), G. A. Nasser (Égypte – ancienne colonie britannique indépendante en 1922), Sukarno (Indonésie – ancienne colonie néerlandaise indépendante en 1949), J. B. Tito (Yougoslavie).

Cette photographie illustre la reconnaissance, à l'échelle internationale, des nouveaux États. Justifiez cette affirmation.

BAC **Montrez qu'au lendemain de leur indépendance, les anciennes colonies sont confrontées à de nombreux défis.**

- Définissez le sens de l'expression « être confronté à des défis ».
- Recherchez des informations qui prouvent que les anciennes colonies sont confrontées à de nombreux défis après leur indépendance.

Gandhi et la non-violence

Engagé dès les années 1920 dans la lutte contre la domination britannique en Inde, Mohandas Karamchand Gandhi devient l'un des leaders du mouvement nationaliste indien. En choisissant la voie de la non-violence et en mobilisant les Indiens en faveur d'actions de désobéissance civile, il joue un rôle déterminant dans l'accession du pays à l'indépendance en 1947.

Doc. 1 Aux origines du nationalisme non-violent de Gandhi

Mars 1922. Arrêté pour avoir pour avoir organisé le boycott des textiles britanniques en 1921, Gandhi s'explique devant les juges chargés de son procès.

Je dois peut-être au public de l'Inde et au public de l'Angleterre de leur faire connaître pourquoi, de loyaliste et de coopérateur fervent, je suis devenu non-coopérateur intransigeant. Mon activité publique [d'avocat] commença en 1893 en Afrique du Sud. Là, je découvris [...] que je n'avais aucun droit, parce que j'étais indien [...]. Le premier choc me vint sous forme des lois Rowlatt[1], qui furent prises pour voler au peuple sa véritable liberté. Je compris qu'il me fallait mener contre ces lois une agitation vigoureuse. Puis, ce fut le massacre du Jallianwala Bagh[2] [...]. Je soutins la coopération et l'application des réformes Montagu-Chelmsford[3], parce que j'espérais qu'elles seraient le début d'une ère d'espérance pour l'Inde. Mais je me rendis compte qu'elles étaient une méthode pour épuiser l'Inde et lui prendre toutes ses richesses et pour prolonger sa servitude. [...] Autrefois, la non-coopération consistait délibérément à user de violence envers celui qui faisait le mal. J'ai voulu montrer à mes compatriotes que la non-coopération violente ne faisait qu'augmenter le mal et, le mal ne se maintenait que par la violence, qu'il fallait, si nous ne voulions pas encourager le mal, nous abstenir de toute violence.

Discours de Ghandi cité dans H. Broquet, C. Lanneau et S. Petermann, *Les 100 discours qui ont marqué le xxe siècle*, André Versaille éditeur, 2008.

1. Lois de 1919 qui limitent les libertés des Indiens et autorisent le gouvernement anglais à emprisonner sans jugement.
2. En 1919, pendant une manifestation pacifique à Amritsar contre les lois Rowlatt, l'armée britannique tire sur la foule (379 morts et 1200 blessés).
3. En 1917, les Britanniques promettent une participation des Indiens au pouvoir après la guerre.

Relevez les raisons qui ont conduit Gandhi à devenir « non-coopérateur intransigeant ».

Doc. 2 La marche du sel (1930)

a. Pour protester contre la taxe sur le sel perçue par les Britanniques, Gandhi et ses partisans entament le 12 mars 1930 une marche de 400 km jusqu'aux marais salants de l'océan Indien.

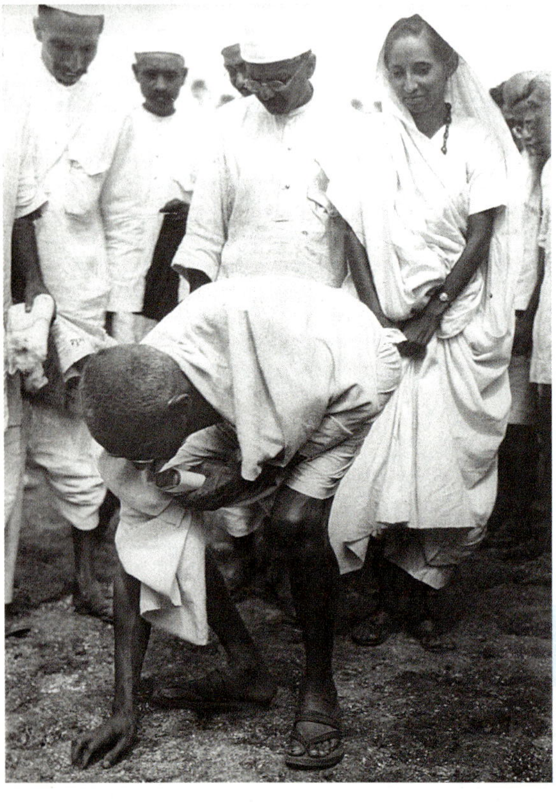

b. *Le 9 avril 1930, alors que la rumeur de son arrestation[1] pour avoir ramassé une poignée de sel au bord de l'océan se fait plus insistante, Gandhi « dicte » un message à la nation indienne...*

Aujourd'hui, tout l'honneur de l'Inde est symbolisé par une poignée de sel dans la main de résistants non-violents. Le poing qui tient ce sel peut être brisé, mais ce sel ne sera pas rendu volontairement [...]. Que chaque village aille chercher ou fabrique du sel de contrebande, que nos sœurs forment des piquets devant les magasins d'alcool, les fumeries d'opium et les magasins de textile étrangers. Les jeunes et les vieux doivent manier le rouet et produire chaque jour du fil pour le tissage. Le tissu étranger doit être brûlé. Les hindous, les sikhs, les parsis et les chrétiens doivent s'unir cordialement. [...] Que les étudiants quittent les écoles et les universités du gouvernement, que ceux qui sont au service du gouvernement démissionnent de leur charge et se consacrent au service du peuple, et nous verrons que l'indépendance totale viendra frapper à notre porte.

Gandhi, message cité par Jean-Marie Muller, *La Marche du sel. Gandhi l'insurgé*, Albin Michel, 1997.

1. 60 000 personnes dont Gandhi sont emprisonnées.

- **Citez les actions que Gandhi demande aux Indiens de mener.**
- **Expliquez pourquoi ces actions « feront que l'indépendance viendra frapper à [la] porte ».**

Montrez que la marche du sel illustre la non-coopération non-violente évoquée dans le doc. 1.

Doc. 3 Un meeting de Gandhi dans les années 1930

Identifiez l'intérêt de cette photographie pour mesurer le rôle de Gandhi dans l'indépendance de l'Inde.

Doc. 4 L'action de Gandhi vue de l'étranger

Gandhi est un « saint », une grande âme, un Mahatma. C'est un ascète à peine vêtu et qui se nourrit de rien. Il va sur les grandes routes, la peau sur les os […]. La campagne de non-coopération avec les Anglais, la grève civique proclamée par le Congrès de Lahore risquent de faire long feu. Comme il est interdit aux particuliers de récupérer eux-mêmes du sel, Gandhi et ses compagnons ont violé la loi en tirant du sel de la mer. Ce geste est purement symbolique. Mais symbolique ne veut pas nécessairement dire vain. Le sel est un objet de première nécessité, dont le pays hindou consomme de grandes quantités tant pour son bétail que pour lui-même ; le geste de Gandhi a des chances d'être compris par les gens les plus simples, dans ce pays où la masse est profondément illettrée.
Le geste de Gandhi a, à ses yeux, l'avantage d'être très embrassant pour le gouvernement […]. Comment arrêter le Mahatma, l'homme de Dieu, parce qu'il a pris du sel dans la mer ? D'autre part, comment tolérer que la loi soit violée publiquement et impunément ?

« La croisade du sel », *Journal de Genève*, 9 avril 1930.

Résumez le point de vue du journaliste suisse.

Doc. 5 Gandhi à la conférence de la Table ronde à Londres, 1931

Comparez la situation dans laquelle se trouve Gandhi sur cette photographie et celle où il se trouve dans le doc. 1. Formulez deux remarques.

BAC Après avoir décrit l'action de Gandhi, vous expliquerez pourquoi elle a contribué à l'indépendance de l'Inde.

La Toussaint 1954

Colonie française depuis 1830, l'Algérie est considérée comme partie intégrante du territoire français. Dès le début du XXe siècle, des mouvements nationalistes réclament l'indépendance. Après la Seconde Guerre mondiale, leurs revendications, restées sans réponse, prennent une forme plus radicale. La « Toussaint rouge », en novembre 1954, marque le début d'un enchaînement de violences qui plonge le pays dans la guerre jusqu'en 1962.

Doc. 1 Déclaration du Front de libération nationale aux Algériens

Tunis, 1er novembre 1954. Le Secrétariat général du Front de libération nationale s'exprime à la radio.

Du peuple algérien, aux militants de la cause nationale […] notre souci en diffusant cette proclamation est de vous éclairer sur les raisons profondes qui nous ont poussés à agir, en vous exposant notre programme, le sens de notre action, le bien-fondé de nos vues dont le but demeure l'indépendance nationale […].

Pour préciser, nous retraçons ci-après, les grandes lignes de notre programme politique :

But : L'Indépendance nationale par :

1. La restauration de l'État algérien souverain, démocratique et social dans le cadre des principes islamiques.
2. Le respect de toutes les libertés fondamentales sans distinction de races et de confessions.

Objectif intérieurs : […]

2. Rassemblement et organisation de toutes les énergies saines du peuple algérien pour la liquidation du système colonial. […]

Moyens de lutte : […]

En dernier lieu […] pour prouver notre désir de paix, limiter les pertes en vies humaines et les effusions de sang, nous avançons une plate-forme honorable de discussion aux autorités françaises si ces dernières sont animées de bonne foi et reconnaissent une fois pour toutes aux peuples qu'elles subjuguent le droit de disposer d'eux-mêmes. […]

1. La reconnaissance de la nationalité algérienne par une déclaration officielle abrogeant les édits, décrets et lois faisant de l'Algérie une terre française en déni de l'histoire, de la géographie, de la langue, de la religion et des mœurs du peuple algérien. […]

En contrepartie :

1. Les intérêts français, culturels et économiques, honnêtement acquis, seront respectés ainsi que les personnes et les familles.
2. Tous les Français désirant rester en Algérie auront le choix entre leur nationalité et seront de ce fait considérés comme étrangers vis-à-vis des lois en vigueur ou opteront pour la nationalité algérienne et, dans ce cas, seront considérés comme tels en droits et en devoirs. […]

- Identifiez les revendications du FLN.
- Montrez que le FLN est déterminé tout en étant prêt à négocier avec le gouvernement français.

Doc. 2 La « Toussaint rouge » (1er novembre 1954)

10 pages : **Reportage photographique** sur les **attentats** dans l'**Algérois**

La Dépêche Quotidienne

Directeur général : Raoul PERRIER — La Presse Algérienne — 15 F. Mardi 2 Novembre 1954

A la même heure (1 h. 15), dans la nuit de dimanche à lundi

Des terroristes ont opéré en divers points du territoire algérien

Frapper à la tête

8 morts, graves incendies à la Coopérative de Boufarik, à la Cellunaf de Baba-Ali, aux dépôts de liège d'Azazga et de Camp-du-Maréchal

A ALGER, les dépôts de pétrole Mory et Radio-Algérie également visés

Une de *la Dépêche quotidienne*, 2 novembre 1954.

Citez le moyen utilisé par le FLN pour faire entendre ses revendications.

Doc. 3 La réaction de la France

a. Voici pour votre information personnelle essentiel mon entretien avec gouverneur[1] – Stop – […] réprimer brutalement toute aspiration rébellion nouvelle – Stop – […] Conduite à tenir Nord – Stop – toute éclosion rébellion nouvelle doit entraîner aussitôt d'une part actions brutales contre bandes rebelles et d'autre part sanctions contre complices […] – Stop – […] exemple – Stop – pont détruit – Stop – exécutants si connus et habitants proches obligatoirement au courant devront fournir gratuitement main-d'œuvre pour la réfection puis éventuellement réquisitions des troupeaux – Stop – exemple répression […] matraquer aussitôt bandes adverses par tous moyens y compris mitrailleuses, rockets et bombes légères ou lacrymogènes aviation – Stop – Signé : Cherrière

Alger, SECRET, Général commandant, 10e région militaire au général de la division de Constantine, 13 mai 1955.

1. Personne qui assure le pouvoir exécutif de l'administration coloniale.

Précisez la réaction de la France face à l'insurrection algérienne.

b. Juin 1956, une opération française en Algérie

Une du magazine *Paris Match*, n° 375, 16 juin 1956.

« La première grande bataille de la pacification de l'Algérie vient d'être livrée et gagnée par les appelés sous les ordres du générale Dufourt. Les fellagha avaient fait du massif du Guergour un camp retranché. Ils en ont été chassés. »

Décrivez, selon le magazine, le rôle de l'armée française en Algérie.

Doc.4 1954-1962 : sept ans de guerre

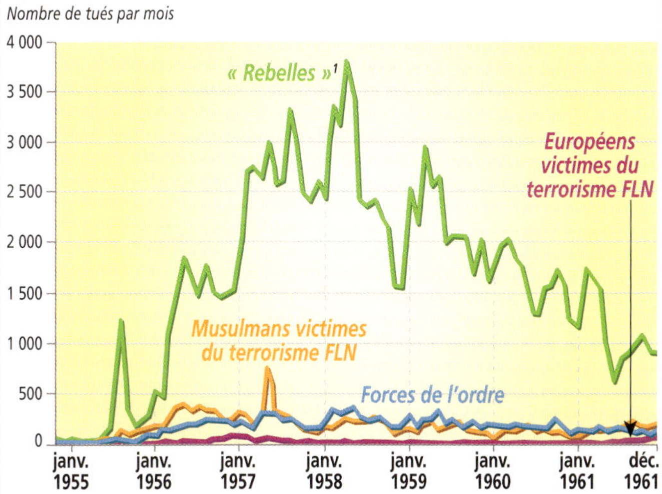

Morts parmi les Algériens musulmans : 300 000 à 400 000 (1 million selon le FLN).
Morts parmi la population européenne : 2 788 tués et 875 disparus.
Harkis[2] tués pendant la guerre ou après l'indépendance : 30 000 à 150 000 selon les sources.

1. Nationalistes algériens qui combattent pour l'indépendance.
2. Algériens qui combattent aux côtés des Français.

Source : Guy Pervillé, *Atlas de la guerre d'Algérie de la conquête à l'indépendance*, Autrement, 2003.

Commentez ce graphique et formulez deux observations.

BAC **Expliquez pourquoi la « Toussaint rouge » de 1954 est reconnue comme un événement important dans la lutte algérienne pour l'indépendance.**

Doc. 5 L'arrivée des rapatriés à Marseille (1962)

Expliquez cette photographie.

La décolonisation et la création de nouveaux États

Notions

Nationalistes : partisans de la création d'un État indépendant.

Décolonisation : processus d'accès à l'indépendance d'un peuple colonisé.

Développement : capacité d'une société à subvenir aux besoins essentiels de sa population.

Non-alignement : politique d'autonomie face aux deux blocs de la guerre froide.

Tiers-monde : ensemble des pays nouvellement indépendants qui affirment leur solidarité face aux deux blocs.

Synthèse audio
www.lienmini.fr/hgt-05

■ Les premiers **mouvements d'émancipation** s'organisent dans les colonies **entre les deux guerres mondiales**. Face à leurs revendications – égalité des droits et droit de gérer eux-mêmes les affaires du pays – les puissances coloniales répondent par la répression et quelques concessions politiques : liberté d'expression des **nationalistes**, représentation partielle des populations dans l'administration de la colonie. En affaiblissant les métropoles européennes, la Seconde Guerre mondiale renforce les contestations coloniales et crée un contexte favorable à l'émancipation : en 1945, l'ONU affirme le **droit des peuples à disposer d'eux-mêmes** et les deux Grands encouragent ce mouvement. Commencées en Asie en 1947, les **décolonisations** s'étendent en Afrique jusqu'en 1975 et sont **négociées** (Inde, Maroc) ou « **arrachées** » (guerres en Algérie et au Vietnam).

■ Devenus indépendants, les nouveaux États sont confrontés à des **problèmes économiques et sociaux** : pauvreté, croissance démographique rapide et non contrôlée, taux d'analphabétisme élevé, dépendance commerciale et financière… Pour pallier ce **sous-développement**, ils choisissent des stratégies de **développement** différentes (**modèle autocentré, extraverti**…) mais les résultats sont inégaux. Si certains pays connaissent une forte croissance, d'autres s'enfoncent dans le sous-développement. Par ailleurs, soucieux de s'affirmer sur la scène internationale tout en gardant leur indépendance face aux blocs communiste et occidental, ils choisissent, dès la **conférence de Bandung** en 1955, le **non-alignement**. Ils forment alors ainsi un troisième bloc, le **tiers-monde**.

Vérifier sa compréhension de la leçon

1. Justifiez ces affirmations en citant les éléments de la leçon.
a. La décolonisation est devenue inévitable après la Seconde Guerre mondiale.
b. Plusieurs voies mènent à l'indépendance.
c. La décolonisation permet l'émergence de nouveaux acteurs dans les relations internationales.

2. Donnez un titre à cette caricature et justifiez votre choix à l'aide de la leçon.

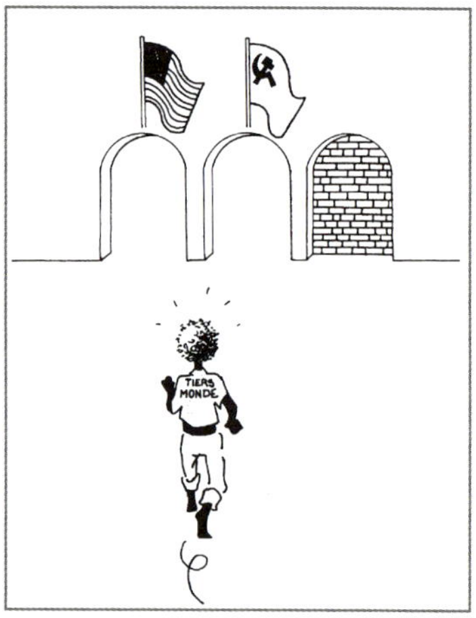

Dessin de Plantu, 1978.

Organiser ses connaissances pour les retenir

En vous appuyant sur le titre donné à ce schéma, recherchez les éléments de la leçon qui doivent y figurer.

Origines et conséquences de la décolonisation après 1945

....	....	....
↓	↓	↓
	DÉCOLONISATION	
↓		↓
....		....

Les décolonisations de l'Inde et de l'Algérie

Notions

Front de libération nationale (FLN) : organisation politique algérienne fondée en octobre 1954 qui revendique l'indépendance de l'Algérie et qui s'appuie sur l'Armée de libération nationale (ALN).

Désobéissance civile : forme de résistance qui consiste à refuser d'obéir aux lois afin de contester le pouvoir en place.

■ **En Inde, l'indépendance est négociée.** Organisée autour du parti du Congrès dès les années 1930, la lutte nationaliste prend, sous l'influence de **Gandhi**, la forme d'actions non-violentes et de **désobéissance civile**. Bien qu'elle réprime ces actions, la métropole britannique envisage l'autonomie de l'Inde. Interrompues par la Seconde Guerre mondiale, les négociations avec le **parti du Congrès** et la **Ligue musulmane** reprennent dès 1945. L'indépendance est proclamée le 15 août 1947 dans la violence : la **partition** du territoire donne lieu à des **transferts de population** et à des **massacres entre hindouistes et musulmans**. Confronté à la pauvreté de sa population, l'État parlementaire indien engage une **politique d'industrialisation et de modernisation agricole**. Parvenant à maîtriser sa croissance démographique, l'Inde atteint, dès les années 1970, l'autosuffisance alimentaire, augmente sa production industrielle et occupe une place importante dans les exportations de services.

■ **En Algérie, l'indépendance intervient après huit années de guerre.** Si, dès 1945, les manifestations indépendantistes de Sétif radicalisent la lutte nationaliste, les attentats perpétrés par le **Front de libération nationale** en novembre 1954 plongent le pays dans la violence. Aux attaques de l'**Armée de libération nationale** (ALN) répondent le refus de négocier du pouvoir politique et la répression de l'armée française. Le retour au pouvoir du général de Gaulle en 1958 ouvre la voie de la négociation avec le FLN : en 1962, les **accords d'Évian** sont signés et la France reconnaît l'indépendance de l'Algérie. Le nouvel État adopte un **régime autoritaire** et un **modèle socialiste** de développement donnant la priorité aux industries lourdes et aux hydrocarbures. Les difficultés économiques et sociales persistent et favorisent, à la fin des années 1980, le développement du mouvement islamiste qui, ne pouvant accéder au pouvoir légalement, provoque une guerre civile dans les années 1990.

Synthèse audio
www.lienmini.fr/hgt-06

Vérifier sa compréhension de la leçon

Retrouvez les points de la leçon illustrés par ces documents.

1. « J'ai expliqué en détail les différences fondamentales entre hindous et musulmans. Il n'y a jamais eu, pendant tous ces siècles, d'unité sociale et politique entre ces deux principales nations. L'unité indienne dont on parle aujourd'hui n'est due qu'à l'administration britannique qui n'a maintenu la paix, la loi et l'ordre que par le recours ultime la police et à l'armée. »

Discours d'Ali Jinnah devant la Convention législative de la Ligue musulmane, 7 avril 1946.

2. Une de *l'Almanach du combattant*, 1961.

Organiser ses connaissances à l'aide d'un tableau

Reproduisez ce tableau puis complétez-le avec les éléments de la leçon.

	Indépendance de l'Inde	Indépendance de l'Algérie
Dates	....	....
Processus de décolonisation	....	....
Acteurs principaux	....	....
Choix politique du nouvel État	....	....
Choix économique du nouvel État	....	....

BAC

Évaluer ses connaissances sur le sujet d'étude

Les idées essentielles

Répondez en quelques phrases aux questions suivantes.

- Pourquoi, après 1945, le contexte international est-il favorable à l'émancipation des peuples colonisés ?
- Quelle est l'attitude des différentes métropoles face à la décolonisation ?
- Comment les nouveaux pays pèsent-ils sur la scène internationale après leur indépendance ?
- Pourquoi peut-on dire que l'indépendance en Algérie « est arrachée » ?
- Quelles difficultés les nouveaux pays indépendants rencontrent-ils ?

Illustrez chacune des affirmations suivantes par un exemple ou un fait historique.

- La décolonisation marque le XXe siècle.
- La décolonisation participe à la création du tiers-monde.
- Les anciens pays colonisés déclarent leur indépendance vis-à-vis des deux Grands.
- L'accession à l'indépendance de l'Inde et de l'Algérie présente des ressemblances et des différences.
- Les nouveaux pays indépendants choisissent des voies de développement différentes.

Les dates clés

Associez chaque date à l'événement correspondant.

1. 14 août 1947	a. Réaffirmation par l'ONU du droit des peuples à disposer d'eux-mêmes
2. 3 juillet 1962	b. Attentats du FLN
3. Avril 1955	c. Proclamation de l'indépendance de l'Inde
4. Juin 1945	d. Proclamation de l'indépendance de l'Algérie
5. Novembre 1954	e. Conférence de Bandung et naissance du mouvement des non-alignés

Les acteurs

**Identifiez les acteurs de la décolonisation évoqués par ces dates et ces faits.
Expliquez vos réponses.**

- 1945 : Affirmation du droit des peuples à disposer d'eux-mêmes
- 1930 : Marche du sel
- 1955 : Conférence de Bandung
- 1954 : Attentats en Algérie
- 1962 : Accords d'Évian

Les faits

Retrouvez les points du sujet d'étude illustrés par chaque document. Justifiez votre choix.

1. Timbre algérien, 2008.

2. Manifestation à l'université de Calcutta, Inde, 1938.

Répondre à des questions de connaissance

➜ Mettre en œuvre les capacités et les connaissances du programme d'histoire

Capacité / Thème

1 **Justifiez cette affirmation : « La Seconde Guerre mondiale accélère le processus de décolonisation. »**

Vous devez **rechercher les raisons** pour lesquelles la Seconde Guerre mondiale a favorisé les revendications indépendantistes dans les territoires colonisés.

Votre réponse : « La Seconde Guerre mondiale a accéléré le processus de décolonisation car :
– … (*première raison*) ;
– … (*deuxième raison*)… »

Capacité / Thème

2 **Définissez la décolonisation.**

Vous devez **donner une définition** de la décolonisation, donc **expliquer précisément** ce que ce mot veut dire et le replacer dans son contexte : processus, durée, localisation dans l'espace…

Votre réponse : « La décolonisation est *ou* désigne *ou* est un terme qui désigne… »

Capacité / Thème

3 **Expliquez pourquoi on qualifie d'« indépendance arrachée » la façon dont l'Algérie est devenue un État indépendant.**

▶ leçon p. 346 et doc. 2 p. 341

Vous devez **donner les raisons** (« pourquoi ») qui justifient l'utilisation de l'adjectif « arrachée » pour qualifier la décolonisation de l'Algérie. Pour cela, **mobilisez vos connaissances** et **sélectionnez quelques faits précis**.

Votre réponse : « On parle d'indépendance arrachée en Algérie parce que… » ou « L'indépendance est dite arrachée en Algérie parce que… »

Capacité

4 **Situez ce document dans son contexte.**

Vous devez, après avoir repéré la date de ce document, **identifier à quelle période** du sujet d'étude il se réfère, et **préciser les circonstances** dans lesquelles cette photographie a été prise.

Votre réponse :
« Ce document est … (*nature, date, auteur, rapide description*). Il a été produit au moment où … (*précisions des circonstances dans lesquelles il a été élaboré, diffusé*…). »

Départ pour l'Algérie des jeunes Français en âge de faire leur service militaire (1956).

BAC

EXERCICE GUIDÉ

Répondre à des questions à partir d'un support documentaire

→ Exploiter un document pour analyser une situation historique

Doc. 1 **Discours radiodiffusé de Jawaharlal Nehru, Premier ministre indien, 15 août 1947**

Chers compatriotes,
Ce fut un grand honneur pour moi que de servir l'Inde et la cause de la liberté de l'Inde pendant de nombreuses années. Aujourd'hui, je m'adresse à vous officiellement et pour la première fois en tant que le premier serviteur du peuple indien, dévoué à son service et à l'amélioration de sa condition. Je me trouve devant vous parce que telle était votre volonté et je resterai là aussi longtemps que vous choisirez de m'honorer de votre confiance.
Nous sommes aujourd'hui un peuple libre et souverain débarrassé des fardeaux passés. Nous regardons le monde avec des yeux limpides et amicaux et l'avenir avec espoir et confiance.
Certes, le fardeau de l'occupation étrangère est maintenant loin, mais la liberté nous met face à d'autres responsabilités et d'autres fardeaux que seul l'esprit d'un peuple libre, auto-discipliné et déterminé peut relever afin de préserver et de promouvoir cette liberté.
Nous avons parcouru un long chemin, mais le voyage est encore long. Procédons à nos nouvelles tâches avec détermination et conformément aux hauts principes que nous a enseignés notre grand leader. Gandhi est par bonheur avec nous pour nous guider, nous inspirer et nous montrer le chemin du grand effort. Il nous a enseigné que les idéaux et les objectifs ne peuvent jamais être dissociés des moyens mis en œuvre pour les réaliser : une fin digne ne se conclut que par des moyens dignes. Si nous visons des grands objectifs, si nous rêvons d'une Inde comme une grande nation donnant son éternel message de paix et de liberté, alors nous devons être nous-mêmes grands et être les enfants dignes de notre mère l'Inde. Les yeux du monde sont rivés sur nous, observant la naissance de cette liberté orientale et se demandant ce qu'elle signifie.

1 Décrivez le contexte dans lequel ce discours a été prononcé.

Vous devez **préciser les circonstances** (où, quand, qui…) dans lesquelles ce discours a été prononcé.

Pour répondre :
- recherchez dans le document des éléments qui précisent ces circonstances ;
- mobilisez vos connaissances pour enrichir ces éléments et évoquer la situation de l'Inde à cette date.

▶ Extraits du doc.
▶ leçon p. 347

2 D'après Nehru, dans quelle situation se trouve le pays en 1947 ?

Vous devez **résumer le point de vue de Nehru sur l'Inde** au moment où il en prend le gouvernement.

Pour répondre :
- identifiez les passages de son discours où il évoque l'Inde de 1947 ;
- reformulez ses propos car la question suppose un changement d'énonciation : passage du « nous », utilisé dans le texte, au « il » (Nehru) qui doit être utilisé dans la réponse.

▶ Extraits du doc.

3 Nehru évoque Gandhi et son enseignement. Précisez qui était cet homme et expliquez pourquoi Nehru le cite dans son discours.

Vous devez **expliquer un passage du texte grâce à vos connaissances personnelles.** En effet, Nehru fait simplement référence à cet homme en le présentant « comme un guide ».

Pour répondre :
- mobilisez vos connaissances pour rappeler le rôle que Gandhi a joué en Inde avant 1947 ;
- sélectionnez des éléments de sa vie qui permettent de comprendre pourquoi, au moment de l'accession à l'indépendance, Nehru y fait référence.

▶ Extraits du doc.
▶ situation p. 342-343 et leçon p. 347

4 Expliquez la dernière phrase du texte.

Vous devez **comprendre le sens de cette phrase et la mettre en relation avec des faits historiques.**

Pour répondre :
- reformulez le sens de cette phrase qui est construite sur une image (métaphore) ;
- utilisez vos connaissances personnelles et sélectionnez celles qui éclairent le discours de Nehru.

▶ leçon p. 347

SUJET D'ÉTUDE

4. Le monde depuis le tournant des années 1990

Les années 1990 : la remise en question d'un ordre mondial établi depuis 1945

HISTOIRE DES ARTS

Fresque de Peter Lorenz, *East Side Gallery*, Berlin 1990.

L'*East Side Gallery* est une portion du mur de Berlin d'1,3 km sur laquelle, après la chute du mur en 1989, 118 artistes du monde entier ont réalisé des fresques. Elle est la partie la plus longue épargnée par la démolition et, aujourd'hui, la plus grande galerie d'art à ciel ouvert.

Le début du XXIe siècle : la recherche et l'avènement d'un nouvel équilibre géopolitique mondial

« La Russie va poursuivre sa stratégie de puissance sur la base de l'accélération de son développement économique et militaire et de sa reprise en main de la Communauté des États indépendants, devenue la priorité de sa politique extérieure. Vladimir Poutine vise à instaurer une gouvernance mondiale plus équilibrée, intégrant les nouvelles puissances émergentes et privilégiant le rôle de l'ONU, comme vecteur du pluralisme démocratique. À terme, l'objectif est de créer un monde multipolaire contestant l'hégémonie américaine. »

Jean Geronimo, entretien au quotidien *L'Humanité*, 2 avril 2012.

Situations

Deux événements témoins

De la recomposition de l'Europe en 1989 au nouvel ordre mondial

Si, depuis la fin de la Seconde Guerre mondiale, la confrontation entre les États-Unis et l'URSS a instauré un monde bipolaire organisé autour de deux modèles antagonistes, l'implosion de l'URSS à la fin des années 1980 modifie profondément cet équilibre géopolitique. L'affirmation des puissances émergentes et les nouvelles conflictualités dessinent, au XXIe siècle, un monde de plus en plus complexe.

Carte 1 L'Europe au tournant des années 1990

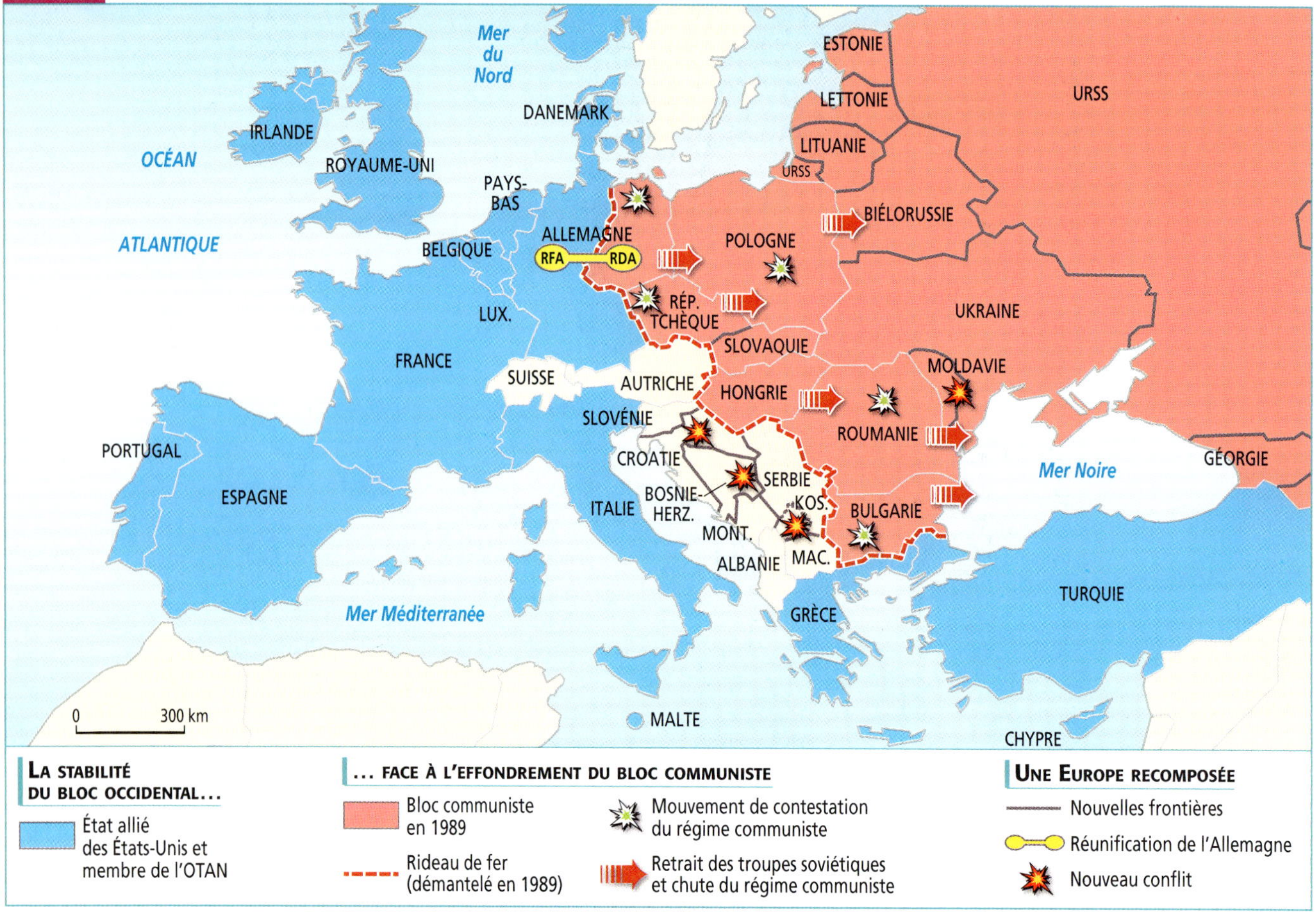

1. Relevez deux exemples qui montrent que la situation de l'Europe avant et après 1989 est différente.
2. Donnez une raison qui permet de comprendre ce changement. Expliquez votre réponse.

1984 — 1985 — 1990 — 1995

MONDE BIPOLAIRE

- **1985** Gorbatchev à la tête de l'URSS. Libéralisation économique et politique
- **1989** Contestation de l'autorité soviétique en Europe de l'Est. Chute du mur de Berlin
- **1990-1991** Deuxième guerre du Golfe

LES ÉTATS-UNIS, SEULE SUPERPUISSANCE

- **1991-1995** Guerres en ex-Yougoslavie
- **1991** Effondrement du bloc communiste et disparition de l'URSS
- **1994** Génocide des Tutsis (Rwanda)
- **1995** Massacre de Srebrenica (Bosnie-Herzégovine)
- **1998** Bomb (sans
- Attentats a

Carte 2 Le monde au début du XXIe siècle

Une organisation du monde dominée par :

Les puissances traditionnelles
- Les États-Unis et leurs alliés
- La Russie et l'OCS[1]

Les nouvelles puissances
- Pays émergent aspirant à jouer un rôle géopolitique majeur

Des tensions et des risques
- Foyer de tension
- Attentat terroriste
- État doté de l'arme nucléaire

L'ONU, un acteur pour réguler les conflits
- Siège de l'ONU
- Mali (2013) Mission de maintien de la paix (année de début d'intervention)

1. Organisation de coopération de Shanghai.

1. Expliquez l'expression « puissances traditionnelles ».

2. Précisez pourquoi les attentats terroristes et la possession de l'arme nucléaire par certains États participent à la déstabilisation du monde.

BAC « Les années 1990 marquent le début d'un nouvel ordre mondial. » Justifiez cette affirmation à l'aide de deux exemples fournis par les cartes.
- ▶ Définissez l'expression « ordre mondial ».
- ▶ Comparez l'ordre mondial d'avant 1990 à celui des années 1990.
- ▶ Sélectionnez deux exemples qui montrent que l'ordre mondial des années 1990 est différent de celui qui était instauré auparavant.

2000 — 2005 — 2010 — 2014

MONDE MULTIPOLAIRE – ÉMERGENCE DE NOUVELLES PUISSANCES

- **2008 La Chine, 2e puissance économique mondiale**
- **…ement de l'Irak par les États-Unis …rd de l'ONU)**
- **2003-2011 Troisième guerre du Golfe : intervention des États-Unis et du Royaume-Uni (sans autorisation de l'ONU)**
- **2001 … États-Unis**
- **2001 Intervention internationale en Afghanistan (sous l'égide de l'ONU) et renversement du régime taliban**

A. L'Europe à la fin des années 1980

Doc. 1 L'Union européenne face aux événements de 1989

Mesdames et Messieurs, chacun s'accordera pour dire que l'événement le plus important pour l'Europe, peut-être pour le monde, depuis la dernière guerre mondiale, c'est ce qui se passe en Europe de l'Est. Nous avons vécu pendant près d'un demi-siècle dans le cadre d'un ordre qui se défait sous nos yeux. C'était […] l'Europe des blocs et des systèmes. […] Or, aujourd'hui, comme aux grandes heures de 1789, […] de nouveau, les peuples bougent et quand ils bougent, ils décident.

Au nom de quoi ? De la liberté, la liberté tout simplement. Celle de vivre, de penser, d'agir, de servir ou d'aimer. Deux pays se détachent en avant-garde de ce mouvement, la Pologne et la Hongrie, mais observons cependant que cela n'est possible que parce que l'Union soviétique elle-même connaît et accepte, du moins dans ses dirigeants, une évolution qui la précipite elle-même dans de nouvelles difficultés […].

La situation est différente selon les pays. Voyez les affres de l'Allemagne de l'Est. La situation n'est pas la même. Les Allemands de l'Est ont un pouvoir d'achat supérieur à quelques pays membres de la Communauté. Ce n'est donc pas la misère qui les pousse à la révolte. C'est quelque chose d'autre qu'on a déjà nommé : l'espérance de la liberté. Et voilà que rien ne résiste, ni les systèmes les plus fermes, les plus durs, ni une histoire déjà ancienne, ni une tradition idéologique forte, ni un système de pensée cohérent. […] C'est contagieux. D'un pays à l'autre, d'une capitale à l'autre, dans toute cette Europe-là, le mouvement suivra la même direction, soyez-en sûrs, il connaîtra aussi les mêmes contradictions, subira sans doute les mêmes coups de frein.

Discours de François Mitterrand au Parlement européen, Strasbourg, 25 octobre 1989.

Résumez ce qui se passe en Europe de l'Est en 1989.

Doc. 2 Une manifestation indépendantiste en Lituanie (1989)

Réunis à Vilnius, ces manifestants brandissent des bannières rédigées en lituanien, en russe et en anglais, appelant au retrait des forces soviétiques.

Montrez que cette photographie illustre les propos de Mitterrand (doc. 1).

Doc. 3 La démission de Gorbatchev

Le destin a voulu qu'au moment où j'accédais aux plus hautes fonctions de l'État[1], il était déjà clair que le pays allait mal. […] La société étouffait dans le carcan du système administratif de commande. Condamnée à servir l'idéologie et à porter le terrible fardeau de la militarisation à outrance, elle était à la limite du supportable. Toutes les tentatives de réformes partielles avaient échoué. […] Il n'était plus possible de vivre ainsi, il fallait tout changer.

Je comprenais qu'entamer des réformes d'une telle envergure et dans une société comme la nôtre était une œuvre de la plus haute difficulté et dans une certaine mesure, risquée. […]

Tous ces changements ont provoqué une énorme tension, et se sont produits dans des conditions de lutte féroce, sur un fond d'opposition croissante des forces du passé moribond et réactionnaire, des anciennes structures du Parti et d'État et de l'appareil économique, ainsi que de nos habitudes, de nos préjugés idéologiques, de notre psychologie nivellatrice et parasitaire. […]

Je quitte mon poste avec inquiétude.

Discours télévisé du 25 décembre 1991, traduit par l'agence AFP.

1. Mikhaïl Gorbatchev accède au poste de Secrétaire général du Parti communiste de l'Union soviétique en mars 1985.

Gorbatchev est un acteur essentiel des événements qui touchent l'Europe de l'Est en 1989. Justifiez cette affirmation.

BAC **Expliquez pourquoi et comment les événements qui touchent l'Europe de l'Est en 1989 mettent fin à l'ordre mondial instauré depuis 1945.**

- ▶ Interrogez-vous sur ce qu'était l'ordre mondial depuis 1945.
- ▶ Résumez ce qui se passe en Europe de l'Est en 1989 : les événements et leurs conséquences.
- ▶ Comparez la situation de l'Europe en 1945 et en 1989.

B. Une Europe recomposée

Doc. 1 Le démantèlement de la statue de Lénine (Berlin-Est, 1991)

« Cette photographie a une dimension symbolique. » Justifiez cette affirmation.

Doc. 2 La Communauté européenne face à l'Europe de l'Est

Les Douze souhaitent que les républiques baltes (Lituanie, Estonie et Lettonie) entrent rapidement dans les organisations internationales, notamment le Conseil de l'Europe et les Nations unies […]. Un débat a eu lieu sur une éventuelle association économique – plus qu'une simple coopération – avec les Baltes. La Commission a été chargée d'explorer cette hypothèse. [...] Pour le moment, les négociations pour une association ne sont engagées qu'avec la Tchécoslovaquie, la Pologne et la Hongrie, mais elles achoppent sur les produits agricoles, l'acier, le charbon et les textiles, que ces pays voudraient pouvoir exporter plus facilement vers la Communauté.
M. Jacques Delors[1] a déclaré : « Le processus quasi révolutionnaire en cours en URSS ne change rien à nos analyses économiques antérieures. » En clair, la situation n'est pas brillante. Il faut d'abord mettre en œuvre un plan d'assainissement monétaire avec les institutions internationales « pour lutter contre un processus d'inflation à la sud-américaine ». Ensuite, « remplir les magasins pour lutter contre les tensions sociales et les pénuries alimentaires et pharmaceutiques ». […] Enfin, le président de la Commission veut « moderniser l'économie soviétique pour l'insérer dans l'économie internationale ». Mais, pour cela, il faut « un cadre institutionnel solide » permettant de déterminer « qui fait quoi ».

« La CEE a décidé de reconnaître les États baltes », *Le Monde*, 29 août 1991.

1. Président de la Commission européenne.

Décrivez la politique de la Communauté européenne face aux nouveaux États européens.

Doc. 3 La situation en Yougoslavie

Dessin de Plantu, 1991.

Dégagez le sens de ce dessin à l'aide de la carte repère p. 352.

BAC **Expliquez ce que l'on entend par une « recomposition de l'Europe dans les années 1990 ».**
- Définissez le terme « recomposition ».
- Résumez ce que vous ont appris les documents.
- Mettez en relation ces informations avec le sens du terme « recomposition ».

C. Un nouvel ordre mondial

Doc. 1 La contestation des États-Unis

Les attentats perpétrés par le réseau terroriste islamiste Al-Qaïda le 11 septembre 2001 aux États-Unis suscitent de nombreuses réactions en Asie centrale ainsi qu'au Proche et au Moyen-Orient. Le 23 septembre 2001, au Pakistan, des partisans du régime fondamentaliste musulman (taliban) manifestent contre la décision américaine d'intervenir en Afghanistan, pays accusé d'abriter le chef du réseau terroriste, Oussama Ben Laden.

Identifiez l'intérêt de cette photographie.

Doc. 2 L'hyperpuissance américaine

Pourquoi ai-je dit « hyperpuissance » ? Parce que j'ai trouvé que le mot de « superpuissance » était devenu trop archaïque, qu'il renvoyait à l'époque de la guerre froide, qu'il avait une connotation presque exclusivement militaire, de dissuasion nucléaire. J'ai trouvé qu'avec les États-Unis qui jouent sur toute la palette des pouvoirs, du plus *hard* au plus *soft*, des missiles nucléaires jusqu'à Hollywood, il me semblait qu'un mot nouveau était devenu nécessaire en français : « hyper », c'est plus gros que « super ». En haut, il y a l'hyperpuissance, dans une position unique. Après, il y a six ou sept puissances d'influence mondiale qui ont certains éléments de la puissance. […] Hyperpuissance ne veut pas dire omnipotence, ni invulnérabilité, et ne contient pas forcément l'idée d'une tendance hégémonique. […] Néanmoins le degré de pénétration et d'influence mondiale des États-Unis est impressionnant dans presque tous les domaines. Mais je ne crois pas que le peuple américain soit porteur d'un projet impérial. Ce qui caractérise les Américains, c'est l'obsession d'être en sécurité.

Entretien avec Hubert Védrine (ministre français des Affaires étrangères de 1997 à 2002), « Les États-Unis, hyperpuissance ou empire ? », *Cités* n° 20, avril 2004.

Relevez les caractéristiques qui font des États-Unis une hyperpuissance.

Doc. 3 L'émergence de nouvelles puissances

Brésil, Inde, Chine, Afrique du Sud... Ces quatre-là sont désormais de tous les coups, ou presque. Membres du G20, ils sont aussi au centre des négociations sur le climat face aux États-Unis après avoir provoqué depuis 2003 le gel du cycle de Doha[1] au sein de l'organisation mondiale du commerce. Leur alliance pour autant n'est pas gravée dans le marbre. Les quatre grands du Sud réunissent leurs voix et leurs forces au gré des sujets, car leurs intérêts nationaux ne sont pas toujours convergents. La Chine notamment tient à son privilège d'être membre permanent du Conseil de sécurité des Nations unies, titre auquel les trois autres aspirent mais que leurs rivaux régionaux contestent. Cette différence de statut, comme à un moindre degré celle qui les sépare en matière nucléaire, n'empêche pas les quatre grands émergents de s'unir… pour empêcher justement. Et surtout bloquer des règles internationales lorsque collectivement elles ne leur conviennent pas, même si chacun a ses raisons de ne pas en vouloir. À défaut d'imposer leurs vues, ils ont au moins conquis le pouvoir de dire non dans des enceintes où, mondialisation oblige, se discutent des problèmes insolubles sans eux.

Yann Mens, « Que veulent les pays émergents ? », *Alternatives Internationales* n° 49, décembre 2010.

1. Dernier cycle de négociations commerciales entre les membres de l'Organisation mondiale du commerce (OMC).

Justifiez l'utilisation de l'expression « nouvelles puissances » pour qualifier le Brésil, l'Inde, la Chine et l'Afrique du Sud.

Doc. 4 Le conflit du Rwanda en Afrique (1994)

Le Mur des Noms du Mémorial de Kigali regroupe les noms des victimes du génocide des Tutsis. En trois mois, entre le 6 avril et le 4 juillet 1994, 800 000 Tutsis et Hutus modérés sont assassinés par les Hutus.

Qualifiez le conflit du Rwanda puis justifiez votre réponse.

Doc. 5 La multiplication des conflits

Une du magazine *Diplomatie* n° 51, juillet-août 2011.

En vous appuyant sur des éléments de cette Une, caractérisez la vision qu'elle donne du monde.

Doc. 6 La cyberguerre

La cyberguerre est plus qu'une menace puisqu'elle se définit comme la dimension cybernétique de tout conflit armé. Les États s'appuient sur les moyens informatiques pour mener les guerres de manière classique. L'exploitation des réseaux sert à la coordination des troupes, à l'identification des cibles, à des tentatives visant à paralyser les centres d'information ennemis, etc. Plus généralement, on peut parler de cyberconflits qui impliquent des acteurs étatiques, mais aussi des citoyens. Certains États utilisent Internet à des fins d'espionnage et, en effet, pour lancer des attaques de manière officieuse. Elles consistent souvent à cibler un serveur et à le submerger de requêtes afin d'en perturber voire d'en paralyser le fonctionnement. C'est ce qui s'est passé en Iran, semble-t-il, où le fonctionnement des centrales nucléaires a été mis à mal par le ver Stuxnet. Le fait que ces agressions puissent potentiellement ébranler voire détruire les infrastructures critiques (le nucléaire, les transports, l'eau...) est extrêmement inquiétant. Jusqu'alors aucune attaque réellement destructrice n'a été recensée, mais c'est une menace à prendre en compte.

Daniel Ventre, « La menace du cyberconflit ? », entretien pour Arte TV, 3 juin 2011.

Définissez le terme de « cyberguerre ».

BAC **Décrivez le monde au début du XXIe siècle.**

- Recensez les informations données par chaque document.
- Classez ces informations en fonction des thèmes qu'ils illustrent.
- Dressez en quelques phrases un constat sur chacun de ces thèmes.

La chute du mur de Berlin

La libéralisation du régime soviétique décidée par Gorbatchev dès son arrivée au pouvoir en 1985 encourage les contestations des régimes communistes dans les démocraties populaires d'Europe de l'Est. Dès l'automne 1989, des milliers d'Allemands de l'Est manifestent contre le gouvernement. Ce dernier décide alors, dans la nuit du 9 au 10 novembre, d'ouvrir le mur de Berlin et les frontières du pays.

Doc. 1 Le mur de Berlin (1961-1989), un symbole de la guerre froide

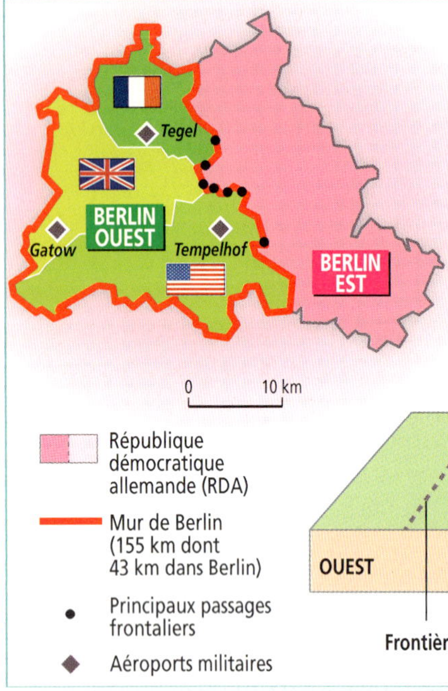

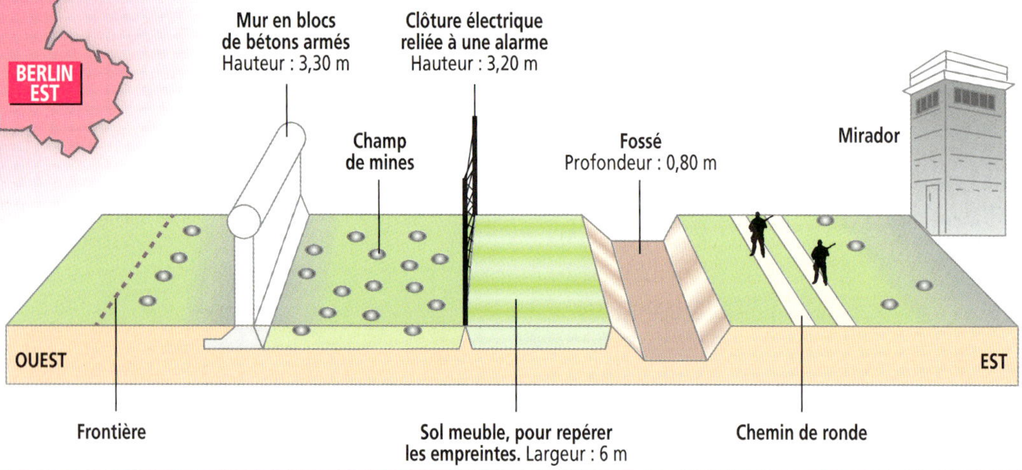

Dites pourquoi le mur de Berlin est considéré comme un symbole de la guerre froide en Europe (doc. 1 et carte repère p. 352).

Doc. 2 La chute du mur entre Berlin-Ouest et Berlin-Est

a. 9 novembre 1989 : des milliers de Berlinois de l'Ouest se ruent pour détruire le « mur de la honte » et ouvrir une brèche entre les deux Allemagnes.

b. 11 novembre 1989 : des gardes-frontières de Berlin-Est ouvrent un point de passage dans le mur de Berlin.

Expliquez le caractère symbolique de ces deux photographies.

Doc. 3 Point de vue sur l'événement

Si personne ne peut prétendre maîtriser le cours des événements, on peut néanmoins affirmer que ce qui s'est passé en RDA et à Berlin est resté sous le contrôle de la direction soviétique. Le bénéfice de cette crise pour le président soviétique est évident sur trois plans. D'une part, il conforte la *perestroïka* en privant ses adversaires de l'intérieur du soutien de l'Allemagne de l'Est. L'opposition conservatrice en URSS perd […] son principal allié […]. Deuxième bénéfice immédiat pour Gorbatchev : le transfert de la charge financière de l'Europe de l'Est à l'Europe de l'Ouest est désormais en bonne voie. C'est l'un des versants essentiels de la stratégie soviétique : pour restaurer l'économie, leur préoccupation fondamentale, les dirigeants de Moscou doivent pouvoir mobiliser des moyens considérables qui jusqu'à présent étaient dispersés pour assurer la survie du bloc de l'Est et financer la course aux armements. La révolution démocratique dans les pays de l'Europe de l'Est remplit les conditions posées par les pays de l'Ouest pour débloquer l'aide financière occidentale. La charge de la crise à l'Est sera désormais partagée. Enfin l'objectif des stratèges soviétiques qui a toujours été la neutralisation militaire de l'Allemagne de l'Ouest est désormais moins inaccessible aujourd'hui qu'hier : la réunification culturelle des Berlinois, illustrée par la nuit d'ivresse du 9 novembre, va désormais encourager tous les facteurs favorables à une démilitarisation des deux Allemagnes.

Serge July, éditorial de *Libération*, 11 novembre 1989.

Selon l'auteur, les événements qui se sont déroulés en Allemagne de l'Est et à Berlin sont bénéfiques pour l'URSS et Gorbatchev. Reformulez les trois raisons qu'il avance pour justifier ce point de vue.

Doc. 4 Une nouvelle Allemagne

La journée d'aujourd'hui consacre la réunification du peuple allemand dans la paix et la liberté. Quarante-cinq ans après la fin de la Seconde Guerre mondiale, qui est partie du sol allemand et qui a infligé d'immenses souffrances en Europe et dans le monde, la séparation douloureuse des Allemands prend fin.

Dans l'exercice de leur droit à l'autodétermination, en accord avec leurs voisins et sur la base du traité portant règlement définitif concernant l'Allemagne, les Allemands se sont unis aujourd'hui pour former un État – la République fédérale d'Allemagne – qui jouira de sa pleine souveraineté pour le règlement de ses affaires intérieures et extérieures. […]

Avec le recouvrement de son unité nationale, notre pays entend contribuer à la paix dans le monde et accélérer l'unification de l'Europe : c'est la mission que lui assigne la Loi fondamentale, notre Constitution éprouvée, qui sera également valable pour l'Allemagne unie. […]

Nous savons que l'unification nous fera aussi exercer une plus grande responsabilité au sein de la communauté des peuples dans son ensemble. C'est pourquoi notre politique étrangère reste axée sur un partenariat mondial, sur une étroite coopération et sur une conciliation pacifique des intérêts. À l'avenir, seule la paix partira du sol allemand. Nous sommes conscients que l'inviolabilité des frontières et le respect de l'intégrité territoriale et de la souveraineté de tous les États en Europe sont des conditions fondamentales pour la sauvegarde de la paix. C'est pourquoi nous avons confirmé le caractère définitif des frontières de l'Allemagne unie, dont la frontière avec la République de Pologne, et nous n'élèverons aucune revendication territoriale envers qui que ce soit à l'avenir.

Message de Helmut Kohl (chancelier de la République fédérale d'Allemagne) aux « gouvernements du monde », 3 octobre 1990.

Relevez les conséquences de la réunification allemande.

Doc. 5 La chute du mur dans les mémoires

1,30 € lundi 9 novembre 2009 - Le Figaro N° 20 303 - www.lefigaro.fr - France métropolitaine uniquement

LE FIGARO

Le Figaro économie

Gordon Brown relance l'idée d'une taxe sur les banques PAGE 23

Île-de-France : Autolib' devrait perdre de l'argent PAGE 24

Réussir : 2500 offres d'emploi PAGES 29 À 44

Police : les bons résultats des GIR sur le terrain PAGE 11

Système de santé américain : Obama emporte une manche PAGE 8

Fillon mobilise la majorité pour les régionales PAGE 9

L'Église réagit face à la crise des vocations PAGE 12

Tennis : Federer à l'assaut du tournoi de Bercy

Vingt ans après la chute du Mur, 10 pages spéciales

9 novembre 1989 la mort du communisme

Le Figaro, 9 novembre 2009.

Montrez l'impact de la chute du mur de Berlin en Europe.

BAC **Expliquez pourquoi la chute du mur de Berlin est un événement important dans l'histoire de l'Allemagne et de l'Europe.**

Le 11 septembre 2001

Vécus en direct par des millions de téléspectateurs, les attentats du 11 septembre 2001 aux États-Unis plongent le monde dans la stupeur et l'émotion. Revendiqués par Oussama Ben Laden, chef du réseau djihadiste Al-Qaïda, ils marquent le début d'une mobilisation internationale dans la lutte contre les réseaux terroristes et l'avènement d'un nouvel ordre géopolitique mondial.

Doc. 1 L'événement : les attentats sur le World Trade Center à New York

Une de *Libération*, 12 septembre 2001.

Au matin du 11 septembre, quatre avions américains sont détournés par des commandos suicides.
New York, 8h46 – Un premier avion percute la tour Nord du World Trade Center, centre des affaires le plus important de New York.
9h03 – Un deuxième avion s'écrase sur la tour Sud. Les deux tours, hautes de 110 étages, s'effondrent peu après l'impact.
Arlington, près de Washington, 9h37 – Le vol 77 s'écrase sur le Pentagone, quartier général du département de la Défense américaine.
Pennsylvanie, 10h03 – Le vol 93 s'écrase au sud-est de Pittsburgh.

« Les attentats du 11 septembre ont touché le cœur de la puissance américaine. » Justifiez cette affirmation.

Doc. 2 12 septembre 2001 : la réaction américaine

Les attaques meurtrières et délibérées qui ont eu lieu hier contre notre pays étaient plus que des actes terroristes. Elles étaient des actes de guerre. Ces actes nécessitent l'unité de notre pays et son inébranlable détermination. La liberté et la démocratie sont menacées. Le peuple américain doit savoir que nous faisons face à un ennemi différent, tel que nous n'en avons jamais eu. Cet ennemi se cache dans l'ombre et n'a pas d'intérêt pour la vie humaine. C'est un ennemi qui s'attaque à des innocents puis qui se met à l'abri, mais il ne sera pas capable de s'abriter pour toujours. C'est un ennemi qui pense que ses bases sont sûres, mais elles ne seront pas sûres pour toujours. C'est un ennemi qui n'a pas seulement attaqué notre peuple mais aussi tous les peuples attachés à la liberté partout dans le monde. Les États-Unis utiliseront tous les moyens pour vaincre cet ennemi. Nous rassemblerons le monde [...] et nous gagnerons. [...] Les nations éprises de liberté sont à nos côtés. Ce sera un combat exceptionnel du Bien contre le Mal et le Bien l'emportera.

Discours télévisé du président George W. Bush, 12 septembre 2001.

Expliquez pourquoi, pour George W. Bush, les auteurs des attentats sont « un ennemi différent, tel que le peuple américain n'en a jamais eu ».

Doc. 3 7 octobre 2001 : déclaration d'Al-Qaïda

Voilà l'Amérique remplie de terreur du nord au sud et d'est en ouest. Et nous remercions Dieu pour cela. Ce que l'Amérique endure aujourd'hui ne constitue qu'une infime copie de ce que nous endurons depuis des dizaines d'années. Notre nation subit depuis quatre-vingts ans humiliation et mépris, ses fils sont tués et son sang coule et ses lieux saints sont agressés sans raison. Ces jours-ci, les chars israéliens massacrent dans les villes palestiniennes, à Jénine, Rafah, Beit Jala et dans d'autres terres musulmanes pour y semer la destruction et personne n'élève la voix et ne bouge le doigt. […] À l'Amérique j'adresse des mots pesés, je jure par Dieu que l'Amérique ne connaîtra plus jamais la sécurité tant que la Palestine ne la connaîtra pas et tant que toutes les armées occidentales athées ne quitteront pas les terres saintes.

Déclaration d'Oussama Ben Laden diffusée par la chaîne de télévision Al Jazeera, citée dans François Heisbourg, *Hyperterrorisme : la nouvelle guerre*, Odile Jacob, 2001.

Résumez le point de vue développé par Oussama Ben Laden.

Doc. 5 Mars 2003 : l'intervention américaine en Irak

Dessin de Plantu paru dans *Le Monde*, 19 mars 2004.

- **Identifiez les différents éléments de ce dessin de presse.**
- **Précisez le point de vue du dessinateur sur l'intervention américaine en Irak.**

Doc. 4 29 janvier 2002 : les États-Unis en guerre

Les États-Unis poursuivront deux grands objectifs sans relâche et patiemment. Premièrement, nous devons fermer les camps d'entraînement, déjouer les plans des terroristes et faire comparaître ces derniers devant la justice. Deuxièmement, nous devons empêcher les terroristes et les gouvernements qui cherchent à se doter d'armes chimiques, biologiques ou nucléaires de menacer les États-Unis et le monde. Notre armée a mis les camps d'entraînement des terroristes en Afghanistan hors d'état de nuire, mais d'autres persistent dans une douzaine de pays au moins. […]

Notre second objectif consiste à empêcher les gouvernements qui parrainent le terrorisme de menacer les États-Unis et leurs amis au moyen d'armes de destruction massive. […] L'Iran s'emploie activement à fabriquer de telles armes et exporte le terrorisme tandis qu'une minorité non élue étouffe l'espoir de liberté du peuple iranien. […] L'Irak continue à afficher son hostilité envers les États-Unis et à soutenir le terrorisme. […] De tels États constituent, avec leurs alliés terroristes, un axe maléfique et s'arment pour menacer la paix mondiale. En cherchant à acquérir des armes de destruction massive, ils posent un danger dont la gravité ne fait que croître. Ils pourraient fournir ces armes aux terroristes, leur donnant ainsi des moyens à la hauteur de leur haine. Ils pourraient attaquer nos alliés ou tenter de faire du chantage auprès des États-Unis. Dans l'un quelconque de ces cas, le coût de l'indifférence serait catastrophique.

Discours de George W. Bush sur l'état de l'Union, 29 janvier 2002.

- **Relevez les principaux objectifs de la politique extérieure conduite par les États-Unis.**
- **Montrez leur lien avec les attentats du 11 septembre 2001.**

BAC **Expliquez pourquoi les attentats du 11 septembre 2001 marquent un tournant dans les relations internationales.**

Une Europe recomposée depuis 1989

Notions

Droit des peuples à l'autodétermination (ou droit des peuples à disposer d'eux-mêmes) : selon ce principe, chaque peuple dispose d'un choix libre et souverain de déterminer la forme de son régime politique.

Démocraties populaires : nom qu'ont adopté les régimes communistes d'Europe de l'Est après 1945 et jusqu'au début des années 1990, par opposition aux régimes occidentaux qualifiés de « démocraties bourgeoises ».

Synthèse audio
www.lienmini.fr/hgt-07

■ En annonçant en 1988 la **réduction des forces soviétiques stationnées à l'est du rideau de fer** et en reconnaissant le **droit des peuples à l'autodétermination**, **Mikhaïl Gorbatchev encourage les populations des démocraties populaires à revendiquer plus de liberté auprès de leur gouvernement.** Dès 1989, des manifestations renversent les régimes communistes et instaurent des démocraties. La **chute du mur de Berlin**, le 9 novembre 1989, événement précurseur de la **réunification de l'Allemagne** en 1990, devient le symbole de ces révolutions. En juin 1991, le bloc de l'Est est dissous et les Républiques soviétiques proclament leur indépendance. La démission de Gorbatchev le 25 décembre 1991 consacre **la fin de l'URSS et de la guerre froide.**

■ **La disparition des régimes communistes déstabilise les sociétés des anciennes démocraties populaires.** Le passage d'une économie planifiée à une économie de marché déstructure leurs économies et entraîne d'importantes difficultés socio-économiques. Par ailleurs, la **démocratisation des régimes politiques permet l'expression des revendications nationalistes.** Si en Tchécoslovaquie l'affirmation des identités tchèque et slovaque aboutit pacifiquement, en 1993, à la création de deux États distincts, dans les Balkans, les nationalismes conduisent à la guerre. Ainsi, de 1991 à 1995, la **Yougoslavie** est le théâtre d'une guerre civile violente où s'affrontent les différentes nationalités. Malgré ces difficultés, les pays d'Europe centrale et orientale parviennent, à partir de 2004, à intégrer **l'Union européenne**, marquant ainsi la fin de la division du continent.

Vérifier sa compréhension de la leçon

Retrouvez les points de la leçon illustrés par ces documents.

1. Enfin, il y a eu d'immenses manifestations. La population s'est réunie sur les grandes places de la ville, venant par vague dire adieu au régime. Quelqu'un a eu alors l'idée de tirer de sa poche des clés et de les faire sonner, comme le glas du régime. Il était clair, tout d'un coup, que l'ancien régime s'en allait. Toute une partie de l'Europe était en mouvement.

Petr Janyska, « Mon novembre 1989 à Praque », sciencespo.fr, 2013.

2. Caricature de Georges Million parue dans *Guère épais*, 1994.

Organiser ses connaissances à l'aide d'un schéma

Reproduisez puis complétez le schéma à l'aide d'éléments la leçon.

Causes
....
....

→ **EFFONDREMENT DU BLOC SOVIÉTIQUE** →

Conséquences
....
....

↓

Symbole fort
....
....

Un nouvel ordre mondial instable

Notions

Monde multipolaire : configuration des relations internationales depuis la fin de la guerre froide qui repose sur les rapports de force politiques et économiques entre plusieurs États ou ensemble d'États.

Conflit ethnique : conflit opposant des groupes de culture et de religions différentes.

Printemps arabe : contestations populaires, d'ampleur et d'intensité très variables, qui se produisent dans de nombreux pays du monde arabe à partir de décembre 2010.

Synthèse audio
www.lienmini.fr/hgt-08

■ **Avec la disparition de l'URSS, les États-Unis deviennent la seule puissance mondiale à combiner pouvoir économique, force militaire et rayonnement culturel.** « Gendarmes du monde », **ils interviennent militairement dans plusieurs pays** sous mandat de l'ONU (guerre du Golfe en 1991, Somalie en 1992, Bosnie en 1995) **ou sans son accord**, malgré les protestations de la communauté internationale (guerre en Irak à partir de 2003). Cette hégémonie suscite de nombreuses critiques et résistances. Le **11 septembre 2001, les attentats orchestrés par Al-Qaïda** contre le World Trade Center à New York et le Pentagone à Washington, symboles de la puissance américaine, sont un défi pour les États-Unis et légitiment une guerre préventive contre le terrorisme. Par ailleurs, dans un **monde** devenu **multipolaire**, les États-Unis doivent faire face à l'**affirmation progressive d'autres puissances**, telles que l'Union européenne, la Chine ou encore certains pays émergents qui revendiquent un rôle sur la scène internationale.

■ **Si la fin de la guerre froide fait disparaître les tensions entre les deux blocs, d'autres formes de conflictualités apparaissent. Les conflits intra-étatiques se multiplient**, notamment dans les pays du Sud : **conflit ethnique** (Rwanda en 1994), rébellions contre le pouvoir en place (**Printemps arabe** à partir de 2010). **Les violences criminelles** sont également plus nombreuses en raison d'un accès plus facile au matériel de guerre. Des bandes armées, constituées de civils, opèrent sur le mode de la **guérilla** et visent les populations civiles (pillages, massacres, épuration ethnique, voire génocides – Tutsis au Rwanda en 1994). Enfin, **le terrorisme** fait peser sur le monde de nouvelles menaces. Organisés en réseaux très structurés, avec des ramifications mondiales, ces mouvements pratiquent une guerre déterritorialisée et créent un climat d'insécurité, obligeant les gouvernements à mobiliser des forces militaires.

Vérifier sa compréhension de la leçon

Retrouvez les points de la leçon illustrés par ces documents.

1. Nous savons que les autres pays ont le regard tourné vers nous, non seulement à cause des dimensions et de la force de notre pays, mais pour ce que nous représentons et ce pour quoi nous sommes disposés à nous opposer. Là où nos intérêts et nos idéaux le demandent […], nous agirons et, si c'est nécessaire, nous assumerons le rôle de leader.

Entretien de Bill Clinton, *Limes*, n° 1, Gallimard, 1997.

2. Une de *Courrier International*, n° 831, octobre 2006.

Organiser ses connaissances à l'aide d'un schéma

Reproduisez puis complétez le schéma à l'aide d'éléments la leçon.

Avant 1991		Entre 1991 et 2001		Depuis 2001
Monde bipolaire	Événement à l'origine de la rupture : …………	………… …………	Événement à l'origine de la rupture : …………	………… …………

Évaluer ses connaissances sur le sujet d'étude

Les idées essentielles

Répondez en quelques phrases aux questions suivantes.

– Pourquoi parle-t-on d'un nouvel ordre mondial à partir des années 1990 ?
– Pourquoi la chute du mur de Berlin est-elle considérée comme un symbole de ce nouvel ordre mondial ?
– Quelles ont été les conséquences des attentats du 11 septembre 2001 aux États-Unis ?
– Pourquoi dit-on que le monde est aujourd'hui multipolaire ?

Illustrez chacune des affirmations suivantes par un exemple et/ou un fait historique.

– Les années 1990 sont marquées par le retour de la guerre en Europe.
– La carte politique de l'Europe est bouleversée dans les années 1990.
– Le 11 septembre 2001 marque un tournant dans les relations internationales.
– Depuis le début du XXIe siècle, de nouvelles puissances cherchent à s'affirmer sur la scène internationale.

Les dates clés

Recopiez puis complétez le tableau ci-dessous.

Dates et localisations	Événements
1994 en Afrique	
	Chute du mur de Berlin
1990-1991 au Koweït	
	Troisième guerre du Golfe
1992 à 1995 en ex-Yougoslavie	
1988 au Kremlin	

Les acteurs

Identifiez l'homme politique qui se cache derrière ces éléments et expliquez votre réponse.

1. Réforme du régime politique de son pays ; émancipation des démocraties populaires.
2. Chancelier ; réunification.
3. Dirigeant communiste ; nationalisme serbe.
4. Attentats terroristes ; afghanistan.
5. « Axe du Mal » ; guerre contre le terrorisme

Les faits

Retrouvez les points du sujet d'étude illustrés par chaque document. Justifiez votre choix.

1. Casque bleu dans les décombres de la bibliothèque de Sarajevo bombardée en 1992 par les Serbes.

2. Une de *The Economist*, 9-14 novembre 2004.

Répondre à des questions de connaissance

➜ Mettre en œuvre les capacités et les connaissances du programme d'histoire

Capacité / Thème

1 **Donnez deux raisons qui expliquent que les années 1990 sont une période clé dans les relations internationales.**

Vous devez **sélectionner dans vos connaissances** deux faits qui prouvent que les rapports entre les États sont bouleversés dans les années 1990.

Votre réponse : « Les années 1990 sont une période clé dans les relations internationales parce que … *(nommer et expliquer le premier fait)*. De plus, … *(nommer et expliquer le second fait)*. »

Capacité / Thème

2 **Choisissez deux hommes politiques dans la liste ci-dessous puis expliquez pourquoi ils sont des acteurs importants dans les relations internationales au tournant des années 1990.** *Mikhail Gorbatchev • Helmut Kohl • Lech Walesa • George W. Bush • Slobodan Milosevic*

Vous devez **montrer** que l'action de ces hommes a été importante à l'échelle mondiale. **Présentez-les** brièvement puis **contextualisez et décrivez** ce qu'ils ont fait ou dit.

Votre réponse : « M. Gorbatchev est *(fonction, date et pays où il exerce cette fonction)*. Il a … *(décrire ce qu'il a fait et expliquer pourquoi cela a été important à l'échelle mondiale)*. »

Capacité / Thème

3 **Dans les années 1990, les États-Unis deviennent la première et unique puissance mondiale. Justifiez cette affirmation.**

Vous devez **chercher dans vos connaissances** celles qui répondent à cette affirmation et **mettre en évidence des arguments** qui montrent son exactitude.

Votre réponse : Dans les années 1990, les États-Unis deviennent la première et unique puissance mondiale. En effet, … *(formuler et expliquer votre 1er argument)*. De plus, … *(formuler et expliquer votre 2e argument)*. Enfin, … *(formuler et expliquer votre 3e argument)*.

Capacité / Thème

4 **Décrivez le contexte (national et international) dans lequel cette photographie a été prise.**

Vous devez **identifier l'événement** représenté (lieu, date) et **décrire les circonstances** dans lesquelles il s'est produit, à l'échelle du pays, de l'Europe et du monde.

Votre réponse : « Cette photographie illustre … *(nommer l'événement, le dater, le localiser)*. Il est une étape importante dans l'histoire de ce pays parce que … *(raisons qui explique son importance)*. Par ailleurs, il témoigne de … *(décrire le contexte international dans lequel il se déroule)*. »

Berlin, 10 novembre 1989.

BAC

EXERCICE GUIDÉ

Répondre à des questions à partir d'un support documentaire

➜ Exploiter un document pour analyser une situation historique

Doc. 1 Déclaration d'Helmut Kohl le 23 août 1990

La nuit dernière, la Chambre du peuple de la RDA a adopté à une majorité de plus de 80 % des suffrages exprimés l'adhésion de la RDA au champ d'application de la Loi fondamentale de la République fédérale d'Allemagne à compter du 3 octobre 1990.
La journée d'aujourd'hui est celle de la joie pour tous les Allemands. Le mercredi 3 octobre 1990 sera le jour de la réunification. [...]
Il y a un peu plus d'un an et demi, au mois de janvier 1989, M. Honecker disait que le mur existerait encore pendant cent ans. Dix mois plus tard, le mur s'était effondré. L'énorme quantité d'images et d'informations qui nous submerge chaque jour ne doit pas nous faire oublier la profondeur des changements intervenus au cours des douze derniers mois. Il nous faut remercier aujourd'hui en première ligne nos compatriotes de la RDA car c'est grâce à eux que nous pourrons parachever dans quelques semaines la liberté et l'unité de l'Allemagne. Leur courage, leur modération et avant tout leur amour de la liberté ont montré comment surmonter de manière pacifique le despotisme. Leur action restera à jamais l'un des plus remarquables chapitres de l'histoire allemande.

Helmut Khol, chancelier de la République fédérale allemande, déclaration devant l'Assemblée parlementaire de RFA, 23 août 1990.

Doc. 2 La question allemande

« *One Fatherland* » (Une patrie), caricature de Peter Brookes parue en Une du journal satirique anglais *The Spectator*, 24 février 1990.

1 Présentez ce document et décrivez le contexte historique dans lequel il s'inscrit.

Vous devez donner des précisions sur la nature du document, l'auteur, les circonstances dans lesquelles il a été rédigé et sur son intérêt.

Pour répondre :

- recherchez dans le document les éléments qui vous renseignent sur sa nature et la situation de communication ;
- sélectionnez dans vos connaissances celles qui permettent de saisir l'intérêt du document : rôle d'Helmut Kohl dans l'histoire de son pays et de l'Europe, situation de l'Allemagne et de l'Europe en 1990.

▶ Extraits du doc.
▶ leçon p. 362

2 Dégagez le sens de cette caricature.

Vous devez **décrire la caricature**, **retrouver le fait historique** qu'elle décrit et **expliciter le point de vue** du dessinateur sur cet événement.

Pour répondre :

- identifiez les éléments du dessin ;
- mobilisez vos connaissances pour situer le document dans son contexte historique et expliquer la scène représentée.

▶ leçon p. 362

3 Comparez le point de vue du caricaturiste et celui d'Helmut Kohl.

Vous devez **mettre en relation** deux documents et **dégagez leurs points communs et/ou leurs différences**.

Pour répondre :

- rappelez quel est l'événement analysé dans les deux documents ;
- résumez le point de vue d'H. Kohl et de P. Brookes sur cet événement ;
- comparez ce que chacun en dit.

SUJET D'ÉTUDE

5. La France dans l'Union européenne et dans le monde

La France, une puissance régionale dans l'Union européenne

« C'est une tradition de la France, de ces trente dernières années, que de rechercher à bâtir l'Europe. […] Peu à peu, par le canal d'un marché unique, 320 millions d'Européens vont pouvoir bâtir ensemble la puissance économique et commerciale qui fera de l'Europe la première puissance du monde ! Eh bien, c'est à cela que la France travaille parce [qu'elle] trouvera sa véritable dimension par le moyen de l'Europe. »

Discours de François Mitterrand à Lille, 7 février 1986.

La France, une puissance au rayonnement mondial

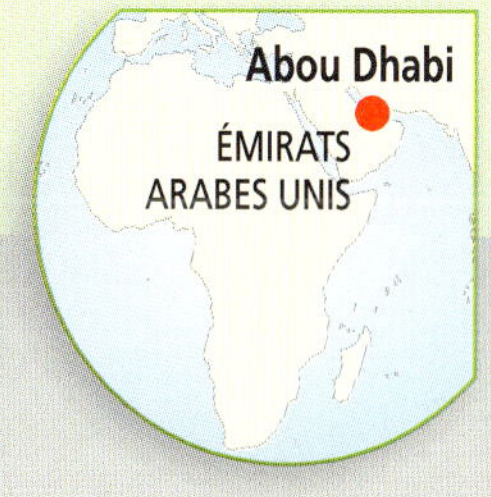

ARTS ET GÉOGRAPHIE

Dans le cadre de la création d'un district culturel sur l'île de Saadiyat (« île du bonheur ») à Abou Dhabi, le gouvernement des Émirats arabes unis a signé en 2007 un accord avec la France pour la réalisation et le développement d'un musée universel. Conçu par l'architecte français Jean Nouvel, d'une surface de 24 000 m², le musée devrait ouvrir ses portes en 2016.

Des territoires au cœur de la puissance française

Situations

La France, une puissance au rayonnement européen et mondial

D'une superficie moyenne et faiblement peuplée, la France est une puissance économique majeure en Europe. Intégrée à l'une des trois plus grandes aires de puissances mondiales, elle dispose du 5e PIB mondial. Si son importance diminue au regard des puissances émergentes, sa présence sur tous les continents et océans lui permet de conserver une influence culturelle et géopolitique.

Carte 1 Un territoire connecté à l'Europe et au monde

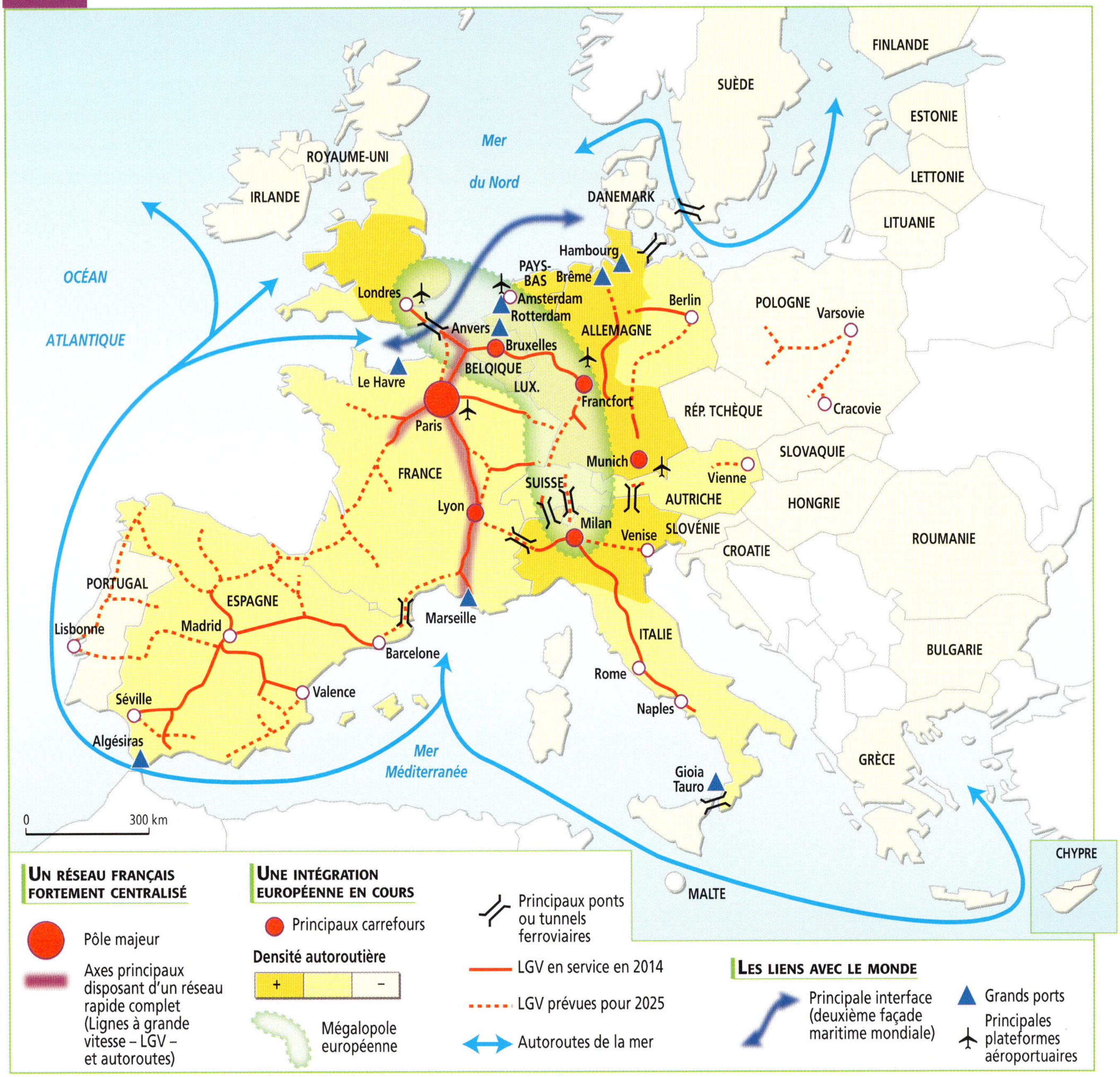

1. Décrivez la situation géographique de la France dans l'Union européenne.
2. Montrez que la France est reliée à l'Union européenne et au monde.
3. Expliquez pourquoi le développement des réseaux de transports est essentiel pour la France.

Carte 2 La France dans le monde

1. Justifiez l'affirmation suivante : « La France, une présence territoriale mondiale ».
2. Identifiez les principaux partenaires économiques de la France.
3. Citez un autre aspect de la puissance française dans le monde.

BAC Montrez que la France dispose de différents atouts pour jouer un rôle européen et mondial.
- Définissez le terme « atout ».
- Sélectionnez parmi les informations fournies par les cartes celles qui expliquent que la France est une puissance européenne et mondiale.

A. Les dynamiques du territoire français

Doc. 1 La France métropolitaine, un territoire peuplé

Type d'espace		Nombre de communes	Population totale (en millions)	Densité (en hab./km²)
France métropolitaine		36 552	63,7	117[1]
Espaces à dominante urbaine (41 % du territoire)	Pôles urbains	2 970	37,1	81
	Couronnes périurbaines	14 931	15,2	69
Espaces à dominante rurale (59 % du territoire)	Communes à dominante rurale	18 651	11,4	33

1. Autres densités européennes : Belgique : 364 hab./km² ; Royaume-Uni : 260 hab./km² ; Allemagne : 232 hab./km² ; Italie : 202 hab./km² ; Portugal : 115 hab./km² ; Espagne : 93 hab./km².

Source : INSEE, 2013.

Caractérisez le peuplement du territoire métropolitain.

Doc. 2 La métropolisation des grandes villes françaises

À l'exception de la ville monde francilienne, d'autres agglomérations françaises peuvent-elles rejoindre le cercle des puissantes agglomérations européennes ? Comment peuvent-elles espérer combler l'écart et rattraper le retard et le temps perdu ? Deux aspects apparaissent comme primordiaux : une ville doit pouvoir compter sur une masse critique de fonctions supérieures relevant d'activités diversifiées ; ces activités doivent pouvoir se connecter pour créer un effet réseau.

Avec l'arrivée du TGV, le quartier de la gare devient un pôle majeur pour l'expression de la métropolisation. Le concept de *waterfront* constitue une autre entrée stratégique : en requalifiant des quartiers industriels ou portuaires, il met de nouveaux quartiers en scène en utilisant le front d'eau sur les rives d'un fleuve ou d'un espace maritime. La création de parcs technologiques (ou technopôles) constitue une autre opportunité. La culture apparaît aussi comme un domaine où les villes peuvent s'affirmer sur la base d'un patrimoine spécifique et reconstruit dans un contexte de métropolisation.

D'après Raymond Woessner, *La France : aménager les territoires*, SEDES, 2008.

- **Identifiez la faiblesse du territoire français.**
- **Expliquez comment cette faiblesse peut être corrigée.**

Doc. 3 L'évolution de la population en France entre 1999 et 2010

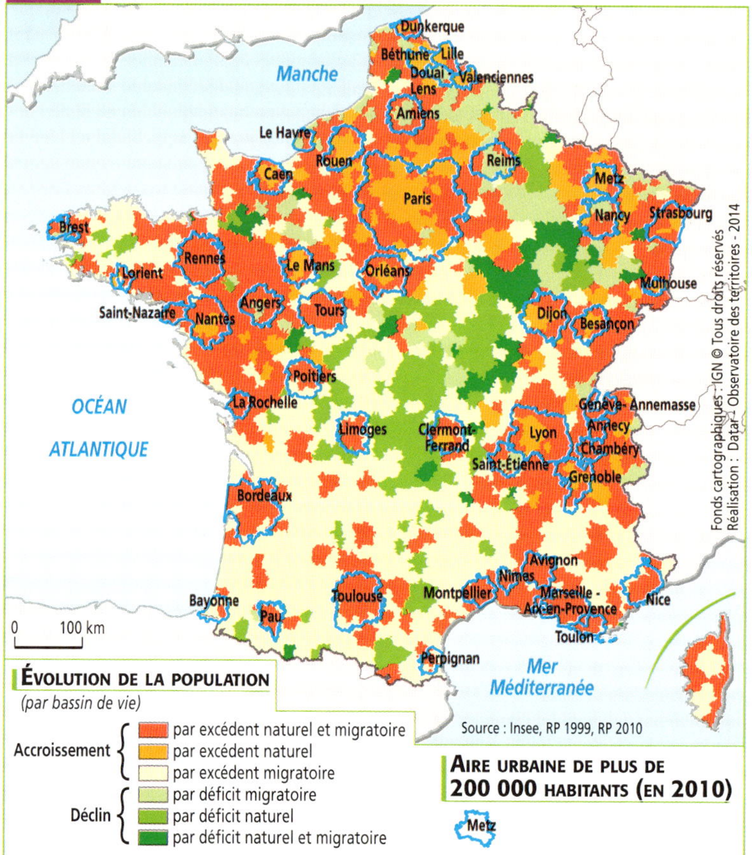

Formulez trois remarques sur l'évolution de la population en France entre 1999 et 2010.

Doc. 4 Les Français à l'étranger

Courrier international n° 1126, 31 mai-6 juin 2012.
Sur la couverture, Sébastien Balestas, 27 ans, *Business developer* à Shanghai (Chine).

Nommez le phénomène mis en évidence par cette Une.

Doc. 5 Les facteurs de mobilité

L'analyse rétrospective des migrations à travers les recensements, de même que l'enquête auprès des jeunes actifs et des seniors montrent que l'âge des personnes est particulièrement discriminant pour les comportements migratoires. [...] La croissance de l'emploi apparaît comme un facteur d'attraction essentiel pour les jeunes actifs, tandis que la proximité de la mer ou de la montagne (souvenir des lieux de vacances ? ou attrait plus fondamentalement propre aux Européens du XXIe siècle ?) prend le dessus au-delà de 55 ans. Les villes universitaires attirent logiquement les 15-24 ans, mais font partir plus de 25-39 ans qu'elles n'en attirent, faute de pouvoir offrir, pour la majorité d'entre elles, suffisamment d'emplois correspondant aux niveaux de qualification acquis lors des études supérieures. La pollution atmosphérique, indicateur de la présence de certaines activités industrielles, mais aussi et surtout de la densité de peuplement des grandes agglomérations (avec les autres conséquences de cette densité : encombrements, insécurité, prix immobiliers élevés), est un facteur avéré des départs de population.

Rapport du BIPE (cabinet de conseil en analyse stratégique et prospective économique auprès des entreprises privées et des pouvoirs publics), 24 février 2011.

Relevez les facteurs qui expliquent les mobilités de population.

Doc. 6 Les mobilités régionales

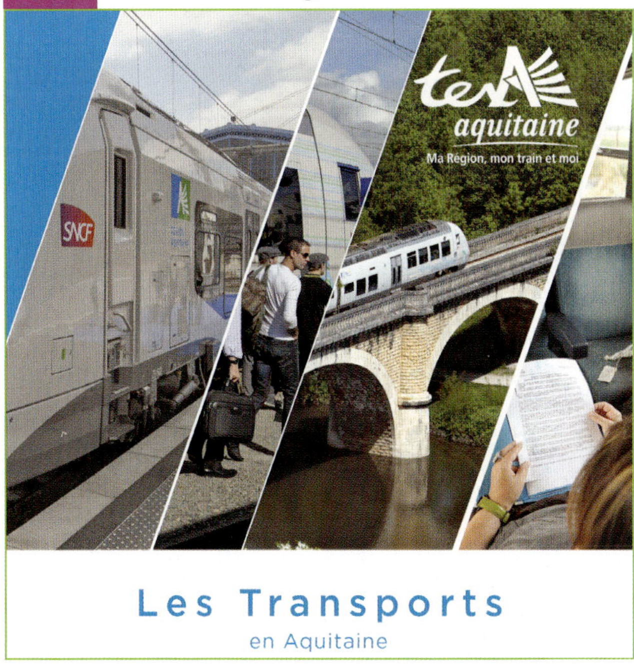

Affiche de la région Aquitaine, 2013.

Expliquez pourquoi les transports favorisent l'attractivité et le dynamisme du territoire français (voir également la carte repère p. 368).

BAC **Décrivez la situation du territoire français et ses dynamiques.**

- ▶ Localisez la France en Europe et dans le monde (cartes repères p. 368-369).
- ▶ Définissez le sens du terme « dynamiques ».
- ▶ Sélectionnez dans les documents les informations qui illustrent ces dynamiques.

B. La puissance française

Doc. 1 Le classement mondial des dix premières entreprises françaises

Rang mondial	Entreprise	Secteur d'activité	Chiffre d'affaires *(en milliards de dollars)*
11	Total	Énergie	231,58
25	Axa	Services	142,71
30	BNP Paribas	Services	127,46
32	GDF Suez	Énergie	126,07
39	Carrefour	Distribution	121,73
58	Crédit agricole	Services	105,15
67	Société générale	Services	98,46
73	Électricité de France	Énergie	90,80
85	Peugeot	Automobile	83,30
103	Groupe BPCE	Services	75,08

Source : *Fortune*, Global 500, 2012.

Lisez ce tableau et formulez trois observations.

Doc. 2 Les investissements directs étrangers[1] (IDE)

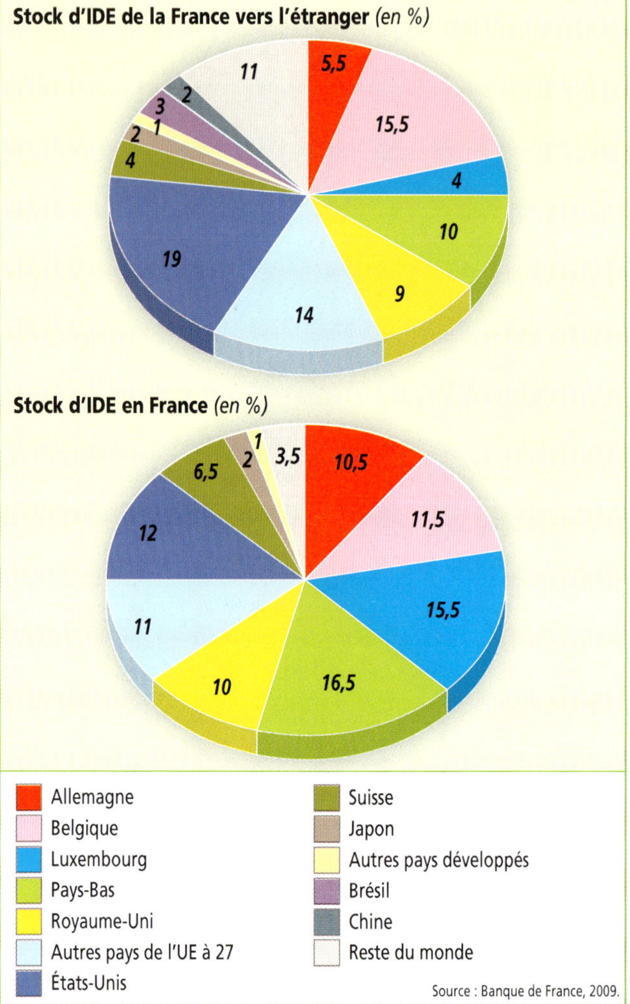

Source : Banque de France, 2009.

1. Dépenses faites, hors de leur pays, par des firmes transnationales dont l'objectif est de créer ou de contrôler des entreprises étrangères.

Citez les principaux partenaires économiques de la France.

Doc. 3 Le commerce extérieur de la France

Le commerce extérieur français a enregistré l'année dernière sa deuxième plus mauvaise performance de son histoire, après le record de 74 milliards d'euros de 2011. Cela fait dix ans que la France est en déficit commercial – le dernier excédent remonte à 2002, à 3,5 milliards. En outre, l'amélioration du solde commercial en 2012 résulte moins d'une forte accélération des exportations que d'un net ralentissement des importations. […]

Tout n'est pas cependant noir dans ce tableau. On a assisté en 2012 à un début de rééquilibrage des échanges commerciaux tricolores, avec une baisse de 2 points des exportations vers les pays de l'UE, une hausse de 13 % des exportations vers l'Asie, de + 11,5 % vers l'Amérique du Nord et de + 8,5 % vers le continent sud-américain. Enfin, après dix années d'érosion, la part de la France dans les échanges mondiaux s'est stabilisée en 2012 […]. Sur la base de ces indicateurs, la France occupe toujours le 5e rang des pays exportateurs dans le monde.

Restent trois défis de taille à relever : réduire la dépendance de la France aux hydrocarbures pour alléger la facture énergétique, monter en gamme dans les produits pour ne pas perdre en compétitivité quand l'euro s'apprécie, et renforcer nos parts de marchés dans les pays émergents en forte croissance. Ce n'est qu'une fois ces trois conditions réunies que la France pourra enfin afficher un excédent commercial, à l'image de l'Allemagne ; son excédent pourrait atteindre 190 milliards d'euros en 2012.

Émilie Lévêque, « Ce que cache la baisse du déficit commercial de la France », www.lexpansion.lexpress.fr, 7 février 2013.

- **Présentez en quelques lignes l'évolution du commerce extérieur français.**
- **Relevez les obstacles au développement du commerce extérieur de la France.**

Doc. 4 Le *soft power* français

a. Le lycée français de Pondichéry en Inde accueille 900 élèves, indiens et étrangers. Le réseau des établissements français à l'étranger compte 450 établissements et environ 250 000 élèves.

b. Affiche américaine de *The Artist* (2011)
Ce film français, tourné en muet et en noir et blanc, a obtenu 76 prix dans le monde entier, dont 40 aux États-Unis.

Retrouvez les aspects de la puissance française illustrés par ces deux documents.

Doc. 5 La voix de la France dans les institutions internationales

Je viens rappeler aussi à cette tribune des valeurs qui n'appartiennent à aucun peuple, qui ne sont la propriété d'aucun continent, qui ne sont le privilège d'aucune fraction de la population. Je viens parler au nom de valeurs universelles que la France a toujours proclamées, des droits qui sont ceux de tout être humain où qu'il vive : la liberté, la sûreté, la résistance à l'oppression. Ces valeurs et ces droits sont encore trop souvent bafoués dans notre monde sur lequel pèsent trois grandes menaces que nous devons regarder en face. La première, c'est la menace du fanatisme qui nourrit les violences. La seconde, c'est l'économie mondiale affectée par une crise qui entretient des inégalités insupportables. La troisième menace c'est le dérèglement du climat qui met en péril la survie de notre planète. Le Conseil de sécurité doit mieux refléter la réalité du monde d'aujourd'hui. C'est pourquoi je rappelle une fois encore que la France soutient la demande d'élargissement formulée par l'Allemagne, le Japon, l'Inde et le Brésil. Elle est également favorable à une présence accrue de l'Afrique, y compris parmi les membres permanents. Siéger au Conseil de sécurité, ce n'est pas jouir d'un privilège au nom de l'histoire. Pas davantage satisfaire une ambition liée à la puissance économique. Siéger au Conseil de sécurité, c'est prendre l'engagement d'agir pour la paix dans le monde.

Ce que je veux vous faire comprendre à cette tribune c'est que nous devons agir, agir pour prendre nos responsabilités, agir pour régler les urgences, la Syrie, la prolifération nucléaire, le Sahel, agir aussi pour un autre monde, pour qu'il soit celui du développement, agir pour les financements innovants, agir pour qu'il y ait une lutte contre les fléaux sanitaires, agir, agir toujours, agir ensemble, soyons à la hauteur de la mission qui nous a été confiée et de l'attente des peuples, voilà le message de la France.

Déclaration de François Hollande à la 67e Assemblée générale de l'ONU, 25 septembre 2012.

« La France est un acteur majeur des grandes institutions internationales. » Justifiez cette affirmation en vous appuyant sur des éléments précis de ce document.

BAC **Décrivez la puissance de la France et ses limites.**
- Recherchez les acteurs de la puissance française et les domaines où la France occupe une place privilégiée.
- Identifiez ses faiblesses.

Paris, ville mondiale

Capitale politique et économique de la France, Paris est, dès la fin du XIXe siècle, une ville internationale. La « ville lumière » attire par son prestige artistique et culturel. Aujourd'hui, grâce à son dynamisme, elle exerce une influence à l'échelle planétaire. Elle est, avec New York, Londres et Tokyo, l'une des quatre premières villes mondiales.

Doc. 1 Paris, une métropole interconnectée

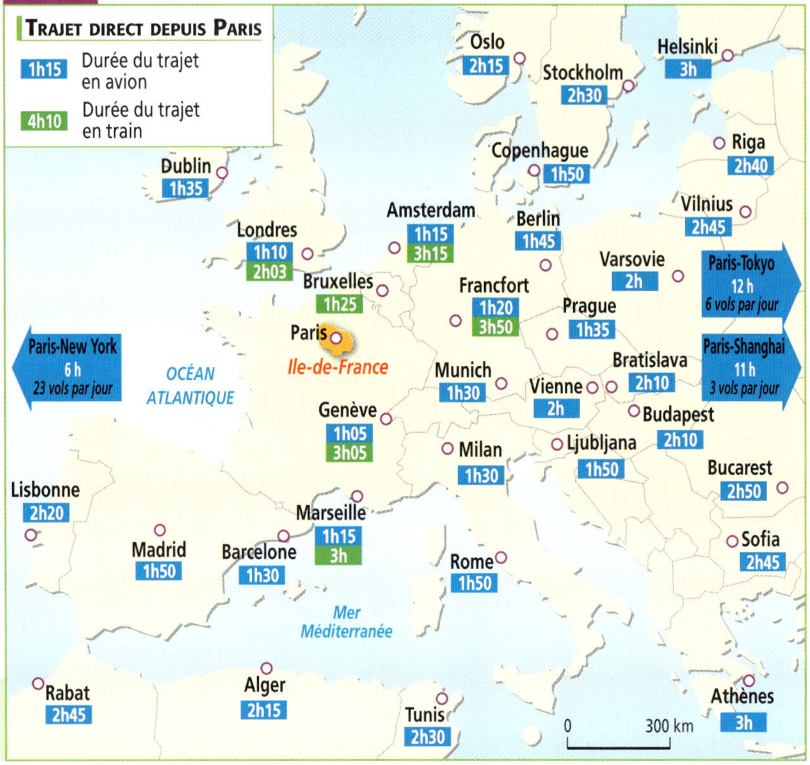

Expliquez et justifiez le titre donné à ce document.

Doc. 2 Paris, une métropole attractive

Paris est en fort progrès, passant de la 6e à la 4e place au classement global des villes mondiales les plus attractives du monde. New York, Shanghai et Londres conservent leur place dans le top 3. Paris conserve sa place de leader en Europe continentale.
Les investisseurs se focalisent toujours sur trois critères fondamentaux : la stabilité politique et la sécurité juridique, la croissance, l'accès à un grand marché, mais privilégient en plus les disponibilités en ressources humaines qualifiées et la qualité de l'enseignement. Londres et Shanghai suivies de Beijing[1] conservent les premières places mais Paris progresse particulièrement pour la stabilité politique et la sécurité juridique, l'accessibilité et la taille des marchés, les infrastructures, la qualité de l'enseignement et reste bien placée pour la qualité de vie [...]. Enfin, les investisseurs internationaux classent Paris au 7e rang mondial des métropoles dans lesquelles ils ont l'intention de se développer ou d'implanter de nouveaux sites dans les trois prochaines années.

« Attractivité mondiale : progression de l'image de Paris aux yeux des investisseurs internationaux », *KPMG et Paris Île-de-France Capitale économique*, www.kpmg.com, 23 mai 2013.

1. Pékin.

Citez les facteurs qui expliquent l'attractivité de Paris pour les investisseurs.

Doc. 3 Paris, une certaine image

Paris Capitale (traduit en anglais), hors-série n° 1008, 12 juillet 2010.

Identifiez les éléments mis en avant par cette Une qui font de Paris une ville mondiale.

Doc. 4 L'emploi et le développement économique au cœur du Grand Paris

Construction d'immeubles de bureaux à Saint-Denis, commune limitrophe de Paris, en 2013.

Donnez deux raisons qui justifient le choix de Saint-Denis pour la réalisation de ce projet immobilier.

Doc. 5 Le Grand Paris

Le projet du Grand Paris a l'ambition de conforter la place actuelle de Paris comme l'une des premières villes-monde, celles-ci ne se caractérisant pas par la taille de l'agglomération mais par leur capacité d'attractivité. [...] Il s'agit donc de faire demain du Grand Paris une ville-monde, dont les portes seraient les aéroports internationaux, ses gares TGV, sa façade maritime du Havre et de Rouen, et qui soit une capitale mondiale de l'art de vivre au XXIe siècle. [...] Dès sa création, au printemps 2008, le secrétariat d'État chargé du développement de la région capitale s'est trouvé devant l'immense difficulté d'imaginer Paris, la ville-monde française du XXIe siècle [...]. À partir des atouts considérables de la région capitale, le projet de loi du Grand Paris tend à répondre à trois difficultés :
- les potentiels de la région capitale, moteur de l'économie française avec un tiers du PIB national, n'ont pas de visibilité mondiale, et sont donc insuffisamment attractifs, dans une économie mondialisée fortement concurrentielle ;
- la cohésion sociale de la région capitale est malmenée et la banlieue a été historiquement négligée ;
- le système de transports en métro et Réseau Express Régional (RER) est actuellement à la limite de la rupture.

Compte-rendu des travaux de la commission sur le projet de loi relatif au Grand Paris, audition de Christian Blanc, secrétaire d'État auprès du Premier ministre chargé du développement de la région capitale, 13 janvier 2010.

« Le Grand Paris est un projet dont les enjeux sont nationaux et mondiaux ». Justifiez cette affirmation.

Doc. 6 Paris au cœur de l'Île-de-France

Avec près de 75 000 créations d'entreprises chaque année, l'Île-de-France est l'une des régions les plus attractives d'Europe. De nombreux facteurs y contribuent : l'importance de son bassin de consommation et d'emplois, la haute qualification de sa population (30 % sont cadres et membres de professions intellectuelles supérieures), son extraordinaire réseau ferroviaire, routier, aérien et fluvial ou, encore, son parc immobilier, numéro un en Europe. À ces caractéristiques, il convient d'ajouter la densité et la diversité de ses centres de formation : 17 universités, des grandes écoles d'ingénieurs, de commerce et de management de renommée mondiale et 600 000 étudiants. Résultat : l'Île-de-France constitue la première concentration de recherche et développement d'Europe avec 136 000 chercheurs et techniciens et 14,6 milliards d'euros qui lui sont consacrés annuellement.
L'attractivité de la région est encore renforcée par l'existence de 10 clusters de haute technologie de rang mondial ou européen. Pour améliorer encore cette attractivité, de nombreux dispositifs permettent d'accompagner la création, la reprise et le développement de jeunes entreprises innovantes. À ce titre, la région met 39 pépinières d'entreprises à leur disposition.

« Pourquoi la France est la première destination touristique au monde », www.leprogres.fr, 25 juillet 2012.

Montrez que la région Île-de-France participe pleinement au poids mondial de Paris.

BAC Expliquez pourquoi Paris peut être considérée comme une ville mondiale.

Situation **2**

L'outre-mer et la puissance française

Répartis dans les deux hémisphères et sur tous les océans, les territoires d'outre-mer sont tous insulaires, à l'exception de la Guyane et de la Terre-Adélie. S'ils ne représentent que 23 % du territoire métropolitain, ils n'en sont pas moins des atouts pour la France et participent ainsi à sa puissance.

Doc. 1 La ZEE française : 11 millions de km²

Décrivez l'importance des territoires d'outre-mer pour la France.

Doc. 2 Les atouts de l'île de Clipperton

Quels avantages pourrait retirer la France d'une implantation de l'homme sur Clipperton aujourd'hui inhabitée ?
– un premier intérêt serait de confirmer la souveraineté française sur la Zone économique exclusive (ZEE) des 200 milles nautiques et de permettre ainsi l'exploitation française des ressources halieutiques (de la pêche) ;
– une base hauturière (pêche en haute mer) dans les eaux profondes des fosses du lagon permettrait aux thoniers français de pêcher dans la ZEE ;
– une petite section militaire spécialisée dans la surveillance et la protection permettrait d'affirmer la présence française et de surveiller les routes maritimes de cette zone stratégique proche des États-Unis, et notamment celles de la drogue et de la contrebande entre la Colombie et le Mexique ;
– le contrôle de la zone de pêche permettrait également à la France de prélever des redevances de pêche des armateurs de thoniers étrangers, qui pourraient dépasser les dix millions d'euros par an.

D'après Christian Jost, « Risques environnementaux et enjeux à Clipperton », *Cybergéo*, Revue européenne de géographie, 1er juillet 2005.

Relevez les potentialités de l'île de Clipperton pour la France.

Doc. 3 Les paradis d'outre-mer

Identifiez quelle image des territoires d'outre-mer cette revue souhaite mettre en valeur.

Doc. 4 La base scientifique Dumont d'Urville en Terre Adélie

Grâce à sa présence en Antarctique, la France peut s'impliquer dans les grands enjeux mondiaux : étude du réchauffement climatique et soutien de projets européens, comme celui de la station de recherche franco-italienne Concordia 1 100 kilomètres plus au sud.

Montrez que cette photographie illustre la diversité des territoires d'outre-mer et l'intérêt que représentent ces territoires pour la métropole.

Doc. 5 La question calédonienne

Progressif et ambitieux, le processus d'indépendance de la Nouvelle-Calédonie gagne du terrain au fil d'avancées tantôt symboliques, tantôt plus concrètes. Les symboles d'abord : l'année dernière, l'île a adopté un hymne, une devise, le graphisme des billets et, au côté du drapeau tricolore, l'étendard kanaky. […]
Derrière les symboles, de nombreuses actions concrètes viennent affermir l'autonomie de cette collectivité au statut unique, ni DOM, ni TOM[1]. Les transferts de compétences de l'État français à l'île s'enchaînent, et pour cause : ils doivent être achevés avant 2014. Cette date signe la fin de l'accord de Nouméa[2] et le début du référendum d'autodétermination sur l'indépendance. Si le oui l'emporte – rien d'assuré avec une population kanak en minorité sur l'île – les compétences régaliennes (monnaie, défense, justice, relations extérieures) seront transférées, et le « Caillou » accédera à sa pleine souveraineté.

Angela Bolis, « Nouvelle-Calédonie : où en est le processus d'indépendance ? », www.lemonde. fr, 26 août 2011.

1. La Nouvelle-Calédonie a obtenu le statut de POM (pays d'outre-mer) en prévision du futur référendum sur l'indépendance.
2. Accord signé en 1998 par le gouvernement français, les représentants du peuple kanak et ceux des Européens afin de préparer l'autodétermination, voire l'indépendance, par référendum entre mai 2014 et novembre 2018.

Précisez les liens que la Nouvelle-Calédonie entretient avec la France.

Doc. 6 La France et ses territoires d'outre-mer

On pourrait s'attendre à ce que les différentes entités composant l'outre-mer français soient aujourd'hui des espaces extravertis et fortement influencés par leur environnement régional. Il n'en est rien. L'insularité n'est pas un facteur éclairant recevable. C'est l'appartenance à la France et la manière dont celle-ci a administré son outre-mer qui est la seule clé pour comprendre comment des espaces ont pu être retranchés à ce point du monde. Les DOM ont évolué depuis 1946 sous la protection économique et sociale de la métropole, ce qui les a coupés du reste du monde. La remarquable croissance des économies réunionnaises ou guadeloupéennes à partir des années 1990 s'expliquent par l'augmentation rapide des salaires en raison de l'augmentation du SMIC domien[1] et des assurances sociales sur ceux de la métropole en 1996 ainsi que par la montée en puissance du revenu minimum d'insertion (RMI). À la limite, on peut dire les économies domiennes sont insubmersibles et traversent les crises sans grand souci, à condition que les budgets soient votés à Paris et que de nouvelles aides compensent les pertes des secteurs exposés. Par ailleurs, les surémunérations des fonctionnaires, qui ont tendance à se répandre dans certains secteurs du privé, tirent les prix vers le haut et rendent peu compétitives les productions locales et l'hôtellerie.

D'après Jean-Christophe Gay, « Mondialisation et outre-mer », in O. Sevin, J.-C. Chaléand et D. Guillaud, *Comme un Parfum d'Îles*, PUPS, 2010.

1. Salaire minimum que doit recevoir tout salarié de plus de 18 ans, accordé ici aux habitants des DOM.

Caractérisez la situation des territoires d'outre-mer. Justifiez votre réponse en citant le texte.

BAC Expliquez les enjeux que représente l'outre-mer pour la France.

Le territoire français

Notions

France métropolitaine: ensemble des parties européennes de la France comprenant son territoire continental, les îles proches de l'océan Atlantique, de la Manche et de la mer Méditerranée (Corse).

Outre-mer français: territoires sous souveraineté française situés hors du continent européen. Il couvre environ 120 000 km², soit 23 % du territoire métropolitain.

Diagonale du vide: large bande du territoire français allant de la Meuse (Nord-Est) aux Landes (Sud-Ouest) où les densités de population sont très faibles (moins de 30 hab./km²) par rapport au reste de la France.

Synthèse audio
www.lienmini.fr/hgt-09

■ Située **à l'extrémité ouest du continent européen**, la **France métropolitaine** occupe une **position d'interface** entre l'Europe méditerranéenne, l'Europe rhénane et l'Europe du Nord-Ouest. Son **territoire**, d'une superficie de 552 000 km², se caractérise par son **accessibilité**: les massifs montagneux sont facilement franchissables et les vallées fluviales forment de larges couloirs de circulation. Ouverte sur l'océan Atlantique, la mer du Nord, la Manche et la Méditerranée, la France est fortement intégrée au monde méditerranéen et a accès aux grandes routes océaniques. Ses territoires d'**outre-mer**, très émiettés et essentiellement insulaires à l'exception de la Guyane et de la Terre Adélie, lui assurent une présence stratégique sur tous les continents et océans du monde. Grâce à ces « confettis », la France dispose de la **deuxième zone économique exclusive** du monde, de plus de 11 millions de km².

■ Avec 65,8 millions d'habitants en 2013, la France rassemble près de 13 % de la population de l'Union européenne. Elle reste un **pays peu peuplé** (117 hab./km²). La population est concentrée autour du **pôle parisien** et des grandes **aires urbaines**. À l'inverse, la « **diagonale du vide** » et les espaces montagneux constituent des zones de faibles densités. Cette **inégale répartition** se renforce sous l'effet de la mobilité de la population. En effet, le plus souvent motivées par des raisons économiques, les migrations de la population accentuent la **métropolisation**. La nouvelle **localisation des activités sur le territoire**, notamment leur **littoralisation** et, dans une moindre mesure, l'**héliotropisme**, tendent à faire glisser la population du nord vers le sud: les régions attractives forment un croissant périphérique de la Bretagne à l'Alsace en passant par les « midis ».

Vérifier sa compréhension de la leçon

Dites si ces affirmations sont justes ou fausses et justifiez votre choix à l'aide de la leçon.

1. La situation du territoire français en Europe est un handicap pour son développement économique.
2. Les territoires d'outre-mer sont très éloignés de la métropole.
3. Le territoire français est soumis à une forte pression démographique.

Organiser ses connaissances à l'aide d'un croquis

Recopiez puis complétez la légende du croquis en utilisant les termes suivants: *Flux migratoire • Grande vallée • Densité de population faible • Littoral • Grande région urbaine et industrielle*

FORTES CONCENTRATIONS DE POPULATION
- ....
- ....
- ....
- ....

ESPACES PEU PEUPLÉS
- ....

SOLDE MIGRATOIRE
- – fort +
- ....

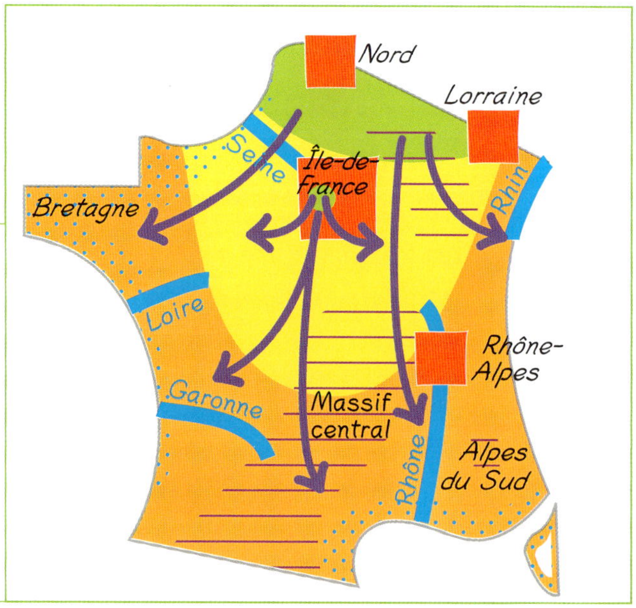

Une puissance européenne au rayonnement mondial

Notions

Firmes transnationales (FTN) : entreprises possédant des filiales dans plusieurs pays.

Investissements directs à l'étranger (IDE) : dépenses faites, hors de leur pays, par des FTN pour créer ou contrôler des entreprises étrangères.

Puissance géopolitique : se mesure grâce à la puissance militaire (possession de l'arme nucléaire, appartenance à des alliances, capacité d'intervention rapide) et à l'activité diplomatique (siège permanent au Conseil de sécurité de l'ONU, membre du G8...).

Synthèse audio
www.lienmini.fr/hgt-10

■ **Initiatrice de la construction européenne** avec l'Allemagne en 1951 **(CECA)** et membre fondateur de la **communauté économique européenne (CEE)** en 1957, la France est la **deuxième puissance économique européenne**. Bien que située à la marge de la mégalopole européenne, elle est fortement intégrée à l'espace économique européen grâce à son réseau de transports qui s'appuie sur le développement de nœuds logistiques par lesquels passent les importations et les exportations. Elle est le **deuxième marché de consommation d'Europe** et 60 % de ses échanges commerciaux se font avec des pays de l'Union européenne. Dominant certains secteurs économiques – 1er producteur européen de blé, de maïs, de betterave à sucre, de viande bovine ; 2e exportateur mondial dans l'agro-alimentaire – elle contribue à faire de l'Union européenne une aire de puissance mondiale.

■ Malgré un déficit important de son commerce extérieur dans un contexte de mondialisation et de concurrence des puissances émergentes, la France reste la **5e puissance économique mondiale** (G20, OMC). C'est essentiellement grâce à **l'exportation de ses services** (tourisme, grande distribution, banques), au dynamisme de certaines de ses **firmes transnationales** et aux **investissements directs** qu'elle parvient à maintenir sa place dans l'économie mondiale. **Puissance géopolitique**, la France est membre de grandes **organisations mondiales** (G20, OMC) et son réseau de consulats et d'ambassades lui permet d'exercer une **influence diplomatique**. Son armée, dotée d'une force de dissuasion nucléaire, assure sa **présence à l'étranger** avec ses bases, ses flottes et les missions sous mandat international de l'ONU ou de l'OTAN. Enfin, si le français recule face à l'anglais en tant que langue internationale, la culture française reste une référence.

Vérifier sa compréhension de la leçon

Associez chaque document à un point de la leçon et justifiez votre choix.

1. Est-ce la déveine, la coïncidence malheureuse d'échecs sans liens les uns avec les autres ou… le résultat d'un problème plus général ? Depuis deux ans, la France a perdu des appels d'offres internationaux aussi importants financièrement (ils se chiffrent en milliards d'euros) que symboliques industriellement.

Jean-Michel Bezat, « Rafale, TGV, nucléaire : quand le *made in France* peine à se vendre », *Le Monde*, 5 décembre 2012.

2. Le sommet du G20 en France en 2011.

Organiser ses connaissances à l'aide d'un tableau

Recopiez puis complétez le tableau en utilisant des éléments de la leçon.

La puissance française	
Des forces	**Des fragilités**
....	....
....	....
....	....

BAC

Évaluer ses connaissances sur le sujet d'étude

Les idées essentielles

Répondez en quelques phrases aux questions suivantes.

– Quels sont les atouts et les handicaps du territoire français à l'échelle de l'Union européenne ?
– Quels sont les enjeux de l'outre-mer pour la puissance française ?
– Sur quoi reposent l'attraction et l'influence de la France en Europe ?
– Comment la présence économique de la France se manifeste-t-elle à l'échelle mondiale ?
– Sur quels éléments s'appuient certains économistes pour qualifier la France de « puissance en déclin » ?

Illustrez chacune des affirmations suivantes par un exemple.

– Le territoire français est un territoire ouvert sur l'Europe et le monde.
– Les territoires d'outre-mer sont des atouts pour la France.
– Paris est une ville mondiale.
– La France est un pays influent dans les organisations internationales.
– La culture française rayonne dans le monde.

Les notions clés

Construisez la définition de chaque notion à l'aide des termes proposés.

1. **Territoire** : État • espace • frontières • souveraineté
2. **Puissance** : pays • influence • poids • domaines
3. **Outre-mer** : hémisphères • souveraineté • métropole • territoires
4. **Zone économique exclusive (ZEE)** : État • maritime • droits exclusifs • propriété
5. **Ville mondiale** : fonctions • métropole • attractivité • mondialisation

Les enjeux

Retrouvez les points du sujet d'étude illustrés par chaque document. Justifiez votre choix.

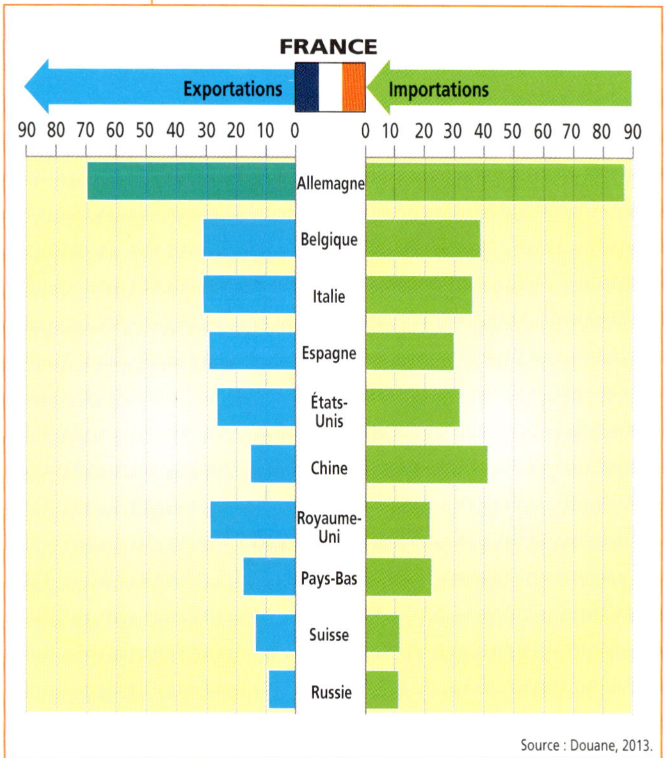

1. Les dix premiers partenaires commerciaux de la France en 2012.

2. Une boulangerie française à New York.

Répondre à des questions de connaissance

→ Mettre en œuvre les capacités et les connaissances du programme de géographie

Capacité / Thème

1 **Citez deux exemples qui montrent que la France est une puissance à l'échelle européenne. Expliquez vos choix.**

Vous devez **vous interroger sur les critères** (démographique, politique, économique…) qui permettent d'**illustrer** la puissance de la France à l'échelle européenne.

Votre réponse : « La France est une puissance à l'échelle européenne parce que … (*1er critère retenu*). En effet, … (*expliquer pourquoi ce critère témoigne de la puissance de la France à l'échelle européenne*). Ensuite, … (*2e critère retenu*)… »

Capacité / Thème

2 **Expliquez comment les territoires d'outre-mer participent à la puissance française.**

Vous devez **présenter les atouts** des territoires d'outre-mer et **citer les raisons** pour lesquelles ils sont un facteur de la puissance française.

Votre réponse : « Les territoires d'outre-mer sont des atouts pour la France parce que … (*citer et expliquer le 1er atout que vous avez identifié*). De plus, ils … (*2e atout*). »

Capacité / Thème

3 **« La puissance française s'exerce dans le domaine culturel. » Justifiez cette affirmation.**

Vous devez **citer des exemples précis qui illustrent** l'influence culturelle de la France dans le monde afin de démontrer la justesse de cette affirmation.

Votre réponse : « … (*débuter votre phrase en citant les exemples retenus*) … sont des exemples qui témoignent de puissance culturelle de la France. »

Capacité / Thème

4 **Montrez que la situation décrite par cette carte illustre l'influence et le rayonnement de la France dans le monde.**

Vous devez identifier **l'aspect de la puissance française** illustré par la carte. **Expliquez** ensuite pourquoi cet aspect participe à l'influence et au rayonnement de la France dans le monde.

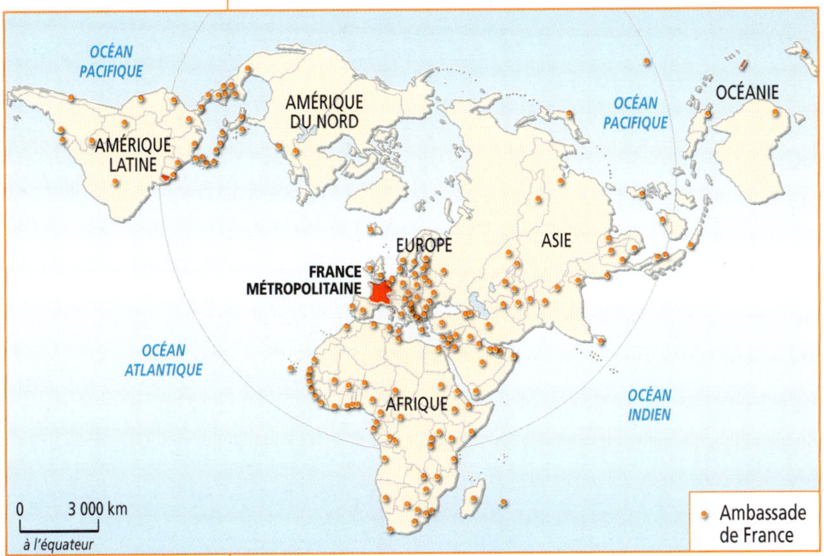

Votre réponse : « Cette carte permet de localiser … (*thème de la carte*). Elle nous montre que …(*informations extraites de la carte*). Ce document illustre l'influence et le rayonnement de la France dans le monde. En effet, … (*expliquer pourquoi la situation décrite par la carte illustre l'influence et le rayonnement français dans le monde*). »

BAC

EXERCICE GUIDÉ

Répondre à des questions à partir d'un support documentaire

→ Exploiter un document pour analyser une situation géographique

Doc. 1 Wuhan, la plus française des villes chinoises

La capitale du Hubei a fêté l'inauguration de sa première liaison aérienne avec Paris. Une forme de reconnaissance pour cette mégalopole de 9 millions d'habitants [...]. Pour ce vol inaugural Paris-Wuhan, un accueil digne d'une visite de chef d'État à la mesure du symbole que représente pour Wuhan l'ouverture de cette première liaison aérienne avec l'Occident, mais aussi du lien singulier entre cette grande métropole industrielle du centre de la Chine et la France. Des liens vieux d'au moins un demi-siècle, qui font de Wuhan la plus « francophile » des villes chinoises.
Au total, plus de 90 entreprises tricolores sont implantées à Wuhan, qui concentre à elle seule 40 % des investissements français en Chine. Pionnier en la matière, PSA Peugeot-Citroën y a développé, en partenariat avec le constructeur automobile chinois Dongfeng, son plus important site de production au monde, avec pas moins de deux usines et une troisième en construction, qui portera sa capacité de 450 000 à 1 million de véhicules par an. Alstom et SEB y ont aussi des sites de production majeurs, employant plusieurs milliers d'ouvriers. Société générale fut la première banque étrangère à s'y implanter, dès 1996. Carrefour y a ouvert huit magasins. [...] Et à Wuhan, la liste des entreprises françaises ne cesse de s'allonger. [...] D'ici à 2020, l'agglomération devrait en effet passer de 9 à 30 millions d'habitants, en absorbant les huit petites villes environnantes et la moitié de la population, aujourd'hui majoritairement rurale, du Hubei. De quoi faire de Wuhan l'une des plus grandes conurbations de Chine et du monde. Avec, à la clé, du travail et des commandes à la pelle pour des entreprises de transport et de services aux collectivités. Un nouvel Eldorado des affaires où les entreprises françaises se retrouvent miraculeusement aux premières loges, grâce à une coopération initiée au plus haut niveau, en 1966 par de Gaulle et Zhou Enlai[1], qui décident de faire de Wuhan la ville modèle de la coopération franco-chinoise.

Bruno Trévidic, « Wuhan, la plus française des villes chinoises », lesechos.fr., 26 avril 2012.

1. Premier ministre chinois de 1949 à 1976.

1 Décrivez la présence française à Wuhan.

Vous devez **présenter, à partir des exemples donnés dans le texte, les formes de la présence de la France** dans la ville chinoise.

Pour répondre :

▶ Extraits du doc.

– sélectionnez toutes les informations données dans le texte ;
– regroupez ces informations sous différentes rubriques. *Par exemple, la présence de magasins Carrefour indique que les entreprises françaises sont implantées dans le secteur du commerce et de la grande distribution de produits de consommation.*

2 Relevez les éléments qui justifient l'utilisation du nom « Eldorado » pour désigner la ville de Wuhan.

Vous devez **rechercher dans le texte** les informations qui expliquent l'image utilisée par le journaliste.

Pour répondre :

– cherchez le sens du terme « Eldorado » ;
– sélectionnez dans le texte les informations qui montrent que Wuhan est un « Eldorado » pour les entreprises françaises ;

▶ Extraits du doc.

– expliquez vos choix. *Par exemple, l'augmentation de la population prévue d'ici 2020 accroît encore les possibilités de vente pour les entreprises françaises et donc leurs bénéfices financiers.*

3 Expliquez pourquoi l'inauguration de cette première liaison aérienne Paris-Wuhan est un événement important pour la ville et pour la France.

Vous devez **vous interroger** sur les avantages de l'ouverture d'une ligne aérienne Paris-Wuhan pour les deux espaces concernés.

Pour répondre :

▶ leçon p. 379

– mobilisez vos connaissances afin d'expliquer l'intérêt et l'importance des axes de transports pour l'intégration et le dynamisme économique des espaces concernés.

SUJET D'ÉTUDE

6. Acteurs et enjeux de l'aménagement des territoires

Des politiques pour assurer le développement équilibré et la compétitivité des territoires

« Aménager le territoire c'est rechercher, dans le cadre géographique de la France, une meilleure répartition des hommes en fonction des ressources naturelles et des activités économiques. Cette recherche est faite dans la constante préoccupation de donner aux hommes de meilleures conditions d'habitat, de travail, de plus grandes facilités de loisirs et de culture. Cette recherche n'est donc pas faite à des fins strictement économiques, mais bien davantage pour le bien-être et l'épanouissement de la population. »

Eugène Claudius-Petit, ministre de la Reconstruction et de l'Urbanisme, *Pour Un Plan national d'aménagement du territoire*, 1950.

ARTS ET GÉOGRAPHIE

Projet pour la nouvelle île de Vitry proposé par l'équipe de Roland Castro dans le cadre du Grand Paris.

Le projet du Grand Paris a vocation à transformer l'agglomération parisienne en une métropole mondiale et européenne du XXIe siècle, afin qu'elle soit « en symbiose avec son environnement ».

Une compétence partagée entre l'État et les collectivités territoriales

Situations

L'aménagement des territoires en France : des acteurs, des enjeux

Instaurée dans les années 1950, la politique d'aménagement du territoire a alors pour principal objectif de réduire les inégalités régionales, notamment entre Paris et le reste du pays. Aujourd'hui, elle est davantage pensée à l'échelle des territoires de proximité qu'à l'échelle nationale, impliquant de nouveaux acteurs.

Doc. 1 Les acteurs et les territoires de l'aménagement

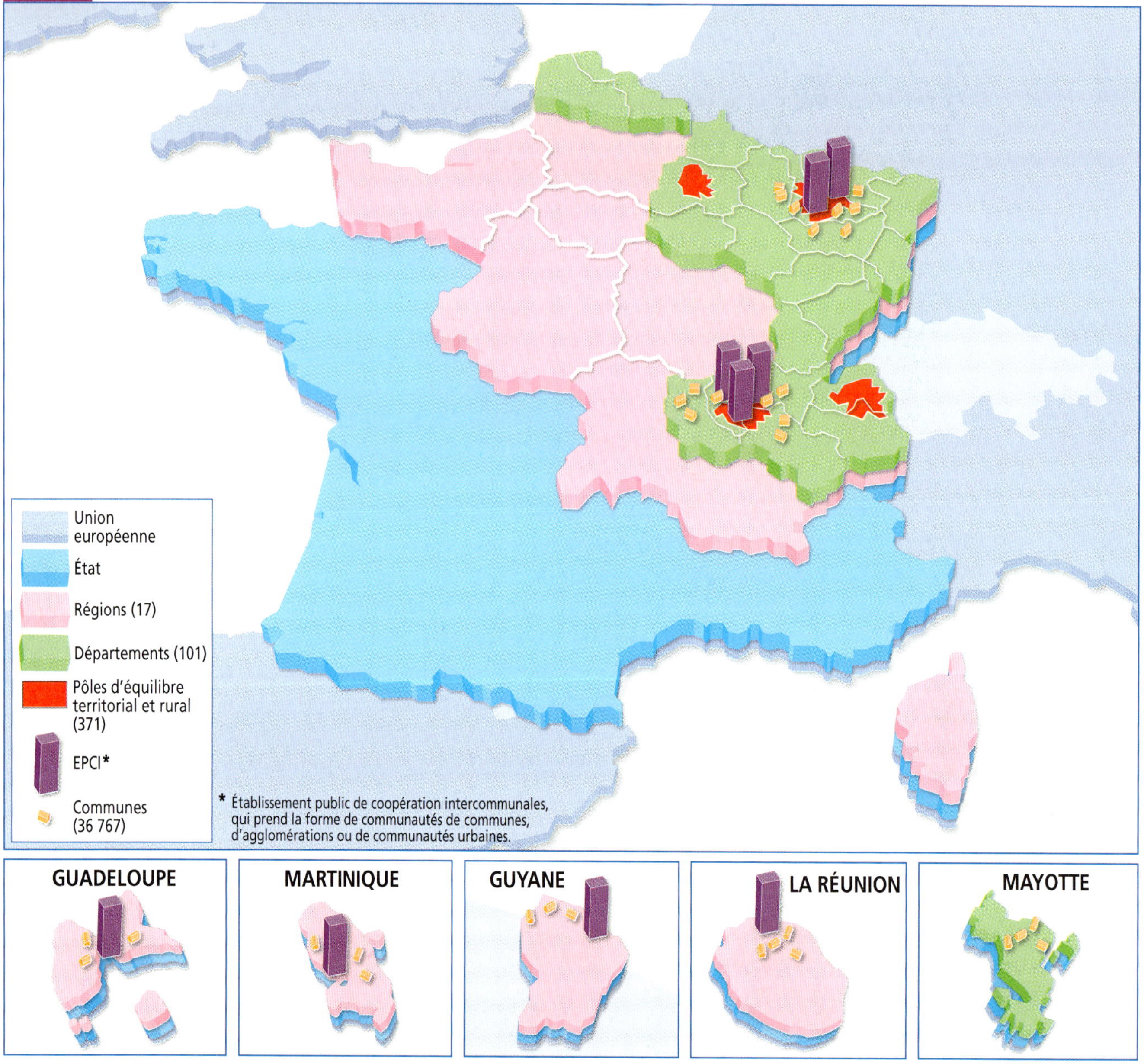

❶ Citez les différents territoires qui composent le territoire national.

❷ « L'aménagement des territoires est une compétence partagée ».

a. Expliquez cette affirmation.

b. Justifiez cette affirmation à l'aide des informations fournies par le document.

Carte 2 Les enjeux de l'aménagement des territoires

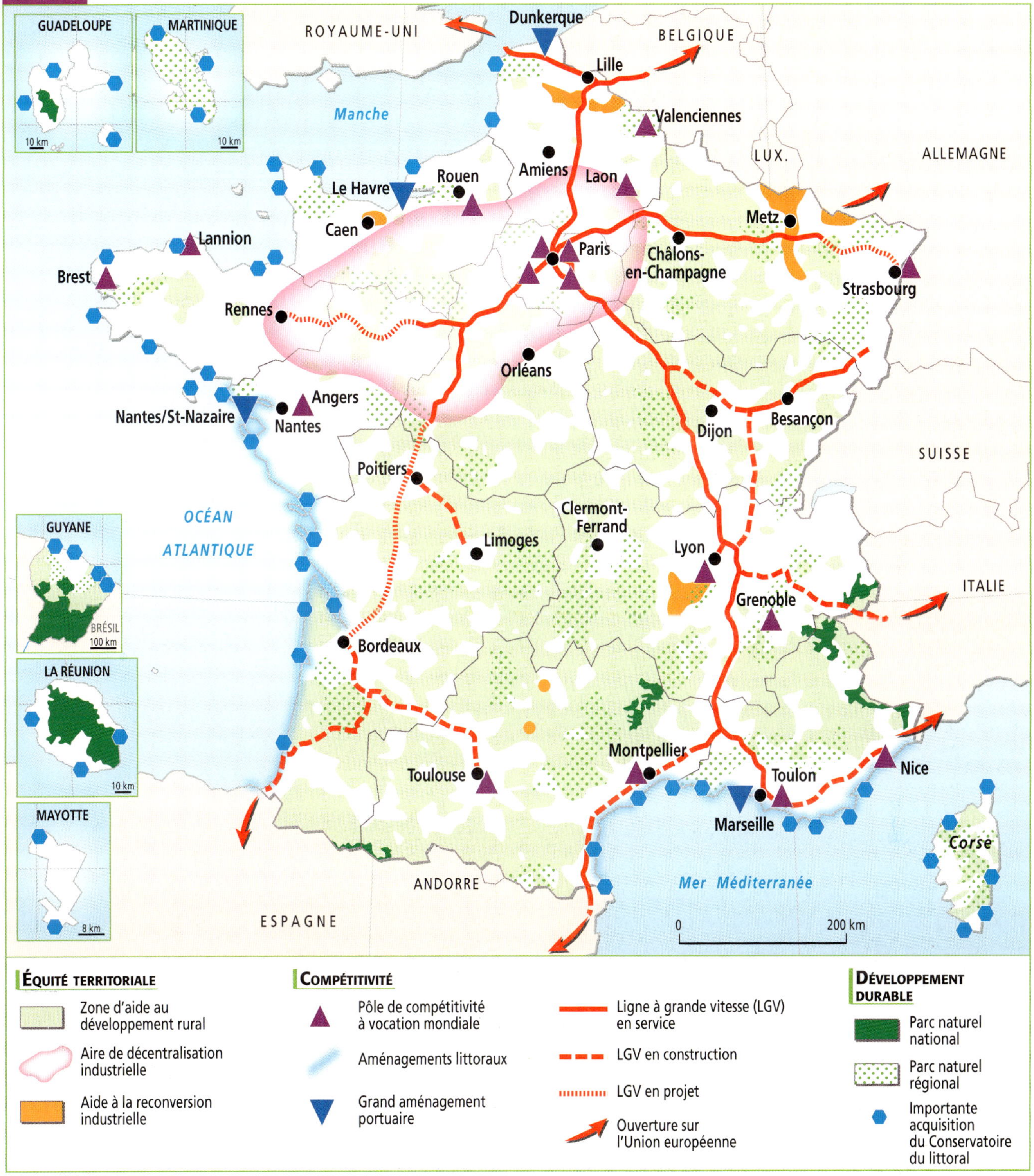

1 Identifiez les trois enjeux de l'aménagement des territoires et illustrez-les d'un exemple en expliquant son utilité.

2 « Les axes de transports sont un enjeu dans l'aménagement des territoires. » Justifiez cette affirmation.

BAC **Expliquez le titre de cette double-page : « L'aménagement des territoires en France : des acteurs, des enjeux ».**

▸ Recherchez le sens de chacun des termes (*territoires*, *acteurs*, *enjeux*) en vous appuyant sur les informations données par les deux documents.

A. Aménager les territoires : des objectifs et des acteurs

Doc. 1 Aménager les territoires, une volonté politique

Page d'accueil du site Internet du rapport *Vers l'Égalité des territoires* commandé par le ministère de l'Égalité des territoires et du Logement, www.verslegalite.territoires.gouv.fr, 2013.

« L'État est un acteur de l'aménagement des territoires. » Justifiez cette affirmation.

Doc. 2 Une nouvelle façon de penser l'aménagement des territoires

Prôner « l'égalité des territoires » peut être alternativement considéré, au regard de la réalité, comme ambitieux, irréaliste ou périlleux.

Autant dissiper d'emblée un malentendu à ce sujet : personne ne réclame ni même ne souhaite l'identité, l'uniformité ou l'homogénéité des territoires français. En revanche, nombre de raisons portent à penser que les inégalités territoriales affectent le bien-être des Français(es) et minent la cohésion nationale – économique, sociale, environnementale. [...] On peut difficilement viser l'égalisation des espaces français : les conditions naturelles, les préférences collectives des habitant(e)s, la liberté de se déplacer, la spécialisation territoriale, les stratégies différenciées de développement local, l'intégration européenne, l'insertion mondiale relèvent de contraintes et de choix sur lesquels il est à la fois très complexe et peu légitime de vouloir agir. Mais l'égalité des territoires pourrait signifier la promotion du développement humain et des capacités de toutes et tous, quelle que soit sa position dans l'espace physique et social.

Introduction du rapport *Vers l'Égalité des territoires* commandé par le ministère de l'Égalité des territoires et du Logement, février 2013.

Relevez les raisons qui peuvent faire penser que réaliser l'égalité des territoires est « ambitieux, irréaliste ou périlleux ».

Doc. 3 L'égalité des territoires, un enjeu d'aménagement

Pour vous, qu'est-ce que l'égalité des territoires ?
C'est la capacité pour chacun, quel que soit l'endroit où il habite, de vivre décemment. Par vivre, j'entends avoir du travail, se loger et se déplacer. Ce sont « les essentiels ». Juste après viennent les services : santé, écoles. Je me sens d'autant plus concerné par cette question de l'égalité des territoires que je suis un rural. Mais je pense que la question se pose de la même façon pour les périphéries urbaines. Les villes ne peuvent plus continuer à s'étaler sans penser à la cohérence de ces grandes aires avec le reste du territoire.

Un sujet prioritaire selon vous ?
Évidemment. Dans certains endroits, les habitants se sentent abandonnés, coupés de tout. Et même si l'on assiste à la repopulation de territoires ruraux – surtout à proximité de villes importantes ou de nœuds ferroviaires –, cela ne suffit pas. Il faut des services. Prenez l'exemple d'un jeune couple urbain avec enfants qui franchit le pas et s'installe en milieu rural : même motivé par la qualité de vie à la campagne, il y a peu de chance pour qu'il reste si le premier collège est à 30 kilomètres de son domicile.

Entretien avec Régis Hochart, membre du Conseil économique, social et environnemental, www.verslegalite.territoires.gouv.fr, 2013.

Expliquez pourquoi l'égalité des territoires est un enjeu essentiel de l'aménagement des territoires.

Doc. 4 L'aménagement des territoires, un processus démocratique

Le Schéma directeur de la région Île-de-France (SDRIF) est un projet de société pour le territoire régional qui organise l'espace francilien. C'est, en premier lieu, un document d'aménagement qui est organisé autour d'un projet spatial régional. Il est élaboré par la région Île-de-France en association avec l'État. Il prend également en compte les contributions et les avis des départements franciliens, du conseil économique, social et environnemental régional (CESER), de l'autorité environnementale ainsi que des chambres consulaires (chambres d'agriculture, chambres de commerce et d'industrie, chambres des métiers et de l'artisanat).
La région a souhaité partager son projet de SDRIF avec l'ensemble des acteurs franciliens à travers une vaste concertation engagée depuis 2004. L'ensemble des élus franciliens (maires, présidents d'intercommunalité, conseillers généraux...), des acteurs de l'aménagement, des experts, des enseignants et chercheurs, mais également les Franciliens ont été sollicités aux phases clés de la démarche.

Extrait du Schéma directeur de la région Île-de-France, *Île-de-France 2030*, adopté par le conseil régional d'Île-de-France le 18 octobre 2013.

L'assemblée territoriale de la région Île-de-France, 2011.

• Identifiez et citez les acteurs du projet d'aménagement de la région Île-de-France.
• Montrez que ce projet est élaboré de manière démocratique, comme le prévoit le ministère de l'Égalité des territoires (doc. 1 et 4).

Les programmes de coopération territoriale européenne

La Basse-Normandie participe à trois espaces de coopération : l'espace ENO, l'espace Atlantique et l'espace Manche Sud. Les collectivités intéressées peuvent donc proposer des projets avec des partenaires membres de l'un de ces trois espaces.

Cartes : Observatoire des territoires de la DIACT

L'espace ENO (Europe du Nord-Ouest)

351 millions d'euros sont accordés à cet espace pour 2007-2013 pour l'innovation, la gestion durable des ressources naturelles, l'accessibilité de l'espace ENO et la compétitivité des villes.

Contact :
Conseil régional
Nord-Pas-de-Calais
Tél : 03 28 82 70 74
nwe@nweurope.org
www.nweurope.eu

L'espace Atlantique

104 millions d'euros sont dédiés dans cet espace à la promotion des réseaux entrepreneuriaux et d'innovation transnationaux, la protection de l'environnement marin et côtier, l'accessibilité et la promotion du développement urbain régional durable.

Contact :
Conseil régional
Poitou-Charentes
Tél : 05 49 55 77 00
www.atlantique-2007-2013.org

L'espace Manche Sud

Ce programme de coopération partage avec l'espace Manche-Nord une enveloppe de 320 millions d'euros pour la période 2007-2013. Des projets favorisant l'innovation, la croissance économique et l'emploi sont financés dans le cadre de ce programme.

Contact :
Conseil régional
Haute-Normandie
Tél : 02 35 52 56 00
www.interreg4a-2mers.eu

Doc. 5 L'Union européenne et l'aménagement des territoires

« L'Europe s'engage en Basse-Normandie », *Guide pratique de l'élu*, coédité par l'Union européenne, la DATAR et l'Association des maires de France.

Définissez ce qu'est un programme de coopération territoriale européenne (objectifs et acteurs).

BAC **Après avoir rappelé les objectifs de l'aménagement des territoires, montrez qu'il s'agit d'une compétence partagée entre plusieurs acteurs.**

▸ Observez la construction de la consigne et identifiez les deux points qui doivent être abordés dans votre réponse.
▸ Définissez l'expression « compétence partagée ».
▸ Expliquez pourquoi on utilise cette expression pour évoquer l'aménagement des territoires.

B. Aménager les territoires : des projets et des réalisations

Doc. 1 Les contrats de plan 2014-2020

Liberté • Égalité • Fraternité
RÉPUBLIQUE FRANÇAISE

Le Premier ministre a reçu les 27 présidents de région pour lancer avec eux la nouvelle génération de contrats de plan 2014-2020 […]. L'objectif de ces contrats est double : renforcer la compétitivité et développer une économie durable au service de l'emploi, au service de l'égalité des territoires. Les contrats de plan 2014-2020 portent cette ambition à travers cinq orientations prioritaires : l'enseignement supérieur et la recherche ; l'innovation, les filières d'avenir et l'usine du futur ; la couverture du territoire en très haut débit et le développement des usages du numérique ; la transition écologique et énergétique ; les mobilités multimodales.

Ces orientations doivent toutes contribuer à la priorité de l'emploi : orienter les investissements conjoints de l'État et des régions vers la création d'emplois durables, accompagner le développement des entreprises, faciliter les transitions professionnelles et développer l'emploi des jeunes et des moins qualifiés.

Avec le nouveau programme d'investissements d'avenir, avec les fonds structurels européens qui vont être largement décentralisés aux régions, les contrats de plan constituent un levier essentiel pour une action publique cohérente et efficace.

Ils permettront également de prendre en compte les territoires urbains et ruraux les plus vulnérables en raison de restructurations économiques ou d'un déficit de services au public, d'accompagner les nouveaux contrats de ville et de conforter les dynamiques métropolitaines.

Communiqué de presse du cabinet du Premier ministre Jean-Marc Ayrault, www.gouvernement.fr, 11 septembre 2013.

- **Relevez puis expliquez les objectifs des contrats de plan.**
- **Démontrez qu'ils sont « un levier essentiel » pour conduire des politiques d'aménagement des territoires.**

Doc. 2 La DATAR et les maisons de santé

Si en France, le nombre de médecins est dans la moyenne européenne, il existe néanmoins d'importantes disparités territoriales. En effet, avec le départ à la retraite de nombreux praticiens, certains territoires sont, ou seront confrontés, à de grandes difficultés d'accès aux soins. Dans le même temps, le vieillissement de la population entraîne une augmentation des maladies chroniques, ce qui nécessite une prise en charge coordonnée par les différents acteurs. Le dispositif des maisons de santé, qui regroupe différents professionnels médicaux, paramédicaux, mais aussi parfois médico-sociaux et sociaux, apporte une réponse aux attentes des plus jeunes des professionnels et également aux territoires en difficulté.

Le Comité interministériel d'Aménagement et de Développement du territoire (CIADT) du 11 mai 2010 a prévu la création de 250 maisons de santé pluri-professionnelles entre 2010 et 2013, afin de favoriser le maintien des professionnels de santé en facilitant leur regroupement. La DATAR[1] assure la mise en œuvre et le suivi de ce plan.

Dès le mois d'avril 2013, dernière année du plan, l'ensemble des 250 projets prévus étaient identifiés. Face au succès du dispositif, la ministre de l'Égalité des territoires et du Logement a donc décidé d'octroyer une enveloppe complémentaire de 5 millions d'euros pour financer 50 projets supplémentaires dès 2013.

Plaquette *Santé et aménagement du territoire*, DATAR, septembre 2013.

1. Délégation à l'aménagement du territoire et à l'attractivité régionale.

Après avoir décrit le dispositif des maisons de santé, dites pourquoi ce type de projet relève de l'aménagement des territoires.

Doc. 3 Le parc naturel régional (PNR) du Haut-Jura

a. Le diagnostic du territoire réalisé pour le Haut-Jura a mis en évidence un certain nombre d'évolutions de nature à fragiliser le tissu économique haut-jurassien. [...] En conséquence, à travers l'ambition d'« un territoire qui donne de la valeur à son économie » – axe n° 3 de la charte du parc 2010-2022 signée par 122 communes, 11 communautés de communes, 3 départements (Doubs, Jura et Ain) et 2 régions (Franche-Comté et Rhône-Alpes) –, il est proposé de développer une approche qui se décline autour de quatre axes : mobiliser les ressources du territoire en faveur de l'économie ; accompagner la création de valeur ajoutée dans les filières ; faire de la cohérence territoriale un atout pour l'économie ; distinguer le territoire par la qualité de son économie.

Dans ces différents domaines, la vocation du Parc n'est pas de se substituer aux collectivités, organismes et organisations professionnelles dotés d'une compétence en matière de développement économique. Il lui revient d'agir aux côtés de ses partenaires pour identifier les besoins spécifiques du territoire, rechercher la meilleure cohérence des politiques de développement mises en œuvre, apporter son expertise dans le champ de ses compétences, s'assurer du bien-fondé des réponses apportées.

D'après le rapport de projet de la nouvelle charte 2010-2020 du PNR du Haut-Jura (extrait), grand-public.parc-haut-jura.fr, 2013.

En vous appuyant sur l'exemple du PNR du Haut-Jura, expliquez pourquoi les parcs naturels régionaux sont des outils de l'aménagement des territoires.

b. Affiche pour la nouvelle charte du PNR du Haut-Jura, 2011.

Identifiez la priorité d'aménagement mise en avant par cette affiche.

Doc. 4 Un projet de territoire en Loire-Atlantique

www.cc-nozay.fr

Définissez ce qu'est un projet de territoire (acteurs, objectifs...).

BAC **Montrez en quoi les différents projets d'aménagement décrits dans les documents permettent de développer les territoires.**

▶ Interrogez-vous sur ce que signifie « développer un territoire ».

▶ Résumez chaque projet en précisant le(s) domaine(s) concerné(s), les actions prévues, etc.

▶ Expliquez pourquoi ces projets favorisent le développement des territoires.

Le Conservatoire du littoral

Créé en 1975 par l'État et placé sous la tutelle du ministère de l'Écologie et du Développement durable, le Conservatoire du littoral est un acteur important de l'aménagement des territoires. Son action s'inscrit dans une politique de protection de la nature et de gestion durable des territoires : plus qu'aménager le littoral, il s'agit avant tout de le « ménager ».

Doc. 1 Les objectifs du Conservatoire du littoral

Rappelons que la mission du Conservatoire du littoral est de mener une politique foncière de sauvegarde de l'espace littoral, de respect des sites naturels et de l'équilibre écologique et ce, après avis des conseils municipaux intéressés. Ainsi, l'aire d'intervention du Conservatoire sur le domaine terrestre recouvre l'ensemble des cantons côtiers et non la seule bande côtière. Sur ce vaste territoire, le Conservatoire intervient selon les quatre critères suivants :

– lorsqu'un espace naturel de qualité est soumis, malgré une réglementation protectrice, à de fortes pressions qui menacent son caractère (implantation de cabanes, de mobil-homes ou de caravanes avec ou sans autorisation, demandes réitérées de permis de construire...) ;

– lorsqu'un site naturel d'intérêt patrimonial s'appauvrit et se banalise faute d'une gestion concertée (circulation désordonnée des voitures, prélèvements incontrôlés des ressources naturelles...) et qu'il est nécessaire d'organiser l'accueil du public pour restaurer sa richesse écologique et esthétique ;

– lorsqu'un lieu, reconnu comme emblématique, est inaccessible au public et qu'il apparaît souhaitable de l'ouvrir de manière raisonnée ;

– lorsque la maîtrise foncière publique est la condition de la pérennité d'activités économiques traditionnelles, notamment agro-pastorales, qui participent à la gestion de la diversité biologique et paysagère du littoral (élevage extensif dans les zones humides, viticulture dans les espaces méditerranéens exposés à l'incendie...).

Après avoir acquis par entente amiable ou expropriations ces terrains, le Conservatoire du littoral élabore un plan de gestion en concertation avec le gestionnaire et les communes concernées. À partir d'un bilan écologique et patrimonial ainsi que des protections juridiques existantes, le plan de gestion définit des mesures de restauration et d'aménagement des terrains. Il est transmis au maire de la commune, au préfet de département et au préfet de région.

D'après un rapport du conseil d'administration du Conservatoire du littoral, 22 février 2007.

« Plus qu'aménager le littoral, il s'agit de le ménager ». En vous appuyant sur le document, expliquez cette phrase.

Doc. 2 L'action du Conservatoire du littoral

a. Les acquisitions du Conservatoire

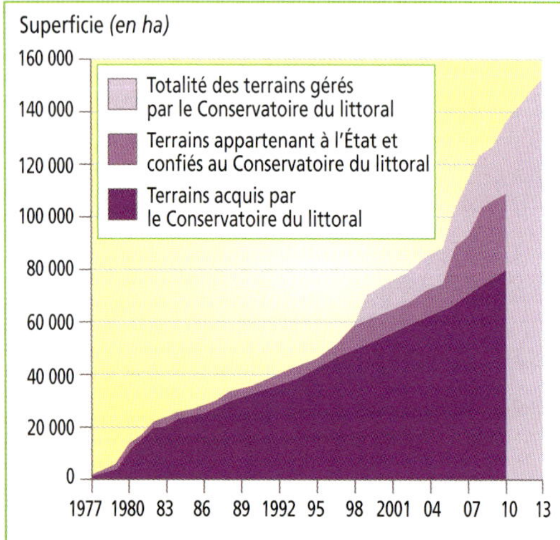

Source : Conservatoire du littoral, 2011.

b. Les sites protégés par le Conservatoire

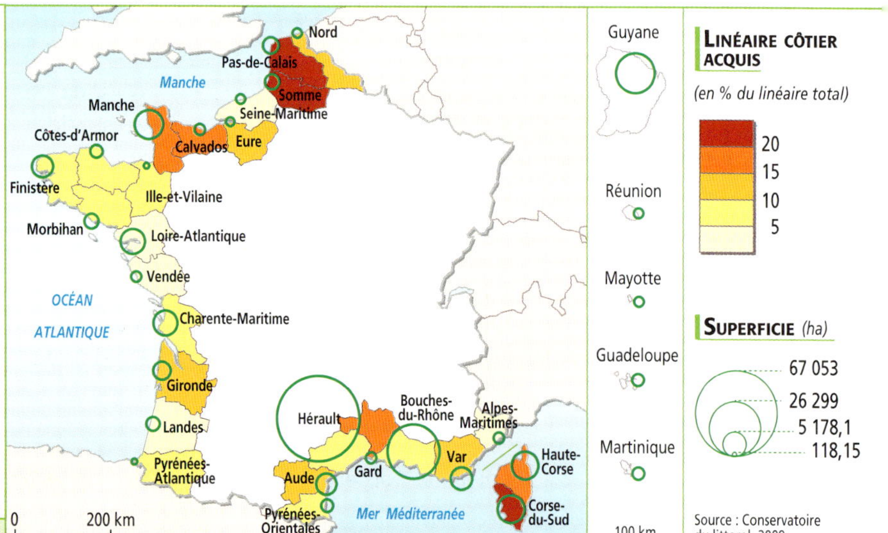

Source : Conservatoire du littoral, 2009.

- **Précisez les modalités d'action du Conservatoire du littoral (doc. 1 et 2).**
- **Formulez deux remarques sur ce graphique.**
- **Observez cette carte et formulez deux observations sur les interventions du Conservatoire du littoral.**

Doc. 3 Un exemple d'acquisition : le cap de la Chèvre

- Localisez le cap de la Chèvre.
- Expliquez pourquoi le site du cap de la Chèvre répond aux enjeux de l'action menée par le Conservatoire du littoral (doc. 1 et 3).

Doc. 4 La sauvegarde du cap de la Chèvre

C'est un projet immobilier dans l'estuaire de l'Aber, auquel s'opposent les riverains au début des années soixante-dix, qui conduit la municipalité de Crozon, entre 1977 et 1983, à mettre en place les premières mesures de protection de ses espaces. En 1978, la municipalité demande au Conservatoire du littoral de l'aider dans la mise en œuvre de sa politique de protection de ses territoires côtiers. Elle s'engage à assumer le gardiennage et la gestion des terrains acquis par le Conservatoire. […]
Aujourd'hui, le site du cap de la Chèvre est l'un des plus grands du Conservatoire du littoral en Bretagne. Près de 500 hectares inscrits dans un ensemble géographique de 2 000 hectares sont co-gérés avec la commune de Crozon en partenariat avec le Conseil général du Finistère. Espace naturel majeur en France pour ses landes littorales atlantiques, le cap de la Chèvre bénéficie d'un programme européen interrégional de protection de l'environnement qui devrait lui permettre de retrouver à terme un équilibre durable. Les landes, particulièrement sensibles sur les pentes et au sommet des falaises, risquaient de se dénaturer rapidement du fait d'un piétinement engendré par une fréquentation de plus en plus dense. Ainsi, pour pallier cette menace, des cheminements ont été tracés pour le public. Du fait d'une multitude de parcelles privées, de nombreuses plantes ornementales telles la griffe de sorcière, la renouée du Japon ou l'herbe de la pampa sont sorties de leurs enclos. Invasives, elles gagnent peu à peu la végétation naturelle. Une vigilance toute particulière devrait permettre d'inverser cette fâcheuse tendance. L'extension de la pinède, implantée au milieu du siècle dernier, tend à fermer progressivement le paysage et à appauvrir la biodiversité. Elle devrait être limitée dans l'avenir par des campagnes d'arrachage de jeunes plants.

D'après www.conservatoire-du-littoral.fr, 2013.

- Identifiez les partenaires du Conservatoire du littoral.
- Relevez les actions conduites par le Conservatoire du littoral au cap de la Chèvre.

BAC Expliquez comment l'État, à travers le Conservatoire du littoral, participe à la protection et à la gestion durable des territoires littoraux.

Un aménagement dans une communauté de communes : le projet Évol'Yss à Issoire

Créées en 1992, les communautés de communes regroupent des communes au sein d'un espace et les associent autour d'un projet commun de développement et d'aménagement. Elles sont ainsi un acteur important de l'aménagement des territoires. En Auvergne, la communauté de communes Issoire Communauté regroupe cinq communes rurales autour d'un centre urbain, Issoire.

Doc. 1 Le projet de territoire de la communauté de communes d'Issoire

Monsieur le Président rappelle aux membres du conseil communautaire qu'Issoire Communauté dispose d'un projet de territoire. Celui-ci fixe les actions à entreprendre sur la période 2006-2016. Il est le fruit d'une très large consultation des acteurs économiques, des institutionnels, des associations et des citoyens qui ont apporté leur concours au projet. Enfin, une rencontre publique réunissant près de 150 personnes est venue apporter la touche finale à ce vaste travail de fond. Un comité de pilotage a validé les actions qui sont classées dans le projet de territoire selon les quatre grands axes de développement :

- Axe 1 : Améliorer l'attractivité du territoire ;
- Axe 2 : Consolider et diversifier le développement économique ;
- Axe 3 : Préserver l'environnement et valoriser le patrimoine ;
- Axe 4 : Développer et harmoniser les services à la population.

D'après le site Internet d'Issoire Communauté, www.cc-issoire.com, 2013.

Définissez ce qu'est un projet de territoire et identifiez ses acteurs.

Doc. 2 Une mise en œuvre du projet

Aujourd'hui, la communauté de communes a choisi de mettre la priorité sur le maintien et le développement de l'emploi industriel et technologique. Il s'agit de :
- soutenir la plateforme d'innovation Polydyam ;
- créer une pépinière d'entreprises afin d'accueillir de jeunes et nouvelles entreprises des filières automobile et aéronautique (Évol'Yss) ;
- créer trois nouvelles zones artisanales.

Ce projet s'appuie sur les infrastructures existantes du CEERTA[1] et de l'aérodrome d'Issoire pour devenir à terme un véritable technopôle. L'objectif global de ces aménagements est la création de 350 emplois. La mise en œuvre d'une politique sociale (création de logements sociaux, réalisation d'un foyer des jeunes travailleurs, mise en place d'un relais d'assistantes maternelles…) est indispensable au développement économique du territoire.

D'après le site Internet d'Issoire Communauté, www.cc-issoire.com, 2013.

1. Centre européen d'essais, de recherche et de techniques automobiles.

À l'aide du doc. 1, identifiez l'axe de développement dont relève ce projet.

Doc. 3 Le projet Évol'yss

L'accueil en pépinière et en hôtel d'entreprises

Dédiée notamment aux créateurs et aux entreprises des filières automobile et aéronautique, Évol'Yss propose :
- des solutions d'hébergement attractives, évolutives et adaptées aux besoins, à des coûts maîtrisés ;
- des équipements et des services mutualisés pour réduire les coûts de fonctionnement ;
- un suivi-conseil individuel et des animations collectives ;
- des facilités d'insertion au sein du tissu industriel local et des mises en relation avec les structures d'accompagnement et partenaires potentiels.

« Évol'yss, un bouquet d'offres d'accueil », *Magazine Issoire Communauté*, n° 16, septembre 2013.

Décrivez le projet Évol'yss.

Doc. 4 Un territoire en développement

Excellence industrielle

• Un territoire fortement industriel :
– présence de grands groupes (Constellium, Aubert & Duval, Valeo) ;
– entreprises aux savoir-faire reconnus (Rexiaa Group, Créative Mécatronique, Domaéro…).

• Deux secteurs de pointe :
– le travail des métaux et des matériaux utilisés dans l'aéronautique ;
– la sous-traitance automobile et l'innovation dans le domaine de la mobilité.

Infrastructures dédiées aux essais industriels et loisirs mécaniques

• Un parc industriel et technologique de 46 ha, en bordure de l'autoroute A75 ;
• Des circuits automobiles asphalte et terre pour la mise au point de véhicules ;
• Un aérodrome avec pistes planeurs et avions de tourisme.

PolyDyam, plateforme d'innovation spécialisée dans la liaison au sol

• Expertise sur les caoutchoucs, polymères et élastomères en milieux complexes ;
• Formations et essais industriels liés à la dynamique du véhicule ;
• Mise en réseau avec les établissements de recherche et de transfert de technologie.

Plaquette Évol'Yss, Issoire Communauté, 2013.

Plaquette émise par Issoire Communauté, 2013.

Expliquez l'attractivité de la pépinière d'entreprises Évol'yss.

Doc. 5 Un foyer pour les jeunes travailleurs

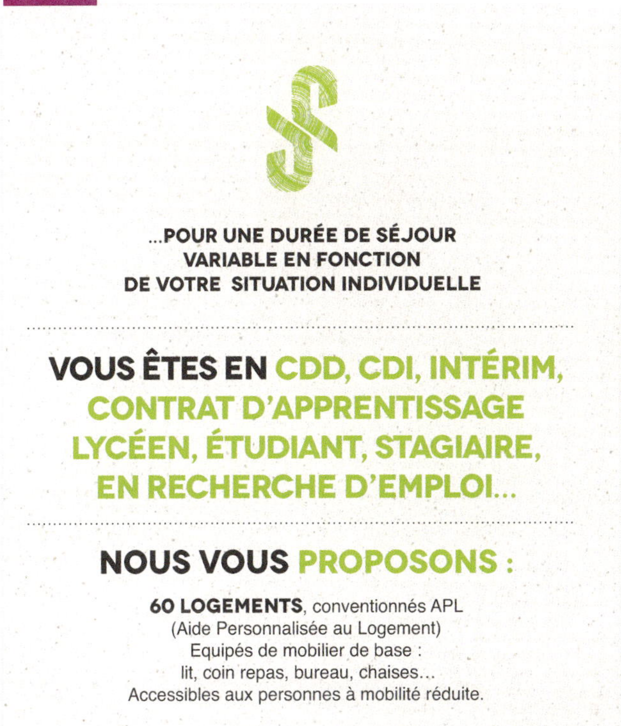

Plaquette émise par Issoire Communauté, 2013.

Pour répondre au problème de logement des jeunes travailleurs d'Issoire et des environs, Issoire Communauté a créé un foyer de jeunes travailleurs géré par le Centre communal d'action sociale (CCAS) de la ville d'Issoire.

• Définissez l'objectif du foyer de jeunes travailleurs.
• Recherchez dans le doc. 2 le point illustré par cette réalisation.

BAC Montrez que le projet de la communauté de communes d'Issoire permet de renforcer la compétitivité du territoire.

Une diversité d'acteurs

Notions

DATAR (Délégation à l'aménagement du territoire et à l'attractivité régionale) : organisme créé par l'État en 1963 et chargé de mettre en œuvre la politique d'aménagement du territoire.

Collectivités territoriales : structures administratives confiées à des élus et prenant en charge les intérêts de la population d'un territoire précis (communes, communauté de communes, départements, régions, etc.).

Intercommunalité : association de communes qui gère en commun activités ou services publics dépassant le cadre d'une commune ou mène à bien un projet d'aménagement.

Synthèse audio
www.lienmini.fr/hgt-11

■ **Dès les années 1960, le constat des déséquilibres du territoire français conduit l'État à définir une politique d'aménagement du territoire.** La **DATAR** est ainsi chargée de corriger les disparités de développement entre les territoires et d'éviter que Paris ne concentre excessivement la croissance du pays. Certaines industries sont alors délocalisées vers l'ouest et le sud, des pôles industriels ou touristiques sont développés sur les littoraux. Des **métropoles d'équilibre** sont choisies pour accueillir des activités parisiennes et des **villes nouvelles** sont créées autour de Paris. Les lois de **décentralisation** (1982-1983) transfèrent une partie des compétences de l'État vers les **collectivités territoriales**. Celles-ci peuvent désormais définir des projets d'aménagement adaptés à leurs besoins et, dans le cadre de l'**intercommunalité**, mettre en commun leurs moyens pour mener des projets ambitieux.

■ **En même temps que s'affirme la décentralisation au profit des collectivités territoriales, l'Union européenne s'impose comme un nouvel acteur de l'aménagement des territoires.** Afin de réduire les écarts excessifs de développement entre les régions des États membres, elle accorde des aides aux régions en retard ou en crise par l'intermédiaire du **FEDER**. **Aujourd'hui, l'aménagement des territoires résulte donc de l'action de nombreux acteurs publics agissant à toutes les échelles :** Union européenne, État, établissement public comme Réseau ferré de France, régions, départements et communes isolées ou associées en différentes communautés. Le développement de nouveaux modes de gouvernance (conseil de quartier, débat public…), la multiplication des associations destinées à faire pression sur les élus permettent aux **citoyens** d'être également présents dans les processus d'aménagement.

Vérifier sa compréhension de la leçon

Dites si ces affirmations sont justes ou fausses. Justifiez votre choix en citant des éléments de la leçon.

1. En France, le seul acteur de l'aménagement des territoires est l'État qui décide et gère tous les aménagements dans les domaines des infrastructures, du social, de l'éducation ou des transports.
2. Les communes, les départements et les régions participent à l'aménagement des territoires.
3. L'Union européenne n'est pas un partenaire de l'aménagement des territoires en France.
4. Les communes se regroupent pour aménager des territoires.

Organiser ses connaissances à l'aide d'un schéma

Reproduisez puis complétez le schéma sur les acteurs de l'aménagement des territoires avec les éléments de la leçon.

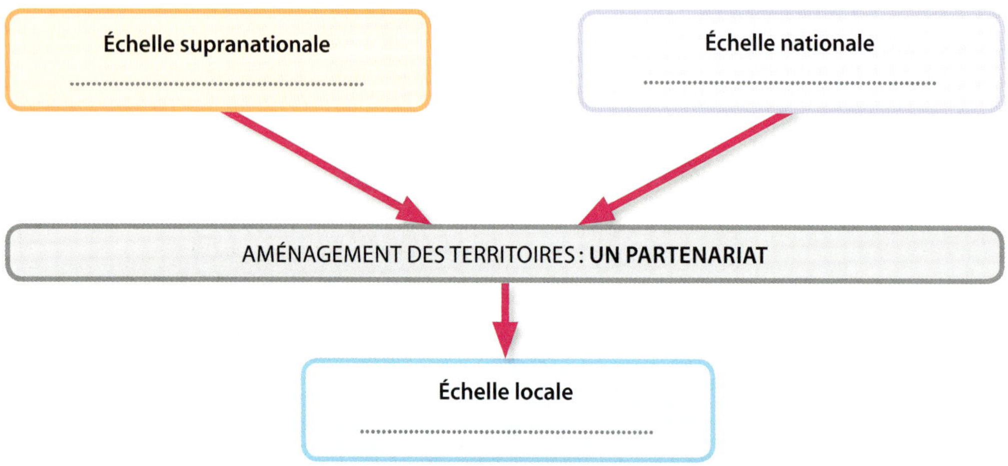

Une multitude d'enjeux

Notions

Compétitivité des territoires : recherche d'une amélioration de l'attractivité des territoires pour les entreprises et les citoyens.

Cohésion économique et sociale : concept de la construction européenne selon lequel des développements économiques homogènes dans les différentes régions qui composent l'Union européenne sont nécessaires pour créer, maintenir et développer des politiques communes effectives.

Équité territoriale : principe d'aménagement qui attribue des aides à des territoires jugés sensibles afin d'assurer à leurs habitants un égal accès aux services publics, aux transports, à l'emploi, aux soins, etc.

Synthèse audio
www.lienmini.fr/hgt-12

■ **La mise en concurrence des territoires dans le cadre de l'intégration européenne et de l'insertion de la France dans la mondialisation oblige l'État à définir de nouvelles priorités d'aménagement.** Les collectivités territoriales, les chambres de commerce et d'industrie, les **syndicats mixtes** se mobilisent pour améliorer l'**attractivité** et la **compétitivité des territoires**. Misant sur l'innovation et la recherche, ces acteurs créent des **pôles de compétitivité** ou des **pôles d'excellence rurale** destinés à valoriser les ressources des territoires. Pour assurer le désenclavement de certains territoires, conserver entreprises et population, ils développent des réseaux numériques. Ils participent également au financement des grandes infrastructures de transports (LGV, réseau autoroutier) qui leur permettent d'être connectés au territoire national ainsi qu'à l'Europe.

■ **Cette politique de compétitivité des territoires conduit à entretenir ou à accentuer les déséquilibres entre les territoires.** En effet, si aujourd'hui les déséquilibres spatiaux sont moins importants à l'échelle nationale, ils persistent ou se développent à l'échelle locale. Ils affectent les zones rurales en dépeuplement, certains espaces industriels en reconversion et les quartiers urbains où se conjuguent chômage et précarité. De plus, si les aménagements ont pour objectif essentiel d'assurer la **cohésion économique et sociale** des territoires et l'**équité territoriale**, ils doivent également être pensés dans une perspective de **développement durable**. À l'échelle nationale, la création de parcs nationaux et du Conservatoire du littoral répond à ce souci de préserver certains territoires, tout en mettant en valeur leur patrimoine naturel ou culturel.

Vérifier sa compréhension de la leçon

Identifiez les points de la leçon illustrés par ces deux documents. Justifiez votre réponse.

PRN
Pôle Régional Numérique
Nord Pas-de-Calais
L'ambition numérique

Liberté • Égalité • Fraternité
RÉPUBLIQUE FRANÇAISE
Direction Régionale de l'Environnement
GUADELOUPE

Organiser ses connaissances à l'aide d'un schéma

Reproduisez puis complétez le schéma avec les éléments de la leçon.

ENJEUX DE L'AMÉNAGEMENT DES TERRITOIRES

- Enjeu n° 1 ....
- Enjeu n° 2 ....
- Enjeu n° 3 ....
- Enjeu n° 4 ....
- Enjeu n° 5 ....

Évaluer ses connaissances sur le sujet d'étude

Les idées essentielles

Répondez en quelques phrases aux questions suivantes.

- Pourquoi ne parle-t-on plus d'aménagement « du territoire » mais « des territoires » ?
- Quels sont les principaux enjeux de l'aménagement des territoires ?
- Qui sont les acteurs de l'aménagement des territoires ?
- Comment le citoyen peut-il être acteur de l'aménagement des territoires ?
- Qu'est-ce qu'un pôle de compétitivité ?

Illustrez chacune des affirmations suivantes par un exemple.

- L'État a mis en place la politique d'aménagement du territoire.
- Les acteurs de l'aménagement du territoire se sont multipliés depuis 1982.
- L'Union européenne est un acteur de l'aménagement des territoires.
- Les politiques d'aménagement ont pour but d'assurer l'équité territoriale.
- Le développement durable est pris en compte dans les projets d'aménagement des territoires.

Les notions clés

Associez chaque notion à sa définition.

1. Équité territoriale
2. Intercommunalité
3. Décentralisation
4. Compétitivité territoriale

a. Recherche d'une amélioration de l'attractivité des territoires pour les entreprises et les citoyens.

b. Transfert d'une partie des compétences de l'État à des collectivités territoriales.

c. Principe d'aménagement selon lequel tous les citoyens doivent avoir accès aux services publics ou à l'emploi de manière égal.

d. Toute forme de coopération entre communes visant à gérer en commun des activités ou des services publics et à mener des projets communs d'aménagement et de développement.

Les enjeux

Retrouvez les points du sujet d'étude illustrés par chaque document. Justifiez votre choix.

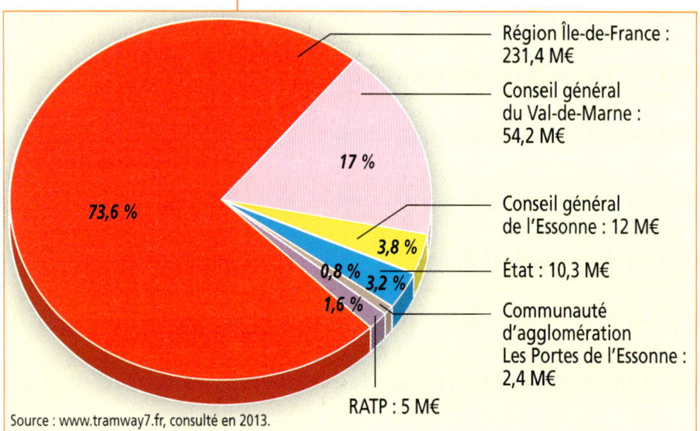

1. Budget du projet de la ligne 7 du tramway d'Île-de-France entre Villejuif (Val-de-Marne) et Athis-Mons (Essonne), www.tramway7.fr, consulté en 2014.

2. Brochure éditée par la DATAR, 2013.

Répondre à des questions de connaissance

➜ Mettre en œuvre les capacités et les connaissances du programme de géographie

Capacité / Thème

1 **« L'État est le fondateur de la politique d'aménagement des territoires. » Justifiez cette affirmation.**

Vous devez **vous interroger sur le sens** de cette affirmation et **comprendre le terme « fondateur »**. Puis **recherchez dans vos connaissances** celles qui apportent la preuve que cette affirmation est exacte.

Votre réponse : « On peut affirmer que l'État est le fondateur de la politique d'aménagement des territoires parce que … (*argument qui justifie ce point de vue*). »

Capacité / Thème

2 **Définissez le terme d'intercommunalité et donnez une explication à son développement.**

Vous devez **dire ce qu'est « l'intercommunalité »** et **donner une raison** (loi, etc.) qui permet de comprendre pourquoi elle s'est développée.

Votre réponse : « L'intercommunalité désigne … (*définition*). Celle-ci s'est développée à partir des années … parce que … (*élément qui explique son développement*). »

Capacité / Thème

3 **Parmi ces quatre acteurs, choisissez en deux et décrivez leur rôle dans l'aménagement des territoires :**
L'Union européenne • Le citoyen • Les collectivités territoriales • L'État.

Vous devez **dire comment** chacun des acteurs que vous avez choisis intervient dans l'aménagement des territoires français. **Précisez** les domaines, les formes et les moyens de son intervention. Vous pouvez **utiliser un exemple précis**.

Votre réponse : « L'Union européenne est un acteur de l'aménagement des territoires français. En effet, elle … (*description de la façon dont elle intervient dans l'aménagement des territoires français*). »

Capacité / Thème

4 **Montrez, en vous appuyant sur le document ou d'autres exemples, que la politique d'aménagement a pour objectifs de renforcer la compétitivité et l'attractivité des territoires.**

Vous devez **vous interroger sur le sens des termes « compétitivité » et « attractivité »**. Puis, **sélectionnez dans vos connaissances** des exemples de mesures prises dans le cadre de la politique d'aménagement qui démontrent qu'elles ont pour enjeu de rendre les territoires plus compétitifs et attractifs. Le document qui accompagne la question donne des pistes de réponse.

Un aménagement à Toulon (Var).

Votre réponse : « La politique d'aménagement a pour objectifs de renforcer la compétitivité et l'attractivité des territoires. Pour cela, les transports (*réponse suggérée par le document*) sont l'objet de nombreuses mesures parce que … (*expliquer pourquoi l'aménagement des réseaux de transport contribue à renforcer la compétitivité et à l'attractivité des territoires*). »

BAC

EXERCICE GUIDÉ

Répondre à des questions à partir d'un support documentaire

➜ Exploiter un document pour analyser une situation géographique

Doc. 1 Lettre ouverte du collectif « Stop LGV Branche Sud » à François Fillon, Premier ministre (2011)

Monsieur le Premier ministre,
Suite à votre récente visite sur le chantier de la branche Est de la LGV[1] Rhin-Rhône, la presse s'est fait écho de votre souhait de poursuivre le financement d'études sur les branches Ouest et Sud à hauteur de 36 millions d'euros.
Par ce courrier, notre collectif associatif et interrégional souhaite vous faire part de son opposition à cette décision. En effet, il n'est toujours pas démontré, depuis l'ouverture du débat public concernant la branche Sud, que ce projet revêt un caractère prioritaire au niveau national. L'absence de financement européen montre également que son intérêt international reste à prouver.
En outre, malgré dix ans d'études préliminaires, force est de constater que ce projet ne satisfait personne en raison notamment de nombreuses difficultés techniques : difficultés de passage à travers l'habitat dispersé de Bresse, jumelage avec l'autoroute A39, inaptitude à la grande vitesse, choix d'implantation des gares… À ce jour, aucun consensus n'a été trouvé, y compris parmi les acteurs pro-LGV. La SNCF a d'ailleurs émis plusieurs réserves sur la pertinence de ce projet. Enfin, aucune collectivité devant participer au montage financier ne s'est engagée formellement. […]
Par ailleurs, le risque environnemental lié au projet de la branche Sud n'est pas le seul fait des opposants puisque RFF[2] soulève dès la publication de ses premiers rapports, la difficulté de l'insertion d'une voie nouvelle dans les territoires traversés. Ce projet prévoie, notamment, la suppression de 2 000 hectares de terres agricoles et de forêts, la traversée de zones naturelles protégées ainsi qu'une saignée du bocage bressan, qui est une des zones humides les plus fragiles d'Europe. Tout ceci pourrait être évité avec le réaménagement des voies existantes. […]
Il nous est inconcevable de voir attribuer 36 millions d'euros pour des projets non prioritaires et ne présentant aucun intérêt public avéré.
Au vu de ces éléments, notre collectif réclame avec détermination la suppression de toutes dépenses liées aux projets de branches Ouest et Sud de la LGV Rhin-Rhône. Favorables au rail, qui reste un des modes de transport le(s) moins polluant(s), […] nous formulons le vœu d'un réaménagement cohérent des voies existantes qui reste l'alternative la moins coûteuse, la moins impactante et ce, dans la perspective d'un réel investissement au service des usagers et des riverains.

Pour le collectif, Jean-Charles Mercier, janvier 2011.

1. Ligne à grande vitesse.
2. Réseau ferré de France : propriétaire et gestionnaire du réseau ferroviaire français.

1 Identifiez les différents acteurs du projet et précisez leur rôle dans le projet.

Vous devez **retrouver dans le texte** les personnes, organismes et institutions impliqués dans le projet et **définir ce qu'ils y font**.

Pour répondre :
- mobilisez vos connaissances pour définir le terme « acteurs » ;
- repérez les passages du texte qui évoquent ces acteurs et leur rôle dans l'aménagement d'une LGV ;
- reformulez ces informations et précisez-les à l'aide de vos connaissances.

▶ Leçon p. 394
▶ Exemple de l'État : extraits du doc.

2 Relevez et classez les arguments du collectif selon leur nature.

Vous devez, comme en français, **retrouver les idées développées** par l'auteur pour justifier son point de vue et **préciser le domaine auquel elles se rapportent** (politique, économique, social, environnemental).

Pour répondre :
- précisez le point de vue du collectif sur l'aménagement de la LGV ;
- retrouvez dans le texte les mots logiques qui structurent l'argumentation ;
- classez ces arguments par domaine.

▶ Extraits du doc.

3 Expliquez pourquoi la création d'une ligne LGV, comme tout autre projet d'aménagement, est le résultat d'un large compromis.

Vous devez **justifier une affirmation**, c'est-à-dire présenter des éléments qui prouvent sa justesse.

Pour répondre :
- définissez « compromis » et recherchez dans le document des éléments qui illustrent cette définition ;
- mobilisez vos connaissances sur le sujet d'étude pour enrichir ces exemples.

SUJET D'ÉTUDE

7. Les transformations de l'espace productif et décisionnel

Un espace productif français intégré à la mondialisation

« Aujourd'hui, l'espace productif français n'est plus l'espace clos des entités souveraines rivales, concurrentes, étroitement bornées dans leurs frontières : la France est ouverte sur l'Europe et plus largement sur le monde ; comme toutes les grandes puissances économiques, son espace productif n'est plus seulement celui sur lequel s'exerce sa souveraineté, et son territoire est aussi le lieu d'expansion d'autres espaces productifs que le sien. »

Benjamin Steck, Jean-Fabien Steck, *La France*, Bréal, 2008.

Un espace productif en mutation

ARTS ET GÉOGRAPHIE

La Cité du cinéma (vue intérieure de la nef centrale), Saint-Denis (Seine-Saint-Denis), inaugurée en 2012.

Désaffectée depuis 1981, l'ancienne centrale électrique Saint-Denis, construite en 1933 pour alimenter le métro, accueille aujourd'hui la Cité du cinéma, pôle de création cinématographique. Les travaux de réhabilitation ont pris soin de conserver l'ossature du bâtiment d'origine, grande nef de verre et d'acier de 220 mètres de long.

Situations

Les territoires de l'espace productif

L'espace productif et décisionnel français

Cinquième économie mondiale, la France est l'un des plus grands espaces productifs au monde. Toutefois, son insertion dans l'économie mondiale et la montée des puissances émergentes entraînent de profonds bouleversements de la répartition des activités sur le territoire national et une nouvelle localisation des espaces attractifs.

Carte 1 **L'espace productif et décisionnel français**

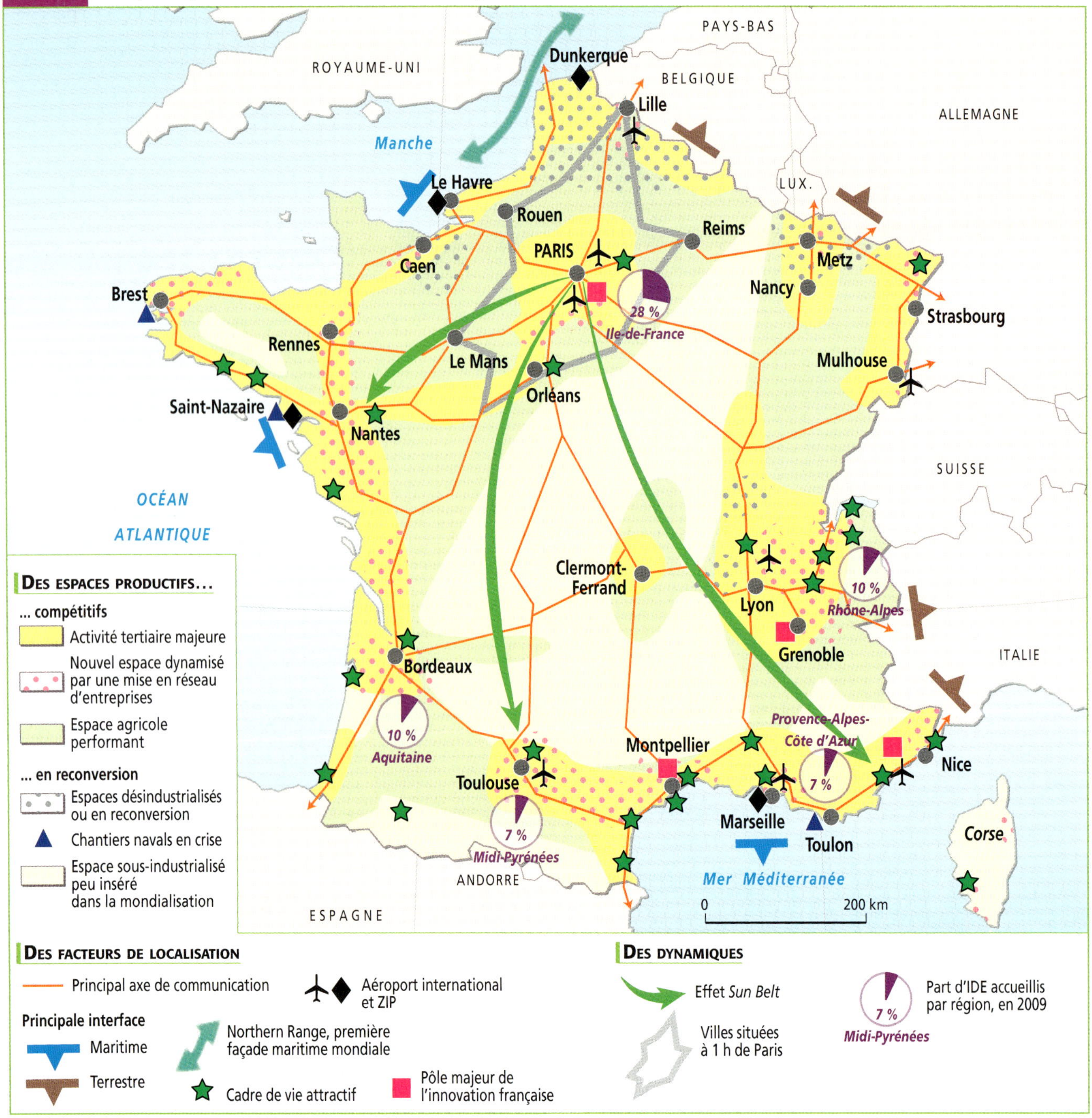

1. Définissez ce que l'on entend par « espace productif et décisionnel ».
2. Localisez les espaces productifs dynamiques.
3. Expliquez pourquoi les espaces dynamiques contribuent à l'insertion de la France dans la mondialisation.

Carte 2 Les pôles de compétitivité

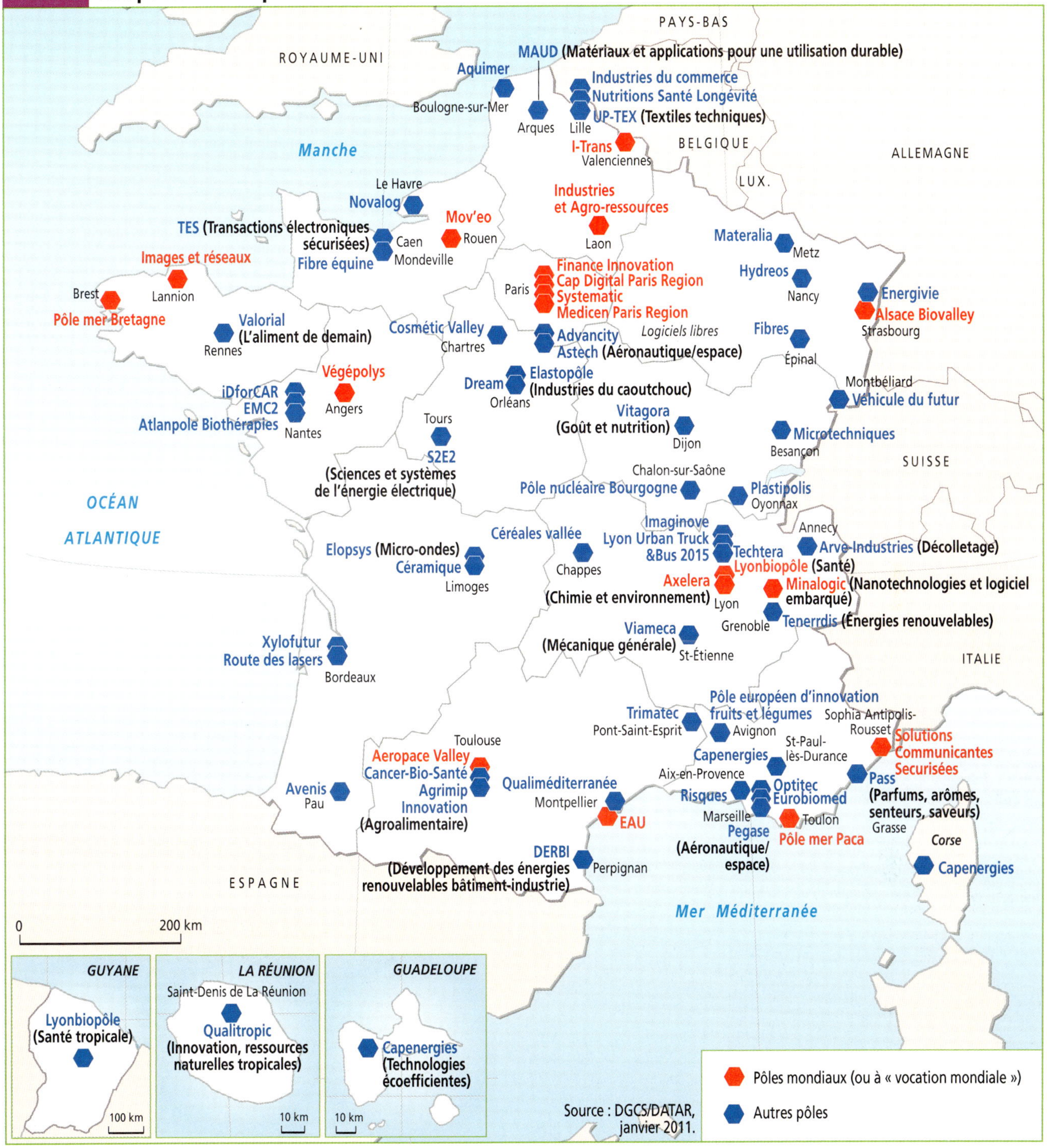

1 Observez la localisation des pôles de compétitivité sur le territoire puis formulez deux remarques.

2 Identifiez les types d'activités développés dans ces pôles.

BAC **« L'espace productif et décisionnel français est composé d'espaces aux dynamiques différentes ». Expliquez cette affirmation.**

▸ Précisez le sens des termes « espace productif et décisionnel » et « dynamiques ».

▸ Retrouvez sur les cartes des éléments qui permettent de justifier cette affirmation et de l'illustrer par des exemples précis.

A. Comprendre les espaces productifs et décisionnels

Doc. 1 Une image de l'espace productif français

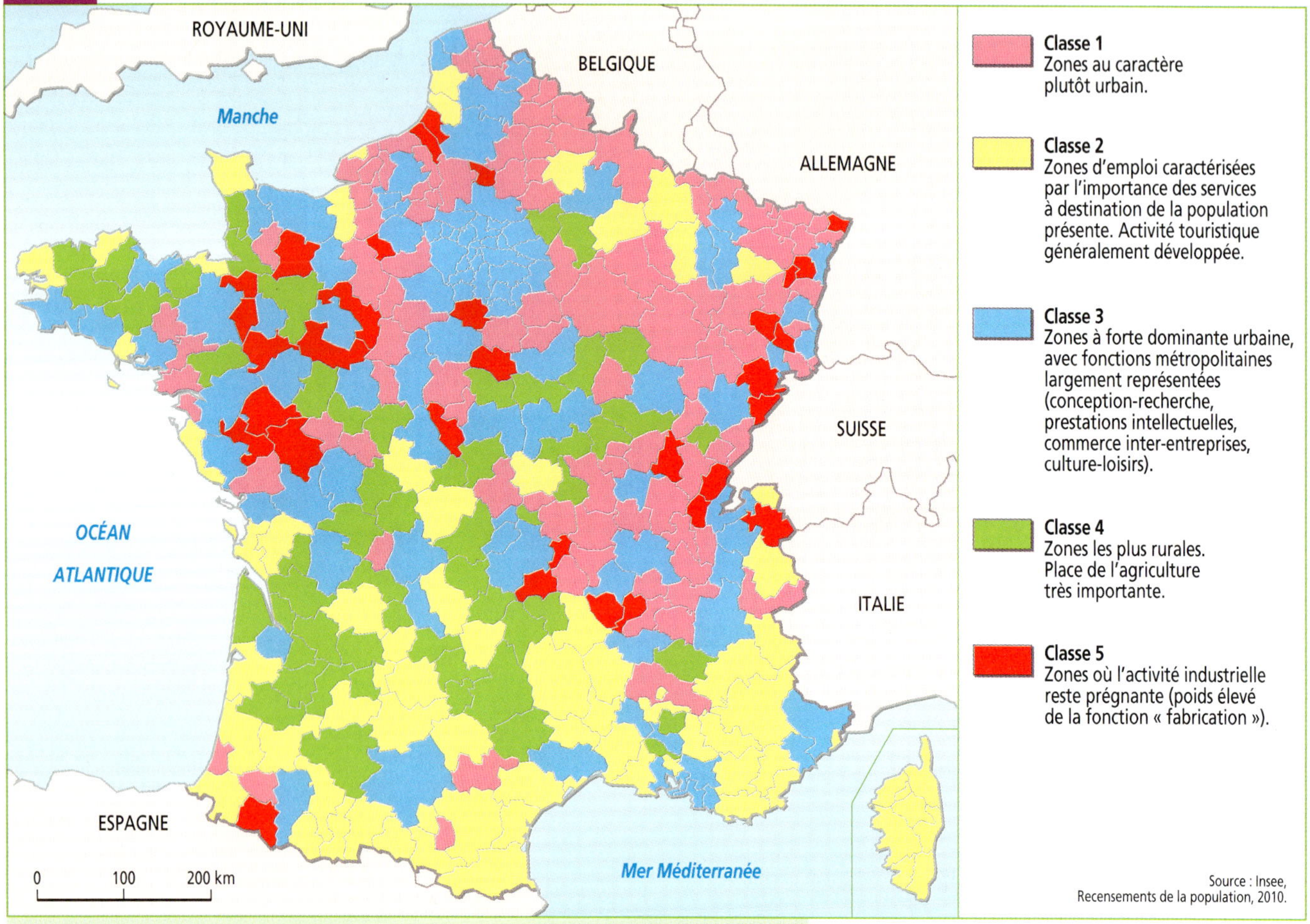

Montrez que « l'espace productif français » désigne des réalités plurielles.

Doc. 2 Secteur productif et valeur ajoutée

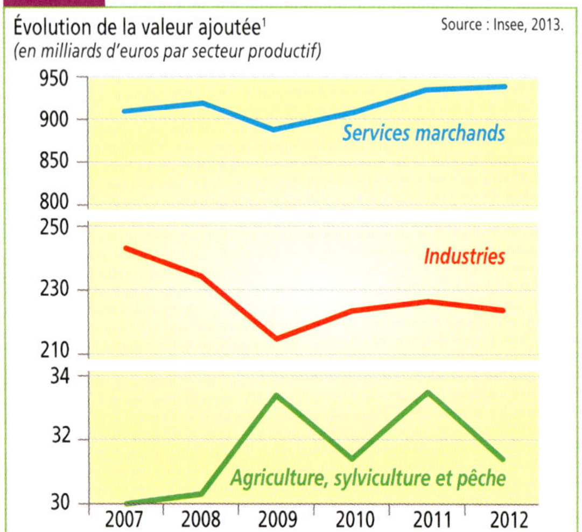

1. Valeur ajoutée : indicateur économique qui mesure la richesse créée par un secteur d'activité ou une entreprise.

Décrivez l'évolution du secteur productif français entre 2007 et 2012.

Doc. 3 L'évolution de l'emploi

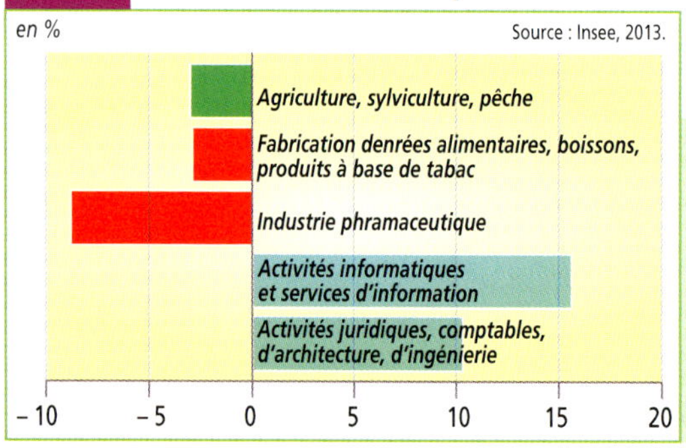

Comparez ces informations à celles fournies par le document 2 puis formulez deux remarques.

BAC **Expliquez pourquoi ces informations peuvent permettre de comprendre que certains espaces productifs sont dynamiques et que d'autres connaissent des difficultés.**

▸ Identifiez dans cette consigne les termes qui vous permettent de comprendre ce que l'on vous demande.

▸ Sélectionnez dans les documents les informations utiles pour construire votre réponse.

B. Les espaces industriels : des espaces productifs en mutation

Doc. 1 Un espace industriel en Lorraine, le bassin de Pompey

a. Le site dans les années 1980
Fondées en 1875, les aciéries de Pompey sont un fleuron de la métallurgie lorraine, berceau de l'acier de la tour Eiffel. Près de 40 % de la population locale y trouve alors un travail. Le déclin des acieries débute dans les années 1980 jusqu'à leur fermeture en 1986.

b. Le site aujourd'hui
Le parc Eiffel Énergie, construit à proximité du site des anciennes aciéries, regroupe plus de 120 entreprises de haute technologie, tertiaires, logistiques et industrielles qui totalisent 4000 emplois.

Citez les principales transformations de l'espace industriel de Pompey entre les années 1980 et aujourd'hui.

Doc. 2 Les mutations des espaces industriels

Depuis les années 1970, la France connaît une modernisation rapide de son appareil productif qui modifie sans cesse tant son mode d'organisation que son mode d'insertion internationale. En effet, d'un côté l'industrie se tertiarise, de l'autre elle participe pleinement au processus de la mondialisation. […]
Dans les années soixante commence une phase de mutations qui modifie sensiblement la carte industrielle. La sidérurgie, d'abord localisée sur les gisements de fer de Lorraine ou dans les bassins charbonniers, est maintenant, pour l'essentiel sur le littoral, à Dunkerque et à Fos. L'État et la DATAR ont décidé de ce transfert de localisation pour faire face à la concurrence internationale et bénéficier de la baisse des coûts des matières premières. Cette littoralisation de la sidérurgie, rendue nécessaire par la concurrence internationale, est une des causes de la disparition presque complète des bassins sidérurgiques de Lorraine et du Nord. Quant aux industries de haute technologie, les plus dynamiques se sont développées dans la capitale qui rassemblait toutes les conditions favorables : un réservoir immense de hautes qualifications, une position de relais pour les grandes firmes mondiales, un système complexe de relations entre le tertiaire périproductif, la recherche fondamentale et appliquée et l'industrie. Toutefois, les industries de haute technologie ont également profité aux grandes villes de l'ouest et du sud de la France. Les régions de l'arc nord-est, spécialisées dans les industries de base, moyennement qualifiées, ont vu leur appareil industriel se décomposer sous l'effet des crises sectorielles (mines, sidérurgie, chimie…).

D'après Jacques Scheibling, « Une industrie française », *Documentation photographique*, n° 8012, La Documentation française, 1999.

- **Expliquez pourquoi les espaces industriels ont connu des mutations.**
- **Relevez les principales modifications dans la localisation des activités industrielles.**

BAC **Décrivez les principales mutations de l'espace productif industriel et donnez-en les raisons.**
▶ Repérez dans la consigne les deux points que vous devez traiter.
▶ Classez les informations données par les documents en fonction de ces deux points.

C. Les espaces productifs et décisionnels dynamiques

Doc. 1 Le quartier d'affaires Euralille

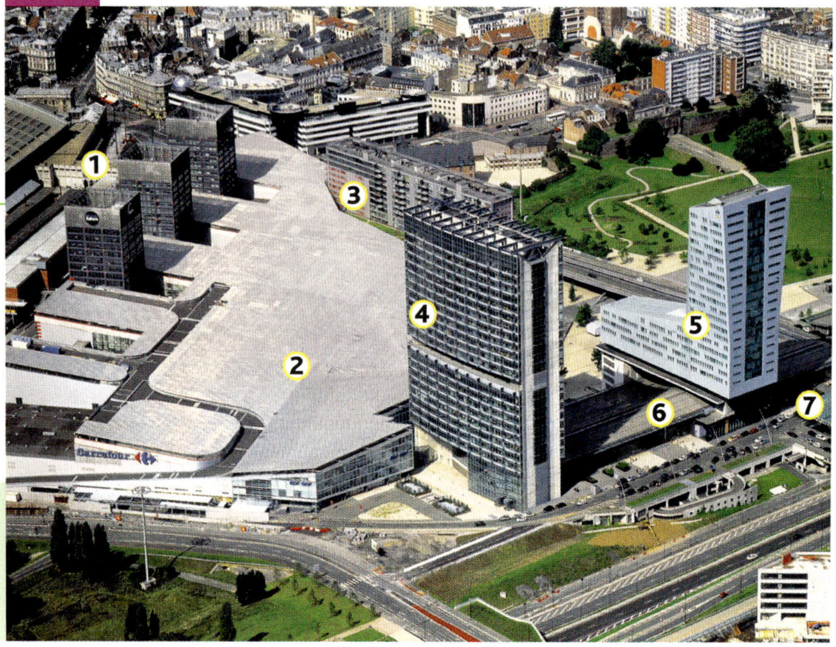

1. Eurocité : résidences, bureaux, École supérieure de commerce
2. Centre commercial
3. Hôtel
4. Tour de Lille Europe (service aux entreprises)
5. Tour de bureaux
6. Gare TGV Lille Europe
7. Station de métro

- **À l'aide de la carte repère p. 400, localisez cet espace productif.**
- **Montrez que le quartier Euralille est un espace productif et décisionnel dynamique.**

Doc. 2 La technopole Inovallée près de Grenoble

- **À l'aide du texte, identifiez les caractéristiques d'une technopole.**
- **Retrouvez ces caractéristiques sur la photographie.**

Lancée en 1972, Inovallée a pour objectif de favoriser l'implantation d'entreprises à caractère hautement technologique et leur assurer les services indispensables à proximité, d'encourager les relations entre la recherche, l'université et l'industrie, de conserver à la zone un caractère environnemental de qualité et non polluant et d'intégrer la vie de cette zone dans la vie quotidienne de la commune et de ses environs.
Avec 350 entreprises de pointe (dont 46 % de start-up, 70 % d'entreprises innovantes), la technopole s'étend sur 110 hectares et compte 12 000 emplois (75 % dans les STIC, 900 chercheurs).
La préservation de l'environnement est au cœur des préoccupations depuis l'origine et ce n'est pas sans raison que les pères fondateurs avaient choisi pour la première technopole française un slogan évocateur : « zone verte pour matière grise ». Depuis, les industriels et leurs partenaires ont multiplié les actions destinées à optimiser les relations de l'homme à son environnement dans tous ses aspects que sont la gestion des déchets, la préservation des ressources, l'amélioration des transports, etc. Ainsi, Inovallée n'est pas seulement une terre d'excellence technologique, mais aussi et surtout un lieu d'innovations sociales où s'expérimente un nouveau modèle économique : celui de la performance durable.

D'après www.inovallee.com, 2013.

Doc. 3 La littoralisation des activités, l'exemple de Dunkerque

a. Affiche réalisée par l'Agence de développement économique Dunkerque Promotion, 2013.

Identifiez les destinataires et l'enjeu de cette affiche.

b. Vue du port de Dunkerque.

Expliquez quels sont les avantages, pour une entreprise, de s'implanter sur un espace littoral comme Dunkerque (doc. 3a. et 3b.).

Doc. 4 Chateaurenard, un espace productif agricole

1. Marché d'intérêt national (MIN), à 10 minutes de l'autoroute A7. Premier marché de fruits et légumes en France.
2. Voie ferrée.
3. Serres pour les cultures maraîchères fragiles (salades, tomates, melons, etc.).
4. Vergers protégés du mistral par les haies de cyprès.
5. Zone artisanale à 5 minutes de la gare TGV d'Avignon, qui accueille des entreprises spécialisées dans le stockage et le transport des fruits et légumes.

Décrivez l'organisation de cet espace productif.

BAC **Citez et expliquez les différents facteurs qui déterminent aujourd'hui l'attractivité d'un espace productif.**

▸ Définissez le sens des termes « espace productif » et « attractivité ».

▸ Recherchez dans les documents les éléments qui expliquent pourquoi un espace productif est attractif.

L'espace productif de la métropole lyonnaise

Principal pôle urbain au cœur de la région Rhône-Alpes, l'agglomération lyonnaise dispose, avec ses universités, ses laboratoires de recherche et ses entreprises leaders dans leur domaine, d'un potentiel économique qui la situe au 20e rang européen en termes de PIB. Confrontée aux enjeux d'une économie globalisée, l'agglomération doit renforcer la compétitivité de son espace productif et affirmer sa capacité d'innovation pour répondre à ses ambitions de grande métropole.

Doc. 1 L'espace métropolitain lyonnais

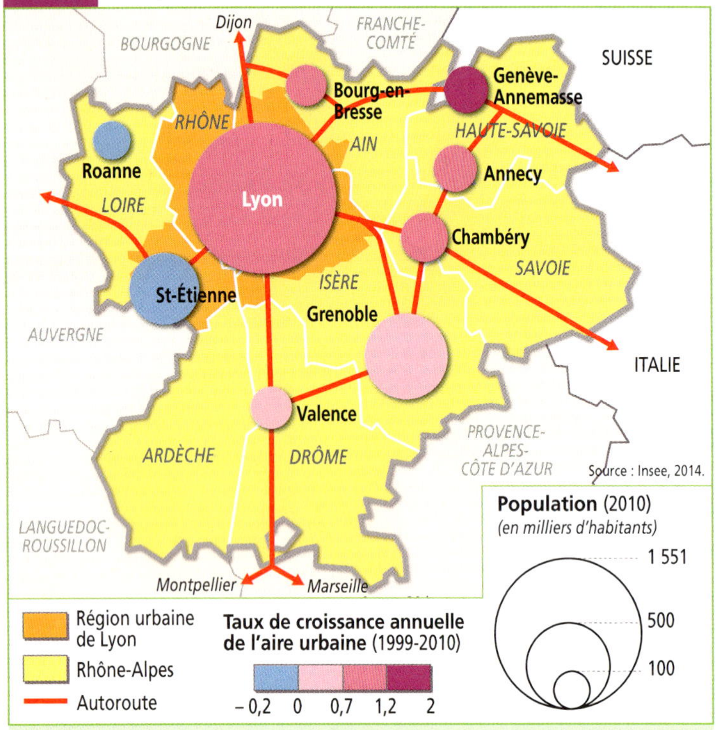

Citez deux éléments qui montrent que Lyon est un pôle dynamique dans la région Rhône-Alpes.

Doc. 2 La répartition des activités

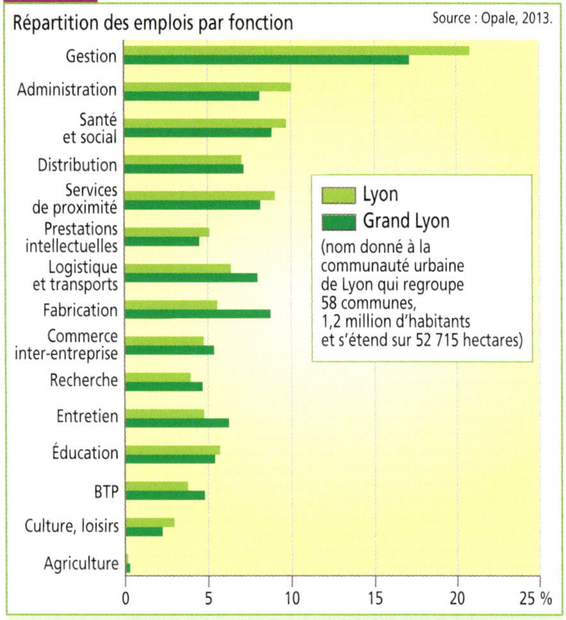

- **Identifiez les secteurs d'activités localisés, d'une part, à Lyon et, d'autre part, dans le Grand Lyon.**
- **Donnez deux facteurs qui, selon vous, expliquent cette répartition des activités dans l'espace métropolitain.**

Doc. 3 L'implantation de l'entreprise Point S à Lyon

En 2004, Point S, enseigne indépendante de distribution et pose de pneumatiques, a décidé de quitter la région parisienne. « Nous voulions une ville bien desservie en moyens de communication ; d'autant qu'il est possible qu'un jour nous rouvrions une plateforme logistique », commente Christophe Rollet, directeur général. L'agglomération lyonnaise s'est vite imposée comme le meilleur choix. Ce faisant, il estime avoir économisé entre 20 et 25 % tant au niveau de la location immobilière que des salaires, à postes identiques. [...] Pour ce qui est de l'accueil, il a apprécié les services (gracieux) de l'Agence de développement de la région lyonnaise pour trouver des bureaux et accompagner les familles dans la recherche de leur logement et des écoles pour leurs enfants. À l'époque, le siège employait 25 collaborateurs. Il assure n'avoir rencontré aucune difficulté sur place pour recruter les compétences nécessaires sachant que, depuis, l'équipe s'est étoffée et compte aujourd'hui 31 personnes. [...] Tout récemment, l'entreprise a emménagé dans le 6e arrondissement de Lyon où elle occupe l'intégralité d'un bâtiment de 1 500 m² situé non loin du quartier d'affaires de la Part-Dieu. « En moins de deux heures de TGV, nous sommes à Paris. Et l'aéroport Lyon-Saint-Exupéry nous offre des connexions aériennes directes avec la plupart des pays où la marque s'implante », apprécie-t-il.

Marie-Annick Depagneux, « Point S s'est épanoui à Lyon », www.lesechos.fr, 19 juillet 2010.

Relevez les raisons qui ont motivé l'implantation de cette entreprise à Lyon.

Doc. 4 Lyon Part-Dieu 2020

Construit dans les années 1970, le 3e arrondissement de Lyon est aujourd'hui en pleine restructuration. Avec 1 million de mètres carrés de bureaux et près de 45 000 emplois, dont une forte concentration de cadres, la Part-Dieu représente déjà le deuxième centre d'affaires en France. Regroupant les centres de décision supérieurs et stratégiques de l'agglomération [administrations locales ou d'État, sièges régionaux d'établissements bancaires, d'assurance ou de grandes entreprises, importants cabinets de conseil et d'ingénierie], sa rénovation a pour objectif de conforter cette place en créant 650 000 m² supplémentaires de bureaux. Dans ce but, l'agglomération voit grand en projetant de construire pas moins de six tours d'ici à 2020.

D'après Pauline Janicot, « À Lyon, la Part-Dieu veut prendre de la hauteur avec la construction de six tours d'ici à 2020 », *Le Monde*, 31 août 2013.

Le projet de la tour Incity (Valode et Pistre architectes).
Avec ses 200 mètres de haut, la tour Incity dominera le quartier et pourra accueillir 2 700 salariés sur 42 000 m².

« Le projet Lyon Part-Dieu 2020 a pour but de renforcer les fonctions tertiaires de la métropole lyonnaise. » Justifiez cette affirmation.

Doc. 5 La Porte des Alpes

À l'interface de trois communes de l'Est lyonnais, les 1 450 hectares de ce territoire regroupent des équipements structurants comme le parc d'exposition Eurexpo, l'aéroport d'affaires Lyon-Bron, le centre commercial de Champ du Pont, l'Université Lyon 2 et le Parc technologique avec aujourd'hui plus de 85 entreprises. L'ambition est de conjuguer développement économique et qualité du cadre de vie, dans une zone dédiée aux activités high-tech. Le Parc technologique est encadré par des espaces verts, la forêt de Feuilly, des habitations et le centre commercial Champ du Pont. Avec 650 entreprises implantées, la Porte des Alpes devient le secteur le plus dynamique de l'agglomération.

D'après le site Internet de la Communauté de Lyon, www.grandlyon.com, consulté en 2014.

Expliquez ce qu'est la Porte des Alpes.

Doc. 6 La Vallée de la chimie

Depuis une vingtaine d'années, la Vallée de la Chimie, cette zone d'activités située à l'entrée sud de Lyon, le long du Rhône et de l'autoroute A7, a une double ambition : faire évoluer ses industries vers une chimie durable et repenser ses villes pour y maintenir la population, malgré les nuisances. Développement durable, déplacements doux, écologie industrielle, biodiversité, cohésion sociale… sont autant de notions à l'ordre du jour de l'Agenda 21 « Vallée de la Chimie ». Depuis 2005, l'adoption de ce plan d'action et la création du pôle de compétitivité chimie-environnement Axelera ont permis d'impulser une vaste réflexion sur l'avenir de la Vallée. Pour les industriels, le défi consiste à mettre au point des « cleantech » ou écotechnologies pour évoluer vers une chimie durable, moins polluante, à l'horizon 2020-2030. « Il s'agit de faire de Lyon un pôle de pointe sur la chimie sans CO_2 », explique P. Gréau, développeur économique Grand Lyon Vallée de la Chimie et chargé de mission chimie-environnement. En plein boom, ce secteur chimie-environnement devrait dynamiser le marché du travail. « On prévoit la création de 25 % de postes supplémentaires, d'ici 2030. On va avoir besoin de compétences de plus en plus ciblées », détaille P. Gréau. *Quid* de la main-d'œuvre ouvrière, présente dans la Vallée ? « Pour ne léser personne, on investit dans le retraitement des déchets, les transports, la logistique et l'agroalimentaire », rassure le chargé de mission.

Coraline Bertrand, « Un territoire en mutation, Reportage sur la Vallée de la Chimie », www.universite-lyon.fr, consulté en 2014..

- **Identifiez ce que désigne la « Vallée de la chimie ».**
- **Expliquez les enjeux de l'Agenda 21.**

BAC **À l'aide des documents, décrivez l'espace productif de la métropole lyonnaise.**

Une démarche et des ressources pour étudier l'espace productif dans lequel est situé votre établissement

L'espace productif qui environne votre établissement se caractérise par des activités économiques, à dominante agricole, industrielle ou de service. Étudier l'espace productif dans lequel est situé votre établissement a donc pour objectif d'identifier ces activités, de décrire son organisation et d'en mesurer son dynamisme.

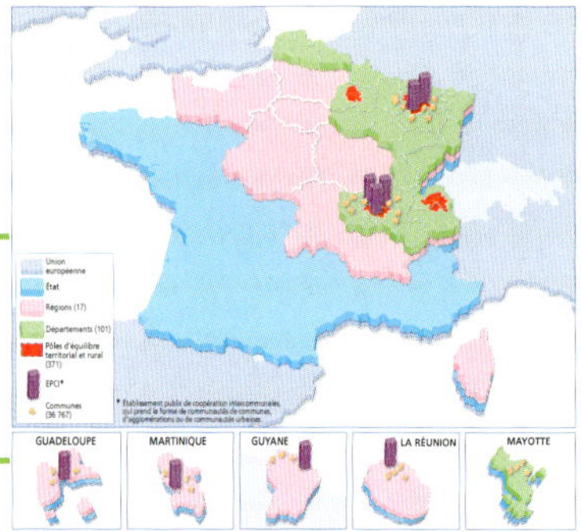

Étape 1 Délimiter l'espace productif de votre établissement

Objectif

Déterminez avec votre professeur l'**échelle** à laquelle vous allez travailler : commune, communauté de communes, département, région… → doc. 1 p. 384

Étape 2 Décrire et caractériser l'espace productif

Objectif

Recherchez quelles **activités** sont développées afin de définir le **type d'espace productif** dans lequel est situé votre établissement : à dominante agricole, industrielle ou de service (tourisme, recherche, commerce...).

Exemples de ressources à utiliser

- **Des cartes thématiques** de l'espace productif français afin de déterminer, à grande échelle, les activités dominantes de l'espace étudié :

→ votre manuel (cartes repères p. 401-401, doc. 1 p. 402) ;

→ des modules de cartographie interactive :
› DATAR : www.datar.gouv.fr
› Géoclip : www.geoclip.fr

- **Des statistiques :** présentation de la région, publications régionales
› INSEE : www.insee.fr/fr/regions/

- **Des articles et des documents promotionnels** permettant de répertorier les entreprises, les activités, les réalisations économiques :

→ les sites Internet et les publications des collectivités territoriales ;

→ le portail des départements, qui répertorie tous les conseils départementaux et régionaux français, fournit des informations sur l'économie de leurs territoires :
› www.conseilgeneral.com

La page « Économie et innovation » du site Internet de la région Picardie www.picardie.fr, consulté en 2013.

Étape 3 Décrire l'organisation de l'espace productif

Objectif

Décrire et expliquer l'**implantation spatiale des activités**, c'est-à-dire rechercher les éléments qui expliquent les orientations économiques de l'espace productif : potentialités naturelles, ressources humaines, rôle des acteurs publics et privés sur les choix d'aménagement de ce territoire.

Exemples de ressources à utiliser

- **Des photographies de paysage**
- **Des cartes et images satellites** qui permettent de visualiser l'espace étudié et l'implantation des activités :
  › le site Internet Geoportail (IGN) : www.geoportail.gouv.fr

Informations sélectionnées apparaissant à l'écran (variation de la transparence en %).

Informations : légende des aplats de couleur et des figurés, sources des données.

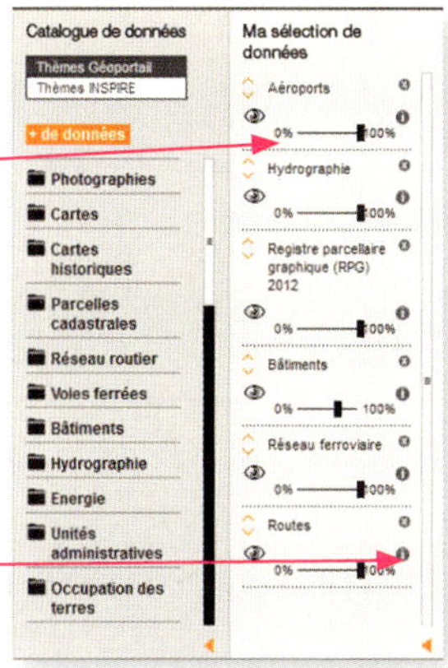

1. Données sélectionnées pour réaliser la carte de Blagnac sur le site Géoportail

2. Carte de Toulouse-Blagnac réalisée avec Géoportail

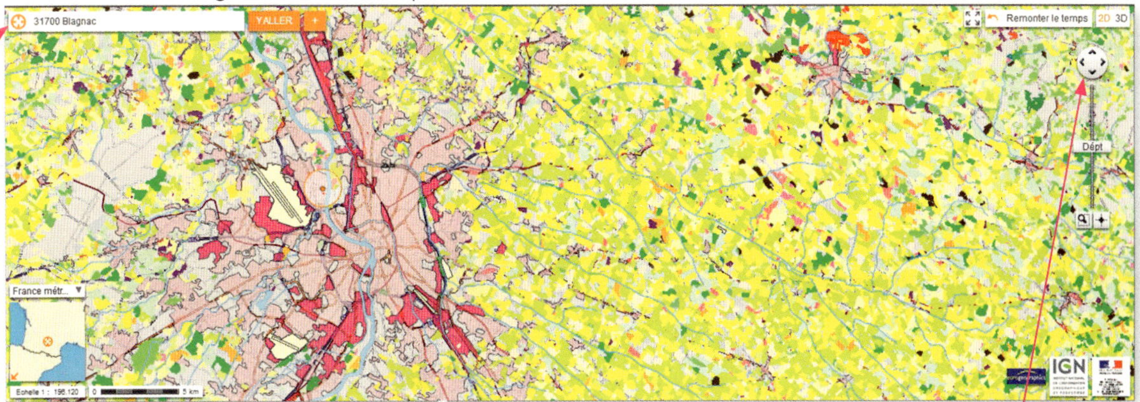

Sélection de l'espace étudié.

Curseur de choix des différentes échelles territoriales.

Étape 4 Mesurer le dynamisme économique de l'espace productif

Objectif

S'interroger sur l'**attractivité de l'espace productif** et son **insertion** dans l'espace local, régional, national et européen.

Exemples de ressources à utiliser

- **Des statistiques** permettant de mesurer le poids économique de cet espace à différentes échelles (richesses produites, emplois, évolution démographique…) :
  › INSEE : www.insee.fr/fr/regions/
  › les sites des collectivités territoriales
- **Des cartes** avec les axes de communication afin de décrire les relations qu'entretient l'espace productif avec d'autres espaces, à différentes échelles :
  → votre manuel ;
  → un atlas de la France.
- **Des dossiers et plaquettes promotionnelles, des articles de presse** sur le dynamisme des activités et des entreprises de l'espace productif :
  → les services des collectivités territoriales (communication, urbanisme, aménagement) et des entreprises ;
  → les quotidiens régionaux.

POUR CONCLURE

L'espace productif dans lequel est situé mon établissement est un espace à dominante … *(citez le secteur d'activité dominant)*. On y trouve … *(citez les branches d'activités représentées)*. Ces activités sont développées par … *(citez les acteurs)* et sont … *(caractérisez leur dynamisme)*. Ceci s'explique par … *(citez les facteurs qui permettent de comprendre et d'illustrer le dynamisme ou les difficultés de l'espace productif)*.

Les mutations de l'espace productif français face à l'intégration européenne et à la mondialisation

Notions

Désindustrialisation : diminution ou disparition de l'activité industrielle.

Délocalisation : transfert d'activités, de capitaux et d'emplois d'une entreprise dans un autre lieu afin de bénéficier de conditions économiques plus favorables (bas salaires, droit du travail plus souple…).

Reconversion : rénovation du tissu industriel des régions en crise par la création d'activités nouvelles.

Déprise agricole : recul de la mise en valeur d'un territoire agricole.

Synthèse audio
www.lienmini.fr/hgt-13

■ **La France, 5e économie mondiale, 3e d'Europe, reste l'un des plus grands espaces productifs à l'échelle mondiale.** Sa position de carrefour dans la partie la plus riche de l'UE et les récents aménagements de ses réseaux de transports (lignes à grande vitesse, aéroports…) lui assurent des connexions rapides avec l'espace européen. Les grandes villes portuaires jouent un rôle d'interface avec le reste du monde. Toutefois, l'intégration dans l'Europe et dans la mondialisation, marquée par la multiplication et l'accélération des échanges, entraîne de profonds bouleversements de l'espace productif français.

■ **Face à la concurrence internationale, l'espace productif français doit s'adapter pour rester compétitif et performant.** Produire à des coûts plus faibles, se spécialiser dans des activités à haute valeur ajoutée ou encore privilégier l'innovation ont été à l'origine d'une nouvelle distribution des activités sur le territoire. Ainsi, l'opposition entre une France agricole, à l'ouest, et une France industrielle, à l'est, tend à disparaître. Cependant, de fortes différences apparaissaient à **l'échelle infrarégionale** entre espaces attractifs et dynamiques et territoires, touchés par le déclin : **désindustrialisation** de certains bassins d'emplois liée aux **délocalisations**, **reconversion industrielle**, concentration des activités agricoles dans quelques régions, **déprise agricole** ailleurs, spécialisation dans les activités récréatives pour les littoraux et les montagnes.

Vérifier sa compréhension de la leçon

Retrouvez les points de la leçon illustrés par ces documents.

1. L'aéroport de Roissy-Charles-de-Gaulle.

2. L'usine M-Real Alizay (Eure) en 2011.

Organiser ses connaissances à l'aide d'un schéma

Reproduisez puis complétez le schéma sur les mutations de l'espace productif français avec les éléments de la leçon.

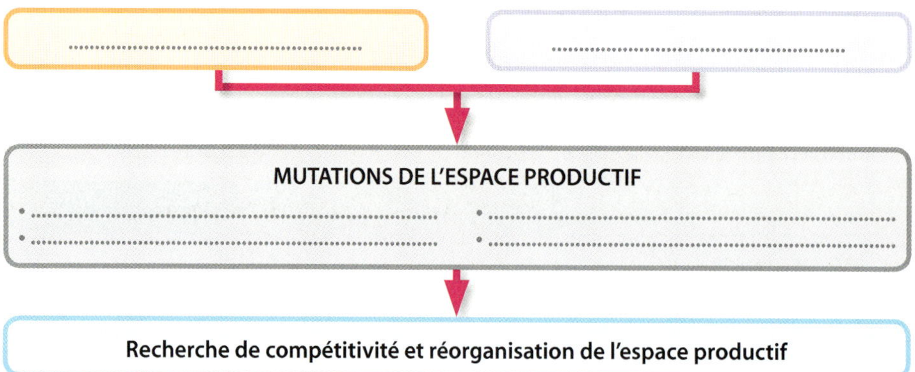

La recomposition de l'espace productif et décisionnel

Notions

Fonctions périproductives : activités nécessaires au fonctionnement des entreprises (assurances, banques, publicité, gestion, transport…).

Technopoles : pôle d'activités proche d'une grande ville, réunissant la recherche et des industries de haute technologie (informatique, télécommunication…).

Pôles de compétitivité : voir page 99.

Agri-manager : agriculteur qui gère son exploitation comme une entreprise, en liaison avec les firmes agroalimentaires et la demande du marché.

Synthèse audio
www.lienmini.fr/hgt-14

■ **Les métropoles jouent un rôle essentiel dans l'organisation d'un espace productif et décisionnel fortement tertiarisé** en tant que centres d'impulsion du dynamisme économique aux échelles nationale et régionale. Elles concentrent les **fonctions périproductives** et contrôlent désormais une part importante de l'appareil industriel. Bénéficiant de réseaux de communication rapide, de la présence de structures de recherche et d'une main-d'œuvre très qualifiée, les industries de pointe, à forte valeur ajoutée, s'y installent. **Technopoles, systèmes productifs locaux et pôles de compétitivité** se développent à la périphérie des villes, constituant de nouveaux espaces industriels et tertiaires très compétitifs. Les littoraux, en raison du rôle essentiel de l'accessibilité pour les activités de production, sont également favorisés par les mutations de l'espace productif. De vastes zones industrialo-portuaires s'y développent.

■ **Les transformations de l'espace productif touchent également le secteur agricole.** Confrontée à l'ouverture des marchés et à la concurrence des agricultures européennes et mondiales, l'agriculture a dû renforcer son efficacité en se modernisant et en se spécialisant. **Certains espaces sont ainsi parvenus à s'intégrer aux marchés européens et mondiaux:** pratiquant une agriculture productiviste, avec des exploitations modernisées et spécialisées aux revenus élevés, ils sont gérés par des **agri-managers**. À ces espaces s'ajoutent les territoires de terroirs de qualité à haute valeur ajoutée (vignoble, cultures de fruits et de légumes). **D'autres s'adaptent plus difficilement et restent en marge.** Ces régions de polyculture, aux exploitations de faible superficie, subsistent grâce aux subventions et au tourisme vert.

Vérifier sa compréhension de la leçon

Retrouvez les points de la leçon illustrés par ces documents.

1. La zone industrialo-porturaire du Havre.

2. Affiche pour le 4e festival des vins de Bordeaux et d'Aquitaine à Wuhan en Chine, 2013.

Organiser ses connaissances à l'aide d'un tableau

Recopiez puis complétez le tableau avec les éléments de la leçon.

	Les espaces productifs dynamiques	Les espaces productifs en difficulté
Facteurs de localisation	………………	………………
Activités	………………	………………
Exemples (voir carte p. 400)	………………	………………

BAC

Évaluer ses connaissances sur le sujet d'étude

Les idées essentielles

Répondez en quelques phrases aux questions suivantes.

- Comment s'explique la tertiarisation du système productif français ?
- Quelles sont les principales mutations de l'espace productif industriel ?
- Pourquoi l'espace productif industriel s'est-il transformé ?
- Comment se différencient les espaces agricoles dynamiques et les espaces agricoles en difficulté ?
- Quel rôle les métropoles jouent-elles dans l'espace productif ?

Justifiez chacune des affirmations suivantes par un exemple.

- L'espace productif de la France est contrasté : à côté des espaces productifs et dynamiques subsistent des espaces productifs fragiles.
- Dans le contexte de la mondialisation, les grandes villes portuaires sont un atout pour la France.
- Des réseaux de transports performants sont essentiels à l'intégration européenne et mondiale de la France.
- Les périphéries des grandes métropoles connaissent un réel dynamisme industriel et tertiaire.
- Les espaces productifs en France sont aujourd'hui essentiellement tertiaires.

Les notions clés

Associez chaque notion à sa définition.

1. Technopoles
2. Fonctions péri-productives
3. Pôles de compétitivité
4. Désindustrialisation
5. Délocalisation

a. Diminution ou disparition de l'activité industrielle.
b. Transfert d'activités, de capitaux et d'emplois d'une entreprise dans un autre lieu afin de bénéficier d'avantages compétitifs, c'est-à-dire de conditions économiques plus favorables.
c. Fonctions correspondant aux activités nécessaires au fonctionnement des entreprises.
d. Pôle d'activités proche d'une grande ville, réunissant la recherche et des industries de haute technologie.
e. Association, sur un territoire donné, d'entreprises, de centres de recherche et d'organismes de formation engagés dans une démarche commune pour développer des productions innovantes.

Les faits

Retrouvez les points du sujet d'étude illustrés par chaque document. Justifiez votre choix.

1. L'ancienne fonderie à Mulhouse, construite en 1922, avant les travaux de réhabilitation.

2. Le campus de la Fonderie à Mulhouse en 2007, après les travaux de réhabilitation.

Répondre à des questions de connaissance

➜ Mettre en œuvre les capacités et les connaissances du programme de géographie

Capacité / Thème

1 **Citez deux facteurs qui expliquent les transformations de l'espace productif et décisionnel français. Justifiez vos réponses.**

Vous devez **vous interroger** sur ce qu'est l'espace productif et décisionnel, en France. Puis **nommez deux éléments** à l'origine des transformations de ces espaces et **expliquez** pourquoi ces éléments ont contribué à leur transformation.

Votre réponse : « L'espace productif et décisionnel français s'est modifié parce que … (*citer un 1er facteur et l'expliquer*). De plus, … (*citer le 2nd facteur*) a également amené des transformations de l'espace productif et décisionnel français. En effet, … (*expliquer ce 2nd facteur*). »

Capacité / Thème

2 **Définissez l'expression : « tertiarisation du système productif ».**

Vous devez **donner le sens** du terme « tertiarisation » et pour cela **vous interroger** sur la racine du mot (tertiaire).

Votre réponse : « La tertiarisation du système productif est … (*donner la définition*). »

Capacité / Thème

3 **Expliquez pourquoi les technopoles sont des espaces dynamiques.**

Vous devez **définir** ce qu'est une technopole et citer ses caractéristiques. Elles permettront de comprendre que ce sont des espaces économiquement dynamiques.

Votre réponse : « Les technopoles sont … (*définir ce terme*). Il s'agit d'espaces dynamiques parce que … (*expliquer pourquoi ce sont des espaces dynamiques*). »

Capacité / Thème

4 **Complétez la légende de la carte à l'aide des éléments suivants :**

- *Axe majeur ouvert sur l'Europe*
- *Cœur du territoire*
- *Région en reconversion*
- *Ville mondiale*
- *Faible peuplement*
- *Périphérie dynamique*
- *Grande aire urbaine et industrielle*

Vous devez **lire le titre de la carte puis vous interroger** sur le sens des titres des deux parties de la légende. Après avoir observé la carte et les figurés de la légende, associez à chaque figuré un terme de la liste.

L'organisation du territoire français dans la mondialisation

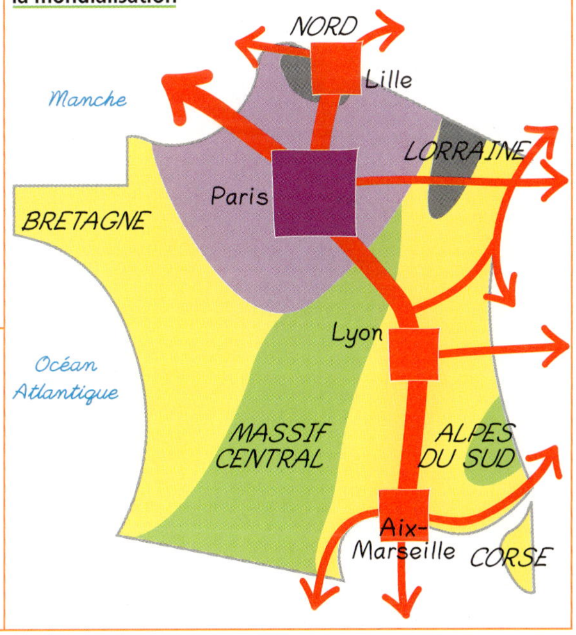

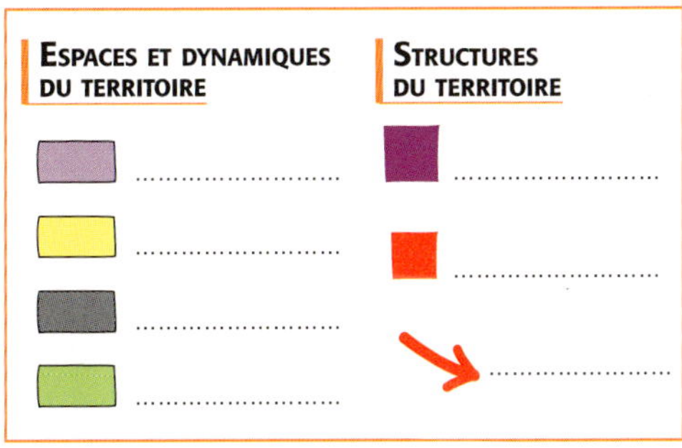

BAC

EXERCICE GUIDÉ

Répondre à des questions à partir d'un support documentaire

→ Exploiter un document pour analyser une situation géographique

Doc. 1 Le plateau de Saclay (Essonne, Île-de-France)

Doc. 2 Les dynamiques de l'espace productif du plateau de Saclay

Sur le plateau de Saclay, Nadine Vilain montre ce qu'il restera bientôt de son exploitation : sur les 40 hectares, seule une parcelle de 13 hectares devrait être épargnée des constructions. Juste à côté passe la N118 – route nationale qui coupe en deux le plateau et rejoint Paris à une quinzaine de kilomètres. Derrière, les bâtiments de Supélec et d'autres grandes écoles ont déjà poussé en lisière des champs, prémices du projet de cluster scientifique et technologique qui doit s'installer sur les terres du plateau francilien, dans le cadre du Grand Paris.
Entre cinq et deux exploitations doivent être touchées par le projet de cluster qui doit voir sortir de terre un campus universitaire, des écoles et entreprises du secteur scientifique et technologique, des milliers de logements et un métro.
Mais derrière la question du nombre d'hectares à conserver, se pose celle du type d'agriculture le mieux adapté à cette situation périurbaine, en pleine région parisienne. [...] L'agriculture saclaysienne est encore dominée par de vastes exploitations céréalières dont la production est en partie destinée à l'exportation. Mais les choses bougent. Pionnière dans le domaine, la Ferme de Viltain propose de venir cueillir directement ses fruits, légumes et fleurs dans son jardin potager. Quant à Emmanuel Vandame, il a converti ses 230 hectares à l'agriculture biologique.

D'après Angela Bolis, « Sur le plateau de Saclay, les derniers paysans de Paris », *Le Monde*, 28 mai 2012.

1 Décrivez l'espace productif du plateau de Saclay (doc. 1 et 2).

Vous devez, à partir des documents, **déterminer les activités** développées sur cet espace, **décrire leur implantation** et **leur dynamisme**.

▶ 1, 2, 3.

Pour répondre :
- identifiez sur la photographie les éléments qui composent le paysage ;
- sélectionnez dans le texte les informations qui précisent ce que montre la photographie.

2 Expliquez les difficultés que rencontrent certains acteurs de cet espace productif et comment ils tentent de les résoudre.

Vous devez **identifier ces difficultés, leurs causes** et **les moyens** mis en œuvre pour les résoudre.

▶ difficultés / solutions envisagées

Pour répondre :
- repérez les passages du texte qui traitent de ces difficultés et ceux qui évoquent les solutions envisagées ;
- triez les informations et mettez-les en relation pour comprendre quelles sont ces difficultés, leurs causes et en quoi les solutions envisagées peuvent être efficaces.

3 Montrez que la situation géographique du plateau de Saclay explique les nouvelles activités qui y sont développées.

Vous devez **expliquer pourquoi** la situation de Saclay est un atout pour ces activités.

Pour répondre :
- situez le plateau de Saclay à l'échelle nationale et régionale ;
- précisez les nouvelles activités développées à Saclay ;
- recherchez les atouts liés à la situation du plateau de Saclay pour l'implantation et le développement de ces activités.

SUJET D'ÉTUDE 8. L'Union européenne et ses territoires

L'Union européenne, un espace économique qui abolit progressivement ses frontières

ARTS ET GÉOGRAPHIE

Le poste-frontière de Cap Cerbère à la frontière franco-espagnole (Pyrénées orientales). Photographie de Joseph Schulz, 2005.

Depuis 1995, l'accord de Schengen permet aux personnes de circuler librement entre les États signataires, créant ainsi un territoire sans frontière. Au 1er juillet 2013, l'espace Schengen regroupe 26 États, dont 22 des 28 membres de l'Union européenne.

Un ensemble géographique marqué par d'importants contrastes territoriaux

« L'éducation et les perspectives d'avenir sont fortement influencées par l'endroit où l'on vit en Europe : d'importants écarts existent dans les possibilités de formation et les résultats entre les États membres, mais aussi à l'intérieur de ceux-ci. Le niveau d'instruction semble varier considérablement entre le nord et le sud, les régions du sud de l'Europe présentant les taux les plus élevés de personnes peu qualifiées. »

D'après un rapport de la Commission européenne, 14 septembre 2012.

Une construction européenne en débat et des réalisations

Situations

L'Union européenne, un espace géographique et un territoire en construction

Construction supranationale unique au monde, l'Union européenne regroupe aujourd'hui 28 États et plus des deux tiers des Européens. Entraînant de fortes disparités régionales et d'importants écarts de richesses, son élargissement conduit à proposer différents niveaux d'intégration.

Carte 1 Une géopolitique de l'Europe

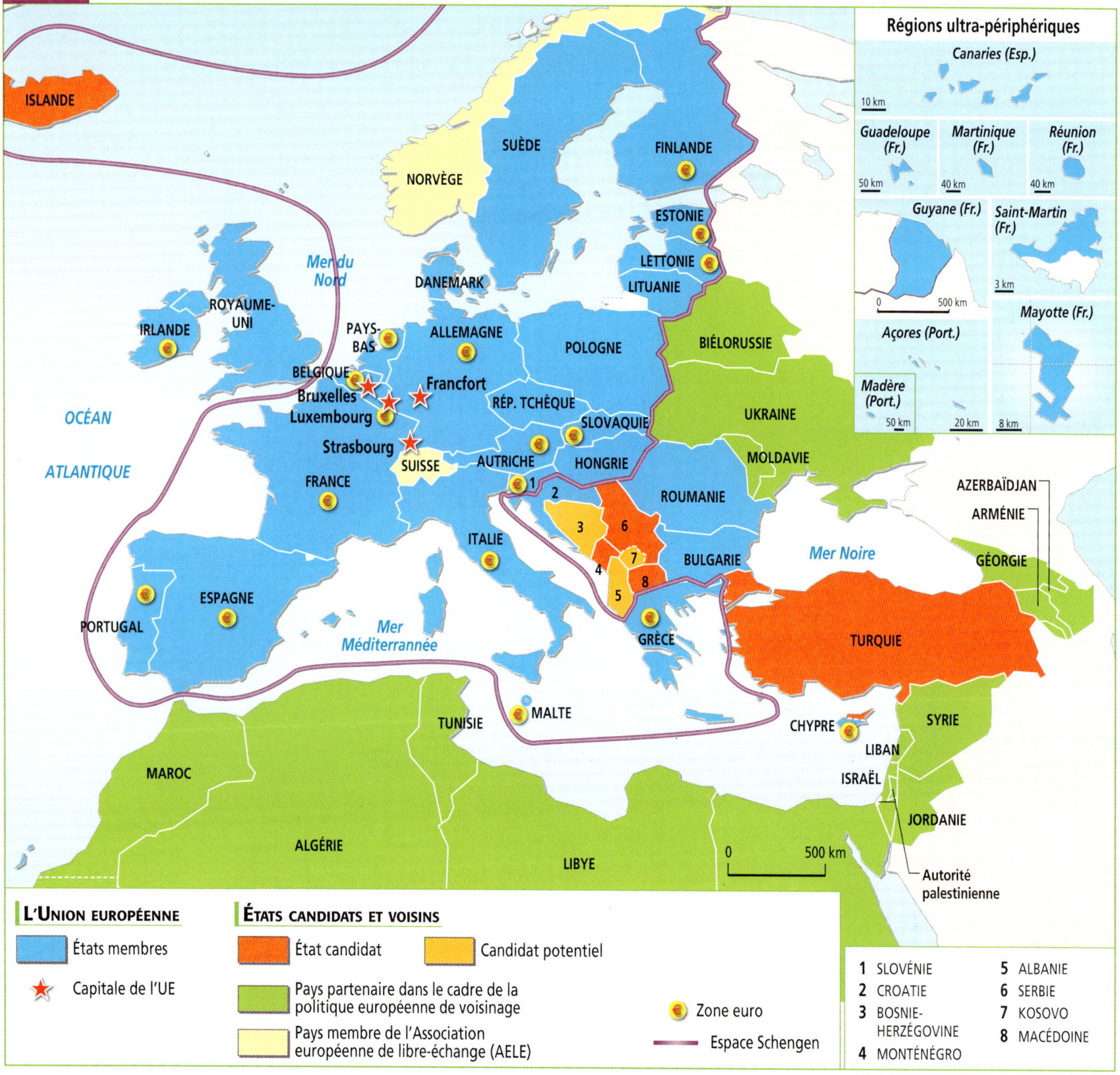

❶ Citez les États de l'Union européenne qui participent à la fois à la zone euro et à l'espace Schengen. Que constatez-vous ?

❷ « Les territoires de l'UE s'étendent au-delà de l'Europe. » Justifiez cette proposition.

❸ Caractérisez les relations que l'UE entretient avec ses voisins.

Carte 2 La richesse de l'Europe

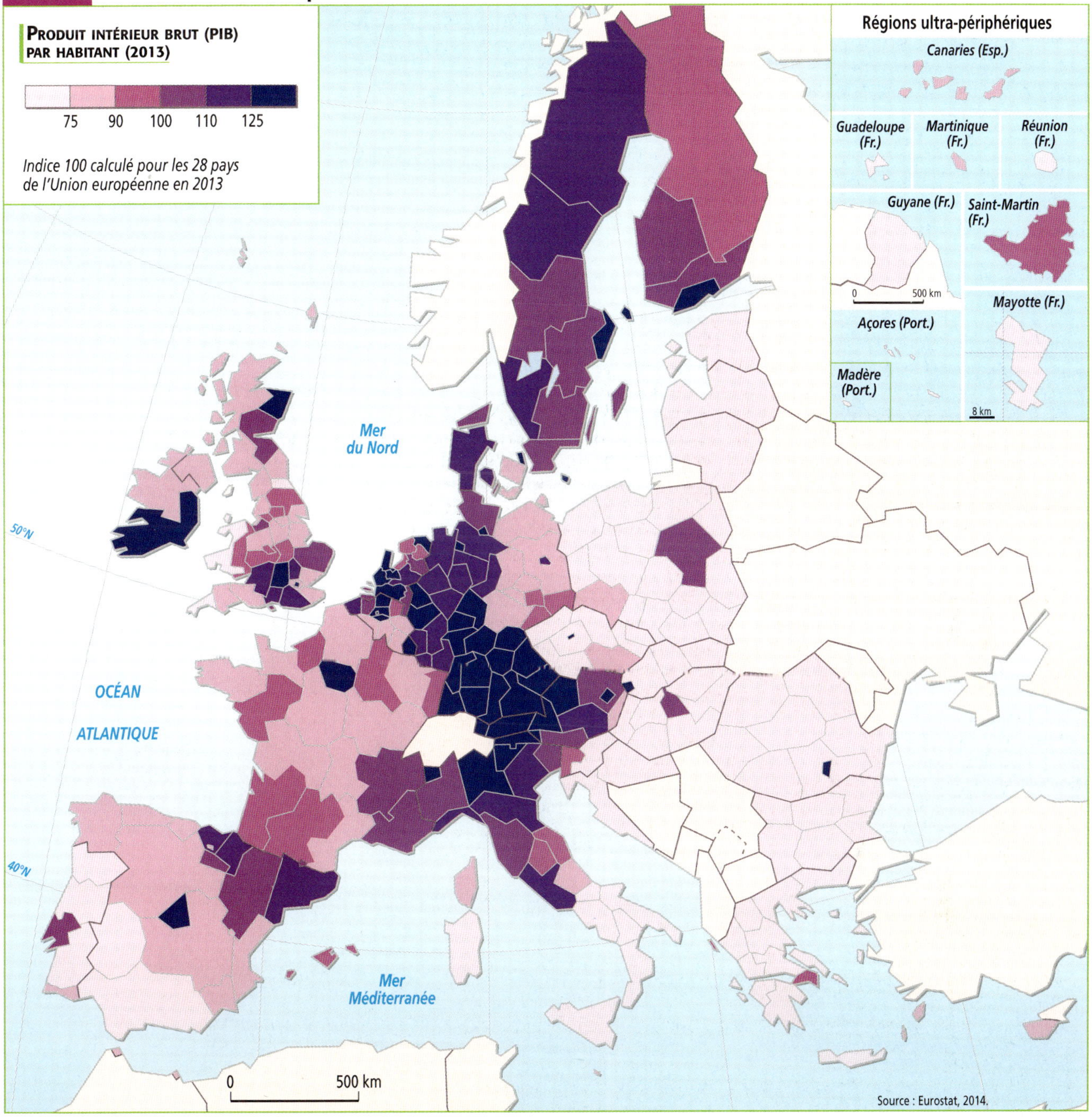

❶ Dégagez l'information principale fournie par cette carte.

❷ Identifiez les pays qui montrent de fortes disparités régionales internes.

BAC **« L'Union européenne est un espace à géométrie et à développement variables. » Justifiez cette proposition.**

- Recherchez le sens de l'expression « à géométrie variable ».
- Précisez le sens du mot « espace ».
- Sélectionnez des informations qui valident l'affirmation proposée.

A. L'Union européenne, un territoire en construction

Doc. 1 **De l'Europe des Six à l'Europe des 28**

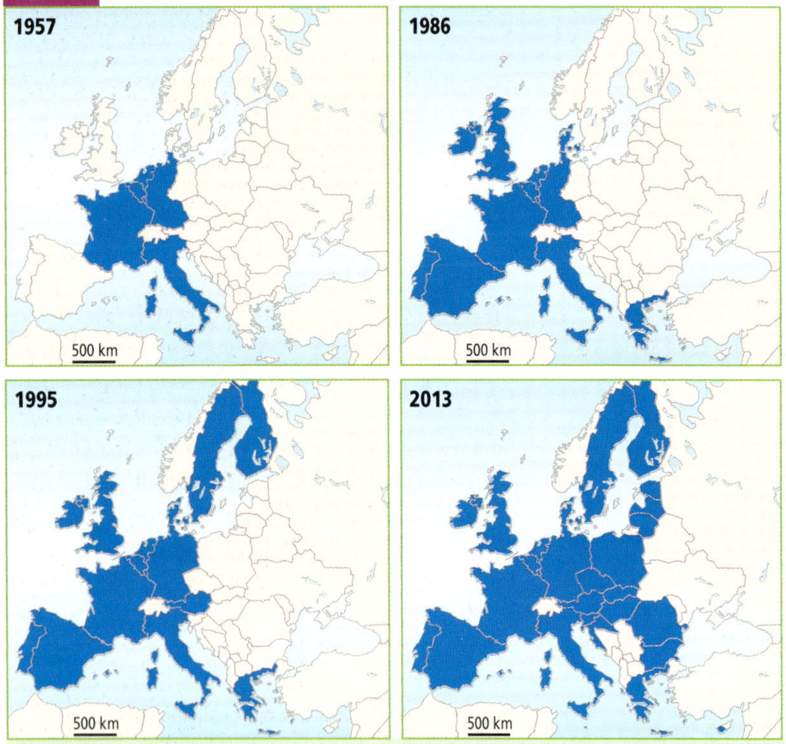

En vous appuyant sur ce document, décrivez l'extension territoriale de la Communauté européenne entre 1957 et 2013.

Doc. 2 **Les fondements de la construction européenne**

Le traité sur l'Union européenne[1] indique que tout État européen qui respecte les valeurs démocratiques de l'UE et s'engage à les défendre peut demander à devenir membre de l'Union. Le pays doit tout d'abord remplir les principaux critères d'adhésion. Selon ces critères, définis en 1993 et appelés « critères de Copenhague », un pays candidat doit avoir :
- des institutions stables garantissant la démocratie, la primauté du droit, les Droits de l'homme, ainsi que le respect des minorités et leur protection ;
- une économie de marché viable et la capacité de faire face à la pression concurrentielle et aux forces du marché à l'intérieur de l'UE ;
- la capacité d'assumer les obligations découlant de la qualité d'État membre, notamment le respect des objectifs politiques, économiques et monétaires de l'Union.

L'UE se réserve le droit de décider de la date d'adhésion des pays candidats. Les négociations portent sur les conditions et le calendrier pour l'adoption et la mise en œuvre par le pays candidat de toute la législation européenne en vigueur qui recouvre 35 domaines différents (transport, énergie, environnement…).

D'après le site Internet de la Commission européenne, www.ec.europa.eu, consulté en 2014.

1. Traité de Maastricht, signé en 1992.

« Les critères pour intégrer l'Union européenne sont de nature différente. » Justifiez cette affirmation.

Doc. 3 **La devise de l'Union européenne**

« Unie dans la diversité – 9 mai 2004 – Journée de l'Europe ».
Version polonaise de l'affiche éditée en 2004 par la Commission européenne à l'occasion de la journée de l'Europe du 9 mai qui célèbre le 5e élargissement de l'Union européenne à dix nouveaux États membres.

Montrez que cette devise est le reflet de la construction européenne.

Doc. 4 L'élargissement de l'Union européenne

Caricature du dessinateur tchèque Pavel Matuska, 2004.

Dégagez le point de vue du caricaturiste sur l'Union européenne.

Doc. 5 Une intégration à géométrie variable

La question de l'intégration différenciée se pose avec d'autant plus d'acuité que le nombre d'États membres augmente. En effet, il apparaît plus difficile d'avancer ensemble à 28 que dans l'Europe des Six. L'objectif essentiel est alors de permettre à ceux qui veulent aller plus loin dans l'intégration de le faire sans être freinés par les plus réticents.

Cependant, la possibilité d'une différenciation a vu le jour bien avant que l'UE ne compte 28 membres. Des formes de « géométrie variable » existaient déjà auparavant avec le système monétaire européen (SME) créé en 1979, auquel tous les États ne participaient pas, ou avec l'espace Schengen qui s'est construit en dehors du cadre communautaire jusqu'à son incorporation dans l'acquis juridique de l'UE par le traité d'Amsterdam en 1997. Le traité de Maastricht (1992), quant à lui, a pu indiquer que seuls les États qui respecteraient les critères de convergence[1] pourraient adopter la monnaie unique. En outre, il a marqué une rupture dans la construction européenne avec l'introduction des clauses d'*opting out* permettant à des États de ne pas participer à certaines politiques pourtant incluses dans le traité. Ainsi, le Royaume-Uni a obtenu un *opting out* sur l'union économique monétaire tandis que le Danemark en a obtenu plusieurs (union économique monétaire, citoyenneté européenne). Depuis, cette pratique a eu tendance à se généraliser comme le prouve la multiplication de ces clauses d'exemption par le traité de Lisbonne de 2007.

« Coopérations renforcées et gouvernance européenne », www.vie-publique.fr, 31 août 2013.

1. Indicateurs économiques que doivent respecter les pays membres de l'Union européenne candidats à l'entrée dans la zone euro.

- **Définissez l'expression « intégration différenciée ».**
- **Relevez des exemples illustrant cette expression.**

Doc. 6 La politique européenne de voisinage

« L'Union européenne développe avec les pays de son voisinage des relations privilégiées, en vue d'établir un espace de prospérité et de bon voisinage, fondé sur les valeurs de l'UE et caractérisé par des relations étroites et pacifiques reposant sur la coopération ». Voici la base juridique de la Politique européenne de voisinage (PEV) telle qu'est inscrite dans le traité de Lisbonne. Il est important de prendre en compte le fait que la PEV n'était qu'un moyen d'établir la base des relations extérieures de l'UE avec ses nouveaux voisins à l'aube du grand élargissement de 2004 qui a changé les frontières de l'UE, et non de leur garantir une future adhésion.

Le but de l'UE à travers cette politique est donc de garantir la sécurité de ses frontières et la stabilisation de son voisinage. Les intérêts sont normalement mutuels puisque les pays inclus dans la PEV jouissent d'une amélioration de leurs conditions de vie par un alignement sur les normes européennes dans de nombreux domaines. Depuis l'adoption du plan d'action PEV par l'UE pour l'Arménie en octobre 2006 […], la coopération entre l'UE et l'Arménie se fait de plus en plus étroite. L'action de l'Union se situe à trois niveaux : le renforcement des structures démocratiques et de la bonne gouvernance, le renforcement du développement économique et de l'économie de marché et enfin le renforcement de la coopération régionale, transfrontalière et culturelle.

Nanée Malek-Stanians, « L'Arménie et la Politique européenne de voisinage : une étude de cas des moyens d'action de l'UE », www.nouvelle-europe.eu, 7 octobre 2012.

Expliquez pourquoi la Politique européenne de voisinage et la coopération régionale permettent d'étendre l'intégration territoriale aux États voisins de l'Union européenne.

BAC **« L'Europe est un territoire en construction. » Justifiez cette affirmation.**

▶ Définissez « territoire » et « en construction ».
▶ Sélectionnez dans les documents les informations qui illustrent cette affirmation.

B. L'Union européenne et le développement des territoires

Doc. 1 L'indice de développement humain

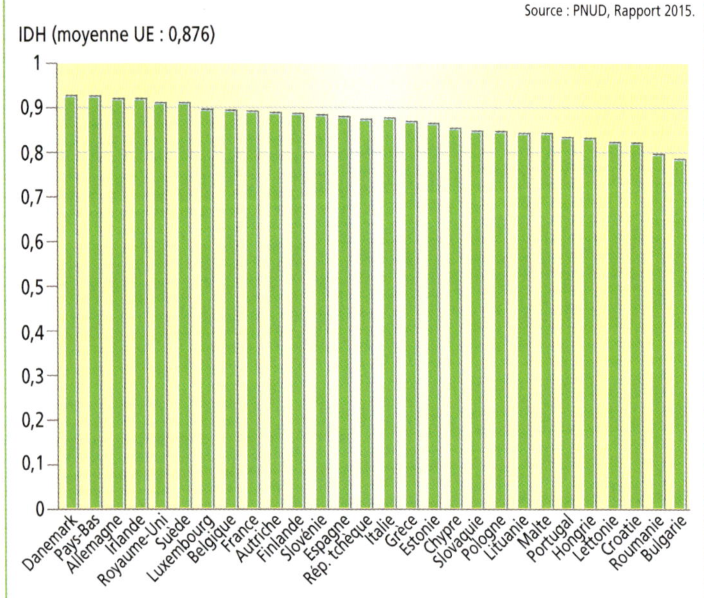

Source : PNUD, Rapport 2015.

Caractérisez les niveaux de développement des pays de l'UE.

Doc. 2 La scolarisation des enfants roumains

Pour des dizaines d'enfants du village d'Araci, dans les collines de Transylvanie, la classe de maternelle représente le seul espoir de sortir de la misère. L'ONG Ovidiu Rom a lancé depuis deux ans un projet qui encourage la scolarisation des enfants pauvres dès la maternelle, facultative en Roumanie, afin d'éviter en primaire un décalage avec les enfants de milieux plus favorisés. Un décalage qui conduit souvent à l'abandon scolaire.

En Roumanie, un des États les plus déshérités de l'Union européenne, la maternelle est une étape clé « pour rompre le cercle vicieux pauvreté-échec scolaire-pauvreté », explique le directeur de l'école d'Araci, Szilard Dullo. La Roumanie est le pays de l'UE comptant le plus d'enfants menacés d'exclusion : 49 % contre 27 % en moyenne dans l'UE, selon une enquête d'Eurostat. [...]

Avec ce programme, les familles en difficulté, roms ou non roms, reçoivent des tickets sociaux de 12 euros par mois pour acheter vêtements ou nourriture en échange d'une présence quotidienne de leur progéniture. [...] À Araci et dans le hameau voisin de Hetea, la plupart des enfants habitent dans de minuscules masures de bois, certaines recouvertes d'une simple bâche en plastique en guise de toit, sans eau courante ni sanitaires. [...] Aurica et son mari survivent de petits travaux l'été et de l'aide sociale, comme 1 600 personnes sur 4 000 dans les villages de cette commune.

Agence France Presse, « En Roumanie, la maternelle pour briser le cercle vicieux de la pauvreté », *Le Point*, 3 avril 2012.

« Cet article illustre les inégalités de développement entre les territoires de l'UE. » Justifiez cette affirmation.

Doc. 3 Le chômage en Allemagne

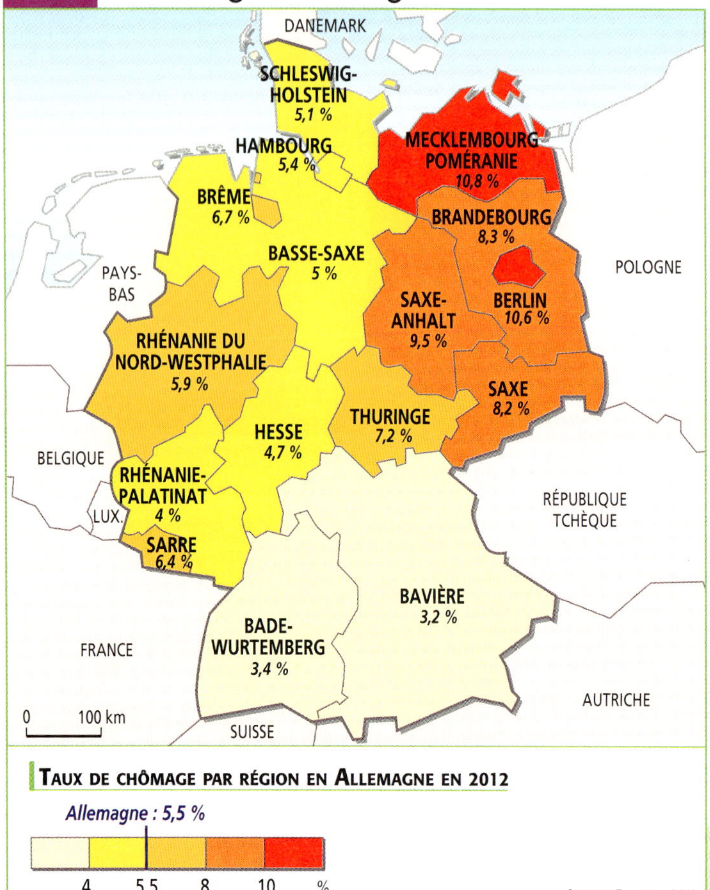

Source : Eurostat, 2013.

Dites pourquoi ce document permet de compléter les constats que vous avez faits en étudiant les doc. 1 et 2.

Doc. 4 Une politique de cohésion régionale

La politique régionale de l'Union européenne vise à réduire les écarts de développement entre les régions et les États membres. Pour cela, elle dispose de plusieurs instruments financiers :
– le Fonds européen de développement régional (FEDER) est le plus important et soutient la réalisation d'infrastructures et des investissements productifs créateurs d'emplois notamment à destination des entreprises ;
– le Fonds social européen (FSE) favorise l'insertion professionnelle des chômeurs et des catégories de population désavantagées en finançant notamment des actions de formation ;
– le Fonds de cohésion a pour objet d'accorder des financements en faveur de projets d'infrastructures dans les domaines de l'environnement et des transports.

« La politique régionale après 2014 », www.touteleurope.eu, 21 août 2013.

Citez les raisons pour lesquelles l'Union européenne met en œuvre une politique de cohésion sociale.

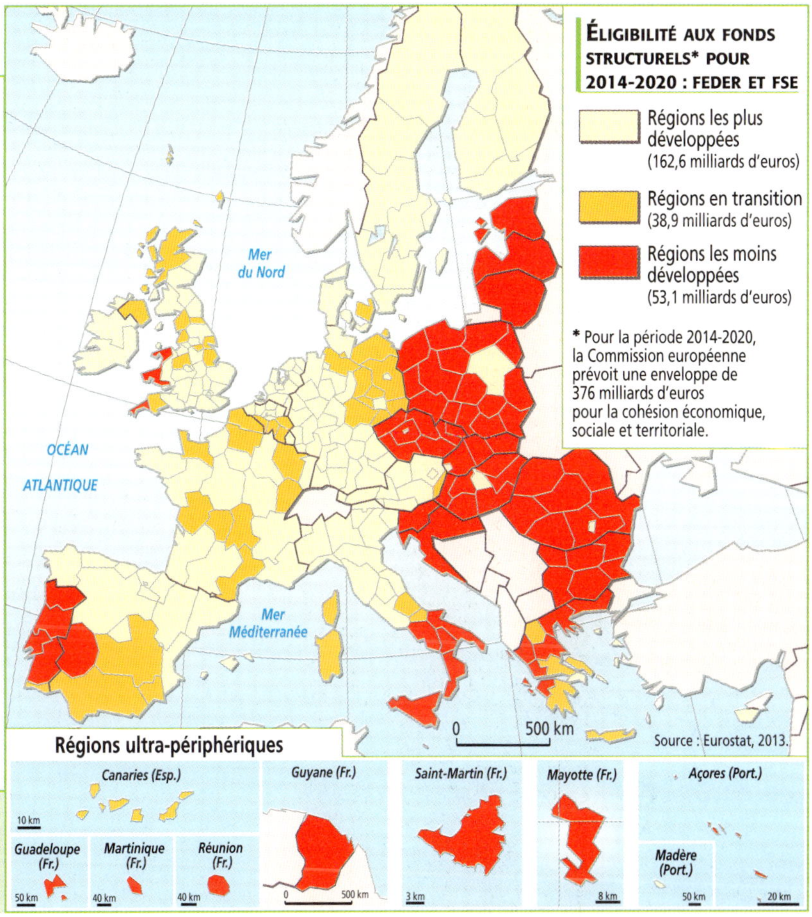

Doc. 5 Une approche macro-régionale

La stratégie de l'Union européenne pour le Danube couvre neuf États membres de l'UE (Autriche, Bulgarie, Croatie, République tchèque, Allemagne, Hongrie, Roumanie, République slovaque et Slovénie) et cinq pays non membres (Bosnie-Herzégovine, Moldavie, Monténégro, Serbie et Ukraine). Les politiques et investissements mis en œuvre dans le bassin à travers la politique de cohésion de l'UE influent sur les moyens d'existence de 20 millions de citoyens. Cette stratégie de l'UE pour la région du Danube est divisée en quatre piliers principaux : désenclaver la région, protéger l'environnement, accroître la prospérité et renforcer la région.

Quelques-uns des projets principaux :
– l'achèvement du pont de Vidin-Calafat entre la Bulgarie et la Roumanie, axe prioritaire du réseau transeuropéen de transport (RTE-T) ;
– le Forum des entreprises de la région du Danube, qui fournit une plateforme de mise en réseau pour plus de 300 petites et moyennes entreprises […] ;
– le projet « Danube Floodrisk » (risque d'inondations), qui promeut des méthodes de coopération avec 19 institutions dans huit pays de la région du Danube.

« Les stratégies pour les régions du Danube et de la mer Baltique donnent des résultats positifs », *Panorama*, revue éditée par la Commission européenne, n° 47, automne 2013.

Le pont de Vidin-Calafat entre la Bulgarie et la Roumanie, mis en service en juin 2013.

- **Définissez ce qu'est une stratégie macro-régionale.**
- **Expliquez l'intérêt d'adopter cette stratégie.**

BAC **Après avoir présenté les disparités économiques entre les territoires de l'UE, montrez comment elle intervient pour les réduire.**
▶ Définissez « disparités ».
▶ Illustrez ces disparités en sélectionnant des informations dans les documents et la carte repère p. 417.
▶ Listez les moyens mis en œuvre par l'UE pour réduire ces disparités.
▶ Expliquez pourquoi ces moyens permettent de les réduire.

Les frontières de l'Union européenne

Établissant dès sa création en 1957 un espace de libre circulation des biens et des marchandises, la construction européenne a progressivement aboli les frontières internes entre les pays membres. Or, les élargissements successifs ont repoussé vers l'est et le sud ses frontières extérieures. Se pose donc aujourd'hui la question des limites de l'Union européenne, de ses relations avec les pays non membres et, notamment, du contrôle de ses frontières.

Doc. 1 Pour une définition de l'Europe

Qu'est-ce que l'Europe? Dans la réponse à cette question, la Commission européenne est très prudente. Elle se fonde sur l'article 49 du traité de 1957: « Tout État européen peut adhérer » et reprend la définition du conseil de Lisbonne: « Le terme européen associe des éléments géographiques, historiques et culturels qui tous contribuent à l'identité européenne. Un tel partage d'idées, de valeurs et de liens historiques ne peut être condensé en une seule formule définitive et doit être redéfini par chaque génération successive ». La Commission marque ainsi qu'elle ne veut pas entrer dans une discussion sur les frontières qui n'ont pas été fixées précisément par le droit international. Néanmoins elle met en avant les concepts d'Europe élargie puis de voisinage comme alternative à l'adhésion. Ainsi, en raison de leurs liens culturels avec l'Europe, l'Arménie, l'Azerbaïdjan et la Géorgie auraient la possibilité de demander leur adhésion en montrant leur volonté d'être considérés comme faisant partie de l'Europe.

D'après Michel Foucher, « Europe, Europes », *La Documentation photographique* n° 8 074, avril 2010.

Expliquez pourquoi la Commission européenne reste « prudente » dans sa définition de l'Europe.

Doc. 2 Vers de nouveaux élargissements ?

Atlantico: Est-il raisonnable que l'UE se pose la question d'un nouvel élargissement?

Christophe Bouillaud: Si l'on admet que l'Union européenne veut unir les Européens pour permettre à ces derniers de jouer un rôle dans l'histoire du XXIe siècle, il me paraît très difficile de remettre en cause la logique de l'élargissement, au moins en ce qui concerne les pays issus de l'ex-Yougoslavie et l'Albanie. Il suffit de regarder une carte pour se persuader qu'aucune puissance mondiale ou régionale en devenir ne peut se permettre de laisser perdurer sur son flanc un espace qu'elle ne contrôlerait pas complètement, comme celui que constitue pour l'instant le vaste ensemble Serbie, Albanie, Kosovo, Monténégro, Bosnie-Herzégovine, Macédoine.

Gérard Bossuat: Le cas de la Turquie est différent. Ce grand pays, en plein développement, en voie rapide de modernisation, est économiquement un partenaire avantageux pour l'UE. Pourtant ce grand État, à la démographie imposante (74 millions d'habitants), introduirait dans l'Union une dose massive de culture musulmane; ce qui déplaît à la majorité des Européens en raison de l'instrumentalisation politique de l'islam par les extrémistes religieux. Sa pratique de la laïcité et de la démocratie pose encore des problèmes dans un État officiellement laïc depuis les années 1930. Le manque de confiance à son égard se traduit par des doutes sur son identité européenne.

Gérard Bossuat et Christophe Bouillaud, universitaires, entretien réalisé par le média Internet Atlantico, www.atlantico.fr, 20 octobre 2013.

L'élargissement de l'Union européenne se pose différemment pour les pays des Balkans et la Turquie. Justifiez cette affirmation.

Doc. 3 La frontière entre la Bulgarie et la Turquie

Montrez, à l'aide des doc. 2 et 4, l'intérêt de cette photographie dans le débat sur l'intégration de la Turquie à l'Union européenne.

Doc. 4 La Roumanie et la Bulgarie dans l'espace Schengen

L'entrée de la Roumanie et de la Bulgarie dans l'espace Schengen va-t-elle provoquer un afflux massif de ressortissants de ces deux pays en France ? [...] La libre circulation des Roumains et des Bulgares en Union européenne est pourtant effective depuis leur entrée dans l'Union européenne, en 2007. [...]

L'adhésion de la Roumanie et de la Bulgarie à la convention de Schengen pose un autre problème pour certains pays européens. En ouvrant les frontières de l'espace Schengen à ces deux pays, cette zone aura de nouvelles frontières extérieures, notamment avec la Turquie et l'Ukraine, et une nouvelle ouverture maritime sur la mer Noire. Autant de passages possibles pour d'autres afflux de population. Or, l'Allemagne et les Pays-Bas estimaient encore en mars 2013, [que] la Roumanie et la Bulgarie n'offrent pas suffisamment de garanties à cet égard, en raison notamment de la corruption des gardes-frontières.

Alexandre Léchenet, « Roms : ce que changerait l'entrée de la Roumanie et de la Bulgarie dans l'espace Schengen », *Le Monde*, 25 septembre 2013.

- **Définissez ce qu'est l'espace Schengen (doc. 4 et carte repère p. 416).**
- **Identifiez les problèmes posés par l'intégration de ces deux pays à l'espace Schengen (doc. 3 et 4).**

Doc. 5 Les routes migratoires vers l'Union européenne

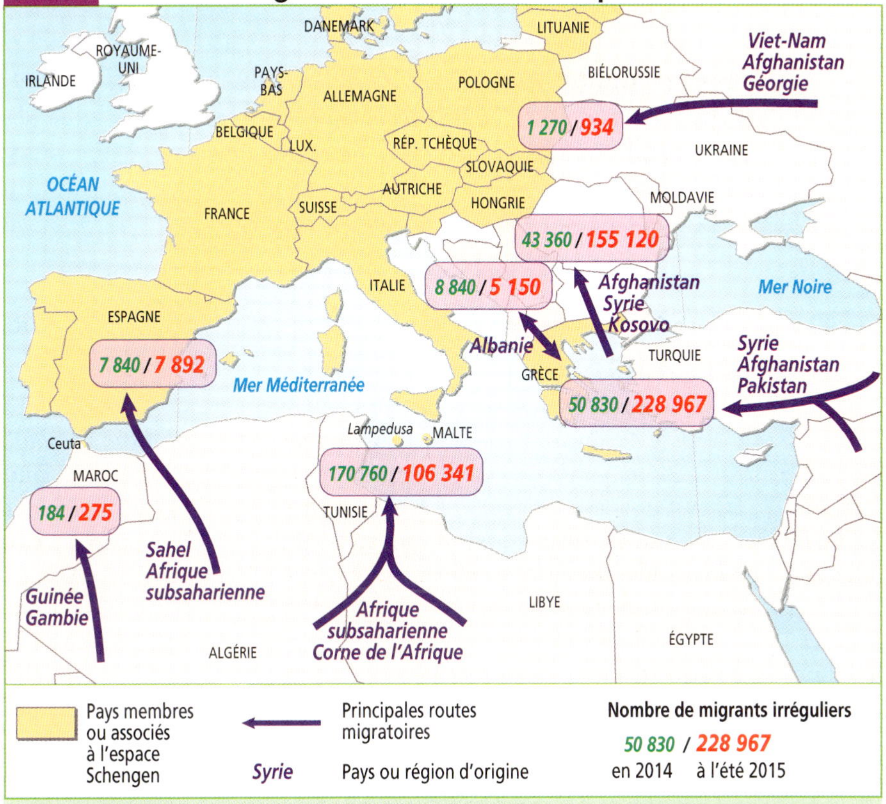

Localisez les principaux flux migratoires irréguliers vers l'Union européenne et caractérisez leur évolution.

Doc. 6 La situation à Calais

Précisez le lien entre la situation décrite dans le document 5 et cette photographie.

BAC **Expliquez pourquoi la question des frontières de l'Union européenne est une question qui fait débat.**

▶ Interrogez-vous sur ce que désigne le terme « frontières » quand on évoque l'Union européenne.

▶ Recherchez dans les documents les raisons qui permettent de comprendre pourquoi la question des frontières se pose pour l'Union européenne.

Un grand projet européen : l'axe Berlin-Palerme

Pour assurer son dynamisme économique, l'Union européenne doit réduire les inégalités entre les territoires des États membres et favoriser les relations entre les régions. L'UE est ainsi devenue, par le volume financier engagé et les grands projets qu'elle met en œuvre, un acteur prépondérant de la politique d'aménagement des territoires.

Doc. 1 La politique de grands projets de l'Union européenne

Les grands projets sont généralement des projets de grande envergure s'articulant autour du transport, de l'environnement et d'autres domaines, comme la culture, l'éducation, l'énergie ou les TIC. Il s'agit également de grands projets d'investissements productifs ou de recherche et développement. Faisant partie de la politique de cohésion de l'Union européenne, les grands projets bénéficient du soutien financier du Fonds européen de développement régional (FEDER) et du Fonds de cohésion. Ils coûtent plus de 50 millions d'euros et sont donc sujets à l'évaluation et la décision spécifique de la Commission européenne. Les pays européens s'adressent à la Commission européenne pour obtenir un soutien financier. Leur candidature doit comprendre des informations sur l'organisme responsable de la mise en œuvre du projet, la nature de l'investissement, sa description et l'impact prévu, le calendrier de la mise en œuvre, le plan de financement comprenant d'autres sources de financement… La Commission décide de l'éligibilité du projet dans les trois mois qui suivent la réception de la candidature. Une assistance technique pour la préparation de grands projets est disponible pour les nouveaux États membres.

D'après le site Internet de la Commission européenne, ec.europa.eu, consulté en 2014.

Définissez ce que sont les grands projets et expliquez le rôle de la Commission européenne.

Doc. 2 Le réseau de transports transfrontaliers à l'horizon 2030

Formulez deux observations sur le réseau de transports transfrontaliers prévu en 2030.

b. L'Union européenne a dévoilé son projet de réseau de transports transfrontaliers prévu à l'horizon 2030. Neuf « corridors » transeuropéens sont envisagés. Quelque 15 000 kilomètres de voies à grande vitesse, des dizaines de chantiers transfrontaliers, des centaines de milliards d'euros : l'Union européenne veut se doter à l'horizon 2030 d'un vaste réseau de transports afin de mieux relier tous les États membres et accélérer le désenclavement.
La Commission européenne a dévoilé neuf projets de « corridors » transeuropéens, ferroviaires mais aussi fluviaux, destinés à relier les principaux ports et aéroports, particulièrement entre l'est et l'ouest du continent. Les « corridors » sont connectés entre eux et engloberont 94 ports et 38 aéroports. Le projet imposera de créer 15 000 kilomètres de voies ferrées à grande vitesse et de développer 35 projets d'infrastructures transfrontalières.

« L'Europe dévoile le projet d'un vaste réseau de transports d'ici 2030 », Radio Télévision Suisse (RTS), www.rts.ch, 18 octobre 2013.

- **Définissez ce qu'est un corridor.**
- **Dites pourquoi les corridors permettront de « mieux relier tous les États membres et d'accélérer le désenclavement ».**

Doc. 3 Le tunnel du Brenner

Le Commissaire européen aux Transports, Antonio Tajani, et les ministres italien et autrichien des Transports, Altero Matteoli et Doris Bures, ont signé le 18 mai [2009] à Rome un protocole d'accord pour la construction du tunnel alpin du Brenner.
Cet ouvrage ferroviaire de 55 km vise à désengorger le col éponyme qui est aujourd'hui le principal point de passage des poids lourds entre l'Autriche et l'Italie. Cette dimension géostratégique vaut d'ailleurs au projet d'être inscrit sur la carte des chantiers d'infrastructures prioritaires de l'Union européenne (axe ferroviaire Berlin/Milan/Naples/Palerme). L'accord prévoit que le chantier débute en 2009 pour s'achever en 2025.
Seize années de travaux herculéens seront nécessaires pour réaliser ce tunnel transfrontalier qui sera l'un des plus longs du monde. Le devis s'annonce à la hauteur de l'ambition : 8,5 milliards d'euros, financés par l'Autriche et l'Italie ainsi que par l'Union européenne jusqu'à 3,4 milliards. L'Allemagne qui est également partie prenante de cet accord s'est pour sa part engagée à raccorder son réseau ferré au futur ouvrage, Munich étant à seulement 100 km d'Innsbruck. Côté italien, les travaux de creusement d'un tunnel exploratoire de plus de 55 km ont débuté au printemps 2008.

William Allaire, « Accord pour le tunnel du Brenner », www.econostrum.info, 19 mai 2009.

Le percement du tunnel exploratoire du Brenner.

- Décrivez le projet évoqué dans cet article : acteurs, réalisations et enjeux.
- Justifiez le choix de l'adjectif « herculéen » pour qualifier les travaux nécessaires à la réalisation de ce projet.

Doc. 4 L'axe ferroviaire Berlin-Palerme

L'axe ferroviaire à grande capacité qui s'étend sur 2200 km du nord au sud, entre Berlin et Palerme, est l'un des projets les plus importants du réseau transeuropéen de transport (RTE-T). La pièce maîtresse de ce projet prioritaire n° 1 est le tronçon transfrontalier entre Munich et Vérone que l'on appelle le corridor du Brenner, comprenant le tunnel de base du Brenner et les voies d'accès nord et sud. L'axe ferroviaire Berlin-Palerme va contribuer de manière significative à une politique européenne du transport durable. La construction d'un axe ferroviaire à grande capacité va permettre d'accroître considérablement le transport ferroviaire de fret et de passagers entre le nord et le sud de l'Europe. Cela contribuera également de manière importante à l'objectif politique de l'UE consistant à réaliser un transfert modal de la route vers le rail. En outre, le projet prioritaire n° 1 contribuera à résoudre certains des défis environnementaux essentiels auxquels font face les communautés le long de la ligne, en particulier dans les régions alpines écologiquement sensibles qui font partie du corridor du Brenner. En raison du volume du trafic routier, la qualité de l'environnement y est sous pression constante.
Dans le contexte actuel de crise économique et de rigueur budgétaire, le projet prioritaire n° 1 apporte une double valeur ajoutée : premièrement, il offre un moyen de stimuler et de renforcer les investissements, il crée de l'emploi et soutient le secteur des infrastructures dans les pays et régions traversés par le corridor ; deuxièmement, il contribue aux objectifs de mobilité et de durabilité à long terme poursuivis par les États membres, les régions et l'UE.

Rapport annuel d'activité 2012-2013 pour le projet prioritaire n° 1 rendu par le coordinateur européen Pat Cox, Commission européenne, Bruxelles, octobre 2013.

Relevez les objectifs de la construction d'un axe ferroviaire Berlin-Palerme.

BAC « La construction d'un axe ferroviaire Berlin-Palerme répond à la définition et aux objectifs d'un grand projet européen tels que les fixe la Commission européenne. » Justifiez cette affirmation.

L'Union européenne, un espace à géométrie variable

Notions

PEV : politique de l'UE qui vise à se rapprocher de certains États sans pour autant proposer de perspective d'adhésion.

Critères de convergence : indicateurs économiques que doivent respecter les pays membres de l'UE candidats à l'entrée dans la zone euro.

Espace Schengen : ensemble des pays ayant ratifié la convention de Schengen qui favorise l'ouverture des frontières entre les pays signataires.

Synthèse audio
www.lienmini.fr/hgt-15

■ Depuis **1957**, l'Union européenne forme un **ensemble géopolitique qui ne cesse de s'étendre.** Regroupant à l'origine six États d'Europe de l'Ouest, elle compte **28 membres** en 2013 et intègre l'Europe de l'Est (→ p. 320-321). Poursuivant sa logique d'extension, l'UE finance l'intégration future des États des Balkans et cherche, par sa **Politique européenne de voisinage (PEV)** à renforcer les liens avec des espaces stratégiques comme le littoral septentrional de l'Afrique ou le Proche-Orient (**Union pour la Méditerranée**). L'Union est d'abord une **construction économique**, édifiée dans le prolongement de la CECA. Elle a ensuite défini progressivement des **politiques communautaires** dans de nombreux domaines (agriculture, transports, sécurité et défense, environnement...), instauré un marché unique et mis en place, en 1999, une zone de monnaie unique, l'euro.

■ Si l'UE est parvenue à se bâtir une **identité avec des symboles, des valeurs opposables à tout candidat à l'adhésion, un droit communautaire et une citoyenneté européenne**, elle reste un **espace à géométrie variable.** Ainsi, souhaitant conserver leur souveraineté monétaire, le Royaume-Uni, le Danemark et la Suède n'adhèrent pas à **la zone euro**. D'autres, comme la Hongrie ou encore la Bulgarie, ne peuvent y participer car leur économie ne leur permet pas de répondre aux **critères de convergences** définis par le traité de Maastricht en 1992. De la même manière, tous les États de l'Union européenne ne participent pas à l'**espace Schengen**. À l'inverse, la Norvège, l'Islande, la Suisse et le Liechtenstein, non membres de l'UE, y sont associés.

Vérifier sa compréhension de la leçon

En vous appuyant sur la leçon, retrouvez les idées illustrées par ces images.

1. Manifestations en Ukraine après l'annonce de l'échec des négociations avec l'UE, le 21 novembre 2013.

2. Caricature de Plantu, 21 décembre 2007.

Organiser ses connaissances à l'aide d'un schéma

Recopiez puis complétez ce schéma avec les éléments de la leçon.

Une volonté politique .... ↔ L'UNION EUROPÉENNE ↔ Un ensemble géopolitique ....

L'UNION EUROPÉENNE ↕ Une construction économique ....

L'UNION EUROPÉENNE ↕ Un espace à géométrie variable ....

L'Union européenne, un acteur de l'aménagement des territoires

Notions

Politique de cohésion territoriale: politique de solidarité entre États membres de l'UE pour réduire les écarts entre les régions.

Fonds structurels: crédits qui financent la politique économique et sociale de l'UE visant la réduction des inégalités régionales.

■ L'Union européenne est aujourd'hui **un des espaces dominants de l'économie mondiale** mais les élargissements successifs ont entraîné de **forts contrastes économiques et sociaux entre les régions**. La **mégalopole européenne** qui regroupe 25 régions urbaines entre Londres et Milan concentre 50 % de la richesse européenne. Cœur économique de l'Europe, elle est dotée d'un réseau dense de transports et s'organise autour de quelques grandes plateformes multimodales. Les importants aménagements de sa façade maritime et ses métropoles font de cette région un acteur essentiel de la mondialisation. À l'opposé, les **périphéries** – les régions de l'Europe du Sud et de l'Est – sont en situation plus difficile. Si certains pays, telles la Hongrie, la Pologne ou encore la République tchèque, sont des zones attractives, bénéficiant notamment des délocalisations européennes, les écarts de richesse avec la mégalopole restent très importants : de un à vingt entre les Carpates roumaines et l'Allemagne du Sud.

■ À partir de **2004**, l'**entrée des PECO dans l'UE**, affectés de retards structurels et d'un niveau de vie inférieur à la moyenne européenne, a mis en évidence la nécessité d'une **politique de cohésion territoriale**. Afin de réduire les disparités socio-économiques, l'UE s'est dotée de **fonds structurels** (FEDER, FSE…) et finance ainsi de nombreux projets, essentiellement dans les régions les plus pauvres. Par ailleurs, elle impulse des **coopérations territoriales**. Enfin, elle facilite le développement économique de **régions transfrontalières** grâce aux programmes **Interreg** ou **Eurorégion**. L'Union européenne est donc, aujourd'hui, **aux côtés des États et des régions, un acteur essentiel du développement régional**.

Synthèse audio
www.lienmini.fr/hgt-16

Vérifier sa compréhension de la leçon

Dites si ces propositions sont vraies ou fausses puis justifiez à l'aide de la leçon.

- À l'échelle de l'Union européenne, il n'existe aucune inégalité sociale et économique.
- Toutes les régions de l'Europe connaissent le même niveau de développement.
- L'UE donne des subventions aux régions pour aider à leur développement.

Organiser ses connaissances à l'aide d'un croquis

Recopiez puis complétez la légende du croquis de l'organisation du territoire de l'UE avec les éléments de la leçon.

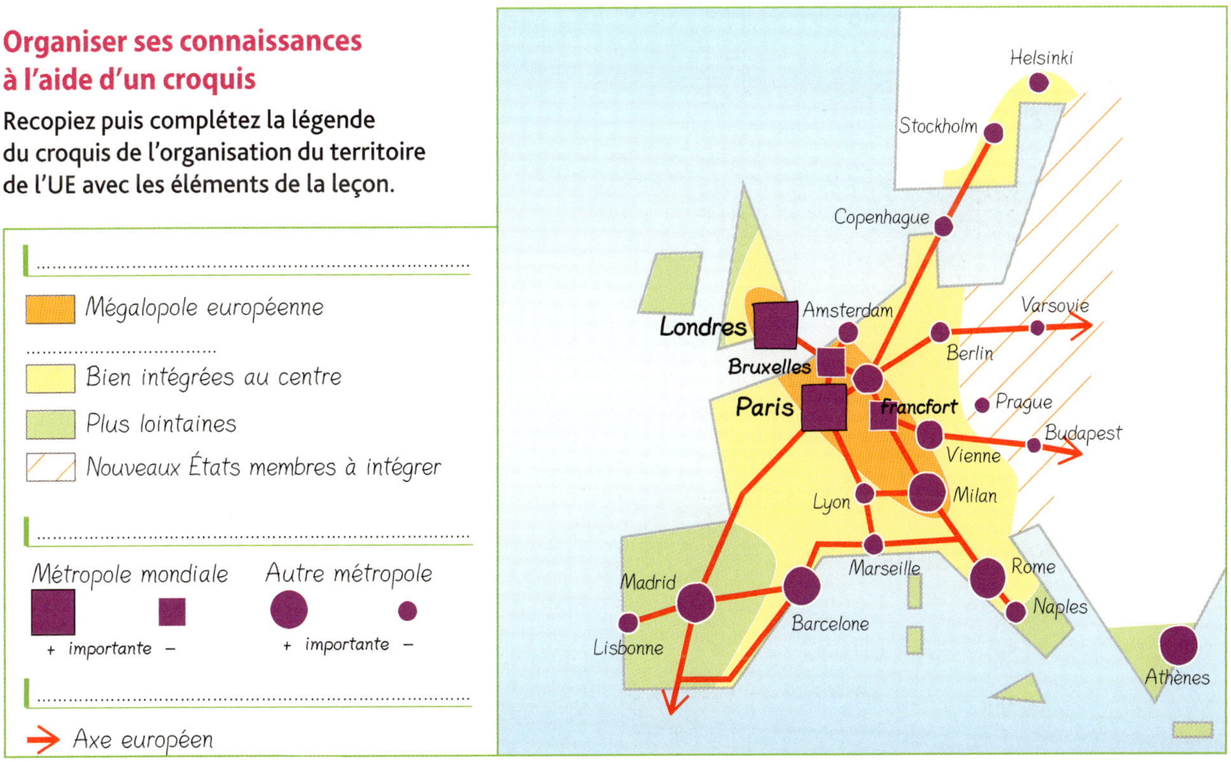

BAC

Évaluer ses connaissances sur le sujet d'étude

Les idées essentielles

Répondez en quelques phrases aux questions suivantes.

– Pourquoi dit-on que l'Union européenne est un territoire en construction ?
– À quoi fait-on référence lorsque l'on dit que l'Union européenne est un « espace à géométrie variable » ?
– Quelles sont les principales disparités dans l'Union européenne ?
– Comment l'Union européenne intervient-elle pour corriger les déséquilibres entre les régions ?
– Pourquoi l'élargissement de l'Union européenne est-il objet de débat ?

Illustrez chacune des affirmations suivantes par un exemple.

– L'Union européenne est un espace ouvert sur les pays voisins.
– L'Union européenne est une puissance économique mondiale.
– La mégalopole européenne est le cœur de l'Europe.
– Les fonds structurels aident les régions les plus pauvres.
– La question des frontières est un enjeu pour l'Union européenne.

Les notions clés

Construisez la définition de chaque notion à l'aide des termes proposés

1. **Élargissement** : intégration • pays • Union européenne • extension
2. **Espace Schengen** : hommes • contrôle • pays • circulation
3. **Politique européenne de voisinage** : État • adhésion • rapprochement • Union européenne
4. **Mégalopole européenne** : Londres • villes • lieux de commandement • concentration
5. **Fonds structurels** : cohésion • subventions • Union européenne • disparités

Les enjeux

Retrouvez les points du sujet d'étude illustrés par ce document. Justifiez votre choix.

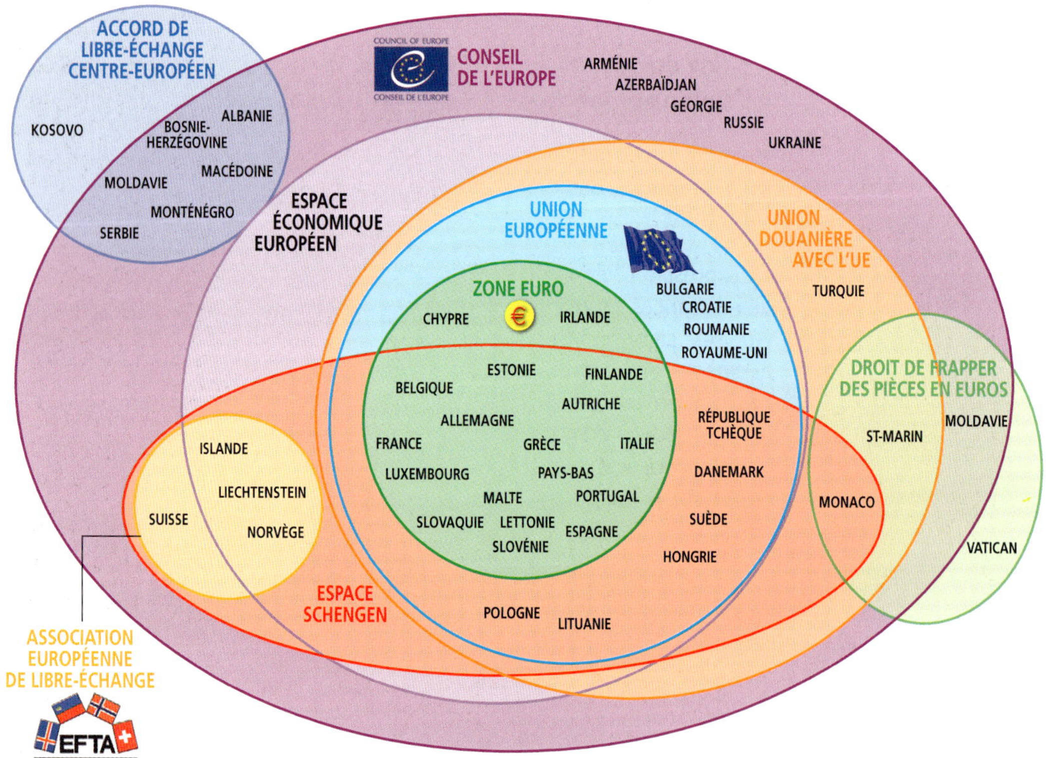

Les organisations supranationales européennes au 1er janvier 2014.

Répondre à des questions de connaissance

→ Mettre en œuvre les capacités et les connaissances du programme de géographie

Capacité / Thème

1 L'unification de l'Europe progresse. Donnez deux arguments qui le prouvent.

Vous devez **définir le terme** « unification » afin de comprendre le sens de cette phrase. Puis, **mobilisez vos connaissances** et sélectionnez celles qui vous permettent de montrer la justesse de cette affirmation.

Votre réponse : « L'unification de l'Europe progresse. En effet, … (*donner et expliquer votre 1er argument*). Pour vérifier cela, on peut également évoquer … (*donner et expliquer votre 2nd argument*). »

Capacité / Thème

2 Présentez une question qui fait aujourd'hui débat au sein de l'Union européenne.

Vous devez **choisir**, parmi celles étudiées en classe, une question qui crée actuellement un débat au sein des membres de l'Union européenne, **puis mettez en évidence les différents points de vue** qui s'expriment sur cette question.

Votre réponse : « … (*nommer la question qui fait débat*) fait aujourd'hui débat au sein de l'Union européenne. En effet, certains estiment que … (*expliquer un des points de vue exprimé sur cette question*). À l'opposé, d'autres pensent que … (*expliquer un autre point de vue*). Cette divergence explique donc, qu'aujourd'hui, la question de … (*rappeler cette question*) fasse débat au sein de l'Union européenne. »

Capacité / Thème

3 Illustrez par un exemple la « politique de voisinage » de l'Union européenne.

Vous devez **vous interroger** sur ce qu'est la « politique de voisinage » et **rechercher dans vos connaissances** une illustration de cette politique.

Votre réponse : « La politique de voisinage désigne … (*donner le sens de cette expression*). … (*citer l'exemple choisi*) est une illustration de cette politique. En effet, … (*développer l'exemple*). »

Capacité / Thème

4 À l'aide du document et de vos connaissances, justifiez l'expression suivante : « L'Union européenne, une aire de puissance à plusieurs vitesses ».

Vous devez **vous interroger** sur le sens de l'expression « une aire à plusieurs vitesses », puis **recherchez sur le graphique des informations** qui expliquent son utilisation.

Votre réponse :
« L'expression "une aire de puissances à plusieurs vitesses" signifie … (*définir le sens de cette expression*). En effet, on constate que … (*citer les éléments de la légende et expliquer vos choix*). »

Richesse et pauvreté dans l'Union européenne

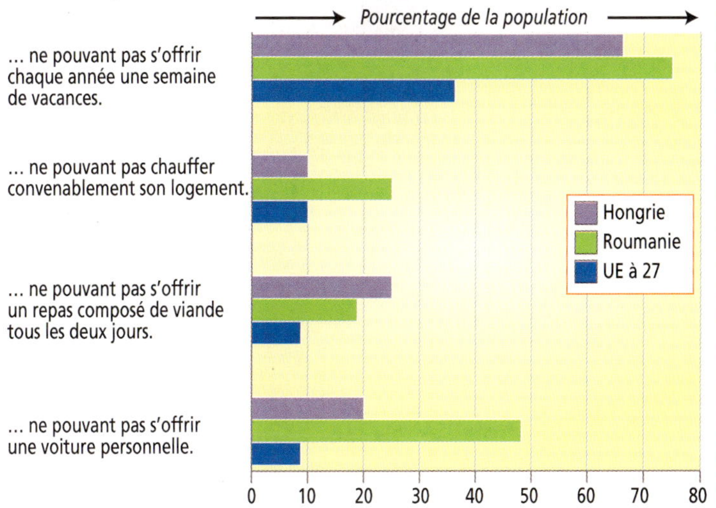

Source : Eurostat, 2010.

BAC

EXERCICE GUIDÉ

Répondre à des questions à partir d'un support documentaire

➜ Exploiter un document pour analyser une situation géographique

Doc. 1 « Autant construire un vrai mur »

D'ici le mois de mars, la Grèce aura construit une clôture de 12 kilomètres de long sur 3 mètres de haut à sa frontière avec la Turquie, le long du fleuve Evros, facile à traverser et par lequel sont passés la majorité des immigrés clandestins arrivés en Grèce en 2010. Une fermeture de 206 kilomètres sur sa frontière avec la Turquie aurait en effet été préférable. Préférable pour les Grecs, dont le petit pays, surendetté et désorganisé, est aujourd'hui débordé par l'afflux de migrants. Préférable aussi pour les réfugiés qui risquent d'être accueillis en Grèce dans des conditions indignes. [...] Pour le moment, rien ne change : la police des frontières grecque continue de repousser les indésirables à l'aide de projecteurs, de gyrophares, de porte-voix et de coups de semonce. Il y a aussi le risque, comme le souligne l'organisation Pro Asyl[1], que des réfugiés pris de panique se mettent à courir à travers les champs de mines installés durant les années de forte tension entre la Grèce et la Turquie. Sans compter les 175 agents des douanes d'autres pays européens qui ont été envoyés en renfort avec leurs chiens de garde, leurs appareils infrarouge et leurs hélicoptères. L'agence européenne Frontex[2] a d'ores et déjà prolongé sa mission jusqu'au mois de mars. Et pourtant, selon les estimations du gouvernement grec, près de 200 clandestins parviendraient toujours à passer la frontière chaque jour. Environ 80 % des immigrés clandestins en Europe entrent par la Grèce. Il s'agit essentiellement d'Irakiens, d'Iraniens et d'Afghans, mais aussi d'Africains et de ressortissants du Moyen-Orient qui versent des milliers et des milliers d'euros à des passeurs pour entrer en Europe. [...] La plupart d'entre eux ne prévoient pas de rester en Grèce et mettent le cap vers les pays du Nord et de l'Ouest de l'Europe, plus riches. Mais le droit européen est clair : en vertu du règlement Dublin II, le pays responsable du traitement des demandes d'asile est celui par lequel le demandant est arrivé. [...]

Les autorités grecques en sont donc réduites à parquer toujours plus de réfugiés dans des camps déjà surchargés. L'espace manque tellement que les réfugiés n'ont parfois même pas la place de s'allonger pour dormir. Soins médicaux, conseils légaux, interprètes, il n'y a rien de tout ça dans les camps grecs. Pour le Haut-commissariat des Nations unies pour les réfugiés, il s'agit d'une « véritable crise humanitaire, indigne de l'Union européenne ».

Bettina Vestring, « Autant construire un vrai mur », *Berliner Zeitung*, consulté sur www.presseurop.eu, 10 janvier 2011.

1. Association indépendante qui intervient auprès des migrants pour leur assurer une protection et un traitement décent.
2. Coordonne la gestion des frontières extérieures des États membres et organise des opérations conjointes de retour des migrants dans leurs pays d'origine.

1 Identifiez la question soulevée par cet article.

Vous devez **indiquer le problème posé** par les faits relatés dans cet article.

Pour répondre :

▶ Extraits du doc.

- résumez brièvement les faits qui sont relatés dans l'article (où ? quand ? ce qui se passe ? pourquoi ?) ;
- déduisez la portée de ces faits : que montrent-ils ?
- nommez le phénomène que ces faits illustrent.

2 Expliquez pourquoi cette question se pose vivement en Grèce.

Vous devez **rechercher les raisons** pour lesquelles la Grèce est confrontée à cette question plus que certains autres pays européens.

Pour répondre :

▶ Extraits du doc.

- sélectionnez dans le texte les informations qui permettent de comprendre que la situation de la Grèce accentue sa vulnérabilité face à ce phénomène ;
- reformulez ces informations.

3 Montrez que cet article fait écho au débat qui anime l'Union européenne sur son élargissement.

Vous devez montrer que cet article illustre **un des enjeux de la construction européenne**.

Pour répondre :

- définissez « élargissement » ;
- mobilisez vos connaissances sur le sujet d'étude pour expliquer les termes de ce débat et montrer que cela renvoie à la question de la sécurité des frontières de l'Union européenne, de son extension (adhésion demandée par de nouveaux pays, dont la Turquie) et à son attractivité.

ENSEIGNEMENT MORAL ET CIVIQUE

9. Développer une conscience éthique, sociale et civique

Manifestation à Paris, le 4 septembre 2010

Le 4 septembre 2010, des manifestations se déroulent dans plus 130 villes de France ainsi que devant des ambassades françaises de plusieurs pays de l'Union européenne pour protester contre la xénophobie et la politique d'immigration du gouvernement français, notamment à l'égard des Roms roumains et bulgares, citoyens européens dont plusieurs milliers avaient été reconduits à la frontière depuis le début de l'année.

« Bien que chacun de nous soit une personne séparée des autres et dont, par conséquent, les intérêts sont en quelque façon distincts de ceux du reste du monde, on doit toutefois penser qu'on ne saurait subsister seul, et qu'on est, en effet, l'une des parties de l'univers, et plus particulièrement encore l'une des parties de cette terre, l'une des parties de cet État, de cette société, de cette famille, à laquelle on est joint par sa demeure, par son serment, par sa naissance. Et il faut toujours préférer les intérêts du tout, dont on fait partie, à ceux de sa personne en particulier. »

René Descartes (1596-1650), Lettre à Élisabeth de Bohême (1618-1680), 1645, *Correspondance avec Élisabeth et autres lettres*, Flammarion, 1989.

Vivre dans la République française

EXPRIMEZ votre point de vue

- **Choisissez trois mots parmi la liste suivante et expliquez pourquoi ils définissent la République française :** liberté, démocratie, Déclaration des droits de l'homme et du citoyen, égalité, laïcité, fraternité.
- **Nommez deux symboles qui représentent la République française. Justifiez votre choix.**
- **Complétez cette phrase :** « Pour moi, vivre dans la République française c'est… ».

ENRICHISSEZ votre point de vue

A. La république : une forme de gouvernement

Doc. 1 Le pouvoir dans la cité

Le messager : Quel maître en ce pays commande ? […]
Thésée : Dès le premier mot tu es dans l'erreur, étranger, en cherchant ici un tyran. Notre ville n'est pas au pouvoir d'un seul homme. Elle est libre. Son peuple la gouverne. Ses chefs sont élus pour un an. L'argent n'y a nul privilège. Le pauvre et le riche ont les mêmes droits.
Le messager : La cité qui m'envoie n'est pas conduite par la multitude, mais dépend d'un seul homme. […] D'ailleurs, comment la masse, qui gouverne mal ses propres pensées, pourrait-elle mener fermement la cité ? […]
Thésée : […] Rien pour l'État n'est plus dangereux qu'un tyran. D'abord, avec lui, les lois ne sont pas les mêmes pour tous. Un seul homme gouverne, qui s'empare du droit comme d'un instrument, et c'en est fini de l'égalité. Quand au contraire les lois sont publiées, le pauvre devant la justice vaut autant que le riche. Le faible peut répondre au puissant qui l'attaque, et, s'il a raison, l'emporter sur lui.

Euripide (v. 480-406 av. J.-C.), *Les Suppliantes*, v. 423 av. J.-C, trad. Marie Delcourt-Curvers, *in* Euripide, *Théâtre complet*, Gallimard, 1962.

La cité du messager et celle de Thésée sont gouvernées de façons différentes. Décrivez ces deux formes de gouvernement.

Doc. 2 Le pouvoir dans l'État moderne

Illustration d'Abraham Bosse, réalisée pour illustrer la couverture du *Léviathan*, écrit par le philosophe anglais Thomas Hobbes (1588-1679).

Traduction du latin : « Il n'y a pas de puissance sur la Terre qui puisse lui être comparée. » (*La Bible*, Job. 41:24)

Précisez quelle conception du pouvoir reflète cette illustration. Justifiez votre réponse en citant des détails du dessin.

B. La République française : des valeurs et des principes

Doc. 3 Des valeurs et des principes fixés par la Constitution

Le peuple français proclame solennellement son attachement aux Droits de l'homme et à la souveraineté nationale tels qu'ils ont été définis par la Déclaration de 1789, confirmée et complétée par le préambule de la Constitution de 1946, ainsi qu'aux droits et devoirs définis dans la Charte de l'environnement de 2004.

Art. 1. La France est une République indivisible, laïque, démocratique et sociale. Elle assure l'égalité devant la loi de tous les citoyens sans distinction d'origine, de race ou de religion. Elle respecte toutes les croyances. […] La loi favorise l'égal accès des femmes et des hommes aux mandats électoraux et fonctions électives. […]

Art. 2. […] La devise de la République est « Liberté, Égalité, Fraternité ». Son principe est : gouvernement du peuple, par le peuple et pour le peuple.

Art. 3. La souveraineté nationale appartient au peuple qui l'exerce par ses représentants et par la voie du référendum.

Constitution de la Ve République, 1958.

Affiche de Toni J. Mela éditée par l'Association nationale pour le soutien de l'action du général de Gaulle, à l'occasion du référendum organisé en 1958 invitant les Français à se prononcer pour une nouvelle constitution.

- **Doc. 1 et 3** Indiquez de quelle forme de gouvernement le régime politique de la France se rapproche.
- **Doc. 2 et 3** Identifiez le(s) point commun(s) entre le régime politique de la France et l'illustration. Justifiez votre réponse à l'aide du document 3 (texte et affiche).
- « La République française est une république démocratique. » Justifiez cette affirmation.

Doc. 4 Entre principes et application

Dessin de Plantu, *Le Monde*, 19 décembre 2008.

- Identifiez les différents éléments qui composent ce dessin et dites ce qu'ils symbolisent.
- Dégagez le point de vue du dessinateur.
- Recherchez des raisons qui permettent de comprendre son point de vue.

Doc. 5 Réflexion sur l'égalité

– Dommage que mon lycée ne soit pas une petite République. On aurait tous la même note. Il n'y aurait ni premier ni dernier. Tous égaux !
– Si vous aviez tous 18 sur 20 à vos copies, vous ne seriez pas à l'école républicaine. Égalitaire ne veut pas dire : « tous au même niveau ». Cela veut dire : « pas de discrimination *a priori* ». On ne classe pas les élèves en fonction de leur couleur de peau, de leur sexe ou de leur niveau de vie [...], mais d'après leurs aptitudes et leur travail personnel. La République substitue à une source injuste d'inégalité une source plus équitable, qui est l'effort et le talent. [...]
– Je me demande tout de même si tu ne rêves pas un peu. Tu as vu le palmarès des bons lycées de la région parisienne ? Comment ose-t-on dire, après cela, que les enfants de la Seine-Saint-Denis et ceux de la place du Panthéon « naissent libres et égaux en droits » ?
– Tu as raison. [...] Si on s'en tenait là, l'incantation tournerait à la malhonnêteté. Ils ont peut-être les mêmes droits mais ils n'ont pas la même capacité de les exercer. L'égalité des droits est peu de choses s'il n'y a pas égalité d'accès. C'est justement pourquoi la République doit être sociale : pour combler, par des mesures exprès, le fossé que l'économie ne cesse de creuser entre ses ressortissants.

Régis Debray, *La République expliquée à ma fille*, Éditions du Seuil, 1998.

- Reformulez le sens que Régis Debray donne au mot « égalité ».
- Résumez son point de vue sur la mise en œuvre du principe d'égalité dans la République française.

Doc. 6 L'égalité à l'épreuve de la réalité

Dessin de Pancho, *Le Monde*, 2003.

- Retrouvez la réalité socio-économique évoquée par cette caricature.
- Montrez que ce dessin est une illustration du point de vue de Régis Debray (doc. 5).

Doc. 7 La laïcité, un principe réaffirmé

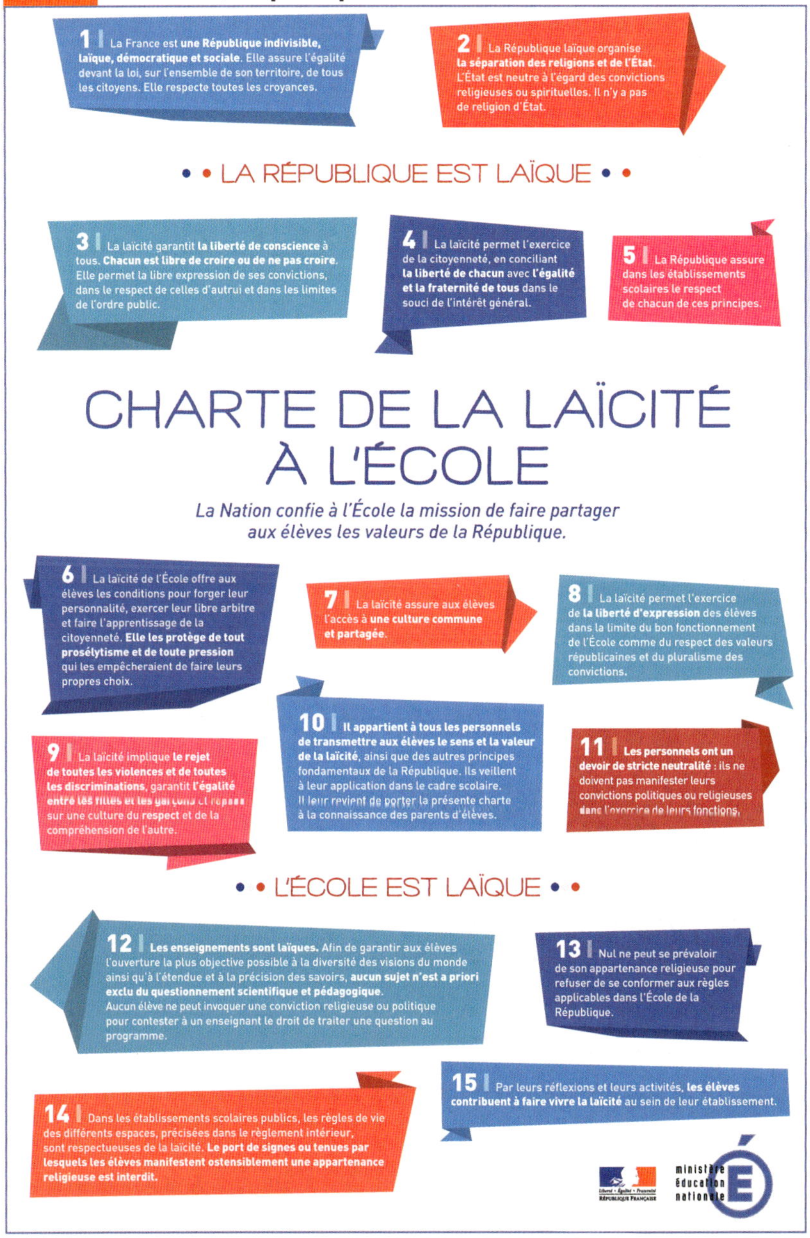

- Précisez où est affichée la Charte de la laïcité dans votre établissement.
- Donnez les conséquences de l'application de cette charte à l'école.

FORMULEZ vos conclusions

► En vous appuyant sur ce que les documents vous ont appris et en reprenant vos premières réponses (► Exprimez votre point de vue), notez toutes les idées que vous associez à l'expression « Vivre dans la République française ».

À RETENIR

La République française : des valeurs, des principes et des symboles

- L'idée républicaine a été pensée dès l'Antiquité par les philosophes grecs. Ceux-ci définissent la « **république** » comme un régime fondé sur la recherche de l'**intérêt général** et qui confie le gouvernement au plus grand nombre.
- La République est le résultat d'une longue évolution. Si certaines de ses **valeurs**, telle que la **liberté**, ont été affirmées par les philosophes des Lumières et repris dans la Déclaration des droits de l'homme et du citoyen, la République, proclamée pour la première fois en 1792, ne s'impose qu'après la Seconde Guerre mondiale.
- Représentée par des symboles (Marianne, hymne national, drapeau, devise), la République repose sur les valeurs de liberté, d'**égalité** et de **fraternité** que l'on retrouve dans sa devise. De ces valeurs découlent des **principes** que définit la **Constitution**. Ainsi, la République française est :
  - démocratique : le pouvoir est détenu par le peuple qui exerce sa **souveraineté** en élisant ses représentants ;
  - indivisible : la **loi** est la même pour tous et chacun dispose des mêmes **droits** ;
  - laïque : l'État est neutre vis-à-vis des religions. Aucune religion n'a ainsi de statut privilégié au sein de la République et chaque individu dispose de la liberté de ses opinions et de sa foi ;
  - sociale : la République cherche à renforcer l'égalité entre les habitants.

Synthèse audio
www.lienmini.fr/hgt-17

La laïcité : une condition pour préserver la pluralité des croyances et la liberté de chacun ?

Doc. 1 La laïcité : une interprétation fausse

La laïcité nous semble à la fois une idée familière, évidente, dont on fait le quatrième pilier de la République, avec la liberté, l'égalité et la fraternité. Et, en même temps, je passe mon temps à répondre à des gens qui me demandent : « C'est quoi, la laïcité ? » Et ce, d'autant plus que se répand, depuis des années, une lecture simpliste et fausse de ce concept au regard de la loi de 1905, qui en a fixé le cadre. La loi de 1905 garantit la liberté de conscience et le libre exercice des cultes, ainsi que la non-discrimination et l'égalité des citoyens devant la loi, quelle que soit leur religion. Voilà les deux finalités majeures de la laïcité, qui pose, comme moyen pour y parvenir, la séparation des Églises et de l'État, vu comme un arbitre, neutre. La loi énonce que la religion n'est pas affaire d'État. Cela ne veut pas dire qu'elle soit reléguée à la sphère privée, contrairement à l'interprétation qui se répand depuis des années, produisant une confusion et un glissement fallacieux.

La loi n'a jamais interdit les manifestations de la religion sur la voie publique. [...] Le problème est que, depuis plusieurs années, prospère une interprétation fallacieuse de cette neutralité que l'on voudrait étendre à des pans entiers de l'espace public, au profit d'une vision laïciste qui confond le combat pour la laïcité avec la négation de la religion ou sa relégation dans l'intime. Ce qui donnerait un État non plus laïque mais partiellement athée. Or, dans la loi de 1905, l'obligation de neutralité est faite à l'État et à ses représentants, pas aux citoyens.

Jean Baubérot, sociologue de la laïcité, propos recueillis par Delphine Saubaber, « La laïcité, "une interprétation fallacieuse de la neutralité de l'État" », *L'Express*, 6 février 2015.

- Précisez pourquoi, lorsque l'on évoque la laïcité en France, on se réfère à la loi de 1905.
- Indiquez quelles sont les dispositions de cette loi.
- « La France est un État laïc et non athée ». En vous appuyant sur les propos de Jean Baubérot, expliquez cette phrase.

Doc. 2 La fête du Ramadan dans les grandes surfaces

Mardi 9 juillet débutera le mois du Ramadan. Dans les supermarchés de l'agglomération strasbourgeoise, les étals sont prêts, arborant des décors tout droit sortis des *Mille et Une Nuits*. Dattes, couscoussiers, en passant par des assortiments de pâtisseries orientales et des packs de merguez halal à bas prix, l'offre spécialement destinée à la clientèle qui jeûne est pléthorique. Mais dans les catalogues, la grande distribution ne parle pas explicitement de Ramadan. Pour Auchan, ce sont les « saveurs orientales » qui sont à l'honneur. Chez Lidl, ce sont les « Délices de Méditerranée » qui sont en première page de son prospectus du 3 juillet. En magasin, ces appellations sont également employées sur les têtes de gondoles. Un peu comme si Noël se transformait en « saveurs du Pôle Nord », pour lui enlever son caractère cultuel. Le mot « Ramadan » semble presque tabou. Alors pourquoi tant de frilosité ? Le groupe Carrefour est à ce jour l'un des seuls à écrire explicitement le mot Ramadan sur ses catalogues, ce qu'un élu au conseil municipal de Nîmes, Laurent Burgoa, n'a pas hésité à critiquer de façon violente, sur Facebook, sous couvert d'atteinte à la laïcité.

Nathalie Moga, « Ramadan : le rendez-vous commercial dont on ne dit pas le nom », *Rue 89 Strasbourg*, 9 juillet 2013.

- Identifiez quel est le sujet de cet article.
- Expliquez pourquoi ce sujet interroge la journaliste.

Doc. 3 Noël à la mairie de Béziers

La justice a tranché. Le tribunal administratif de Montpellier a décidé de laisser en place la crèche installée dans la mairie de Béziers, au motif qu'elle ne suscitait pas de « troubles à l'ordre public » et que manquait une preuve de l'atteinte « aux principes de laïcité et de neutralité ». À Nantes pourtant, le tribunal administratif a exigé qu'une crèche soit retirée du hall du Conseil général de Vendée. L'avocat Josy-Jean Bousquet réagit à cette décision.

L'Express : *Pour le tribunal administratif de Montpellier, rien ne prouve que la crèche soit une atteinte à la laïcité. Qu'en pensez-vous ?*

J.-J. Bousquet : Alors c'est que la laïcité n'a plus de sens. L'article 28 de la loi de séparation des Églises et de l'État est clair : pas d'emblème religieux en quelque emplacement public que ce soit. La mairie de Béziers mélange ce qui est public et ce qui doit rester privé. La religion doit rester dans le domaine du privé. La laïcité, c'est respecter le fait que chacun puisse avoir une crèche chez soi. Ce n'est pas de favoriser une religion par rapport aux autres.

L'Express : *Robert Ménard, le maire de Béziers, fête également Hanouka[1] et invite des représentants de l'islam à la crèche !*

J.-J. Bousquet : À ce moment-là, il va falloir célébrer toutes les fêtes religieuses dans la mairie, jusqu'au vaudou ! Plus sérieusement, la mairie n'est pas le lieu où les religions doivent être représentées, quand bien même elles auraient une certaine importance sociologique. Elles doivent rester dans le domaine du privé.

Laurent Martinet, « Crèches de Noël : "Avec le jugement de Béziers, la laïcité n'a plus de sens" », *L'Express*, 19 décembre 2014.

1. Fête juive.

- Résumez le fait divers raconté dans cet article.
- Reformulez le point de vue et les arguments de l'avocat Josy-Jean Bousquet.
- Doc. 2 et 3 Ces deux faits divers illustrent les propos de Jean Baubérot (doc. 1). Justifiez cette affirmation.

Doc. 4 Manifestation des sikhs à Paris en 2004

Mouvement religieux et politique indien, le sikhisme est pratiqué en France par des milliers de sikhs. Pour cette communauté, les cheveux longs et le port du turban sont obligatoires. Or, en vertu de la loi de séparation des Églises et de l'État de 1905, des élèves sikhs portant le turban ont été exclus des établissements scolaires publics.

- Décrivez cette photographie et le contexte dans lequel elle a été prise (personnes photographiées, ce qu'elles font et pourquoi).
- Donnez deux raisons qui expliquent que la situation évoquée par cette photographie puisse être source de « tensions ».

Ce que dit le droit

« Art. 10. Nul ne doit être inquiété pour ses opinions, même religieuses, pourvu que leur manifestation ne trouble pas l'ordre public établi par la loi. »

Déclaration des droits de l'homme et du citoyen, 1789.

« Dans les écoles, les collèges, les lycées publics, le port de signes ou tenues par lesquels les élèves manifestent ostensiblement une appartenance religieuse est interdit. »

Loi du 15 mars 2004.

Doc. 5 La laïcité à l'école

– Moi, je vais à l'école pour avoir mon bac, puis un diplôme, puis un travail. Le reste, tu sais…
– Ne va pas trop vite. En écoutant, en lisant, en écrivant, tu apprends aussi à te faire une petite idée des choses, pour ne pas te laisser intimider par ce que serinent la télé, les sondages, tes copains et même tes parents. N'oublie pas la devise des Lumières : « Ose savoir. » Fortifie ton esprit critique.
– Tu veux que je critique tout le monde, et toi avec ?
– L'esprit de critique est une chose et l'esprit critique en est une autre. C'est la capacité à distinguer le vrai du faux, en jugeant toute chose par toi-même. Pour acquérir cette liberté, il faut un minimum de savoir. Cela s'apprend. Un ignorant n'est jamais libre. […] Encore faut-il que l'apprentissage de la liberté de penser ne fasse violence à personne : qu'on ne cherche à t'imposer aucune doctrine ou religion. Cette école où personne, y compris le maître, ne peut inciter un autre à penser comme lui s'appelle l'école laïque. […] La laïcité consiste à séparer le privé du public.
– Ce qui se passe à la maison de ce qui se passe au lycée ?
– Si tu veux. […] Mettons que tu aies un camarade très catholique et très traditionaliste. Pour lui, Dieu a créé le monde en six jours, et sa famille voit d'un mauvais œil qu'il apprenne l'évolution des espèces selon Darwin. La paléontologie ne s'accorde pas avec la Bible. Tu as une amie juive, très pieuse, qui ne veut pas venir en classe le samedi matin, jour de shabbat. Et puis, tu as une copine musulmane dont le frère ne veut pas qu'elle suive le cours de gymnastique avec les garçons. Si chacun exige d'avoir son calendrier, son programme, son professeur, la communauté lycéenne va éclater en morceaux. C'est, à petite échelle, le problème posé à toute société : comment les hommes par bien des côtés différents ou hostiles peuvent-ils vivre ensemble sans s'affronter, sans se livrer d'interminables luttes d'influence ? Comment faire en sorte que, dans un tout pareil, aucun élément ne se sente outragé ou violenté ? La République répond à cela en distinguant ce qui est de tous, le public, et ce qui est de plusieurs, le communautaire. Qu'est ce qui est de tous ? Les choses certaines, vérifiables, démontrables, qu'il n'est au pouvoir de personne de refuser. Disons : les connaissances scientifiques. La Raison. Qu'est ce qui est de plusieurs ? Les convictions, les opinions, les croyances. […] La laïcité met une frontière entre le « ce que je sais » et le « ce que je crois » ; elle se limite au premier sans s'occuper des croyances […].

Régis Debray, *La République expliquée à ma fille*, Seuil, 1998.

- Relevez les raisons qui expliquent que le respect de la laïcité est essentiel à l'école puis, plus largement dans la société.
- Doc. 3, 4 et 6 Construisez une définition de la laïcité.

Doc. 6 Une charte de la laïcité à l'école

Dessin de Ray Clid, 2013.

- Identifiez les personnages représentés sur ce dessin.
- À l'aide du document 7 p. 435, expliquez pourquoi on peut qualifier ce dessin d'humoristique.
- Précisez le lien entre ce dessin et le texte de Régis Debray (doc. 5).

Doc. 7 La laïcité en entreprise

a. Jean-Luc Petithuguenin, homme d'affaires français, est convaincu que la seule façon de vivre ensemble pour des gens venus d'horizons ethniques et religieux différents est de l'afficher le moins possible.

C'est pourquoi il a décidé, il y a quelques mois, de rédiger une charte à l'usage de ses 4 000 employés de 52 nationalités différentes qui travaillent chez Paprec, une société qu'il a fondée il y a 20 ans, aujourd'hui leader du recyclage en France. Depuis quelques jours, la « Charte de la laïcité et de la diversité » est affichée dans chacune de ses 50 usines de récupération à travers le pays.

Jean-Luc Petithuguenin est particulièrement fier du fait que l'ensemble de ses employés ont approuvé la charte. « À 100 % » dit-il. Il aurait procédé à une large consultation auprès des chefs de sections, des syndicats présents dans ses différentes usines, ainsi qu'auprès des employés individuels.

« Il faut introduire dans le secteur privé les règles de la laïcité qui prévalent dans le secteur public », dit-il. Et il est bien conscient que, tôt ou tard, il pourra à son tour se retrouver devant les tribunaux si une femme voilée, par exemple, dénonce qu'il y a discrimination à l'embauche, puisque les règles de l'entreprise l'obligent à ôter son voile. « On est préparé à un combat pour la laïcité en entreprise. »

D'après Alexandra Szacka, « Une charte de la laïcité dans une usine française », *Radio-Canada*, 12 février 2014.

b. Charte de la laïcité et de la diversité de Paprec Group, 2014.

CHARTE DE LA LAÏCITÉ ET DE LA DIVERSITÉ

Le Groupe Paprec, accueillant et défendant toutes les Diversités, invite tous ses collaborateurs à respecter les principes suivants, au nom du meilleur vivre ensemble :

Préambule : La France est une République indivisible, laïque, démocratique et sociale. Elle assure l'égalité devant la loi, sur l'ensemble de son territoire, de tous les citoyens. Elle respecte toutes les croyances.

La République laïque organise la séparation des religions et de l'État. L'État est neutre à l'égard des convictions religieuses ou spirituelles. Il n'y a pas de religion d'État.

La laïcité de la République garantit la liberté de conscience à tous. Chacun est libre de croire ou de ne pas croire.

La laïcité permet l'exercice de la citoyenneté, en conciliant la liberté de chacun avec l'égalité et la fraternité de tous dans le souci de l'intérêt général.

1 / La laïcité en entreprise assure aux salariés un référentiel commun et partagé, favorisant la cohésion d'entreprise, le respect de toutes les diversités et le vivre ensemble.

2 / La laïcité en entreprise offre aux collaborateurs les conditions pour forger leur personnalité, exercer leur libre arbitre et exercer leur citoyenneté. Elle protège de tout prosélytisme et de toute pression qui empêcheraient de faire ses propres choix et de réaliser son activité dans un environnement serein.

3 / La laïcité en entreprise permet l'exercice de la liberté d'expression des collaborateurs dans la limite du bon fonctionnement de l'entreprise comme du respect des valeurs républicaines et du pluralisme des convictions.

4 / La laïcité en entreprise implique le rejet de toutes les violences et de toutes les discriminations, garantit l'égalité entre les Hommes et les Femmes et repose sur une culture du respect et de la compréhension de l'autre.

5 / La laïcité en entreprise implique que les collaborateurs ont un devoir de neutralité : ils ne doivent pas manifester leurs convictions politiques ou religieuses dans l'exercice de leur travail.

6 / Conformément à la loi, nul ne peut se prévaloir de son appartenance religieuse pour refuser d'exécuter sa mission ou pour perturber le bon fonctionnement de l'entreprise.

7 / Au sein de l'entreprise et dans l'exercice de leurs fonctions, les règles de vie des différents espaces, précisées dans le règlement intérieur de chaque établissement, sont respectueuses de la laïcité. Ainsi, le port de signes ou tenues par lesquels les collaborateurs manifestent ostensiblement une appartenance religieuse n'est pas autorisé.

8 / Par leurs réflexions et le respect mutuel, les collaborateurs font vivre au sein de l'entreprise la valeur fondatrice du Groupe de promotion des Diversités.

PAPREC GROUP

- **Doc. 7a** Citez les raisons pour lesquelles Jean-Luc Petithuguenin a mis en place cette charte dans son entreprise.
- **Doc. 7b** Comparez cette charte de la diversité et de la laïcité et la charte de la laïcité à l'école (doc. 7 p. 435) qui est appliquée dans votre lycée, comme dans tous les établissements scolaires publics, depuis 2013. Formulez trois remarques.
- **Doc. 7b et 7 p. 435** Expliquez pourquoi ces chartes protègent la liberté et l'égalité entre les individus.

POUR DÉBATTRE

▶ En vous appuyant sur la réflexion que vous venez de conduire à partir des différents documents, de votre expérience et de vos connaissances, donnez votre point de vue sur cette question « La laïcité : une condition pour préserver la pluralité des croyances et la liberté de chacun ? »

Les progrès des sciences et des techniques : de nouveaux champs d'exercice de la citoyenneté ?

Doc. 1 Une certaine image de l'évolution de l'Homme

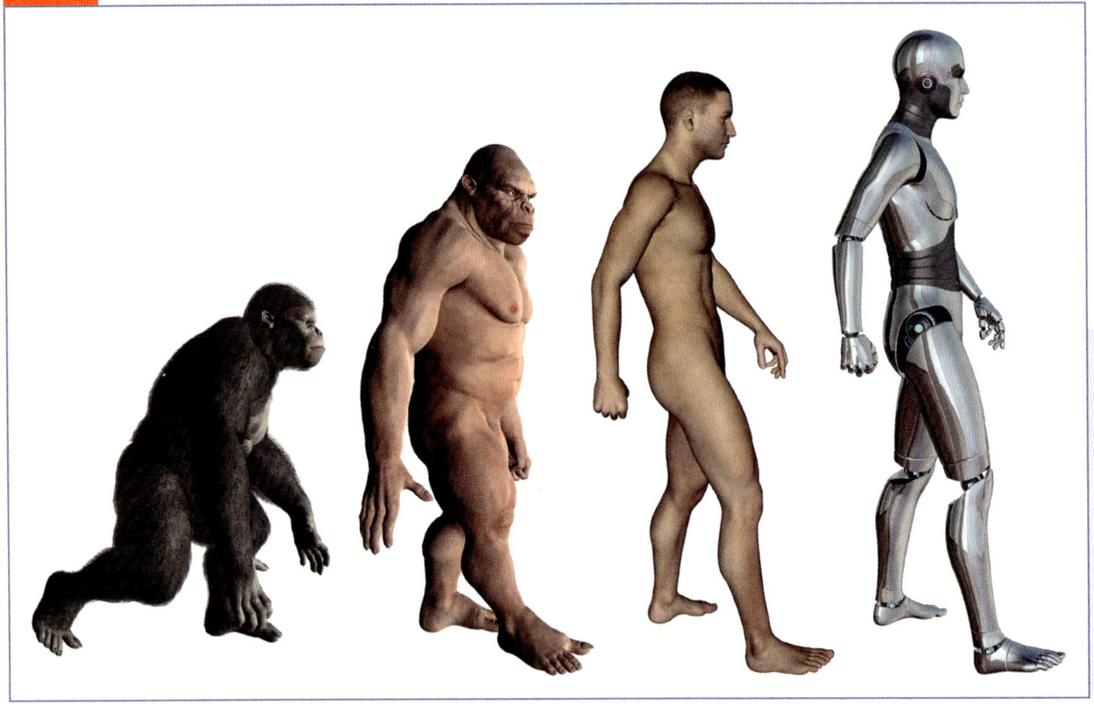

- Dégagez les idées illustrées par ce document.
- Précisez pourquoi cette illustration peut nous amener à nous interroger sur les progrès des sciences et des techniques.

Doc. 2 Science et citoyenneté

La science ne donne pas simplement au citoyen l'obligation de faire un effort pour en saisir le potentiel et ses conséquences. Elle donne à l'humanité des possibilités de contrôler son environnement et l'espèce humaine elle-même, pour le meilleur et pour le pire […]. Au-delà, elle va lui donner une possibilité de création du vivant jusque-là inconnue […]. Enfin, elle va lui permettre d'influer sur sa propre création et sur l'évolution de sa propre espèce. Or, la science si elle répond aux questions du quoi et du comment, ne répond pas aux questions du pourquoi et du jusqu'où. […] Les citoyens sont légitimes à décider de l'utilisation de la science et de la technologie dans une société donnée. Ils ne sont pas légitimes à décider de ce qu'est la connaissance scientifique à un moment donné. Il ne peut y avoir de démocratie de la connaissance scientifique que dans le sens où cette connaissance doit être démocratiquement accessible au plus grand nombre mais pas dans le sens où la connaissance scientifique résulterait d'un processus social ou culturel.

Bertrand Colomb (président de l'Institut des Hautes études pour la science et la technologie), « Science et citoyenneté : quelles relations, quels enjeux ? », *Institut des Hautes études pour la science et la technologie*, 25 novembre 2010.

- Relevez quelles sont les conséquences pour le citoyen du développement de la science.
- Expliquez la dernière phrase du texte.
- « La création du Comité consultatif national d'éthique (Ce que dit le droit) est une réponse aux craintes qu'émet Bertrand Colomb sur le progrès scientifique. » Justifiez cette affirmation.

Ce que dit le droit

« Article 1er. Il est créé auprès du ministre chargé de la recherche et du ministre chargé de la santé un Comité consultatif national d'éthique pour les sciences de la vie et de la santé.
Le comité a pour mission de donner son avis sur les problèmes moraux qui sont soulevés par la recherche dans les domaines de la biologie, de la médecine et de la santé, que ces problèmes concernent l'homme, des groupes sociaux ou la société toute entière. »

Décret n° 83-132 du 23 février 1983.

Doc. 3 La fécondation in vitro en question

Je ne pense pas que les gens sollicitent massivement une aide médicale simplement pour avoir un enfant blond. Il y aura toujours des résistances culturelles. À mon avis, les gens chercheront à conserver un certain profil, une certaine forme d'authenticité liée à leur culture et à leur pays d'origine. Cela dit, on voit déjà aujourd'hui que certains Antillais qui ont recours à l'insémination artificielle demandent à utiliser du sperme de donneurs blancs. Ça peut surprendre mais les raisons sociales sont assez évidentes : ils considèrent que leur enfant aura ainsi plus de chances d'éviter la ségrégation… […] En Angleterre, les parents qui louchent ont déjà accès à la fécondation in vitro pour limiter le risque que leur enfant soit atteint de strabisme. Et en Australie, tout en ignorant les gènes éventuellement liés à l'autisme, on peut éliminer les embryons masculins qui présentent un risque triple d'autisme… Je ne me fais pas d'illusions. La sélection génétique sur les embryons semble être dans l'intérêt des parents, des assureurs et de la société toute entière car les handicapés coûtent très cher… On nous dit également que c'est dans l'intérêt des futurs enfants, et là je suis plus sceptique. Parce qu'il y aura toujours des « ratés », des enfants qui ne seront pas parfaits. […] Il y a trente ans, personne ne me croyait quand j'évoquais le fait qu'un jour, peut-être, on choisirait ses enfants en triant génétiquement les embryons. Aujourd'hui, par contre, on me traite d'ayatollah quand j'emploie le mot « eugénisme[1] »… Les gens refusent ce mot parce qu'il renvoie à un passé lourd, ça fait référence à des périodes chargées de l'Histoire… Mais il faut bien être conscient qu'au final, il n'y a pas de différence entre l'eugénisme autoritaire et l'eugénisme démocratique, comme l'a d'ailleurs reconnu le Conseil d'État. Le résultat est le même : obtenir des enfants « de qualité ».

D'après une interview de Jacques Testard, père scientifique du premier bébé éprouvette en 1982, « Jacques Testard : "Tout le monde finira par choisir le même bébé" », Usbeck & Rica, 30 septembre 2014.

1. Ensemble des méthodes et pratiques visant à intervenir sur le patrimoine génétique de l'espèce humaine, dans le but de le faire tendre vers un idéal déterminé.

- **Indiquez les raisons pour lesquelles Jacques Testard est inquiet face au risque que la sélection génétique des embryons devienne la norme lors d'une fécondation in vitro.**
- **Expliquez pourquoi il fait référence à « des périodes chargées de l'Histoire » dans cet article.**

Doc. 4 L'intelligence artificielle en question

Après Elon Musk, fondateur et PDG de Tesla[1], c'est au tour de l'astrophysicien britannique Stephen Hawking, qui s'exprime par l'intermédiaire d'un ordinateur en raison d'une grave maladie, de déclarer que le développement de l'intelligence artificielle pourrait signifier la fin de l'humanité. […]
« Les formes primitives d'intelligence artificielle que nous avons déjà se sont montrées très utiles. Mais je pense que le développement d'une intelligence artificielle complète pourrait mettre fin à la race humaine. Une fois que les hommes auraient développé l'intelligence artificielle, celle-ci s'améliorerait seule et de plus en plus vite. Les humains, limités par une lente évolution biologique, ne pourraient pas rivaliser et seraient dépassés. »
Stephen Hawking reste néanmoins favorable aux nouvelles technologies. Il a notamment été un des premiers à s'être « connecté » aux débuts d'Internet, a-t-il indiqué. Mais, a-t-il ajouté, « Internet a apporté à la fois des dangers et des bénéfices », citant un avertissement du nouveau chef de l'agence d'espionnage électronique britannique, selon lequel Internet était devenu un centre de commandement pour criminels et terroristes.

« Les entreprises d'Internet doivent faire plus pour contrer la menace, mais la difficulté est de le faire sans sacrifier la liberté et la vie privée », a conclu l'astrophysicien.

Cécile Bolesse avec AFP, « Pour Stephen Hawking, l'intelligence artificielle est un danger pour l'homme », 01net.com, 3 décembre 2014.

1. Constructeur automobile de voitures électriques.

- **Dites qui est Stephen Hawking.**
- **Expliquez pourquoi son point de vue peut surprendre.**
- **Montrez que les propos des auteurs des documents 3 et 4 font écho aux propos de Bertrand Colomb (doc. 2).**

Doc. 5 Une manifestation de citoyens à Bruxelles en mai 2013

Des milliers de personnes ont manifesté en mai 2013 dans plus de 40 pays contre le géant américain de l'agrochimie Monsanto.

- Décrivez le contexte dans lequel a été prise cette photographie.
- « Cette photo illustre les tensions qu'il peut y avoir entre le progrès scientifique et les citoyens. » Justifiez cette affirmation.

Ce que dit le droit

« Les OGM destinés à la culture doivent, avant que leur mise sur le marché de l'Union ne soit autorisée, faire l'objet d'une évaluation des risques individuelle prenant en compte les effets directs et indirects, immédiats et différés, ainsi que les effets cumulés à long terme des OGM sur la santé humaine et l'environnement. »

Directive 2015/412 du Parlement européen, 13 janvier 2015.

Doc. 6 « Athlètes génétiquement modifiés »

Dessin de Philippe Tastet, 2008.

- Dégagez le sens de ce dessin.
- Relevez une phrase du document 2 p. 440 qui fait écho à ce dessin. Expliquez votre choix.

Doc. 7 Pour un débat « science et société » renouvelé

Nombreux sont les observateurs à juger que le débat science/société doit aujourd'hui mieux définir ses règles et édifier de nouvelles bases. Les raisons à cela sont de divers ordres : des considérations éthiques radicalement neuves posées par les avancées mêmes de la science, la rapidité avec laquelle les découvertes et les innovations circulent impose de réactualiser les informations en permanence et d'inventer de nouvelles façons d'en débattre, la complexité des problèmes posés par les avancées de la science a tendance à confisquer le débat démocratique au profit des seuls experts. [...] En outre, derrière la légitime présence de la participation citoyenne, se pose la question de la nature de l'information exposée et de « l'égalitarisme » des points de vue. Tous les avis ne se valent pas. [...]

Submergés d'informations en tous sens, souvent non validées, nous sommes dans l'incapacité de tout comprendre, de tout vérifier de tout intégrer. Il devient difficile de se forger une opinion raisonnable. [...] On l'aura deviné, l'éducation est en première ligne pour fournir aux citoyens les éléments de base de la connaissance scientifique.

D. Sabo, « Le débat public/société a grand besoin d'être revitalisé », *Place publique*, place-publique.fr, 7 mai 2014.

- Donnez des exemples de débat « science/société ».
- Expliquez pourquoi ce débat est difficile.

Doc. 8 Le débat citoyen sur l'euthanasie

C'est une première : un panel de 18 citoyens français a rendu son rapport sur la fin de vie, lundi 16 décembre. Ils se sont prononcés en faveur d'une « légalisation du suicide médicalement assisté » et de la création d'une exception d'euthanasie, estimant qu'il n'y a pas « une », mais « des » fins de vie. [...]

Cette conférence citoyenne a été réunie à la demande du président François Hollande, qui en avait fait une promesse de campagne. Chargé d'encourager le débat public sur des sujets déontologiques, le Comité consultatif national d'éthique (CCNE) s'est chargé de l'organisation. Le principe : laisser aux participants une autonomie totale pour organiser leurs réflexions.

[...] Durant trois week-ends, ces hommes et femmes ont auditionné des personnels médicaux, juristes et familles de patients à huis clos. [...] Ils ont ensuite rédigé leur synthèse qui pourrait inciter le gouvernement à faire évoluer la loi Leonetti de 2005, interdisant l'acharnement thérapeutique et instaurant un droit au « laisser mourir ».

Cette démarche soulève de nombreuses questions quant au choix de ce panel : pourquoi 18 citoyens ? qui sont-ils ? [...] Le président du Centre catholique des médecins français (CCMF) Bertrand Galichon s'interroge sur le droit de « ces quelques *happy few* » à « saper une loi de liberté fondamentale votée en 2005 » et trouve qu'il est regrettable de penser que des citoyens « vont régler la question en trois week-ends ».

« Le débat citoyen sur l'euthanasie, une méthode controversée », *France 24*, www.france24.com, 17 décembre 2013.

- **Résumez le sujet de cet article.**
- **« Le sujet de cet article est un exemple de l'application de la loi (Ce que dit le droit) mais également des limites du débat science/société évoquées par D. Sabo (doc. 8). » Justifiez ces affirmations.**

Ce que dit le droit

« Art. L. 1412-1-1. Tout projet de réforme sur les problèmes éthiques et les questions de société soulevés par les progrès de la connaissance dans les domaines de la biologie, de la médecine et de la santé doit être précédé d'un débat public sous forme d'états généraux organisés à l'initiative du Comité consultatif national d'éthique pour les sciences de la vie et de la santé. À la suite du débat public, le comité établit un rapport qu'il présente devant l'Office parlementaire d'évaluation des choix scientifiques et technologiques, qui procède à son évaluation. »

Loi relative à la bioéthique 2011/814, 8 juillet 2011.

Doc. 9 Euthanasie : la législation en Europe

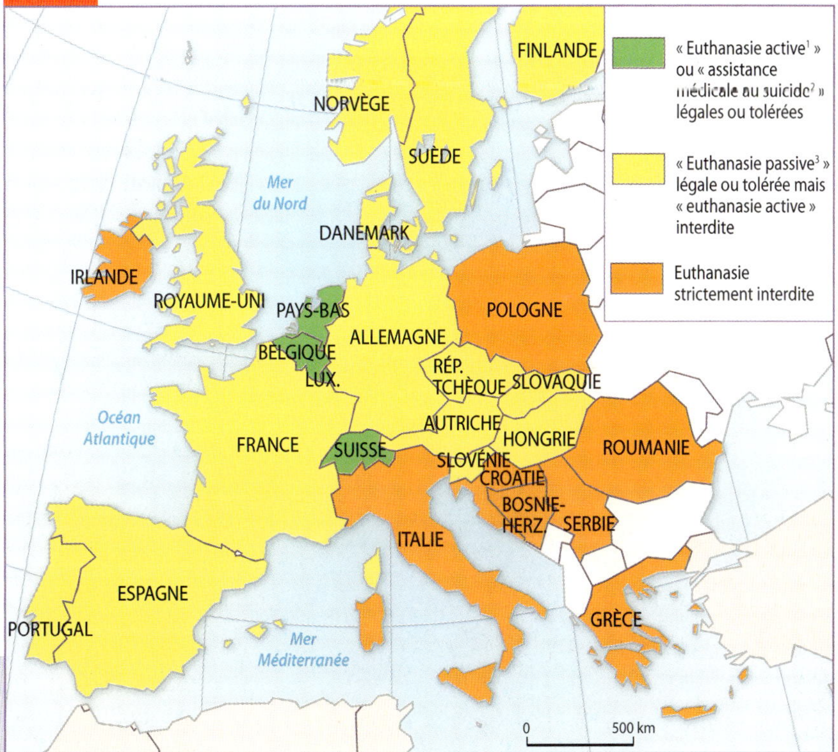

1. **Euthanasie active** : mort provoquée directement par un médecin.
2. **Assistance médicale au suicide** : dose mortelle d'un médicament fournie par un médecin que le patient prend seul.
3. **Euthanasie passive** : arrêt des traitements à la demande du patient.

Donnez une raison qui permet de comprendre que l'euthanasie est une question qui se pose dans de nombreux pays et notamment en Europe.

POUR DÉBATTRE

▶ **En vous appuyant sur la réflexion que vous venez de conduire à partir des différents documents, de vos connaissances et de votre expérience, donnez votre point de vue sur cette question : « Les progrès des sciences et des techniques : de nouveaux champs d'exercice de la citoyenneté ? »**

Lexique

A

Académies provinciales: groupements d'écrivains, de savants. Il en existe une cinquantaine en France au XVIIIe siècle.

Accaparement des terres: achat ou location de terres à l'étranger par des États ou des entreprises.

Accords de Grenelle: signés le 7 juin 1968, ils accordent aux salariés des augmentations de salaire et une réduction du temps de travail.

Accords de Matignon: accords signés le 8 juin 1936 par le Front populaire. Ils accordent aux ouvriers une augmentation de salaire, un salaire minimal, la reconnaissance du droit syndical… ; ils sont complétés par des lois sociales (semaine de 40 heures, congés payés, etc.).

Agro-alimentaire: secteur industriel lié à la transformation des produits alimentaires.

B-C

BRICS: acronyme qui désigne les pays émergents: Brésil, Russie, Inde, Chine, Afrique du Sud.

Citoyen: personne appartenant à une communauté politique à laquelle elle peut participer, qui a des droits politiques, en particulier le droit de vote.

Conférence de Yalta: négociation des chefs d'État Roosevelt, Staline et Churchill en Crimée (URSS) en février 1945, sur le sort réservé après-guerre à l'Allemagne et au Japon dont les défaites sont proches.

Constitution: ensemble de textes juridiques qui définit les différentes institutions composant l'État et qui organise leurs relations.

D

Décentralisation: transfert par l'État (lois de 1982 et 2004) de certaines compétences (éducation, transports, affaires sociales) aux collectivités territoriales.

Développement durable: défini en 1987 par le rapport Brundtland, cette expression désigne un développement économique, social et environnemental d'une société qui répond aux besoins présents sans compromettre la capacité des générations futures à subvenir à leurs besoins.

Diaspora: ensemble des membres d'une communauté ethnique ou d'un peuple dispersés à travers le monde.

Droit: ensemble des règles qui définissent les droits et les devoirs des membres d'une société. Elles sont appliquées par l'État et leur manquement peut donner lieu à des sanctions.

Droits civiques: protections et libertés fondamentales accordées par une nation à ses citoyens, par exemple le droit de vote.

E

Économie de marché: système dans lequel les agents économiques (entreprises, individus) ont la liberté de vendre et d'acheter des biens, des services et des capitaux.

Économie planifiée: économie dirigée par l'État.

Encyclopédie: ouvrage en 17 volumes, rédigé, entre 1751 et 1772, par plus de 150 collaborateurs, sous la direction de Denis Diderot et Jean le Rond d'Alembert; il fait le point sur les connaissances de l'époque et résume sous forme d'articles les idées des Lumières.

État de droit: pays dans lequel les rapports entre les gens, les droits et les devoirs sont réglés par des lois écrites et démocratiquement votées.

État français (1940-1944): régime autoritaire mis en place par le maréchal Pétain après la défaite de la France face à l'Allemagne nazie.

Eurorégion: structure administrative de coopération transfrontalière établie par l'UE entre deux ou plusieurs territoires de différents États européens.

F

FEDER (Fonds européen de développement économique et régional): subventions européennes destinées à réduire les déséquilibres entre les régions de l'UE.

Filiales: entreprise détenue à plus de 50 % par une autre entreprise du pays ou d'un pays étranger.

Firmes transnationales (FTN): entreprise d'envergure mondiale qui possède des filiales dans plusieurs pays.

G-H

Génocide: terme né en 1944 pour qualifier l'extermination systématique et organisée d'une population ou d'un groupe d'individus en raison de son origine géographique, religieuse, sociale ou ethnique.

GPRF (Gouvernement provisoire de la République française): régime mis en place entre 1944 et 1946 par le général de Gaulle pour préparer la reconstruction politique, économique et sociale.

Guérilla: forme de combats réalisés par de petits groupes menant une guerre de harcèlement, de coups de main, d'embuscades et de sabotages, menée par les maquis par exemple.

Hub: point central d'un réseau de transport qui concentre et redistribue les voyageurs et les marchandises vers d'autres directions. S'il combine plusieurs mode de transport c'est une plateforme multimodale.

I-J

IDE (investissements directs étrangers): mouvements internationaux de capitaux réalisés en vue de créer, développer ou maintenir une filiale à l'étranger et/ou d'exercer le contrôle sur la gestion d'une entreprise étrangère.

Intégration: fait pour un espace de s'insérer dans les flux et réseaux de la mondialisation, d'en tirer des bénéfices mais aussi d'en respecter les règles de fonctionnement fondées sur le libéralisme économique.

Interface: espace permettant la mise en contact de deux régions ou de deux pays.

Justice: 1. Principe en vertu duquel les actions humaines doivent être sanctionnées ou récompensées en fonction de leur mérite au regard du droit. 2. Institution chargée de faire respecter ce principe.

L

Liberté: possibilité d'agir selon sa propre volonté, dans le cadre d'un système politique ou social, dans la mesure où l'on ne porte pas atteinte aux droits des autres et à la sécurité publique.

Libertés individuelles: droits garantis par la loi à chaque individu en matière de sûreté de la personne, de libre circulation, de choix du domicile, de liberté de religion et d'opinion…

Loi: règle ou obligation qui émane d'une autorité souveraine (en France du Parlement) et qui s'impose à tous les membres d'une société.

Lois Ferry: lois promulguées par Jules Ferry en 1881-1882, ministre de l'Instruction publique de la IIIe République, qui rendent l'école publique gratuite, laïque et obligatoire pour les enfants de six à treize ans.

M

Mégalopole : région urbaine formée par plusieurs grandes agglomérations reliées entre elles par un dense réseau de communications, s'étendant sur des centaines de kilomètres et regroupant des millions d'habitants.

Métropole (géographie) : ville exerçant une fonction de commandement et concentrant populations et richesses. **(histoire)** : État qui pratique l'occupation coloniale d'un autre pays dans le but d'en exploiter les richesses.

Mineur civique et civil : personne qui, en raison de son âge, de son statut ou de son sexe, n'a légalement aucun droit. Elle est donc placée sous l'autorité d'un tiers (pour les femmes, il s'agissait de leur père ou de leur mari).

Missionnaires : religieux envoyés dans un pays par l'Église pour diffuser la religion chrétienne.

N-O

Nationalité : lien juridique qui relie un individu à un État et qui accorde des droits politiques, civils et professionnels, ainsi que le bénéfice des libertés publiques. L'acquisition de la nationalité peut se faire par l'hérédité (droit du sang) ou par le lieu de naissance (droit du sol).

Northern Range : façade maritime du nord de l'Europe qui s'étend de Dunkerque à Hambourg et où se concentrent les principaux ports européens.

ONU (Organisation des Nations unies) : organisation internationale fondée en 1945 qui regroupe, à quelques exceptions près, tous les États de la planète. Ses objectifs sont de faciliter la coopération dans le droit international et la sécurité internationale, le développement économique, le progrès social, les Droits de l'homme et la réalisation à terme de la paix mondiale.

P

Partis « ouvriers » : influencés par les thèses marxistes, ces partis qui défendent les ouvriers contre le patronat se développent sous la IIIe République et souhaitent l'abolition du capitalisme dans le but de fonder une société socialiste.

Pays atelier : pays du Sud bénéficiant des délocalisations industrielles des pays développés et qui devient un centre de fabrication de produits à faible valeur ajoutée.

Pays émergent : pays à la croissance économique soutenue et au développement rapide, s'insérant de manière accélérée dans l'économie mondiale et les relations internationales.

Périphérie : région qui ne concentre pas les activités décisionnelles mais néanmoins intégrée au centre, contrairement aux marges délaissées.

Plan Dawes : plan économique, du nom du banquier américain Dawes, entré en vigueur en 1924 et qui fixe le montant et le paiement des réparations demandées à l'Allemagne à l'issue de la Première Guerre mondiale.

Plan Marshall : aide de 13 milliards de dollars proposée entre 1948 et 1951 par les États-Unis aux pays d'Europe pour la reconstruction.

Plan Young : plan de rééchelonnement de la dette allemande après la Première Guerre mondiale. Décidé en 1929 à Londres pour une durée de 59 ans, il échoue en raison du krach boursier d'octobre 1929.

PMA (pays les moins avancés) : catégorie de pays créée en 1971 par l'ONU regroupant les 49 pays les plus pauvres de la planète, situés en Afrique, en Asie et dans les Caraïbes.

Pôle d'excellence rurale : projet favorisant le développement des territoires ruraux qui reçoivent à ce titre un financement partiel de la part de l'État (partenariat entre des collectivités locales et des entreprises privées).

Pôle de compétitivité : regroupement sur un même territoire d'entreprises, d'établissements d'enseignement supérieur et d'organismes de recherche publics ou privés qui ont vocation à travailler ensemble pour mettre en œuvre des projets de développement économique innovants.

Prêt-bail : loi adoptée par le Congrès des États-Unis en mars 1941 et appliquée jusqu'en août 1945, qui autorisait le président à vendre, céder, échanger, prêter le matériel de guerre et toutes marchandises aux États dont la « défense était jugée vitale pour la défense des États-Unis ».

R

Régime autoritaire : régime dans lequel le pouvoir est concentré entre les mains d'une seule personne (absence de séparation des pouvoirs), sans opposition, et au sein duquel la population est encadrée et surveillée.

Réseaux : organisations clandestines qui apparaissent dans la France occupée dès l'été 1940 pour développer des activités d'aide aux prisonniers de guerre, de renseignements, d'évasion, de sabotage et fournir une aide militaire aux Alliés.

S

Sécurité alimentaire : situation où tous les êtres humains ont, à tout moment, un accès à une nourriture suffisante en quantité, équilibrée sur le plan nutritionnel.

Société des Nations : organisation internationale créée par le traité de Versailles en 1919 et qui a siégé à Genève de 1920 à 1946. Première tentative de mise en place effective d'un ordre international fondé sur le droit, pour maintenir la paix grâce au désarmement et à l'arbitrage.

Souveraineté : autorité suprême et exclusive détenue et exercée par un État sur son territoire. Elle implique l'indépendance vis-à-vis des autres États.

Souveraineté populaire : autorité suprême détenue par le peuple. Elle implique donc le suffrage universel, puisque chaque citoyen détient une part de souveraineté.

Suffrage censitaire : mode de suffrage dans lequel seules les personnes qui payent un impôt (le cens) ont le droit de voter.

Système de l'exclusif : système qui interdit aux colonies tout commerce avec l'étranger et qui réserve ses productions, son marché, son commerce à la métropole.

T-U-V-Z

Tertiarisé (tertiarisation) : se dit d'une économie dans laquelle le secteur tertiaire (services) est devenu le secteur principal autant en termes de PIB que de population active.

Traite des noirs : commerce des esclaves noirs.

Trente Glorieuses : période de forte croissance économique entre 1945 et 1975.

Trois pouvoirs : expression qui désigne le **pouvoir exécutif** chargé de gouverner, de faire appliquer les lois, le **pouvoir législatif** qui vote les lois et le **pouvoir judiciaire** qui sanctionne le non-respect des lois.

Ville nouvelle : unité urbaine créée en 1965 pour décongestionner les grandes agglomérations.

Zone économique exclusive (ZEE) : espace maritime fixé à 200 milles marins du rivage (370 km) où l'État riverain dispose de droits exclusifs d'exploration, d'exploitation, de protection et de gestion des ressources naturelles (pêche, ressources minérales et énergétiques sous-marines).

Crédits iconographiques

Couverture : Everett / Rue des Archives ; Shootingankauf/Fotolia ; Yu Fangping / Imaginechina / AFP ; Musée Carnavalet, Paris, France/ Bridgeman Images ; Juices Images / Photononstop.

Seconde

8 Electa/Leemage ; **10** (g) Photo Scala, Florence ; (d) Bridgeman Images ; **11** (g) Aisa/Leemage ; (d) Photo Josse/Leemage ; **12** Het Scheepvaartmuseum, Amsterdam ; **13** (ht) Domingie & Rabatti/La Collection ; (b) Universal History Archive/Getty Images ; **14** Jean-Luc Bohin/Agefotostock ; **15** (ht) Mondadori Portfolio/Electa/Sergio Anelli/Bridgeman Images ; (b) Leemage ; **16** (ht) Michel Urtado/RMN-Grand Palais (musée du Louvre) ; (b) Roger-Viollet ; **17** Gérard Blot/RMN-Grand Palais (musée du Louvre) ; **18** (ht) Costa/Leemage ; (bg) Supplied by Royal Collection Trust/copyright HM Queen Elizabeth II 2012 ; (bd) AKG-Images ; **19** (htd) Nimattallah/AKG-Images ; (b) Hervé Lewandovski/RMN-Grand Palais ; **20** (ht) WhiteImages/Leemage ; (b) Aisa/Leemage ; **21** (ht) AKG-Images ; (b) Oronoz/Photo12 ; **22** Photo Scala, Florence ; **23** Electa/Leemage ; **24** BNF ; **25** Private Collection/The Stapleton Collection/Bridgeman Images ; **26** (g) Luisa Ricciarini/ Leemage ; (d) Private Collection/Bridgeman Images ; **27** (g) North Wind Pictures/Leemage ; (d) Fototeca/Leemage ; **28** BNF ; **29** National Maritime Museum, Greenwich/Leemage ; **30** AKG Images/© 2016 Banco de México Diego Rivera Frida Kahlo Museums Trust, Mexico, D.F./Adagp, Paris ; **31** Interfoto/Sammlung Rauch/AKG-Images ; **32** (ht) Photo Josse/Leemage ; (b) Universal History Archive/UIG/ Bridgeman Images ; **34** BNF ; **35** BIS/Ph. Coll. Archives Larbor ; **36** (ht) AKG-Images ; (b) The British Library Board/Leemage ; **37** The British Library Board/Leemage ; **38** Musée de Versailles/Costa/Leemage ; **40** National Maritime Museum, Greenwich/Leemage ; **41** Photo Josse/ Leemage ; **42** (g) Selva/Leemage ; (d) Mairie de Bordeaux/Photo JM Arnaud/Aurimages ; **43** (g) The British Library Board/Leemage ; (d) Martine Beck-Coppola/RMN-Grand Palais (Limoges, Cité de la céramique) ; **44** Archives de la Manufacture, Sèvres, France/Archives Charmet/Bridgeman Images ; **45** Bridgeman Images ; **46** (ht) Photo Josse/Leemage ; (b) Roger-Viollet ; **47** (ht) BNF ; (b) The Granger Collection NYC/Rue des Archives ; **48** Musée de la Compagnie des Indes/Ville de Lorient ; **49** (ht) Bridgeman Images ; (b) Musée de la Compagnie des Indes/Ville de Lorient ; **50** (ht) Langladure ; (b) Costa/Leemage ; **51** (ht et b) Château des ducs de Bretagne – Musée d'histoire de Nantes ; **52** Gianni Dagli Orti/Biblioteca d'Ajuda Lisbon/The Art Archive ; **53** The Library Company of Philadelphia ; **54** The Historic New Orleans Collection/Bridgeman Images ; **56** Photo Josse/Leemage ; **57** AKG-Images ; **58** (g) Photo Josse/Leemage ; (d) BNF, N-2 (Voltaire) RC-A-20927 ; **59** (g) Declaration of the Rights of Man and Citizen, 1789 (oil on canvas), French School (18th century) ; (d) Coll. Musée de la Révolution française/Domaine de Vizille ; **60** Daniel Arnaudet/RMN-Grand Palais (musée des château de Malmaison et de Bois-Préau) ; **61** (ht) Photo Josse/Leemage ; (b) Aisa/Leemage ; **62** (ht) Photo Josse/Leemage ; (b) Agence Bulloz/RMN-Grand Palais **64** (ht) BNF, ID/Cote : R-2083 ; (b) MP/Leemage ; **65** AKG-Images ; **66** Musée Carnavalet/Roger Viollet ; **67** (ht) BNF ; (b) Jean Bernard/ Leemage ; **69** (ht et b) Bridgeman Images ; **70** BNF ; **71** Photo Josse/Leemage ; **72** Abdurashid Abikar/AFP ; **73** Kyodo/Maxppp ; **76** Robin Hammond/Panos Pictures ; **78** Ami Vitale/Panos-REA ; **81** (ht) Roberto Schmidt/AFP ; (b) Satish Acharya ; **82** Erick-Christian Ajounou/ FAO/AFP ; **83** EcoAgriculturePartners/Raffaela Kozar/www.ecoagriculture.org ; **84** (ht) Jim Richardson/Getty Images ; (b) Gerd Ludwig/ National Geographic Creative/Corbis ; **86** Dave Granlund/PoliticalCartoon.com ; **87** Kal's Cartoon ; **88** Xinhua/Xinhua-REA ; **89** Alex S. MacLean/Landsilde ; **92** Kal's Cartoon ; **93** Stephenallen75/Fotolia ; **94** Osmani Simanca/www.caglecartoons.com ; **95** (ht) Power&Energy ; (b) Photo ONG Jeunes Volontaires pour l'Environnement, Vogan, Togo, 2011, www.jve-international.org ; **96** Géraud Magrin/Van Vliet G., Magrin G. (dir.), 2012. Une compagnie pétrolière chinoise face à l'enjeu environnemental au Tchad, AFD, Focales n° 9, 251 p., www.afd.fr/home/publications/travaux-de-recherche/publications-scientifiques/focalEs ; **97** Courtesy of BrightSource Energy ; **99** Stephff ; **101** (ht) Stephff ; (b) Denis Sinyakov pour Greenpeace ; **103** Novapix/NASA/La Commune/Ministère de l'Écologie, du Développement durable et de l'Énergie ; **104** Frederic Soltan/Corbis ; **105** John Moore/Getty Images North America/AFP ; **109** Pius Utomi Ekpei/AFP ; **110** Ysope ; **111** Martine Perret © 2016 United Nations. Reprinted with the permission of the United Nations ; **113** (ht) European Régional Development Fund ; (b) Commissariat général à l'égalité des territoires ; **115** (ht) Bertrand Rieger/Hemis.fr ; (b) EPA/Kim Ludbrook/ Corbis ; **117** (ht) Paulo Fridman/Corbis ; (b) Hamilton/REA ; **118** Solmond.br ; **119** Patrick Mignard ; **120** Chris McGrath/Getty Images/ AFP ; **121** Yoshikazu Tsuno/AFP ; **124** DR ; **125** (ht) Dominic Nahr/Magnum Photos ; (b) Alessandro Grassani/LUZ ; **126** (ht) Hector Retamal/ AFP ; (b) Extrait des outils de plaidoyer de l'ONG SAF/FJKM (2014) « Programme de Gestion de Risques et de Catastrophes » ; **127** Direction Départementale des Territoires du Rhône ; **129** (g) Richard Bouhet/AFP ; (d) OVPF/IPGP ; **130** Stéphane Guiochon/Le Progres/PhotoPQR/ Maxppp ; **131** Daniel Bombasaro/GIE/Osiris ; **132** SK Hasan Ali/Demotix/Corbis ; **133** UNPP ; **134** Soulcié/Iconovox ; **135** Burki/24 Heures Lausanne ; **136** Loic Venance/AFP ; **138** Nicolas Tavernier/REA ; **139** Ministère de l'Éducation nationale, de l'Enseignement supérieur et de la Recherche ; **140** Nono ; **141** Panamboyz United ; **142** (g) Fréderic Reglain/Gamma ; (d) Sciences humaines ; **143** (htg) John Michael Wright,National Portrait Gallery, London ; (htd) DR ; (b) Kroll ; **144** (ht) Sir Godfrey Kneller, Collection of Sir Robert Walpole, Houghton Hall ; (b) Declaration of the Rights of Man and Citizen, 1789 (oil on canvas), French School, (18th century) ; **145** Sécurité routière ; **146** Nono ; **147** Ministère de l'Éducation nationale, de l'Enseignement supérieur et de la Recherche ; **148** Illustration de Nelly Le Reste/La Plume d'Hermès/Lycée Saint-Martin/Rennes/CLEMI ; **149** (ht) Loïc Schvartz ; (b) letudiant.fr ; **150** (ht) The Bern Files ; (b) Cour européenne des droits de l'Homme ; **151** Woimant-Malloizel ; **152** Thierry Zoccolan/AFP ; **153** Bertrand Guay/AFP ; **154** Ligne à Suivre/ Photographie et visuel Pascal Koenig ; **155** Antoine Chéreau ; **157** Le Parisien

Crédits photographiques Terminale

303 Daniel Authouart, 2014; **306 haut** coll. L. Young; **306 bas** Time Life Pictures/Getty Images; **307** Punch Limited; **308 gauche** coll. L Young; **308 droite** Photo12/Alamy; **308 bas** Bettmann/Corbis; **309** Le Point; **310 gauche** Photo 12/Alamy; **310 droite** The Ohio State University Cartoon Research Library; **310 bas** Bob Thomas/Popperfoto/Getty Images; **311** Leonard Raven-Hill; **312 haut** Keystone-France; **312 bas** Alain Gesgon/ CIRIP; **313** Bridgeman Art Library; **315 droite** coll. L. Young.; **315 gauche** Chappatte dans « Le Temps », Genève - www.globecartoon.com; **316 gauche** Swim Ink 2, LLC/Corbis; **316 droite** Bettman/Corbis; **317** DCM; **318** Library of Congress; **319** Christophe Fleury - oscar B studio; **322** Coll. Kharbine Tapabor; **323 gauche** ANP G. v.d. Werff/ANP/AFP Photo; **323 droite** Bob/DR/document disponible dans European Navigator, www.ena.lu; **324** Représentation de la Commission européenne au Luxembourg (Europa grafica); 324 bas Région Auvergne; **325** Carlo Schneider; 326 haut Keystone France; **326 bas** Coll. Grob/Kharbine Tapabor; **327 haut** A 1953 Herblock Cartoon, © The Herb Block Foundation; **327 bas** Arch. Dép. Moselle, 34 J 60 , photographe inconnu; **328 gauche** Corbis; **328 droite** Walter Hanel; **329** Libération; **331** Pierre Kroll; **332 gauche** Bridgeman Art Library; **333 droite** Rue des Archives/CCI/ADAGP, Paris 2014; **335** Marc Riboud; **338** Alain Gesgon/ CIRIP; **339 haut** Keystone/Getty Images; **339 bas** Rue de Archives/Tallandier; **340** Keystone-France; **341 haut** www.algeriephilatelie.net; **341 bas** AP/Sipa; **342** Dinodia/age footstock; **343 haut** Bettmann/Corbis; **343 bas** Bettmann/Corbis; **344 haut** Rue des Archives/RDA; **344 bas** FR.ANOM Aix-en-Provence BIB 30234 Tous droits réservés; **345 haut** F. Pages/Parismatch/SCOOP; **345 bas** Keystone-France; **346** Plantu; **347** La Collection; **348 droite** Keystone-France; **348 gauche** www.algeriephilatelie.net; **349** Keystone-France; **351** Michel Setboun /SIPA; 354 Laski/SIPA; **355 haut** picture-alliance / dpa /AFP Photo; 355 bas Plantu; **356** Antoine Gyori/Sygma/Corbis; **357 haut** Dai Kurokawa/ epa/Corbis; **357 bas** Areion group, Paris, juillet-août 2011; **358 gauche** Robert Wallis/Cosmos; **358 droite** Gérard Malie/AFP Photo; **359 haut** Alexis Duclos/Gamma; **359 bas** Le Figaro; **360 haut** Une de Libération, 12 sept. 2001/photo: Suzanne Plunkett/AP; **360 bas** AFP Photo/Tim Sloan; **361 haut** AFP Photo; **361 bas** Plantu; **362** Georges Million; **363** Courrier International; **364 gauche** G. de Keerle/Sygma/ Corbis; **364 droite** CustomerCare@copyright.com; **365** Leemage; **366** Bridgeman/Archives Charmet; **367** Architecte: Ateliers Jean Nouvel – Client: TDIC (Tourism Development & Investment Company) ADAGP, Paris 2014; **371 haut** Courrier International; **371 bas** www.aquitaine.fr; **373 gauche** Daniel Wilk; **373 droite** Coll. Christophel © La PetiteReine/Studio37/la Classe Américaine/D Prod/France3 Cinéma/Jouror Prod./ uFilm/DR; **374** Paris Capitale Special Issue 2010; **375** ph.guignard/air-images.net; **377** Samuel Blanc; **379** Jim Watson/AFP Photo; **380** Bernd Jonkmanns/LAIF-REA; **383** Atelier Roland Castro Sophie Denissof et Associés - Silvia Casi – Nexity – Berim; **386** Ministère de l'Égalité des territoires et du Logement; **387** Bertrand Guiton; **388** Extrait de la plaquette « Santé & aménagement du territoire » éditée en septembre 2013, par la Délégation interministérielle à l'aménagement du territoire et à l'attractivité régionale (DATAR); **389** PNR du Haut-Jura; **391** Olivier Leclercq/hemis.fr; **396** Datar; **399** Laurent Desmoulins; **403 gauche** EPFL; **403 droite** Bassin de Pompey; **404 haut** ph.guignard/air-images.net; **404 bas** Photo aérienne: Photec Production; **405 haut gauche** www.dunkerquepromotion.org; **405 haut droit** www.leuropevueduciel.com; **405 bas** Spacephotos; **407 haut** Valode & Pistre architectes; **407 bas** Jacques Léone/Grand Lyon; **409** Extraits du Géoportail ©IGN-2014 – Autorisation n°80-1404; **410 gauche** ph.guignard/air-images.net; **410 droite** Kenzo Tribouillard/AFP Photo; **411 gauche** Patrick Forget/Sagaphoto; **411 droite** Chambre d'Agriculture de la Gironde; **412 gauche** aurm – Agence d'Urbanisme de la Région Mulhousienne; **412 droite**. Architectes: Mongiello & Plisson et Emergence, photo: Barrisol; **414** ph. guignard/air-images.net; **415** Josef Schulz/VG Bildkunst, spfr08, 2005, C-Print. ADAGP, Paris 2014; **418** Commission européenne; **419** Kerber Verlag; **420** Daniel Mihailescul/AFP Photo; **421** Bogdan Cristel/Reuters; **422** AFP Photo/Dimitar Dilkoff; **423** Philippe Hugen/AFP; **425** BBT SE; **426 gauche** Gleb Garanich/Reuters; **426 droite** Plantu; **431** Jacques Demarthon/AFP; **432** The British Library Board/Leemage; **433** Illustration par Toni J. Mella, Coll. Dixmier/Kharbine-Tapabor, Plantu; **434** Pancho; 435 Ministère de l'Éducation nationale, de l'Enseignement supérieur et de la Recherche; **436** Stéphane de Sakutin/AFP; **437** Pascal Guyot/AFP, Jean-Pierre Muller/AFP; **438** Ray Clid; **439** Prapec Group; **440** Wisconsinart; **441** NASA/Paul E. Alers/HO/AFP; **442** AFP, Philippe Tastet

Conception de la couverture: Massimo Miola
Conception de la maquette intérieure: Sabine Beauvallet
Mise en page: Nadine Aymard, Béatrice Gallo et Barbara Tamadonpour
Cartographie: *Coordination:* Marie-Christine Liennard
Réalisation: Valérie Goncalves, Christel Parolini, Carl Voyer (p. 384), Gwendal Fossois
Édition: Aude Marot

Achevé d'imprimer en mars 2016
par G. Canale & C. S.p.A. (Italie)
Dépôt légal: mars 2016
N° éditeur: 2016/0562